心学论集

（修订本）

Collection of the
Philosophy of the
Mind Studies

(Revised Edition)

张学智／著

中国社会科学出版社

图书在版编目（CIP）数据

心学论集 / 张学智著. — 修订本. — 北京：中国社会科学出版社，2019.11
　ISBN 978-7-5203-5732-6

　Ⅰ.①心… Ⅱ.①张… Ⅲ.①心学—研究 Ⅳ.①B248.25

中国版本图书馆CIP数据核字（2019）第269984号

出 版 人	赵剑英
责任编辑	韩国茹
责任校对	张爱华
责任印制	张雪娇

出　　版	中国社会科学出版社
社　　址	北京鼓楼西大街甲 158 号
邮　　编	100720
网　　址	http://www.csspw.cn
发 行 部	010—84083685
门 市 部	010—84029450
经　　销	新华书店及其他书店
印　　刷	北京君升印刷有限公司
装　　订	廊坊市广阳区广增装订厂
版　　次	2019 年 11 月第 1 版
印　　次	2019 年 11 月第 1 次印刷
开　　本	710×1000　1/16
印　　张	35
插　　页	2
字　　数	522 千字
定　　价	198.00 元

凡购买中国社会科学出版社图书，如有质量问题请与本社营销中心联系调换
电话：010—84083683
版权所有　侵权必究

初版引言

　　本书是我20世纪90年代以来写的部分论文的结集。收入其中的文章大多是提交国内外学术会议的论文，内容主要在王阳明、贺麟、熊十力、牟宗三研究方面，尤以关于贺麟的为多。其中也有不是心学的，如关于冯友兰、张岱年的几篇，但可以与心学比观而增加对双方的理解，并且也不能说其中绝无心学因素，故亦收入本书。总论中国哲学和儒家思想的几篇，以及研究韩国学者李退溪和牧隐李穑的文章，是否心学，殊难截然划分。定名为《心学论集》，取其大端而已。

　　说起心学，自然有许多话要说。自20世纪50年代之后，心学是个遭人诟病的名词。许多人耳食几句流行哲学的熟语，不加分析，想当然地将心学和坏的哲学联系起来，心生厌恶。在相当多的人眼里，心学是"师心自用""空疏无物"的代名词。特别是教条式的马列主义在哲学界成为一尊之后，这种状况发展到极端。心学代表人物被加上许多恶谥，遭到批判。即使在80年代以来的二十多年中，学术研究逐渐摆脱意识形态的干扰，进入可以自由发抒研究心得的佳境，但长期以来积累的印象积重难返，对心学有意无意的误解不能说已经完全肃清。本书所收的文章，一个鲜明的意图就是，破除这种成见，显示心学在中西哲学史上的深厚传统，彰显心学高扬精神的能动性，同时吸收其他学派的长处，在即心即理、即下即上（形而上下）、即知即行、即内即外的基础上突出精神、理想的先在性、统御性这一点。

在王阳明研究中这一点体现为道德和知识的结合。王阳明是个豪杰式的人物，他的一生波澜壮阔，充满探索精神。他时时注重道德的统领，又时时以知识充实之、辅翼之。将格物纳入诚意的引领之下，这是致良知的精义，也是他批评心学前辈陆九渊学问粗疏的一个理由。当然这里所谓道德，指精神升华、本领阔大之后的境界，不是一乡善士式的硁硁自守。他说自己的学问从百死千难中得来，这百死千难就是道德和知识互相促进、相得益彰的历程。王阳明善于吸收各种思想养分，佛教和道教的学养是其思想的有机构成成分。在他这里，道德是规范，知识是实现道德理想的手段，每一个行为都应该有意志锻炼和知识提高两方面的收获。《传习录》中那些义理通透、文辞灵动的思想，他在一系列政治、军事活动，特别是擒宸濠、处忠泰之变，平定闽赣、两广农民暴动中表现出的高度的处事智慧，是他的生命的一体两面，也可以说是他注重道德和知识结合而自然有的结果。这是本书在阳明研究上的一个主要着眼点。

研究贺麟的几篇，着重于对精神本体健动不息，同时又自创理则，借理则以行这一性质的张扬。贺麟思想以黑格尔为最重要的来源。黑格尔哲学既是理则学又是精神哲学，既是认识论又是本体论。精神哲学的自由创发、健动活泼，理则学的严密推证、步步皆实在贺麟这里是统一的。在贺麟眼里，绝对精神是生命与知识的共同体，是生命经过知识这个特殊化过程回复到自己。精神是知识的灵魂和统摄，知识是精神的展开和具体化。所以贺麟同时也很重视康德和斯宾诺莎，认为康德之重视心和斯宾诺莎之重视理是通向黑格尔的两条线。同时西方哲学细密分析、首尾一贯的组织结构上的长处，也可以补充中国哲学系统性不强、长于体悟弱于论证之不足。在精神性和客观性两者中，贺麟又根据黑格尔的思想，认为理念不是思有、主客的平分体或混一体，精神性为主，客观性为从，前者包贯、统御后者，后者充实、展示前者。两者是一个总的生命的两回环。这一点贯彻于贺麟思想的各个方面，也可以说就是他这一个体生命的写照。他的文化哲学、历史观及对中国哲学的研究，都体现了这一点。这是本书揭示的重点所在。

牟宗三在这一点上也至为明显。他早年喜好西方哲学,对知识论和逻辑学下过很大工夫,奠定了他一生的学问基础。在被熊十力的精神方向扭转以后,他将知识论和逻辑学的学养运用于中国古代典籍的创造性阐释,取得了卓越的成就。他的思想,以"维天之命,於穆不已"所代表的天道性体为道德实践所以可能的根据,以两层存有论为基本架构。他一生所做的工作,就是"强探力索"地从事两间的打通,以证成道德的形上学不仅上通本体界,亦下开现象界。在他看来,形上道体必须由形下经验来开显,形下经验必须有形上本体作指导。如果以《才性与玄理》中的话语来说明,圣人之浑一代表宇宙本体,哲学家之慎思明辨代表经验界的具体的多样性,则哲学家可以拆穿圣人之浑一,通过辨示展现其生命的丰富。而圣人则可以显示宇宙本体之全体性与真理性。两者各有封限。哲学家易陷入智及不能仁守,圣人易陷入本体性之封闭而不能展现为具体之多样性。两者兼顾而不偏,人的生命含蕴才能全部彰显。他处处强调道德的形上学,而又处处充满慎思明辨精神。牟宗三正是兼顾到此两者,才能在阐发中国哲学的精蕴时,有如此之面目。

之所以提到这些,不是说本书所收的论文对此已经充分揭示了,而是要指出,心学自有其卓越之处,不是虚骄自大,除了先立其大别无伎俩,它有深厚的中西哲学传统为基础。特别是当代心学经过西方哲学的洗礼,更有取诸家之长,补心学之短,融会贯通,取精用宏的意图。这在贺麟和牟宗三的思想中尤其明显。关于这几位哲学家,本书只涉及其中的几个侧面,但问题意识与精神取向,不出以上说到的这几点。

本论集中的文章,都在国内外诸学术刊物上发表过。乘出版之机,谨向发表过这些文章的《中国社会科学》《北京大学学报》《哲学研究》等表示衷心谢意。另外,因是个人文集,也非写于一时,一些基本资料的引述容有重复之处,谨向读者说明。

本书的出版得到北京大学创建一流大学项目的资助,特此致谢。

目 录

古代篇

中国哲学中身心关系的几种形态 / 3
  一　西方关于身心关系的几种典型理论 / 3
  二　斯宾诺莎的身心合一论 / 6
  三　中国哲学中身心关系的几种形态 / 7
  四　简短的结论 / 21

中国实学的义涵及其现代架构 / 22
  一　儒家三统并建 / 22
  二　修德 / 27
  三　明经 / 29
  四　经世致用 / 31
  五　未来实学的结构 / 34

儒家文化的精神与价值观 / 39
  一　道德理想主义 / 39

二　普遍和谐 / 44
　　三　自律原则和内在超越 / 46
　　四　儒家的价值次序 / 48

儒学的复兴与宋明理学的理论贡献 / 52
　　一　韩愈、李翱与宋初三先生 / 52
　　二　北宋五子 / 55
　　三　南宋理学 / 60
　　四　王阳明及其后学 / 65

程明道之"生之谓性"及其歧解 / 68
　　一　"生之谓性"详解 / 68
　　二　程明道思想的特点 / 80

牧隐李穑儒学思想的渊源与特点 / 82
　　一　稼亭、牧隐与金华之学的关系 / 83
　　二　牧隐与朝鲜性理学 / 88
　　三　牧隐性理学的主要内容 / 90

从《圣学十图》的结构看李退溪的学问观 / 98
　　一　《圣学十图》的结构 / 98
　　二　从《圣学十图》看李退溪的学问观 / 113

艮斋田愚与朱子学 / 116
　　一　最后的大儒之出处大节 / 116
　　二　艮斋与朱子学 / 120
　　三　艮斋的经世诸学 / 126

王阳明思想的逻辑展开 / 134

一 不同的圣人,不同的作圣之功 / 134

二 立诚:知行合一与养未发之中 / 136

三 经宸濠、忠泰之变,良知之说出 / 139

四 人心是天地发窍处 / 142

王阳明致良知中道德和知识的结合 / 145

一 王阳明与朱熹的分歧 / 145

二 致良知学说中道德和知识的结合 / 148

三 致良知学说对陆九渊和朱熹的综合 / 156

四 道德和知识的结合在现时代的意义 / 157

王阳明的实践的良知学与牟宗三的良知坎陷 / 159

一 王阳明的实践的良知学 / 159

二 牟宗三的良知坎陷说 / 162

三 王阳明与牟宗三的比较 / 170

王阳明与费希特 / 174

一 自创新说,超越权威 / 174

二 "心即理"与知识学的出发点:自我 / 177

三 知行合一与行动哲学 / 180

四 "良知即天"与绝对之推出 / 182

从人生境界到生态意识
——王阳明"良知上自然的条理"论析 / **186**

一 引言 / 186

二 "万物一体"与"良知上自然的条理" / 187

三 爱万物与合理取用万物 / 191

四　两种诠释方向 / 194
　　五　王阳明是否人类中心论者 / 197

论刘蕺山"慎独"之学 / 201
　　一　独体与慎独 / 201
　　二　意与诚 / 206
　　三　性与气质 / 210

现代篇

熊十力与牟宗三关于《大学》释义的辩争
　　——以《读经示要》为中心 / 217
　　一　对儒家根本精神理解上的一致 / 217
　　二　对"格物致知"的不同解释 / 220
　　三　在致知方向上的不同看法 / 225

从熊十力的本体观看其量论未造出之由 / 232
　　一　熊十力哲学的总体特点：本体论与价值论合一 / 232
　　二　熊十力的实践观：体认本体只能用证悟 / 235
　　三　《量论》之构想及未作出之由 / 241

贺麟新心学：中国哲学现代化的一次尝试 / 248
　　一　生平与著作简述 / 248
　　二　学术渊源 / 253
　　三　儒学发展的设想 / 258

贺麟的"新心学" / 263

　　一　心即理 / 264

　　二　心物合一 / 267

　　三　心性合一 / 269

　　四　体用合一 / 271

　　五　理想唯心论 / 275

　　六　"新心学"的历史背景 / 278

贺麟的新心学与黑格尔、康德 / 283

　　一　贺麟与黑格尔 / 284

　　二　贺麟与康德 / 291

贺麟与费希特、谢林 / 297

　　一　贺麟与费希特 / 297

　　二　贺麟与谢林 / 302

贺麟对斯宾诺莎思想的吸收与改造 / 310

　　一　《致知篇》与"致良知" / 310

　　二　身心平行论与知行合一 / 312

　　三　"从永恒的范型下观认事物"与"理观法" / 315

　　四　数学方法与逻辑演绎 / 319

论贺麟的"西哲东哲，心同理同" / 323

　　一　贺麟的哲学观 / 323

　　二　"心同理同"与黑格尔、康德 / 325

　　三　向外格物穷理，向内明心见性 / 328

贺麟前期思想的特点 / 332

  一 儒学的艺术化 / 332

  二 儒学的理性化 / 337

  三 儒学的多元化 / 345

贺麟的文化哲学 / 350

  一 文化的本质 / 350

  二 精神的地位 / 353

  三 文化的类型 / 356

  四 文化吸收的方针 / 358

贺麟的知行合一新论 / 363

  一 破斥独断论,为行为寻求坚实的知识基础 / 363

  二 知行合一新解 / 365

  三 意识→理念→理则,归于黑格尔的逻辑学 / 372

孙中山先生与中国传统思想 / 376

  一 进化论 / 376

  二 三民主义 / 378

  三 知难行易 / 381

简析冯友兰《中国哲学史新编》中的一般与特殊 / 385

  一 《老子》/ 385

  二 名家和荀子 / 387

  三 玄学 / 389

  四 道学 / 391

冯友兰《中国哲学小史》导言 / 398

    一　中国哲学内容之分类 / 399

    二　先秦哲学概要 / 400

    三　宋明哲学概要 / 409

冯友兰《中国哲学简史》导言 / 415

钱穆治朱子学之方法举隅 / 421

    一　熟读原文，读书即格物 / 421

    二　采择《文集》《语类》，特重历史感 / 424

    三　杜绝门户之见，观朱子之全 / 427

    四　学案体例之创新 / 431

张岱年思想的特质与名称 / 434

    一　文化上的综合与哲学上的综合 / 434

    二　分析与综合 / 437

    三　"理想"与"物本" / 441

    四　"物本"与"唯物" / 444

怀特海与张岱年早期著作中的"事"概念 / 449

    一　"事"之意义 / 449

    二　"事"与"元素" / 454

    三　"理"与"永恒客体" / 458

张岱年早期思想中的哲学、理想与解析 / 463

    一　哲学与理想 / 463

    二　逻辑解析 / 472

论牟宗三的"呈现" / 481

一 "呈现"得以发生的本体 / 481

二 "呈现"的动力 / 485

三 "呈现"的方式 / 488

四 "呈现"的结果 / 491

现代心学双峰贺麟和牟宗三本体方法的比较 / 495

一 本体 / 495

二 方法 / 501

三 贺、牟与未来中国哲学本体论的建构 / 505

从"云门三句"看牟宗三哲学的诠释点 / 508

一 "截断众流"句:道德的纯粹与践行的展开 / 508

二 "涵盖乾坤"句:美学的欣趣与实证的认知 / 512

三 "随波逐浪"句:纵贯下落与纵中有横 / 516

牟宗三"良知坎陷说"新论 / 520

一 王阳明"大良知"的启示 / 520

二 历史理性与价值意识 / 526

后牟宗三时代本体与诠释的一个可能方向 / 533

一 本体:一种新的设定 / 533

二 诠释:对本体的开显 / 539

新版后记 / 547

古代篇

中国哲学中身心关系的几种形态

身心关系是困扰人类的难题之一,从远古时代起,人类就试图了解身与心之间的关系及其相互作用的机制。但由于人的身体的微观系统的复杂性,尤其是精神活动的复杂性,这一问题的解决一直成效不大。尽管随着生理科学、心理科学的进步,人类对这一问题有了比以前清晰得多的认识,但离问题的彻底解决还相差甚远。身心问题的解决有两个大的方向:生理—心理学的和哲学形上学的。只就哲学形上学的方向言,也有知识学的、道德—美学的以及统合这二者混而不分的几种解决思路。生理—心理学的解决方法是把身和心看成两个独立的实体,寻求这两个实体之间的关系。哲学形上学的解决方法则把这两者看成一个实体的不同的方面,寻求这个实体的活动在这两方面留下的印记,以及它们互相作用的方式。下面以西方哲学的几种典型理论为参照,分析中国哲学中身心关系的几种不同类型。

一 西方关于身心关系的几种典型理论

哲学中任何将身与心分开来进行研究并进而考察身心之间关系的做法都会遭遇极大的困难,这一点前人已有清醒的认识。美国哲学家理查德·泰勒(Richard Taylor)在其《形而上学》一书中讨论了各种身心分离的学说，泰勒概括出了八种主要的身心关系理论，这就是唯物论、唯心论、相互作用论、副现象论、双重形态论、身心平行论、偶因论、预定和谐论。①唯物论认为自我就是他的身体，除此以外没有别的，我们不需要在身体与心灵的关系上进行思考，不要追问二者的关系如何，不要问一个对另一个怎样发生作用，如果硬要追问，那它就超出了唯物论的前提。唯心论与此相反，认为身体不过是存在于心灵之中的观念，唯一的存在是精神和心灵，一切时空当中的存在都是心灵的表现。相互作用论认为人是一个实体，它既有身体又有心灵，二者之间相互作用，互为因果，身体作用于心灵，心灵作用于身体，二者的因果关系把二者联结为一个人。副现象论认为心灵本身没有物质那样的作用，非物质的心灵不能作用于身体，而身体是现实的、物质的，身体作用于心灵从而产生意识、情感、思想等心理现象。双重形态论认为心灵可以作用于身体，身体也可以作用于心灵，心灵和身体是人这一实体的两种形态，这两种形态相互作用，共同完成实体的各种功能。身心平行论认为心灵和身体不是同一实体的两种形态，而是两种完全不同的实体，这两种实体不相互作用，心灵中的前一事件是心灵中的后一事件的原因，身体中的前一事件是身体中的后一事件的原因，心灵不能是身体的原因，身体也不能是心灵的原因，二者永远平行而不相交。但二者又不能截然相分，而是密切保持一致。偶因论认为人心灵发生的事情是上帝偶然给他的，上帝使人的心灵生活与其身体内发生的情况和谐一致。预定和谐论认为身与心的这种牵引关系是上帝造人时事先安排好的，上帝预定人的心灵与身体永远密切地保持和谐但不相互发生作用。

以上八种理论，有的因为说得过于偏激而与常识相悖（如唯物论与唯心论），有的因为宗教色彩过于浓重因而减弱了它的理论兴味（如偶因论和预定和谐论），本文搁过不谈，这里重点要谈的是以上八种理论中的另外四种。这四种理论的关键问题是，身心究竟是一个实体的两种属性或说两种因素，还是完全不同的两个实体。说人的身体和心灵是两个东西是二

---

① 理查德·泰勒：《形而上学》，晓杉译，上海译文出版社1984年版，第19页。

元论的观点，这个观点的好处在于避免了一元论的某些困难，比如身体的动作怎样引起心灵活动的产生，或心理的某种状态怎样引起身体上的某些变化，等等。回答这些问题是非常困难的，即使对人的肌体发生作用的过程和机制研究得非常深入了，仍然不能对诸如意志、信仰、美感等心理现象从生理学角度做出满意的解释。二元论回避了这一问题，它寻求从身的原因说明身，从心的原因说明心。避免在二者互相作用方面跌入自己设定的陷阱。但问题是，人是既有身又有心，既有心理活动又有生理活动的活生生的生物机体，而且身与心的互相影响是人能感觉得到的，无法设想人像宗教或神话中所描写的神仙一样只有心灵没有身体，或者说像木石一般没有灵魂的纯物质存在。人是身心俱有之物，并且这个身心俱有也不能解释成两个不同质的东西的简单叠加，或有一个神秘的不可见的控御者将二者的活动统一起来。将身心二者分开来研究然后再提出它们相互作用的情况会遭遇极大的理论困难。泰勒在这方面早就说过："很清楚，如果一个人把他的身体和心灵当作两种不同的东西区分开来，就会产生如此巨大的难题，以至任何荒诞不经的理论，只要提供某些关于消除这类难题的希望，就会显得似乎有理。一旦把身体和心灵割裂开，就会产生足以使哲学家们世世代代去研究的种种问题。"[①] 这样，身心一如就是一个比较合乎常识而且与哲学史上人们对身心问题的研究比较切合，且又能对人的现实生存和未来发展做出合理评述与预测的说法。

但身心一如仍然是个极其含混的说法，它仍然可以从不同的侧面去研究，比如，什么是身？是把身视为一架机器，一架精密联系和精确运转的机器，还是把人看作受信念、感情、意识控制和诱导的生物机体？又比如，什么是心？人的心理活动的复杂性，心理活动的种类和层次，各精神门类的界定和划分已经搅得研究者寝食难安，更不要说它们的发生机制和互相影响的方式了。还有，心身一如的"一如"是怎样的状况，是以其中的一个为主另一个为辅，还是二者的混一不分，或二者的机械相加？这些问题

---

① 理查德·泰勒：《形而上学》，晓杉译，上海译文出版社 1984 年版，第 17 页。

的存在表明，在承认身心统一、身心合一，总之是把身心看作统一的实体的两个方面这个意思的前提下，仍然有许多具体问题需要分疏。

二 斯宾诺莎的身心合一论

斯宾诺莎关于身心的学说是一个完备的身心合一论，这与他的实体理论相应。斯宾诺莎的最高哲学概念是实体，他所谓的实体就是自然，自然就是自身健动不息，万物都活动于其中的永恒、无限的宇宙本身。斯宾诺莎又把实体等同于神，为的是使人体认自然这个哲学上的最高原则，不把最高原则归于有人格的神或上帝。了解自然必须从它的属性和样式着手。样式是实体的一部分，也即具体事物。属性在斯宾诺莎看来是构成实体的本质的东西。实体有无限多的属性，但被人们所发现，能表现实体的永恒本质的只有两个属性：思想和广延，也即心灵和物质。斯宾诺莎从笛卡儿的心物二元论出发并想克服心物二元论的理论弱点，因此把心灵和物质说成实体或曰自然的属性。实体是心与物的统一体，心与物是统一的实体的两个方面。这两个方面的关系是，由于二者是不同质的，所以心不能决定物，物也不能决定心，观念是观念的原因，物体是物体的原因，各自成为因果序列但不互相影响，虽不互相影响而二者冥合无间，观念的次序和联系与事物的次序和联系是相同的。对于世俗所认为的心与物互相影响，斯宾诺莎把它理解为不同的身心统一体之间的影响。身体与心灵永远冥合而为同一实体的两面，心灵与身体之间永远不会发生相互影响。这实际上仍然是一种身心平行论，不过是在承认身与心是实体的两个属性基础上的平行论。

斯宾诺莎对身与心的这种看法是西方思想界占统治地位的看法，它是对笛卡儿的身心平行论的小小的改造，实际上被改造的只是笛卡儿的绝对理性方法：这个方法的基础是心与物必须被分成两个不同质的东西，心与物的关系是科学上的、认识上的。这里没有神秘的冥想和混沌的同一，也没有对神学上的信仰的迷信与盲从，一切都有着自然科学方法的严格的因果关系和清晰的理性分析。在这种风习的笼罩下，发源于希腊哲学而后被中世纪经院哲学延续下来的理性精神获得了稳定的传承。它作为西方文化在近代的精神代表贯彻于一切方面。身心平行论是它在心灵和身体相互作用问题上的表现。它在知识论上的影响是，当人们考察知识的性质和起源时，总是在理性、经验，主体、客体，心理、认知，推论、验证，归纳、演绎等理智范畴之内进行。它发展到极致，就是完全否定形上学，用实证科学的方法建立哲学方法论，或用理性哲学去建立经验科学，科学方法与哲学方法互相诱发，规范和引领近代西方时代精神。

就身心关系而论，如上所说，把身体和心灵作为两种截然不同的东西考虑它们之间互相作用、互相影响的方式会遭遇灾难性的后果，人们永远不能圆满解释这个难题。看来问题在于怎样解释这个身心统一体的存在方式和活动方式，而不再沿着前人的老路以实证的方式探究身和心各自的性质及互相作用的机制和效应。本文的解释方向是，不把身心看作二元的或一个实体的两种永远平行的属性，而是把它们视为同一的、不分身心的现象。我们所能感受的只有现象，现象背后的因果关系和它的深层原因都不在研究的范围内，我们的研究对象是现象、诸现象之间的关系，和这些现象的分类。也就是说，我们不是精神病医生，不给精神病患者吃作用于大脑物质的药片。我们以哲学形上学的方式研究精神现象的内容以及它所代表的人的身心特征。我们运用象征的、推类的、隐喻的种种介入方法，而不是身心二分的完全理性的分析方法。这里排除任何神秘主义的灵学的方法和结果，只是把心灵中出现的种种现象当作一个身心合一体的自然属性来看待，而不管它是心作用于身还是身作用于心的结果。

三　中国哲学中身心关系的几种形态

由于中国思想发源时就有的整体性、统一性，注重现象而不注重构成的特点，中国古代思想一开始就把身心二者设想成体用合一的、神秘相应的、以意带气的、混沌不分的，倾向于现象地、一元地而不是截然两分地论说身与心。这使它在思想的发端处就拒绝平行论，不把身和心作为两个实体并互相影响。这使它极易跳出科学（中国式的科学）的藩篱而走入审美和伦理的领域。

中国最早明确定义身心关系的恐怕要算《墨经》了。《墨子·经上》说："生，形与知处也。"这是说人的生命是形体与心知处于一个统一体中。这里没有提到形与知相互作用，只是朴素地认识到形体与灵知是人的生命不可或缺的要素。《经说》对这一条的解释是，人的形体与灵知相合而其有生命力，因此人的心知与形体不可分。身心相互作用问题还没有进入后期墨家的论域。

《管子》四篇对身心的论述要详尽得多。《心术上》论心与身特别是与耳目等器官的关系，所说十分精到："心之在体，君子之位也；九窍之有职，官之分也。心处其道，九窍循理；嗜欲充盈，目不见色，耳不闻声。"这里似乎没有把心与身作为两个实体的意思，而是视身心为一个实体的两种要素。这两种要素是互相影响的，所以心的活动合乎其节度，身体的官能就各循其理；心中嗜欲过多，身体器官就受损伤。因此《心术》提倡的修养方法就是"洁其宫，开其门，去私毋言，神明若存。纷乎其若乱，静之而自治"。"洁其宫"指扫除心中过多的欲望，使其处于"虚"的状态。"开其门"，门指耳目，开其门则耳目不壅滞，也不虚旷，发挥其正常功能，就能正确认识事物。所谓"去私毋言"，指祛除为嗜欲牵引之好恶，以正确的认识与名言因应事物，所以说："无为之事，因也。"过多的嗜欲使心纷乱，治心之道在静心去欲。如何静？静之效若何？《心术上》说："世人之所职者精也，去欲则宣，宣则静矣；静则精，精则独立矣；独则明，明则神矣；神者至贵也。故馆不辟除，则贵人不舍焉。故曰不洁则神不处。"意谓去掉过多的欲望心就疏通，心疏通则静，静则精气才能进驻，精气驻则杂念不能溷乱，如此则神气清明，神气清明则心知活动灵敏。这就像馆舍不扫除则贵客不住，心不静则精气不入。这里实有心灵和身体互相影响的意思。

《心术下》也论到人的精神活动与身体的关系："形不正者德不来，中不精者心不治。正可饰德，万物毕得。"此处"德"指精神活动的清明状态。这段话的意思是，形体端正则精神清明，感官被欲望所溷乱而丧其清明，则心不能静。端正人的形体，修治人的精神状态，才可以正确地认识和应对外物。甚至心地清明可影响人的体格："人能正静者，筋韧而骨强。"故养气使身体强健，也可使精神清明。它还说到心身互相影响的心理过程："心之中又有心，意以先言，意然后形，形然后思，思然后知。凡心之形，过知失生。"这是说，在心这个广义范畴下还包含一些表示精细精神性活动的概念，如意、形、思、知等。意念先于语言，语言是意念通过言说表达出来的。有些意念只是在心中活动，不形诸言说，这类活动往往是先有意念，然后有代表这一意念的表象，有了表象就是提供了思想的材料，而知是通过思想获得的。这个心理活动的过程可以说是心灵与身体相互影响的结果。但这里没有明确区分哪些活动是身体的，哪些活动是心灵的，只是把它们作为统一的身心活动的不同表现。这里精气的活动既是知识论的，也是道德修养论的。在《管子》四篇中它主要是知识论的，但它已经用这种统合不分的形态为向道德论的转移做好了准备，在《内业》中，这一过渡的痕迹很清晰地显现了出来。

《内业》比前三篇更多地论证了精气的基础作用："凡物之精，此则为生，下生五谷，上为列星。流于天地之间，谓之鬼神；藏于心中，谓之圣人。"由精气构成的身体中有心，心的形态本来是"凡心之形，自充自盈，自生自成。其所以失之，必以忧乐喜怒欲利。能去忧乐喜怒欲利，心乃反济。彼心之情，利安以宁，勿烦勿乱，和乃自成"。精气是一切精神活动、身体活动的基础，所以养心养身最后都落脚于养气：能存精气于身中，无有扰害，则心地和平，身体强健。这样就"中无惑意，外无灾邪，心全于中，形全于外"，达于理想境界。《管子》四篇对人作为统一于气的整体，对人身与心的互相影响，对心静后得到的某种心理愉悦和悠远的意境的论说，都有与道德感相通的地方。《管子》四篇中的精气说已经具有了知识的、身心的与道德的相同一的特点。由于这种同一，身与心为两个实体的倾向大大地弱化了，代之而起的是对在一个实体中生出的同一对象做不同方面的解释。这种解释同身心平行又冥合无间的理论具有根本不同的形态特征。

庄子的身心观现象学意味更加浓重，它只是提出身心互相影响的种种表现，但对身与心相互作用的机制则存而不论。比如《齐物论》在叙述了人的种种情态之后，即追究情态所以发生的根据，而以不知其详为归结："非彼无我，非我无所取。是亦近矣，而不知所为使。若有真宰，而特不得其朕。可行已信；而不见其形，有情而无形。"这是说没有种种情态的发生就不能表现出有心灵。没有心灵，这种种情态的发生就没有根据。心灵与种种身体活动的发生关系很密切，但不知是谁指使而这样的。仿佛有个主使者，但却无踪迹可寻。可以从种种活动上得到信验，而不见主宰者的形体。但确有它所主宰的活动的发生。这是以心灵为主宰，为身体的活动的依据和凭借，但心灵的存在只是通过身体的活动推知，它本身没有形体。往下的追问是，心与身的关系如何？身之中百骸、九窍、五脏等器官皆具备，身的哪一部分与心最亲密？心对身体的某个部分是否有所偏爱，心与身是不是控御和被控御的关系？身体的各部分间是不是控御和被控御的关系？其关系能否倒置和改变？庄子的回答是，身与心之间存在着主宰和被主宰的关系。不管我们是否意识到这种关系，都于主宰者无所损益。庄子对人这种既是自然的又是社会的存在物的结论是，只要具备了人的条件，没有化散于宇宙中，它就与身外的世界应接，相磨相斗，无有停息。人永远是心灵不得安宁之物，所以人活着是悲哀的。庄子把心看作身作用的对象，也把心看作身取资的凭借。在他这里，心是独立的实体，它能受身的活动的影响，也能排斥身的影响而保持自己本有的无为状态。所以，庄子有"心斋""坐忘"的治心方法："若一志，无听之以耳而听之以心，无听之以心而听之以气。耳止于听，心止于符。气也者，虚而待物者也。唯道集虚，虚者，心斋也。"(《庄子·人间世》)"一志"与"无听之以耳"，都是关闭心经验外物的孔道，惟余空灵之心本体。而此时的心灵又可还原为清纯之气，清纯之气与混沌的道为一，此时的清虚状态即为心斋。可见达到心斋状态，心实体就消解了，变为与身统一的清纯之气。此时真正达到了一如境界。"坐忘"最后达到的也是这种境界："堕肢体，黜聪明，离形去知,同于大通,此谓坐忘。"(《庄子·大宗师》)坐忘是在实行此种修养功夫中感觉到无有肢体,无有精神活动,最后是无有自己的身体,融化于混沌的宇宙中。"心斋""坐忘"都是实行此法的人的一种感悟,一种境界。这种感悟实际上分为两个阶段,在未达到最高的感悟之前,心与身是两个实体,这两个实体互相影响。而达到最高境界之后,只余一个实体,它已经消泯了身心的界限,统为一气而与宇宙混沌之气相融为一。《庄子》的这个思想对后来道教的内外丹理论有很大影响。

  孟子关于身心的看法,在孟子回答如何养浩然之气一节中表现得很充分。在这一节中,孟子说到三句话:第一句是:"夫志,气之帅也,气,体之充也。夫志至焉,气次焉;故曰:持其志,无暴其气。"第二句是:"志一则动气,气一则动志也。今夫蹶者趋者,是气也,而反动其心。"第三句是说浩然之气:"其为气也,至大至刚,以直养而无害,则塞于天地之间。其为气也,配义与道;无是,馁也。是集义所生者,非义袭而取之也。行有不慊于心,则馁也。"(《孟子·公孙丑上》)从第一句看,孟子认为意志可以影响体内之气。意志是一种心理情感,体内之气是物质性存在。孟子主张,心理活动可以引起生理变化,有什么样的心理活动就有什么样的生理活动与之相应,所以应该保持志意高亢,以引发体内之气达于刚强。从第二句看,孟子认为心志的专一可以引起体气的变化,体气的专一可以引发心理的变化。如突然跌倒与疾走必然引起体气的变化,此时心原来的状态也必然随之打破。反之,心理的突然变化如惊惧、悲痛等也必然引起体气的变化。心理的、生理的活动之互相引发是直接的,不是身体的事件是另一身体事件的原因,心理的事件是另一心理事件的原因,二者相互平行。第三句话是说,浩然之气是集义所生,是由道德行为的积累而引起心理的崇高感,崇高感这种心理的势能引起体内之气的充盈,由体内之气的充盈而有塞于天地之间的联想。"塞于天地之间"既是内心的崇高感的象征,也是身体之气充盈的象征。实际上是心身互相引发、互相映照的双向作用的结果。前两句中的身心互相影响还是实然的经验的,第三句中便有了象征、比喻等属于道德情感的东西,而前两句的实然经验是为第三句养浩然之气张本。孟子的身心一如的道德意味要强得多、明显得多。他所谓夜气也是这种以体内之气的清和引发恻然之情。孟子的身心一如现象学色彩更为浓重，身心二者互相作用引发的结果是直接呈现的，不能在这直接呈现的东西中再分析出精微的存在作为更深层次的原因。它与庄子所讲的"心斋""坐忘"有很大不同。庄子是要消解心理活动乃至心本身而归于邈远微茫之气，道德感是庄子要着力消除的。而孟子要巩固、加强心以作道德感发生、感悟、象征的主体。他着力保护的是心，所以主张持其志勿暴其气。集义是培养心的崇高感，有此崇高感才有气的充盈。庄子是负的方法，孟子是正的方法。他们在身心关系上的不同倾向与他们在哲学上的不同立场相应。

荀子的身心关系论又有不同的形态，他所说的心大体倾向于知性的心。荀子的身心关系论表现在以下几个命题中：一是形具而神生，心居中虚，以治五官。二是心有征知。三是虚一而静。第一个命题表达的是，心是知性的主体和情感的发出者，心虽是身体的功用，但心可宰制身体使之听命。《天论》篇说："天职既立，天功既成，形具而神生，好恶喜怒哀乐藏焉，夫是之谓天情。""天职""天功"即天地万物皆不为而成，不求而得，天然如此，非有自然之外的因素使然。人的身体和心灵的产生也是这样。虽自然天成，但心为天君，居于空虚之地而宰制五官百骸。心是形体的君主、精神的主宰，故称天君；因是天君，故"出令而无所受令"。它的一切活动都是自主的，故"自禁也，自使也，自夺也，自取也，自行也，自止也"（《荀子·解蔽》）。这里强调的是心有自由意志。第二句说，心有知万物的功能，但心知万物是通过耳目感官对万物的感觉实现的，这就是所谓"征知"。荀子并且认为，不同的人的感官对于同一个事物的感觉是相同的，心的活动规则如概念、推理也是相同的，这是人们能够正确地交流的前提："凡同类同情者，其天官之意物也同；故比方之疑似而通，是所以共其约名以相期也。"（《荀子·正名》）荀子对虚一而静的论证涉及身心互相作用的不同方式。"虚"指心中不滞留有关事物的影像，"一"指心里有众多事物的影像而能在特定的时刻只显现其一。"静"指不以烦乱和强烈的感受扰乱心的平静。达到虚一而静,心的状态就是"大清明",就可以正确地思维、推理、论说。通观荀子对于身心的论述,可以看到他是以身心一如为前提,承认心对于身的宰制作用。同时他所说的心,主要是知识理性,他的《正名》《解蔽》诸篇,都是以如何正确地求取知识为中心,并且夹杂着大量关于概念、推理等的论述。他关于心的说明充满了理性主义精神,极少神秘感和道德的比附。

《黄帝内经》所述的身心关系论有鲜明的特点。《黄帝内经》以气为构成一切事物的基质,人的身体乃气抟合而成,身体的各器官以其功用不同而有不同的名称,这就是"气合而有形,因变以正名"(《黄帝内经·六节脏象论》)。人的精神作用是从人的身体中自然产生的,他以气为基础来定义精神活动:"生之来谓之精,两精相搏谓之神,随神往来者谓之魂,并精而出入者谓之魄。所以任物者谓之心,心有所忆谓之意,意之所存谓之志,因志而存变谓之思,因思而远慕谓之虑,因虑而处物谓之智。"(《灵枢·本神篇》)这是说,生来就进入身体的叫作精气。精气中的阴阳两种势用互相争竞、搏斗产生的动势叫作神,此神即精神,心灵。与精神活动相随的知觉叫作魂,随身体的精气流动而有知觉者叫作魄。魂与魄都是气中之灵者,魂侧重于精神的作用,魄侧重于身体的作用。能反映外物者是心,心中据以往经验而形成的念头叫作意,意的一贯倾向叫作志,将志落实为不同概念的变化过程叫作思,思及未发生的事叫作虑,由虑而产生的对未来事物的应对叫作智。《黄帝内经》对精神活动的以上分类是细密的,这些活动都以精气为基础,都是精气的作用,而且这些精气的活动又各有所主之脏腑。《黄帝内经》的《宣明五气篇》说:"五脏所藏,心藏神,肺藏魄,脾藏意,肾藏志,是谓五脏所藏。"五脏六腑在整个身体中所司之职事各不相同:"心者,君主之官也,神明出焉。肺者,相傅之官,治节出焉。肝者,将军之官,谋虑出焉。胆者,中正之官,决断出焉。膻中(胸中两乳之间,为气之海)者,臣使之官,喜乐出焉。脾胃者,仓廪之官,五味出焉。"(《黄帝内经·灵兰密典论》)就是说,心是所有官能的主宰,总括地职掌神明。肺是心的辅弼,负责精神作用的调节。肝职掌谋虑,类似领兵的将军。胆职掌意志，类似监察评骘的中正官。膻中职掌情感，类似受命出使的使者。脾胃职掌各官能之气的补充、替换，类似仓库的出纳。官能各司其事，完成总的精神活动。在《黄帝内经》，精神、心灵只是身体活动的自然作用，身体的官能制御着精神活动。在身心二者中，它更重视身体的作用。身心是一如的，但二者的作用有主有从，有先有后。身体就像一个器具，气的出入就像器物的吐纳，"出入废，则神机化灭，升降息，则气立孤危"（《黄帝内经·六微旨大论》）。《黄帝内经》也主张身心互相影响，身体的伤害引起精神的损伤，精神的损伤又表现为身体的疾病。如思虑过度则伤神，伤神则肌肤减损。脾忧愁不解则伤意，意伤则四肢无力。肝悲哀则伤魂，魂伤则狂乱神志不清，狂乱神志不清则筋肉挛缩。肺喜乐无极则伤魄，魄伤则记忆减退。肾盛怒不止则伤志，志伤则腰腿酸痛等。所以《黄帝内经》据此定出的治病原则就是："苍天之气，清净则志意治，顺之则阳气固。虽有邪贼，弗能害也。"（《黄帝内经·生气通天论》）以治身入手而治心，以治心还治其身，身心互为因果，互相影响。《黄帝内经》奠立的这些原理，是黄老之学在宇宙本体论和身心关系论方面的集中体现，对后世哲学和医学理论，都有很大影响。

汉初《淮南子》关于身心关系的论述也很精辟。《淮南子》继承了《黄帝内经》的气本论，以形、气、神三者为人的构成要素，说："夫形者，生之舍也；气者，生之充也；神者，生之制也。一失位，则三者伤矣。是故圣人使人各处其位，守其职，而不得相干。"（《淮南子·原道训》）认为形体是生命的居所，气是生命的原质，精神、心灵是生命的制御。三者各处其位，各司其职，则人健旺。三者中一者有亏损，则影响其余二者。所以修养就在于使此三者各归其位，互不影响。这里的前提是：首先，就形、气、神三者的本原说，三者各成一系统，每一系统皆自为因果。就是说，形体方面的事件是形体方面的另一事件的原因，气、心二者也是这样。其次，形、气、神三者可以互相影响，而这种互相影响是对三者的干扰和破坏。这三者发生作用的方式是："孔窍者精神之户牖也，而气血者五脏之使候也。耳目淫于声色之乐，则五脏摇动而不定矣；五脏摇动不定，则气血滔荡而不休矣；气血滔荡不休，则精神驰骋于外而不守矣；精神驰骋于外而不守，则祸福之至虽如丘山，无由识之矣。"（《淮南子·精神训》）这里五脏耳目等属形，精神属神，气血属气。三者的关系是：精神驻于形体中，通过耳目等孔窍与外界交通。气是形体中各部分物质交换的传导。气虽说到底属于形体的范围，但它对精神、身体二者的影响都是直接的，同时其修养方法也不同于形与神，故可与形神并列为三。故《淮南子》虽主身心一如，但将其析为三者，分别考察其职能，探讨三者互相作用的方式，在其中尤注重气的作用。这对汉代以气为阴阳五行框架的基质，以气为实证性物质元素而非仅构成事物的物质基元的符号，起了很大作用。这一看法是汉代身心论的基本形态，对后来桓谭、王充乃至道教的内外丹学说有直接影响。

道教是中国文化土壤中生长出来的宗教，它的最高形式就是内外丹道。其中的内丹以人身为炉鼎，以人的精、气、神为药物，主张人不分男女贵贱，得修炼之诀即可成仙。性命双修是内丹中的一种修炼形式，它以对身与心关系的观照为理论基础。性指人的精神、心灵方面，命指人的身体方面。早期道书中关于神、形、气三者关系的论述极多，基本观点皆秉承《黄帝内经》与《淮南子》。唐代道书《无能子》说："夫性者，神也；命者，气也。相须于虚无，相生于自然。"（《无能子·析惑》）这是说精神和构成身体的气在形而上的先天性命中是合一的，在自然运化中生成的肉体中可以分为二种性质不同的元素。在宋金元新道教的内丹各派中，精神和肉体的关系尤为修道者所重视。如全真道北宗祖师王重阳说："性者神也，命者气也。……性命是修行之根本。"[1] 南宗高道白玉蟾说："心者气之主，气者形之根，形者气之宅，神者形之真。神即性也，气即命也。"[2] 在内丹理论中，性命分形而上之先天性命和形而下之后天性命。先天之命指宇宙间混茫之气，相当于老子的"道"。先天之性指混茫之气中潜存的人

---

[1] 洪丕谟编：《重阳立教十五论》，《道藏气功要集》（下），上海书店1991年版，第2376页。
[2] 《琼馆白真人集》，《道藏辑要》（娄集），巴蜀书社1995年缩印本第六册，第217页。

的本性，相当于儒家的"天命之性""本然之性"。后天之命指演化为个体的人之后由构成此人之身的气所决定的身命。后天之性指先天元神在具体身命中表现的精神现象。先天性命统一于宇宙，后天性命统一于人心。就哲学形上学言，由先天性命到后天性命是各自演化的，但性与命二者间有一种自然的冥合。就这一点说，性不是命的属性，性与命是二种不同本原的实体，它们虽在演变为后天性命，统一于一人之身后可以互相影响，但就承认性命各有先天说，它们是两种不同质的东西。由后天性命可以推出先天性命的存在："是以神不离气，气不离神，吾身之神气合，而后吾身之性命见矣。性不离命，命不离性，吾身之性命合，而后吾身未始性之性、未始命之命见矣。未始性之性、未始命之命，是吾之真性命矣。吾之真性命，即天地之真性命，亦即虚空之真性命也。"① 此中未始性之性，未始命之命即先天性命；吾身之神气合之性命，即后天性命。先天性命为真性命，后天性命为假性命，道教内丹之法，就是通过修炼使假性命返回真性命。具体过程是"炼精化气，炼气化神，炼神还虚"。具体说来，就是通过静定之功，将为嗜欲主宰的身体在观想和体验中化为无欲望之气，将无欲望之气化为精微之气，将精微之气还于宇宙混茫之本然之气。这是逆的方法，即从后天返先天。这套功法就性功言，是将为情欲、识神所役使的身体炼为天地之性、元神之性。就命功言，是将为情欲、识神斫丧的身体，返回神气合一、生机洋溢的本体。性功命功实际上皆为"归根复命"的功夫，皆自静定的生理状态、心理状态始。所以内丹功法实际是神与气的修炼："丹道千言万语，不过神气二字。始而神与气离，我即以神调气，以气凝神。终则神气融化于虚空。"② 内丹理论既以为后天性命中性与命可析为二，所以在性命双修中可有先命后性和先性后命的区别，但实际上从性命合一说，二者只是统一的功法中的不同指向。就其心神上修治憧憧往来之思、沸腾炽盛之欲，从而使心达于静定之境这个阶段说，是性功；就

---

① 徐兆仁主编：《天元丹法》，中国人民大学出版社1990年版，第80页。
② 《乐育堂语录》，《藏外道书》第25册，第700页。

达到静定之后将身体观想和体验为某种物质而与宇宙本体融合为一这个阶段说，是命功。按内丹性命双修的理论，性功必达于命功而后方为修行的完成，命功必以性功为基而后其观想和体验方可实现。而就作为身心合一的个体生命言，命与性、精神与肉体在修行的任何阶段都是互相影响、不可截然分离的。所以性功与命功是一而二、二而一的。这也就是《天元丹法》所概括的："先持戒、定、慧而虚其心，后炼精、气、神而保其身。身安泰则命基永固，心虚澄则性本圆明。性圆明则无来无去，命永固则无死无生。至于混成圆顿，直入无为，性命双全，形神俱妙也。虽然，却不可谓性命本二，亦不可做一件说，本一而用二也。"[①] 就身心关系说，道教内丹理论主张先天身心合一，各自如如而不互相影响；后天身心各有其形上来源，因而不能说身为本体，心为它的作用和属性。后天身心平行而互相影响。性功作用于精神，命功作用于身体，两者互相平行，但又互相影响。心的凝聚和身的收敛互相影响对方，共同完成修道过程。达到终极圆满，即"成仙"之后，又返回身心合一各自如如的状态。而所谓先天身心合一，只是比喻的、象征的，因为先天无所谓身和心。后天的身心关系则是实然的、具体的，这一点又不能不指出。

佛教是养心的宗教，佛教修持以养心为主，所以身心关系在佛教理论中地位尤其重要。但佛教中各派对心的理解差别很大，这使得佛教的身心理论呈现出复杂的情形。如早期佛教认为，人由"五蕴"——色、受、想、行、识——和合而成，色指人的身体，其余四者属于心灵范围，指人的感受、想象、意志、理智等。人是这五种要素的组合，没有恒常不变的自性。因此不持肉体是真实的存在，心灵和精神是它的属性和作用的观念，也没有灵魂不灭的思想。原始佛教的基本理论十二因缘与此不同，它认为"无明缘行，行缘识，识缘名色"等，即无始以来的烦恼引起善恶之行业，善恶之行业引起受胎之念，受胎之念引起胎儿的身体与精神能力。人虽在出生后是身心合一的，但出生的原因却是它前世善恶之业引起的，这就等于

---

① 徐兆仁主编：《天元丹法》，中国人民大学出版社1990年版，第48页。

承认有另一个世界的精神活动存在，从而导致轮回的观念。轮回的主体是不灭的灵魂。这种思想在传入中国后曾引起有无神论传统的中国本土学者的质疑，特别是在佛教大盛于中国后，曾引发神灭与神不灭的争论。神灭论者认为心灵必依托于形体，形灭则神灭，没有永恒不死的精神与灵魂。神不灭论者认为神与形平行，神不是形的属性和功能，形有生灭，神无始无终。双方都以薪与火的关系为喻论证自己的学说。神灭论认为薪尽则火灭，以证神灭。神不灭论用火可传于异薪，比喻神可以在不同的形体流转，以证神不灭。范缜则以形质神用论证形和神不是两个独立的实体，而是实体和它的作用的关系，二者犹如刀刃和它的锋利，因此神不是不灭的。中国佛教前期所讲的身心关系多指形神关系。随着佛教在中国的兴盛和发展，身心问题的重点也转到究问心是什么样的存在，心的活动的功能、过程及最后的归宿等问题。这时候在身心二者中，身已作为心的依托者和被心带动之物置于次要位置。人们究问的中心是心，虽然承认身心一如，但身是隐，心是显，心是完全自足的、自主的存在，心可以带动身、变化身。这时心的含蕴、心的活动方式、心的完美样态及如何达到这种完美样态，是人们关注的中心。如关于涅槃的争论，佛经中有所谓"无余涅槃"，指贪、嗔、痴三惑永尽，一切烦恼永尽的状态。此时涅槃无肉身依托，唯余精神世界。而所谓精神世界也是灰身灭智，不仅肉体不存在，一切精神活动也停止了。涅槃家认为涅槃的性质是"常乐我净"，超越世俗的有无。而中观学派认为，涅槃就是万法的实相，而实相就是空性，因此涅槃不离世间。就世间而得空观即为涅槃，涅槃并非离世间的另一种实体。因此修炼的重点在世间，在对万法实相即空的获得上。

　　佛教的身心关系还表现在对"佛"的理解上。佛的本意是对最高真理的觉悟而又能觉众生，所以佛具有自觉、觉他、觉行圆满三种品格。关于佛身，一般的说法为三身说。三身一是法身，即真理本身，法身体现在一切事物上，它无处不在。其他二身报身和化身也依止于法身。在三身中，法身是最具实质意义的，报身和化身只是未达圆满之境或随机教化众生所显现之身。在《大乘起信论》中，佛的三身是依修行者的不同境界而见到的不同的佛身。如法身是理体自身，凡夫、二乘依分别事识只能见到化身，菩萨只能见到报身。修行圆满的佛才能证悟法身。在这一关系中，心是身的本质，心可以使身处于不同的形态，身只是显现心的修行阶段的工具。身心一而二，二而一，真如本体随修行者达到的证悟阶段生起不同的功用，显现不同的形态。身与心的次序和程度是一致的。

　　佛教中的身心关系随着对心的探究的深入而呈现多种面向。如从最广义的层面着眼，心可有认识意义的心和境界意义的心的区分。认识意义的心把识作为心的首要功能，如唯识学以阿赖耶识为中心概念，以对阿赖耶识和其他辅助作用共同变现的事物的形成过程和条件的分析为主要任务，以勘破这些事物的形成过程和因素而认识到万法性空为最后归宿。境界意义的心即真如、如来藏、自性清净心等，它是众生断绝烦恼证入菩提的根据，是人获得智慧的源泉，也是人要追求的最高境界。人的全部修行功夫，就在于破除无明烦恼，获得此清净本性，从而与佛性同一。

　　禅是获得这种同一的重要途径。与中国佛教的其他宗派相比，禅宗的贡献不在论究人如何形成对外在世界的执著，也不在论究外在世界的有无、真假，它的贡献在如何通过禅修而获得最后的真实。禅宗重视现世，重视自我超越，强调在有限的、相对的现实中实现永恒与绝对。它最鲜明的体现就是慧能以后的顿悟法门。顿悟法门最重视的是心的迷与悟。总的来说，认识意义的心和境界意义的心都是指向心性，心性是它关注的全部内容。它没有道教那样的羽化、飞升、肉体成仙等说法，它视肉体为精神的附属物，仅有承受、盛贮精神的被动意义。修行的阶位、得道的层次完全取决于觉悟的程度，为了获得精神上的觉悟甚至于要贬抑肉体，因为肉体是人的贪、嗔、痴三毒的主要来源。而精神上的修炼必然带动身体达到相应的状态。同时它也主张在修持实践中身与心互相促进，如禅定中身姿的特殊训练对达到定静的意义。所以佛教的理想和实际达到的结果是精神和肉体两方面都获得改变，而以精神带动肉体。这是一种特殊形态的身心一如。

　　宋明理学是吸收了佛教道教的精神资源特别是其中的修养方法，以充实、发展传统儒学而成的新的理论形态。它是入世的，它主张在人各自的具体生活中成就理想人格。它以一整套具有伦理意味的形上学作为达到理想人格的进路。理学具有一种平和的中庸的品格，它不贬抑人的身体，也不特别修炼身体，它以一种朴素的身心合一观来展开它的形上学。宋明理学家中对后世影响最大的是朱熹，朱熹的身心观在理学中最为典型。他以理气作为构成万物的基本要素。气代表事物的形质方面，理是形质之所以如此的依据及体现在形质上的理则。人禀五行之秀气而生，为万物之灵，故受气之正者通者，物受气之偏者塞者。受气正者得理亦正，受气偏者得理亦偏。他对人物同异的基本看法是："论万物之一原，则理同而气异；观万物之异体，则气犹相近而理绝不同。"① 而人之个体差异，亦因禀气之清浊厚薄不同。朱熹的心性论与他的理气论相应。在心性论上朱熹最突出的命题是"心统性情"。心在他属形而下的气的层面，性属形而上的层面，心中有性，性即理。性是情的依据，情在心上发出来，但它的根据是性。如性为仁，故发为恻隐之情；性为义，故发为羞恶之情等。心中发生的喜怒哀乐爱恶欲七情，据心统性情，也可以看作性之发，不过是气质之性中气质的发用。朱熹的四端为四德的发用的思想，是为了突出道德在人性中的决定作用，他反复讲说的性情关系是四德之性与四端之情的关系，七情在他的思想系统里占的地位并不重要。另外朱熹还有"人心"与"道心"的概念，而人心、道心只是心对于天理与人欲的不同知觉而有的分别，道心、人心属形而下范畴。在朱熹的系统中，身与心都属于形而下者，性属形而上者，他的功夫纲领是："主敬以立其本，穷理以致其知，主敬是道德涵养事，穷理是知识增进事。"朱熹以禀气说身，说人的气质脾性，以天之所命说人的性理，在身心一如的前提下，他更重视性理，重视格物活动对性理的诱发。这表明朱熹在身心二者中更重视精神、心灵的活动。陆九渊与王阳明的心学在理论重心与修养方法上与朱熹不同，在重视精神、心灵这一点上比朱熹犹有过之。

程朱陆王的学说遭到了清代前期颜元和戴震的反对。颜元要纠正朱熹

---

① 《朱子语类》，中华书局 1986 年版，第 57 页。

仅仅停留在明理上而代之以"见理于事"。"见理于事"就是反对朱熹"气力都用在册子上",而代之以《周礼》的六德、六行、六艺,《尚书》的六府、三事。他认为中国古来的学术可以说是训诂、清谈、禅学、乡愿四者作怪,这四者皆缺乏实行。所以他提倡"习行",以习行纠正程朱的致知,以"犯手实做其事"纠正程朱的格物。他尝说:"千余年来,率天下人入故纸堆中,耗尽身心气力,做弱人、病人、无用人者,皆晦庵为之也。"(颜元《四书正误》卷六)他要纠之以实事,同时以尚武强身改变"衣冠之士羞与武夫齿,秀才挟弓矢出,乡人皆惊;甚至子弟骑射武装,父兄便以不才目之"(《存学编》卷二)的局面,以纠正明代重文轻武从而导致亡国的局面。

颜元之后,戴震以"有血气,然后有心知"为他的"理存于欲"张本,反对程朱分"义理之性"与"气质之性"。他所说的性的内容就是血气心知,认为:"人生而后有欲,有情,有知。三者血气心知之自然也。"(《孟子字义疏证》卷下)在理欲关系上,他认为理存于欲,"理也者,情之不爽失也",理是情的恰到好处。这表明颜元、戴震在身心一如的前提下,更重视身这个自然生命,把身看作心的基础,心为身的功能、作用。

四 简短的结论

通过以上简单分析,我们可以说,中国历史上的大多数哲学家都持朴素的身心合一论,较少由逻辑分析推到极处而有的身心分离为两个实体的学说。他们大都在身心合一的前提下讨论身与心的互相影响;在身心二者中,大多更重视心的作用。并且因为气本论的传统,大多数哲学家将精神活动归结为气的自然作用且在修养中加入道德的、艺术的意味。这使它在整体上呈现出浑全性,对心理活动挖掘不深且将心理活动自然表显于语言和行为的现象学特点。这一特点对中国的哲学、心理、文学、艺术等有着深刻影响。

(原载《北京大学学报》2005年第3期)

中国实学的义涵及其现代架构

自从20世纪80年代中国大陆的实学研究兴起之后，关于实学的内容、实学的特点、实学主要代表人物、实学与其他思潮的界限等问题的争论就没有停止过。大多数研究者所用的实学概念仅指明清经世致用之学。本文认为，从中国古代典籍对实学内容的界定，从历史上实际发生的思想潮流的变迁来看，实学实际上是一个标志学术转型的价值性名称，不是一个有确定内容并因之与他种思潮区别开来的学术概念。它以它所贬斥的思潮或学风为虚见，以自己所认可的学术内容为实学。究其大端，中国历史上的实学概念主要包含人格修养上的实有诸己，经学上的通经致用和笃实解经学风，以及事功上的经世致用。可以概括地说，它的主要内容是修德、通经、致用三个方面。[1]

一 儒家三统并建

修德、通经、致用并重是中国传统文化最显著的特点。作为中华文化主干的儒家精神，可一言以蔽之曰修德、通经、致用。这三者各含摄丰富的内容，并因社会生活的实际需要和士人精神生活的变迁而有不同的侧重。

---

[1] 参见姜广辉《实学考辨》，载《实学文化与当代思潮》，首都师范大学出版社2002年版，第381页。

儒家在萌芽时期就非常重视这三个方面，儒家经典如《尚书》《诗经》中这类记述很多。孔子通过删《诗》《书》、订礼乐并以此为教本教授弟子，确立和加强了这三者并尊的局面。孔子既是一位伟大的精神导师、道德楷模，又是一位伟大的学问家，一位具有博施济众的胸怀和卓越政治才能的人。孔子体现了修德、通经、致用的统一。

孔子之后的儒者对此三者有不同的侧重。修德这一面在孟子这里得到了极大加强。他提出了士人的精神方向：士希贤，贤希圣；现实的修养道路：居仁由义，知言养气；应该具有的终极关怀：尽心知性知天；以及现实政治的基准：由不忍人之心推广而有的王政。孟子也精通儒家经典尤其是《诗》《书》。儒家的另一位大师荀子则在强调儒家精神方向，树立圣王和君子的人格理想的同时，极大地强调了学这一面。他提出大为宋明儒者诟病的"性恶"说，完全是为了突出后天学的重要：以学而"化性起伪"。他强调博学对解蔽的重要意义，并对子思、孟子一派片面强调德行的偏弊给予批评。（见《荀子·非十二子》）在先秦，儒家道统、学统、政统三统并建的架构已经确立，三者都是这统一整体中不可或缺的要素。

汉代自汉武帝采纳董仲舒的建议独尊儒术，儒学渐渐居于正统地位。汉儒在遵循儒家精神方向的基础上，主要发展了学统和政统。前者的突出表现就是褒崇经学，优礼通经之儒。董仲舒效法天数以设官分职的政治哲学、"三统三正"的历史哲学、以《春秋公羊》为基础的法哲学将儒家学说全面推行到施政、立法上。董仲舒以他全面实践儒家的道、学、政被后世推尊为汉代第一大儒。王充以"疾虚妄"为旗帜，以"实知""知实"的实证精神批评当时流行的"人副天数"等学说。汉代各种思潮的思想取向都表现出实证的特征。在这种实证学风的笼罩下汉儒大大发展了学统这一面。后代哲学家甚至认为汉代人的思维是科学的而非哲学的。①

魏晋玄学以老庄思想和得意忘言的方法对汉代遗留的学风形成强劲冲击，使儒家的传统和学风面貌大变。当时第一流的知识分子多蔑弃礼法，

---

① 见冯友兰《新原道·汉儒》，《三松堂全集》第五卷，河南人民出版社1986年版，第89页。

鄙视章句经生。他们以思辨方法破坏了汉人片面求实证因而不能突破狭隘经验及与谶纬术数纠结在一起的局面。当代著名哲学家冯友兰认为魏晋人最大的特点是能"经虚涉旷",即郭象《庄子注序》所谓"绵邈清遐,去离尘埃而返冥极者也"①。玄学家所达到的精神享受和辨名析理的方法在某种意义上也是"实学"。玄学家对于他们所体证到的境界是能"受用"的。这种境界不同于佛教的空和道教的虚,而是"实有诸己"的。玄学的精神方向虽然不是儒家的,但由境界的空灵所带来的精神体验和由辨名析理所带来的思维训练却是实在的。这对于儒学侧重于政治、社会问题及个人道德修养带来的知识论和逻辑学不发达、抽象思辨能力缺乏等起到了纠补作用。魏晋人的空灵和思辨对两汉人的实证是一种实学:境界上的实悟实得比起烦琐的、微末的有,思辨上的实理实学比起具体经验的狭隘、术数的框定来,仍然具有更多"实"的成分。这种实是理性的严整对于不确定的具体经验的实,概念的完善对于具体事物的不完善的实。这符合黑格尔关于思想、理性的形上性质的规定:"形而上学乃是关于思想所把握住的事物的科学,而思想乃是足以表示事物的本质的。""真正真的东西并不是在直接性中的事物,而只是在事物被提升到思维的形式,作为被思维的东西的时候。"②也就是说,思想中的、概念中的实以其全面性、深刻性、确定性比那些拘于局部的琐屑事物具有更多的"实"性。

隋唐时期中国学术以佛学为中心,除了立国宏规、国家典章制度与士大夫立身处世的基本准则之外,在一般层面上的精神活动中,佛教占极重要的地位。所谓"儒门淡薄,收拾不住,皆归释氏耳"(陈善《扪虱新话》卷十)。就佛教的基本教义说,世俗社会所执著的一切都是"贪、嗔、痴"毒,都是应该空掉的。修习佛法是最实在的,佛教所设想的最终归宿涅槃境界是最高的实。所以佛经中有那么多关于实的词汇:"实法""实相""实性""实智""实际理地"……佛教斥妨碍成佛的一切东西为虚为妄,人们

---

① 郭庆藩:《庄子集释》,中华书局 1961 年版,第 3 页。
② 北京大学哲学系外国哲学史教研室编译:《十八世纪末—十九世纪初德国哲学》,商务印书馆 1960 年版,第 79、294 页。

常识中坚信不疑的"实在",在佛教看来是最虚妄的。道教虽在教理与实际利益上与佛教有许多争执,但在认修行所得到的最高境界为最后的"实"这一点上,与佛教并无不同。

理学是在批判了佛教道教又吸收了佛教道教之后对儒家传统的回复,在这个意义上它被称为"新儒家"(Neo-Confucianism)。理学虽然被后来的批评者认为"集汉晋释老一切空虚无用之学之大成",甚至提出"千余年来,率天下人入故纸堆中,耗尽身心气力,做弱人、病人、无用人者,皆晦庵为之也"(颜元《四书正误》卷六)的极端之论,但理学中人及真正服膺理学者,却认为理学是最实的学问。北宋初著名儒家学者、理学先驱胡瑗以"明体达用"之学教授于东南,体者儒家经义,用者经世致用之学。这种教法为当时的太学所取法,并推广至各地方学校。二程尝谓:"天下无实于理者"(《二程遗书》卷三),以理为宇宙终极实在。理有体有用,非可以虚体视之。朱熹以"理一分殊"为实学(《中庸章句》序),他承续乃师李侗"吾儒之学,理不患其不一,所难者分殊耳"(赵师复《延平答问跋》)之意,认为将宇宙根本道理发用于具体事物时,将有多少实功实学!讲求理贯彻于事,就是求价值目的与实际事功的双重实现,这是儒家内圣外王、修德治世的本色。南宋大儒吕祖谦认为:"不为俗学所汩者,必能求实学;不为腐儒所眩者,必能用真儒。"(《吕东莱先生文集·对札子》)以辞章、功利、记诵之学为俗学,以修德、明经、治世之学为实学。被天下人讥为"舍先立其大全无伎俩"的陆九渊,亦箴诚学者,务以孟子"诚者天之道,思诚者人之道"为实学。并且大力提揭"宇宙间自有实理,此理苟明,则自有实行、有实事"。"平生学问惟有一实,一实则万虚皆碎。"(《陆九渊集》卷三十六《年谱》)认为理为实体,据此实理以行为实事。连与他龃龉甚深的朱熹也说他"八字着脚,理会着实功夫"(《朱子语类》卷一百二十四)。明代大儒王阳明以致良知为实学,以推致心中良知所知之天理于具体行为,改正不合理的意欲为实学,所以有"使我果无功利之心,虽钱谷兵甲,搬柴运水,何往而非实学"。"簿书讼狱之间,无非实学"(《传习录》中)的话。可以看出,宋明理学的中坚程朱陆王皆言实学，他们所说的实学，以实践道德原理于实际事务之上，完成自己的人格理想为最主要的内容。与这种"实学"相对的，是功利、辞章、记诵、释老等无关于身心性命、国计民生的事物。

明清时期有一股强大的经世致用思潮，这是学者们都承认的。这里的问题是，它是否可以独占实学之名？实学是否仅仅经世致用？明清经世思潮是否一个突然兴起、与它以前截然不同的思潮？如前所述，中国文化传统特别是儒家思想中，实学蕴涵的最主要内容是修德、明经、致用，它实际上体现为儒家的道统、学统、政统。实学的"实"字最主要的意思是实有诸己，实下功夫，对文化传承、学脉赓续、国计民生有实绩实效等意思。明清这股经世思潮可以用"经世致用之学""经世之学"等名词来代表，不能用"实学"来代表，因为这容易使人认为经世之学是实学的唯一内容；更不能把它看作一个同两汉经学、魏晋玄学、宋明理学平行的学术思潮。因为在儒家开创之初经世之学就是它的一个精神方向，它是一个从未中断的传统。它不是在明清之际才为学者们所特别强调，更不是不同于前代的独特思潮。孔子开创的儒学自始就有强烈的用世倾向。即官即师是士人之基本身份状况。后世不管官吏选拔制度发生什么样的变化，这种身份状况一直延续下来。用世倾向渗入中国文化传统中，作为一种基本价值取向、理想认同积淀下来。可以说，中国文化有一个源远流长、从未中断的经世传统。这样一个传统没有必要单独提出来加以特别强调，它更不是一个在明代后期突然冒出来的思潮。当然，人们用实学去指称明清经世思潮也不是空穴来风，这股思潮主要是针对王学末流"束书不观，游谈无根"和经学极敝、以理学代经学，及士人恣情纵欲，"鱼馁肉烂"等现状而发生的。（见《明儒学案·东林学案》）这个时期经世之学针对的弊病不是一个，而是三个。它所期许的是全面纠治儒家在修德、明经、致用三个方面的失落，而不仅仅是恢复经世致用之学以对治空谈性理。这里有必要追溯修德、明经、经世致用三个方面的发展情况以说明实学实际具有的内容和将来应该着重的方向。

二　修德

　　修德是儒家创立之后一直强调的重要方面。在记述早期儒家言行的《尚书》中，就有被后世尊为圣人的大禹的"六府三事"。（见《尚书·大禹谟》）而在"正德、利用、厚生"三事中，正德放在首要位置，说明修德在儒家思想中的优先地位。这个传统在孔子那里得到加强。孔子以"德之不修，学之不讲"（《论语·述而》）为最可忧虑之事。孔门四科中，德行居于首位。（见《论语·先进》）孔门弟子中重德这一派传衍不绝。思孟学派以仁义礼智圣"五行"为教导弟子的首要内容。孟子提出性善、知言养气、尽心知性知天等，对修德这一面作了极大发挥。荀子虽十分重视儒家学统这一面，力倡正名、解蔽，同时发挥出隆礼重法等思想，但他同时重视德行，对修身、儒行等大力表彰，力辨君子小人，贬斥俗儒陋儒。儒家虽在战国时期遭到法家、墨家、道家的非难、讥讪，但对修德强聒不舍，并使之发扬光大。汉代是儒家的基本观念从思想家的设计向典章制度、社会风俗习惯、民族心理结构全面延伸并逐步确立的重要时期，其中修德是重要内容。汉初儒者叔孙通演朝仪，对儒家典籍中的许多内容进退损益，使之成为国家仪典而正规化、经常化。这对儒家由思想学说向制度、设施方面推广大大迈进了一步。《史记》谓："叔孙通希世度务，制礼进退，与时变化，卒为汉家儒宗。"（《史记》卷九十九《刘敬叔孙通列传》）公孙弘提倡、教授儒家经典有功，白衣而为公卿。董仲舒将儒家和阴阳家合而为一，强调"王道之三纲可求之天"，主张性仁情贪，必须禁制情欲，发扬人性中的善端，并认为这合乎天"任阳不任阴"的原则。石渠、白虎两次会议，聚儒士讲论五经同异，皇帝亲临称制，并以国家法典的形式将儒家思想贯彻于社会生活的各个层面。尤其是白虎观会议形成的文件《白虎通德论》，将儒家三纲五常作为整个社会必须遵守的基本伦理准则。汉末名教废坠，名实乖滥，并未摇撼整个社会的基本道德价值。魏晋玄学以老庄思想为主干。老庄思想中的自由主义理想，对现实政治中专制强权的反抗、批判，使士人的批判意识、对现实政权的不合作态度大为觉醒，这与儒家批评政治的传统合在一起，对后世知识分子的性格塑造产生了极大影响。而魏晋时期对蔑弃礼法的批评，对不综事务、不亲实事、道德之大防毁溃崩解的隐忧与批判，也从未停止。西晋玄学家郭象调解自然和名教的关系，把道家所崇尚的"神人""至人"诠释为儒家的"圣人"，"内圣外王"的观念重新得到重视。东晋以降至隋唐佛教大盛，但精神层面的祛除黏滞和现实制度层面的遵礼守法，立身处世层面的以德检身、以礼束行毫无疑滞地存在于士大夫身上。以韩愈为先驱的理学最大的任务就是把释道逐出思想界的前台，重新确立儒家思想的主导地位，并从前期儒家的学说中诠释出一套宇宙本体论，把儒家的基本准则和核心观念放在更加稳固、更加普世化的基础上。经过宋明儒者的推阐发挥，儒家所强调的德行愈益由社会伦理规范变为宇宙普遍法则，愈益由对具体德目的理解变为心性体证。所以理学家多清苦自立、"五更枕上，汗流泪下"而得者，严正峻拔的程度愈益加强。对修德的重视至理学而达于极致，同时对腐儒、陋儒的偏执导致的弊病的批评也至此而极。（见戴震《孟子字义疏证》）

  以上的简单追溯要说明的是，以儒学为主干的中国传统文化有重视修德，以德行为一切事为的根本，德行的树立会统领、带动具体事为的完成这样一个传统。在精英知识分子所代表的主流文化中这一点尤其明显。这个传统曲折地折射出价值理想对中华民族凝聚民族精神，巩固农业宗法社会的政治经济结构，抵御外族入侵，延续文化慧命所起的巨大作用。但其中隐含的泛道德主义对知识的贬损，以及由此形成的重文轻武、重形式轻内容、重动机轻效果等弊端，也是显而易见的。尤其西学输入中国之后，在西学的比照下，更形其不足。这些方面论者提出甚多，这里只指明，作为实学要素和重要内容的修德传统在中国历史中是源远流长的，其影响无孔不入。所以在实学中遗落它、疏远它都是不正确的，以为实学只包括经世致用更不是允当之论。

三 明经

儒学的另一个特点是靠经典文献保存、传播、发挥其思想。儒家是最早的知识分子，他们熟悉古代传下来的典章制度。周公是周代各种制度和设施的制定者，孔子以古代文化的整理者、传承者自命，在周公的基础上，对记述和阐释古代文化的六经进行删削和审定，奠定了儒学的精神方向和文化内核。孔门后学以文献自任者居其太半。孟子"言必称先王"，议论多引《诗》《书》以自重。荀子尤重六经，教弟子必以《诗》《书》。秦汉之际的儒者，以荀子后学为多。在暴秦之世，儒者为保存儒家文化传统，不惜携礼器投奔陈涉这样的乌合之众。汉代，儒家经学大盛。汉武帝立五经博士，优礼特甚，但武帝、宣帝皆兼好刑名，不专主儒学。经学今古文之争自西汉经学确立之后即有之，一直绵延到清末，经学的盛衰同国运的兴替相终始。就学风而言，今文经学侧重于经的"微言大义"，古文经学侧重于经的章句训诂。西汉今文家治经，不仅发挥其义理，而且特别重视通经致用。清代经学家皮锡瑞说："武、宣之间，经学大昌，家数未分，纯正不杂，故其学极精而有用。以《禹贡》治河，以《洪范》察变，以《春秋》决狱，以三百五篇（按即《诗经》）为谏书。治一经得一经之益。"[①] 当时治经贵精专而不贵博杂，治经的目的在致用，所谓"以经术饰吏事"。以此反观东汉章句训诂之学，可谓"分文析字，繁言碎辞，学者疲老且不能究其一艺"[②]。但王莽托言符命为自己是天授之帝王作证（见《汉书·王莽传》），刘秀用图谶证明自己为圣人之后，由是宣扬图谶（见《后汉书·刘秀传》）。"上有好者，下必有甚者。"谶纬之学于是盛行天下。古文经学的传注解说一途至东汉达于高峰，《汉书·儒林传》谓："自武帝立五经博士，开弟子员，设科射策，劝以官禄，迄于元始（汉平帝年号），

---

① 皮锡瑞：《经学历史》，中华书局1959年版，第90页。
② 刘歆：《移让太常博士书》，转引自皮锡瑞《经学历史》，中华书局1959年版，第90页。

百有余年。传业者寖盛，支叶蕃滋，一经说至百余万言，大师众至千余人，盖禄利之路然也。"但后汉取士，必经明行修之士，不但重其经术，也重视其德行，故特褒崇能实行经义之人，对当时风俗习尚影响极大。明清之际思想家顾炎武甚至认为："三代以下，风俗之美，无尚于东京者。"（《日知录》卷十三"两汉风俗"条）东汉经学不同于前代者，在前汉多守一经，而后汉则一人治多经；前汉经学家守前人之经文，较少传注发挥，而东汉经学家则释注、发挥经文者甚多。至郑玄集其大成，遍注诸经。这种风习为后来经学诠释学开了先路。以经学为主，其他学问皆附经学以行的传统逐渐形成。经学对当时士风影响极深，并浸淫到其他方面。经学可以持国政，可以励士志，可以动风俗，可以移人心。经学发生的作用，在两汉可谓极"实"。但其流弊遂亦产生。其最大的流弊在于立门户壁垒，师法之下复分家法，所谓"经有数家，家有数说，学徒劳而少功，后生疑而莫正"（《后汉书·邓玄传》）。经师务以新奇自炫，多骋异说，于是穿凿附会之弊丛生。

经学至南北朝时期为分立时代。此时因经学自身的传衍及佛学对它的影响，遂有南北不同的学风。《北史》云："南人约简，得其英华；北学深芜，穷其枝叶。"（《北史·儒林传序》）南学受玄学熏染最深，扫去汉代以来经注之繁，学风简约明朗。北朝受玄学影响甚少，多沿后汉以来注经之习，以郑玄为宗。至隋统一中国而经学亦统一。北人说经之风反为南人折服。因为晋南渡之后，大家世族皆归南朝，衣冠礼乐、文采风流素为北人所羡仰。又加以南人善谈名理，说经增加许多华辞丽句，又可雅俗共赏，合于人欲向简约而厌弃质朴与专深的性向。所以南朝学风遂为经学的主流，北朝所宗仰的郑玄学至此一大跌落。

唐初孔颖达奉诏集多官撰修的《五经正义》是经学统一的标志性成果，对后世儒学发展之影响极为深远。此书保留了大量汉代经学的材料，并且是唐初至元代以朱子学为科举标准之前儒家经学的圭臬。唐以后科举大盛，科举贵新奇，忌俗弱，故经学之士多变古以趋合时风。宋代渐开以己意说经之风。其最著者，如王安石说《周礼》，程颐说《易》，胡安国说

《春秋》，科举为之转移。宋人亦开后世疑经之风，驯至改经、删经、移易经文以就己说①，此为明人鄙弃经典的先导。清代经学可分三期：前期沿袭明代经学余波，汉宋兼采，义理考据并重，取汉唐注疏及宋明人注释而加以折中，不守门户，唯以求实求真为务。乾隆以后，以惠栋为首的吴派和以戴震为首的皖派，以精确的考据和文字训诂，用科学的逻辑方法治经，经学达于全盛阶段。此时全以汉学为主，鄙薄宋学。其治经特重家法，各为专门之学而不杂。在搜辑遗佚，校勘古书，及文字音韵等方面造诣尤高。前人有谓清代经学凡三变：一为清初之汉宋兼采，二为乾嘉之汉学专门，三为嘉庆、道光之后今文学复活，以经术变国政。第三阶段龚自珍、魏源最著名。至康有为以今文经学尽翻古文经学，以古文经学所守之经为刘歆欲助王莽篡汉而伪造，孔子造作六经为托古改制。此时经学与政治的关系最为直接。

通过以上对经学历史的简略追溯可以看出，经学作为各时代学术的依凭，影响着各方面的政策和知识分子的思想取向。经学在各时代的变迁，就是该时代学术思潮的浓缩表现。经学与各时代学术思潮所折射出的主要问题相呼应。经学是一切学问的基础，于国家政治、经济、文化教育所关甚大。经学在哪种意义上都不是虚学，它是中国实学不可分割的部分和不可缺少的侧面。通经与修德、经世致用共同构成中国实学的主要内容。

四 经世致用

经世致用是中国传统文化的基本取向和特点，它是由中国古代官吏制度、取士制度、士人经济和文化上的身份角色等决定的。中国是一个以中央集权的大一统为主要政权形式的国家。自秦统一中国后立郡县，地方官吏的全部职责就是代表最高统治者治理管区的百姓。从公卿到普通官吏，除了官和民之外没有其他阶层。知识分子都是靠居官牧民取得俸禄，他们

---

① 见皮锡瑞《经学历史》，中华书局1959年版，第264页。

的身份是即官即师，秦以后就再也没有出现过"不治而议论"的知识阶层。知识分子关注现实，他们做的一切都和经世有关，缺乏纯学术的传统。为取得做官资格而进行的考试，内容除儒家经书之外就是关于治国的才略。中国知识分子只有出仕和隐逸两条路。而隐逸是出仕失意之后不得已的选择，并且又有"大隐隐于朝市，小隐隐于山林"之说，认为居官牧民而心存高远，去除粘滞就是隐者。理学所谓"不离日用常行内，直造先天未画前"就是这种观念的写照。士人长期的入世浸染和整个社会对士人的期许、士人自身的角色意识都使他们把"得志行道"作为立身的正途。所以经世致用是中国文化一个源远流长从未中断的传统。对经世的特别强调也不是突然出现于明代中后期。明代中后期对实学的呼唤完全是出于批评阳明后学的需要。但大声疾呼、批评阳明后学的浪潮最为高涨之时，并不是经世致用传统废堕、中断之时。批评阳明后学"束书不观，游谈无根"主要针对的是学风而非仕风。此时并未出现如裴頠《崇有论》指斥的居官不亲事务、心骛虚无那种情况。王学末流的学风也不是明朝后期国势不振、积重难返终至亡于异族的直接原因。顾炎武曾有"三王误国"之说①，王阳明为其一。顾炎武要总结明亡的教训，提倡健实诚朴的学风，由批评王阳明弟子的空疏而上溯到王阳明。但他认为王阳明学术误国却是提掇过重。王阳明一生笃实精进，充满实践精神。刘宗周说他"即知即行，即心即物，即动即静，即体即用，即功夫即本体，即下即上，无之不一"（《明儒学案·师说》王阳明条）。就是说他的致良知之学合知识与实行为一，下学与上达为一；既重视先天良知的本体的挺立，又重视后天致良知的切实功夫。他的学说对于朱熹重视格物穷理的知识性取向和陆九渊"先立乎其大"强调尊德性的趋向是一种中和，一种纠正。②王阳明自言："某于此良知之说由百死千难中得来，非是容易见得到此。"③王阳明一生波澜壮阔，极具

---

① 指东晋玄学领袖王衍，北宋颁《三经新义》的王安石，明代倡良知之教的王阳明。见顾炎武《日知录》卷十八"朱子晚年定论"条。

② 见拙文《王阳明致良知中道德理性和知识理性的结合》，载北京大学《国学研究》第五卷，北京大学出版社1998年版，第97页。

③ 钱德洪：《刻文录序说》，《王阳明全集》附录，上海古籍出版社1992年版，第1575页。

传奇色彩，具有多方面的学养和数次性命交关、生死搏斗的经历。王阳明之学不玄妙、不虚浮，于平实中见光彩。王阳明同时的学者对他蹈险出幽的经历皆知之甚悉且赞扬有加。阳明殁后，他的弟子主要沿"悟本体即功夫"和"功夫所至即是本体"两条路发展，可称为"先天正心派"和"后天诚意派"。后天诚意派认为先天良知不可径任，须经后天诚意格物、归寂主静等切实功夫，推致到事物上的良知才是可以恃任的。而先天正心派着重王阳明晚年"推致吾心良知所知之天理于事事物物，则事事物物皆得其理"（《传习录》中）的致良知教。这一派中泰州、龙溪直任先天良知，当机直行，培育出了颜山农、何心隐、李卓吾等特立独行之士。他们的贡献不在经学，不在理学，而在以自由思想抗争现实。他们也是"实学"，也发生了耸动当时、影响后世的结果。对他们的批评多是从勤谨治经的立场对不重书本、着重实行的人的讥切。从思想史发展的历程，从多元文化、学术宽容的立场看，这派人的思想和实践代表着实学的一个重要方面。

  从更广阔的背景看，明中期以后市民阶层的勃兴和科学技术向社会下层传播应是经世思潮兴起的主要原因。明代是中国历史上近世化最为广泛、最为迅速的时期。所谓近世化是指由于技术的进步特别是工商业的发展，城市规模比前迅速扩大，市民生活成了整个社会注目的中心，社会生活由以官僚士大夫为中心向以市民为中心过渡。传统的农业社会的基本架构虽仍然保留，但已受到市民社会的强大冲击，整个社会重心下移。普通市民的价值观念、性向喜好逐渐为全社会认可甚至欣赏。俗文化的强大，释道山林气的减杀，理学向全社会渗透，三教融合的趋势强劲等，都使明代文化呈现俗世化、大众化、功利化的特点。这一点使经世之学与市民社会所张扬的实事、实利、拒斥玄虚与不近人情等习尚相吻合。明代经世之学虽有其特点，但不能把它作为实学的唯一内容。① 当代著名哲学家，新儒学的代表人物熊十力就曾指出："实学一词，约言以二：一指经世有用之学言。

---

① 因此之故，学术界通行的以经世之学为实学的观点，其实学的起始点在何处就颇不易确定。有的著作以罗钦顺起始，显得很突兀。

二，心性之学，为人极之所由立，尤为实学之大者。"[1] 在熊十力看来，心性之学不仅是实学，而且是比经世之学更为重要、更为根本的实学，原因就在于，经世之学是心性之学的内在含蕴、内在要求和自然拓展、自然开出。从多元文化的立场看，从中国实学的历史发展看，这个说法是有相当道理的。

五　未来实学的结构

基于以上对实学的回顾，本文认为，"实学"这个概念不应仅指明清时期的经世致用之学，而是应该包括中国学术的中坚修德、明经、致用三个方面。这三个方面实际上代表中国的道统、学统、政统。这三个方面都是实学，都是中国传统文化命脉所系，都可对中国的未来发展有巨大的借鉴作用。但这三方面应有一个间架，以此间架定出中国实学的内部结构，使它不因侧重于一方而有所偏颇，收体用兼赅、本末会通之效。

在这个实学结构中，应以修德为统领，以明经、致用为辅翼。为什么要有这个架构，这首先是因为实学不仅是人现实生存的需要，而且更是人的未来发展的需要。在新的时代条件下，应该重新考虑实学之名所应涵盖的内容，不能再沿用旧的实学格局。新的实学应该是有内部架构的，应该能对人的全部活动、对人类文化的主要价值有所说明，有所诠释。

在这个架构中，修德是它的统领。修德不仅仅是所谓遵守道德规范，讲道德，而是指全副人格的养成，整个精神境界的提高。一般所讲的道德修养只是进入它的门径，不是它的全部，因为它加入了对世界、人生的觉解和体证，它最后指向的是孟子所说的"上下与天地同流"，程颢所说的"仁者与天地为一体"的境界。它是对精神境界的追求，不是对俗世的被动适应。它是理解的，不是信仰的；它是对终极目的的寻求，不是某种具体心境的获得。它是超越的，但它不是宗教。它是我们一切活动的指导，这

---

[1] 见熊十力《读经示要》，上海书店出版社 2009 年版，第 218 页。

种指导不是发布具体指令,而是由修德得到的精神境界对自己的行为的自觉范导。这个方面中国的儒释道三家尤其是儒家给我们留下了丰厚的遗产。

修德是终极关怀,超越世俗的一切利益和价值,但它又是指向现实的,对明经和致用有指导意义。它的指导意义在于:它为人的一切活动规定价值目标,防止人们的行为逾越价值目标而对人类的总体利益和长远利益造成危害。并且它在实施这个总体目标的过程中,为实行者注入了活力和动力。具体说它决定人应该寻求什么样的"学"和"政",并在某些情境下驱迫人们自觉地去求"学"与"政"。就这方面说,修德是最大的实学。它貌似玄虚,却在不知不觉中浸润、熏陶、规范、引领着实现具体目标的人。它在虚无中发挥着最实在的作用。它是实学不可少的内容,它是在现时代杜绝单向度的人,杜绝理智发达而精神贫乏,杜绝工具理性膨胀而为己之学萎缩,杜绝只追求俗世利益而忘了人的安身立命等现代弊病的救治之方。但它又不是后现代主义的,后现代主义是对现代的消极反抗,它却是借助传统资源对现代的积极改造。它不是不要规则,而是在精神价值的指导下利用积极的规则达到理想的生活状态。它对传统不是解构、颠覆和批判,而是合理地吸取。它也不像西方前现代社会以宗教取代和抹杀其他价值,而是在普遍尊重其他价值的情况下对人的精神境界和德性目的的特别尊仰。它不是以价值来对抗理性,不是用个人精神境界来取消普遍道德原则,更不是以玄想的、形而上的精神世界来消泯整个社会普遍遵行的理性基础。所以,它虽然和后现代主义在反对现代社会中人的异化方面有共同之处,但它绝对不是后现代主义。

修德在中国现阶段的话语系统中还应有一个特点,这就是,它在对传统的强调中同时重视现代化。中国在现代化的道路上一直步履迟缓,它还没有充分现代化就与来自西方的反现代化思潮纠结在一起。现在中国的现代化从政治、经济到军事、文化教育还远未完成,还应该向着现代化疾走。同时在现代化中不要重蹈西方已经走过的歪路。要清醒地意识到,若说中国没有达到现代化是一种不足,那么中国是"不足"的不足,而不是"超过"的不足。这同时也表明,建构新的实学,在作为价值统领的修德方面还有许多工作要做。我们对"实学"的研究只是开了个头,创获并不大。

在明经方面,实学最大的责任、最多的工作在利用传统资源来传承文明,守望精神家园。中国是有数千年灿烂文明的古国,中华文明的成果,尤其精神文明的成果,一是保存于古代遗留下来的典籍中,一是保存于民间的礼仪、风俗、习惯及各种民间文化中。尤其是保存于历代典籍中的文明,作为中国优秀文化的集中体现,数千年来深刻地影响着中国历史的各个方面,一直是培养民族精神、传承民族文化、凝聚民族意志的重要载体,在当今经济全球化、政治民主化、文化多元化的时代,必须大力弘扬民族文化,创造性地转化传统资源,中华民族才能保持自己的民族特性,不被强势的西方文化吞没,并对世界文明的发展做出贡献。中华文化必将在未来世界多元化和一体化并存,民族的和世界的并存,和平发展,各极其至的格局中大放异彩。因此,实学的内容中对传统文化的研究和创造性诠释是必不可少的。

在具体内容上,儒家古典学统的内容可以分成相互关联的五部分:诗、政治、社会、历史、形上学。[①] 在这五部分中,诗给人冲淡的胸怀,高尚的意趣,它代表人对精神家园的守望,它使人远离鄙俗、骄吝,在俗世中保持心灵的纯净。政治和社会使人面对现实,在社群生活中实现人间情怀。读史使人有历史智慧和文化精神,在对历史的观照中更通透地理解现实人生。对形上学的理解和体知则可以使人超脱经验的束缚,在现世中求超越,在形上形下的贯通中求自家的安身立命之处。古典学统的这些内容可以为现代人的精神生活提供有价值的资源。

现代社会是科技所代表的强势文化销蚀、通约其他文明门类的时代,人们愈益变得单向化、物质化、实利化,意趣萧索,身心疲惫。"人,诗意地栖居"成了奢侈的梦想。找回原本属于自己而今被物化了的心灵世界成了人们愈益强烈的愿望。因此,在传统文化的丰厚资源中找寻适合自己的

---

① 参见杜维明《道学政——论儒家知识分子》,钱文忠、盛勤译,上海人民出版社2000年版,第5页。

内容，是现代社会中实学的主要内容。在当前的文化创造与革新中还要特别注意吸取西方文化中的原创精神和为科学而科学、为艺术而艺术的精神，克服中国传统思想中笼统、浑融、思辨性较弱等特点。尽管中国学术的诠释学传统有许多值得保存和发扬的地方，但以其他学问为经学附庸这一点必须改变。还有，必须弱化直至完全取消意识形态对学术的影响，鼓励独立思考，一空依傍的原创性研究成果。这是明经这一实学内容在未来阶段的发展方向。

在经世致用这一方面，未来实学的着眼点应该放在新的政统的开出这一点上。在科技一统化的今天，政治作为设立国家、组织政府、管理人民的机构，从具体职能到组织架构都科技化了，政府工作人员成了管理方面的专业技术人员。对政府的监督也越来越不诉求于价值目标，而以功利为标准。知识分子因忧国忧民、以天下为己任而有的对政治的批判功能愈益退化萎缩。中国士大夫本有政治批判的传统，世人也将对政治的批判看作知识分子的一个显著特点。在政治职能愈益科技化，管理人员愈益技术化的今天，知识分子更应该继承批判政治的传统，为社会正义而大声疾呼。但要使这种批判针对的是政治制度和施政措施中的缺陷而非执政者个人。这是经世实学在现时代的内容之一。

经世实学在政治上的另一个重要内容就是民主制度的建立。民主是一种关于国家的基本理念，更是一种实际运作中的制度性建设。民主有多种形态，民主制度本身也有许多弊端，但民主制度在现阶段仍然具有比其他制度更多的优越性。民主作为政治理想在全球化和多元化时代已经越来越多地得到不同社会制度下的民众的认同。中国未来的民主模式应能保存民主制度的基本原则又适合中国国情。民主制度是西方政治文化的核心，这方面中国传统文化中资源较为缺乏，因此应当大量吸取西方民主精神和民主制度的精义。但中国传统中的"内圣外王"精神在经过创造性诠释以后，可以作为我们关于政治理念的一种有益补充。

内圣外王是儒家的核心观念，它代表儒家关于人格修养和从事具体活动之间的关系的基本意向。它的本义是内有高度的德性修养和知识储备，外有经世济民的功业。在现时代内圣外王观念若加以圆融的理解，可以说，它代表一种人格类型而不是实际活动。这种人格类型强调离开人的现实作为的修身明德是不完整的，同时强调人的现实作为是在道德修养所造就的独立人格和对现世勇于担当精神的基础上成就的。它不同于主要从个人义务和现实利益考虑而对政治社会问题负有责任这种立足点。它综合了群体性与个体性，容易消弭个人主义与集体主义的对立。特别是在现代社会科技宰制一切，笼罩一切，规约一切，社会组织的各个层面变得技术化，人的整个活动变得单向化，忽略生命深层含蕴从而造成人精神偏枯、意趣单调的现实下，更有补偏救弊的作用。它透显出的观念是，政治活动乃至人的一切活动都应该在价值目的的制约下，都应该是人文理想的合理推出和应有表现。这是用人文精神作为核心观念去设想和规范政治活动、社会活动。这是经世实学作为传统资源的重要方面对现代社会所能有的补益。

以上是对实学的历史回溯和它对现代社会可能有的借鉴的粗略说明。值得注意的是，它对中国学术界通用的"实学"概念和内容实际上是一种解构和扬弃。它不是单用经世之学来涵盖实学概念，而是对中国传统文化的特点、对各时代思想家所说的实学内容进行综合概括，指出它应有的含义，并且指出单面的"实学"概念在历史上的不相应和它对现代社会可能造成的偏颇。这就从根本上消解了传统的实学概念，而将它推广到现代人的活动所应有的内容上来。这或许是现代实学研究的一个新的视野和界域。

（原载《北京大学学报》2003年第6期）

儒家文化的精神与价值观

儒家是中国文化的主干，在中国数千年的文明史中，儒家思想深刻地影响了中国的政治、经济、军事、文化、教育各个方面，对塑造中华民族的民族精神和民族性格，起了关键性的作用，对东亚各国的文化也产生了巨大影响。最近二十多年来，由于亚洲四小龙及其他东亚国家显著的经济成就，儒家文化越来越多地引起世界的关注。儒家文化对东亚经济的作用，越来越成为人们普遍感兴趣的问题。儒家文化的精神，最重要的有以下几点：一是道德理想主义，二是普遍和谐观念，三是自律原则和内在超越。儒家文化的价值观，则以"三不朽"为集中体现。

一 道德理想主义

所谓道德理想主义指以道德完美为人生的最高价值、最高追求，完成道德人格是人生的最后归宿，建立功业以道德修养为基础。在哲学上，道德理想主义把道德性作为宇宙本体，作为宇宙间一切事物体现出的性质。先秦儒家的著名文献《易传》说："天地之大德曰生"，"日新之谓盛德，生生之谓易"。生生不息是宇宙的自然法则，也是道德原理，是儒家最主要的道德范畴"仁"的形上根据。儒家创始人孔子提出了一些道德项目，但没有对这些项目作哲学学理上的发挥。孟子从人的现实心理感受、心理经验方面论证了道德的本原地位："人皆有不忍人之心"，"人之有四端也，犹其有四体也"，把道德作为人本有的属性，人区别于禽兽的根本特点。先秦儒家的另一位大师荀子提出"隆礼""重法"的主张，把道德作为政治纲领和立国根本，强调士君子的修身是施政的基础。《中庸》提出"天命之谓性"，把宇宙的普遍法则"道""天命"和具体事物联系起来，认为人性、物性是对"道""天"的获得，它有自然的和道德的双重含义。《大学》提出"三纲领，八条目"，以格物致知为人格修养的最初步骤，以正心诚意为修齐治平的前提和根据，以"止至善"为修养的归宿。先秦儒家的这些思想是后世儒家普遍奉行的原则和致思方向。

两汉是儒家经学占统治地位的时期。这一时期儒家和阴阳家结合，以阴阳五行为架构为范型笼罩一切方面。如把儒家"五常"和五行相配，使儒家的伦理纲常立于阴阳五行的宇宙图式之上，道德理想主义罩上了一层实证的外衣。董仲舒认为天是人的范式，人是天的副本，因而"人副天数"。天的最根本属性是道德："天，仁也。察于天之意，无穷极之仁也。人之受命于天也，取仁于天而仁也。"（《春秋繁露·王道通三》）人的道德性是摹画天、效法天而有。《白虎通义》则把"三纲六纪"等基本人伦规范和天地相比附："三纲法天地人，六纪法六合，君臣法天，父子法地，夫妇法人。"（《白虎通义·三纲六纪》）魏晋隋唐时期，是老庄和佛教占统治地位的时期，但这一时期的政治制度、人伦规范及民间礼俗，仍以儒家为主。即使在思想理论界也是三教并行、三教融合。"以儒治国，以佛治心，以道治身"是当时士大夫普遍奉行的观念。唐代中期以后，韩愈、李翱提倡儒家道统说、复性论，力图恢复儒家的独尊地位，将佛道逐出思想舞台。宋明时期，占统治地位的学术思潮是理学。理学批评佛教、道教，又吸收了其中的理论成果。理学从天人一体的角度，论证了道德的本体地位，对人的本性、人的行为原则、人存在的意义、人格理想及达到理想人格的途径等方面，进行了全面阐发。道德理想主义取得了完备的形式，对后世产生了深远影响。周敦颐、二程、张载、朱熹、陆九渊、王阳明、黄宗羲、王夫之这些最著名的理学家，其理论基础皆是道德理想主义，着眼点皆在天人性命。其论述范围贯穿哲学、经学、史学、文学各领域。明亡后，由于异族统治，实行高压政策，加上理学本身的弊端，儒学主流演为乾嘉朴学，主要用力于古代典籍的整理及文字训诂、考证、声韵等技术性工作，义理之学居于非主流地位。清末以来，由于受列强的侵略，中国先进的知识分子从救亡图存的大计出发，主要着眼于政治哲学、东西文化之争等方面，一部分知识分子意识到中国科学技术、政治制度不如西方，从而追寻中西思想所以不同的原因，儒家思想日益退绌。特别是"五四"以后，知识界受到丧权辱国的刺激，认为中国的败亡主要是数千年来的封建文化作祟。儒家文化中的专制主义、家族主义、封闭自大、泛道德主义等是最大的祸根。要扫除数千年封建文化的影响，必须批判封建文化的主干和灵魂——儒学。其间虽有一部分学者认同中国传统文化，主张保存、发扬传统文化中的优秀成分，亦难以挽救既颓之波。自此，文化论争中的自由主义、西化派逐渐占了上风。至三四十年代，一批对中国传统文化有强烈的承续意识，主张对传统文化返本开新的学者，将传统文化与西方文化的某些流派相融合，创造出了新的哲学理论，这些学者主要有熊十力、梁漱溟、冯友兰、贺麟等。20世纪50年代末期以来，中国台港的学者唐君毅、牟宗三、徐复观等人及一批海外学者，出于对中国传统文化强烈的担当意识，继续用西方文化融会、阐释中国文化特别是儒家文化，意欲为中国文化寻求现代出路，并用于救治西方文化出现的弊病。这就是"现代新儒家"的兴起。新儒家学者虽然学术背景不同，立论亦各异，但他们都主张保存儒家文化的基本价值，力图在现代社会工具理性宰制一切、价值理性低迷、道德理想沦丧的情形下，为儒家争一席之地，重新确立道德人格的至上地位，摆脱人为物役、往而不返的局面。

儒家道德理想主义把道德性作为人之所以为人的本质，作为宇宙本体，并从中推演出许多相关的意义。何为人，古今中外思想家给了无数答案。儒家的答案是，人的道德性是人的本质特征。儒家从这一点深刻挖掘人的内涵。儒家认为人性是善的，人性之善不仅可以从形而上的层面得到说明，而且可以从现实的经验层面找到根据。人有身和心两个方面，人的肉体，具有一些最基本的物质欲望。但人最本质的是心，心是高于身的。《中庸》认为"天命之谓性"，人性是天道的体现。人的道德修养在于遵循自己本来具有的善性去实践、去扩充。在道德实践中，把心中原本微弱的善端修养成广大坚固的势能积累。性善论是儒家特别是宋明理学的主流，荀子的性恶论遭到摒弃。从性善论出发，儒家认为，从人的本性说，人是应该有所作为的，不应该像道家那样退处山林，离群索居，追求个人身心的安适。人应该刚健有为。《易传》说："天行健，君子以自强不息。""地势坤，君子以厚德载物。"人应该效法天地，刚健不息，积极有为，同时厚德载物，辅相化育。儒家认为道德修养是建功立业的前提，具备了充分的道德修养，才能做出丰功伟绩。而功业从主体说是道德人格的完成，从客体说必须是博施济众的行为。儒家的重要典籍《大学》提出的成人之道是格物、致知、诚意、正心、修身、齐家、治国、平天下。这一成就人格的全过程，是以道德为根干，以功业为道德的推扩和结果。格物致知的目的，一方面是掌握具体事物的知识，给人的功业以知识基础；另一方面是为了认识体现在事物上的天理，以增进道德。前者是"见闻之知"，后者是"德性之知"。"德性之知"在价值上高于"见闻之知"。

儒家的道德理想主义推广到社会政治方面，就是以德政、仁政为政治的最高典范。这是儒家政治哲学的第一要义。孔子说："为政以德，譬如北辰，居其所而众星拱之。"（《论语·为政》）以仁德为治国的最高原则。孟子的理想政治是"不忍人之政"，而"不忍人之政"是"不忍人之心"的推扩。荀子一方面隆礼，一方面重法，以道德和法制为治国最重要的两个方面，但仍以仁义为最高原则。他说："用国者，义立而王，信立而霸，权谋立而亡。"（《荀子·王霸》）宋明理学的理论重点转至宇宙与人生的关系及心性体验上，理学家皆以为国家的指导原则与宇宙的根本法则是一致的，德政是"万物一体"根本法则的体现。在施政措施中，儒家强调给人民以实际利益。在义和利发生冲突时，要以利服从义。在君臣关系上，孟子认为君臣是一个共同体中不同位置的成员，君臣关系是相对的，君视臣为手足，臣视君为腹心；君视臣为草芥，臣视君为寇仇。宋明理学强调君对臣的绝对统御关系，但认为忠、节等道德行为是自己的义务和责任，非为一家一姓的私利。明清之际的黄宗羲对封建皇权及其政治制度、法律制度进行了深刻批判，提出"天下之治乱，不在一姓之兴亡，而在万民之忧乐"（《明夷待访录·原臣》）的著名口号。儒家政治哲学的另一重要特点是，既重视夷夏之辨，又重视用中华文明教化周边文化落后的民族。重视夷夏之辨，意在防止中华文化为其他文化所同化、所吞噬。一旦少数民族入主中原，文明程度低的民族占据国家统治地位，夷夏之辨又是号召推翻异族统治的思想纲领。儒家既重视夷夏之辨又重视教化周边民族，就是反对武力征服，反对杀戮、驱赶，主张与周边民族和平共处，承认在文化多元的基础上共跻先进文明。这就是儒家"用夏变夷"的精神。中国数千年的民族政策受儒家这一思想影响很深。

儒家的道德理想主义在现时代有很重要的意义。这是因为，世界范围内以工业文明、城市文明、西方发达国家的价值标准为主流的发展方向在现时代遇到了挑战。20世纪是科学技术飞速发展并在各个领域取得辉煌成就的时代，在思想文化方面，科技的巨大成果使人们形成了一种价值观念：科学技术所用的思维方法是唯一的，是最正确、最有力的，科学技术可以解决人的一切问题，包括意志、情感、观念取向等精神领域的深层部分。人们对物质利益的崇拜也达到了新的高点，意义、价值、人的全面发展等方面迅速褪色。"分析的时代"的思维方式主宰着各个方面。单向度的、只注重物质利益、注重身体感官的满足、忽视人的精神享受的思潮弥漫于一切方面。人的生命殖民化了。人的生活越来越多地背离了多样化与诗意，人的心底被物质利益驱使而四处驰骛，找不到自己的精神家园。人与人在心灵深处的沟通成了难事，人越来越变成了物化的存在。西方哲学人文主义各派对人的非科技理性因素的寻求，倡导找回真正的人，都是对这一主流思潮的间接的、曲折的批评，对理想人生的企盼。西方思想家中的一部分有识之士，拨开西方中心论的层层迷雾，到东方哲学中寻找救治西方乃至整个世界弊病的药方。中国儒家学说的某些方面，如重视德性，重视人的全面发展，重视人生的意义和理想，强调人和人、人和环境、人自身的身与心、肉体生命与精神生命的和谐，主张科技理性和道德理性二者的和谐统一等方面，可以作为正在高涨的全球性文化保守主义思潮的一支力量，对科技理性迅速膨胀、人文价值失落的现实有所匡正救治。

二　普遍和谐

儒家哲学的基本精神之一，便是"和"的观念。"和"包括自然界本身的和谐，人与自然的和谐，人与人的和谐及人自身的身与心、肉体生命与精神生命的和谐。普遍和谐的观念来自"天人合一"。"天人合一"是儒家从先秦到宋明以至现代一个重要理论特点。天人合一不是把人所居的自然界仅仅当作征服的对象，对它无限地索取，也不是把它当作神灵的创造和启示加以崇拜和敬畏从而在它面前无所作为。儒家论证天人合一有不同的角度，有的认为天人皆气所构成，人与天"混然中处"因而"万物一体"（如张载）。有的认为天和人皆是宇宙根本原理的表现者因而人理即天理，人可以从天理反观人理，从人理反观天理，天人不二，天人合德（如二程）。有的认为天是人的价值源泉，天给人以性命之理，因而"人是天地的心"（如陆王）。有的认为天地是人物质生活资料的来源因而人对天地万物必须善加护持（如荀子）。论证虽不同，但中心义旨是人与天和谐相处，人从天获得生命意义、价值意义。

在儒家看来，天本身是和谐的，《易传》有"保合太和"之说，即认为天是一个和谐体，天道的运行、四时的代谢、万物的生化等出自它们本身的必然性，按着自己固有的规律运作。从宇宙宏观的角度看，天地万物处在一个和谐的共同体中。《中庸》说："万物并育而不害，道并行而不悖，大德敦化，小德川流。"这就是"诚"，诚即万物按照自己的规律运行而整体呈现和谐。这里突出的是，作为宇宙成员，万物（包括人类，人类中的各人种、民族）平等，万物按自己的规律运作，整个宇宙是一个多元和谐体。

人与宇宙也是和谐的。《中庸》以中和为天地之大本达道，《易传》认为人应该"与天地合其德，与日月合其明，与四时合其序，与鬼神合其吉凶"。汉儒以阴阳五行配宇宙间一切事物，将人与天纳入同一框架中。董仲舒认为人是天的副本，人的一切都是效法天的，包括人的生理结构。其中心意思是，人与宇宙是一个和谐的整体，一个系统。人的活动应遵从宇宙的规律。这对今天人对于自然资源过度开采，人过分地从自然索取而不顾其内在和谐，从而造成自然资源的匮乏、环境的破坏、人的生存环境恶化等，都有警戒作用。

人与人的和谐，是儒家思想的重点。儒家的核心三纲五伦，就是在承认社会等级制度、承认人的位分的差别上，调和人与人的关系。孟子反对墨子的兼爱说，认为他否定了人实际上存在的差别，亲疏厚薄皆平等相待，是一种不合人的人伦亲情原则的偏颇之说。儒家承认人与人的社会差别，但认为人在人格上平等。宋明理学强调人的位分，人在不同的地位有不同的义务和责任，但人皆可以成就理想人格，皆可以在自己所处的位分上进行道德实践。理学家提倡"不离日用常行内，直造先天未画前"（王阳明语），就是主张追求理想人格要在日常行为中进行，人不必做轰轰烈烈的大事才能进行道德修养，人可以不逾越自己的位分而成就理想人格。在现代社会中，等级制度在大多数国家遭到废弃，自由民主意识深入人心。在这种情况下，儒家强调的人与人的和谐更多的是在平等的前提下主张人与人之间建立和睦融洽的关系。儒家在这方面的指导原则是"仁"，"仁"即对人有同情心、爱心，并且这种爱心是出于人心的本真，不是出于功利目的。"仁"是爱的基础和来源，是道德情感本身，"义""礼""智""信"是"仁"的推扩，是道德情感的不同贯彻。没有道德情感的义、礼、智、信，只是空洞的律令，虚伪的仪节。儒家的这一思想，在人与人的关系日渐疏离、利益原则吞噬人心的今天，更应该大力提倡。

人自身身与心的和谐、肉体生命与精神生命的和谐，也是儒家的重要精神。孔子的人生历程，就是一个身心和谐的过程。《论语》中不仅记载孔子的言论，也记载孔子的生活细节，就是要人了解孔子的圣贤人格所表现的一切方面。孟子有睟面盎背之说，认为人的道德境界可以使貌色形态有温舒润泽之气。"富润屋，德润身"，是儒家一个著名的古训。魏晋玄学家重视"神理"，宋明理学家重视"气象"，都认为精神修养可以使身心和谐。在身心两个方面，儒家要人修养道德从而调适身心。孔子要人首先挺立自己的道德人格，轻视世俗的荣利，并且教人"志道据德，依仁游艺"，奉行道义而身心有所寄托。孟子要人"居天下之广居，立天下之正位，行天下之大道"，从而心广体胖。宋明理学要人立志做圣贤，完成自己的道德义务。从古至今，儒家精神培育出了许多英雄节烈、志士仁人。中华民族也因为这种精神而不失坠。在今天普遍重视物质利益，轻视人格追求，社会风气奢靡化、庸俗化的情况下，提倡儒家精神，挺立道德人格，激励自己奋发向上，是很有现实意义的。

三 自律原则和内在超越

所谓自律即靠自己内心的约束、自己内心的意志力量来完成道德行为。自律是儒家与其他学派以及西方基督教伦理思想相比较而有的特点。儒家主张：人的意志是自由的，人的道德行为是自己选择的结果。孔子说："为仁由己，而由人乎哉！"（《论语·颜渊》）意思是，实行仁德，完全是自己的事，不能靠别人。孔子还说："导之以政，齐之以刑，民免而无耻；导之以德，齐之以礼，有耻且格。"（《论语·为政》）认为用刑法来统一人的行为，靠的是外在的行政命令和法律的力量；用道德来统一人的行为，则靠内心意志的约束力。孟子突出了人的道德行为的自律特点，他论证说，人看见小孩子将要掉到井里而产生恻隐之心，这是人的本能的反应。这就是"仁"的根据和萌芽。人还有羞恶之心、辞让之心、是非之心，这就是"四端"。孟子说："人之有是四端也，犹其有四体也。有是四端而自谓不能者，自贼者也。"（《孟子·公孙丑上》）孟子认为，救人的行为之所以是道德的，就是因为它出于恻隐之心，而不是出于利益上的考虑，完全靠道德上的自律力量。宋明理学在这个问题上对于孔子和孟子有一发展，这就是，把道德放在同现实利益的冲突上，方显出道德力量的崇高与伟大。宋明理学家认为，人天生就有一些本能欲望，如果不用道德加以裁制，就会流于过分。道德之所以崇高，就在于它是在和人的本能需求、人的利益原则的冲突和斗争中显出的。这种冲突越是尖锐，就越表现出道德的力量。宋明理学有一普遍认同的口号："存天理，灭人欲。"天理是应该如此的"无上命令"，人欲是对于这无上命令的损害。"存天理，灭人欲"往往被人误解为要去掉人的本能欲望，包括"饮食男女，人之大欲存焉"这些基本需求。因此造成许多人对理学乃至儒家的误解与憎恶。其实，理学所谓"存天理，灭人欲"，只是要去掉不符合某一特定时期社会通行的道德规范的那些意志和行为，特别是去掉妨碍人的道德理性做主的那些意志和行为，让人的心灵处于道德理性的宰制之下。所以理学家有"人欲净尽，天理流行"的说法。

儒家的道德自律原则把道德建立在人的自我约束上，它不像基督教那样，以一个外在的、超越的绝对者作为道德的根据。所以以儒家文化为主干的中国文化具有宗教精神淡薄这样一个特点。儒家讲超越，超越的意思是，人不能越出他生存的时间和空间，也不存在一个独立不改、卓尔不群的绝对者，但人可以在精神上得到某种超脱。人的肉体不脱离尘世，但他的精神可以和宇宙为一。在某种意义上儒家承认超越者的存在，但这一超越者不是神、上帝，而是"理""道""太极"。理、道在儒家看来是一种必然性。对理和道存在的论证，儒家取理性的、哲学的路径，而不取信仰的路径。儒家认为理和道不是神秘的，而是理性的。道是既超越又内在的本体，它的超越性在于，它不是具体的存在，不是感官经验把握的对象。它是必须用思维把握的、抽象的存在。说把握到它也不是得到某种神秘的启示，而是得到一种又是道德的又是审美的境界或胸怀。宋明理学有"理一分殊"之说，"理一"即最高的、最抽象的道理，也是最高的伦理原则。"分殊"指这一最高的道理又表现为具体事物的理和具体道德规范。对于道，儒家赋予它的含义比理更广泛，常常用以指宇宙总体合规律与合目的的运行。道不是个认识范畴，而主要是个伦理的、审美的、表示境界的范畴。因为认识起于把握个别，认识对个别的超越不外乎对具体经验的抽象。境界论则不同。它的功夫在某种"观法"，也可以说某种信念、某种觉解。它不是对感官经验的综合与重组，而是在经验到的事物上看出意味，所谓"别有会心"。佛家的"青青翠竹，皆是佛性；郁郁黄花，无非般若"，最能道出儒家境界论的神髓。有了某种境界，就是有了某种受用，就是在精神上超离了当下经验，也就是有了某种超越。这个超越靠心的觉解，因而是内在的。但它不是宗教式的神秘冥想，而是哲学上的觉解。如果把宗教定义为某种终极关怀（如田立克），那么儒家的终极关怀是人本身，是人怎样通过道德和知识修养达到某种观解，并由这种观解带来对人的本质、宇宙的本质、生命的本质的某种体认。这种境界是混全的、综合的、非神秘但又不完全建基于经验之上的。这就是孔子所讲的仁智双彰，孟子讲的"上下与天地同流"，程颢的"仁者浑然与物同体"，朱熹的"万物为一，无所窒碍"，王阳明的"良知是造化的精灵"，一般儒者所谓"与道为一""与天为一"等境界表示的意思。这一思想的精义在于，不是外在的救赎，而是内在的超越；不是信仰的结果，而是观解的结果；不是人在外在的绝对者面前的渺小和罪感，而是人在尘世间的刚大至正和自我充裕感。所以儒学是一种重视人自己、提升人自己的地位同时又尊天爱天，在天人的相互映照中提高自己的精神境界的学说。

四 儒家的价值次序

儒家的价值次序是所谓"三不朽"。《左传》中有关于"三不朽"的议论："太上有立德，其次有立功，其次有立言。虽久不废，此之谓三不朽。"（《左传》襄公二十四年）这个次序，代表了儒家对人全部活动的评价标准。立德，指道德高尚，超于常人，足为世人楷模。儒家圣人尧舜禹汤文武周孔等之所以为圣人，首先在于他们高尚的道德。儒家认为，德首先表现为在为人群服务中高尚的行为，其次表现为在民族存亡绝续的关头特出的节操。这表明，儒家的价值指向首先在集体、在人群。此即孟子说的"达则兼善天下","穷则独善其身"是不得已的事。儒家的立德不仅指个人以德行为最高追求,而且指国家以德为立国根本。不过,以德为立国根本是儒家的理想,实际情况是,除传说中的三代以外,中国有文字记载的历史,大多靠利益原则治国。韩非论述这种情况说:"上古竞于道德,中世逐于智谋,当今争于气力。"(《韩非子·五蠹》)竞于气力、智谋的,往往借道德之名以行。因此,孔子疾名实紊乱,而有正名之说。孔子的正名,就是以名去核正实际,恢复以德治国原则;就是想接续尧舜、周公以来的传统。儒家所谓道统,实际上就是古圣相传的以德为治国原则的传统。韩愈之为宋明理学的先驱,就在于他提出道统说并自觉地担负起接续道统的责任。

在立德立功立言的关系上,儒家主张立德为体,立功立言为用。德为根本,功与言是德的自然推广。体在价值上高于用。体可含摄用,用不必包含体。三者兼具,就可达到"内圣外王"。实际上,儒家所谓圣人,只尧舜禹汤文武周公孔子数人,颜渊与孟子仅得亚圣之名。后世以道德文章配享孔庙者,如周程张朱,不过贤人而已。儒家所谓三不朽之人,实非常难得。儒家以内圣外王为理想,主张本德行以开出事功,所以中国历史上崇尚事功的风气一直很浓厚。正史所载,以有大功业者为主要内容。传统中国以立言为立功之余事。所以中国虽有极其深厚的文化底蕴,涌现出许多杰出的文学家、史学家、哲学家、诗人等,但大多身兼官吏、学者双重身份。孔子周游列国,推行自己的政治主张,终不见用而退回书斋删《诗》《书》、订礼乐,教授弟子。中国自科举制度确立后,也以做官出仕建立功业为正途,立言为第二等事。所立之言,亦以经邦济世、强国富民者为高。纯粹的文艺作品不为所重。以宋明理学而论,其学术著作,皆为儒家经典的注释及讲学语录、与友人论学书信等。对比西方同时期,儒家实缺乏成体系的、首尾一贯的、不依傍经典而行的独立哲学著作。究其原因,除中国人崇尚实用,轻于纯理论思维这一倾向之外,轻视立言实为主要原因。理学家确有"托诸空言,不如实行之深切著明"的思想。

儒家的精神与价值观,实际上在孔子以前就逐渐形成了。孔子总结了他以前的儒家传统，给了多方面的发挥。孔子本人的人格就是儒家精神与价值观最完全的体现。儒家在数千年的发展中，对中国古代灿烂文化的形成，起了极其重要的作用。但儒家文化是在中国以农业文明为基础的背景下产生的，虽然它所包含的精神和价值中有永恒的因子，但它必须有适合现代社会多方面需求的创造性转化，才能在现时代发生有利的影响。这是认同或反对儒家文化的学者的共同意见。在近年的文化冲突、文化论争中，绝大多数学者经过认真思考，逐渐抛弃了极端的全盘西化论和复古论，但文化激进主义和保守主义的争论从来没有停止过。面对西方世界逐渐暴露出来的种种弊病，全球性的文化保守主义有逐渐抬头的趋势。儒家的未来命运、以儒家文化为主干的中国传统文化的未来走向，一直是中外思想家关注的热点。一个突出的问题是，以道德理想主义为特色的儒家文化，如何开出现代社会赖以存在的两大支柱——民主和科学。用现代新儒家的话说，就是传统的内圣之学如何开出新外王。现代新儒家试图在承续传统儒家的基本价值观念和精神特质的前提下谋求儒家的现代发展，在这方面有代表性的理论是牟宗三的"良知坎陷"说。这个理论认为，传统儒家学说可以说是"理性的运用表现"，即德性直接作用于人的精神境界，直接地通过人的道德境界的提高起作用。德性无法对政治制度和人的思维方式发生直接影响。其结果是，在政治上只有治理国家的具体措施即治道，而无规定国家政权组织形式的政道，亦无在个人独立自主的前提下订定的制约国家存在形式的法律。传统中国社会里的法律只是维持五伦的工具、赏罚的媒介。在知识特征上说，传统中国最发达的是道德理性的显现——智的直觉。智的直觉的特点是，它不是主客二元性的理性认识，因此不必是经验的、逻辑的，不必以辩解的推理过程和严格的数学量度的形态出现。而后者因为有一政治的和思维的形式、框架，故可称为"理性的架构表现"。职此之故，传统儒家中民主和科学这两项现代社会最珍视的价值表现甚为微弱。儒家的现代发展主要的就是要开出民主和科学，也就是由"理性的运用表现"发展为"理性的架构表现"。但牟宗三对这一转出的论证是思辨的、理论上的，没有在现实性上、可行性上做出充分说明。他的论证是，科学思维方式与儒家的道德理性是互相对立的，是一个"逆"，但从道德理性本身的内涵说，它是一个善的价值。故科学必是道德理性的内在要求。道德理性内在地要求转为其逆——观解理性，这一转即它由作为本体的道德理性转为作为其内涵的观解理性，这一转即道德理性的自我坎陷（自我否定）。而坎陷之后的观解理性，自有其一套工作工具，不与道德理性相干。若只知观解理性而不知它与道德理性的关联，从人的活动的全部蕴含和文化理想方面说，是片面的。

牟宗三对道德理性转出民主政治所需要的观解理性也是这样论证的。一方面，民主政治是道德理性（善的理念）的需要，民主政体的出现就是一个最高的或最大的道德价值之实现。因此，要实现此价值，道德理性不能不自其运用表现自我坎陷，转为观解理性之架构表现。另一方面，民主政治并非天上掉下来的，此价值是人为理想、正义而流血斗争才获得的，这也是由人的道德理性内在地要求的。故民主政治其细节可由政治学这一门观解理性来决定，但其价值方向却须由道德理性来决定。这里，关于道德理性转出科学和民主政治都是从价值上说的，都是思辨的、理论上的。科学与民主政治究竟如何出现，其内容如何，牟宗三尚无具体说明。新儒家的贡献在于在人的全部文化获得、文化理念中肯定道德价值的优先地位、道德观念的统领地位，以此为人的终极关怀，防止人根性中掠夺、贪婪的一面片面膨胀。这一点无疑是有价值的，并对未来社会的发展有某种警省和提示的作用。而这一点适为后现代社会普遍关注的问题。民主和科学的真正出现，还要靠这两大价值本身的力量，并谋求和道德和睦相处。不是道德从本体地位否定自己而为科学与民主，而是本来平等的三种价值的协调和融通，这才是问题的本质。

（原载《北京大学学报》1998年第1期）

儒学的复兴与宋明理学的理论贡献

经过唐末五代的割据、动荡之后，随着宋朝的建立，中国又一次走向统一。唐代文化，受域外文化影响很大，儒释道三教融合的潮流十分强劲。反映到社会生活方面，除了国家典章制度和社会基本道德准则之外，士大夫的思想好尚、生活趣味等趋于佛道二教。另外，由于寺院经济的发展已经到了与民争利、阻碍国家经济发展的地步，一些学者呼吁重新确立儒学的统治地位，打击和削弱佛道二教。韩愈和李翱是这一思想运动的著名代表。

一　韩愈、李翱与宋初三先生

韩愈（768—824）字退之，唐代著名散文家，诗人，古文运动的领导者之一。苏轼称赞他"文起八代之衰，道济天下之溺"，肯定他在思想史上的崇高地位。韩愈以孟子距杨墨为榜样，排斥佛教与道教，提出儒家"道统"，抬高《大学》的地位，为儒学的复兴扫清了思想上的障碍。他指出，儒家之道不同于佛、道所谓道。儒家之道的内容是仁与义，仁与义是社会普遍遵循的准则，佛、道所谓道，没有仁与义的内容，是一家之私言。儒家之道自尧舜创立后，代代相传，由孔子发扬光大。孔子传给孟子，孟子死后道统就断绝了。儒家之道的载体是经书，其精神价值是君臣、父子、师友、昆弟等道德原则。儒家之法是治理国家的礼乐刑政。韩愈并且依据

《公羊春秋》的"尊王攘夷",视佛教为"夷狄之教",提出拆毁寺观成为民居,使僧、道还俗为劳动者,烧毁佛道典籍勿使传习的极端主张。韩愈提出的在政治、经济、文化上对佛道进行打击的主张并没有得到当权者的采纳,并因谏迎佛骨而遭到贬谪。

韩愈的学生李翱(772—841)继承了韩愈排佛的立场,他的理论贡献是,反思儒学的理论薄弱点,深化了儒家关于性情关系的理论,提出了抑情复性的主张。李翱认为,成就理想人格的内在根据是性,而迷惑性的是情,情的内容是喜怒哀惧爱恶欲七者。情昏沈,性就被障蔽。就像水之性本来清澈,泥沙使本清之水浑浊。久而不动,泥沙自然沉淀,水复清澈。情虽是迷惑、障蔽性的,但情的根据在性,没有情,性也就不能彰显。修养的目的在于达到寂然不动的境地,这样虽有情,但情不能戕害性。这就是诚的境界。修养方法在于寂静,但寂静不是闭目塞听,心如槁木死灰,而是物来感而心不为之动。若能寂静不息,则"止而不息必诚,诚而不息必明,明与诚终岁不违,则能终身矣"(《复性书》中)。

李翱在韩愈之后,明确指出儒学的修养纲领:复性,以及复性的具体方法:寂静而至诚明。他的修养目的是儒家的,他提出的复性的方法却吸收了佛教心性论的基本主张"情染性净"说,他的不动心的方法吸取了禅学的"无念为宗"及华严宗的"妄尽还源",以至于韩愈也说他的《复性书》中的思想"杂佛老而言者也"。

韩愈与李翱在思想史上的另一贡献是推尊《大学》与《中庸》。韩愈认为,《大学》的三纲领八条目是儒学的基本内容,其特点是入世有为。而佛教则"治其心而外天下国家,灭其天常。子焉而不父其父,臣焉而不君其君,民焉而不事其事"[①],是"夷狄之法"。李翱说自己的《复性书》中的义理来自《中庸》,并用《中庸》的"诚明"融合《易传》的"天下何思何虑""天下之动,贞夫一者也""易无思也,无为也,寂然不动,感而遂通天下之故"等思想。韩愈、李翱抨击佛、道,推尊《大学》《中庸》,为

[①] 《韩愈文集汇校笺注》,中华书局2010年版,第3页。

此后宋明理学的诞生做了扫清基盘、树立典范的工作。韩愈提出的道统，为后来的理学家普遍接受，理学中的有力人物皆以接续道统为己任。

"宋初三先生"胡瑗、孙复、石介也是宋代儒学复兴的奠基人。

胡瑗（993—1059）字翼之，江苏如皋人，学者称安定先生。以经术教授吴中，受到范仲淹的器重，聘为苏州府学教授。仁宗景祐初年，朝廷定雅乐，由范仲淹推荐，召对崇正殿。后转任湖州府学教授，立"经义""治事"两斋，"经义"讲明六经，"治事"则学习武备、水利、历算等具体技艺。以此教授二十余年，称为"苏湖教法"。庆历时，诏令取其法行于太学，时称其学"明体达用"。后为国子监直讲，曾以"颜子所好何学论"试太学生，识程颐于诸生中。胡瑗弟子众多，当时礼部所得士，胡瑗弟子居十之四五。故宋神宗问胡瑗与王安石谁的功绩更大时，其弟子刘彝回答说："臣师当宝元、明道之间，尤病其失，遂以明体达用之学授诸生，夙夜勤瘁二十余年，专切学校。始于苏湖，终于太学，出其门者，无虑数千余人。故今学者明夫圣人体用以为政教之本，皆臣师之功，非安石比也。"① 其学风、士风对当时影响极大。

孙复（992—1057）字明复，晋州平阳人。长于《春秋》学，讲学泰山中，学者称泰山先生。《宋元学案》开篇即有"安定沉潜，泰山高明；安定笃实，泰山刚健"之语。著《春秋尊王发微》，倡"尊王攘夷"，批评佛道，表彰儒学。尤称道孔子、孟子、荀子、扬雄、董仲舒。认为当时的取士之法继承了隋唐旧制，专以词赋取人，天下士皆致力于声韵对仗之工，探索圣贤之道者百无一人。故挺身而出，力图扭转此种学风。在儒家经学上，孙复抨击专守一经的风气，重视独立钻研，有得于心，认为专宗《左氏》《公羊》《穀梁》及杜预、何休、范宁之说，不能得《春秋》之实。

石介（1005—1045）字守道，兖州奉符人，孙复弟子，因讲学徂徕山下，学者称徂徕先生。以《春秋》与《易》教授弟子，除继承孙复，盛张其"尊王攘夷"论之外，石介耸动当时的事是作《怪说》三篇，抨击佛

---

① 见黄宗羲《宋元学案》，中华书局1986年版，第25页。

老和以杨亿为首的西昆体诗文。他以佛教为一大怪,并从政治上"以夷变夏",经济上与民争利,文化上废弃儒家礼乐道德方面抨击佛教:"夫中国,圣人之所常治也,四民之所常居也,衣冠之所常聚也。而髡发左衽,不士不农,不工不商,为夷者半中国,可怪也!夫中国,道德之所治也,礼乐之所施也,五常之所被也,而汗漫不经之教行焉,妖诞幻惑之说满焉,可怪也!"①并作《中国论》,认为佛教自西来,道教自胡来,皆以夷人而入中国,各以其道其俗其教其书改易中国文化。所以,排击佛道是关系到中国文化能否继续居于主导地位的大问题。他对"西昆体"的代表人物杨亿进行抨击,目的也在维护儒家之道。他认为西昆体过分讲究形式,轻视内容,背离了儒家文以载道的传统。他批评杨亿"远袭唐李义山之体,作为新制。然破碎大道,雕刻元质,非化成之文,而古风遂变"。他主张:"读书不取其言辞,直以根本乎圣人之道;为文不尚其浮华,直以宗树乎圣人之教。"②

胡瑗、孙复、石介在北宋初期佛道昌炽、文风浮艳的情况下,抨击佛道,批评西昆体,为北宋五子的出现铺平了道路。从这个意义说,"宋初三先生"既是理学的先驱,也是中国文化史上开时代风气的人物。南宋理学家黄震曾说:"宋兴八十年,安定胡先生、泰山孙先生、徂徕石先生始以师道明正学,继而濂洛兴矣。故本朝理学虽至伊洛而精,实自三先生而始,故晦庵有'伊川不敢忘三先生'之语。"③这个评论是切合实际的。

二 北宋五子

理学的实际完成者是北宋五子。北宋五子指北宋中期以前五个著名的理学思想家周敦颐、张载、邵雍及程颢、程颐兄弟。他们在唐末以来排击佛老、倡导儒学的风气影响下,探索儒学发展的新形式,同时又出入佛老,

---

① 石介:《怪说下》,《徂徕石先生文集》,中华书局1984年版,第60页。
② 同上。
③ 黄宗羲:《宋元学案》,中华书局1986年版,第2899页。

吸取其理论营养，使这个时期的儒学呈现出综合《易经》、"四书"的思想理论和概念范畴，重视天道与人道的统一，着重抉发心性理论，重视修养方法等特点。

周敦颐（1017—1073）字茂叔，道州营道人。因他筑于庐山莲花峰下的书堂名濂溪书堂，后人称为濂溪先生，他所创立的学派称为"濂学"。著作有《太极图说》《通书》及少量诗文。这些著作都很短，但内容极为丰富，二程曾受业周敦颐门下，后以其学传朱熹，朱熹集理学之大成，所以周敦颐可称为理学开山。《太极图说》吸收道家太极先天图，加以改造，以之解说天地万物的发生。周敦颐认为，万物皆始于太极，而太极本身是无声无臭的，故说"无极而太极"。他所说的太极指天地未剖判之前的混沌之气。此气含有运动的潜能，故动而生阳，静而生阴，形成天地。气在运动中生成水火木金土五种质，名曰五行。五行各有其性质，由五行形成万物。五行归结为阴阳，阴阳本于太极，太极源于虚无。所以周敦颐的思想中有道家"有生于无"的宇宙发生论的影响。人是天地万物中最灵秀的，人有形和神两部分，人受外界的影响而发生精神活动，其中最主要的是有善恶判断的伦理活动。圣人给人确定了中正仁义的标准和主静的修养方法。人的修养极致是与天为一。

周敦颐还继承了《中庸》和《易传》中所讲的"诚"，以诚为天地万物之本。诚既是天道，也是人道；能做到诚，则与天地万物的自然本性一致。诚在人的德行上表现为仁、义、礼、智、信五常。具体修养道路是"志伊尹之所志，学颜子之所学"，并用礼乐加以熏陶，渐进于善。他还提出"无欲"的修养方法："无欲则静虚动直。静虚则明，明则通；动直则公，公则溥。明通公溥，庶矣乎。"（《通书·圣学第二十》）

周敦颐在极为简略的文字中提出了理学的主要方面天道、人性、修养目标和修养方法等，奠定了理学的基本格局，对后来理学的发展具有开创之功。故黄宗羲之子黄百家在《宋元学案·濂溪学案》中说："孔孟而后，汉儒止有传经之学，性道微言之绝久矣。元公崛起，二程嗣之，又复横渠诸大儒辈出，圣学大昌。故安定、徂徕卓乎有儒者之矩范，然仅可谓有开之必先。若论阐发心性义理之精微，端数元公之破暗也。"①

张载（1020—1077）字子厚，陕西眉县人，因在眉县横渠镇讲学，学者称横渠先生，他所开创的学派被称为"关学"。关学以"知礼成性，变化气质"为修养进路，把宇宙人生等形上学问题和有关国计民生的实际问题结合起来。张载青年时喜读兵书，曾上书谒见时任陕西经略副使的范仲淹，范仲淹劝他读《中庸》。张载不以此为足，泛滥于诸家，出入佛老者有年，最后返于六经。主要著作有读书札记类编《正蒙》，及《横渠易说》《经学理窟》《张子语录》等。

张载以天道的性质和运行规律为思考重点，提出了许多深刻的哲学命题，如太和之道、太虚即气、一物两体、心统性情等。他认为宇宙的本原是气，所谓太虚，是气散而未聚的本然状态。可以经验的事物，是气的聚集。气的本然状态也叫太和，它涵有浮沉、升降、动静相感的本性，由此产生阴阳二种势用的对立及融合。气分而为二又合二为一。"一"所以神妙不测，"二"所以运动变化。对于气的这种既统一又分化、既神妙又具体的性质，只有德盛仁熟、洞彻天地造化之妙的人才能体会得到。张载并以此为根据批评佛教视万物为太虚中浮现的幻象和道教虚能生气的理论，斥前者为"语寂灭者往而不反"，后者为"徇生执有者物而不化"。

张载在人性论上认为，太虚和阴阳二气表现在人身上就是天地之性和气质之性。天地之性的根据是太虚的清通湛一的本性，气质之性的根据是气的摩荡攻取之性。二者统一于心。不以嗜欲累害其心，则天地之性存。在知识的来源上，张载区分了德性之知和见闻之知，见闻之知是通过耳目闻见得到的知识，德性之知是达到一定的修养境界后对天道诚明等形上领域的体会。"大心"以超越经验知识的局限，是得到以上体会的前提。他的《西铭》提出了人在宇宙中的地位、人对天地万物的义务和对富贵贫贱、生死寿夭应有的态度，深得后世赞赏，朱熹亦为之注解。张载以"为天地立心，为生民立命，为往圣继绝学，为万世开太平"的宏愿，从各方面论证

---

① 黄宗羲：《宋元学案》，中华书局1986年版，第482页。

了理学的重要问题，对理学的发展产生了很大影响。

理学的实际完成者是程颢、程颐兄弟。程颢（1032—1085）字伯淳，学者称明道先生。程颐（1033—1107）字正叔，学者称伊川先生。二程因长期在洛阳讲学，由他们开创的学派被称为"洛学"。他们的著作现编为《二程集》，其中大多数是程颐的著作。程颐和程颢虽是兄弟且生年只差一岁，但二人在性格、待人接物的风格上有较大不同。程颢宽厚和易，程颐严毅庄重。二人的学术面貌和学说趋向也不同。程颢注重发挥自己心中的仁义本性，主张："学者须先识仁，仁者浑然与物同体，义礼智信皆仁也。识得此理，以诚敬存之而已，不须防检，不须穷索。"（《二程遗书》卷二上）修养方法则在定心："所谓定，动亦定，静亦定，无将迎，无内外……故君子之学，莫若廓然而大公，物来而顺应。"（《二程文集》卷三《答横渠先生定性书》）在人性论方面，程颢主张就人生来的气禀论性，注重后天变化气质，特别强调用经书中的义理陶养气禀之性。

程颐则注重作为天地万物的根据和法则的"理"，强调："天下物皆可以理照，有物必有则，一物须有一理。"（《二程遗书》卷十八）"万物皆是一理，至如一物一事，虽小，皆有是理。"（《二程遗书》卷十五）同时又认为，具体事物之理，就是宇宙根本之理，理从总体上说是一，从具体事物上说是多，故提出"理一分殊"之说。程颢多就事物的总体运化上着眼，程颐则多就具体事物着眼，所以特别强调格物穷理："凡一物上有一理，须是穷致其理。穷理亦多端，或读书，讲明义理；或论古今人物，别其是非；或应事接物，而处其当，皆穷理也。"（《二程遗书》卷十八）此说后来被朱熹大大地发挥了，并且作为《大学》格物一章的注解。程颢不甚注重形而上下的区别，程颐则对二者之区分甚为明确，认为形而下的是气，形而上的是理，气是构成事物的物质基元，理则是一事物的根据和法则，二者是不离不杂的关系："离了阴阳更无道。所以阴阳者是道也。阴阳，气也。气是形而下者，道是形而上者。"（《二程遗书》卷十五）程颐在人性论上主张"性即理"，认为人性是天理天道在人心的内化，人性与天理归根结底是同一的:"在天为命,在人为性,论其所主为心,其实只是一个道。"(《二程遗书》卷十八)道与性的内容无非仁义礼智之伦理法则。程颐的"性即理"与后来陆九渊的"心即理"之间的对立,是理学与心学的根本分歧所在。程颐在修养方法上提出"涵养须用敬,进学则在致知"的纲领,对朱熹的修养功夫论影响很大。

二程继承了唐五代以来重视经学的传统,程颢虽无专门的经学著作,但讲学中多掇取经书中的文句以说己意,表明他对经书用功颇深,经书中的文句义理烂熟胸中。程颐则有《周易程氏传》《易说·系辞》《书解》《诗解》《春秋传》等经学著作。这些著作是他的理学的重要部分,二程重视经学的传统和治经的方法直接影响到朱熹。

程氏兄弟和唐五代以来的大多数儒士一样,对佛教既吸收其义理,又从立场上加以批评。二程一生排佛语甚多,其义理集中在"圣人本天,释氏本心"一语,及所谓公私之辨:天理实,人心空。天理可以措之事业,故公;心空只是为一己超出轮回,故私。此为唐以来排佛常涉及的道理,并无新奇之处。后来明朝初年的名僧道衍(姚广孝)作《道余录》,对二程排佛语逐条加以批驳,但这些批驳遭到许多人甚至包括他的亲姊的反对,这说明理学对世人影响之深。

邵雍(1011—1077)字尧夫。三十岁游河南,隐居苏门山之百源山,人称百源先生。死后谥康节,又称"康节先生"。嘉祐、熙宁时,屡授官职,皆辞疾不就。著作有《皇极经世书》《伊川击壤集》等。邵雍称自己的学问为"先天学",意思是,他所构造的宇宙图式超越一切具体事物,而天地万物、古今人物事变,皆不违背这些图式所昭示的原理。这些图式是人心的创设,所以说"先天之学,心法也。故图皆自中起,万化万事生乎心也。图虽无文,吾终日言而未尝离乎是,盖天地万物之理尽在其中矣"(《皇极经世书·观物外篇》)。其中《八卦次序图》和《六十四卦次序图》所用原理为"加一倍法"。即由太极、两仪、四象、八卦到六十四卦。《八卦方位图》以八经卦配四方及四隅。六十四卦圆图和方图中卦的排列皆据阴阳消长顺逆之理。邵雍的这些图及解说，遭到后世学者如黄宗羲、黄宗炎、胡渭、毛奇龄等的驳斥。

邵雍并以他的先天法构造天地动植之数，如他以元、会、运、世刻画宇宙由始到终的变化周期。他的方法是，一年十二月，一月三十日，一日十二时辰，一时辰三十分。故一元有十二会，一会有三十运，一运有十二世，一世有三十年。一元共十二万九千六百年。又用太阳、太阴、少阳、少阴、太刚、太柔、少刚、少柔之体数，用数计量日月星辰，水火土石，动植物之数等。这些都是阴阳术数家言，不足为凭。但邵雍的这种"数学"方法，对宋易中的图书学派影响甚大。一般认为，邵雍的先天卦图传自北宋初著名道士陈抟，但具体推算方法出于自得。

对邵雍之学的评价，二程先后有不同的说法，如程颢表彰邵雍超然世外、不为名利所动的精神，但明确表示不愿学邵雍的数学。伊川以义理方法解《易》，反对邵雍的象数易学，故虽与邵雍相处半世，世间事无所不谈，但未尝有一语及于"数学"。朱熹亦推服邵雍的修养境界，说他神闲气定，不动声色，看得天下事理精明。但又批评他过于韬晦，陷入道家者流。对他的"看天下事皆成四片"的术数方法也有批评。

三　南宋理学

靖康之后宋室南渡，理学的中心移至南方，南宋理学主要有以朱熹为首的闽学，胡宏、张栻为首的湖湘之学和陆九渊兄弟的江西之学。湖湘学派曾就"未发已发""察识涵养"等问题和朱熹进行辩论，促成朱熹"中和"学说的确立，张栻死后，其弟子多归朱熹和永嘉事功之学的陈傅良。

朱熹（1130—1200）字元晦，一字仲晦，别号晦庵、晦翁、沧州病叟、遁翁等。祖籍徽州婺源，出生于福建南剑州尤溪县。朱熹是理学集大成的人物，他吸收了周敦颐、张载、二程（特别是程颐）的学说，在深入钻研经学、史学、文学的基础上加以扩充，创造了一个庞大的思想体系。

他一生为官时间不长，"仕于外者仅九考，立于朝者四十日"[①]，其余四十年，皆靠微薄的祠禄过着讲学著书的学者生活。朱熹著作很多，最重要的有《朱文公文集》《朱子语类》《四书章句集注》《周易本义》《诗集传》等。

朱熹初从李侗问学，李侗教以反求诸心。后又研究儒家经典，旁及释老，对二程及其弟子的著作用功尤深。朱熹思想对后世影响最大的在理气、心性、修养论方面。他的理气观分为两个层面，从理气同为构成事物不可或缺的因素说，理气二者皆为本原，不可分先后；从事物构成的逻辑、从决定一事物的要素的不同重要性来说，理在气先，理更根本，因为理是事物存在和运动的根据及体现在事物上的价值准则。具体事物的理各不相同，但都是同一宇宙法则的不同体现，这就是"理一分殊"。宇宙法则又叫太极，它体现于一切事物。故"物物有一太极，人人有一太极"。朱熹的这一说法，吸收了禅宗学者永嘉玄觉的《证道歌》："一月普现一切水，一切水月一月摄。"朱熹讲解理一分殊时，常举此为喻。

朱熹的人性论吸收了周敦颐、二程、张载的说法，既讲天地之性，又讲气质之性。天地之性又叫天命之性、义理之性，它是宇宙根本法则在人性上的体现，它的内容是仁义礼智，而仁又包摄其他三者。气质之性指落实于、包裹于气质中的天地之性。气质之性中，理与气二者不离不杂。朱熹也主张"心统性情"，这里的统有包括和主宰等意思。心包括性和情两个方面的内容，性是体，情是用；性是仁义礼智，情是恻隐、羞恶、辞让、是非"四端"。喜怒哀惧等"七情"，在朱熹这里也叫情，不过四端发于性，七情发于气。这一点后来在朝鲜李朝学者中引起了很大的辩论，即所谓"四端七情"之争。朱熹又有人心道心之分，道心是"知觉得天理的"，人心是"知觉得声色臭味的"。前者需要操存涵养，后者需要省察克治。故朱熹提倡"静时涵养，动时省察"。

在修养功夫上，朱熹继承了程颐的"涵养须用敬，进学则在致知"而

[①] 黄榦：《朱先生行状》，载《黄勉斋先生文集》卷八，丛书集成初编本，商务印书馆1936年版，第182页。

加以改造，特别强调格物致知。格物致知即就具体事物考察其理，使自己的知识能力充其极。格物的途径很多："或考之事为之著，或察之念虑之微，或求之文字之中，或索之讲论之际。"①内容极为广泛。所穷之理既多，最后豁然贯通。这个贯通之理既是知识上的事物原理，又是价值上的伦理法则。在知识和行为二者的关系上，朱熹主张论先后，知为先；论轻重，行为重，知行二者交养互发。

朱熹于佛道二教摄取颇多，他自述他之所以得中进士，就是因为在答卷中糅进了佛理。而他赴京赶考，随身携带的只有大慧宗杲的语录。他的成学道路，也是始于儒家经典，中间泛滥释老，最后归本孔孟这许多理学家共由的道路。但他成学后，对佛、道有很多批评和攻击的言论，对二程弟子中受佛教影响的地方，他一一指摘，加以批评。对江西陆九渊兄弟的学说，批评尤为严厉，斥为"禅学"。这反映了朱熹既吸取佛教、道教的思想营养又维护儒学的纯粹性之精神趋向。

与朱熹同时的陆九渊兄弟当时称为"三陆子"，在江西贵溪一带讲学，弟子众多。三陆中陆九渊尤为明敏颖悟。陆九渊（1139—1193）字子静，学者称象山先生。他的学说上承孟子，以"发明本心"为宗旨。"本心"即心中本有的道德意识。陆九渊认为，宇宙间有理，心中的道德意识也是理，二者根本上是同一的，这就是他说的"心即理"："心，一心也；理，一理也。至当归一，精义无二，此心此理实不容有二。"②既然二者是同一的，与其向外格物穷理，不如向内明心中本有之理。心中本有之理是宇宙根本法则在人身上的体现，所以"宇宙内事，是己分内事；己分内事，是宇宙内事"③。陆九渊与朱熹为学路径不同，朱熹主张向外格物穷理，他所谓理主要是事物的法则、规律等。而陆九渊所说的理主要是道德意识、道德情感，二者偏重有所不同。陆九渊更重视内省，更重视人本身的自主性、能动性，

---

① 朱熹：《四书或问》，上海古籍出版社、安徽教育出版社 2001 年版，第 23 页。
② 《与曾宅之书》，《陆九渊集》，中华书局 1980 年版，第 4 页。
③ 《杂说》，《陆九渊集》，中华书局 1980 年版，第 273 页。

所以主张"收拾精神,自作主宰,万物皆备于我,有何欠缺?"①以此无欠缺之心应接事物,就能"当恻隐时自恻隐,当羞恶时自羞恶"。他把自己这种修养路径称为"先立其大",认为"先立其大"有大本一立,旁情不可夺,及单刀直入,不假阶级,自信本心,自尊自立等品格。故后人多以"尊德性"为心学最主要的性质,而以"道问学"属朱子。

陆九渊的修养功夫主要在"剥落物欲"。他认为,虽然本心即理,心中之理本无少欠,但由于气禀物欲的遮蔽,需要用功夫洗涤刮磨:"人心有病,须是剥落,剥落得一番,即一番清明。须剥落得净尽方是。"②他认为朱熹的向外格物穷理是"增担",他的向内用功夫是"减担",故说自己的学问为"简易之学"。

陆九渊之学与朱熹不合,曾多次致书辩论。宋孝宗二年(1175),吕祖谦邀约朱熹与陆氏兄弟会于江西上饶之鹅湖寺,史称"鹅湖之会"。"鹅湖之会"主要辩论为学之方。陆九渊讥讽朱熹教人泛观博览是"支离事业",朱熹则讥讽陆九渊的发明本心是禅学。这次会面很不融洽,不欢而散。朱陆之间又通信辩论过无极太极问题。后双方弟子争口舌之胜,互相攻击,使学术之争逐渐变为意气之争,朱熹和陆九渊的关系也逐渐恶化。朱熹后来虽然请陆九渊在白鹿洞书院讲授《论语》,并将其中的警辟语句刻石,但二人间的嫌隙终未能弥合。朱陆之争反映的是理学与心学两种不同学术方向、不同功夫进路,甚至不同性格癖好的差异,是不能也无须调和的。这两种最主要理学派别的斗争贯穿整个理学史,对此后的学术影响甚大。

陆九渊说自己的学术是因读《孟子》而自得于心,后来王阳明也说陆九渊之学是孟氏之学。但自朱熹指责陆子之学为禅,后人多认为,陆九渊的"心即理"与禅宗的"即心即佛"、陆九渊的"切己自反"与禅宗的"道莫外求"、陆九渊的"发明本心"与禅宗的"明心见性"有相当多的一

---

① 《语录下》,《陆九渊集》,中华书局1980年版,第455页。
② 同上书,第458页。

致性，甚至说陆九渊的心与禅宗所说的心不论在术语上还是在具体内涵方面，几乎毫无二致。如果超出表面的比附和连类，应该说，陆九渊之学虽然吸收了禅宗的修养方法，但它仍是儒学，他的学说主体是孟子学，是儒学在反求心性时的自然推展。吸收儒家之外的思想充实自己，或在讲学中引用佛、道语句，是当时理学家的普遍做法。朱子说"陆子禅"，很大程度上是激于意气，后来人应对此加以考察，不应笼统地沿用前人的说法。

与朱熹同时的著名思想家还有陈亮和叶适。陈亮和叶适是当时以功利相号召的永康、永嘉学派的代表人物。

永嘉学派，全祖望溯源于二程后学袁溉，袁溉传其学于薛季宣，薛季宣之学主张形而上之道必以形而下之器为其表现；圣人心法，表现于儒家经书，由经书以趋理义，是儒家正法。其学主要在考求礼乐制度，以求见之事功。故凡井田、王制、兵法、术数等涉于实用者，无不习学求通。

薛季宣传其学于陈傅良，陈傅良特别推崇《周礼》一书，认为是圣人致治之具。但郑玄等大儒对《周礼》的注解，只注重其中的名物度数、设官分职等，关于国运盛衰的大问题反而隐晦不彰。汉魏以来的礼乐制度多采用《周礼》，但不过舆服、官名，周礼所代表的王道则缺焉。薛季宣、陈傅良皆"以经制言事功"，反对专向内省察克治。

陈亮（1143—1194）字同甫，号龙川，浙江永康人，其著作今编为《陈亮集》。陈亮继承了薛季宣的思想，认为道非出于形气之外，而是常行于事物之中，以此反对朱熹所说的"千五百年间，尧舜、三王、周公、孔子所传之道，未尝一日得行于天地之间"的说法。他与朱熹辩论"王霸义利"，反对朱熹三代专以天理行，汉唐专以人欲行，其做得好的，只是与天理暗合的说法，主张道德不能脱离事功，专讲道德动机不讲事功，是片面的道理。并批评当时的一些理学家轻视关于具体事物的知识，动辄以天地之理为言是"风痹不知痛痒之人"，提出学问应以实用为主。

叶适（1150—1223）字正则，号水心，浙江永嘉人，著作有《叶适集》和《习学记言序目》。叶适是永嘉之学"以经制言事功"的典型，他的思想的一个特色是要恢复儒家以经学为主，并以之带动道德修养和经世致用这一传统，批评当时理学家专言正心诚意，抛弃了经学中重视实际事物的传统。他指出，尧舜、三王之道虽也有关于心的内容，如"人心惟危，道心惟微"之类，但更为重要、更为大量的是关于实际事物的学问。如尧舜重视天象，"乃命羲和，历象日月星辰，敬授人时"。禹重视水土，《尚书·洪范》乃治水经验的总结。皋陶"观天道以开人治"，而人治的内容是授之以实事。周公治教并行，礼刑并举，"自尧舜以来，圣贤继作，措于事物，其该括演畅，皆不得如周公"①。这就是儒家的"道统"，这个道统的旨趣在实用。孔子的功绩在于，在周道既坏、三代之道放失、诸子蜂起的情况下，搜补上古遗文坠典，加以删述，成为后来儒家乃至整个民族的精神方向。这些经典的内容仍主要在实用。叶适并且认为，由于年代久远，世事因革，三代之旧不能尽复，必须根据当时之务加以变通，主张复古则违背了儒家随时变易之义。当时的道学家背离了经书的实用之旨，竞相言正心诚意，此皆失经学之本。他批评后世儒者"行仲舒之论（指'正其谊不谋其利，明其道不计其功'），既无功利，则道义者乃无用之虚语耳"②。并以此批评专意主静的周敦颐、强调尽心知性的孟子，更反对主张"道先天地生"的老子和专意心性精微的佛教，认为它们都离开了他以上所说的儒家道统。

重视经学以治事，这是叶适不同于陈亮的地方，但二人皆重视功利，倡言道德不能离开事功，道德目的必须实现为一定的物质利益。这是永嘉事功派的根本特点。

四　王阳明及其后学

王阳明（1472—1528）本名王守仁，浙江余姚人，是明代最著名的理学家，也是中国哲学的代表人物之一，其著作现编为《王阳明全集》。传

---

① 《总述讲学大旨》，见黄宗羲《宋元学案》，中华书局1986年版，第1746页。
② 叶适：《习学记言序目》，中华书局1997年版，第324页。

统上王阳明与陆九渊并称为"陆王心学",实际王阳明并不是直接继承陆九渊之学,而是从朱子学入手,发觉扞格不通,才转到心学立场上来。王阳明的心学与陆九渊有较大不同,他也指出陆九渊之学比较粗浅,并且不免于沿袭之累。王阳明的学说以良知即天理、心外无物、知行合一、致良知等为中心,他的学说是在深刻的理论探索和惊心动魄的实际生活中体悟出来的,具有很强的实践色彩。

王阳明认为"心"这个概念太笼统,所以他多用"良知"概念。"良知"取自孟子,在阳明这里主要有以下三方面的意思。良知首先指性体在心中的显现,他叫"所性之觉"。良知人人皆有:"见父自然知孝,见兄自然知弟,见孺子入井自然知恻隐,此便是良知,不假外求。"(《传习录》上)良知同时是道德判断的准则:"知善知恶是良知。"人应该依从自己的良知,除此之外不应有别的判断准则。良知又是天地万物的根本原理在人心中的表现,所以"良知是造化的精灵","良知是天理之昭明灵觉处","良知即天"。(《传习录》中)

"知行合一"说认为,知与行就如鸟之双翼,车之两轮,缺一不可。知与行不是两个不同的行为,而是一个行为的两个方面。说知,就逻辑地包含行;说行,就逻辑地包含知。知行不能割裂,也不能偏废。就致良知说,良知是知,致良知是行,致良知即知行合一。阳明提出知行合一是为了纠正朱子学成为学术主流以后学者重知轻行、重书本轻实践的强大积习。

"心外无理"命题是要强调,任何行为都应当在良知的统驭和范导之下,不出于良知、没有良知贯彻其中的行为没有道德价值。以诚意为目的,在诚意带动下的格物致知才是正确的方向。所以格物不是穷究外物之理,而是改正自己心中不正确的念头:"格者,正也,正其不正以归于正之谓也。"(《传习录》上)

王阳明晚年提出"致良知"概括他一生学问宗旨。致良知就是把自己的良知推致于具体行为中,使具体行为处于良知的范导之下,同时也使自己的良知充其极。这就是他说的"致知格物者,致吾心之良知于事事物物也。吾心之良知即所谓天理也,致吾心良知之天理于事事物物,则事事物皆得其理矣"(《传习录》中)。王阳明晚年用"致良知"解释《大学》的三纲领八条目，甚至把它推广到儒学的一切方面，"累千百言，不出此三字为传注"。致良知是王阳明一生学术的概括和总结。

王阳明一生波澜壮阔，有多次性命交关、生死搏斗的大事变，这是促使他提出致良知宗旨的主要缘由。他早年喜好仙佛，对佛道思想充满兴趣。晚年在家乡讲学，通过与弟子的辩难切磋，他的理论越来越深刻，也越来越圆融贯通。在征思、田前夕，他提出了概括他一生学问宗旨的四句话："无善无恶心之体，有善有恶意之动，知善知恶是良知，为善去恶是格物。"史称"四句教"。四句教是阳明去世之后到终明之世王门弟子反复讨论的问题，对四句教的不同理解是王门分派的根据。王阳明死后，他的弟子通过讲学活动将王学推展至大半个中国，《明儒学案》将王门分成浙中、江右、粤闽、南中、楚中、泰州、北方等派别，其中的代表人物有王艮、王畿、钱德洪、邹守益、欧阳德、聂豹、罗洪先、罗汝芳、耿定向、焦竑等人。特别是泰州学派，提倡"百姓日用即道"，出了一些"赤手以搏龙蛇"的人物，他们在"良知即道""放手行去""狂者胸次"等口号下，出现了径任本性、忽视功夫，强调先天本有、忽视后天扩充等流弊，后来的东林学派和蕺山学派就是针对阳明学派的流弊展开其理论的。泰州学派还有一些人到乡村讲学，使儒学深入下层劳动者中间，这也是理学发展史中有意义的事件。

（原载袁行霈主编《中华文明史》，北京大学出版社2006年版）

程明道之"生之谓性"及其歧解

《二程遗书》卷一"二先生语"下有"生之谓性,性即气,气即性……"一条,一般认为乃明道语。此条是二程论性有代表性的话语,历来讨论二程人性学说必加引述,但解释异义颇多。尤其朱熹根据自己的性论所做的解释多为后来学者所本,更增加了歧解的可能性。牟宗三在《心体与性体》中的解释与朱熹不同,代表了另一种诠释方向。朱熹与牟宗三对此条疏解最为详细,论述最为深入,故在讨论明道本意时,对二人的解释一并讨论,间亦有对流行成说加以辩驳处。

一 "生之谓性"详解

为便于讨论,先过录明道此段话于下:

> "生之谓性",性即气,气即性,生之谓也。人生气禀,理有善恶,然不是性中元有此两物相对而生也。有自幼而善,有自幼而恶(自注:后稷之克岐克嶷,子越椒始生,人知其必灭若敖氏之类),是气禀有然也。善固性也,然恶亦不可不谓之性也。盖"生之谓性","人生而静"以上不容说,才说性时,便已不是性也。凡人说性,只是说"继之者善"也,孟子言人性善是也。夫所谓"继之者善"也者,犹水流

而就下也。皆水也，有流而至海，终无所污，此何烦人力之为也？有流而未远，固已渐浊；有出而甚远，方有所浊。有浊之多者，有浊之少者。清浊虽不同，然不可以浊者不为水也。如此，则人不可不加澄治之功。故用力敏勇则疾清，用力缓怠则迟清，及其清也，则却只是元初水也。亦不是将清来换却浊，亦不是取出浊来置在一隅也。水之清，则性善之谓。故不是善与恶在性中为两物相对，各自出来。此理，天命也。顺而循之，则道也。循此而修之，各得其分，则教也。自天命以至于教，我无加损焉。此"舜有天下不与焉"者也。

这一长段话，句句皆有歧解。"犹水流而就下"之前，尤其异说纷纭。造成歧解的原因，一是明道论学，多掇取经典中的语句稍变其文，以说己意。在明道，五经四书皆烂熟于胸中，顺手拈来讲说，多妥帖安稳，不烦辞费；且久久讲学，弟子多明白经书中语句的意指，理解易于晓畅，不枝不蔓。而今人对儒家典籍多有隔膜，难以契会其语脉，故解义多分歧之处。二是朱熹集宋代理学大成所成之性论对后世影响最大，论者多以朱熹成说拟议二程，遇有扞格不通处不易退步。三是"论性不论气，不备；论气不论性，不明"一语，对理解二程性论具有笼罩性影响，论者多不敢出此矩矱。此句朱熹或以为明道语，或以为伊川语。[①] 而此句对仅以气说性有颠覆性意义。有此诸难，各家解释自不易归一。下面对此条逐句析解。

1. "生之谓性。""生之谓性"语本告子，在明道此段话中，"生之谓性"四字只是拈来提起话头，不是明道对"性是什么"的判断语。以已有之成语引出自己的解释，这是讲学常用的方式。就明道此段话上下文语气来看，如果是要表达自己关于性的重要见解，则劈头即说此四字关键语，无有引起听者注意之铺垫语、过渡语，从语气上说，太突兀，不合讲话特别是讲重要的意思一般先以较浮泛的话引起听者的注意再讲出关键语的常例。且下文"生之谓也"正与此四字呼应，如果"生之谓性"是判断语而

---

① 详细出处见陈荣捷《近思录详注集评》，台湾学生书局1992年版，第101—102页。

非援成语以引起下文，则文意已足，"生之谓也"四字为蛇足。

朱熹也认为此四字是引用告子[①]，非明道直说自己关于人性的见解，故对此句无发挥。牟宗三则认为，"生之谓性"四字虽本于告子，但此四字却是明道此段话的纲领。此四字指示着明道论性的方向：生字即是成字，论性必自有生之后，不是论人性所依据的先天本体。但后天之性通于於穆不已的天道生德，此为性体之实。人性的内容就是生生不已，它是道体、性体在人身上的表现："性"字乃宇宙本体降衷于人性所应有的内容。从这里看，牟宗三是借用告子"生之谓性"来发挥自己的思想，不是对明道意思的贴切解释。

2."性即气，气即性。"这一句是理解明道此段话的关键，它代表着两种解释方向：以气释性与性气合说。笔者认为，明道这句话的意思是，上提"生之谓性"的"性"字就是气，反过来说，唯气就圆满地解释了性。之所以正反两面说，完全是为了强调对以气释性的肯定，不容枝蔓，故语气十分斩截。"即"字通常可以理解为两种意思，一是一元性的"是"，二是二元性的"就""靠近"。明道此处取前者，意思是，性就是气，气就是性。朱熹虽也认为在字义上"即"就是"是"，但他认为不能孤立地说气和孤立地说性，说性就逻辑地包含气，说气就逻辑地包含性。所以意思上反而是后者，以与他的本然之性落在气质中为气质之性，说性须说到此二者方为圆通的一贯思想相吻合。朱熹关于天地之性（本然之性）与气质之性的分别说过许多，仅就江永采入《近思录》作为明道这两句话的注释的，就有七八条。如："性命形而上者也，气则形而下者也，形而上者一理浑然，无有不善，形而下者，则纷纭杂糅，善恶有所分矣。故人物既生，则即此所禀以生之气，而天命之性存焉。此程子所以发明告子'生之谓性'之说，而以'性即气，气即性'者言之也。""此章内性字，有指理堕在气质中者而言，有指其本原至善者而言，须且分别此一字，令分明不差，方可仔细逐项看详。""'性即气，气即性'，这且是滚说，性便是理，气便是

[①] 见江永《近思录集注》，广陵古籍刻印社1990年版，第64页。

气,是未分别说,其实理无气,亦无所附。"① 这是朱熹以自己的义理解释明道的"性即气,气即性"之说。

牟宗三虽在《心体与性体》中多处贬斥朱熹"别子为宗"。但在对"性即气,气即性"一语的解释上,与朱熹思路相同,即亦以性与气二者合在一起说性。牟宗三说:"'性即气,气即性'不是概念断定的陈述语(指谓语),乃是性体与气禀滚在一起而不离之关联语。又'性即气,气即性,生之谓也',此不是说生化之生生不已中性与气同流也,乃是说性体与气禀滚在一起,即是'个体存在时说性'之谓也。"② 此处陈述语、指谓语都是指被述说者"是什么"的判断语、定义语。关联语指对两个东西发生关涉的述说,也就是"即"字的"就""靠近"等意思。牟宗三明显是说,性须关联着气说,性与气为二物。按他的根本主张,"性"是於穆不已的宇宙本体,气是形而下的个体事物,宇宙本体在"天地细缊,万物化醇"过程中,朗现为具体事物,所以就个体说,是"於穆不已之天命生德带着气化以俱赴,因而有个体之成",故个体必是性与气滚在一起而不相离。牟宗三的"滚在一起"之性是即存有即活动者,朱熹的理与气合之理按牟宗三的说法是"只存有而不活动者",故两人虽皆以理与气合言性,但朱熹的"明是二物"的意思要明显得多,牟宗三则稍弱,因他不喜朱熹之理气截然两分。从朱熹和牟宗三的解释看,两人皆不合明道"性即气、气即性"之单以气说性的原意。

3. "生之谓也。"在明道这段话中,此四字是呼应前引告子"生之谓性"的。"生之谓也",实际是"生之谓性之谓也"的简略语。此数句的完整意思是:告子所说的"生之谓性",性就是气,气就是性,这就是"生之谓性"的意思。但此四字收煞语在朱熹和牟宗三这里,却以此"生"字为眼,带出不同解释。"生"字本可有"生来""天生"和"生生不息""生气洋溢"两种不同的诠释方向。在明道此句中,"生"是"生来""天生"

---

① 以上皆见江永《近思录集注》,广陵古籍刻印社1990年版,第64页。
② 牟宗三:《心体与性体》,上海古籍出版社1999年版,第140页。

之意,故"生之谓性"可解释为"人生来就有的东西就是性"。朱熹理解的"生",也是"天生"之意,如上文所引"'生之谓性',是生下来唤做性底"一语可以见出。牟宗三也说:"'生之谓也',是说有生以后,就是性体与气禀滚在一起的。"①

但明道"生之谓性"一语在不同的语意脉络中有不同的意思。如下面一段话,"生"的意思与上引完全不同:"'天地之大德曰生','天地纲缊,万物化醇','生之谓性','万物之生意最可观',此'元者善之长'也,斯所谓仁也。人与天地万物一物也,而人特自小之,何耶?"②此段话说宇宙本体之生生不息,创造日新,取上"生"字的第二种意思。在此段话中,"生之谓性"与其余三句一起,用来描述宇宙生生之德。此四字中只"生"字是实说,余皆顺成语带出。牟宗三对明道此段话的解释十分看重此"生"字,因为"生"字就宇宙本体说,代表的是"即存有即活动"的性质;就经验界的个体事物说,代表的是"本体宇宙论的直贯顺成模式下个体事物之生生不息,创造日新"的性质。这一义理在牟宗三是极其重要的,也是最根本的。此"生"字在"生生不息"之意上着眼,与明道"生来""天生"的本意相去甚远。

4. "人生气禀,理有善恶,然不是性中元有此两物相对而生也……""人生气禀"承上"性即气"言,表示以气说性之意。既以气说性,则气有清有浊,性也应有善有恶。"理"字虚说,非与气相对之理,乃"理应如此""道理上合该"之意。朱熹的解释与此相同:"此'理'字不是说实理,犹云'理当如此',只作'合'字看。"③明道此句中的善恶绝非形上设定,乃从形下之血肉之躯上说其本应有善恶。也就是说,非抽象之善恶,乃在人气命构成之趋向上说善恶。"不是性中元有此两物相对而生",是说善恶非"性善恶混"论者那样,指人性中有善恶两种成分相对而生,而是人由其所禀受之气决定,生来只有一种倾向,或倾向于善,或倾向于恶。无有中立者。故下文即言

---

① 牟宗三:《心体与性体》,上海古籍出版社1999年版,第140页。
② 《二程集》,中华书局1986年版,第120页。
③ 江永:《近思录集注》,广陵古籍刻印社1990年版,第65页。

"有自幼而善，有自幼而恶"。本注"后稷之克岐克嶷，子越椒始生，人知其必灭若敖氏之类"，即列举古人以证明确有自幼而善、自幼而恶者，并说明善恶是气禀决定的，故"善固性，恶亦不可不谓之性"。此皆就气说性，并无一字涉及"天命之谓性"。这可以证明明道此段话非有性气二元之意，也不是将性气二元中之"天命之性"暂且放置一边，专就气上说性，而是彻头彻尾只就气说性。朱熹据其性气二元论解释明道此句，自然不能相应。朱熹说："既是气禀恶，便亦牵引得那性不好。盖性只是搭附在气禀上，所以谓'浊亦不可不谓之水'。""他原头处都是善，因气禀偏，这性便偏了。"① 皆是说性本善，因气禀之善恶而有善恶之表现。他解释"善固性也，恶亦不可不谓之性"，则曰："气之流行，性为之主，以气之或纯或驳，而善恶分焉。故非性中本有二物相对也。"② 失明道本意。故学生质疑此种解释时，朱熹只好说："这般处难说，乍卒理会未得。某初看亦自疑，但看来看去自是分明。今定是不错，只着功夫仔细看。"③

牟宗三的解释与朱熹大体相同，他解此句道："性既与气禀滚在一起，则气禀之善者性体自然在此呈现而不失其纯。至如气禀之恶者，性体不能在此呈现而不失其纯，则即不免为其所拘蔽，所染污，因而成为恶的表现。下言'善固性也，然恶亦不可不谓之性也。'此云善恶是指性的表现言，不是指性之自体言。……此或善或恶不是对于性体自己而说的概念断定语，即不是说性善或性恶，或性有善有不善，乃是关联着气禀之不齐而言其有不同之表现。表现上虽有种种殊异，然皆是性之事也。"④ 朱熹与牟宗三此处的解释皆立足于性气二元，故认为善恶是性通过气表现出来的特征而非性本身，皆与明道原意不相应。

5. "盖'生之谓性'，'人生而静'以上不容说，才说性时，便已不是性也。"此句是明道对自己以上说的"善固性也，恶亦不可不谓之性"的解

---

① 江永：《近思录集注》，广陵古籍刻印社1990年版，第66页。
② 同上书，第65页。
③ 同上书，第66页。
④ 牟宗三：《心体与性体》，上海古籍出版社1999年版，第140页。

释。"生之谓性",谓生来具有的叫作性。因为生之前不可说,可说者皆有生之后。"人生而静"语出《礼记·乐记》:"人生而静,天之性也;感于物而动,性之欲也。""人生而静以上",谓人出生之前。明道此段专以气禀说性,故人生之前悬而不论。《礼记·乐记》说的"天之性也",宋明儒大力阐扬的由"天命之谓性"而来的天赋善性,明道皆置于不立不议之列。"才说性时,便已不是性也",意思是人出生之前性不可说,才要说性,便已不是此性,因其属"言语道断,心行路绝"之域。能够说的,皆是人出生以后的气禀之性。

朱熹对这一句的解释,仍然本其一贯的性气二元的思路,更导入已发未发之说:"'人生而静'是未发时,'以上'即是人物未生之时,不可谓性。才谓之性,便是人生以后,此理堕在形气之中,不是性之本体矣。然其体,又未尝外此,要人即此而见得其不杂于此者耳。"①

牟宗三以性气二元说性的思路与朱熹相近,所不同者,牟强调性、理的"即活动即存有"义,贬斥朱熹的理"只存有而不活动",故解释明道此句亦如前述之原则:"'不容说'是无性之名与实之可言,并非言语道断,不可思议之义也。有生以上既不容说性,则一说性时,便在有生以后,便与气禀滚在一起,便有因气禀之不齐与拘蔽而成之不同之表现,便已不是性体自己之本然而粹然者。"②但他顺语势拈出之本体,则与朱熹大不相同。他所说的性之本体,指"於穆不已之真几"。说"便已不是性",亦是说不是那作为性体之实的於穆不已之真几之纯粹而自然地呈现了。并非说性已转成别的,如"只是气"之类。牟宗三对于"性"的解释,始终不离"活动"意,生机活泼意。他的诠释方向一开始即是性气二元的,故对后边数句的解释皆背离明道原意。

6. "凡人说性,只是说'继之者善'也,孟子言性善是也。"此句理解最难。难就难在明道所引经典中语句其实指为何不易把握。"继之者善"

---

① 江永:《近思录集注》,广陵古籍刻印社1990年版,第67页。
② 牟宗三:《心体与性体》,上海古籍出版社1999年版,第141页。

语本《易传·系辞》："一阴一阳之谓道，继之者善也，成之者性也。""继之者善"在明道此句中的意思是后天。明道拈"继之者善"四字成语，只"继"字是实指，余三字皆顺成语带出。按明道语脉，"一阴一阳之谓道"，道是先天，是形而上者。"继"者、成者是后天，是形而下者。明道这句话承前，意思是，凡人说性，都是说人出生之后的性质，是后天事。句中不提"一阴一阳之谓道"为先天，是因为它与"继之者善"为连文，人皆耳熟能详。隐去此句，不妨碍对"继之者善"的理解而整句更为精练。即孟子性善说，也是说后天之性，因为他是从"今人乍见孺子入井，必有怵惕恻隐之心"处说，是从人的现实心理经验论证。

孟子说性是从恻隐之心往上说，是说此恻隐之心即是仁之端。朱熹的性即理是从上往下说，是说心中有形而上之性理"仁"，才有此仁之形而下的表现"恻隐之情"。仁是"心之德，爱之理"，恻隐之情是现实的心理之爱。仁是爱的根据，爱是仁的表现。朱熹这些说法皆就"天命之谓性""心统性情""心包四德"等一整套义理系统说下来，故有许多形而上的建构和预设。这种建构和预设成就了朱熹的博大、缜密、义理有间架有条理等品格，但也由此构成并固定了朱熹的理论范型，以此范型解释明道以上话语，就有强拉他人以就己意的特点。如"继之者善"一语，朱熹的解释便以上述性论为根据，认为是说人继承天命而为己性，故性善。朱熹说："如说善，即是有性了，方说得善。""《易》谓'继之者善'，在性之先；此所引（按指明道此句中所引）在性之后。天道流行如此，所以人性发现亦如此。"[①] 朱熹这两段话，第一段是说有性理所含蕴之善，才有表现于情才之善。第二段是说宇宙之道之理即善，此善在人性之先，人继此理此道为性。天道流行与人之善之发属同一序列。总之，朱熹认为现实的善有性为其依据，而明道则就此善说性，此善背后无依据。

牟宗三认为善有它所依据的性，但他认为此性由于"於穆不已""纯亦不已"的特性，它表现为具体事物之善是性体本身的自然呈现。"继之者

---

① 江永：《近思录集注》，广陵古籍刻印社1990年版，第69页。

"善"的继不是向上求取,而是自上往下自然呈现:"自然就下,自然呈现,即所谓'继'也。自然呈现而不失其纯即所谓'继之者善'之善的表现也。言由此即足见性体自身之为至善也。"①牟宗三释"继之者善",突出的是於穆不已的道体性体由于自身的创发力自动地呈现为具体事物之性之理这个方面。"继"是"乾道变化,各正性命",是天道运化为个体,所以"继"是自然地主动地呈现之意。"善"即个体事物所有的宇宙本体之性。"继之者善"与"成之者性"为同一过程,同为个体事物之继天立极。朱熹与牟宗三的解释,都以"继之者善"四字合说,"继"与"之"(代宇宙本体)、"者"(代个体事物)、"善"四字皆有实指之意义。而明道以"继"字为先天之道的对文,指后天具体事物,仅"继"一字有意义,余三字由成语带出,皆虚说。

7. "夫所谓'继之者善'也者,犹水流而就下也。"此句是以孟子之"水流而就下"说明上文所言"继之者善"。但对"水流而就下"五字的意思,理解甚为不同,分歧点在此句是在说"水流"还是在说"就下"。水流仅指流动之水。说流动之水意仅在引起下以水为喻之文。"就下"则因联想到《孟子》之语而隐含性本来是善之意。"水流而就下"出自《孟子·告子》:"水信无分于东西,无分于上下乎?人性之善也,犹水之就下也。人无有不善,水无有不下。"因为此五字是说明"继之者善"的,故极易使人认为此句是说性善。又因为《孟子》以"水无有不下"紧跟"人无有不善",遂使人易联想为此五字是说人性本善。其实就下文"皆水也,有流而至海……至水之清,则性善之谓也"一长句看,明道本意并无性本善之意,特别是并无承"天命之谓性"而来的离气而说本性即善之意。"水流而就下"五字,也是明道惯常用的拈经典中成语夹杂于说话中的手法。此五字实际的意思是流动之水,"就下"二字是被成语带出来,本身无意义。"就下"绝无"人无有不善,水无有不下"之因联想而有的意义。明道这句话的意思是:以后天禀气说性,可以用流动的水作比喻。此义一明,理解

---

① 牟宗三:《心体与性体》,上海古籍出版社1999年版,第142页。

下文就顺畅无疑义。

8."皆水也，有流而至海，终无所污，此何烦人力之为也？有流而未远，固已渐浊；有出而甚远，方有所浊。有浊之多者，有浊之少者。清浊虽不同，然不可以浊者不为水也。"此数句以水被污的不同情况说明气禀之性善恶分数之不同。"流而至海，终无所污"指禀气优渥之人，在明道指性善。"流而未远，固已渐浊"，"出而甚远，方有所浊"及浊之多少，皆禀气厚薄多寡之殊，喻性中善恶之分数不同。皆从气上说，不涉及"天命之性"。清浊虽不同，然不可以不为水，即上"善固性也，然恶亦不可不谓之性"之意。朱熹虽也承认明道此数句是在气禀上说，但据其性气二元的理论，认为尚有一"天命之谓性"之性、"性即理"之性。此性为性之本然，气之昏明纯驳只影响此性之表显，无损此性之存在。故朱熹总结此意："然则人虽为气所昏，流于不善，而性未尝不在其中。"[①]

牟宗三同意朱熹这样的理解，认为明道此数句"皆是喻性之不善或恶之表现。表现上有善恶相对之表现，而性之自体只是一善。是谓纯然之至善。"[②]此纯然之至善即朱熹所谓本然之性，不过其性质与样态皆不同，此意上已述。

9."如此，则人不可不加澄治之功。故用力敏勇则疾清，用力缓怠则迟清，及其清也，则却只是元初水也。亦不是将清来换却浊，亦不是取出浊来置在一隅也。水之清，则性善之谓也。故不是善与恶在性中为两物相对，各自出来。"此句分歧点在澄治之功所施之对象，及"元初水"是本然之性还是气禀。明道之意，澄治之功施诸禀气本身，澄治之后清的是气本身。而朱熹认为，澄治之功针对的是气禀对性的戕害，故"惟能学以胜气"。"及其清也"，是本然之性之完全显现。"不是将清来换却浊，亦不是取出浊来置在一隅"，明道的意思是人之气禀一经获得，就作为此人之基本物质形态，只能变化，不能改换。人只能就气禀攻治，使渣滓浑化，驳

[①] 江永：《近思录集注》，广陵古籍刻印社1990年版，第70页。
[②] 牟宗三：《心体与性体》，上海古籍出版社1999年版，第142页。

杂渐变为清明。"水之清，则性善之谓"，水清在澄治之后，性善亦在攻治气之昏驳使之清明之后。此皆就气上说，所以"不是善与恶在性中为两物相对，各自出来"。而朱熹对此则理解为："如此，则其本善而已矣，性中岂有两物对立而并行也哉？"①意思是，澄治之功的结果是本然之性表现出来，本然之性中并无纤毫恶的成分。

明道此处譬喻本极明晰，而朱熹据其性气二元立场解释明道此喻，则出现矛盾。最突出的矛盾在，明道以气之清浊说性，故无"本然之性"的观念。朱熹则处处不离本然之性。加上其中有"犹水流而就下"之语，更使他联想到"性无有不善"之意念，从而不能契合明道以澄治之功使浊变清的思路。此点矛盾，朱熹在理解明道这段话并加以解释的时候就已意识到了。《朱子语类》中有多条涉及此（见《朱子语类》卷九十五《程子之书一》），仅就江永采入《近思录集注》中的几条，已足见此意，如："此段引譬喻亦丛杂，如说'水流而就下'了，又说从清浊去，与'就下'不相续。这处只认得大意可也。""其言水之下与水之清亦是两意，须分别。""'犹水流而就下也'，这下便欠言语，须为他作文补这里始得。盖水之就下是喻性之善。到得说水之清，却依旧是譬喻。"②此皆朱熹以己意解明道以水喻性扞格难通之处。此中关节，还在朱熹解明道此段话的根本立场："横渠云：'形而后有气质之性，善反之则天地之性存焉。'将此两个性字分别，自'生之谓性'以下，凡说性字者，孰为天地之性，孰为气质之性，则其理自明矣。"③以此立场解明道，自是难通。

牟宗三于清浊之喻无有详细分疏，对朱熹以上困惑也未加讨论。但他对"生之谓性"这整段话的意思有个总括的说明。他认为此条不过说两句话："尧舜性之也，汤武反之也"，或"自诚明谓之性，自明诚谓之教"。按他的解释，天道在演为个体的运行中，如能自然呈现而不失其纯，则为"尧舜性之"，即明道所喻"流而至海终无所污"，也即《中庸》"自诚明谓

---

① 江永：《近思录集注》，广陵古籍刻印社1990年版，第71页。
② 同上。
③ 同上书，第72页。

之性":自"为物不二,生物不测"之"诚"而保持为、落实为具体事物之"明",即为具体事物之性。如不能不失其纯而有恶之污染,则需澄治之功以复其初。此"汤武反之",或以明复诚之"自明诚谓之教"。及至功夫纯熟,则性体流行一无所污,此时气为性所朗照、遍润,一体而化,性与气不再有隔碍,非复初时之性与气滚合在一处,混杂在一处。牟宗三此义虽极精,但是说他自己的意思,也不与明道就气说性相应。

10."此理,天命也。顺而循之,则道也。循此而修之,各得其分,则教也。自天命以至于教,我无加损焉。此'舜有天下而不与焉'者也。"在《二程遗书》中,此数句与前"生之谓性"一大段为一条,《近思录》辑入时一仍其旧,但无详细讨论。牟宗三《心体与性体》讨论明道性论时虽亦仍《二程遗书》之旧,全文过录,但无一语及此数句。按此数句以《中庸》"天命之谓性,率性之谓道,修道之谓教"句融合"理"字,重点说《中庸》三句是一自然过程,人但当循顺之,不应有加损于其上。与前讨论生之谓性及水清浊之喻甚不相干。疑本另为一条,但朱熹编辑《二程遗书》时因与己之性气二元相仿佛,故合前为一条。此点朱熹门人已有疑义,《近思录集注》亦提到此疑:"此理天命也,这处方提起以此理说,则是纯指上面天理而言,不杂气说。"① 谓此句与前意思、语气都不连贯。此句虽可强牵来说朱熹"天命之性"义,但细加寻绎,总觉与前不相类。故本文判为另一条,置之不论。

以上逐句剖辨已竟,今再连起来解说一遍。从中可以看出,明道此条义本统一,语气亦连贯。朱熹说此条可作三节看,每节义不相连,甚至认为"所说丛杂","此一段极难看",皆大可不必。解曰:

> 告子所说的"生之谓性",性就是气,气就是性。这就是生之谓性的意思。人皆禀气而生,合当有善有恶,但不是性中原有善恶两物互相对反。有的人自幼就善,有的人自幼就恶,如后稷幼时便聪明,

---

① 江永:《近思录集注》,广陵古籍刻印社1990年版,第72页。

子越椒刚出生,有人就知道他长成后必招致若敖氏灭族之祸。人之或善或恶是气禀造成的。气禀善的是性,气禀恶的也不能不叫作性。这是因为,人生来如此的就是性,《乐记》所说的人未生时的静寂状态不能说,才要说这种状态,就已经不是这种状态了。一般人说性,都是说的有生以后。孟子说性善,也是就有生以后说。有生以后的性,就像水流一样。都是水,有流到海终无污染的,这何必要人力澄治呢?有流不远就渐渐污染的,有流很远才污染的;有污染重的,有污染轻的。污染程度虽不同,但不能说污染了的水不是水。这样,就不能不加澄治之功。用力勤且多的清得快,用力疏且少的清得慢,等到清了,却只是原初的浊水变清。不是用清水来置换浊水,也不是把水中的浊取出来放在一边。水的清,就是性的善。所以不是善与恶两种物互相反对,在性中各自孤立地表现出来。

二 程明道思想的特点

剩下的问题是,以上对明道此条的解释是否与明确属于明道的其他论性之语相吻合。本文对这一问题的回答是,明道一生遗留下来的文字很少,得以窥见明道思想的,大多数是他的讲学语录,而讲学语录多针对不同的问题、不同的听众而说,中间容有前后不类甚至相矛盾处。但这些形式驳杂的语录有一个明显的特点,即多从形而下的事物着眼,较少抽象议论;多从整体的、浑沦的地方论说,较少析为细部详加疏解;多就现象界立论,较少另立一现象界之外的本体。明道的思维特点是感觉的,不是思辨的;是灵动的,不是渊静的;多抒发体验,少逻辑分析。与朱熹照应不同经典的义理,统合不同人物的思想而成的缜密的、精细的、架构性的思维方法很不同。从这些特点看,明道论性直从气上着眼是极其自然的。明道的其他语录皆有此特点,如"道即性也,若道外寻性,性外寻道,便不是。圣贤论天德,盖谓自家元是天然完足之物,若无所污坏,即当直而行之;若小有污坏,即敬以治之,使复如旧"(《二程遗书》卷一)一条,认为道与性皆非抽象之物，道即宇宙大化流行，性即此大化流行所体现出的性质。物皆有此性质，无所污坏；便应该当机直行。一切皆直观的、体验的、自然的。不须分析，不须拟议，不须强生事。又如明道论天一条："其体则谓之易，其理则谓之道，其用则谓之神，其命于人则谓之性……彻上彻下不过如此。形而上为道，形而下为器，须着如此说：器亦道，道亦器。但得道在，不系今与后，己与人。"（《二程遗书》卷一）是说易体、道体、神体都是这统一的宇宙大化的不同方面。易表示变化不息，道表示其行有常，神表示妙用无方，人之性是宇宙运化的缩影，是具体而微的宇宙。宇宙是整全的、现象的、浑融的，这一点规定了人性的基本性质：具体的、活泼的、创生的。这与他就气说性是同一面向。又如前引明道描述天地万物一条："'天地之大德曰生'，'天地缊缊，万物化醇'，'生之谓性'，'万物之生意最可观'，此'元者善之长'也。斯所谓仁也。"认为天地万物即仁，仁即人之性，仁即生生不已，变化日新。这几条都是现象地、具体地、变动地描述性，排除渊静的、形而上的性体之预设。由这里看，明道就气说性当是他思想中应有之义。且明道就气说性最后的落脚点是用澄治之功变化气质，不借助形上预设，在现象当身成就理想人格，这与他关切现实人生的着眼点吻合。再加上明道"生之谓性"一条是就《孟子》发论，《孟子》有"养浩然之气"等议论，皆从人外在的物质形态——气着眼，这也是引发明道就气说性的一个契机。故明道以气说性并不与他的一贯思想抵触，也非横空出世突兀无凭。

（原载王博编《薪火集》，北京大学出版社 2004 年版）

牧隐李穑儒学思想的渊源与特点

牧隐李穑（1328—1396）是朝鲜高丽末期的文学家、教育家、思想家，十四岁即考中本国成均馆试之诗科。年二十一，随父至元，以朝官之子补国子监生员，在监读书三年，"得受中国渊源之学，切磨涵渍，益大以进。尤邃于性理之书"[1]。年二十六，考中元征东行中书省乡试，次年中会试，授应奉翰林文字，兼国史院编修官。学行深得名儒杜秉彝、欧阳玄等的赞赏。归国后即受显职，曾长期担任成均大司成，荐拔儒士多人。科举创用元朝《易》《书》通考之法，对朝鲜此后的教育产生了重要影响。他的学术思想，以性理之学为骨干，以文章之学为筋肉，天道性命之理表显于文章之学中。一生承制作之命，掌国家文翰之事，所作表笺诰敕之类甚多，文章无出其右者。史称其"博览群书，尤深于理学。凡为文章，操笔即书，如风行水流，略无凝滞。而辞义精到，格律高古，浩浩滔滔，如江河注海"[2]。对朝鲜性理学的发展及其后学风、文风产生了重大影响。

---

[1] 权近：《朝鲜牧隐先生李文靖公行状》，载牧隐研究会编《牧隐集》，第217页。
[2] 同上书，第220页。

一　稼亭、牧隐与金华之学的关系

牧隐的学问，受他的父亲李穀影响很大。李穀（1298—1351，字中父，号稼亭）元至顺三年（1332）中征东行省乡试第一名，次年中元朝进士，授国史院检阅官，与元朝著名文士相游处，诗文风格受中国学者影响甚大。元统二年，李穀奉元顺帝勉励学校诏书出使本国，元诸文士多有序、诗相送。仅就今《稼亭集》所载，就有陈旅、欧阳玄等三十余人。

宋末元初的儒学可以分为两个大的方面，一为理学，一为文学。这两个方面金华学者[①]皆有所传。其中理学方面的代表人物有何基、王柏、金履祥、许谦，文学的代表人物有柳贯、黄溍、吴师道、吴莱、戴良等。黄百家曾说："北山一派，鲁斋、仁山、白云既纯然得朱子之学髓，而柳道传、吴正传以逮戴叔能、宋潜溪一辈，又得朱子之文澜，蔚乎盛哉！是数紫阳之嫡子，端在金华也。"[②] 这里"学髓"指朱子学的中坚——理学，"文澜"指朱子学的文章辞藻方面。两个方面融合为一，是金华学者的特点。以上所述之金华学者，虽在理学、文学上各有偏重，但皆将经史、理学、文章之学熔为一炉。全祖望在《宋文宪公画像记》中追述金华之学的发展阶段说："宋文宪公之学，受之其乡黄文献公（溍）、柳文肃公（贯）、渊颖先生吴莱、凝熙先生闻人梦吉。四子之学，并出于北山、鲁斋、仁山、白云之递传，上溯勉斋（黄榦），以为徽公（朱熹）世嫡。吾尝谓婺中之学，至白云而所求于道者疑若稍浅，观其所著，渐渐流于章句训诂，未有深造自得之语，视仁山远逊之。婺中学统之一变也。义乌诸公师之，遂成文章之士，则再变也。至公而渐流于佞佛者流，则三变也。……虽然，吾读文献、文肃、渊颖及公之文，爱其纯雅不佻，粹然有儒者气象，此则究其所得与经苑之坠言，不可诬也。词章虽君子之余事，然而心气由之以传，虽欲粉

[①]《宋元学案》卷八十二《北山四先生学案》，黄宗羲原稿为《金华学案》。
[②]《宋元学案·北山四先生学案》附，中华书局1986年版，第2727页。

饰而卒不可得。"① 这是说金华之学，至许谦已经从金履祥的特别重视理学逐渐转到章句训诂，到柳贯、黄溍又转到文章之学。至宋濂，又以以上二者融会佛学，成其和会三教之学。但皆未丢失儒学之大端经学与理学，故仍不失为儒学之传。合理学与文章之学为一，此点后来遂成为金华之学的突出特点。这一派的中坚人物宋濂在论述道与气、气与文的关系时说："文学之事，自古及今，以之自任者众矣。然当以圣人之文为宗。天地之间，至大至刚，而人藉之以生者，非气也耶？必能养之而后道明，道明而后气充，气充而后文雄，文雄而后追配乎圣经。不若是不足谓之文也。何也？文之所存，道之所存也。是故无大无小，无古无今，非文不足以宣，非文不足以行，非文不足以传。其可以无本而致之哉？浦阳虽小邑，自宋以来，以文知名者甚众，大抵据经为本，有足贵者。"② 又说："圣贤之道充乎中，著乎外，形乎言，不求其成文而文生焉者也，文之至也。……圣贤之心浸灌乎道德，涵泳乎仁义，道德仁义积而气因之充。气充，欲其文之不昌不可遏也。"③ 宋濂亦追述所得于黄溍所教之为文之法："昔者黄文献公尝有言曰：'作文之法，以群经为本根，迁、固二史为波澜。本根不藩，则无以造道之源；波澜不广，则无以尽事之变。舍此二者为文，则槁木死灰而已。'"④ 可以看出，经学、理学为根本，文史为波澜，是金华学派的特点。

稼亭所交的友朋中，有金华学派的学者数人。如为稼亭同僚，后为牧隐座主的欧阳玄，就与稼亭交谊甚笃。稼亭东归，欧阳玄有诗相送，其诗曰："黄鹄远见珍，飞来东海滨。上林红日晓，太液碧波春。振翮一何迅，承恩从此新。羽仪近天路，歌颂动王臣。中举宁愁晚，孤骞已绝尘。孔鸾应借彩，鹭鹭许为邻。省觐归乘传，翱翔出捧纶。已为中国瑞，宜耀故乡人。"⑤ 欧阳玄为白云许谦门人，"年十四，益从宋故老习为词章，下笔辄成章。弱冠，下帷数年，人莫见其面，经史百家，靡不研究，伊洛诸儒源

---

① 见《宋濂全集》附录，浙江古籍出版社 2001 年版，第 2305 页。
② 同上书，第 2181 页。
③ 《文说》，《宋濂全集》，浙江古籍出版社 2001 年版，第 1568 页。
④ 《叶夷仲文集序》，《宋濂全集》，浙江古籍出版社 2001 年版，第 1028 页。
⑤ 李穀：《稼亭集》，第 15 页。

委，尤为淹贯"(《元史》卷一百八十二)。延祐进士，诏修辽、金、宋三史，为总裁官。发凡起例，创制为多。史书说他"三任成均，而再为祭酒；六入翰林，而三拜承旨。修实录、大典、三史，皆大制作。屡主文衡，两知贡举及读卷官，凡宗庙朝廷雄文大册，播告万方制诰，多出玄手"(《元史》卷一百八十二)。文章道德，卓然名世，为当时士林领袖。欧阳玄是牧隐之座主，牧隐一生奉之为师。后来牧隐学成东归时，欧阳玄甚至有"衣钵当从海外传"之句，可见他对牧隐父子寄望之深。

金华学派的另外一位学者揭傒斯亦有诗送稼亭东归，他的诗有对稼亭才情的赞扬，有对友人的惜别，感情十分真挚，其诗曰："李君起海东，射策天子廷。文如昆仑源，倒建高屋瓴。又如常山蛇，首尾不敢停。乙科已屈置，首擢乃所丁。天子见之骇，同列颜已赪。进之白玉堂，翳以凤凰翎。……尔国甥舅亲，为我东户扃。相距四千里，不异影与形。尔归勿久留，使我心荧荧。迎养固不恶，岂曰无辎軿。我歌尔试听，莫待霜露零。"① 《宋元学案》列揭傒斯为许谦门人，又因饶鲁之再传弟子程钜夫(号雪楼)荐拔之恩，终身称师，故又列入《双峰学案》之"雪楼门人"，与赵孟頫为同门。亦为当时著名文士，《元史》说他"为文章，叙事严整，语简而当；诗尤清婉丽密"(《元史》卷一百八十一)。与柳贯、黄溍、虞集齐名，天下称为"四先生"。

另一金华学派著名学者黄溍的送别诗则以"稼"字为寄："东方有一士，客养千金躯。束带候鸡鸣，出则陪文舆。代耕本非望，暂与园田疏。园田日梦想，投冠旋旧丘。……田父有好怀，过门更相呼。披草共来往，履历周故居。悠悠待秋稼，时还读我书。虽未量岁功，栖迟固多娱。此事真复乐，此语真不虚。饯送倾皇朝，归子念前途。前途当几许，直至东海隅。"② 黄溍乃元代文章巨匠，为当世所极称。又精于经史，"溍之学，博及天下之书，而约之以至精，剖析经史疑难，及古今因革制度名物之属，多先儒所未发"(《元史》卷一百八十一)。黄溍为明初著名文人宋濂之师。

---

① 李穑：《稼亭集》，第136页。
② 同上书，第140页。

又有陈旅,《宋元学案》列为吴澄门人。陈旅盛称金华学者黄溍、柳贯、揭傒斯与同门虞集"天历以来,天下之所宗"。他在为宋濂的《潜溪集》作的序文中,更称:"金华有二先生,曰柳公道传,曰黄公溍,皆以文章显名当世。予游缙绅间,窃获窥其述作。金华多奇山川,清淑之气钟之于人,故发为文章,光焰有不可掩如此。"① 其与金华学者可谓声应气求。陈旅是稼亭考进士时的帘官,在官国子助教时,与稼亭往还。稼亭出使本国,陈旅有序相送,序曰:"元统元年,天子亲策进士,旅叨掌试卷。帘内高丽李榖所对策,大为读卷官所赏。乃超置乙科,宰相遂奏为翰林国史院检阅官。亦荣矣哉!明年上大兴学校,中父(李榖)得捧制书东还。吾将见扬翥于东方者欤!"② 此序还寓有鼓励海东士子大胆应元朝科举之意,如说:"高丽得自宫人,而其秀民往往已用所设科,仕其国矣。顾复不远数千里来试京师者,盖以得于其国者不若得诸朝廷者为荣。故虽得末第冗官,亦甚荣于其国,况擢高科,官华近为天下之所共荣者乎?……子归见邦人诸友,宜言上文明,立贤无方,未尝鄙夷远人。"③

稼亭的座主兼友人宋本,为至治元年进士第一人。尝从江陵王奎文学性命义理之学。善为古文,文辞峻洁刻厉。稼亭东归,宋本与弟宋褧皆有诗送别。宋本的诗对稼亭高中元朝科举极为赞赏:"闻说三韩学李唐,白袍岁岁集科场。中朝高选归家看,别样蟾宫桂子香。""鳌省门生衣锦还,白头座主送征鞍。新诗价不一钱直,莫遣鸡林贾客看。"④ 宋褧则对稼亭在东国传播儒学寄以厚望:"李君朝鲜人,稼亭名有自。敦本崇礼教,有年可立致。"⑤

另有苏天爵,为刘因的私淑弟子安熙的门人,安熙殁,为辑集遗文,由虞集作序。《元史》说他"中原前辈凋谢殆尽,天爵独身任一代文献之寄。讨论讲辩,虽老不倦。晚岁,复以释经为己任"。又说他"为学博而

---

① 《宋濂全集》,浙江古籍出版社 2001 年版,第 2481 页。
② 李榖:《稼亭集》,第 135 页。
③ 同上。
④ 同上。
⑤ 同上书,第 141 页。

知要，长于记载。为文平易温厚，成一家言，而诗尤得古法"(《元史》卷一百八十三)。集一代之文，成《元文类》一书。与稼亭友善，稼亭东归，苏天爵以诗送别："台省郎官发青青，归来学稼葺新亭。玉堂视草曾颁烛，绿野耘苗尚带经。日出扶桑烟漠漠，春生孤岛水泠泠。拂衣便欲从君逝，白马风流谒管宁。"①

又有贡师泰，号玩斋，为吴澄门人。与虞集、揭傒斯相友善。官应奉翰林文字时，与稼亭游处。稼亭东归，有诗送之："三韩山前春草绿，柘枝连村桑满谷。大牛饭罢砺双角，小犊跳梁野如鹿。夜来东原雨新足，九扈向人催布谷。土膏初起如雪沃，浅重深耕贵匀熟。岂独勤身化成俗，要使扶余皆菽粟。"②活画出一幅东国田园图。

又有余阙，元代著名文士，古文为当时所称。牧隐曾说："元朝北庭进士，以古文显于世，如马祖常伯庸、余阙廷心，尤其杰然者也。"③《元史》说他"留意经术，五经皆有传注。为文有气魄，能达其所欲言。诗体尚江左，高视鲍、谢、徐、庾以下不论也。篆隶亦古雅可传"(《元史》卷一百四十三)。余阙与稼亭为同榜进士，稼亭在燕都时，常相过从，交谊甚笃。稼亭东归，余阙有诗相送："天官初候景，税野待新晴。荷锄忘吏役，掩户爱香清。还省京华日，朝服祀苍精。同年方贵显，常怀隐者情。事从粉省出，自寻黄鸟耕。春阳初泛野，小雨迥遮城。想子还释耒，芳尊谁与倾？"④牧隐留学中国时，又拜见父执余阙，并有诗记此次拜见。诗曰："清标真玉树，早岁秀琼林。台阁文章妙，江山滋味深。选诗参古体，诰苑写天心。小雨遮城句，回头东海浔。"⑤诗前小字特记余阙："先人同年右榜第二名，有能文名。"⑥

当时作诗文送稼亭东还者尚有高丽在燕都的学者数人，其中包括年辈

---

① 李穀：《稼亭集》，第141页。
② 同上书，第142页。
③ 李穑：《近思斋逸稿后序》，《牧隐集》，第846页。
④ 李穀：《稼亭集》，第142页。
⑤ 同上。
⑥ 李穑：《牧隐集》，第236页。

早于稼亭且同为元朝进士的安震、崔瀣、李达尊、权汉功、安轴安辅兄弟，及后来成为牧隐老师的益斋李齐贤等。

　　从上可以看出，稼亭交往的多是文章之士，其中金华学派和与金华学派有关的学者占了一定比例。金华学派的学风在稼亭时代表现为理学与文章之学的结合，理学所获得的精神修养体现于文章之学，不空发议论，不似理学家多讲性理之学且以讲学语录为著作形式。这些特点对稼亭有一定影响，而稼亭又将此种学风通过家学传给牧隐。加上牧隐在留学燕都期间所交多父亲当年留学旧友，他的思想和诗文风格受金华学派的影响是有迹可寻的。此种影响充实扩大，遂成为他一生基本学术方向。

二　牧隐与朝鲜性理学

　　牧隐一生虽多在官场，但时时以文化之传承自命，对性理学在朝鲜的传播起了重要作用。他认为儒学不仅是儒者个人修养身心的学问，而且也可以辅治王道。这一点在中国已经得到证明，在朝鲜也将起到同样的作用。而儒学正统自宋以后表现为性理学，这是他大力表彰性理学的用意所在。他说："孔氏祖述尧舜，宪章文武，删诗书，定礼乐，出政治，正性情，以一风俗，以立万世太平之本，所谓生民以来，未有盛于夫子者，讵不信然？中灰于秦，仅出孔壁。诗书道缺，泯泯棻棻。至于唐韩愈氏，独知尊孔氏，文章遂变。然于《原道》一篇，足以见其得失。宋之世宗韩氏学古文者，欧公数人而已。至于讲明邹鲁之学，黜二氏，诏万世，周程之功也。宋社既屋，其说北流。鲁斋许先生用其学相世祖，中统至元之治胥此焉出，呜呼盛哉！"[①] 全祖望曾说，元朝理学，由赵复将朱子学带到北方，后传姚枢、窦默、郝经等，北方之学由此大盛。其中许衡为元代理学大宗。(见《宋元学案》卷九十) 许衡因仕元最久，且其学一以朱子为宗，故对北方学者影响最大。牧隐的父亲李穀游学中国时，交游士人中多有许

---

① 李穑：《选粹集序》，《牧隐集》，第865页。

衡门人。牧隐既推崇韩、欧之文,赞扬周程之理学,又向往许衡以学辅治的功绩。他的理想可以说是文章、性理、事功三者兼具。而他一生的勋绩,多在传播与推进性理学方面。

牧隐之前,高丽朝忠烈王时期的儒臣安珦、白颐正等已传中国性理学于朝鲜。特别是牧隐的老师益斋李齐贤,更是当时理学名臣。朝鲜《世宗实录》载:"成均司艺金泮上言曰:……益斋李齐贤唱鸣道学,牧隐李穑实传正印,臣师杨村权近独得其宗。而近之学之源出于穑,而穑之学之正出于齐贤。三子之学非他泛焉先儒之比。"(《世宗实录》卷五十九)牧隐在留学元朝、中元朝科举之后,回到高丽,恭愍王对他寄以厚望,他也以传承程朱理学为己任。特别是牧隐曾长期任成均大思成,在任期间,以奖拔人才为务,增加生员例额,重新订立成均学规,选用性理之士为成均教官,课生员以经术、性理诸学,并亲自督学。由此,性理学在朝鲜蔚成风气。《高丽史》对之有明确记述:"(恭愍王)十六年重营成均馆,以穑判开城府事兼成均大司成,增置生员,择经求之士金九容、郑梦周。朴尚忠、朴宜中、李崇仁皆以他官兼教官。先是,馆生不过数十,穑更定学式,每日坐明伦堂,分经授业。讲毕,相与论难忘倦。于是学者坌集,相与观感。程朱性理之学始兴。"(《高丽史》)卷一一五《李穑列传》)就是说,牧隐在先辈学者已传入性理学的基础上,以成均大司成的身份,将性理学作为"学式"固定下来。国子学乃全国读书人的圭臬,其教学内容和课程设置必为地方学校所效法。就此看,牧隐在朝鲜半岛推广性理学是朝鲜教育史上的一件大事。朝鲜《太宗实录》说:"韩山伯李穑,吾东方大儒也。前朝恭愍王使之兼成均大司成,日讲经史,鼓舞作兴,人才辈出。性理之学,文章之盛,虽中国之士未能或之先也。"(《太宗实录》卷五)朝鲜世宗朝的大儒,牧隐弟子李詹曾说:"韩山牧隐先生生而颖悟,好学博闻,入中国,齿辟雍,所造益深,汪洋高大。捷高科,游翰苑。归士本国,……又以兴起斯文为己任,训进后学,孜孜无倦;陈说大义,辨析微言,使之涣然冰释。东方性理之学,由是乃明。五知贡举,一时名士,皆出门下。"① 此多说牧隐推进性理学的功绩。牧隐的另一著名弟子权近则表彰牧隐在文学上的成就:"吾东方牧隐先生,质粹而气清,学博而理明。所存妙契于至精,所养能配于至大。故其发而措诸文辞者,优游而有余,浑厚而无涯。其明昭乎日星,其变骤乎风雨。岿然而拳乎山岳,霈然而浩乎江河。贲若草木之花,动若鸢鱼之活,富若万物各得其自然之妙。与夫礼乐刑政之大,仁义道德之正,亦皆粹然会归于其极。苟非禀天地之精英,穷圣贤之蕴奥,骋欧苏之轨辙,升韩柳之室堂,曷能臻于此哉? 自吾东方文学以来,未有盛于先生者也。"② 这些对于牧隐功绩的褒奖语,按之牧隐之文字与行实,可以说都是实情,未可以弟子之过为颂扬其师视之。

值得注意的是,此二序一着重称扬牧隐的理学,一着重称扬牧隐的文学,说明牧隐的学养中兼备此二种学问,二者相得益彰。这正好可以印证前文中牧隐与北山四先生及金华学派的关系之论点。

三 牧隐性理学的主要内容

牧隐的性理学思想,以气为基本,以性天为中坚,以修养功夫为归宿。牧隐认为,气是宇宙万物的本原,是一切事物的构成因素,因之是道的实体。他说:"道之在太虚,本无形也。而能形之者惟气为然。是以大而为天地,明而为日月,散而为风雨霜露,峙而为山岳,流而为江河,秩然而为君臣父子之论,灿然而为礼乐刑政之具。其于世道也,清明而为理,秽浊而为乱,皆气之所形也。天人无间,感应不忒,故彝伦叙而政教明,则日月顺轨,风雨以时,而景星庆云,醴泉朱草之瑞至焉。彝伦斁而政教废,则日月告凶,风雨为灾,而彗孛飞流,山崩水竭之变作焉。然则理乱之机,审之人事而可见;理乱之象,求之风月而足矣。"③ 这里牧隐不

---

① 李穑:《牧隐文集序》,《牧隐集》,第212页。
② 李穑:《牧隐集》,第211页。
③ 李穑:《西京风月楼记》,《牧隐集》,第801页。

仅认为气为万物的始基，而且认为自然现象，包括日月星辰之运行，风雨霜露之降临，乃至不时出的"祥瑞"等，皆是人事治乱影响天地间气的结果。故气与社会伦理、政教的施行所关甚大。但牧隐终究认为，天象之变，灾害之至，只是暂时的，终不能改变其纯亦不已的本性。天的本性是生成化育，刚健不已是其常态；灾异示儆，只是变例。变例无改于纯亦不已之本性。这就是牧隐在《纯仲说》中说的："维天之命，於穆不已。虽曰无声无臭，然所以运而不息，大而不遗，岂曰无所主宰乎？日月星辰之垂象，风雨霜露之为教，曷尝顷刻之有违也哉！虽其谪见于上，灾兴于下，亦暂焉而已。其所以生成涵育之化，至于今如一日。则其不已也、纯也可知矣。"[1] 这是牧隐作为一个性理学家兼文章之士，将性理学的重要范畴"气"作了较一般理气关系宽广得多的论说。

另外牧隐论气，常将宇宙间自然之气引申为孟子所谓浩然之气，赋予气以伦理意味。如他在赠别友人的文章中说："浩然之气，其天地之初乎？天地以之位，万物以之育，其万物之原乎？惟合是气以为体，是以发是气以为用。是气也，无畔岸，无罅漏，无厚薄、清浊、夷夏之别，名之曰浩然，不亦可乎？尧之仁，舜之智，以至夫子温良恭俭让，皆由自强不息，纯亦不已而发见者也。惟强故能不挠于天下之物，天下之物无得而沮之，所以不息也。惟纯故能不杂于天下之物，天下之物无得而间之，所以不已也。德由是崇，功由是著，显当世而垂无穷，非所谓浩然者浑沦于期间，何以至是哉？"[2] 这里牧隐也是从天地万物的总体着眼，不着重气的本原义而着重其伦理义。以气之无处不在而显天地位万物育之义，以气有体用而言儒家圣人的品德和功业，以气之无间断、无缝隙而言宇宙的刚健之德。皆由气而引申言其对于天地万物及圣人功德的理解。从这里可以看出，牧隐作为一个理学家兼文章之士，不是着重在理论上论证性理学诸内容，而是用华美的辞章来抒发他对于性理学的理解。这一点还沿用了元代流行下

---

[1] 李穑：《牧隐集》，第878页。
[2] 李穑：《浩然说赠郑甫州别》，《牧隐集》，第876页。

来并在当时的朝鲜盛行的学风。① 这也从一个侧面，反映出牧隐学风的基本特点，从中亦可以看出他和金华学派的关系。

牧隐所谓天，义理之天的意味最为浓重。他曾说："仲舒氏曰：'道之大原出于天'，于是乎寐若寤焉，醉若醒焉。然犹曰苍苍者天也，而不知民彝物则之出于此，而全体是天也。于是乃曰：天，则理也，然后人始知人事之无非天也。"② 认为屈原之《天问》、柳宗元之《天对》所说之天都非义理之天。至汉董仲舒，才明确万物之理则出于天。世人识此道理，如寐方寤，如醉方醒。当时多以天为积气，牧隐特为点出，天之所以为天，就在于它是道，民彝物则是其表现。知"天者理也"，则知万物乃"迹"，迹之所以然乃理。人与事物上的理为此人或事物之性，其理是同一的，故曰："在人者性也，在物者亦性也。同一性也，则同一天也。"③ 牧隐此说同于二程"天者理也""性者理也"之说。牧隐因此反对将天与人、命与性分而为二，他说："在天曰明命，在人曰明德，非二物也。而天与人判而为二久矣，仲尼盖悲之，道统之不绝如线。幸而再传有圣孙焉，著为一书，所以望后人者至矣。"④ 此处"明德"即性。也就是说，在天为命，在人为性，二者一而二，二而一者也。牧隐这里以《中庸》"天命之谓性"之说为孔门道统之传的纲领，并认为此说孔子实与弟子讲究之，但不必宣诸口。牧隐说："'夫子之文章可得而见也，夫子之言性与天道不可得而闻也。'性与天道，岂声于仲尼之口而后闻之哉？夫子之申申夭夭，訚訚侃侃，无非性与天道之流行者也。而门人犹曰不可得而闻，岂不惜哉！"⑤ 意思是说，性

---

① 参见李东欢《李穑道学的文章阐发》："李穑在道学史上，在以文学来阐释道学方面，在修养和实践道学方面，都堪称为代表。那么，为什么李穑对道学的发展不曾以逻辑之方式，而图以文学方式予以展开呢？其一，李穑所生活的时代，属于朝鲜接纳道学之初期，尚不具备以逻辑方法从正面切近道学的力量。……最后，以生机论为世界观的基础的道学思想，本质上是艺术性的。由此很容易引发文学享有欲，并进而在一定程度上钝化、克服理论的探索欲。最后一条原因不但适用于李穑，也适合于李穑之后的全部道学史。"（牧隐研究会编：《韩中牧隐李穑研究》，第256—266页。）
② 李穑：《直说三篇》，《牧隐集》，第870页。
③ 同上。
④ 李穑：《可明说》，《牧隐集》，第873页。
⑤ 李穑：《伯共说》，《牧隐集》，第872页。

与天道，体现于孔子的人格与日常行为中。孔子是将天理天道实现于己身的人，是将性与天道打并为一的人，说"夫子之言性与天道不可得而闻"，是不懂得此义。由此义观之，凡能行圣人之道者，皆如亲游夫子之门，亲奉夫子之杖履，亲接乎夫子之辞气而承其光辉。可见牧隐言性与天道打并为一，是为了给践履儒家之道提供理论基础和修养途径。

牧隐对性所蕴含的具体内容也有清楚的说明，他认为，仁的基本内涵是生生，而仁为全德，仁包义礼智信。他说："仁在天曰生，在人曰心。……春之冠四时也，不诬矣；仁之包四德也，不虚矣。其于人也，存心曰仁，居家慈孝为政，恻隐是其推也。且其睟面盎背，心广体胖，仁之发而春之畅也。"[①] 仁的内涵是生生，乃儒学最根本的诠释方向，而仁包四德，乃是程颐和朱熹的学说重点，是对仁的引申发挥。牧隐对性的说明，吸收了朱熹的观点。而说"在人曰心"，可以说吸收了心学的观点，而不特别强调性与心的区别。朱熹主张仁是性，恻隐是情，心则统贯性情。而心学则强调"心即理"，"心即性"。严判此二者是性理学的理论内容，而牧隐作为一个文章之儒，对此区别无甚兴趣，故统括言在天曰生，在人曰心，存心曰仁等。

牧隐还有对于道的说明，他说："道之大原出于天而沦于生民日用之间，著于圣贤功化之表，诗书礼乐之秩然，典章文物之灿然，则所谓伦理者，岂不如揭日月而行哉？"[②] 这也是说，道是万物的总根源，最高理则，它体现于一切具体事物。它同时是人道的最高价值，表现于诗书礼乐、典章文物一切人文设施。世间一切事物，都是道的创设。道与万物是体与用、隐与显的关系。二者"体用一源，显微无间"。牧隐说："隐，不可见之谓也。其理也微然，其著于事物之间者，其迹也灿然。隐也显也，非相反也，盖体用一源也明矣。请毕'显'之说：天高地下，万物散殊，日月星辰之布列，山河岳渎之流峙，不曰显乎？然知其所以然者鲜矣。尊君

---

① 李穑：《景春说》，《牧隐集》，第880页。
② 李穑：《仲至说》，《牧隐集》，第874页。

卑臣，百度修举，诗书礼乐之蔚兴，典章文物之贲饰，不曰显乎？然知其所由来者亦鲜矣。求之人心，鉴空衡平，物之来也无少私，云行水流，物之过也无少滞。其体也，寂然不动；其用也，感而遂通。光明灿烂，纯粹笃实。谓之隐，则彻首彻尾。谓之显，则无声无臭。故曰'君子之道费而隐'。鬼神之德，鸢鱼之诗，可见矣。是以显之道观乎吾心，达乎天德而已矣。"①这仍是说，理是微，物是显，体用一如，显微无间。此道表现于人，亦有显微。牧隐特喜《中庸》所说君子人格之隐显，认为君子素其位而行，无入而不自得，胸中洒落，如光风霁月，则阴邪无所遁其情，鬼蜮无所遁其形。

在人格类型上，牧隐特别向往周敦颐所代表的修养境界，他有《清香亭记》以托物言志，其中说："舅氏中枢致政公植莲小池，将结亭其侧，走书问名与记。穑今病余，惟春陵光风霁月是慕，遂取其香远益清之语，略述其义。天地之判也，轻清者在上，而人物之生，禀是气以全者为圣为贤。其于治道也，馨香而感于神明，求之三代盛时可见已。春陵当宋文明之世，追悼五季晦盲否塞之祸，推明圣经太极之旨以绍孔孟之统，而其所爱乃在于此。至著说以明之，犹以为未尽其意，特结之曰：'莲之爱，同予者何人？'则寥寥千载，所以警动后学者深矣。"②牧隐一生虽在朝为官时多，但其心隐。所谓"大隐隐于朝也"。其人格之洒落，虽朝市而不异山林。他特别景慕周敦颐，以己为周敦颐的同调，处处以周子之人格为榜样，期能"出污泥而不染"。

牧隐的隐士情趣，在他为友人所作的《陶隐斋记》中亦有表露。《陶隐斋记》中说："古之人隐于朝者，诗之伶官，汉之滑稽是已。隐于市者，燕之屠狗、蜀之卖卜者是已。晋之时，隐于酒者竹林也。宋之季，隐于渔者苕溪也。其他以'隐'自署其名者，唐之李氏、罗氏是已。三韩儒雅，古称多士，高风绝响，代不乏人，鲜有以'隐'自号者。出而仕，其志也，

---

① 李穑：《之显说》，《牧隐集》，第875页。
② 李穑：《清香亭记》，《牧隐集》，第829页。

是以羞称之耶？隐而居其常也，是以不自表耶？何其无闻之若是耶？"① 与牧隐同时及稍后有圃隐郑梦周、冶隐吉再，与牧隐号称"三隐"。后又有陶隐李崇仁加入，是为"四隐"。此四隐皆为当时名儒。其"出而仕"即"隐而居"。这种即仕而隐，是为"儒隐"。"儒隐"则身在朝廷而心在山林，故能"心宁而体舒，气完而守寂"。

  牧隐以儒隐自命，喜周敦颐"静寂"之说。他所谓静寂与释道二教之静寂有明显区别。他有《寂庵记》道此意甚为明显，其中说："吾儒自庖牺氏以来所守而相传者，亦曰'寂'而已矣。至于吾不肖，盖不敢坠失也。太极，寂之本也，一动一静而万物化醇焉。人心，寂之次也，一感一应而万善流行焉。是以《大学》纲领在于'静定'，非寂之谓乎？《中庸》枢纽在于'戒惧'，非寂之谓乎？戒惧，敬也；静定，亦敬也。敬者，主一无适而已矣。主一，有所守也；无适，无所移也。有所守而无所移，不曰寂不可也。"② 他把自己的寂与释道之寂的区别比之于周敦颐之与鹤林寿涯交往。寿涯有偈曰："有物先天地，无形本寂寥。能为万象主，不逐四时凋。"周敦颐取其说，而能化其意为儒家所用。牧隐认为，佛教之教家，有"自觉""觉他"之"二觉"，禅家有"三观"，皆知见不立，功行永断。道家有形如槁木、心如死灰之说，皆与儒家天地位、万物育的圣人境界不同。佛道之寂静，儒家视之为绝物，同之于鸟兽。至于佛道所居之空山，"昼而一鸟不鸣，夜而孤月又出。水流花间，雪压松上"之寂，乃自然环境之寂，非心中之寂。佛道二教之寂静，只与儒者之"寂体"相似，而不同于儒者之"动用"。故太极虽寂，但有一动一静之用，有万物化醇之功。人心之本体虽寂，但有一感一应之用，万善流动之功。《大学》之"静定"，《中庸》之"戒惧"，皆可易为"敬"。敬者主一无适之谓，非知见不立，槁木死灰。这里牧隐对儒家之寂和佛道之寂的区别是很明显的。他善于吸取佛道思想为儒家所用，归根结底他是固守儒家立场的。

---

① 李穑：《陶隐斋记》，《牧隐集》，第821页。
② 李穑：《寂庵记》，《牧隐集》，第842页。

牧隐之于佛家，曾身入于其中。但佛学仅为初学者宁心静虑之助，非儒者安身立命之境。这一点牧隐于多处有所表现，他有《幻庵记》记其与佛法之因缘及对于佛法根本道理空幻的看法，记中说："予之未弱冠也，喜游山中与释氏狎。闻其颂四如偈，虽不尽解，要亦归无为而已。梦者，寤则已；幻者，法谢则空。泡归于水，影息于荫。露晞电灭，皆非实有也。非实有焉而不可谓之无，非实无焉而不可谓之有。释氏之教盖如此。"① 这是他青年时期对于佛教的理解。此理解有很强的空幻感。及其长，特别是其留学中国与士大夫游处之后，以所立基之儒家融会释道之说，则见空幻之说，只可益初学者令心无沾滞系缚，立身之根本则在儒家之太极之寂体兴用。此意《幻庵记》说得很清楚，其中说："身之幻，四大是已。心之幻，缘营是已。世界之幻，空华是已。然既曰幻矣，是可见也，是可行也。见其可见，修其可修，非如指月指矣。是吾平日所立之地，夫岂入于断灭哉？又有所谓三观者，单复以成清净定轮，而起幻销尘之术贯乎其中。则幻之益于末学也非浅浅矣。"② 此处牧隐的意思是，身心与世界，初学者未尝不可空幻视之。但虽视其为空幻，亦非无功夫可用。即所见处皆实修，才可得空幻之真意，非仅端坐不动如指月之"指"即可奏功。非断灭即有实修。此处特别强调于实修处得实见，非不做工夫之空想。天台之一心三观，单看则有空假中三观，复看则为一心。以此清净心观尘世万物，则皆为幻。学人得清净心而幻视尘世，则除粘去滞而为万事之基础。此初学之纲要。但牧隐之清净心，实不止此，而更指向周敦颐的光风霁月之境。此境实际上是即物观空，即幻视真，所以他在《幻庵记》的末尾复作歌以寄其意，歌曰："白云兮行太虚，长风兮卷沧海。其本兮何从？其去兮安在？"即物而离，自然如此，非有意安排。所谓不着一字，尽见风流。这是牧隐告诫学人"知吾作《记》之意矣，请高着眼"③ 之真实意指。

牧隐的最后指向实际上是华严宗一即一切，一切即一，体用如一，舒

---

① 李穑：《幻庵记》，《牧隐集》，第 826 页。
② 同上。
③ 同上。

卷自如，各正性命，自然天成的境界。此境界儒释道不分，总成一"乾元性海"，这就是牧隐在《严谷记》中所描述的："华严圆教，具万德，开一宗，洪纤巨细，通塞明暗，有性无性，有形无形，至于烦恼解脱，同归于一而分毫无少异。"① 有此境界，故牧隐的文章淡雅合度，自胸臆中自然流出而无斧凿之痕。也因为此境界，牧隐道函三教，不作意融合而自然天成，与释道中人游处，不特别标揭其宗而藩篱自别。这是牧隐作为一代大儒的高明之处，也是他作为一个文章大家的不可企及处。

（原载《哲学门》2006 年第 2 期）

---

① 李穑：《严谷记》，《牧隐集》，第 844 页。

从《圣学十图》的结构看李退溪的学问观

《圣学十图》是李退溪各方面思想的哲学基础。《圣学十图》本身有它的结构，这个结构代表了李退溪对宇宙、人生的全部理解，代表了他对圣人之学从形上道体到形下践履各方面的基本观点。从《圣学十图》的结构上，我们可以看出李退溪思想的性质和特点。

一 《圣学十图》的结构

《圣学十图》由《进圣学十图劄》《圣学十图》及李退溪引朱子等大贤对十图所作的解释和他自己对十图的说明组成。《圣学十图》的结构，可以从不同的方面去看。它的基本结构，可以分为何为圣学，圣学所依据的天道及其本质，据此天道而有的心性，据心性的性质而有的践履功夫，践履的实行者所应具备的基本态度和具体措施，据此圣学观而有的教育思想等。如果以天人分体用，则天道观是体，践履是用；如果以心性与功夫分体用，则人性为体，功夫为用；如果以人自身与他的实践活动分体用，则人自身为体，在他身上展开的一切活动为用。但所有这些方面，都可以说以圣学为体，以圣学展开的全部丰富性为用。从这里看，李退溪的《圣学十图》所包含的思想可以展开为宏大的义理脉络。

1. 圣学的渊源及其性质

李退溪之学，一以圣学为依归，他的圣学观，来自朱熹。朱熹认为，圣人就是把天所体现的道理揭示出来，以此教化大众的人；圣人就是能裁成天地之道、辅相天地之宜的人。《朱子语类》载："问'继天之极'，曰：天只生得许多人物，与你许多道理。然天却自做不得，所以必得圣人为之修道立教，以教化百姓。所谓裁成天地之道，辅相天地之宜是也。盖天地做不得底，却须圣人为他做。"（《朱子语类》卷十四）朱熹还说："苏子由云：学圣人不如学道，不知道便是无躯壳的圣人，圣人便是有躯壳的道。如何将做两个事物看？"（《朱子语类》卷一三〇）"天地只是自然，圣人法天，做这许多节措出来。"（《朱子语类》卷七十三）这就是说，圣人继天地之志，述天地之事。圣人穷理尽性，就是为了完成自己所担负的天的使命。

朱熹的圣人观，为李退溪所继承。李退溪自入学读书，即向往圣人之学。在他心目中，圣人就是"与天地合德，而人极以立"①。在《进圣学十图劄》中，他所理解的圣学就是：以天道为根据，以圣人之制作为对天道的模拟，以圣人之行为为将天道显现为人世的规则，为万世立楷模。李退溪说："臣窃伏以道无形象，天无言语，自河洛图书之出，圣人因作卦爻，而道始见于天下矣。"②此即上述朱熹所说的天无言作，圣人法天，为世立极之意。

圣学既然是继天立极、裁成辅相之学，那么天道的内容就是圣学结构中首先要宣示的。李退溪选《太极图》和《西铭图》来展示天道的内容。二程早年就从学周敦颐，但不甚推重，朱熹则十分推重周敦颐。周敦颐在宋明理学中的地位，实赖朱熹的推尊而奠立。朱熹与吕祖谦合编的《近思录》，首录濂溪之书，而《太极图》则冠于卷首。朱熹尝为江州重修濂溪书堂作记，其中说："道之在天下者未尝亡，惟其托于人者，或绝或续，故

---

① 李退溪：《静斋记》，见张立文主编《退溪书节要》，中国人民大学出版社1989年版，第390页。
② 李退溪：《进圣学十图劄》，见张立文主编《退溪书节要》，中国人民大学出版社1989年版，第1页。

其行于世者,有明有晦。……若濂溪先生者,其天之所畀而得于斯道之传者与?不然,何其绝之久而续之易,晦之甚而明之亟也。先生不由师传,默契道体,建图属书,根极领要。当时见而知之有程氏者,遂扩大而推明之,使夫天理之微,人伦之著,事物之众,鬼神之幽,莫不洞然毕贯于一,而周公、孔子、孟子之传,焕然复明于当世。呜乎盛哉!非天所畀,其孰能与于此。"(《朱子文集》卷七十八)此中对濂溪的崇奖、褒扬之情,不可不谓深至。朱熹在其后二年为韶州州学濂溪祠所作的记中对周敦颐之学的内容与意义又有更为深入的揭示:"九嶷山下,舂陵之墟,有濂溪先生者作,然后天理明而道学之传复续。盖有以阐夫太极阴阳五行之奥,而天下之为中正仁义者,得以知其所自来。言圣学之有要,而下学者知胜私复礼之可以驯致于上达。明天下之有本,而言治者知诚心端身之可以举而措之于天下。其所以上接洙泗千岁之统,下启河洛百世之传者,脉络分明,而规模宏远矣。是以人欲自是有所制而不得肆,异端自是有所避而不得骋。盖自孟氏既没,而历选诸儒授受之次,以论其兴复开创,泛扫平一之功,信未有高焉者也。"(《朱子文集》卷七十九)这里说周敦颐之学阐天地之秘奥,立人极之至正,斥异端之谬妄,传百世之正学,认为孟子以后一人。褒奖之辞,又过于上文。朱熹因此对周敦颐的著作作注解,广为流布。朱熹思想中的形上学,特别是其中关于天道、关于人的本质和来源的学说,也因为吸收了周敦颐的思想而更加广阔精微。

李退溪敬信朱子学,对朱熹所服膺的周敦颐的学说,也信受不疑。他在《第一太极图》下,直引朱熹对于《太极图说》的评论,作为理解此图的钥匙:"图说首言阴阳变化之原,其后即以人所禀受明之。自'惟人也得其秀而最灵',纯粹至善之性也,是所谓太极也。形生神发,则阴阳动静之为也。五性感动,则阳变阴合而生水火木金土之性也。善恶分,则成男成女之象也。万事出,则万物化生之象也。至'圣人定之以仁义中正而主静,立人极焉',则又有得乎太极之全体,而与天地混合无间矣。"[①]李退溪

[①] 张立文主编:《退溪书节要》,中国人民大学出版社1989年版,第13页。

认为周敦颐的学说最重要的地方在于揭示了天地万物的来源：太极。太极在周敦颐这里实际上只是天地的最原始阶段，是气未分阴阳时的混沌状态。朱熹把周敦颐的太极改造为理："总天地万物之理便是太极"，"无极而太极是无形而有理"。李退溪则更进一步，克服了朱熹所讲的理"只是个洁净空阔的世界"的消极意味，提出理的"本然之体"与"至神之用"之二分，认为："动静者，气也；所以动静者，理也。"①使理成为一个能动的主宰。这个主宰就具体事物说，是此事物动静的根据；就宇宙本体说，是天地万物动静的根据。所以李退溪非常重视太极作为道理极致，作为宇宙本体的作用："朱子谓此是道理大头脑处，又以为百世道术渊源。今兹首揭此图，亦犹《近思录》以此说为首之意。盖学圣人者求端自此，而用力于小、大学之类，及收功之日，而溯极一源，则所谓'穷理尽性而至于命'，所谓'穷神知化，德之盛者也'。"②《近思录》首篇是"道体"，《圣学十图》之第一图表示的也是道体。这个道体是一切存在的根源。穷理尽性、穷神知化最终皆以此为对象。

2. 天道的展开：理一分殊

李退溪以张载的《西铭》为第二图，就是在第一图《太极图》确立了宇宙万有的本原后，揭示天道的本质——仁，及其所呈现的原则——理一分殊。对张载之学，程颐、朱熹有褒有贬。贬斥者在张载《正蒙》说道体，只说太和太虚。而在程颐、朱熹看来，这只是说到气之聚散，没说到理，说的只是形而下者。另外，在修养方法上，认为张载艰苦思索则有之，义理涵泳则不足。所谓"有强探力索之气，无舒缓温润之貌"。程朱虽对张载有如上批评，但对《西铭》却称道不置，认为"圣学中之纯粹者"。对其中的"理一分殊"之旨，尤赞扬有加。程颢曾说："《西铭》，某得此意，只是须得子厚如此笔力，他人无缘作得，孟子以后无人及此。得此文字，省多少言语。"（《宋元学案》卷十八《横渠学案》附录）朱熹也说：

---

① 李退溪：《静斋记》，见张立文主编《退溪书节要》，中国人民大学出版社1989年版，第389页。
② 张立文主编：《退溪书节要》，中国人民大学出版社1989年版，第15页。

"熹窃谓《西铭》之书,横渠先生所以示人,至为深切。而伊川先生又以理一而分殊者言之。言虽至约,而理则无余矣。"(《朱子文集》卷三十七《与郭冲晦》)又说:"熹窃谓《西铭》之言,指吾体性之所从来,以明父乾母坤之实,极乐天践形、穷神知化之妙,以至于无一行之不慊而没身焉。"(《朱子文集》卷三十七《与郭冲晦》)关于《西铭》大旨,程颐及其弟子杨时皆重其理一分殊。朱熹同意这一看法。李退溪在《第二西铭图》的说明中也引用了朱熹和杨时对《西铭》宗旨的评论,表明他同意他们的意见。但他自己的说明,则着重于《西铭》中所体现的"仁"。李退溪说:"林隐程氏作此图,盖圣学在于求仁。须深体此意,方见得与天地万物为一体;真实如此处,为仁之功始亲切有味,免于莽荡无交涉之患。又无认物为己之病,而心德全矣。故程子曰:'《西铭》意极完备,乃仁之体也。'又曰:'充得尽时,圣人也。'"[①] 其中并未提到理一分殊。从这里看,李退溪对《西铭》最看重的是其中体现的仁。他之所以这样做,是把《西铭》放在整个《圣学十图》中看它的性质和作用。他认为宇宙本体是天道,是太极,而天道的本质是仁,根据天道而来的修养功夫是求仁。仁的境界是与天地万物为一体,为仁之功体究的是民胞物与的襟怀。所谓"心德"就是实有此襟怀。天道以仁为本质,这是他的圣学理解中自然的推论。

得到了仁这一大端之后,才能在仁的基础上讲理一分殊。而理一分殊实际上是有仁者襟怀的人自然有的识度,自然有的条理。人心自然会把仁贯彻为具体的秩序和条理。仁是体,分殊是用。或者按照李退溪分别理的"本然之体"和"至神之用"的看法,仁体自然有分殊之用,分殊是仁体的自然包蕴。所以李退溪在说明《西铭》时,一改程颐朱熹着重理一分殊的观点,而着重于仁体的提揭。他怕由于对分殊的强调冲淡了对分殊中共同本质的体认。这是由他的《圣学十图》作为一个整体的逻辑结构决定的。

《西铭》图的采撷在李退溪的圣学结构中是非常重要的,因为它把濂溪《太极图》中具体化、形而下化的趋向重新又提升到它的一般层面、本

---

① 张立文主编:《退溪书节要》,中国人民大学出版社1989年版,第24页。

质层面——仁，实际上又重新把它形上学化了。这个步骤与朱熹有相同的地方。《太极图》从太极说到人，说到万物化生，它本身是个讲宇宙发生论的图，但理学家，特别是集理学大成的朱熹，把它改造成本体论，所以在《近思录》中将它置于首章"道体"之下。朱熹之所以推尊《太极图》，就在于此图为他提供了一个形上学的本体。朱熹将"无极而太极"解释成"无形而有理"，消去了周敦颐所受道家宇宙生成论的影响，把它变成了新儒家的形上学。但据"体用一源，显微无间"的原则，形上学需要展开，需要落实为一个内容丰富而具体的结构。这个结构的最高范畴是天，最低范畴是万物。它应能为这个存在结构制定内部的秩序，并且为了各安其位，又要把这个秩序视为一个伦理秩序、价值秩序。李退溪不同于此，他在这个结构中更看重的是更一般的原则——仁，而不是各个位分对仁的施行和贯彻。分殊在李退溪这里只是圣学功夫中的不同作为，他看重的是这个不同作为中的一般本质。这也许反映了中韩两个民族的不同思维趋向：中国人更注意其中的伦理关系的差等，所以更看重的是理一中的分殊；韩国人更注重伦理关系的实质，所以更看重分殊中的理一。更往下的推论是，韩国人由于看重分殊中的共同本质因而更加质实凝重，中国人由于看重理一下的分殊因而更加灵活多变。

3. 圣学的学统

在规定了天道本体的仁的内涵之后，往下应该是对于人的本性即性情心诸范畴的说明。但接下来李退溪安排的却是《第三小学图》，《第四大学图》，《第五白鹿洞规图》。这是关于小学、大学、公学、私学的教育纲领。作为一个教育家，李退溪把这三个图所代表的儒家"学统"置于天道仁体的"道统"之后，是大有深意的。这就是，以学统承传道统，实践道统，光大道统；以道统规范学统，指导学统，从而使圣学成为一个自少至老、终身以之的活动。

朱熹十分注重教育，他所编的《小学》，是一个完整的以道德教育为主的儿童教本，对宋以后的儿童教育影响很大。全书共六卷，内篇四卷分立教、明伦、敬身、稽古四部分，讲到了儿童教育的目的、分类、具体方法及主要内容。外篇二卷,分嘉言、善行两篇,记载汉代至宋的著名人物的言论和行为,作为内篇所讲道理的范例。《大学图》则掇取《大学》首章,内容是三纲领八条目。朱熹视《大学》为入德之门,平生用功最多,逝世前三日还在修改《大学》"诚意"章。他尝说:"某于《大学》,用工甚多。温公作《通鉴》,言:'臣平生精力全在此书。'某于《大学》亦然。《论》、《孟》、《中庸》却不费力。"(《朱子语类》卷十四)又说:"我平生精力尽在此书,先须通此,方可读书。"(《朱子语类》卷十四)可见对此书的重视程度。关于《大学》在《四书》中的地位,《大学》与《论》《孟》《中庸》的关系,朱熹说:"某要人先读《大学》,以定其规模。次读《论语》,以立其根本。次读《孟子》,以观其发越。次读《中庸》,以求古人之微妙处。""《论》、《孟》、《中庸》,待《大学》通贯浃洽,无可得看后方看乃佳。道学不明,不是上面欠却功夫,乃是下面原无根脚。"(《朱子语类》卷十四)从中可以看出《大学》在整个儒家学统中的重要地位。

教育纲领全在《小学》《大学》,《白鹿洞规图》不过是朱熹取《小学》《大学》《中庸》《论语》的重要内容,手订作为白鹿洞书院院规。其内容可以说是儒家教育内容的浓缩。李退溪据朱熹的《小学》自作《小学图》,并选朱熹的《小学题辞》作为说明。《大学图》选高丽末期著名学者权近所作之图。《白鹿洞院规图》则据朱子手订的白鹿洞书院学规,由李退溪自作图,置于《小学图》《大学图》之后。

《小学图》之所以紧接《西铭图》,逻辑上的一个考虑是,以《西铭》所说的天道之仁来规定人性,把仁作为人生命的本质、教育的基础和修养功夫的起点。《小学》中的"立教",归根结底就是教以仁。"明伦"之五伦,即仁义礼智信。而根据朱熹仁包四德的理论,五伦不外乎仁。"敬身""稽古"诸条,也是要人识一个"仁"字。朱熹的《小学题辞》开首即说:"元、亨、利、贞,天道之常。仁、义、礼、智,人性之纲。凡此厥初,无有不善。蔼然四端,随感而见。爱亲敬兄,忠君悌长。是曰秉彝,有顺无疆。"[1]

---

[1] 张立文主编:《退溪书节要》,中国人民大学出版社1989年版,第26页。

就是说，儿童教育，以顺人天赋的仁之秉彝及其外在的发露人之"四端"为开始。其他如洒扫应对，入孝出恭，诵诗读书，穷理修身，乃至崇德广业，都是此仁道的扩充长养。而大学乃是小学的继续。虽然这两个阶段在教育的目的、内容上都有不同，但本于仁性而有不断的开发、进境则是相同的。所以朱熹说："学之大小固有不同，然其为道，则一而已。是以方其幼也，不习之于小学，则无以收其放心，养其德性，而为大学之基本。及其长也，不进之以大学，则无以察夫义理，措诸事业，而收小学之成功。今使幼学之士，必先有以自尽乎洒扫应对进退之间，礼乐射御书数之习，俟其既长而后，进乎明德新民，以止于至善。是乃次第之当然，又何为不可哉？"①

以《小学图》紧接《西铭》在逻辑上的另一个考虑是，将作为人的生命本质的仁展开、措置为事业，将人的生命充养所需要的功夫贯彻始终，都要以"敬"字为纲领。敬不仅应当贯彻于小学大学的各个教育阶段，而且应该贯彻于生命的整个过程。"敬"是圣学的关键。天道仁体在人心中的自然发露需要敬将之存养、保持下去，人的一切修养功夫都要靠敬字来提掇，来醒豁。所以朱熹于回答为什么在提起大学之道的同时要引入小学之书时说："吾闻敬之一字，圣学之所以成始而成终者也。为小学者不由乎此，固无以涵养本原，而谨夫洒扫应对进退之节，与夫六艺之教。为大学者不由乎此，亦无以开发聪明，进德修业，而致夫明德新民之功也。不幸过时而后学者，诚能用力于此，以进乎大而不害兼补乎其小，则其所以进者，将不患其无本而不能以自达矣。"②在《大学图》中李退溪又引朱熹《大学或问》中的话说："敬者，一心之主宰，而万事之本根也。知其所以用力之方，则知小学之不能无赖于此以为始。知小学之赖此以始，则夫大学之不能无赖此以为终者，可以一以贯之而无疑矣……是皆未始一日而离乎敬也。然则敬之一字，岂非圣学始终之要也哉。"③就是说，敬贯一切教育阶

---

① 张立文主编：《退溪书节要》，中国人民大学出版社1989年版，第27页。
② 同上书，第28页。
③ 同上。

段、功夫节次。所以必须在小学时就郑重提出,作为圣学之功开始就注意的内容。

　　大学是小学阶段的继续,二者是学校教育的前后两个阶段,互相倚恃,互相发明。李退溪对此有清楚的认识,他说:"盖小学大学相结而成,所以一而二,二而一者也。故《或问》得以通论,而于此两图,可以兼收相备云。"① 李退溪的一个重要见解是,从教育家的立场出发,从圣学的研习者、践行者的立场出发,提出教育为体,修身、事业为用的观点。李退溪说:"非但二说当通看,并与上下八图,皆当通此二图而看。盖上二图是求端扩充,体天尽道极致之处,为小学、大学之标准、本原。下六图是明善诚身,崇德广业用力之处,为小学大学之田地事功。而敬者又彻上彻下着工收效,皆当从事而勿失者也。故朱子说如彼,而今兹十图皆以敬为主焉。"② 这可以从两个方面说。一方面,教育是人生最重要的活动,狭义的教育是学校教育,而广义的教育即成就人的德行,增进人的知识和修养,展开、扩充人的生命过程的一切活动。广义的教育是狭义的教育的继续。从广义的教育看,李退溪的《圣学十图》就是一个完整的结构。前二图揭示道体及其仁的本质,作为学校教育所要趋赴的标准、理想。学校教育,从《小学》的立教、明伦、敬身、稽古到《大学》的三纲八目,都是根据上二图的标准奠立规模、内容、方法。至此圣学的奠基工作已经完成,中坚已经树立。而后六图是此规模、此中坚的展开、深化与完成。这是就教育立论。就圣学的全过程着眼,这个看法的精义是,把圣学视为一个不间断的、无止境的过程,一个有标准和理想、有奠基和中坚、有敷施发用的有体有用的过程。不可以轻忽视之,不可以一蹴而就,不可以浅尝辄止,而须终身以之。另一个方面,敬是彻上彻下的,是不可须臾离的。它既是一种态度、一种境界,也是一种思想和实践的方法。李退溪既把十图看作一个整体,也修改了朱熹的看法。朱熹主要说敬贯小学大学教育,李退溪

---

① 张立文主编:《退溪书节要》,中国人民大学出版社 1989 年版,第 32 页。
② 同上书,第 29 页。

则说"兹十图皆以敬为主焉"。并且补充说,《太极图》言静不言敬,而朱熹则在《太极图说》解及其他场合以敬改静,以敬补静,修正了周敦颐思想中的道家成分,补充了儒家的刚健、生生、诚敬等内容,使儒家思想更加完善。从这里看,李退溪对敬的强调比朱熹更甚,对敬的意义的理解比朱熹更加宽广。这是他作为"海东朱子"对朱子学的发展所在。

《第五白鹿洞规图》是李退溪掇取朱熹的《白鹿洞书院学规》而作。照朱熹的《洞规后序》所说,白鹿洞书院学规,已不同于各地官学之学规。官学的学规中不仅规定了所学的内容,并且有学员应遵守的各种规定、纪律等条文,所谓"规矩禁防之具"。而各级学校中所学的应该是圣贤之学。学圣贤之学应该是人自觉自愿的,不应该订许多外在的条规使人遵守。各官学中立此类规条,是轻视学员的自律能力,故可以视为"其待学者已浅矣"。此类学规,朱熹皆弃去不用,他的《白鹿洞书院学规》,只取古来圣贤教人的主要内容,即五教及学此五教的方法和次序列诸学规中,其余禁防诸条,则不列,俾学者自己律身行己。李退溪对于此图的说明,特别着重在其中的五伦,他说:"臣今谨依规文本目作此图,以便观省。盖唐虞之教,在五品;三代之学,皆所以明人伦。故规之穷理力行,皆本于五伦。且帝王之学,其规矩禁防之具,虽与凡学者有不能尽同者,然本之彝伦而穷理力行,以求得夫心法切要处,未尝不同也。"[1] 这说明他是将朱熹学规中取于《中庸》的博学、审问、慎思、明辨、笃行皆收摄于五伦中而不另作,目的在突出五伦作为圣学内容的重要地位。他之献此图不是为了使宣祖以此学规作为制定太学和各地方学校所依据之蓝本,而是要他注意此中的五伦,将五伦作为个人修养和施政牧民的重点。所以李退溪不是把此图视为官私学校的规条,而是视为个人道德修养的箴诫。因为有这样的看法,他才能将前五图视为一个整体,在此段说明的末尾,做出"以上五图,本于天道,而功在明人伦,懋德业"[2] 的归结,而在后五图终了后,也

---

[1] 张立文主编:《退溪书节要》,中国人民大学出版社1989年版,第38页。
[2] 同上。

有一归结语:"以上五图,原于心性,而要在勉日用,崇敬畏。"[1] 我们前面已经说过,李退溪的《圣学十图》可以从不同的视角去解释而得出不同的结构。以上从教育的视角而观,就可以说是其中的一种。此处是把十图分为前五图和后五图,前五图为体,后五图为用;前五图为本质,后五图为派生。而前后五图皆可各分体用。前五图《太极》《西铭》为体,《小学》《大学》《白鹿洞规》为用;后五图《心统性情》《仁说》《心学》为体,《敬斋箴》《夙兴夜寐箴》为用。前五图的《太极》《西铭》,说天道仁体及其本质,后三图则是以天道仁体为根据,为标准,推出圣人之学的根本在明人伦,懋德业。而后五图,则是以对心性的理解为本原,在日用中修养心性,以臻于理想之境。

4. 天道的体现:心统性情,性体心用

心性问题在宋明理学中是最为复杂精微的,宋明理学家在心性上分歧最大。但他们有一个共同的识度,这就是根据天人合一原则,据天道来解释心性。朱熹集理学之大成,在天道观上主理气不离不杂而理逻辑上在先之说,所以在心性论上相应地主心统性情,性体情用。《心统性情图》上图为元代儒者程复心所作,中、下图为李退溪作。相较之下,李退溪在此图上最具创造性。程复心的图,以朱熹以下基本思想为依据:"性、情、心,惟孟子、横渠说得好。仁是性,恻隐是情,须从心上发出来。心统性情者也。"(《朱子语类》卷九十八)但此图的根本缺陷是其中没有情的地位,而七情实人心一大功用。李退溪的中下二图皆为纠正、弥缝朱熹的缺失,以二程的"论性不论气不备,论气不论性不明。二之则不是"为根据。其中图,是就气禀中指出本然之性不杂乎气禀。故其发而为情,是指其善者而言,即"就善恶几言善一边"。其下图,以理与气合言性情,提出创造性的见解:"四端之情,理发而气随之,自纯善无恶。必理发未遂而掩于气,然后流为不善。七者之情,气发而理乘之,亦无有不善。若气

---

[1] 张立文主编:《退溪书节要》,中国人民大学出版社 1989 年版,第 64 页。

为不中而灭其理，则放而为恶也。"① 李退溪这个观点，是同奇大升往复辩论多年之后的结论，代表他最后的定见。朱熹在四端与七情关系上的观点是：四端理之发，七情气之发，朱熹虽然主张理气不离不杂，但他为了强调理的逻辑在先，倾向于理气分言，在心性上是性情分言。李退溪在这个问题上的贡献是，把理与气视为一个整体，就此整体着眼，看四端七情的关系。所以他的中下二图中皆申明"合理气，统性情"。他在中图的说明中也指出："程夫子之言曰'论性不论气不备，论气不论性不明，二之则不是。'然则孟子、子思所以只指理言者，非不备也，以其并气而言，则无以见性之本善故尔。此中图之意也。要之，兼理气，统性情者，心也。而性发为情之际，乃一心之几微，万化之枢要，善恶之所由分也。"② 这是说，说性情必须理气合论。孟子、子思的性善说，本意也是理气合言，但为了强调和醒豁善的来源，故只指理而言。《心统性情图》的中图正是如此，故特别申明"就气禀中指言本性"，此性即仁义礼智。此性之发而为情，亦是"就善恶几言善一边"，故其情为四端，七情则涵而不显。下图则合理气为言，故说"性本一，因在气中有二名"。此二名即本然之性仁义礼智，气质之性清浊粹驳。以此浑合之性而发，则"理发而气随之，气发而理乘之"，理气同为显发，四端，七情皆有理气。庶可免割裂之病，亦可显心之灵妙。这样的"心统性情"不是先分为二再统合之，而是时时为一，间不容发的。

李退溪所作的补充，既有中图保住儒家自孟子至宋明理学的主流——性善说，又有下图保住自张载、二程乃至朱子以来的理气"二之则不是"的理学传统；既不废"四端理之发"的儒家价值基础，又包含了现实的性情关系中的四端七情合言。这是李退溪对朱子学乃至整个宋明理学的发展，在理学史上有重要意义。

《第七仁说图》乃是对于天地万物的本质、人的心性的本质的一个说

---

① 张立文主编：《退溪书节要》，中国人民大学出版社1989年版，第42页。

② 同上。

明，因为"仁者，天地生物之心，而人之所得以为心"①。就这个意义说，本图是《第一太极图》《第二西铭图》及《第六心统性情图》中图的一个总说明。《仁说图》含括仁包四德、性体情用、"公则仁，仁则爱，孝悌其用，恕其施也"以及对求仁的方法的说明，和对仁的背离的批判等义，而每一义都可以展开为丰富的理论内容。如仁包仁义礼智四德，与天之元包元亨利贞相应，仁之发恻隐之心又贯爱恭宜别四情。其未发，涵育浑全，无所不统；其已发，周流贯彻，无所不通。可谓"众善之源，百行之本"。《仁说图》是朱熹就己之《仁说》而自作图，李退溪认为此图"发明仁道，无复余蕴"，故无所发挥。但他将《仁说图》置于《心统性情图》之后，《心学图》之前，就是要把它作为心性的内容，展开其未发之所含，已发之所用，上承天道，下启修养之途。

《第八心学图》专说心。第六图主要说性情，第七图主要说性，本图主要说心。宋明理学之心性学说，性为形而上者，主要表达的是根据义；情为形而下者，主要表达的是发用义。心则包贯形而上下，主要表达的是活动义、控御义、灵妙义。就是说有关修养功夫的所有活动，最后都要落实在心上。心的活动，最主要的是虚灵明觉，心的两大端即人心与道心。朱熹说，道心是知觉得天理的，人心是知觉得声色臭味的。道心即良心、本心、赤子之心、大人心，人心即人欲私欲等。而修养方法，总的纲领是"十六字心传"：人心惟危，道心惟微；惟精惟一，允执厥中。具体方法无非遏人欲，存天理。而以"敬"字贯乎一切功夫之始终。

就后五图而言，前三图是心性之体，后二图是实地功夫之用。就前三图之心性内容言，《心统性情图》为总说，《仁学图》为形而上之性体，《心学图》为形而下之心用。层层展开，内蕴尽显。

5. 敬与践履

《第九敬斋箴图》是金华王柏就朱熹的《敬斋箴》而作。此图承上"心学图"用工之要俱不离乎一"敬"字之意，而言敬之功夫所用之处，即

---

① 张立文主编：《退溪书节要》，中国人民大学出版社1989年版，第46页。

朱熹所说"此是敬之目说,有许多地头去处"①。朱熹继承二程,特重"敬"字。朱熹曾说:"敬字功夫,乃圣门第一义。彻头彻尾,不可顷刻间断。"(《朱子语类》卷十二)又说:"敬之一字,真圣门之纲领,存养之要法。一主乎此,更无内外精粗之间。"(《朱子语类》卷十二)敬字之义,朱熹所说甚多。当代著名学者钱穆总结为六个方面:戒惧;收敛,其心不容一物;主一;随事点检;常惺惺;整齐严肃。②敬字用功之地,吴澄概括为动静、表里、心物等方面,及容貌、内心、行为、思想、担负工作、燕居之时等,无处不到。因为"须臾有间,私欲万端;毫厘有差,天壤易处"。③对敬之提揭,不可谓不切;奉持之态度,不可谓不严。李退溪继承朱熹,以敬为"圣学之始终",对朱熹所说敬之细目,都切实去做,并有所发挥;对王柏此图,也诚心敬奉,以为修养功夫的依据。如"正其衣冠,尊其瞻视,潜心以居,对越上帝"是静时之敬。"足容必重,手容必恭,择地而蹈,折旋蚁封"是动时之敬。"出门如宾,承事如祭,战战兢兢,罔敢或易"是表之敬。"守口如瓶,防意如城。洞洞属属,无敢或轻"是里之敬。李退溪主张,对此要"常宜体玩警醒于日用之际,心目之间,而有得焉"④。

"敬"在李退溪的体系中是"圣门之纲领,存养之要法",它贯彻于整个十图之中。如在《小学图》中李退溪引朱熹话说:"吾闻敬之一字,圣学之所以成始而成终者也。"在《大学图》中说:"敬者又彻上彻下,著工收效,皆当从事而勿失者也。"在《心统性情图》中说:"学者诚能一于持敬,不昧理欲,而大致谨于此,未发而存养之功深,已发而省察之习熟,真积力久而不已焉,则所谓精一执中之圣学,存体应用之心法,皆可不待外求而得之于此矣。"《心学图》中更引程复心之语说:"心者一身之主宰,而敬又一心之主宰也,学者熟究于主一无适之说,整齐严肃之说,与夫其心收敛常惺惺之说,则其为工夫也尽,而优入圣域,亦不难矣。"其中均

---

① 张立文主编:《退溪书节要》,中国人民大学出版社 1989 年版,第 58 页。
② 见氏著《朱子新学案》贰之四,巴蜀书社 1986 年版,第 568—582 页。
③ 朱熹:《朱子全书》第 24 册,上海古籍出版社、安徽教育出版社 2002 年版,第 3997 页。
④ 张立文主编:《退溪书节要》,中国人民大学出版社 1989 年版,第 58 页。

以"敬"作为心学的归结。后之《夙兴夜寐图》更以"敬"为各种事为的中心。可以说，他是前八图作圣功夫的归结，又是第十图各种行为的基础。"敬"在退溪整个思想中地位甚高，他在各图中反复谆恳提起敬字，寄望于此者甚重。

《第十夙兴夜寐图》是《圣学十图》中的最后一步：将圣学落实于日常行为，它是在对天道性体有了体悟之后对这种体悟的贯彻。如果用儒家下学上达的话说，第十图是在上达指导下的"下学"，它规定了人自鸡鸣而起至夜久斯寝一日间的日常行为上所应做的修养功夫。如早晨睡醒之后，不即起床，此时或反省自己旧有的过失，或引发新的心得。起床以后，即提掇此心，使虚明静一。读书，则圣贤如在目前，一心与之晤时。读书之余，悠优涵泳义理，修养性情。事来则应，不拟议，不散乱。事应之后，心仍归于故有之静一，时时光明鉴照。日暮之后，人易倦怠，此时更要振奋精神。夜分就寝，则不作思维，养其夜气，以为次日之备。一日之间，修养功夫无须臾间断，则精神接续，身体安泰。事事皆在觉中，而不昏惰。

此箴本南唐陈柏所作，元代著名儒者金华王柏专以此图教学者，作有《敬斋箴图》。李退溪则仿王柏图另作《敬斋箴图》，将用功的各个方面，分夙寤、晨兴、日乾、夕惕、读书、应事六目排列。"念兹在兹，日夕乾乾"，而以中心之"敬"字统括之。李退溪说："夫道之流行于日用之间，无所适而不在，故无一席无理之地，何地而可辍功夫？无顷刻之或停，故无一息无理之时，何时而不用功夫？……此一动一静，随处随时，存养省察，交致其功之法也。果能如是，则不遗地头而无毫厘之差，不失时分而无须臾之间。二者并进，作圣之要，其在斯乎。"①

如果以后五图作为一个单元来看，则前三图说心性，后二图说本此心性而有的具体修养功夫，即李退溪所谓"用工地头"。如果后二图再加细分，则《敬斋箴图》重在说心地，《夙兴夜寐图》重在说行为。可谓身心交

---

① 张立文主编：《退溪书节要》，中国人民大学出版社1989年版，第64页。

养，内外并举。而第十图的形下功夫又与第一图的形上本体遥相呼应。十图在结构上可谓有天道、有人性，有本体、有功夫，有理想、有作为的整体。其中李退溪的编选、释义、征引、说明所用之思致，可谓宏阔而缜密、高远而切实矣。

二　从《圣学十图》看李退溪的学问观

通过以上对《圣学十图》的内容和结构的分析，关于李退溪的学问观，我们可以得出以下几点意见：

第一，李退溪的思想中坚，是以《圣学十图》为主的性理学，他的政治思想、伦理思想、教育思想都是从性理学中推阐出来的，都以性理学为基础。比如他向皇帝上《戊辰六条疏》陈言自己对时政的意见，其一重继统以全仁孝，其二杜谗间以亲两宫，其三敦圣学以立治本，其四明道术以正人心，其五推腹心以通耳目，其六诚修省以承天爱，皆本性理以论政治。他自谓："六条所陈，皆非有惊天动地震耀人耳目之说，然而实谨于彝教而本于圣道，宗于圣贤而质于《庸》、《学》，稽之史传而验之时事以为言。……古人所谓探渊源而出治道，贯本末而立大中者，初不外此。"[①]明言治道本于性理。李退溪非长于吏治者，也不是一个实学思想家，而是一个圣学的探寻者、践履者。他的圣学思想奠立了朝鲜数百年立国的思想基础，他也成为数百年来朝鲜民族尊仰的大贤，对后世产生了重大影响。

第二，李退溪的学说主要得于朱子学，他的思想以朱子学为主干，加上他处在不同国度，不同时代，对所面对的重大问题进行深切思考和体悟而得。李退溪最尊信朱子，在《圣学十图》中，每图都引朱子语以为解说和证立，有几图则直以朱子之文作图，对朱子极表敬仰，以朱子为圭臬。但李退溪对朱子的尊信以学问义理为根据，皆深入研究而后信服，非盲目

---

① 张立文主编：《退溪书节要》，中国人民大学出版社1989年版，第159页。

信用不自着功夫之人。且对朱子学说中不完备的地方以自己深造有得的观点补充完善。这说明李退溪是一个勇于将创新和善于吸收前人思想熔为一炉的真正的思想家。

第三，李退溪所理解的圣学是有着严密结构的，是有体有用、有天道有心性、有形上本体有具体践履的整体。天道是心性的根据，心性是天道的拓展。天道仁体是圣学的形上原则，心统性情是圣学的人道根据，笃实躬行是圣学的修养之方。李退溪心目中的圣学是一个精神原则范导下的自觉的实践活动。

第四，李退溪非常重视教育，他是以教育为体，以立身处世、崇德广业为用。他的教育，主要是人格教育、道德教育而非知识教育。这一教育思想贯穿在包括小学大学、官学私学、帝王之学与平民之学的一切学校教育中。他的教育最主要的内容是五伦（或曰五品、五教）。小学、大学两个阶段有连续性：小学为大学之基本，大学是小学的拓展。小学是收其放心、养其德性，大学是察夫义理、措诸事业。两者相持而成，是一而二，二而一的。从另一个角度说，小学阶段主要是公德教育：立教、明伦、敬身、稽古，大学教育主要是私德教育：三纲领八条目。这表明他是把私德视为更高阶段的德行，而私德的养成是圣学的最高形态。这是中国和朝鲜在道德教育上的共同主张。而李退溪则把它在《圣学十图》的结构中鲜明地体现了出来。这种教育思想与他追求圣学的目标是一致的。

第五，李退溪非常强调践履。在李退溪这里，掌握圣学所展示出之精神原则、道德境界的方法主要是体证、觉悟，而不是知识上的理解、明彻。这是思想上的重视践履。对圣学的追求，自始至终都要求实践。如小学阶段的"实立教，实明伦，实敬身"，大学阶段的诚意、正心、修身的"行"。白鹿洞规中的"笃行""行笃敬"，乃至《夙兴夜寐箴》中的视听言动、行住坐卧的具体修养行为，都是对践履的强调。而践履的指导原则是敬。这表明李退溪的圣学是强调"行之而成"的，不是书斋中的一套学问，一套知识。另外李退溪的实践，是在对圣学根本体证下的悠优舒缓、虚心涵泳的渐进过程，不像明代中期以后中国盛行的"功过格"那样严酷难遵。

这就是《心学图》中的"养心""尽心""七十而从心"所表示的，也即《心学图说》中的"则其为功夫也尽，而优入于圣域亦不难矣"所表示的。这表明李退溪所讲的圣学功夫是如布帛菽粟一样的日常行为，不是一曝十寒的欲速求效之功。他的圣学实践是几十年如一日、终身以之的。

（原载韩国成均馆大学《儒教文化研究》第六辑，2006年）

艮斋田愚与朱子学

艮斋田愚（1841—1922）是李朝末期的大儒，身处当时门户开放、资本主义迅速成长，韩国一步步沦为日本的殖民地并最终被日本吞并，国内民族主义高涨，新旧矛盾极其尖锐，民族文化发岌可危的时期。他是韩国最后一位传统意义上的知识分子，旧学功底极其深厚，民族主义思想十分强烈，国士的自我担当精神非常令人敬佩。艮斋一生基本上未出仕，以一介寒儒讲学著述。处在这样的时代，他考虑最多的是如何护持儒学的精神价值不被新学吞噬，旧学在新学不断增长的时代如何保存和发扬，知识分子在救亡图存中如何发挥作用，等等。所以经世与修己，儒者之出处大节，国士在国家生死存亡之际何以自处等问题，是与他关涉最大的问题。而所有这些，都以他的思想基础朱子学为其根底的。

一 最后的大儒之出处大节

艮斋出于强烈的民族意识，在外国资本大肆侵入，韩国旧的政治、经济体制行将不保的情势下，力倡国家独立，反对敌国入侵。对依附敌国的逆臣切齿痛恨，对代表国家尊严的皇室受辱有切肤之痛，对指导韩国数百年的核心价值儒学之废坠毁弃痛心疾首。这些在他乙巳年（1905）所上的《因变乱疏》中是有集中反映的，疏中说："夫纲常者，天地之栋梁，人民之质干,故纲常立则国家安,皇室尊。纲常坏则国家危,皇室隳。以近日之变观之,可以视诸掌矣。……臣愚以为,弃吾礼义之正而借彼仇敌之力,平和决不可永远,皇室决不可尊严。此陛下所以再三峻拒,而至谓宁殉宗社,决不认许者也。呜呼伟哉!为陛下赤子者,宁可肝脑涂地,孰敢贪生忘义,甘为仇敌之奴隶也。在廷臣僚,尤宜竭诚奉行,至死不变,而今乃私相认准,此弃君卖国之乱贼也。今我邦亿万生灵,莫不腐心切齿,皆欲食诸贼之肉,而磔博文之尸也。"①对在门户开放,新学旧学处于激烈对抗,国亡无日时期传统学术所担负的功能,艮斋有深切的认识,尤致力于儒学之保存,他说:"近年朝野之人,无不以外国开化为美而喜趋之,先圣制度为陋而羞称之。今既行之数十年,得无毫末,而丧逾丘山。论者犹谓儒术不可用,吁,真梦寐也!是犹痴子狂夫舍布帛菽粟而唯火煅画饼是求。以臣愚见言之,所谓儒术者,能使人君信贤而爱人,人臣尊主而庇民;能使将帅折冲而御侮,士卒亲上而死长;能使邻邦释怨而归德,民俗好义而尊上。如此而君不显国不治者,未之闻也。儒术之与开化,彼此利害之辨,不啻天渊之判。"②此处仍是以儒家之精神价值,抵御无处不在的西方文化的流传蔓延。

他为了用儒家之道维系人心,凝聚国人的抗敌意志,提升国人归向传统的力量,甚至欲将儒家之道上升为宗教。他说:"今天下万国各有宗教,而我韩则人皆曰孔孟之道也。以孔孟宗教为名,而所尚之实,则乃外国之制,非孔孟之训,故汉面胡肠者、骑墙配剑者往往焉而至,使仇虏率兵围宫,夺下全局而莫之禁也。……伏愿陛下亟宜主张孔孟之道,而自为宗教之主人焉。苟能如是,其于奠安邦家,备御邻国也何有。"③这种以儒学为宗教,以国王为教主的主张,是为了免除当时亡国之名,事仇之耻,及此后灭种之祸。因当时日本公使提出将日韩合邦之国家外交设立于东京,仅在汉城设立统监;改日本驻韩国之领事为管理韩国事务之理事之条款,视

---

① 田愚:《艮斋先生全集》上,(首尔)保景文化社1984年版,第340页。
② 田愚:《因变乱再疏》,《艮斋先生全集》下,(首尔)保景文化社1984年版,第341页。
③ 同上。

韩国为其殖民地，非一独立主权国家。艮斋认为此为韩国君臣士民之奇耻大辱，愤然起而抗争。他以宋朝大臣富弼出使辽国与辽国皇帝争"献纳"二字为榜样，大声疾呼："先王疆土之不可以抛弃，八域生灵之不可以殄灭，皇上矢辞之不可以改易，在廷臣僚之不可以勒制，五洲公议之不可以防遏，万世流臭之不可以点洗。"① 如果听任此屈辱条款不争，则韩国将被殖民者吞噬而不复为一独立国家。他认为韩国之立国根本为儒学之纲常，此纲常于凝聚一国之意志，保存一国之文化传统非常重要，故不能为其他思想和宗教系统所淆乱。因此，他对中国近世著名学者梁启超提出的孔子、佛陀、耶稣三位一体，儒教与佛教、耶教三教合一的主张十分不满。对梁启超的其他学说，如儒教之仁政学说与民权说相矛盾，秦始皇之专制为儒门功臣，孔教不必保亦不当保等学说尤其不满。对梁启超提出的其他观点，诸如佛学为学术之究竟，佛教有益于群治，小而可以救一国，大而可以度世界；佛儒统一，儒学是佛教之华严宗；如欲为一国定教育宗旨，则当定主张人类平等博爱之基督教；墨子为先圣，其学可以振起中国之衰，杨朱之学亡中国，今欲救之，厥惟学墨；以横渠之《西铭》为无补国家，朱子之格物为空谈心性，宋明之道学为因袭等，艮斋以为皆拜倒于西学脚下，引孔子入佛耶之说，皆为诡辞邪说。他斥责梁启超并其师康有为说："惜乎其从康氏，以习闻其捭阖横肆夹插炫耀之谈，遂以成性而不可复瘳也。夫三纲者，天尊地卑之理，阳刚阴柔之象，自帝王以至匹庶，不可一日无者。乃梁氏以一体平等之说，铸成百斤铁锤，一击而尽破之，绝可痛也。其文无虑累数万言，滚滚泻出，类多热心活血，非无奇谋雄略可以动人耳目者。然而其宗旨，则不问礼义，而惟强盛之崇，岂可以为训乎？"②

对中韩历史上失身事外族统治者之人，艮斋皆持轻蔑态度。如元朝大儒许衡，人皆赞许其传播理学、光大文教之功，艮斋则直斥之为圣门之罪人。他在与友人的辩论中指出："来教盛称许鲁斋为程朱后一人，而至谓大

---

① 田愚：《因变乱再疏》，《艮斋先生全集》下，（首尔）保景文化社1984年版，第341页。
② 田愚：《与吴震泳兼示子孙与诸生》，《艮斋先生全集》下，（首尔）保景文化社1984年版，第368页。

明之文物、本朝之治化，皆其功也。窃以为如许鲁斋者，胡元之忠臣，圣门之罪人。盖胡以匈奴余种，乘宋室之衰，偃然帝中国而抚四海矣。举中国之土宇而腥膻之，举中国之人民而犬羊之，举中国之冠裳而左衽之，举中国之礼义而土苴之，自生民以来所未有之大变也。使是时有圣贤者出，将入山浮海之不暇矣。"①而许衡在当时号为大儒，不辞荐引，辄匍匐稽颡于天骄之庭，退而俨然据师席而谈仁义，可谓无耻之尤。艮斋正是在韩日"合邦"，国家兴复无望的情况下，耻为敌国之顺民，避入海陬荒岛，隐居讲学至终。即使不幸不能避而被其征聘，也应严于夷夏之防，待其变革夷习，服行礼义，风俗美而人伦厚，方才许其为正统而服戴之，为其建言献策。艮斋认为，这样做的目的，是"使夷人知帝王之正统之不可以非类得，而消弭其侥幸觊觎之；知华夏贤者之不可以美爵屈，而兴起其愧耻奋发之心"②。此言在当时多以为迂阔。但艮斋认为，在生死存亡之秋，出处大节为士人之生命。因为这关乎儒者之为儒者之立身大本，关乎儒者在大是大非面前为士林、为国人所应有之表率作用，以及儒者为己之理想不惜身命以殉的精神所在。故在与友人的信中艮斋明确表示："仇虏之陵踏已甚，君相之权柄已去，而疆土不可复存，生灵不可复救，痛哭何言！今日舆望惟在儒林，而儒者皆以先王为表准，则想必有预算。若不顾家国，只携书入山而已，则天下后世将以为如何。"③因对儒者在国破家亡之时应有之名节有清醒的意识，所以艮斋在日韩合邦后所下之变服饰令，亦以死相拒，视为亡国之征，并引朱子之语为证："窄袖之变，剃发之虑，此以前代圣贤之言与行观之，似不难处。来书所举诸说之外，又记得《语类》学蒙录云：唐初年服袖甚窄，全是胡服。今日所行之制，实此类也。又录云：后世礼服，固未能猝复先王之旧，且得华夷稍有辨别。犹得此一段，今日士流正宜奉遵也。……至于明末诸公之不从虏制而死者，咸被后贤之称美。若李光地、许乾学辈，剃头苟活，至今数百载之下，谈者犹且哕，不欲入于耳。

---

① 田愚：《拟答李太邻》，《艮斋先生全集》下，（首尔）保景文化社1984年版，第351页。
② 同上书，第352页。
③ 田愚：《与金骏荣》，《艮斋先生全集》下，（首尔）保景文化社1984年版，第361页。

于此可以见劝戒之分，而定取舍之极矣。（自注：变服视毁形或似有间，而其为夷则一。故年前衣制之令，鄙社诸人无敢用窄袖者，至被逆命乱民之目而不之改也。）"①

艮斋嗣孙镒孝所写之《艮斋先生家状》对于艮斋所处之时代背景及出处大节所据之苦心，记述甚为痛切："孔、朱之生，适在周末宋季诸侯放恣，戎狄乱华之时。尤翁又当皇明之屋社，四海腥膻。而三夫子身任《春秋》大义，以应一治之数。府君又生大韩之季，目见天地翻覆，岛夷猖獗，帝后暴崩，圣贤见辱；国家之变惨矣，世道之厄极矣。府君深忧永叹，自知天责攸归，愈自壁立万仞，扶植纲常，阐明圣道。沫血饮泣腐心切齿，死当为天地之明鬼，誓不做仇虏之臣仆。只见得《春秋》义理之重，不知有斧锯鼎镬之威。纵缘势弱力诎，不能行诛讨兴复之举，而窜身绝海，癃蠡垂尽；廓扫心宗之挠攘，奠安性体于盘泰，以扶线阳于剥尽。则诚伟然不世之大功，而虽与天壤俱弊可也。"② 从艮斋的著作、自叙和后人对他行谊的记述看，艮斋确实是李朝末期硕果仅存的大儒，也是韩国历史上不世出的大儒。他的出处大节，在国家数百年来未有之变局中变得异常重要，成为新旧交锋中一个焦点，一个符号。艮斋以壁立千仞的意志，以独支倾厦的绝人勇力，以得于孔子、朱子及退溪、栗谷、尤庵三大儒所熔铸成的学养，为韩国精神价值之保存，为民族文化之延续与发扬，做了最后的抗争。

二　艮斋与朱子学

艮斋一生奉守朱子学，对朱子敬若泰山北斗。他的思想，一以朱子为依归。其太极阴阳、理气、心性、性情诸说，皆本于朱子。他说："夫天以理言，性与太极是也。心以神妙灵明言，本于性极则正，自用则偏而

---

① 参见田愚《与友生》，《艮斋先生全集》下，（首尔）保景文化社1984年版，第358页。《艮斋先生家状》对此记述说："朝廷令士民剃发胡装，而有不从者，时辈谓之乱民；诏敕令士民无得倡，而有起兵者，时辈谓之匪类。州郡令士民热心新学，而有守旧者，时辈谓之野蛮。因相与侮冒攻斥，而使之不容于世。府君愤叹不已，因举宋钦宗割河东河北以与金房，诏谕两河民开门出降，坚守不奉诏而戒之。"

② 田愚：《艮斋先生全集》下，（首尔）保景文化社1984年版，第756页。

邪。(自注心之不可直名为理,只此二句便可见。)形以肉团言,无所拣择,只饥食寒衣而已。"① 这是吸取了朱子心统性情、性即理、心以气言、总天地万物之理就是太极等观点,认为心的作用主要是灵明,它感应灵妙,活泼无方,即朱子《观心说》所谓"为主而不为客,命物而不命于物者也"。性驻着于心,它的内容是理,是太极,而天的内容也是理,也是太极。性驻着于心,但性不即是心。心以气言,乃形而下者。心之所发为情,本于性之发为正,其内容为理;心无所本之发,乃形气自身,其本性为饥食寒衣,不以性控御,则陷于人欲之偏邪。这是艮斋的基本思想,此义艮斋在他的著作中反复提起,不厌重复。他所发抒者,他与弟子言者,他与心学诸公辩论所引为理据者,皆以此为中心。又如他说:"天理载在人心,是性之本体,无舜跖全缺之分。人心奉行天理,是心之妙用,有圣凡能否之别。心之奉行天理熟,则为圣人之诚;未熟,则为贤者之敬,而后学之所宜竭力以从之者也。余故常言:万古最尊是性,六合可用为敬。窃意此两语,凡理气、有为无为之辩,《庸》《学》论道论德之分,性心体用之合,儒禅敬肆之异,似皆包在其中矣。"② 这说明艮斋最着重的在性之一字。性的内容是天理,心是性驻着之地,而人之操存舍亡敬存肆灭之活动之所全在心。性人人同具,心之能否奉行天理则有不同。

以上艮斋之心性论全本于朱子。艮斋自己的发明主要在大力提揭"性即理",反对"心即理"。艮斋提出"性师心弟""性尊心卑"两命题,旨在树立性之主导地位、统御地位,破除心学派之"心即理"说。这方面艮斋有《性师心弟辨辨》和《李氏心即理说条辨》两文集中阐发己意,批驳心学派。艮斋说:"性师心弟,大概言为心者运用之际,以性善之发见者为模范而一一效法也。盖师者只是施教而已,而弟之所为如何能逐一检点?故曰程门人自不谨严,干程先生甚事。至于心能尽性,又当以弟子能尽其师之所以教者譬之,无不可通也。"③ 又说:"学者何所学?学夫性也。谁学

---

① 田愚:《示田玑镇》,《艮斋先生全集》上,(首尔)保景文化社1984年版,第628页。
② 田愚:《书示金敬根》,《艮斋先生全集》上,(首尔)保景文化社1984年版,第629页。
③ 田愚:《性师心弟辨辨》,《艮斋先生全集》上,(首尔)保景文化社1984年版,第650页。

之？心学之也。……或曰：学性有据乎？曰：学道、学礼、学仁义，皆学性也。"①此义朱子之道心人心说论之甚详："心之虚灵知觉，一而已矣。而以为有人心道心之异者，则以其或生于形气之私，或原于性命之正，而所以为知觉者不同，是以或危殆而不安，或微妙而难见耳。……必使道心常为一身之主，而人心每听命焉，则危者安，微者著，而动静云为自无过不及之差矣。"(《中庸章句序》)朱子《观心说》中也说："若尽心云者，则格物穷理，廓然贯通，而有以极夫心之所具之理也。存心云者，则敬以直内，义以方外，若前所谓精一操存之道也。故尽其心而可以知性知天，以其体之不蔽而有以究夫理之自然也。"②总之艮斋之意与朱子一样，都是要将心之所发，置于性的统御之下，心之发时时是四端，气之发时时承此四端，心性连为一体，形气之私不能溷杂和扰乱。因此性与心尊卑不同。性最为尊贵，其内容是道，是仁义礼智；心属气，其地位不能与性相比。故艮斋又倡性尊心卑之说。

艮斋的性尊心卑说，遭到主张心学的思想家的反对。他们认为，心的最大优长之处，在于它的主宰性，它的能动性，它的统合、兼综性情处。有此优长之处，不能说它卑下。故《论语》说人能弘道，非道弘人。《孟子》说尽心知性知天。只有承认心的尊贵，充分发挥心的能动性，才能做到以上圣贤所言之弘道、知天。如果就心须奉性以为言行之标准方面而言，性尊心卑亦有其立说之苦心。但此说将心降至顺从、臣仆的地位，则大大抹杀了心的活泼灵动、感应无方、运用发挥等性质，将心变为一个呆板、木讷的物事。故心学学者大力张扬心的能动性，反对将心之诸功能属之性体一边。他们拈出心性有为无为之辨，反复强调性虽为天下之大本，其内容是理是道，但此内容须靠心来运用发挥。心本来具有将性之抽象性存有变为心的现实性呈现之功能。故心自能尊奉性而发为善。发而为恶而猖狂自恣，是本心为气禀物欲遮蔽之故，非本心自然如此。故性尊心卑绝不可通。

---

① 田愚：《答吴信泳》，《艮斋先生全集》上，(首尔) 保景文化社 1984 年版，第 260 页。
② 见黄宗羲《宋元学案》，中华书局 1986 年版，第 1509 页。

艮斋的性师心弟说,也遭到了心学派的反对。心学派的赵氏写成《性师心弟辨》,对艮斋的性师心弟说进行批驳,艮斋则写成《性师心弟辨辨》,对赵氏之说逐句加以批驳。他们的辩驳对心性理论的各个方面都有涉及,对心性观念的蕴涵及性质、心性理论向纵深开掘,具有很强的理论意义。如在心性是一还是二这个问题上,赵氏认为,理气可分为二,心性绝是一物。一物,故不容有师弟、彼此之分。赵氏此说出自陆九渊之心即理说,王阳明之良知即性、良知即天理说。艮斋则以朱子学为宗,严辨心与性,认为心性一物是佛禅之说。朱子论心性,决然以心性为二,故有心统性情、性体情用诸说。赵氏认为仁义礼智四德,视为性也可,视为心也可。恻隐羞恶等四端,视为情也可,视为心也可,非如理气那样决然二物。艮斋则认为,朱子以四端为情,以四德为性,性体情用,性是根据,情是表现,二者界限分明。赵氏认为,朱子的"心能尽性,性不能检其心"一语,已明白否定性尊心卑、性师心弟之说。而艮斋则据朱子,认为心只是个运用,其所效法者,为本善之性。良知即性善之发见于心,或曰心之以性为师之展开。赵氏又认为,若以师弟言,当曰心师气弟,即心为主宰,气为承命。此为张载、二程以来相传正脉,古来圣贤之遗意。艮斋则认为,心固为气之师,而心又何者为师?必以性为师。《大学》以正心为八条目之一,则所正者为客心、私心。客心、私心正是未能以性为师。至于气为弟之说,尤当有辨。若是指气质,则不能明善而复性;若是指形气,形气非能虚心循理而学于性者。赵氏又指出,性师心弟与朱子之心统性情说相矛盾。艮斋则认为,统有兼之意,亦有统会效法之意。心统会性、效法性,即"师施三纲八条之教,敷五道九经之诲,则弟子总合而运用之。如性示以五常四端六礼九经之道,则为心者一一统会而效法之"[1]。性师心弟说不与心统性情说相矛盾。赵氏又谓,性师心弟如能成立,则作为天君之心将失其尊位,任凭奸相悍师欺凌。艮斋则认为,心虽贵,而有贵于心者,厥为性。心以性为师则无有能凭陵者。赵氏认为,以心为不足凭是因为认心

---

[1] 田愚:《性师心弟辨辨》,《艮斋先生全集》上,(首尔)保景文化社1984年版,第651页。

为气，此是膏肓之病源。艮斋则认为，在朱子思想系统中，心固是形而下者，如朱子曰："道心是知觉得天理的，人心是知觉得声色臭味的。"皆以知觉言心。朱子更说知觉是气之虚灵处，灵处是心不是性。故心属气之范畴，不过是精细之气而已。指心为气为膏肓之病源是对朱子的茫然无知。

心性的更深层次的意蕴，在艮斋对陆王之学本身进行的批评中得到了更加广阔的展开。艮斋对心学的批评，集中见于其所写之《李氏心即理说条辨》，文中对寒洲李氏多个命题进行详细剖辩。如对心即理这个心学总纲领，艮斋说："圣人心中刻刻有个天则在。（自注：圣人之心未尝自圣，心学家之心动辄自圣。）不是即心是道，（自注：此四字是佛禅陆王论心语，李氏亦只是此见。）此本天本心之别也。李氏于此等界分不甚明晰，往往将心与理笼统说做一物，如朱子之所讥。"① 意思是心与理须有分别，理是性，心是盛着此性的，不能直接说心即理。他并引朱子所说"释氏摩擦得此心极精细，便认做性，殊不知此正圣人之所谓心"一段话作证。对于心学家常引的孟子"仁义礼智根于心"一语，艮斋亦分辩道，孟子此语是指心中有理义，非直接把心等同于理义。对二程之心性一理、心即性之说，艮斋亦认为必须善加理解。心性二字有分说，有合说。即使是合说，亦须知此合是分中之合，如道与器、形与理等。心性一理即分中之合，指心从性所禀受来的理与性之理本无二致。心即性言二者之无有间隔，非谓直接就是一物。对"心为太极"之命题，艮斋辩之尤详，认为"道为太极"与"心为太极"皆朱子所言，不能言其一而遗其一。即使"心为太极"，也应理解为："为太极，直指道之当体而言；心为太极，并举心之所涵而言。恐未足为心即理之据也。"② "太极者性情之妙"一语，也是说太极是具体的动静之所以然之理，不是说太极即动静本身。动静是阴阳。故"易有太极"是说即动静阖辟而皆有理也。

对心为主宰这一心学理学皆认同的提法，艮斋亦引朱子以下语为之诠

---

① 田愚：《李氏心即理说条辨》，《艮斋先生全集》上，（首尔）保景文化社1984年版，第644页。
② 同上。

释:"心固是主宰底意,然所谓主宰者即是理也。不是心外别有个理,理外别有个心。"此亦上文所谓分中有合,合中有分之义。对将心统性情理解为心为将帅,统领性与情,艮斋认为完全错会文意。统为统合义,非统领义。而先贤心性关系诸论,可一言以蔽之曰性为心主、心承性体。对心学代表人物陆象山与王阳明,艮斋直接取朱子与退溪之说以攻。大意谓陆九渊只认得个昭昭灵灵能作用底便认作太极,实际只是心,见詹阜民心地澄澈便谓之已见理,这都是心学认心作理之处。王阳明"心之本体即天理",是其良知说的纲领。艮斋以为,此句如果以心之本体指性,则并无错。但阳明常以天理之昭明灵觉来解良知,则正是错见之源。而寒洲李氏之立论几乎全据象山阳明此说,故知其错。艮斋并直接指出:"使陆王以气之虚灵知觉为心而能时时刻刻视上面性字为本源不敢不奉而守之,则理学单传不过如此。朱李二先生何苦辟之如彼之严。只为其心自认为理而不复以性为归宿,所以流于口谈心理而身陷气学也。"①艮斋还引《传习录》中"仁,人心也""心体本弘毅,不弘不毅者,私欲蔽之耳""心无私欲,即是天理"诸语,以为这是陆王错见之真赃实犯。

统观艮斋对心学之批评,可以看出,艮斋牢守朱子学的基本思想,这就是心与性为二。心主要是思维主体,性是价值本体。两者绝不能混淆。价值本体须通过其他修养功夫如格物等,方能呈现在心中。对心学派之心主要是价值主体,道德理性与活泼灵妙之心直接为一这一整套义理系统不惬于心,也无如实亲切之理解。如陆九渊的"心即理"之心,并非指虚灵明觉之认知心、理智心,而是指道德理性之呈现。其根据在孟子之"四端说"。王阳明之"良知",最清楚的定义是"天之昭明灵觉",亦是道德理性在心的层面的呈现。当然王阳明的良知概念比陆九渊的本心概念含义复杂得多。王阳明也批评陆九渊学问有粗处,但其学说的基本点仍是道德理性的直接呈现。但此呈现被人之气禀物欲遮蔽,须有致良知功夫去此遮蔽。艮斋之朱子学之心性为二与心学的心性为一截

---

① 田愚:《李氏心即理说条辨》,《艮斋先生全集》上,(首尔)保景文化社1984年版,第645页。

然对立。故艮斋与心学诸人的辩论是哲学根本出发点的差异,其不能折服对方是必然的。但艮斋作为韩国历史上最后的大儒,处在向现代哲学转变的前夜,其固守在韩国占统治地位的朱子学,就是固守韩国民族文化的核心价值,维护本民族世代相沿的文化传统。这种意志与苦心是鼓舞他与任何可能削弱此核心价值的学说进行最后抗争的精神动力。《艮斋先生家状》对此总结说:"痛辟王阳明心理说,每于诸家尊心贬性之论,辟之廓如。虽致举世仇视,谤四起,而府君尝自谓为性而殉,吾所甘心也。……遂立言以救其失,曰心本性,曰心学性,曰性尊心卑,曰性师心弟,以立万世学的。此其大体,皆出于圣贤经传,而特未有前人立文如此也。"[1] 此言非其家人之夸饰溢美之词,乃艮斋一生学问之实录。艮斋可谓韩国民族文化之孤臣孽子。

三 艮斋的经世诸学

艮斋一生,主要是一个学者,而且主要是一个性理学者。虽处于国难方殷之时,对时事不能不有所建白,但他提出的具体致治措施,皆本于他的性理之学。此外他的建白,多针对当时世变之亟而发,非和平时期所上之长治久安之策。

他的经世之学首先立基于修己经世为一道、道学政术无二致这一点上,并认为这是韩国士人的传统。他常说:"修己经世只是一理,明于持身而暗于持世者无之。故凡暗于治术者,必其未明于己者也。然明谓明于理,暗谓暗于理,非世俗所谓明暗也。试观今人不顾是非专说明暗,利则违乎礼亦谓之明,害则合于义亦谓之暗。是岂圣学王道之所宜过而问者?余之此论,实欲开明夫天下之黑暗。谈开明者试一猛省。"[2] 这是说具体的治术必本于治国者之思想修养。故欲经世必先修身。这是针对当时专以利

---

[1] 田愚:《艮斋先生全集》下,(首尔)保景文化社1984年版,第752页。
[2] 田愚:《明暗说》,《艮斋先生全集》上,(首尔)保景文化社1984年版,第680页。

害一途考量治术之弊病而发，其思想基础明显是理学之以德治国、道学政术一致之说。他还说："道学政术无二致，内修外攘为一事。此横渠、南轩二先生所以眷眷为朝廷言者。今日所宜言亦莫切于此二者。而二者之中，学政无二之说尤为要切。盖必须得真正道学之人，其所以发号施令者，乃可合于先王之政，而其于御蛮夷化仇敌之道，亦举此而措之耳。"① 学政无二，此学为道学。真正道学之人之政令措施必出于儒家之道。此道可治理国政，在国家有故之时尤可用于聚合全民族之意志御侮抗敌。此是儒学之大用。艮斋阐发此意说："愚每以为世俗认学政为两截，而指儒者为无用，反观其所自为，则与齐之先诈力而后仁义，不自强而屈于吴莫能相远矣。吾东先哲自静、退以来，群贤虽其才调器局不无小大优劣之分，然其爱君保民之志，进贤黜奸之用，则无不同矣。使其世世信任而柄用之，则今日国势岂至于此哉！"② 这仍是说，儒学是寓治国于修身之中，不仅能使一国之人自强胜人，而且儒家学说中之爱君保民、进贤黜奸诸说是一国强盛之根本。并认为事功本于道学这一识见是韩国儒学史一脉相承的传统。他提出，在新学日增、传统之学日渐凋敝之时，首先应明义利之辨，为国人指出精神方向，然后能忠君爱国。他说："窃尝闻内夏外夷，尊王贱霸，进贤出邪，闲圣辟异，自是吾儒家常茶饭。然此须先将遏欲存理做个根子，方是有体有用之学也。盖由事功起脚，只是事功，未是学问；由学问立义，但见学问，不见事功。惟其不见事功，故浅识之士多谓道学无用。毛奇龄至谓宋儒薄事功，无气节，是乌足与议也。"③ 艮斋的理想，是由学问推出事功，这样的事功是有本之事功，是义利统一之事功，是内圣外王之事功。

他的这一识度不仅是所学使然，也是当时新学日增、传统大学日渐凋敝的现实使然，他在致友人的信中表示了对当时人丧失义利之辨的隐忧："圣人教人，义以为质也。昧者错认私欲为利。……未有主于义而不

---

① 田愚：《与堂李丈》，《艮斋先生全集》下，（首尔）保景文化社1984年版，第343页。
② 田愚：《答李友明》，《艮斋生生全集》下，（首尔）保景文化社1984年版，第348页。
③ 田愚：《答朴年吉》，《艮斋先生全集》下，（首尔）保景文化社1984年版，第344页。

立者也，亦未有主于利而不亡者也。故圣贤于此必三致意焉。要诀：先绝利心，然后可以学仁。《小学》孔勘利与利禄，《大学》以义为利，《论语》喻义喻利，《孟子》仁义而已何必曰利，舜跖为善为利，宋轻怀义怀利诸章是也。今日少年，往往失魂丧魄，不分东西者。其处心行事，终日自害，而误认为利也。哀哉！"①而在新旧交替，国人争言新学之际，须树立儒学所代表之精神价值以为首务。他提出："夫为新学，欲以发达民智，巩固国权，以御外侮也。其意岂不善乎？然天下事有本有末，不修其本，未有能治其末者也。余谓发达民智，无如忠孝礼义，圣贤经籍。而保国御敌，亦岂外此而得之哉？今天下诸邦莫不以国富兵强相尚，而于忠孝礼义，圣贤经籍不以为重。……是知富强不足恃而礼义为全身立国之本也。"②艮斋又认为，新旧文化互争雄长之时，士阶层之精神气质、好恶趋向对整个社会影响极大。当此之时，唯有振奋士气，改革习俗，才能在国难时期保住传统文化。但艮斋对当时士习很是悲观，他尝说："近日看得儒林诸公，能守经义习文学者诚有之，若其扶植人纪，维持世教之责，则未知谁可为担荷者。昔晦庵先生论鲁秉《春秋》云：盖于是时地丑德齐之中，犹能守得旧日礼乐文章耳。若三纲九法之亡，则当时诸侯盖莫不然，亦非独鲁之责也。每一奉诵，辄思吾辈所以自立者。"③又说："近时士人，平居论学近似，作文可观。至其处家而笃恩义，正伦理，立朝而进君子，退小人则所行例与所言戾。至有假仁义以规名利，恶忠贤而附邪佞者。盖以其学专求之言语文字，而不曾验之于心、揆之于理故也。是以心迹理事常判为二。""近时士气萎苶，鼓作不起。目击时辈侮圣贤，蔑礼义，慢君父，混华夷，而犹不敢正言折之。""今日人才之弊，性近恬静者，即是于世务都不关念；而其欲救世者，又不免以功利之心作起事端。要之，儒者之道，以天地万物为一体，痒疴疾痛举

---

① 田愚：《赠李荣浩》，《艮斋先生全集》上，（首尔）保景文化社1984年版，第627页。
② 田愚：《摸象说》，《斋先生全集》上，（首尔）保景文化社1984年版，第680页。
③ 田愚：《杂著》，《艮斋先生全集》上，（首尔）保景文化社1984年版，第750页。

切吾身。而至于出处语默，则一毫不放过，此乃为中道。"① 从这几段札记看，艮斋认为，当时士气不高，一是缺乏文化新旧交替时期应有的踔厉风发，自我担荷，身膺斯文之任的精神。二是言行不一，只务知识而不修养身心，缺乏知行合一的深切体验。三是言行以功利为归趋，缺乏儒者的道德意识和人文精神。艮斋以君子应有的不惧不闷策励自己，以处此大过之世："无过人之行，不足以处大过之世。于是挺然于世风披靡之中，虽天下非之而不顾，夫何惧！超然于毁誉得丧之表，虽举世不知而不悔，夫何闷！其行谊超卓，大过夫人者如此，又何难于处过时哉！"②在此世乱士弱之时，他认为所当采取的致治方略首先是整治士风，经过士人的表率作用使民众统一趋向，然后其他具体措施如农业、文教、吏治依次实施。

艮斋是一个性理学者，在民族危亡在即，国将并入他人之手，新旧文化激烈斗争的关键时刻，他注目之点在民族精神价值之提扬，文化传统之保存，民风士气之培养，而具体致治措施则未尝注目，也无暇措怀。有所建白者，主要在举贤、兴学、理财三事。关于举贤与其他措施的关系，艮斋说："我国今日之势正宜更张，而更张之难，非如守成之易必也。主上卓然立志，又必得有才有德有诚之人委国而授之以政，使之先立纲纪，以尊朝廷之体，次正风俗以一百姓之心。（自注：立纲纪者辨贤邪以定黜陟之分，核功罪以公赏罚之施是也。正风俗者崇信义以塞功利之源，明教学以拒淫之说是也。）而崇节俭，薄赋敛，制民产，修军政之类，以次而行，庶几年岁之后，可以尽复先王之政也。"③ 关于举贤之原则，艮斋主张不拘出身、资格，唯才是用，他说："张大国威，振起国势，不在技艺之神巧，惟在乎进用贤才，保护民庶而已。苟其可用之人，不拘东南色目，西北微贱，改嫁子孙，列邑胥徒，无不甄拔。先从庶僚试之，终至大官。如入户曹为小吏而年久有履历者，以次升迁至于长官。

---

① 皆见田愚《杂著》，《艮斋先生全集》上，（首尔）保景文化社1984年版，第745—750页。
② 田愚：《读〈大过〉大象》，《艮斋先生全集》上，（首尔）保景文化社1984年版，第687页。
③ 田愚：《杂著》，《艮斋先生全集》上，（首尔）保景文化社1984年版，第746页。

其间不得转注他官。他曹仿此。如非其人，虽将相子弟，亦不得立朝。且居官失职者一切论罪无或容私。……如此则贤才在朝，小民安业，而国家升平矣。"①针对当时韩国已沦为殖民地，外国人坐大，国民易受欺侮的现状，艮斋特别提出反对治外法权，保护本国人民的建议："国君以民为天，不可以不悉心保护。我民与外国人有干而曲在我民，治之不少贷；如无所失而为彼所困，则为之伸理而不使有冤。则民亦有所畏而不敢为非，有所恃而不受其欺矣。"②在人才的选择上，特别重视有学、有德、有为："人主既斥远邪佞，亲近儒贤，以达其识，以修其德。而又必求老成诚实刚严明达之人以为大臣，使之广询博访，不拘朝野，惟笃志力学，晓达治道，主忠信，励廉耻，足以有为有守者，量才授官，随职责成。"③在官吏的任用上，反对专任贵戚，并认为这是造成国家积弱的重要原因。他说："《春秋》胡传言：古者置卿必求贤德，不以世官。其后官人以世，而先王之礼亡矣。至于三家专鲁，六卿分晋，诸侯失国，出奔者相继，职由此也。今我国专任戚臣。戚臣果贤且德也，则所赖大矣；不然，则其毒民误君也。大臣莫之敢制，谏官莫之敢言，而卒致亡国之祸。其视官人以世所损尤大。"④这是一个比较系统的关于选拔人才的主张，虽总的说其核心仍是传统的，属书生议论，但对现实政治有较强的针对性，并非笼统无当。尤其反对治外法权，反对专任贵戚诸议，对当时阽危之国势，不能不说有一定程度的纠补作用。

艮斋认为，治国以得贤能为要。得贤能之后的先务是培养人才，而人才之培养全在学校。艮斋对于兴学、择师，学生之选拔、考评、黜陟都有建议。他说："治天下以得贤能为本，以信贤能为要。得贤能以养人才为先，养人才以择师长为急。择师长不以德义为主，而惟名阀文章是尚焉。其所受教者不务实际，不究实用，而往往托身权要，驰心华

---

① 田愚：《杂著》，《艮斋先生全集》上，（首尔）保景文化社1984年版，第746页。
② 同上。
③ 同上。
④ 同上。

藻。国家以此养人而置之列位,其能尽忠于君父,竭力于民社,以成治平之势乎?……然则其除学宫之官,选岩穴之士,岂非治法之第一大根本乎?为人君者可不十分审慎而漫且为之哉!"①作养人才为理国兴邦之首务,故艮斋于学校寄望甚重。但当时新旧交替时期之旧式学校积弊甚多,相较教会所办之新式学校,缺陷明显。艮斋对当时学校的现状很不满意,他说:"学校之设,本为教养人才,使之本于人伦,明于治道,讲于法度,以待上之任使,此天下国家之大根本也。今也学校之名徒存,而其实全然不理会师生教学,正晦翁所叹忘本逐末,怀利去义,而无复先王之意者也。"②针对此种现状,艮斋对学校中教官的选择、任用与考绩也提出了一些主张:"是宜君相先自贵德贱货,以义为利。而选择教官之际,又必戒饬公卿、百执事各举所知一二人。必令从实行公,毋得徇私用情,每人各注举主,以待异日审察,而有赏有罚。国学则吏曹,外学则观察,每年考绩,能使学徒以道德为先,名利可耻;经济是重,文艺为轻者,上也。使学徒立志谨行,读书穷理,孝弟礼逊者,次也。使学徒通明经籍,晓达治道,能善制述,不尚客气者,下也。上者授以六品之职,以耸动士林。次者加其资级,以示褒赏。若其铺啜戏嬉,有名无实者,黜之。其举主亦论罚。"③这里需要注意的是艮斋区分教师等第的根据与标准,它代表了艮斋的教育理念。在艮斋看来,教育的最高目标是培养学生的德性,使其能自觉选择正确的价值观念。其次是遵守道德规范,读书优秀。再次是掌握具体技艺,不被恶俗所染。只有上等考绩的教师才为士林所重。艮斋的这些教育观念,与他的心性论、士人品格论、治国方略论是统一的。

关于理财,本非艮斋所长,但因《大学》将它作为絜矩之道的重要方面和亲民的重要环节,故艮斋不能不有所论及,他说:"《大学》末章之意,务在与民同好恶而不专其利。夫民之好恶在财用,君之絜矩亦

---

① 田愚:《杂著》,《艮斋先生全集》上,(首尔)保景文化社1984年版,第753页。
② 同上。
③ 同上。

全在理财。故才说与民同好恶，而即继之曰不专其利也。欲理财必须得贤，不然小人导君上以利为利而必至于危亡。故以用人、理财兼说。然其实用人亦为理财也。明儒尝论《大学》云：不言理财者绝不能平治天下，何也？民以食为天。从古圣帝明王无不留心于此。岂若后世儒者高谈性命，把天下百姓痛痒置之不问，反以说及理财为浊耶！余谓此论是矣。非惟国与天下为然，虽身与家亦然。身非财则无所养，而或至于不能修；家非财则无所资，而或至于不能齐；然则身家之理财亦不可不念，特其以义为利，不以利为利之心，则无彼此大小之异也。日人维祯以《大学》非圣人之书，谓'平天下'章有理财之说故也。此殆不思而高论之失也。"①艮斋文集中论理财处甚少。此处亦是因论絜矩之道而起。君上之絜矩之道是与民同好恶。而民之所好在财用，故君上须以财用为民生之大事。但一涉财用，首先遇到的即义利问题。艮斋主张在上者须有絜矩之心，不能专其利。艮斋这方面的思想也是吸收了朱子的观点。在《朱子语类》中，朱子多次被问及为何《大学》篇终谈及理财。朱子的回答是："此章大概是专从絜矩上来。盖财者，人之所同好也。而我欲专其利，则民有不得其所好者矣。大抵有国有家所以生起祸乱，皆是从这里来。"（朱子语类》卷十六）又说："财者，人之所好，自是不可独占，须推与民共之。"（朱子语类》卷十六）朱子又认为，理财是治国平天下最要紧的事。明德、新民、止至善最后都要落实在理财上，因为此是百姓最切近之事。朱子并批评遗落百姓理财、民生之事而驰骛高远之人。如《朱子语类》载："问：'平天下章言财用特详，当是民生日用最要紧事耳。'曰：'然。孟子首先所言，其原出此。'子升问此章所言反复最详之意。曰：'要之，始终本末只是一理。但平天下是一件最大底事，所以推广说许多。如明德、新民、至善之理极精微，至治国、平天下，只就人情上区处，又极平易，盖至于平而已耳。"（朱子语类》卷十六）从这里看，艮斋理财之论从絜矩上说、从民生切近处说，都是继承或说绍述朱子的思想。艮斋

---

① 田愚：《杂著》，《艮斋先生全集》上，（首尔）保景文化社 1984 年版，第 763 页。

是将古典的朱子学用之于李朝末年社会现实的最大的学者,在从性理学到经世之学的各个方面,这一特点处处可见。

(原载北京大学《韩国学论文集》第十六辑,韩文翻译发表于韩国《艮斋学论丛》第6辑,2007年2月出版)

王阳明思想的逻辑展开

每个思想家的思想都处在不断的变化中，尤其是那些智大才高者，更是刻苦自励，精进不已。这里有社会现实对理论的修正，有个人遭逢对原有信念的改变，也有理论自身的逻辑展开。王阳明的思想，就是这样一个不断变化、不断深入的体系。直到死时，意犹未慊。[①] 王阳明的思想，湛若水谓"五溺而后归于圣贤之学"，黄宗羲谓"学凡三变而适得其门"，"学成之后又有三变"。这样一个不断变化的体系，其关键的变化在什么地方，这些变化在其理论本身有什么内在的逻辑根据？本文试图对这些问题作一考察。

一　不同的圣人，不同的作圣之功

王阳明和朱熹的分歧究竟在哪里？我们认为，是在对理想人格的理解上。朱熹所谓圣人，是道德和知识两方面的完人。所以，他的修养功夫是"涵养须用敬，进学在致知"，即以物中格得的理增进道德，又以道德的虔敬去格物中之理，"二事互相发"，相得益彰。这就是朱熹所说的"因明致

[①] 黄绾《阳明先生行状》："将属纩，家童问何所嘱。公曰：'他无所念。平生学问，方才见得数分，未能与吾党共成之，为可恨耳。'遂逝。"见《王文成公全书》卷三十八《世德纪·附录》。

诚，因诚致明，诚明两进"。但这里须有一个前提，即自觉地以格物来诚意，或者，必须以天人一理的角度，"才明彼，即晓此"。是否每个人都有这样的自觉？是否每个人都有这样的识度？回答是否定的，科学知识不是道德知识，认识论不是伦理学。如果没有把二者结合起来的自觉，则必然有分格物与诚意为二事，分心与理为二物这种可能。王阳明少年格竹的失败，使他发现了朱熹理论上的罅漏："先儒解格物为格天下之物，天下之物如何格得？且谓一草一木亦皆有理，今如何去格？纵格得草木来，如何反来诚得自家意？"（《传习录》下）这里，王阳明以为朱熹格物的理论有两个困难：第一，按朱熹的逻辑，知识越多，天理越明，要想做圣人，必须尽格天下之物，而这在实践上是不可能的。第二，具体事物的理为科学知识，诚意为道德境界，如何把科学知识自觉地变为对提高道德境界有用的东西，变为对自己安身立命有用的东西，王阳明此时没有解决这个问题。他出入佛老，就辞章，学兵法，歧路徘徊十数年之久。

龙场之悟，使王阳明的圣人观念有了根本转变，作圣之功也随之有了根本不同。《年谱》载："龙场在贵州西北万山丛中，蛇虺魍魉，蛊毒瘴疠。与居夷人，鴃舌难语；可通语者，皆中土亡命。旧无居，始教之范土架木以居。时瑾憾未已，自计得失荣辱皆能超脱，惟生死一念尚觉未化。乃为石椁，自誓曰：'吾惟俟命而已。'日夜端居澄默，以求静一。久之胸中洒洒。而从者皆病，自析薪取水，作糜饲之；又恐其怀抑郁，则与歌诗；又不悦，复调越曲，杂以恢笑，始能忘其疾病、夷狄、患难也。因念圣人处此，更有何道，忽中夜大悟格物致知之旨，寤寐中若有人语之者，不觉呼跃，从者皆惊。始知圣人之道，吾性自足，向之求理于事物者，误也。乃以默记五经之言证之，莫不吻合，因著《五经臆说》。"（《王文成公全书》卷三十二）从这里我们可以看出，王阳明哲学立场的根本转变经历了"居夷处困，动心忍性"的意志磨炼。这里"俟命"的境地，不是任何具体事物的知识，不是朱熹所谓外在的天理能给他的力量。惟有端居澄默，胸中洒然，扫除得失、荣辱、生死对意志的干扰，忘掉"疾病、夷狄、忧患"，保持至大至刚的精神力量。这就是"诚意""正心"。得失、荣辱、生死等牵累即"物",去除之即"格"。能达到这样的境地,就是圣人。而这样的圣人,是人人可做的。这就是他自己总结的:"及在夷中三年,颇见得此中意思。乃知天下之物本无可格,其格物之功,只在己身心上做。决然以圣人为人人可行,便自有担当了。"(《传习录》下)人人可到的圣人,不是以知识才力论,而在其心纯乎天理而无一毫人欲之杂,"只论精一,不论多寡"。圣人之性,本自具足,修养功夫,只在格物:"格者,正也,正其不正以归于正之谓也。"(《传习录》上)王阳明认为,他的功夫是彻上彻下的,是合居敬穷理为一的:"居敬亦只是穷理。就穷理专一处说,便谓之居敬;就居敬精密处说,便谓之穷理。不是居敬了别有个心去穷理,穷理时别有个心居敬。名虽不同,功夫只是一事。"(《传习录》上)这样的功夫,可以解决格物与诚意之间可能出现的分离。

龙场之悟,奠定了王阳明心学的基础,可以说是他"致良知"根本宗旨的开端。同时,龙场时"端居澄默,以求静一"的成功经验,也为他此后的修养功夫规定了路径。

二 立诚:知行合一与养未发之中

王阳明认为,朱熹之学分心与理为二物,道德与知识为二途,积弊甚深。当时的学者,孜孜以求的是外在的知识,以此作为获取功名利禄的手段,无与于身心性命之学。这样的学风,造成了大批"装缀""外面做得好看"的行为。王阳明痛斥这种情况说:"后世良知之学不明,天下之人外借仁义之名而内行私利之实,诡辞以阿俗,矫行以干誉。掩人之善而袭以为己长,讦人之私而窃以为直,忿以相胜而犹谓之徇义,险以相倾而犹谓之忌恶,嫉贤妒能而犹自以为公是非,恣情纵欲而犹自以为同好恶。"(《传习录》中)这些恶行,根本上是由"欺诈""矫饰""务华而绝根"造成的,纠治的良方是"立诚"。所以他提出"立诚"为这一时期的中心宗旨:"仆近时与朋友论学,惟说'立诚'二字。杀人须就咽喉上著刀,吾人为学当从心髓入微处用力,自然笃实光辉。"(《王文成公全书》卷四《与黄宗贤》)达到"诚"的方法,王阳明提出了两种途径:一是实地践履,二是静坐。这是他龙场之悟在患难中磨炼意志和扫除杂念的牵累,以超脱的态度对待生死荣辱这一成功经验的逻辑发展。

知行合一是王阳明龙场之悟后最先提出的一个命题。这个命题的含义,在揭致良知三字宗旨之前与其后,侧重点是不同的。前者着重点在知行本来合一的性质上,目的在纠正知行割裂、知而不行的弊端。王阳明说:"圣人教人知行,正是要复那本体。故大学指个真知行与人看,说:'如好好色,如恶恶臭。'见好色属知,好好色属行,只见那好色时已自好了,不是见了后又立个心去好;闻恶臭属知,恶恶臭属行,只闻那恶臭时已自恶了,不是闻了后别立个心去恶。又如称某人知孝,某人知弟,必是其人已曾行孝、行弟,方可称他知孝知弟,此便是知行本体。"(《传习录》上)王阳明认为,知行本来合一,这是知行本然的体段。从良知说,见父自然知孝,见兄自然知悌,见孺子入井自然知恻隐。从知行本体说,知孝自能行孝,知悌自能行悌,知恻隐必能往救,这是本能的、不待言说的。知而不行,这是已被私欲割断,不是知行的本体了。所以会有"懵懵懂懂任意去做,全不解思维省察"的"冥行妄做",与"茫茫荡荡,悬空去思索,全不肯着实躬行"的"揣摩影响"。王阳明提出知行合一,是要使学者自求知行本体,去除支离决裂之病。而能做到这一点,也就是诚意。

揭致良知之后,知行合一重在说明知行是致良知这一功夫的不同方面:"知之真切笃实处即是行,行之明觉精察处即是知","知是行之始,行是知之成"。一切活动都是知行的统一。从致良知说,知行合一也是良知本体:良知所知即知,推致的过程即行;良知知其为善者,必实为之,良知知其为恶者,必实去之,良知知其善恶为知,为之去之为行。所以黄宗羲说:"本心之明即知,不欺本心即行,不得不言知行合一。"(《明儒学案·姚江学案》)

提倡静坐,这在王阳明哲学的逻辑发展中,也有其根据。王阳明在龙场"俟命"之时,是端居澄默,胸中洒然使他忘掉了得失、荣辱、生死,忘掉了疾病、忧患、夷狄。王阳明把静坐看作保持心之本体不受戕害的一种有效方法。但静坐不是坐禅入定，不是槁木死灰，而是"收放心"，即使一日纷杂的心静下来。这种静不是强制禁绝思虑使之不起，而是对萌动的思虑进行省察克治，使之各得其所，而后心不旁骛，自然精专。不过静坐容易流入喜静厌动之弊，所以王阳明后又不提倡静坐，而提倡在实事上磨炼："人须在事上磨炼，做功夫乃有益，若只好静，遇事便乱，终无长进。那静时功夫亦差似收敛，而实放溺也。"（《传习录》下）此时王阳明言动静，还没有打成一片，致良知之说出，才将动静打成一片：良知是超乎动静的，是未发之中。动静是良知的寂然不动和感而遂通之时。从良知本身说，合乎天理为静，随顺人欲为动："循理，则虽酬酢万变而未尝动也；从欲，则虽槁心一念而未尝静也。"（《传习录》中）良知常精常明，无私欲障蔽，就是动也定，静也定。从良知应物说，寂然时无所增，感通时无所减；寂然时含藏发而中节之和，感通时显出未发之中。良知无内外，无动静。

王阳明说的循理之谓静，实际上是程颢《定性书》所谓定。这个定便是"主一"，便是"专主一个天理"。专主一个天理，则不论动静，功夫只是一个："动时念念存天理去人欲，静时念念存天理去人欲。"（《传习录》上）

王阳明提倡静坐，还有一个目的，即通过静坐养出"未发之中"。"未发之中"即心的廓然大公、鉴空衡平的状态。保持这种状态，才能有心中天理的发用流行，才能有"发而中节之和"。修养"未发之中"的方法，重在时时警觉，勿使私欲障蔽，勿使心体为喜怒忧惧所纷扰。未发之中这种状态，只能会之于心，不能言语道出。《传习录》载："刘观时问：'未发之中是如何？'先生曰：'汝但戒慎不睹，恐惧不闻，养得此心纯是天理，便自然见。'观时请略示气象，先生曰：'哑子吃苦瓜，与你说不得。你要知此苦，还须你自吃。'"（《传习录》上）这里王阳明言修养未发之中，还是儒学的，以戒惧克治、常提不放为特点。后来良知之说出，则以良知本体，以"本来面目"为未发之中。修养方法多是禅学的，以随顺自然为特点。《传习录》言："良知即是未发之中。……良知本体，皎如明镜，略无纤翳。妍媸之来，随物见形，而明镜曾无留染。所谓'情顺万事而无情'也。'无所住而生其心'，佛氏曾有是言，未为非也。"（《传习录》中）良知之说出，王阳明的哲学发生了又一次变化，具有鲜明的个性特点。良知越来越兼容并包，修养功夫越来越发散、自然。良知的含义不仅是道德的，也是一般认识的。如果说龙场之悟使他确立了心学立场的话，那么良知之说出，可以说是他哲学体系的完成。龙场至良知之说出的这一段时间，可以说是他多方探索、不断向良知之说趋进的阶段。

三 经宸濠、忠泰之变，良知之说出

王阳明曾说："某于此良知之说，从百死千难中得来。"他所遭逢的重大变故，一为谪官龙场，居夷处困；二为擒宸濠，处忠泰之变。1519年（明武宗正德十四年）六月，王阳明奉敕勘处福建叛军，行至丰城，闻宁王朱宸濠反，于是返回吉安，起兵征讨。王阳明巧施谋略，经过数次战斗，终于俘获宸濠。武宗亲信宦官张忠、官僚许泰欲掩功媚上，教王阳明纵宸濠于鄱阳湖，使武宗与之战而后"奏凯"。王阳明不听，于是张忠、许泰散布谣言，说王阳明将反，几次设谋陷害，又唆使所率之北军寻事起衅。王阳明面对险恶的局面，镇定自若，通权达变，终于度过重重难关。此时他所恃所任的，只是自己的良知；而这良知，是意志和智慧的结合。"因诚至明，因明至诚"，这是一次充分的体验。自此之后，王阳明对良知执之弥坚，信之弥笃："自经宸濠、忠泰之变，益信良知真足以忘患难、出生死。所谓考三王、建天地、质鬼神、俟后圣无弗同者。"（《王文成公全书》卷三十三《年谱》）

正德十三年（1518），即王阳明擒宸濠的前一年，门人薛侃刻《传习录》于虔州，即今《传习录》上卷，为徐爱、陆澄、薛侃所记，录中只有一处言良知："见父自然知孝，见兄自然知弟，见孺子入井自然知恻隐，此便是良知，不假外求。若良知之发更无私意障碍，即所谓充其恻隐之心而仁不可胜用矣。然在常人，不能无私意障碍，所以须用致知格物之功，胜私复理，即心之良知更无障碍，得以充塞流行，便是致其知。知致则意诚。"这里讲的良知，还是孟子的"四端"，陆九渊的"本心"，修养良知的方法在"诚意""胜私复理"，使良知这种不假外求的天赋道德意识充塞流行。这里的良知，还是纯道德的，还没有"信得良知真是真非，放手行去"（《传习录》下）的思想。经宸濠、忠泰之变，处在群小汹汹、枪锋剑竖间，只依良知，审时度势，权衡利害，无不适宜。于是王阳明认为，良知是唯一可恃可任的，循着自己的良知，即无不具足："良知只是一个，随他发现流行处，当下具足，更无去来，不须假借。然其发现流行处，却自有轻重厚薄，毫发不容增减者。所谓天然自有之中也。"（《传习录》中）王阳明所恃所任的良知，是他半生军事、政治、学术经验的总结，凝聚了他许多性命交关、生死搏斗的精神命脉，看似浅显，得来非易。他自认为良知之说是从五经印证过来的，是有理论上和实践上的根据的："近来信得致良知三字，真圣门正法眼藏。往年尚疑未尽，今自多事以来，只此良知，无不具足。譬之操舟得舵，平澜浅濑，无不如意。虽遇颠风逆浪，舵柄在手，可免没溺之患矣。"（《王文成公全书》卷三十三《年谱》）不过王阳明急于明道，轻于指点，将自己从百死千难中得来的东西，"一口与人说尽"，于是启泰州、龙溪抛却修养功夫，径任良知，"不管是非好丑，只管做去"的"躐等之病"。这种弊病造成了晚明"束书不观，游谈无根"的士风，但以自己的良知为判断是非的标准，破坏了外在的偶像，高扬了自我的价值，对晚明思想解放的潮流产生了很大影响。

王阳明的良知，其认识义和道德义的结合，从其"心即理"的理论前提说，有逻辑上的必然性。他反对析心与理为二，讲"心即理"，格物即正心，正心即诚意，合《大学》的"三纲领八条目"为一事，每一有助于道德境界提高的，同时也有助于知识水平的提高，两者是同步的。道德上的"诚"和认识上的"明"是一回事。不是"因诚致明""因明至诚"，而是"诚即明，明即诚"（《传习录》上）。道德修养好了，识知才力就在其中了。这种修养功夫排除了"知识越广人欲越炽，才力越多天理越蔽"的弊病，不废朱熹的"诚明两进"而又有简易直截的优点。他的门人曾说："以吾良知求晦翁之说，譬如打蛇得七寸矣。"（《王文成公全书》卷三十三《年谱》）不过他为了强调道德动机的树立是最根本的，反复讲"存天理去人欲"，"为学头脑"，"惟患夺志"，等等，往往使人只看到他学说的道德方面。只要对他的一些道德命题进行深入的剖析，就可以发现其中包含的认识意义。

单就良知的认识意义说，也可以明显地分为理性思维和直觉这样两种方式。王阳明说："凡一念之发，凡一事之感，其为至善乎？其非至善乎？吾心之良知自有以详审精察之而能虑矣。能虑则择之无不精，处之无不当，而至善于是乎可得矣。"（《王文成公全书》卷二十六《大学问》）至善的获得，要靠良知对每一种事物的感受、每一个念头的发生进行详细的审察，精密的考虑，然后有正确的选择，适当的处理。"良知越思越精明"。这是理性主义的方法。王阳明又认为，良知对于是非善恶的判断，可以诉诸好善恶恶的情感。良知喜好的，必是善的；厌恶的，必是恶的，天下万事万变莫不可以良知的好恶来评断："良知只是个是非之心，是非只是个好恶，只好恶就尽了是非，只是非就尽了万事万变。"（《传习录》下）是非只是个好恶，道德判断成了心理情感，好者必是，恶者必非，不待思索，当下分明。这是直觉的方法。

从理性到直觉，这是王阳明的良知从确立到运用纯熟，再到神化的必然结果。良知是有着自我调节功能的认识主体。初时，良知所能保证的，只是动机（此心纯是天理），而结果，则可由良知在其推致的过程中自行调节。他说："苟顺吾心之良知以致之，则所谓不知足而为屦，我知其不为蒉也。"（《王文成公全书》卷六《寄邹谦之》二）屦（鞋）只不为蒉（筐）而已，但不一定合脚。这里，动机和效果，道德和知识还有不一致的可能。但随着良知在实事上的磨炼，逻辑分析熟化为当下即知的整体把握，各细部的认识变为瞬间的综合，良知的自我调节好像是霎时完成的。对眼前情况的判断，已经和长期的意志锻炼、理性凝聚、心理感觉合为一体了，理性的内容采取了直觉的形式，并且这种形式伴随着心理上的好恶。王阳明的良知从理性到直觉的发展是心学一派重体悟、轻逻辑,重整体把握、轻局部分析,追求人格完善、忽视思辨论证的思想方法的鲜明体现。

四　人心是天地发窍处

王阳明的良知学说,不仅有实践中的体悟,还有理论上的提纯。王阳明从武宗正德十六年(1521)至世宗嘉靖六年(1527)起复征思田,在家乡讲学,良知学说得以与学者讲论、辩难,其理论内容、精细程度,又有了进一步提高,达到天地万物的本原的地位,这样的高扬,是通过自内之外,自抽象到具体的过程。

王阳明认为,朱熹为学之方的根本缺点是"言之太详,析之太精","支离割裂",所以他要用综合来纠正。他提出"心一而已","理一而已","性一而已"等综合命题,他的学说总体上具有"即知即行,即心即物,即动即静,即体即用,即工夫即本体,即上即下,无之不一"的特点。所有这些"一",都可用良知来概括,同时这个"一"又是宇宙的根本法则,又是"常道""贞""诚"。这个"一"从不同的表现方面言有不同的名称:"自其形体也谓之天,主宰也谓之帝,流行也谓之命,赋于人也谓之性,主于身也谓之心。"(《传习录》上)即是说,有貌色形象的具体物是这个"常道"的形体;这个常道具有使天地万物不得不然的力量,是谓"帝";而这个常道具体体现为万物,都有不待安排、自然而然的性质,这便是"命";这个常道体现为人物的本质,就是"性";这个性体现了天道的生生不息,哺育万化,这就是"仁",就是"天地之大德曰生"。就其作为能思维、有意志的人的主宰说,叫作"心"。这个"心"是宇宙根本法则的凝聚处、体现处,就如郁积既久,发而出之的孔窍。所以,人心是天地万物的发窍处。人心为什么能作为宇宙根本法则的发窍处?王阳明认为,人心即良知,而良知有"性"和"觉"的双重合义。从人性这方面说,良知是宇宙根本法则的体现。按理学家的意思,每一事物都是宇宙根本法则即天理的体现,这一点,朱熹和王阳明没有什么不同。从良知的"觉"这方面说,王阳明与朱熹就有了根本的不同。朱熹认为心的作用是"知觉灵明",心可以通过格外物之理来了解性,但心不即是性。而王阳明认为,"良知是天理之昭明灵觉处",良知既是天理,又是此天理的"昭明灵觉处",天理和觉此天理是合二而一的。良知即性,良知即觉。明末大儒刘宗周对此曾有明确的界说:"先生承绝学于辞章训诂之后,一反求诸心,而得其所性之觉,曰'良知',以示人求端用力之要,曰'致良知'。"(《明儒学案·师说》)良知既为所性之觉,所以,它可以做宇宙根本法则的"发窍处"。《传习录》载:"问:'人有虚灵,方有良知,若草木瓦石之类,亦有良知否?'先生曰:'人的良知就是草木瓦石的良知,若草木瓦石无人的良知,不可以为草木瓦石矣。岂惟草木瓦石为然,天地无人的良知,亦不可为天地矣。盖天地万物与人原只一体,其发窍之最精处,是人心一点灵明。'"(《传习录》下)人为万物之灵,人具有最高的认识能力。万物之性,通过人的良知灵明这个发窍处表现出来。人的良知,是天地万物之性的集中体现,人的良知是具体而微的天地万物。所以说,人的良知就是草木瓦石的良知,就是天地万物的良知。王阳明以人的良知有性有觉,以此觉为天地万物的根本法则的"发窍处",从而把人和天打通,把形而上和形而下打通,把功夫和本体打通,将抽象原则(理)和具体事物(天地万物)合而为一,为人的"不离日用常行内"而"直造先天未画前"这种超越,提供了一条便捷的途径:良知即性,良知即天,形而下即形而上,此在即超越。从"常道""贞""诚"等作为宇宙根本法则说,它是最根本的,是"第一义",而良知只是它的表现。从良知即天,即性,它集中体现了宇宙根本法则,天然具有,不待强求这个方面说,它又是最根本的、第一义的。王阳明在龙场时作《五经臆说》,主要强调前者,而在他揭出"良知"并经过长期体悟、提升、熔炼之后,主要讲后者。

综观王阳明的学说,可以发现,他的中心范畴"良知",其内容有一个从简单到复杂,从得于人到成于己的过程。实践中的体悟和理论上的探求,使这一范畴的涵盖越来越广。他的哲学越来越是合道德与认识为一的,合天与人为一的。如果说《中庸》的"天命之谓性"是以天统人的话，王阳明的"良知即性""良知即天"就是以人统天。中国传统的天人合一思维模式，到他这里才最大程度地落实为一个以人为主的心学体系。

（原载《北京大学学报》1989 年第 4 期）

王阳明致良知中道德和知识的结合

王阳明是中国历史上在立德、立功、立言几方面都达到高度成就的哲学家，他的思想学说的完成形式"致良知"概括了他一生各个阶段的其他重要命题。致良知包含的意义是多方面的，其中最重要的是道德理性和知识理性的结合。这就是，以道德理性为统领，以知识理性为辅翼，在实践中实现两者的同步发展，内以完成儒家要求的人格修养，外以建立经世济民的功业。王阳明的学说可以说是实践的良知学或良知的智慧学。

一　王阳明与朱熹的分歧

朱熹的修养功夫继承了程颐，以"涵养须用敬，进学在致知"为纲领，涵养贯心之动静、已发未发。就涵养与致知的关系说，致知前的涵养是为了使致知主体获得廓然大公的心理状态，防止先入之见和气禀物欲的侵害。致知后的涵养是为了使格物所得之理经过咀嚼、涵泳、体味，成为价值理性的资养。在朱熹这里，涵养与进学，居敬与穷理是不可偏废的两个方面，二者交相发明。朱熹说："主敬者存心之要，而致知者进学之功，二者交相发焉，则知日益明，守日益固。"（《朱子文集》卷三十八《答徐元敏》）"学者功夫唯在居敬穷理二事，此二事互相发，能穷理则居敬功夫日益进，能居敬则穷理功夫日益密。"（《朱子语类》卷九）就是说，穷理越多，心的遮蔽就越少，性理在心中的显现就越充分，从而道德理性就越是深厚。而道德理性又反过来规范、润饰知识理性，对知识理性的活动起促进作用。虽然朱熹反复强调居敬穷理是一个功夫的两个方面，二者"如车两轮，如鸟两翼"，但在王阳明看来，朱熹的修养功夫中道德理性和知识理性是断成二截的，二者间存在着疏离。王阳明在龙场之悟后对朱熹的功夫途径有一质疑："先儒解格物为格天下之物，天下之物如何格得？且谓一草一木亦皆有理，今如何去格？纵格得草木来，如何反来诚得自家意？"（《传习录》下）按朱熹的说法，格物越多则积理越厚，心地越明，所以，学者应该"即凡天下之物，莫不因其已知之理而益穷之，以求至乎其极"（朱熹《补大学格物传》）。但遍格天下之物是不可能也不必要的。更重要的是，考索具体事物所得的是关于具体事物的知识，具体事物的知识并非直接等同于天理，如果缺乏对二者作投射、类比、化约的自觉和能力，将会造成格物与诚意之间的断裂。也就是说，二者之间并非有内在的必然的关联，埋头格物与身心修养无关涉这种状况是可能的。这里王阳明实际上提出了一个对宋明理学这一道德形上学来说非常尖锐的问题：知识理性和道德理性是什么关系？在统一的精神活动中知识理性和道德理性各扮演什么角色，二者怎样互相作用？这是宋明理学的大问题，也是整个人的存在的大问题，因为它牵涉到人的精神活动的分类和这些门类之间协同工作的功能和过程。

　　西方自苏格拉底提出"美德即知识"即已开始探索这个问题。但西方由于基督教对世俗的管摄无孔不入，道德教育和宗教信仰密切关联，以及自古希腊就奠定基础后来发展至不可动摇的理性传统，知识得到长期尊崇，道德理性和知识理性作为两个并行的精神门类延续下来，各自的发展有清楚而严整的线索。而中国自始就是道德和知识密切关联着的。以儒家为主干的中国文化，始终把道德修养作为培养理想人格的首务，而知识作为理想人格不可或缺的重要方面，起着辅翼道德修养、护持价值理想、提高精神境界的作用。所以就道德理性和知识理性的关联程度来说，中国文化要比西方文化紧密。

宋明理学本质上是一种锻炼道德理性、教人成圣成贤的学问。但宋明理学的修养途径是"极高明而道中庸",主张在具体事物的探究中体悟宇宙根本法则。加上中国古代突出的务实精神,轻视纯理论的讲求,所以宋明理学家一般在肯定道德的优先地位的情况下都重视知识对于增进道德的作用。如程颐朱熹学派认为,格物穷理是知天理的必要条件,"积习既多,脱然自有贯通处"(《朱子语类》卷十八)。陆九渊主张"先立其大",但他并非一概反对读书穷理,而是强调读书穷理必须与提高道德修养相关联,否则有"借寇兵、资盗粮"之虞。所以朱陆之争只是尊德性和道问学何者优先的问题,二者都反对知识与道德截然割裂。

王阳明与朱熹的分歧首先在于他发现了朱熹的为学之方并非知识和道德时时相关的,朱熹的考索物理和知天理之间有一断裂。因为从物理到天理实际上是一种投射,它是把对宇宙根本之理的觉解经过诠释投射到具体物理之上,使具体物理有了价值的性质。这一转换从逻辑思维上说是一种类比,一种化约,一种想象,它代表主体对他眼前的景物与整个宇宙的关系的体验。这一点是儒家内圣之学的支柱,孟子的"尽心知性知天",《易传》的"天地之大德曰生",董仲舒的"仁之美者在于天,天,仁也",周敦颐的"窗前草不除,与自家生意一般",程颢的"万物之生意最可观"等,皆是这一观念的体现。但从物理到天理的投射和转换与主体的精神修养程度、对事物的体验和知识积累中参与这种类比和化约的能力有关,初学者没有这样的精神境界和知识素养,也就很难有这样的自觉和识度。王阳明少年时格竹的失败,正好说明了这一点。同时也说明,道德理性和知识理性的关系很早就成了王阳明一个萦回不去的问题。这个问题对于他是牵系终身的。他一生的每一项重要活动都可以说与这个问题有关。只不过他把道德理性的树立和纯化看作最根本因而也是最困难的,处处强调在诚意正心上用功,但知识理性作为道德理性不可或缺的辅翼,始终与道德理性紧密联系在一起。

二 致良知学说中道德和知识的结合

王阳明是豪雄式人物，他不把自己限制在当时大多数由科举出身的官吏惯常采取的道路上，而是进行了多方面的实践活动。他的一生波澜壮阔，精进不已。这对他的思想学说起了极大的诱导、促进作用。他的重大实践活动可说都有两方面的意义：一方面，这些活动的成功必然是他超人胆识的结果，在这些活动中他的知识理性起了关键性的作用；另一方面，每一活动作为他圣贤之路上的人格锻炼，都是道德理性的升进。王阳明道德理性和知识理性的结合可以分作两个不同的阶段。这两个不同阶段的分水岭是致良知说的正式提出。前一阶段可以看作他进行多方面的探索向成熟学说致良知趋进的过程、良知概念包容愈益深广的过程。后一个阶段，可以看作他学问熟化以后将良知推致于外的过程。前一个阶段，以道德理性的树立与纯化为主要任务，以知识为增进道德的辅助。后一阶段，以在具体事上贯彻合目的与合规律为一的原则为主要任务，以道德带动知识。严格说这两个阶段不是截然不同的，只是学问趋向、整体面貌上的不同侧重不同风格而已。这种不同可以看作由学问、境界的不同造诣而有的不同表现。

王阳明前期确以道德理性的纯化为主要用功方向，所以他多讲"心外无理"。王阴明与弟子徐爱关于孝之理与尽孝的具体做法二者间关系的讨论很能说明他这一时期的学说重点："爱问：'如事父一事，其间温清定省之类，有许多节目，不亦须讲求否？'先生曰：'如何不讲求，只是有个头脑。只是就此心去人欲存天理上讲求。此心若无人欲，纯是天理，是个诚于孝亲的心，冬时自然思量父母的寒，便要自去求个温的道理；夏时自然思量父母的热，便自要去求个清的道理，这都是那诚孝的心发出来的条件。却是须有这诚孝的心，然后有这条件发出来。'"（《传习录》上）诚孝的心即孝之理，真正的孝不离主体的心而有。而达到诚孝的心在于去掉私欲。这去私欲而求诚孝之心，就是"头脑"，就是全部功夫的关键。有了诚孝的心，自然能发为孝的行为。每一去除私欲的行为都是对道德理性和知识理性的双重锻炼。知识理性是道德理性的表现，道德理性是知识理性的主宰。王阳明认为，道德理性的纯化要比知识理性的提高困难得多，前者是质的飞跃，后者是量的积累；道德理性是安身立命事，要与人的根性中盘踞难去的许多东西斗争，而知识理性只涉及智力的高低，知识的多寡，道德理性须在与人自己的感性欲望的搏斗中增进，故需要大勇力："凡人言语正到快意时便截然能思默得，意气正到发扬时便翕然能收敛得，愤怒嗜欲正到腾沸时便廓然能消化得。此非天下之大勇不能也。"（《阳明全书》卷六《与黄宗贤》）此亦"学道必须英灵汉子"之意。

王阳明前期思想中，强调在德性上用功，道德理性对知识理性的统领与带动还只是一种总的方法论，但致良知学说提出后，王阳明就把每一次致良知看成道德理性和知识理性的综合作用，这时道德理性与知识理性的结合不是一种总的方法、纲领，而是步步皆实、时时皆有的具体步骤。致良知的"致"字也由初时的扩充、积累义变为向外推致、实行义。这是一次明显的转折。如果说，龙场之悟是王阳明抛弃了朱熹的方法，创立了新的学说，则致良知提出后，他就由遵循自创的学说到综合他自己和朱熹的学说。这种综合可以看作他在固守心学宗旨的前提下对知识理性的一次加强。

王阳明致良知说的提出，有一个发展过程。龙场之悟可以看作他的良知学说确立的开端。他的"乃知天下之物本无可格，其格物之功，只在己身心上做"（《传习录》下）。实际上已为良知之学规定了方向：格物不是向外穷理，而是向内正念头。格物即纯化道德理性。但此时良知所包含的内容远不如正式提出致良知作为学问宗旨时那样广大。这时的良知主要是道德理性，知识理性是暗含的。而在王阳明经历了一系列的政治、军事活动特别是擒宸濠处忠泰之变后，他的道德理性与知识理性的结合是一次跃升。王阳明说："吾此良知之说从百死千难中得来。""近来信得致良知三字真圣门正法眼藏。往年尚疑未尽。今自多事以来，只此良知无不具足，譬之操舟得舵，平澜浅濑无不如意。虽遇颠风逆浪，舵柄在手，可免没弱之患矣。"(《阳明全书》卷三十四《年谱》）在险恶的环境中，壁立千仞的坚定意志和通权达变的智慧是他渡过难关的唯一凭借。道德理性和知识理性的结合是一次难得的锻炼。所以，他在此后标揭致良知宗旨并"信得良知过，信手行去"是很自然的。良知说从得于人到成于己，良知的内涵由简单到复杂，道德理性和知识理性的结合也由自在而自觉。王阳明的成熟学说中良知包含四个方面的意义：

其一，天赋道德意识，即"见父自然知孝，见兄自然知弟，见孺子入井自然知恻隐，此便是良知，不假外求"（《传习录》上），良知的这一义得自孟子。

其二，在实事中锻炼成的判断是非善恶的能力。这就是王阳明说的"尔那一点良知，是尔自家的准则，尔意念着处，他是便知是，非便知非，更瞒他一些不得"（《传习录》下）。亦即"四句教"所谓"知善知恶是良知"。知善知恶是说，发一念是善还是恶，自己的良知自会知得。这里，良知是对意念进行监察的深层价值判断系统，是意念、欲望、情感等"感性我"之外的"价值我"。要使对意念的监察有效，良知自己首先得有一价值标准，这个标准就是"好善恶恶"。知善知恶有两个方面，本质上它是一种"知"，从知善知恶活动要进行判断、对比、推理等逻辑思维方式来说，它是知识理性；从它是对善恶的判断，要涉及价值观念、人生态度、好恶趋向来说，它又是价值理性。好善恶恶在理论上也可说人人皆具，"羞恶之心，人皆有之"。但王阳明强调的是好善恶恶的意志和所好确实为善所恶确实为恶的结果的一致。这要求道德理性和知识理性的共同参与。对己，发一念，良知必作判断，这种判断要"如好好色，如恶恶臭"，完全出于不容已之诚心。对人，善恶判断要出于公心，无私意好恶加损于其中，又要是非曲直不爽失，这也要求知识理性和道德理性的结合。

其三，良知的意义是能思维的主体，即思想和知识的承担者，这个意义的良知又叫"心之虚灵明觉"。王阳明说："良知越思越精明，若不精思，漫然应去，良知便粗了。"（《传习录》下）"心者身之主也，而心之虚灵明觉即所谓本然之良知也。"（《传习录》中）良知的这一义可以说主要就知识理性发生活动的根据而言。在王阳明早期讲学语录中这一义很少涉及。但随着实践活动的展开，知识理性在他的整个精神活动中所占的位置越来越重要。特别是在居越以后，随着门弟子的问难启发，良知概念包含的内容越来越多，最后成了整个精神活动的代名词。《大学》的三纲领八条目，《中庸》的诚，《论》《孟》的仁义礼智、经权等都被他包笼进来，融释为良知的不同方面。王阳明甚至把良知等同于易："即如我良知二字，一讲便明，谁不知得。若欲的见良知，却谁能见得？……良知即是易，'其为道也屡迁，变动不居，周流六虚，上下无常，刚柔相易，不可为典要，惟变所适。'此知如何捉摸得？见得透时，便是圣人。"（《传习录》下）这就是说，良知的活动与代表宇宙万象的易同其广大，对良知的开掘拓展没有止境。

由于良知包罗万象，属于感情、欲望等方面的东西，也成了良知的内容："问：'声色货利，恐良知亦不能无。'先生曰：'固然。但初学用功，却须扫除荡涤，勿使留积，则适然来遇，始不为累，自然顺而应之。良知只在声色货利上用功，能致得良知精精明明，毫发无蔽，则声色货利之交，无非天则流行。'"（《传习录》下）

感性欲望是人的精神活动的内容，但感性欲望生起，属于精神活动另一内容的对意念欲望的监察系统也在活动。这一部分内容的锻炼正是要在与感性欲望的搏战中进行。故声色货利不但不为良知累，而适为良知精明不爽失的助益。这说明，随着王阳明实践活动的展开和理论融释能力的提高，人的精神活动的诸方面都包笼于良知中，道德理性与知识理性甚至情感欲望的纷纭交织愈益增强，也就愈益需要道德理性的强健与知识理性的明敏二者同步提高。这大概是王阳明临终叹惜"平生学问只做得数分"的一个原因。

其四，良知是宇宙的具体而微的表现，这就是王阳明说的"良知是造化的精灵，这个精灵生天生地，成鬼成帝，皆从此出，真是与物无对"（《传习录》下）所指的意思。这个结构，是他达到上述第三个方面的含义，以良知为全部精神活动的主体之后而有的新的升华。这就是，把良知看成宇宙活动、万物秩序、世界原理的浓缩的集中的表现，王阳明认为，人是天地的心，而人又以心为主宰，所以人的心，人的精神活动是宇宙的最高表现。良知中的道德理性这一面，与宇宙根本原理同一，所以"良知即天"，良知中的知识理性这一面，与宇宙中具体事物的规则一致。良知是一个统一的精神活动，是道德理性和知识理性的结合。相应的，宇宙万物既可以看作一个价值总体，又可以展开为具体事物的条理。所以王阳明说："良知之于节目时变，犹规矩尺度之于方圆长短，规矩尺度诚立，则不可欺以天下之尺度方圆；良知诚致，则不可欺以节目时变，而天下之节目时变不可胜应矣。"（《传习录》中）这里，道德理性是统领，知识理性是它的辅翼、表现。

王阳明获得这样的识度和境界不是一蹴而就的，而是一个漫长的过程。这个过程表现为许多具体事件，在每一件事上，他得到的是双重结果：既在这件事上提升、纯化道德理性，又在这件事上锻炼知识理性。功夫逐渐积累，良知在道德理性与知识理性的结合上，达到更高的造诣。把主体从事的对象看作具有这两个方面，自觉地以这两个方面的结合为目的，这本身就是一种识度。王阳明具有这种识度，他认为知识的获得和道德的增进二者可以相互补益，道德对于知识是一种润泽，一种鼓舞；知识对道德是一种诱发，一种助缘，二者相得益彰。这一方法的贯彻，靠知行合一。就是说，只有在实践中才能同时获取这两方面的知识。实践不是盲目地实行，不是"行不著，习不察"，而是要体之身心。任何活动必须与主体的道德理性和知识理性都发生关涉，不是偏向于其中的一个方面。王阳明"磨炼良知"一语所笼罩的任何活动都不是单方面的，都是收知识之功于德性锻炼之中的。这就是王阳明教法的特点。所以王阳明认为，孔子所讲的志道据德依仁游艺四句，"只志道一句，便含下面数句功夫，自住不得"（《传习录》下）。"以吾良知求晦翁之说，譬之打蛇得七寸，岂特无妨，乃大益耳。"（《阳明全书》卷三十四《年谱》）王阳明从确立心学起，就处处注意道德理性和知识理性的结合，从早年的"格物是诚意的功夫，穷理是尽性的功夫，道问学是尊德性的功夫"（《传习录》上，徐爱按语），到晚年单提口诀致良知,皆贯彻这一精义。这是王阳明思想的重要内容,也是正确理解和把握王阳明思想的关键。

以上是从致良知的充拓义也就是良知的获得方面看王阳明良知学说中道德理性和知识理性的结合,下面从推致良知于外这个方面,看致良知中道德理性和知识理性的结合。

致良知的"致"字最重要的有二义,一为充拓致极义,二为推致实行义。充拓至极义重在主体精神境界和知识素养的提高,推致实行义即将良知所知天理推行于一切行动中,使具体行为既在道德理性的规范下,又由于知识理性的参与而得到积极结果。致良知的推致实行义屡见于王阳明晚年讲学语录和论学书信中,如居越时的《答顾东桥书》中说:"若鄙人所谓致知格物者,致吾心之良知于事事物物也。吾心之良知,即所谓天理也,致吾心良知之天理于事事物物,则事事物物皆得其理矣。致吾心之良知者,致知也,事事物物皆得其理者,格物也。是合心与理而为一者也。"逝世前一年的《答聂文蔚》书中也说:"良知只是一个天理自然明觉发见处,只是一个真诚恻怛,便是他本体。故致此良知之真诚恻怛以事亲便是孝,致此良知之真诚恻怛以从兄便是弟……良知只是一个,随他发见流行处,当下具足,更无去来,不须假借。然其发见流行处却自有轻重厚薄毫发不容增减者,所谓天然自有之中也。"在晚年教人之定本《大学问》中,更有清楚的阐发:"今于良知所知之善恶者,无不诚好而诚恶之,则不自欺其良知而意可诚也已。然欲致其良知,亦岂影响恍惚而悬空无实之谓乎?是必实有其事矣。故致知必在于格物。物者,事也。凡意之所发,必有其事,意所在之事谓之物。格者,正也,正其不正以归于正之谓也。正其不正者,去恶之谓也;归于正者,为善之谓也。夫是之谓格物。……今焉于其良知所知之善者,即其意之所在之物而实为之,无有乎不尽;于其良知所知之恶者,即其意之所在之物而实去之,无有乎不尽。然后物无不格,而吾良知所知者,无有亏缺障蔽,而得以极其至矣。"

这里的精义可归纳为下面几点:

第一,格物须在实事上格。《大学》最重要的功夫格物致知,王阳明代之以"致良知"。致良知就是把良知所知之天理推行到具体事上。也就是以道德理性为统帅，以道德理性主宰、规范一切行为。"事事物物皆得其理"，是道德理性与知识理性结合，是善的动机与好的结果结合。"推行于事事物物"，这里物即事。物是客观存在的物体，事是主体见之于客体的行动，主体的动机、意志、知识、情感皆参与其中。致良知就是把合目的与合规律为一的这种意志推行于具体事，使具体事在善良意志和智慧的双重管束之下。这里王阳明所谓事事物物，主要指伦理方面孝父敬兄之事，但也泛指一切事。

第二，道德理性对于知识理性有驱迫力。致良知最主要的，即以善良意志做主宰，善良意志包括善的动机，也包括完成此事的决心与求知的驱迫力。良知有做好某一事的知识固然好，即使对做此事缺乏知识，道德理性这一主宰也会激励或驱迫知识理性去获得关于此事的知识。每做一件事，道德理性是统领，知识理性听命焉。而知识理性完成这件事的纯知识部分，道德理性又对结果进行监察和评价。如果知识理性尽其所能而没有完成它的任务，道德理性也以自慊的形式表示谅解。所以王阳明强调道德理性的优先性，知识理性就在其中了："问：'名物度数亦须先讲求否？'先生曰：'人只要成就自家心体，则用在其中。如养得心体果有未发之中，自然有发而中节之和，自然无施不可。'"（《传习录》上）"圣人无所不知，只是知个天理；无所不能，只是能个天理。圣人本体明白，故事事知个天理所在，便去尽个天理。不是本体明后，却于天下事物都便知得，便做得来也。天下事物，如名物度数草木鸟兽之类，不胜其烦。圣人须是本体明了，亦何缘能尽知得。但不必知的，圣人自不消求知；其所当知的，圣人自能问人。……他知得一个天理，便自有许多节文度数出来。"（《传习录》下）

这都是说，道德理性如果是清明莹彻的，它会驱迫知识理性主动地去求知。此外，王阳明经过许多性命交关、生死搏斗的大事变的锻炼，"事事物物皆得其理"这句话，他和初学者理解不同。王阳明强调的是道德理性的澄明，知识等次容有不同。致良知是各个知识等次的人都可以做的："洒扫应对就是一件物，童子良知只到此，便教去洒扫应对，就是致他这一点良知了。……如此格物，虽卖柴人亦是做得的，虽公卿大夫以至天子，皆是如此做。"(《传习录》下)一件事做完了，关于这件事的意志实现了，做这件事的知识获得了。道德理性和知识理性时时结合在一起。所以不是最后的结果，而是致良知本身的过程才是最重要的。

第三，在致良知过程中，知识理性会根据道德理性给予的原则，使各个不同的事物各如其理，各极其则。王阳明把它叫作"良知上自然的条理"。《传习录》载："问：'大人与物同体，如何《大学》又说个厚薄？'先生曰：'惟是道理自有厚薄。比如身是一体，把手足捍头目，岂是偏要薄手足，其道理合如此。禽兽与草木同是爱的，宰禽兽以养亲，与供祭祀、燕宾客，心又忍得；至亲与路人同是爱的，如箪食豆羹，得则生，不得则死，不能两全，宁救至亲，不救路人，心又忍得。这是道理合该如此。……《大学》所谓厚薄，是良知上自然的条理。'"(《传习录》下)这是说，良知对于事物的处置，有轻重厚薄的不同。这个不同不是知识理性对事物临时思考得到的，而是道德理性的指令。这个次序是知识理性和道德理性的互相影响在长期实践活动中积淀而成的。在致良知的具体活动中遇到相应的刺激便当机而发，这种当机而发采取了直觉的、不假思索的形式。这种当下出之不假思索而自然天成的形式省去思量考校简择的过程，使人觉得它是天赋的、心中固有的。实际上，它是道德理性和知识理性互相影响的结果。知识理性在积累中总结出某种价值观念，这种价值观念又反过来作为一种指导原则规范知识理性。二者在实践中的多次反复造成了一种貌似无意识、触之即出、不用措置而自然合宜的形态。王阳明晚年，其实践的良知学已达相当高的造诣，黄宗羲甚至形容为"如赤日当空而万象毕照"(《明儒学案·姚江学案》)，所以把这种形态当作"天然自有之中"。

综上所述，可以看出，王阳明的致良知，不管是其充拓积累义还是推致实行义，其中皆贯彻道德理性和知识理性的结合这一精义。他处处强调道德理性对知识理性的统领、带动，知识理性对道德理性的辅翼、促进。他所期望的结果是合目的与合规律为一，道德与知识为一，内圣与外王为一。王阳明的致良知，是对中国传统哲学的继承，又在其中发挥出了自己独特的意蕴，代表了他对当时社会问题的深刻思考。

三　致良知学说对陆九渊和朱熹的综合

王阳明和陆九渊同属心学，人们也常以陆王并称。但王阳明的学说不是直接承自陆九渊，而是从当时影响最大的朱子学出发，觉其扞格不通，在长达数十年的孤苦探索中自得自悟的。王阳明对陆学有褒有贬，褒扬的是，陆九渊合心与理为一，以立大本求放心为根本宗旨，意在纠正士人以知识为务而放松心性修养的弊端；陆学以简易直截为特点，为士人的精神追求指出了方向。另外，王阳明学说与当时占统治地位的朱熹学说抵牾，为了消除士子疑信相半的顾虑，他也要表彰陆学以示"吾道不孤"。但王阳明认为陆九渊之学有"粗处"。陆学的突出缺点在于，他只强调道德理性的绝对尊崇地位（尊德性），知识理性作为道德理性的辅翼，作为一切行为切实有效的保证，在陆九渊学说中没有相应的地位，所以，陆学只可作为士子的根本精神方向，不可作全体大用之学；只是书斋中敦品励志的学说，不可作为实践中的活智慧。朱熹的学说正相反，他给士人指出了格物致知以求豁然贯通最后尽心知性的道路，但格物致知与诚意正心之间，知识理性与道德理性之间不能时时打并为一。但王阳明对朱熹学说的批评，有前后侧重点的不同。在龙场之悟确立心学立场后相当长的时间内，他对朱熹持激烈的批评态度，指责朱熹之学析心与理为二，导致道德理性与知识理性的断裂。但他晚年功夫熟化以后，他认为他的致良知学说可以笼括朱熹和陆九渊两家，这时他只批评朱熹的格物说"少头脑"，即缺乏价值理性的统领。在价值理性的统领下，朱熹的格物说仍不失为锻炼知识理性的有效途径。他认为知识理性和道德理性、道问学和尊德性应该是统一的精神活动的两个主要方面，这两个方面相互补益："道问学所以尊德性也，岂有尊德性只空空去尊，更不去问学？道问学只是空空去问学，更与德性无关涉？"（《传习录》下）王阳明一生的实践实际上是一种示范，这种示范指示着一种方向：以道德理性统领、带动知识理性，以知识理性辅翼、促进道德理性，二者相辅相成，在实践中收合一共进之效。这种示范的内在意义和他在这种示范中表现出的人格魅力，都使他的学说具有了活智慧的特点，对当时和后世发生了巨大影响。

四 道德和知识的结合在现时代的意义

王阳明致良知学说的提出有深刻的时代背景。王阳明所处的明代中叶，市民社会进入全盛时期，功利思想发展为一种冲击全社会的浪潮，这就是王阳明痛心疾首的"功利之毒沦浃人之心髓而习以成性"的局面，这对传统儒学是很大的破坏。另一方面，程朱理学逐渐僵化，成了士人猎取功名利禄的工具，造成大量"装缀""务华而绝根"的现象。这些都与儒家所主张的内以完成自己的道德修养，外以建立经世济民的功业的人格目标发生冲突。王阳明提出"拔本塞源"论，希图对这种社会弊病进行匡正。他的目的是，倡导致良知学说，使人们的思想行为皆以善良意志为指导，抵制功利思想，恢复儒家的修身传统，消除知识理性过度膨胀从而削弱甚至损害道德理性的现象。王阳明曾表白自己的立说苦心："诸君要识得我立言宗旨，我如今说个心即理是如何？只为世人分心与理为二，故便有许多病痛。如五霸攘夷狄、尊周室，都是一个私心，便不当理，人却说他做得当理，只心有未纯，往往悦慕其所为，要来外面做得好看，却与心全不相干，分心与理为二，其流至于伯道之伪而不自知，故我说个心即理，要使知心理是一个，便来心上做功夫，不去袭义于外，便是王道之真。此我立言宗旨。"（《传习录》下）革除功利之习、虚伪之弊，提倡在心上做功夫，是王阳明倡导致良知之学的主要动机。

我们现在也遇到了与王阳明时代相似的困惑。现时代是一个知识理性过度膨胀因而淹没价值理性的时代，以科技宰制世界，以强力统治世界的观念以各种方式渗透到各个方面，人的单向度的发展，忽视精神修养而引发的各种问题，正困扰着越来越多的人。尽管当今东西方文化格局发生了根本变化，西方人越来越多地把眼光转向东方，企图重新理解先前他们用纯知识的眼光看作神秘甚至荒谬的东西，但根深蒂固的西方文化优越论及植根于希腊哲学中的理性传统，现在仍是支配西方思想界的主要观念。东方由于受制于西方的科技优势，想要迎头赶上，也越来越多地放弃了自己的文化传统，从生活习惯到思维方式都西方化了。在百年来的教育变革中，人们越来越多地以西方的教育模式为标准，学科的分类越来越细，技术学科和社会学科、人文学科的疏离越来越严重。科学主义或说实证主义传入中国后，就以其巨大的利益向度征服了中国，"知性的傲慢"大行其道。中国古代教育以价值理性为首务，以知识理性为价值理性的推广和表现，以通才教育、人的整体素质教育（包括德性、知性、实践能力及体魄教育等内容）为目标的传统已逐步丢失。科技在不断进步，人的整体素质却未能与之同步发展。过分强调知识理性、忽视人的全面发展造成的社会问题，逐步暴露在现代人面前，且有愈演愈烈之势。王阳明致良知学说中包含的道德理性与知识理性同步发展，道德理性为统领，知识技能为致用，从而达成人的全面发展，成就实践中的活智慧这些方面，对于现时代某些偏差的纠正，培养全面发展的高素质人才，是能提供借鉴的。尽管王阳明既文既武既官既师的生活经历不是现代人所拥有的社会环境和生活制度能造成的，但他的业绩和学说对现代人仍不失为一种有意义的示范。

（原载北京大学《国学研究》1998年第五卷）

王阳明的实践的良知学与牟宗三的良知坎陷

牟宗三是现代中国哲学一位重要人物，也是当代新儒家的代表之一。他的学说的诸多方面都在中国大陆和台湾地区引起争议，尤其是"良知坎陷"说更是聚讼纷纭，成为他的哲学的争论焦点。牟宗三的重要理论渊源——王阳明的学说虽皆耳熟能详，但其"致良知"之实践的智慧学的精义，仍有待于进一步发挥。本文拟就这两位不同时代的哲学家作一比观，以期对心学的不同时代形态有进一步的了解。

一　王阳明的实践的良知学

王阳明在宋明理学中的重要性，就在于他极大地突出了道德理性的优越地位，弥补了程颐朱熹及其门人的学说中知识与道德之间的罅隙，把二者之间的断裂与跳跃转换为内在的连通和统领。这一转换的重要一步，即将程朱的"格物"之"物"变为"事"。在程朱，格物穷理指接触事物并考究物上体现的道理。物的内容是广泛的，有自然事物，有心理活动，有文字义理，有伦常行为，包括人类知识的一切方面。王阳明认为，格物是为了诚意，离开诚意的格物是支离，所以他把"物"变为"事"。物，特别是自然物，是没有主体参与其中的，事则主体参与其中，与主体的目的、意志息息相关。王阳明这一转换有两个意义：其一，变主体不参与其中为主体不能不参与其中，这就把主体的选择、动机、行为善恶的评价、慊意与歉疚的道德情感等无可回避地摆到道德理性面前。格物这一概念由程朱的外在的考究物理转换为王阳明的内在的正念头，完全成了主体的道德活动。其二，变主要是知识的为必须是行为的。在王阳明这里，自龙场之悟后，道德理性就压倒了理论理性，但这时他尚处在主要是内心的体证、内心的澄明的心理行为时期，就是说，在心中克去对良知的干扰，保证良知的充塞流行。此即黄宗羲所说的"尽去枝叶，一意本原"，"以默坐澄心为学的"。此后，王阳明参加了数次重大的军事、政治行动，特别是擒宸濠处忠泰之变，心理行为更多地变为实践行为。在心理行为阶段，主要是意志的作用：在心中克去私欲主要靠意志的力量，知识是次要的；而实践中的行为，除了意志的力量，还要靠智慧。王阳明曾说"吾之良知，从百死千难中得来"，这就包括意志的磨炼与智慧的积累。良知在他是意志与智慧的结合。这种结合又不是凭天生的一点灵气和人情练达的一点小智小慧，而是经过性命交关、生死搏斗的大事变、大考验得出的。由于它是意志与智慧这两种实践活动最重要的因素内在地结合而成，所以这种智慧是活的智慧。这种活的智慧不仅给了他军事上政治上的才能，而且给了他勇往直前的信念。阳明自言"在南都前尚有些子乡愿意思，我今才做得个狂者的胸次"，就是指这一获得。这一获得使意志与智慧有机地连成一片，而不是分离地使用了。由于这一转变，王阳明的所有学说都统摄于"致良知"中。而致良知的"致"字，就是行动，就是把善良意志的良知推致于具体事为，从而使具体事为纳入意志与智慧的统领之下，消除了仅仅在知识理性上着眼的弊病。黄宗羲对阳明这一转变的意义说得很清楚："先生'致之于事物'，致字即是行字，以救空空穷理，只在知上讨个分晓之非。"（《明儒学案·姚江学案》）就是说，这一转变是从理智到行为的过渡，对于程颐朱熹的理论路向是一次彻底的转折，它是宋明理学最具实质性的一次转折，是心学突出道德理性最为显豁的表现。所以，王阳明作为宋代理学的纠正者、明代理学最大的代表不是偶然的。

王阳明一生的学问途程，黄宗羲分为六个阶段。这六个阶段实际上是一个：由继承程朱的知识理性传统到自悟自得，通过实践把知识理性和道德理性结合为一并且由实践的深入而达到化境。初始，王阳明所重者为向外求理，至龙场之悟，王阳明得出"圣人之道吾性自足，向之求理于事物者误也"的结论。而吾性自足的圣人之道即良知，它自始就是意志，自始就是居于主宰与统摄地位的道德理性。后来智慧一步一步地融入，更使道德理性树立在智慧的强固基础之上。

王阳明晚年的宗旨"致良知"是他一生哲学思想的总结与综贯。这三个字最好地体现了阳明学说的实践论精义。王阳明所谓良知，主要有三义。他的致良知的"致"字，也主要有三义。良知的第一义即"见父自然知孝，见兄自然知弟"的天赋道德意识，这种意识是自然的呈现。第二义即道德判断能力及执行此道德判断的意志，"知善知恶是良知""稍有私意，于良知便不安"等说的就是此义。第三义即创生万物的本原，此即"良知是造化的精灵，这个精灵生天生地，成鬼成帝"所表达的根源性实体。第一义即宋明理学最着力的"性"，第二义即"觉"，对自己的心念与他人的行为合不合天理的觉知。第一义第二义合起来即王阳明所谓"是乃天命之性，吾心之本体，自然灵昭明觉者也"（《大学问》），也即刘宗周所谓："先生承绝学于词章训诂之后，一反求诸心，而得其所性之觉，曰'良知'。"（《明儒学案·师说》）第三义实际上是对第一第二两义的升华与扩展，从自然宇宙上升为认识与道德合一的宇宙。相应于此，致良知也有三义，其一，致良知即把自己的道德意识推致于具体行为，使具体行为皆在良知所觉知的天理规范之下。此即阳明"推致吾心良知所知之天理于事事物物，则事事物物皆得其理"之意。此一推致，重在外，使"意之所在"之事，皆不出良知许可的范围。其二，致良知即扩充良知的含量，此一扩充须在道德实践中实现，重在"内"的扩大，如张载所谓"心知廓之"。其三，致良知即一种境界，一种由于前二义之实行于极致而得到的境界、胸襟，此即王阳明所谓"大人者，以天地万物为一体者也"。这种一体，不是本有的一体，而是通过格物诚意诸工夫去掉私欲对人心的障蔽而有的一体，即冯友兰所谓"后得的混沌"。良知三义，其全副精神在道德意识及实践理性的判断能力上。致良知三义，其全副精神在将实践活动统摄于道德理性之下并通过实践将道德理性本身扩至极端。良知是本体，致良知是工夫，致良知必须涉及具体事为，必须是形下的经验活动，必显现其作用，所以阳明学说具有"即知即行，即心即物，即动即静，即体即用，即工夫即本体，即下即上，无之不一"（《明儒学案·师说》）的品格。其全部精义，其命脉在实践。在实践中，道德与智慧合一，道德为统领，智慧为作用，二者同步提高。其极致则内圣外王。道德理性是先天本有的，但其势甚微，其重在"致"。"致"是一个过程，在致的过程中将"火之始燃，泉之始达"扩充至"天渊"地位。动态中的扩大积累，动态中的整合协调，动态中的升华提炼，道德理性与实践智慧在动态中结合为一。这里，实践理性与智慧是水乳交融、和谐发展的。这种交融，不是思辨地在思想中、理论中实现的，而是在实践中实现的。所以我们说，王阳明的智慧是活的智慧，是得之于实践用之于实践的智慧。王阳明的人格，是道德上的贤哲与实践中的豪雄合一的，是道德境界的渊深与知识理性的明敏为一的。其知行合一命题，由此也有不同的处理：初始提出知行合一，是视为当然，应该如此，本来如此。而其终结则是动态的整合，过程中的融合为一。前者是初级形态，后者是高级形态。所以致良知之教出，知行合一即作为其内在的自然有的含义而泯灭了。初始的应有变成了终极的实有。所以我们说王阳明的学说可看作实践的良知学或良知的智慧学。

二 牟宗三的良知坎陷说

牟宗三的良知坎陷说是他的哲学体系中一个极为重要的概念，是他的"无执的存有论"向"执的存有论"过渡的关键的一环。

牟宗三接受了康德现象和物自身的区分，发展出执的存有论和无执的存有论，又根据康德实践理性的优越性突出无执的存有论的本体地位。在牟宗三这里，无执的存有论只能为智的直觉所体证，执的存有论只为认知心所知。由物自身（无执的存有论）到现象（执的存有论），须由良知坎陷而成，即由德性主体开出知性主体。德性主体开出知性主体，不是只适用于少数思想家,而是为整个人类说法,是就人类理性的知识内涵立言。在牟宗三看来,人类理性是个多方面的复合体,它最主要的是三项:道德活动的主体,知识活动的主体和一般心理活动的主体,牟宗三依次称之为真我、认知我及心理学意义的虚构我。所谓心理学意义的虚构我,即将心中生起的刹那生灭、连续不断的心象总括为一,串系为一个心象的流,而用一概念指称之。在牟宗三,此心象之流非有恒常不变的自性,所以名之曰虚构我。而他所谓知体明觉、德性所知、良知等道德主体才是真我,因为此种真我是一恒常的呈现,既不是假设,也不是刹那生灭的流,此一恒常呈现既是性体,亦是性体在知觉层面的表现——心体。此性体投射之宇宙本体,即是一道德性的存有,它不是具体的物象,而是代表价值本体的"如如"。此如如因尚未被认知我挑激挡起而呈现其本来的样态。认知我也即"识心之执""执心"等,它由知体明觉坎陷而成。坎陷后它即可以认识事物的现实样态。认知心所执持的工具是康德所谓感性、知性,它的功能在感触直觉并由知性范畴将此感触直觉连为有普遍性必然性的知识。心理学意义的虚构我可以被感触地直觉,认知我可以被逻辑地、知性地思之。而真我,即道德主体却是永恒的、时时呈现的,它只能为智的直觉所觉、所体验。如王阳明所谓"人心是天渊,心之本体无所不赅,原是一个天"之意。从天渊到知性的我,有一转折,此转折即良知坎陷之义。坎陷是一种思辨的、理性的活动,不是经验的、感性的活动。牟宗三说:"识心之执就是认知心之执性。执性由其自执与着相二义而见。识心由知体明觉之自我坎陷而成。由坎陷而停住,执持此停住而为一自己以与物为对,这便是识心。识者了别义,故识心亦曰了别心,即认知心也。此了别是静处一边而与物为对以指向于对象的'观解的了别'。"[1]这里是说,所谓良知坎陷是那不与物为对亦无了别的知体明觉(即良知、真心等)停住其自己,不再使自己处于价值本原状态而突然转为认知心。此认知心执持其自己,保持其认知性质而与知体明觉有质的不同。知体明觉是无相的,故不与对象为

---

[1] 郑家栋编:《道德理想主义的重建》,中国广播电视出版社1992年版,第549页。

二；认知心与对象为二，故能在一边为静观之主体。所以所谓坎陷是思辨的，是将那心体中本来如如的价值状态、意志状态（良知自我呈现）突然转一方向，转至知解状态。意志与知解是人类理性中本有的，不是无中生有，是将那本有的东西转一路向而成性质不同的两样状态。如从价值上说即由高高在上的、处于本体地位的价值之源处陷落至派生的、现象的地位。一心之转非完全异在，所以，良知坎陷不能是无中生有的，它说到底是人类理性同时具在而不能同时呈现的几种要素在不同时空条件下的转换而已。说虽玄妙，意义无殊。故本文绝难同意良知坎陷为无中生有。良知坎陷不过是原来处于附庸地位的辨解知性摆脱道德性体而独立出来，使道德本体退隐而已暂居思想之前台而已。

良知坎陷是否为"生命的歧出"，此问题亦有分疏的必要。"生命"一词，可有二义：一是狭义的，单指道德生命；二是广义的，指人类理性所获得的全部知识价值，全部存在形态，全副文化结构。说良知坎陷是"生命的歧出"者，是以狭义的生命为本体。牟宗三即持此说，以真我、无执的存有、理性的作用表现等一系列范畴所表示的道德本体、价值根源为生命，以认知心感触的、辨解的知的经验世界为本体的现象。如以道德本体、价值根源为正道，为全副生命，而以执的存有、理性的架构表现等范畴所指者为违离此正道，则"歧出"可言。歧出者，旁枝、斜路、支流等附于主体而异在者。但我们认为，所谓生命，应该以广义的人类理性所获得者，即以上所说全部知识积累、全部存在形态、全副文化结构为其内容。这样，一不落入泛道德论，二不排斥或轻视现象界的知识，三可肯认人类全部文化成果，特别是非道德的、超道德的那些成果。所以我们认为，当以广义的"生命"为真正的生命，仅道德不能算是全副生命。如以广义的生命为真生命，则认知心所知的现象界，特别是科学与民主政治实为生命的有机成分，亦为生命的身躯骨干，并非"歧出"；坎陷一词，也因此不必为陷落、屯塞、旁出等义，而是生命中在价值上平行的内容的自然转出。

牟宗三的良知坎陷说，究竟是为了弥补中国哲学中无知性主体的缺陷而倡导"良知坎陷"以开出知性主体呢，还是他后来会通康德后讲的本体世界开出知性世界呢？学术界对此有不同意见。我们认为，此二者在思想方法上是同一的。牟宗三涉足康德研究甚早，康德之现象与物自身、本体与现象二分的方法很早即影响到牟宗三。本体界对人的认识而言属较高的形态，处在这一阶段的认识实际上是体验的、空灵无物的，人格主体的境界投射于客体之上因而二者融贯为一。这一状态在人类认识行程中差不多是最后达到的，它包容了前此感性知性一切知识，故而感性知性等形式可以作为它的现象。牟宗三中年写的《政道与治道》中已有良知坎陷的思想。如书中说："由动态的成德之道德理性转为静态的成知识之观解理性，这一步转，我们可以说是道德理性之自我坎陷（自我否定）：经此坎陷，从动态转为静态，从无对转为有对，从践履上的直贯转为理解上的横列。"[①] 在写于20世纪50年代中期的《历史哲学》中，牟宗三认为，中国文化在生命形态上着眼，注重道德政治而且以成德所得之境界为本体，观解知性所得者是现象。所以他的本体世界开出知性世界的思想确立甚早。后来他大讲康德，以康德的物自身比附本体，现象比附认知心所知的知性世界。这不过是把早年就已有的德性主体开出知性主体的良知坎陷更加明确化、条理化，与康德对应化而已。所以二者根本上是统一的，不能说早年为弥补中国哲学知性不足所讲的"良知坎陷"与后来解释康德（实为在解释康德中发挥自己的思想）时本体世界开出知性世界的说法有本质的不同。二者是同一思想在不同的内容方面（研究中国问题与纯粹分析康德概念）的表现。

关于良知坎陷的动力，我们认为，良知坎陷的动力在其自身，在知体明觉（良知、德性所知）这一本体要求表现为现象的内在驱迫力。也就是说，无执的知体明觉转为有执的识心，这一转本身即一"执"——本体要转为现象的执著心。但这种执和识心之执不同，牟宗三名其曰"原初执""无始执"。牟宗三说："识心既由知体明觉之自我坎陷而停住而成，

---

① 牟宗三：《政道与治道》，台湾学生书局1983年版，第58页。

这一停住就是一种执,此执是自执,即执持其自己,故识心本质上就是执心,此执心之执性名曰本执,亦曰最原初的执,亦曰无始执。自执自持而成一自己,再无与之同质者在其前。"① 既曰本执,既曰原初执、无始执,就是说此执出于自己本性的必然性,其前无有使其执者,故识心之执是自己执著,一执著即由知体明觉转为识心,一执著即由道德本体转为知性的现象界。良知坎陷即此一转折,此一跌宕。所以,知体明觉之执是本执,执的动力在其自身,牟宗三对此有明确说明:"识心之执与科学知识是知体明觉之所自觉要求者。依此义而说无而能有,即它们本是无的,但依知体明觉之自觉地要求其有,它们便能有。"② 由于坎陷的动力在自身,是本体之一体两面,所以牟宗三依佛家圆善意,说物自身与现象、知体明觉与识心之执的关系是"烦恼即菩提,菩提即烦恼"。

知体明觉自觉地要求坎陷为认知主体,本体自觉地要求坎陷为现象,这一思想牟宗三取自黑格尔。牟宗三一生皆执持康德,但康德之物自身与现象是斩截的,二者之间有一道不可逾越的鸿沟,虽在实践理性方面二者可通,但本体并无内在推动力以在二者间架起沟通的桥梁。牟宗三接过康德物自身与现象二分的思想,但加入了中国哲学体用不二、本末如一的思想:物自身和现象虽是两个不同的领域,但可由坎陷而折转。但在中国哲学,除老庄外,并无本体高于现象的思想,老子的"有生于无"、王弼的"以无为本"皆被郭象等人所纠正。儒家则视本体现象为一"太极""道体"的不同方面,太极、阴阳舒卷自在,并无动力之说,牟宗三之本体在价值上高于现象,本体到现象有转化之动力的思想,来源于黑格尔。

黑格尔以绝对精神为本体,绝对精神外化为现象,其外化的动力,在绝对精神包含的内在矛盾,由矛盾的推动,绝对精神外化为由低到高、由简单到复杂、由物质到精神种种现象。这些现象表现为三个一组的矛盾体通过冲突和调解而升进不已的过程。本体本身要求调解,要求超拔、升

---

① 牟宗三:《政道与治道》,台湾学生书局1983年版,第549页。
② 同上书,第561页。

进，而超拔升进必转为现象。这些思想被牟宗三吸收进来，成为他"知性之辩证地开显"这一环节。牟宗三说："此步开显是辩证的（黑格尔意义的辩证，非康德意义的辩证）。"[①] 他所谓黑格尔意义的辩证开显主要有三个意思：其一，人是人而圣、圣而人的，人是即此在即超越的。从超越处说，他需要本体论，需要形上学；从此在处说，人需要关于具体事物的知识。所以，必须由本体本身辩证地开显出知识。其二，要成就科学知识，知体明觉不能永远停留在本体界，必须自觉地自我否定，转而为知性，知性与物为对，使物成为自己的对象，它必须经由这一步坎陷，才能充分实现自己。也就是说，先将自己陷于屯塞险阻中而后克服之，经由克服矛盾始能完成自己的心愿，此即所谓曲通，非直通。其三，坎陷是知体明觉自觉的行为，动力在其自身，此义上文已显。

在牟宗三的整个著作中，提到黑格尔并自觉地运用黑格尔思想的地方不算太多。在牟宗三这里，康德与黑格尔的差别要比他们本人实际上的差别小得多。就是说，牟宗三把康德黑格尔化了，把黑格尔康德化了。这一对二者距离的拉近，完全借助于中国哲学。在德国古典哲学中，主要问题是主客体关系问题。对我们所见的宇宙如何理解，如何确定它们的性质及其关系，这本是一本体论问题。但康德的先验逻辑将这一本体论问题变成了认识论问题，他的工作在批判地考察人类理性及其限度，结论是人只能认识现象，不能认识物自身，人类已有的认识工具不能达到理性的理念，上帝、自由意志、灵魂不灭在他这里成了公设，成了实践理性必须有的前提。费希特、谢林不满意康德，他们要恢复本体论。费希特取消了康德的物自身，改造了康德的二元论倾向，以一切知识和一切实在的共同根源"自我"为世界本体。作为主体的自我和作为客体的世界都是绝对自我创造的。谢林以主客绝对同一为世界本体，抛弃了费希特主客体矛盾发展的思想。黑格尔批评谢林的思想为"夜间观牛，其色皆黑"，他着重论证绝对精神由矛盾冲突和调解引起的由低到高的发展过程。到黑格尔，本体论始

---

① 牟宗三：《政道与治道》，台湾学生书局1983年版，第503页。

告完美。牟宗三认为，要融会中国哲学，康德是最好的媒介。康德的物自身和现象二分的思想最能说明中国哲学中德性之知和见闻之知二分这一宋明理学影响最为深远的命题。但知体明觉坎陷为知性主体的动力，其自由自发性这个问题，康德思想却不如黑格尔的辩证发展更能说明问题。牟宗三要安立价值世界，就要说明价值世界和经验世界的联系，所以他把康德哲学拉向黑格尔：康德哲学物自身与现象界的桥梁在道德界，而牟宗三则引申至整个形上学。他又把黑格尔拉向康德，将康德物自身的道德性赋予黑格尔，使绝对精神完全是价值物，绝对精神的外化是由价值物向经验界的转向。他努力泯除康德黑格尔的不可调和处，彰显或打通二人的可以契会处，都是为了实现他重建道德理想主义的宏伟计划，都是为了使在价值界和经验界打开一条通道的工作有更充分的理据。

  牟宗三的良知坎陷说虽以黑格尔的"精神之内在有机发展"为理据，但佛教的"一心开二门"实是此说的另一重要理论根据。我们可以说，黑格尔的"精神之内在有机发展"只是为良知自我坎陷的动力问题提出了根据，但道德本体向现象界的突转，两个完全不同质的东西由"一心"的不同观法而获致两种结果的根据，黑格尔却提不出来。黑格尔是有机发展的，牟宗三是突转的；黑格尔有中间环节，牟宗三则无中间环节、无过渡。所以，这两个不同质的东西的突转，其根源更多地来自佛教的"一心开二门"。"一心"即如来藏心，"二门"即心真如门和心生灭门。心真如门是对如来藏心这一本体的契合，心生灭门即形形色色的现象。宇宙间的一切，其存在及理体，皆在如来藏心的笼罩下，由观法不同而有不同结果。佛依佛智可见真如本体，众生依妄心而见生灭。总只一心，观法有别。但真如虽是本体，虽是净法，它必须与现象、与染法相连。真如有二义，不变和随缘。不变即真如本体，随缘是说真如不守自性，忽然念起，此念即无明。由于无明妄念执著，从而生起现象世界。因此可以说，无明是真如之随缘而起，是真如的势用。牟宗三的智的直觉，见无执的存有，见万物的本体，相当于心真如门。认知心，见执的存有，见万物现象，相当于心生灭门。佛教以心生灭门为真如的势用，牟宗三以现象为本体的挑激或挡起，现象是本体的"权用"。权用与势用大致相同，指一种暂时的、被派生的作用。牟宗三的良知坎陷，是智的直觉跌入识心之执，这一转，是它自觉地从无执转为有执，其折转的动力是内在的。佛教真如之二义：不变与随缘，随缘亦是真如内在本有的。随缘是真如必然要坎陷的。而且，由真如门到生灭门，由本体界到现象界，此一转是突然发生的，不是像黑格尔那样由低到高地外化。因此可以说，牟宗三良知坎陷说的理论根据，从一心开二门的思想模式中所得者比从黑格尔中所得者为多。这也是他一生笃守康德、坚信康德现象物自身二分的思想方法所致。

最后要涉及的问题，是牟宗三是否"人文一层论"或"价值一层论"。"一层论"是个极易引起误解的概念。一层论使人觉得是"唯一"的意思。"科学一层论"是容易理解的，因为不仅实证论者拒斥形而上学，以现象界为唯一实在，任何越出经验的东西都是无意义的，而且确实存在科学一层论（如"科玄论战"中的科学派，认为科学万能，科学可以解决一切问题，包括人生观等形上问题），但却没有出现过"价值一层论""人文一层论"。即使最强调价值，最突出道德问题的重要性的宋明理学，也主张体用不二，极高明而道中庸，主张格物与诚意不可分，不过在其中强调价值的本原地位、至上地位，但丝毫不以为价值可以脱离经验而独立存在。此与认为科学可以解决一切问题的科学一层论不可比拟，不可同斥为"一层论"。就是说，价值必须以经验事实为依托，而经验却可以由其第一性、当下可知的直接性等理由拒斥向价值层面的超越而为科学一层论。对抗科学一层论的，只能是科学与价值、经验世界与本体世界的统一（此统一中可有二者的轻重轩轾），但绝无寡头的价值一层论。牟宗三的本体论，虽依康德实践理性的优越地位突出价值界的本原地位，以现象世界为价值世界的转折与自我否定，为智的直觉的遍润与朗照，但他由智的直觉到识心之执，由无执的存有到执的存有，却受其内在的要求的制约，必须向经验世界转折。就是说，良知自我坎陷是主体自觉自动的行为，是必然的，由本性的必然性所规定的东西应该属于其性质之内。不管它的表现形式如何，本性中有的，就不能说是外在的、异己的。所以，就牟宗三的"道德的形上学"之全体大用而言，良知坎陷说不能说是价值一层论、人文一层论。因为价值世界、认知世界都是他的理论系统中自然应有之义。牟宗三自己就曾明白地说过："统而为一言之，视识心与现象为真心之权用，则亦可说是一个道德的形上学而含有两层存有论。道德的形上学不但上通本体界，亦下开现象界，此方是全体大用之学。"①

另外，从人类进化所获得的知识结构说，人无论有多么高妙的形上学，多么丰富的想象与体验，多么超绝的抽象力，经验世界这活生生的、无限丰富与美妙的东西绝不会排除在大哲学家的视野之外，问题在于如何说明它们。因为价值代表人类生活的理想，并可由此形成一套概念系统，这给哲学家留下了一片空灵的，可以发挥想象力任意驰骋的领域，令哲学家在此构建自己理想的巢。但真有思想的哲学家绝不可能仅有此种孤零零的价值世界并流连于其中往而不返。牟宗三的目标是安立价值世界，为人类树立美好理想，但他的这种安立是以"良知坎陷"为支柱的。牟宗三自中年提出良知坎陷说以来，历数十年而不能忘情，他中年以后的所有著作几乎都不遗漏这个问题，尽管他解决的方式是思辨的、哲学的。由于他的这种思辨的解决方式，他的以价值为本体，以现象界的一切派生于此、转出于此的整个理论，引起了哲学家的种种非难与攻讦。但他确立人类理想的至高无上地位以统摄、主宰现象界的一切这种苦心，却是显而易见的。他从人的生命存在的高度去认识人的全部获得，重新检讨、诠释和安排人的文明成果的价值次序并使之理论地得到其位置。就这一点说，他是积极的。不过这种检讨和安排完全采用了一个学院派哲学家所能有的思辨的形式。

三　王阳明与牟宗三的比较

王阳明的学说，可谓一实践的良知学，或曰良知的智慧学。其以良知

---

① 郑家栋编：《道德理想主义的重建》，中国广播电视出版社1992年版，第417页。

为本体，致良知为功夫，工夫本体不二，二者在实践中统一。道德统领知识，知识增进道德，道德修养和实践智慧同步增长。王阳明的实践的良知学，比起陆九渊"吾心即是宇宙""先立其大"为纲领的心学，功夫确有持循。良知的智慧学正是王阳明对陆九渊功夫论的粗疏所作的纠正。所以虽同属心学，二人的理论特征与工夫路向有很大不同。与牟宗三相比，王阳明的良知之学是古典形态的，完全遵循中国古典哲学形下的经验论传统。而牟宗三的良知坎陷说是现代形态的，是得到东西方哲学训练之后形上思辨的产物。王阳明的良知之学"从百死千难中得来"，完全是实践中的体悟与凝练，是活的智慧。而牟宗三的良知坎陷说是学院派哲学家在纯粹理论领域的构造，是书斋中的东西。王阳明的良知学完全是实践中体验出的，虽可传授给弟子，但若无相应的实践体验，其精义难于把握，故阳明死后，其门弟子"各以意见搀和，说玄说妙，几同射覆，非复立言之本意"（《明儒学案·姚江学案》）。而牟宗三的良知坎陷说，因是纯理论的构想，故其门弟子可以不同意，但对这一概念的理解大体相应。王阳明的学说本体工夫为一，全部学说为"致良知"三字包揽无遗。而牟宗三的良知坎陷只是他的本体界向现象界过渡的一个环节，其智的直觉如何可能之说明，无执的存有论之证立等，都是其学说的重要的内容。从体系上说，王阳明的本体是良知，良知不仅是道德本体，也是宇宙本体，故其良知不仅是"所性之觉"，而且是"造化的精灵"。由道德本体到宇宙本体的过渡，经由一超越的提升，即把良知等同于宇宙的活的灵魂。王阳明自言"良知即是易"，宇宙既是一道德的性体、道体、仁体，又是一活的运动的大流，性体与流行为一，本体论与宇宙论为一。而牟宗三的本体与现象是斩截的，以康德现象与物自身二分的思维模式为蓝本，本体界到现象界的连通须经由"良知坎陷"。由于这种坎陷是突兀的、跌宕的，完全是两个领域，他的经验领域仍没有价值系统的直接统领。因此，王阳明哲学是浑一的，本体工夫熔铸成一整体，接受他的理论须全副接受，推翻他的理论亦须全副否定。而牟宗三的学说则可以本体现象两分，实证论者可攻其本体，整体论者可攻其本体界开出现象界时的突兀与断成二截。从二人的心学说，王阳明是心外无理，心外无物，强调道德动机对于实际道德活动的决定作用、主宰作用。而牟宗三是"一心开二门"，心生灭门由心真如门转出，"一心"是不同观法，由不同观法而有两个世界，两种存有。王阳明的工夫论，在实地将良知推致于事事物物，在其中亦扩充自己的道德心体，牟宗三的工夫论在"转识成智"，即经由经验世界体悟本体世界，获致"诚明者，性与天道不见乎小大之别"的境界。王阳明与牟宗三都认为形上的性体纯善无恶，是价值根源、道德本体，但在与形下心体的关联方式上二人不同。王阳明是一直贯方式，性体心体直通，纯善无恶之性表现为一好善恶恶的良知，此良知是形下意念的分辨者、赏罚者，而不即是意念本身。所以王阳明四句教言"无善无恶心之体，有善有恶意之动"。而在牟宗三，执的存有和无执的存有斩截，故性心斩截，性体（智的直觉所觉者）是纯善无恶的价值体，形下心体却是有善有恶的。王阳明学说中由于传统中国学者官吏集于一身，实践理论统于一人的特点而具有的狂者胸次、知行合一等人格因素，在牟宗三这样的现代学院派哲学家身上则不易见。从著作中看，牟宗三是一个有热烈而顽强的道统担当意识，其学术风格则深刻而冷峻的学者。

王阳明身处牟宗三之先四五百年，其学说兴起的时代背景固与牟宗三不同，但其学说所要解决的问题，却与牟宗三有相同的地方：他们共同碰到了传统儒家价值观的沦丧和衰落。王阳明所面对的时代问题有二：一是由明中期之后市民阶层的兴起而引发的功利之习对儒家传统价值观念的强大冲击，这就是王阳明痛心疾首的"功利之毒沦浃人之心髓而习以成性"。他要倡导良知之学，对功利之习"拔本塞源"。二是学术界以程颐朱熹之学为正统，"此亦一述朱，彼亦一述朱"。在王阳明看来，此学"析心与理为二"，格物与诚意无有内在的关联，道德与知识断成二截，造成大批"装缀""务华而绝根"的士人，学风为之大坏。王阳明倡良知之学，以道德统领知识，知识与身心性命时时贯通为一。同时为了改变士人耽溺书斋，无活的生命智慧的弊病，力倡在实事中致良知，以期养成新鲜活泼、充实有用的活智慧。牟宗三也认为，他所处的时代，传统的文化生命被摧残，价值意义迷失，科学一层论、理智一层论当令。科学一层论最大的害处就是抹杀意义与价值，只知物，不知人。牟宗三要安立价值理想，要把人们忽视了的道德修养、人生境界凸显出来，使它立于本体地位。而为了安立这一本体，须有相应的现象界，现象界须由本体界转折出、开显出，这样才不会陷于价值意义与实用利益割裂的弊病。所以，王阳明和牟宗三这两个不同时代的哲人，都是儒家的孤臣孽子。但由于时代不同，王阳明救治社会弊病的药方是提倡良知之学，牟宗三是用现代哲学、逻辑学的思辨方法，论证道德价值的本体地位。按牟宗三的说法，王阳明由道德带动知识的"致良知"是直通，而他的良知坎陷说是曲通。王阳明的直通，其精义显而易见，而牟宗三的曲通，由于是思辨地推出的，执疑义者颇多。

良知坎陷是由知体明觉开知性。良知坎陷而成的现象界，其最主要的内容为科学与民主政治两大项；这两大项即现时代的"新外王"。牟宗三仍遵循传统的内圣开出外王的思想格局，认为："若是真想要求事功、要求外王，唯有根据内圣之学往前进，才有可能。"[①] 把民主政治作为新外王的形式条件，即制度的保证，把科学作为新外王的材质条件，即材料、内容。王阳明要弥缝程朱可能导向的一点点科学主义，而代之以道德统领知识的"致良知"。牟宗三的时代已不能轻视或低估科学与民主政治的作用，但又要保证道德价值的本体地位，只能凭其哲学家的头脑，思辨地"良知坎陷出科学与民主政治"了。

（原载郑家栋、叶海烟主编《新儒家评论》第二辑，中国广播电视出版社 1995 年版）

[①] 牟宗三：《政道与治道》，台湾学生书局 1996 年版，"政道与治道新版序"第 13 页。

王阳明与费希特

王阳明哲学,理论精湛,风格独特,对此后的思想产生过深远影响。近年来的阳明学研究,多将他和西方哲学如现象学、存在主义等对比研究。本文则认为,从王阳明哲学的建构历程,其理论内容、风格特点、社会效应看,它更近于德国古典哲学家费希特。

一 自创新说,超越权威

世界上有价值的哲学体系,都是对人类终极关切的问题,提出自己独特、不同凡响的解决方式,而其间不世出的少数大哲,更是对他以前的一切哲学综贯包并,创立博大精深的体系,为后人的汲取或批判奠定基础。朱熹哲学和康德哲学,就是这样的体系。而王阳明和费希特,不安于权威之论,大胆怀疑,大胆批判,敢于超越权威而自创新说。在这一点上王阳明和费希特有很多相似之处,他们同具以下特点:第一,特立独行,豪迈不羁。只有这样的个性,才能在世人靡然向风恬然不觉的时候,保持怀疑态度。怀疑态度,是哲学家不盲从、不迷信,一切经过自己理性检讨的本色。有了这种态度,才能在常人坚信不疑的结论中发现疏漏,并以此为突破口,对既成的理论体系进行批判考察,由此发现构成自己理论大厦的基石。王阳明格竹的失败,发现了朱熹哲学中格物穷理与正心诚意的矛盾,发现了具体事物的知识与道德知识的质的不同,后经谪官龙场,居夷处困,从而证悟"心即理"之说,确立了心学基本立场。由此,他从人本来具有的道德意识萌芽着手,带动、会通一般事物的知识。这一自外之内的改变,决定了他"致良知"根本宗旨的立足点:"天下之物本无可格,其格物之功,只在己身心上做。"(《传习录》下)以"心即理"为出发点,其理论体系的诸重要命题皆可条贯畅达。

费希特的独立豪迈,在西方哲学史上可谓罕有其匹。他批评康德的学说只有消极的批判而无积极的建树,由此见恶于康德;他指斥浪漫派蔑弃道德、专任艺术,招致浪漫派群起围攻;他在宗教气氛浓重的环境中发表无神论,忤逆耶拿大学,干犯魏玛当局,开罪重臣歌德,因而住宅遭捣毁、妻子受凌辱,直至被驱逐。在普法战争中,他冒死作《对德意志国民讲演》,并两次请缨上前线,最后染上伤兵中流行的恶性时疫而毙命。从费希特身上可以看到烈火一般的热情,钢铁一般的坚毅。他的不迷信、不盲从、坚持己见、不畏强暴的理论勇士本色,与王阳明的"狂者胸次"是同一种品格。

第二,深厚的理论素养。不精研一种学说而轻率地宣布其为不足道是鲁莽,不深味一种哲学而轻言已超出此种哲学是欺罔。只有对一种哲学深入钻研,细细咀嚼,慢慢消化,发现其精蕴,勘破其罅漏,并取精用宏,弥补疏失,才可以说接受了一种哲学,又超出了此种哲学。而要做到这样,需要深厚的理论素养。

王阳明早年熟读五经四书,习骑射,学兵法,中年就辞章,学佛道,多方面的学问功夫,多方面的实践经验,练就了敏锐的眼光和高度的理论综合能力,这使他能够出入于程朱体系而不为其所系缚,并在长期讲学活动中,不断将自己的理论深化、提纯,最终成了与程朱相颉颃的心学宗师,他在明代中期以后独擅哲坛,在其后的中国哲学史上大放异彩。

费希特身受严格的古典教育,斯宾诺莎和莱布尼兹对他有一定影响,又受到浪漫派诗人和自由思想家莱辛的启发。后来深入康德哲学堂奥,他发现,康德哲学严密的逻辑、高度的思辨制约了他异常活跃的想象力,使理智取得压倒的重量，整个精神得到一个飞跃的提高。特别是康德批判哲学的主体能动性思想，对他创立知识学体系有决定性影响。康德的精密分析的方法，使知识学带上了很强的思辨色彩。循着批判哲学的路径，费希特探讨了道德领域和宗教领域，创造了基于知识学原理的伦理学体系和宗教学体系，在康德的基础上又迈进了一步：在康德，实践理性优于理论理性；而在费希特，全部理论所昭示的就是行动，行动即一切。康德的上帝还是理性无法认识只能诉诸信仰的自在之物，而费希特的上帝，是"人类最高原图"，是人自由创造理性生活的艺术象征。凭着深厚的理论素养，王阳明出于朱熹而超出朱熹，费希特出于康德而超出康德。

第三，引领时代潮流，开思想新风。一个有叛逆性格有理论造诣的哲学家，必是引起思想潮流的变革、开一代新风的哲学家。他先于同时代的人看到了思想潮流的发展趋势，从而引领思想潮流，催生时代精神。他的理论，是一个时代的精神趋向的反映。王阳明的心学，反映了明代中期以后要求突破外在"天理"的束缚、高扬个体价值的时代潮流。费希特的知识学，表达了在法国大革命的鼓舞下德国资产阶级要求革命行动的思想潜流。王阳明生当明代中叶，社会经济的发展引起市民阶层的兴起；程朱理学已失去创造精神，成了干枯偏狭的教条。理论的退化特别是实践的无力，引起人们对新思想的期望。王阳明的心理合一、知行合一的哲学，以其理论上的生动活泼和实践上的切己有用，逐渐取代了程朱理学。而且王阳明的心即性、心即天，以个体为轴心，以良知为纲领，实践与理论并重，格物和诚意并举，中经王龙溪先天正心之学对"不学不虑，出之自有天则"一路的强调，遂开泰州学派"猖狂自恣，赤手以搏龙蛇"一类人物的先路，为明末思想界破块启蒙，作了理论准备。

而费希特则以其知识学的空前主体意识，沿着康德的路径向前发展。正如海涅所说："康德只不过有了一个批判，也就是说建立了某种消极的东西，但费希特却在他之后建立了一个体系，从而建立了某种积极的东西。"[①]

---

① ［德］海涅：《论德国宗教和哲学的历史》，海安译，商务印书馆1974年版，第308页。

康德的功绩在考察人类理性的范围和限制，指出人们不能认识什么，而费希特则为知识学规定了一个充满生命活力和行动激情的出发点：普遍的先验的自我，且指出人们能干什么，这个普遍的先验的自我是知行合一体，正是黑格尔采撷据以建构其体系的出发点——绝对精神。自我建立非我并与之合一的过程，被黑格尔移植来作为他绝对精神外化最后向自己复归的过程。不过费希特的自我的活动，靠自我本身的力量和行动激情。而黑格尔的绝对精神的活动，靠绝对精神本身的理性逻辑力量。费希特的哲学，是继承康德而又从康德处转离了的哲学：康德以自我为认识的先决条件，而费希特则以自我为创造一切、征服一切的强大力量，在标举人的主体性方面又向前迈进了一步。康德哲学是理性思考的哲学，费希特哲学是意志行动的哲学。费希特的意志比康德的理性更富于时代精神。这是前法国革命和法国革命高涨期的不同，是思考的哲人和行动的勇士的不同。

二 "心即理"与知识学的出发点：自我

"心即理"是王阳明哲学的基本命题。心这一重要概念，在王阳明哲学中大致有下面几种意思：第一，能感觉、表象，能思维、推理的理智之心；这个意义的心重在心的认识、思维功能。第二，"见父自然知孝、见兄自然知弟、见孺子入井自然知恻隐"的道德心。这个意义的心重在心本具的天赋道德情感。第三，天地万物的本原。这个意义的心重在说心是宇宙根本法则的体现者、呈现者。王阳明此心之三义，有一个逐渐递进，逐渐提升的过程，这一过程是随着王阳明实践的深入、理论的拓展，由此心的涵盖愈来愈广、包容愈来愈多达到的。

在此心之三义中，王阳明讲的最多的是心的道德意识义、心的天地本原义。心的认识义，王阳明不甚讲，整个中国古代哲学皆不甚讲。因为中国哲学从其理论形态看，可以说是一种广义的伦理学说。它要解决的，主要是天与人的关系，人与人的关系，人的本质、人的价值、人的精神境界等问题。认识功能被当作一种自然的、不学不虑而天然具有的本能。由于伦理学的擅场，认识学说被视作卑之无甚高论而搁置一旁。由知识论引起的认知心理学、逻辑学方面的内容在中国典籍中记载绝少，而由境界说派生的审美心理学却十分丰富。

王阳明哲学的核心精神在"自我"。龙场之悟，他悟得"圣人之道，吾性自足"：理想人格的根据，在于自我；成就理想人格的功夫，在于自我的努力。中年多讲"立诚"，保持自己本具的良知不受物欲戕害。晚年专讲"致良知"，将良知所知之天理贯彻于一切行为中。王阳明的一生，可以说是体证自我、修养自我、发挥自我的过程。也可以说是认识的我、道德的我、本体的我融合、贯通的过程。

王阳明的中心命题"心即理"，其逻辑的发展就是"心外无理，心外无物"。"心外无理"不是说无宇宙根本法则，无具体事物的条理秩序，而是说，这些法则、秩序就是心中之理的内容，心已将这些囊括无余，所以可以说心外无理。这里的"心外无理"，既可以说是实在论的，又可以说是唯心论的，不过在王阳明这里，实在论和唯心论调和了：宇宙根本法则与心中本具之理是一而二、二而一的。宇宙根本法则在事物上的体现即性，而性就是心的本体："心之体，性也，性即理也。"（《传习录》中）王阳明是承认朱熹的"性即理"的，这是他为实在论的理由；但王阳明又认为"心之体，性也"，这是他为心学的理由。心即性即理，这是王阳明融合朱熹处，也是他出于朱熹而超出朱熹处。

此外，王阳明又讲"心外无物"。所谓物，第一层意思即"事"，即"意之所在"。"心外无物"是说，没有行动者不参与其中的行动，没有不具有动机的效果，行动者的意志、动机、情感、思虑是一件事情得以完成的前提。从这里讲，王阳明认为主体是最根本的、第一位的，这很像费希特的知识学。从物的一般意思讲，"心外无物"是说，人的意识是知外物的先决条件。王阳明"南镇观花"云："你未看此花时，此花与汝心同归于寂；你来看此花时，此花颜色一时明白起来，便知此花不在你的心外。"（《传习录》下）这是从绝对经验出发，认为具体认识的发生必是主客体互相作用的结果。而认识未发生时，能知的主体和被知的客体都是没有意义的，可以存而不论的。

分析王阳明的重要命题，可以看出，王阳明处处在讲心的绝对性，心的第一义，心的本体性。这一点，正是费希特哲学的根本精神。

费希特的哲学是知识学，知识学探讨知识的发生、知识的成立需要什么先决条件，知识的基本要素、各要素之间的关系等。费希特从康德的批判哲学里，找出纯粹理性得以成立的根本要素先验"统觉"，和实践理性得以成立的根本要素"自由意志"，认为这两者是先验自我的不同属性。于是，费希特认定，他找到了知识学的出发点：自我。这个自我不是个别人经验中的自我，而是一切人经验中的自我的抽象；一切人的经验都以自我为先决条件，自我是认识的出发点。这个自我不是个别经验中受规定的自我，而是凭自己本身而存在的第一性的自我。因此，这个自我是自己设定自己的。能设定的自我是绝对自我，绝对自我的活动叫"本原行动"。

费希特把绝对自我的本原行动作为其知识学的根本原理，从这一根本原理中演绎出三条原理：自我设定自己本身，自我设定非我，自我与非我的矛盾统一。这三条原理，统统隶属于主体性原则之下，自我的存在，是由绝对自我赋予的；不是上帝造人，而是人创造了自己。人创造自己的活动，是能动的、实践的。自我的能动性，必有发挥的场所；自我的实践性，必有实践的对象。客体是主体完成自己的使命而必须有的。而在主体—客体这一矛盾关系中，能动性与客体性互相否定、互相制约，在双方的争雄相长中达到新的统一。这个统一，是由主体的能动性诱发的。总之，绝对自我是一切的本原，经验世界的一切可感事物都是由自我的创造能力产生的。"自我是一切实在的源泉，只有通过自我，并且与自我一起，才得出了实在这个概念。"[①]

这就是知识学的精髓：人的主体性、创造性被当作整个哲学体系的核心，当作全部理论的最高原则、唯一原则。由此，康德的二元论被克服了，康德体系中占次要地位的实践理性被当作首要的、第一位的内容。黑格尔

---

① ［德］费希特：《费希特文集》第一卷，梁志学译，商务印书馆2014年版，第134页。

的知行合一、主客合一的绝对精神的雏形被确立了。

三 知行合一与行动哲学

王阳明哲学的一个鲜明特点就是知行合一，知行合一既是他的"致良知"根本宗旨的必然要求，也是他一生学问事功相得益彰的真实写照。

"心即理"是王阳明哲学的重要论题，后来，他又接过孟子的"良知"范畴，把"心即理"与"良知"说融合起来。"良知"即不学不虑天然具有的道德意识，而"心即理"的"理"，有秩序、条理、法则、规律等意思，也有道德意识的意思。在王阳明看来，道德意识与秩序、法则等是同一的。其分虽殊，其理则一。"心即理"可以和"良知即性"相通。良知是天赋的，修养良知的方法是"剥落物欲"："性无不善，知无不良，良知即是未发之中，即是廓然大公、寂然不动的本体，人人之所同具也。但不能不昏蔽于物欲，故须学以去其昏蔽。然于良知之本体，初不能有加损于毫末也。"（《传习录》中）去其昏蔽，就是扩充良知，而扩充良知"须在实事上磨练方有益"。王阳明晚年专主"致良知"：良知即知，致的功夫即行，致良知即知行合一。由此我们说，王阳明的哲学是行动哲学。

与王阳明相比，朱熹的一生，主要是学者的一生，教师的一生。朱熹的建树也主要在学问上。即使在理论上，也是知先行后，知主行从。这一点，也与费希特的理论先驱康德相同。

在康德的体系中，理论理性远比实践理性重要。康德的主要功绩，在于他对人的认识能力作了深入考察，从而认定主体在认识活动中的重要地位。他提出实践理性优于理论理性，也只是对实践理性这一概念本身进行分析，认为在道德中可以达到真正的自我，物自身从认识方面达不到，而在道德实践中可以得到证实。从而，理论理性为信仰留下的地盘，被实践理性所占领。而费希特哲学的生命即在于行动。行动是人的天职："不仅要认识，而且要按照认识行动，这就是你的使命。你的行动，也只是你的行动,才决定你的价值。"① 行动贯穿于费希特哲学的全部,他的哲学"因为占有这个哲学体系的人的精神而充满生气"。他的哲学,可以说是超出康德理论理性和实践理性的二分而达到一元的行动哲学。

费希特认为,绝对自我的本质不是知,而是行;不是实在,而是行为。一个哲学的出发点如果放在存在与否上,那么它必然不是倒向斯宾诺莎的独断的实在论,就是倒向贝克莱的唯心论,或者康德的二元论。他认为,自我中有比存在更重要、更根本的,这就是行动。他接过康德实践理性优于理论理性的观点,认为绝对自我最本质的东西是行动的意识。因此,绝对自我先是设定其自身,又设定非我,以及自我与非我的统一。"设定"只是在最高的抽象意义上讲的,其实际内容便是主体保持其主动性,开拓其实践领域,又与之矛盾统一的全过程。人的真实的实践活动,无非是这样一个过程,不过费希特是用德国古典哲学特有的思辨形式给出而已。这三个设定,本质上是行,是绝对自我为内在的冲动所鼓舞自然而然地采取的方式。费希特认定:我是自然,而我的自然是一种冲动。这种冲动是行动的指令,是主体试图超出现状的一种力量感。主体的冲动是出自本性,是无意识无目的的,不是来自上帝,不是来自他物的引发。所以,冲动、纯粹的冲动,也即行动意志,行动本身,是第一性的。费希特的哲学,不同于以往任何体系。贺麟先生曾指出,在费希特哲学中,"真正的自我乃是行为的,健动的。行为与对象的关系和理论与对象的关系不同。在行为中,自我创造对象,陶铸对象,以自己的形象为模型,以精神的目的而创造陶铸之。故在行为中,自我便超出了非我。自我是创造的、产生的,非我失其对等性,自我与非我的二元论便取消了"②。这是对于费希特哲学的精辟概括。

行动是自我的本质,本自然冲动而行,就是善。"行动,行动,这就是我们生存的目的。"③ 行动的反面为懒惰、怯懦,是万恶之首。自由即绝

---

① [德]费希特:《论学者的使命 人的使命》,梁志学、沈真译,商务印书馆1984年版,第79页。
② 贺麟:《哲学与哲学史论文集》,商务印书馆1990年版,第277页。
③ [德]费希特:《论学者的使命 人的使命》,梁志学、沈真译,商务印书馆1984年版,第52页。

对自我先验地具有的、绝对自我最初的那种独立不羁的能力，它是一切有限精神所追求的最高理想。也就是说，自由的实质是自我的行动自由，是实践中的自我作为最高目标来追求的东西。人只有实现了这样的自由才算完成了人的使命，实现了最高的善。费希特所谓良心，是一种当下的情绪感受，它感觉到了经验中的我与先验自我、纯粹自我的一致，而纯粹自我的本质在于行动。也就是说，良心即意识到了当下的我与绝对自我的和谐一致。可见，同知识学的出发点一致，行动这一中心宗旨贯穿于费希特哲学的各个方面。

四 "良知即天"与绝对之推出

王阳明哲学的根本宗旨是"致良知"。王阳明的良知之学，有一个"所得益熟，所操益化"的发展过程。这个过程就是从天赋道德意识发展为"良知即天"的绝对。天赋道德意识，这是良知的最初内容，可以看作萌芽状态的"天理"。随着这个道德意识的长养扩充，良知所表现的理也越来越向深广的方向发展。良知作为道德判断的主体，被它判断的事件越多，它的判断力就越强。对于道德的判断，必定与知识相关，必定与判断者自身对私欲的排拒意志有关。因此，道德判断主体的能力和知识的增长、意志的净化同步发展。良知作为心理能力，是知情意的综合，其涵摄力越来越广。从"良知即性"说，它是天理的承载者；从"知善知恶是良知"说，它是天理的体认者。良知是天理和对此天理的自觉的统一，王阳明称之为"天地万物发窍处"（《传习录》下），刘宗周称之为"所性之觉"（《明儒学案·师说》）。表现者是被表现者的缩影，天地万物之理尽含藏于此。所以，"良知即天"。凭着这样的良知，可以应事接物，可以调理身心，可以高蹈坦途，可以履险出幽。良知被认为心学的"正法眼藏"，被视为无所不包的绝对。王阳明哲学体系的形成过程，就是良知被发现、运用、磨砺到醇熟、神化的过程。费希特的知识学，也有一个逐渐推演出绝对的历程。

费希特自第一篇讲述知识学的论著《论知识学或所谓哲学的概念》

（1794）到最后在柏林作《知识学的引论讲演》（1813），其间约20年，对知识学不断改写、修正，使他晚年的知识学发生了很大变化，其中最重要的就是，晚年的知识学，把绝对作为重要内容。

费希特在知识学的奠基著作《全部知识学的基础》中，以绝对自我的行动为本原，费希特称之为"本原行动"。但以行动为本原，必然引出追求行动的发出者、承担者这个要求。如果承认在本原行动之前有行动者，这就落入费希特指斥的实在论的旧套。但如果没有最高实在而有本原行动，那么这行动本身的实在性就会受到怀疑。这个矛盾是知识学必须解决的。后来费希特也自觉到他对本原的阐述还有漏洞。

到柏林后，因受谢林等浪漫派的自然哲学的影响，费希特开始在其知识学中讲绝对。但这个绝对不是独断论的最高实在，而是知识学的最高实在，因此，绝对并不是比其知识学的出发点绝对自我更高的东西。绝对自我是知识学的出发点，也是其最高实在，这是坚定不移的。人在行为和观念中意识到自我的存在，费希特认为这是自明的，这种自明不能由他物说明，可称为绝对认知或绝对知识。在知识学里，只能达到知识，不能超越知识，所以知识学不能从绝对出发，只能从绝对知识出发。我们的知识最高只能达到绝对知识，但我们可以超过绝对知识去思维绝对。费希特一方面把二者视为同一的，一方面又视为有差别的。因为知识原来就是以自身为依据的绝对。知识所以从本原状态中产生出自己，是因为它自由地照亮了这本原状态，结果才在知识中出现绝对与绝对知识的区别。绝对好像光，绝对知识好像光的照亮作用。费希特的前期著作，着重说明世界是知识的现象；但后期著作，着重说明知识是绝对的现象。费希特的绝对，其内容是主体的能动性。费希特讲绝对，是为了满足要求一个最高实在这种心理。他把绝对自我的性质说成绝对，只是在展示它既有形式上的实在性，又有本质上的能动性，强调它是思与有、知与行的合一。主体的能动性这一观点是首尾一贯的，虽有前后侧重点的不同，但无根本的改变。可见，王阳明和费希特都对作为出发点的那种东西给予充分重视，把它当成最高的实在。

通过以上比较，我们可以看出，王阳明和费希特，在哲学体系的出发点上，在哲学所表达的根本精神上，甚至在个人的风格特点上，都有相同的地方。当然他们也有很多不同。这些不同，可以看作中西哲学根本特点的不同。这主要是以下几点：

第一，西方哲学的精髓是主客对立，是主体对客体的征服，是对人类征服自然的伟大力量的歌颂。费希特哲学正是对这种主体意识的极大肯定。人的本质在于能动不息的行为冲动，费希特哲学是行动的呐喊。中国哲学的精髓是天人合一，其极致是"上下与天地同流"，具有这种境界的人才算达到了自由，才算完成了理想人格。这样的人的本质是伦理的。王阳明哲学，就是对人的这种本质的论证。

第二，费希特的哲学是知识学，知识学所研究的，是知识发生的条件，知识的要素，各要素间的关系等。知识学的构成，知识学的三条基本原理的推出，知识学各要素关系的确定等，都用的是思辨方法。理性在思辨方法中扮演了重要角色，而王阳明的良知内容的扩展，每一关键的转进，都是事变的刺激，都是对原有认识的更深一层的了悟，这里，直觉起着决定性的作用。

第三，良心是费希特伦理学说的重要概念。费希特所谓良心，是经验自我与纯粹自我完全一致，是具体的我执行绝对自我的行动指令，与健行不息的本体和谐一致的当下体验。这样的良心，是个体的，其结果是个体的无愧无怍。它是以个人为出发点和归宿的。尽管费希特提出"伦理世界秩序"，认为这一理想的实现就是社会每一个成员的良心实现，但并不要求每一个体在履行其良心的使令时，同时以这个世界伦理秩序为自己的认同目标。费希特的"良心"，本质上是自我满足的，它体现的是西方以个体为本位的伦理思想。

而王阳明的"良知"是忠君孝父的天赋道德意识，是知善知恶的道德判断主体，善恶的准则是社会的，非个体的。另外，良知是得于天，而成于己的，良知靠"致"，致良知的极致是复其天地万物一体之本然。要达到这样的境界，必须"君臣也，父子也，夫妇也，朋友也，以至于山川鬼神鸟兽草木也，莫不实有以亲之，是之谓尽性"(《大学问》)。也就是说，履行王阳明所说的良知，必须完成"天地万物一体之仁"，必须有家国之施，天下之爱。王阳明的良知，必须在社会生活中完成。它体现的是中国以群体为本位的伦理思想。

第四，费希特曾因发表无神论而遭到迫害，但他的哲学仍有宗教。不过他的宗教是无人格神的，宗教不过是信仰的别名。他认为人类历史发展的顶峰是理性艺术时期，处在这个时期的人可以自由地创造作为其艺术作品的理性生活。这个艺术作品的蓝本就是"伦理世界秩序"，就是神性生活，就是上帝。这个上帝启示人的唯一形式是知识。知识用概念认识的是神性生活的外壳，但不能认识上帝，上帝靠信仰。费希特不信上帝，但还是像西方成体系的思想家那样硬造出一个上帝，以显示他的理论的完满。这反映了宗教在西方人精神生活中所占的重要地位。王阳明没有宗教思想，尽管他出入佛道二十余年。他的天的概念，也只表示其包含万理、无不赅遍这个意思，或者表示无可改易的必然性，完全没有人格神的上帝这样的意思。王阳明哲学，反映了中国哲学特别是宋明理学追求"终极关怀"的理性特点。

（原载《中西哲学与文化》第二辑，警官教育出版社1993年12月出版）

从人生境界到生态意识

——王阳明"良知上自然的条理"论析

一 引言

人类的生存环境正在恶化，生态危机已经是一个不争的事实。越来越多的思想家认识到，环境问题最主要的不是技术问题、经济问题，而是观念问题、价值问题。世界各地的哲学家越来越倾向于从各种不同的文化传统中挖掘智慧，作为应对环境危机的突破口。中国哲学关于人与自然的关系，人在宇宙中的地位，人的终极关怀，人格修养中天人相参等理论，都可以在应对生态危机方面提供有益的启示。

现代生态学的矛盾最集中地体现在人类中心主义和非人类中心主义的纷争中。人类中心主义认为，人是宇宙的中心，是天地间一切存在的主宰者、支配者。人有权力牺牲万物的利益为自己服务，人是一切用来维持人的生存和发展的原则、法规、契约的制定者，人是唯一具有内在价值的存在。自然存在物只是人取用以延续自己、发展自己的手段和工具。非人类中心主义者认为，宇宙间的每一个存在物都有其内在价值，都应该进入人的环境道德的视野。它们的价值，不应以满足人类需要为尺度，人对自然物不应有物种上的优越及由此产生的霸权，也没有无视环境道德而任意伤害他类的权力。

以基督教为基础的西方传统文化是人类中心主义的积极支持者。这种理论主张，只有人是按照上帝的形象造的，上帝造人是要让他在地上行使统治万物的权利。这一理论自笛卡儿提出人应当利用科学成为自然界的主人和拥有者之后更是大行其道。西方近代以来由科技强盛而带来文化霸权，此种观念随着殖民文化推向全球。中国受天人合一观念的制约，再加上传统的农业文化对资源的要求较少，环境问题不是很突出。但自近代以来受国家贫弱屡败于外族的刺激，大力发展工商业。但一开始就对西方工商业发展带来的环境问题缺乏警觉，又抛弃了中国在环境方面好的传统，再加上利益的驱动，目前中国环境的恶化到了令人惊异的程度，在西方还归绿色运动如火如荼的情况下，中国的环境保护事业仍然步履维艰。

随着生态危机的加深，生态哲学的困境也越来越多地摆在人们面前。人类中心主义是刺激和鼓励现代人追求权力、财富，不断发展自己、超越自己的动力，是组织社会、家庭和各种团体的理论基础。没有了以人为中心的思考和相应的思想理论，人的存在和发展就要受到极大的制约，人与外物的关系就会发生历史性变化，人类以自我为中心向自然索取和掠夺所获得的全部自尊和荣耀就会黯然失色。而非人类中心主义对人类霸权的质疑，对所有存在物的内在价值、平等权利的提倡，对人以外的其他存在物获得道德关怀的资格的诉求，都对人类中心主义带来的灾难性后果有批评、纠补的作用。我们能否在人类中心主义和非人类中心主义二者间寻找平衡，能否以另一种生态理论来克服这二者的弊病，发扬二者的优长之处？王阳明关于"仁者与天地万物为一体"并在此基础上以"良知上自然的条理"来合理安排万物的不同价值的学说，或许可以给我们提供某种启示。

二 "万物一体"与"良知上自然的条理"

王阳明在逝世前一年应弟子之请而作的《大学问》是他的哲学观点的系统表达，被弟子尊为"师门之教典"。在《大学问》中，王阳明以"致

良知"根本宗旨融会《大学》的三纲领八条目,对人的精神境界、修养功夫做了全面阐释,其中说:

> 大人者,以天地万物为一体者也,其视天下犹一家,中国犹一人焉。若夫间形骸而分尔我者,小人矣。大人之能以天地万物为一体也,非意之也,其心之仁本若是。其与天地万物而为一也,岂惟大人,虽小人之心亦莫不然,彼顾自小之耳。是故见孺子之入井,而必有怵惕恻隐之心焉,是其仁之与孺子而为一体也;孺子犹同类者也,见鸟兽之哀鸣觳觫,而必有不忍之心焉,是其仁之与鸟兽而为一体也;鸟兽犹有知觉者也,见草木之摧折而必有悯恤之心焉,是其仁之与草木而为一体也;草木犹有生意者也,见瓦石之毁坏而必有顾惜之心焉,是其仁之与瓦石而为一体也。是其一体之仁也,虽小人之心亦必有之,是乃根于天命之性,而自然灵昭不昧者也。是故谓之明德。①

王阳明的这段话鲜明地体现了儒家对人的存在方式的理解:首先,人是道德性存在,不仅大人如此,小人也无不如此。人所追求的终极目标是"大人",与天地万物为一体是大人的根本内涵。其次,道德主要不是个理论问题,而是个实践问题,道德修养的目的是获得与天地万物为一体的精神境界。这种"一体"不是认知式的,而是洞见式的;是与闻见之知相对的"德性之知"体证和照察的结果。在这种境界中,万物对主体呈现出合目的性与合规律性统一的美善一体的形态。万物消泯了其价值上的差别而与主体一体相关。主体也因而有了"活泼泼地""鸢飞鱼跃"等感受。人与外物二分的思维方式在此褪色了,代替它的是对一体境界的直觉。天道、天理在此境界中也呈现为具体物象,因而减弱了它的强制性和高高在上的不可亲近性。人变成了和宇宙万物和谐相处的存在。人由此崇高感和亲近感而产生了对万物的护惜之心。这种护惜之心是发自内心的、自然的,不

---

① 《王阳明全集》,上海古籍出版社1992年版,第968页。

是出于对功利的感召和对逼迫的服从。它不是理智的推论，而是出于一体之仁而有的自然情感。这种直觉和感受、体悟所透显的理念是，环境是包括人在内的大我的一部分，人的活动应该以大我为出发点和归宿。不能破坏大我中的一部分来换取人的现实利益和长远利益。这种思想方法虽不能说已经把环境伦理纳入整个伦理思考之中，但它把人之外的存在视为人的不可或缺的部分，并把对它们的顾惜作为心的自然包含，这就与先把人和物分成两种不同性质的存在，然后再以功利的算计，把它们看作人应该加以保护的对象而有的动物权利论、生物中心论和生态中心论等理论不同。它是原始的、质朴的、说不出多少理论的，但它是出自内心的、直觉的。它为人的道德境界内设了一个规定：有道德的人应该是爱护他的环境中的每一事物的，而且这种爱护是他的心理的自然诉求，他能从这种万物一体的体验中得到快乐。道德不是个纯形式的"应该"，而是有内容的，这个内容来自道德境界的推展。

万物一体论与生态系统价值论不同，因为生态系统价值论认为生态本身具有工具性，维护它的个体成员不受损害完全是为了它自身的完整。万物一体论也与怀特海把宇宙视为一个连续的总体的各个部分，各部分之间有着严密的关联性的"客观的整体存在"的理论不同，因为前者是体验的，后者是经验科学特别是数学、物理学的。而王阳明的万物一体论是人心的自然推出，不是在功利基础上寻求生态平衡；人对环境中的事物的护惜是无条件的，是一体之心的自然生发，不与经验事物的任何性质和结构有关。

万物一体境界虽然将万物的存在价值视为同一的，它们不是为了人而存在，不是达到人的目的的手段。但在经验层面也反对因万物具有同等的内在价值而质疑它们在人的取用上而有的价值差等。他主张在万物一体境界的观照下合理地取用万物。《传习录》载：

问："大人与物同体，如何《大学》又说个厚薄？"先生（王阳明）曰："惟是道理自有厚薄。比如身是一体，把手足捍头目，岂是偏要薄手足，其道理合如此。禽兽与草木同是爱的，把草木去养禽兽，又忍得，人与禽兽同是爱的，宰禽兽以养亲，与供祭祀、宴宾客，心又忍得。至亲与路人同是爱的，如箪食豆羹，得则生，不得则死，不能两全，宁救至亲，不救路人，心又忍得。这是道德理合该如此。及至吾身与至亲，更不得分别彼此厚薄。盖以仁民爱物，皆从此出，此处可忍，更无所不忍矣。《大学》所谓厚薄，是良知上自然的条理，不可逾越，此便谓之义；顺这个条理，便谓之礼；知此条理，便谓之智；终始是这条理，便谓之信。"①

从这一段话中可以看出，王阳明的万物一体境界是爱万物和合理取用万物的统一。

人是自然界的一个成员，人从它所在的环境中取得生活资料以维持自身的生存和发展是至为合理的要求，实际上人类几千年来一直将此视为天经地义，没有人会怀疑人从自然界取得生活资料的合法性。只是在近代大机器生产兴起以后，生产力以加速度的方式增长，科技的日新月异带来的对自然的无度开发利用造成了人的生存困境时，人才对此天经地义的事实重新加以反省，思考它的合理性，规定它适用的范围。比如当代环境伦理学的一种理论"深层生态学"（deep ecology）的两个最高准则是"自我实现"和"生态中心平等主义"。"自我实现"的"自我"是"大我"：超越狭隘的个体我和社会的我从而走向人与他的环境结合成一个整体的"大我"。这个"自我"是形上学的，它的实现过程就是人不断扩大自我认同的范围，缩小同自然的疏离感，最终达到能在他认同的存在物中看到自己，在自己中看到环境物。"生态中心平等主义"的中心论点是，生物圈中的一切存在物都具有内在价值，它们在生态系统中具有平等地位。② 因此，人类应当最小地影响其他物种。根据这一原则，人在取用自然物时应当有所限制，其标准在不减少物种以及能够使现有的物质存在保持平衡。这个影响

---

① 《王阳明全集》，上海古籍出版社 1992 年版，第 108 页。
② 徐嵩龄主编：《环境伦理学进展：评论与阐释》，社会科学文献出版社 1999 年版，第 86 页。

环境的标准是理想化的和计量性的。王阳明以上思想的合理之处在于他提出了生态环境伦理的指导原则及这一原则在人心中的价值表现。

三 爱万物与合理取用万物

既泛爱万物又合理取用万物，这在中国文化中是源远流长的传统。孔子提出"仁"，把它作为人的道德品质最基本的方面。"仁"的极致是将爱心推及万物。孔子说："丘闻之也，刳胎杀夭则麒麟不至郊，竭泽涸渔则蛟龙不合阴阳，覆巢毁卵则凤凰不翔。何则？君子讳伤其类也。"（《史记·孔子世家》）这是说合理地取用万物，并不会造成生态失衡。只有杀鸡取卵式的暴虐的掠夺方式才会破坏生态平衡。孟子的仁政学说的重要方面是："不违农时，谷不可胜食也；数罟不入洿池，鱼鳖不可胜食也；斧斤以时入山林，材木不可胜用也。"（《孟子·梁惠王》）亦主张合理取用万物。荀子提出"制天命而用之"，但又主张："圣王之制，草木荣华滋硕之时，则斧斤不入山林，不夭其生，不绝其长也；鼋鼍鱼鳖孕别之时，网罟毒药不入泽，不夭其生，不绝其长也；春耕夏耘秋收冬藏四者不失时，故五谷不绝，而百姓有余食也。"（《荀子·王制》）《中庸》主张由明达诚，由诚达明，诚明两进，最后是参赞天地之化育。这些思想，对《礼记·月令》参物候以观时变，及时调节人的行为以合乎天地的变化的观念产生了积极影响，并以国家法典的形式颁布，对后世影响至深。此后的儒家基本上遵循了这方向。

儒家与道家在环境伦理上的最大不同在于，道家强调人的贪欲对环境的破坏作用，主张自然无为，对环境无爱无求，以与它的原始质朴为一。儒家则强调在人格修养基础上将对人的爱推及于物，主张合理地取用万物。圣王之制是爱万物与合理取用万物的统一。王阳明以上关于环境伦理的思想是对儒家传统的发挥，是对道家思想的修正。他主张自然界的一切都是为人所用的，但前提是万物一体之爱。在爱万物的基础上取用万物实际上是一种最平正最合理的环境伦理主张，他没有像现代动物保护主义者那样提出极端主张：人与动物在价值上是平等的，人没有伤害动物以维护自己的利益的权利。在环境恶化以致威胁到人类生存的今天，强调环境保护并制定相应的法规、契约等是完全必要的。但谴责人的贪欲和无尽的掠夺的同时否定人在数千年的历史进程中取得的辉煌成果的积极价值，并由此否定取得这些成果的某些伦理原则也是不全面的。王阳明的万物一体论的两个面向所显示的智慧是，肯定人对自然环境进行索取以延续和发展自己的合法性，同时保持人与自然环境的平衡。

王阳明对万物有一体之爱又有合理取用，其价值差等的裁夺标准在自己的良知，即他所说的"良知上自然的条理"。"良知"概念本于《孟子》。但王阳明赋予它的内涵要大得多。其中最主要的有，良知是对性体的自觉，及良知是道德判断的主体。在前一义中，性体是天道天理的凝聚，天理显现于心，具体化为对事物适宜处理的价值原则。这就是王阳明"良知即天理""良知即道"等话语所透显的意义。性体是至善原则，它透至心的层面时被心体所知。心是呈现原则，他的责任在把性体的至善具体化为对经验事物的处理原则。所以良知实际上是包括性体与心体、价值与知识的整体。良知内部的各个方面在实践运用中不断整合，其中的价值系统给出行为所依据的原则，行为所欲达到的目的，并监察心体奉行性体而运作的整个过程。在环境伦理的层面，性体的内容就是对万物的爱，并且因为这种爱是内在的、本然的，所以"非意之也"。"意之"即非出于性体之诚而在心体上立一个意思去爱。一体之仁、一体之诚在心体上的表现就是爱，及爱的方式、爱的对象等形而下的方面。良知是连通体和用、形而上和形而下的桥梁。它把性体的价值规定、价值指向转化为心体的现行运作。良知的体是"一体之仁"，它的用是孝悌等行为。儒学的原则是爱有差等，这个差等是推行和实践仁爱原则为具体行为时必有的结果，并且符合经验事实和人的心理倾向。儒家批评爱无差等为笼统、为知体而不知用，就是认为它违背了"用"的多样性、差别性。王阳明把裁夺的标准放在良知，就是认为良知是体与用的统一，是一体之仁和差等之爱的统一。

把取用的裁夺标准放在良知，就是要以良知规定哪些可以取用，取用是否合理的判断标准在哪里。这本是些经验性问题，本应把效果作为评价的重要标准，但王阳明以理学的自律道德特质为自己规定了，裁夺不能有外在标准。外在标准很容易逸出"一体之仁"。王阳明把一体之仁具体化时，以良知的"知善知恶"为执行主体。知善知恶是良知的第二个意思，是王阳明关于良知的最重要的规定。知善知恶在王阳明这里有两个最主要的意思，一个是"好善恶恶"，一个是知何者为善，何者为恶。前一个意思来自性体："好必于善，恶必于恶。"不是取消善恶，不是在善恶面前无动于衷，也不是以外在标准决定善恶。好善恶恶的严正性来自性体本身。它是保证下一步"知何者为善恶"的基础，知何者为善恶在心体。

具体到环境伦理，在对周围的事物进行善恶判断时，王阳明有两个标准：一个是一体之仁视野中的万物，它们无善恶可言；一个是经验中满足了个体特殊需要的事物，它们有善有恶。《传习录》记载了王阳明与弟子薛侃的一段有名的对话：

> 侃去花间草，因曰："天地间何善难培，恶难去！"先生曰："未培未去耳。"少间，曰："此等善恶皆以躯壳起念，便会错。"侃未达。曰："天地生意，花草一般，何曾有善恶之分？子欲观花，则以花为善，以草为恶；如欲用草时，复以草为善矣。此等善恶，皆由汝心好恶所生，故知是错。"曰："然则无善无恶乎？"曰："无善无恶理之静，有善有恶气之动。不动以气，即无善无恶，是谓至善。"曰："佛氏亦无善无恶，何以异？"曰："佛氏着在无善无恶上，便一切都不管，不可以治天下。圣人无善无恶，只是无有作好，无有作恶，不动于气。然遵王之道，会其有极，便自一循天理，便有个裁成辅相。"曰："草既非恶，即草不宜去矣。"曰："如此却是佛老意见。草若有碍，何妨汝去。"曰："如此又是作好作恶。"曰："不作好恶，非是全无好恶，却是无知觉的人。谓之不作者，只是好恶一循于理，不去又着一分意思。如此，即是不曾好恶一般。"曰："去草如何是一循于理，不着意思？"曰："草有妨碍，理亦宜去，去之而已。偶未即去，亦

不累心,若着了一分意思,即心体便有贻累,便有许多动气处。"曰:"然则善恶全不在物?"曰:"只在汝心循理便是善,动气便是恶。"伯生曰:"先生云草有妨碍,理亦宜去,缘何又是躯壳起念?"曰:"此须汝心自体当,汝要去草是什么心?周茂叔窗前草不除是什么心?"①

在这段话中,"天地生物,花草一般",是从天地生物之自然无私意处着眼,万物没有价值上的善恶。此可谓一体之仁。"子欲观花,则以花为善,以草为恶"是从个体的特殊需要着眼,事物就有了价值上的善恶。此所谓"躯壳起念"。"无善无恶理之静"便是自一体之仁之价值平等说,"有善有恶气之动"便是自个体需要的价值差等说。但王阳明认为,就人的现实存在说,就儒家所希望的裁成辅相说,必然会有对万物的取用,也必然会发生善恶的判断。这是儒家与佛家最大的不同之处。躯壳起念而有的取用万物,亦可以循天理,这就是"草有妨碍,理亦宜去"。但何谓循理?其判断的标准是什么?王阳明认为在是否合于"周茂叔窗前草不除"所显示的一体之仁。当对环境的取用和一体之仁不相悖时,此行为不算作恶。

四 两种诠释方向

在王阳明这里,一体之仁又表现为良知上自然的条理。在具体行为中,"良知上自然的条理"会分别价值上的差等。王阳明提出良知上自然的条理是有深刻意义的,在他这里,良知是价值和知识的融合体。良知是性体的自觉,是在价值指导下的知识活动,这个意思是王阳明致良知宗旨题中应有之义,是综观王阳明的一生所得出的自然结论。王阳明在晚年的成熟思想中屡屡道及性与觉这两者,如:"天命之性,吾心之本体,自然灵昭明觉者也。"② "心者身之主也,而心之虚灵明觉,即所谓本然之良知也。"③

---

① 《王阳明全集》,上海古籍出版社 1992 年版,第 29 页。
② 同上书,第 971 页。
③ 同上书,第 47 页。

王阳明整个哲学的成熟过程，可以说就是从道德理性的锻炼入手，在实事上致良知，带动其中的知识理性，在致良知中完成两者的同步发展，到道德和知识一起臻于大成的过程。良知中的知识成分一直是王阳明的注重点。这是王阳明超出陆九渊，并且批评陆九渊之学粗的主要之点。知识在王阳明的整个系统中担当着将价值落实在具体行为中并以之指导具体行为的功能。在王阳明的良知结构中，对价值的知是最重要的知，"良知无所不知，只是知个天理"。对价值的知在良知指导其具体行为时化为对价值差等的安排，这就是"条理"。条理与"理"有别，理可以分为实然性的理和根据性的理。实然性的理是事物上表现的自然征象，是描述性的、现象学的、内在于事物自身的理，相当于朱子所谓"所当然之则"。根据性的理是一事物所以存在的根据和前提。它是因果性的，外在于事物的。根据性的理相当于朱子所谓"所以然之故"。王阳明所谓"条理"是对浑全之理的具体分化，有其逻辑架构中的顺序安排和应对中的不同处理。

  良知的条理实际上有先验和后得的区别。先验的条理，指人先天本有的分别不同差等而居之的先验倾向。事物的差别，是人所面对的一个先在的事实，是人的本体性存在的重要方面，对事物差等的分别是人的理性的固有本能。这种倾向和本能，在后天经验的作用下，积累于个体心中，并在其中分出价值性的、知识性的不同方面，变为人的理性的内在结构，这是后得的条理。后得的条理往往有速捷、直接的优越性，它不是对当下发生的事进行推论和思索，而是诉诸人的心灵的内在结构。王阳明曾说："良知只是一个，随他发见流行处，当下具足，更无去来，不须假借，然其发见流行处却自有轻重厚薄，毫发不容增减者，所谓天然自有之中也。"[①] 结合王阳明一生的经历看，他是在数次性命交关、生死搏斗的大事变中，心灵得到极大震撼，良知中的储存经过检证、调整、比照、定型等步骤确定下来。他的结论实际上是，先验的条理是人人皆同的，但后得的条理中价值次序的安排是个体性的，人人殊异的。这就在肯定一体之仁这个价值

[①] 《王阳明全集》，上海古籍出版社1992年版，第85页。

总体的同时，肯定个人不同的价值观，人人皆诉诸自己"良知上自然的条理"。在环境伦理学上，共识只是一些总的原则，在具体应用中，肯认何种价值，反对何种价值，便无法达成共识。在阳明的良知结构中，一方面就价值趋向说，良知是"一体之仁"，这是它的"当下具足，更无去来，不须假借"处。另一方面，当它表现为具体条理时，又有价值安排的合理性，所谓"天然自有之中"。这个中是方向性的，它制约着行为个体的价值选择。

按王阳明以上说法，"良知上自然的条理"具有直觉的性质。王阳明的晚年化境，弟子王龙溪有"开口即得本心，不用假借凑泊，如赤日当空，万象毕照"的描述。此境界全靠精进不已，道德与知识互相促进，集一生之学思成果而后得。这些成果凝定、转化为价值上的条理，并以直觉方法表现出来。这种思想方法所包含的睿识是，由道德和知识凝定为价值，价值在指导具体行为时落实为自然的条理。王阳明的"良知上自然的条理"如果加以诠释和引申，可以说，它包含着"自然的人化"和"人的自然化"两个方向。[①]"自然的人化"的一个重要方面，就是把价值、美等人类文化的成果赋予自然，使自然在保有了这些品格之后和人成为一体，以价值系统和美的形态参与人类的生活实践。它扩大了自然的内涵，使人不仅在社会本身，同时在自然身上发现了自己的本质。自然不再是人的异己之物，而是人抒发感怀、寄托情志的对象。自然的人化将人的道德情感注入自然，使自然内在化、感性化，成为大我的有机构成成分。王阳明的"大人者，以天地万物为一体者也"这种一体者就是即道德即自然的存在。

"良知上自然的条理"将这种即道德即自然的存在转化为经验性的殊相，将由历史塑造和积淀成的人的精神整体还原为各个经验领域的实然存在。这是在总体和个体的相互映照中反映出的人的特性，可以说是"人的自然化"。"人的自然化"由主体的睿智将一体之仁这种精神、襟怀转化为自然界中的具体物。具体化原则就是呈现原则。在呈现中将方向伦理化为

[①] 见李泽厚《己卯五说》，生活·读书·新知三联书店 2003 年版，第 259 页。

具体规范，将一体之仁之精诚恻怛化为自然感情。这并没有放弃总的伦理精神，但将它具体化了。在具体化中，德性与知性重新合而为一。从思维方法上说，一体之仁是睿智界的，是一种总的精神，它没有知识的介入。但它具体化为经验中的事物时，由于具体事物的主客对列性而有知识活动的加入。知识活动由个别中的显性到一体之仁中的隐性再到具体化的显性，它担当的角色是，吸取具体原则使它供给心中本有的道德意识，由此充养壮大为一体之仁，在由一体之仁显现为具体事物时转化为经验知识。当它成为一体之仁的内涵时，它并未消失，只是在一体之仁的精诚恻怛前退隐了。当一体之仁落实为经验物时，知识理性作为它的逻辑内涵重又朗现为一个积极活动因素。知识与道德的这种激荡辉映与关联正是王阳明良知学说的精义，而在"良知上自然的条理"中表现出来。

王阳明的"良知上自然的条理"的另一个精义是，这种条理的呈现是直觉的、自然的、当下即是的，不是推证的、逻辑的、先在拟议或事后追忆的。王阳明的是非判断形式，有理智和直觉两种。他早年强调理智的方式，主张"良知越思越精明"，而在晚年，良知的反应能力由于一生的磨砺而熟化，王阳明对良知愈益恃任，越来越倾向于良知的直觉方面。王阳明的这种直觉并非率意的、任性的，而是由他半生惊心动魄的事变中精神活动的各种成分的参与、体证、积累做基础的。它具有反应速捷、自然天成的特点。但这一点被褒扬阳明早年实地做修养功夫的学派称为"驾空立笼罩语"，并对此加以批评。

五 王阳明是否人类中心论者

王阳明的"一体之仁"及"良知上自然的条理"在生态哲学上是人类中心论的，还是非人类中心论的？对这个问题的回答可以分成两个层次。一是就他的精神修养所得说，他是人类中心论的；一是就他的最后归宿及修养所指向的冲淡、返璞归真说，他是非人类中心论的。这看似矛盾的两个方面真实地集于他的一身。这是因为王阳明哲学的精神中本来就有有和无两个方面，王阳明和大多数理学家一样，以人为宇宙间进化最高、最有价值的存在。他常用这一点论证人既与万物同体，又异于万物。《传习录》载：

> 问："人心与物同体，如吾身原是血气流通的，所以谓之同体。若于人便异体了。禽兽草木益远矣，而何谓之同体？"先生曰："你只在感应之机上看，岂但禽兽草木，虽天地也与我同体的，鬼神也与我同体的。"请问。先生曰："你看这个天地中间，什么是天地的心？"对曰："尝闻人是天地的心。"曰："人又什么叫做心？"对曰："只是一个灵明。""可知充天塞地中间，只有这个灵明，人只为形体自间隔了。我的灵明，便是天地鬼神的主宰。"①

"感应之机"指经验事物间的影响。如果把人作为经验事物的一个物体，他的肉体与行为与其他物发生的影响是机械性的、物质性的。就这一点看，人是宇宙中的一员，没有高贵处可言，这就是"风雨露雷、日月星辰、禽兽草木、山川土石与人原只一体。……只为同此一气，故能相通"②的意义。如果换个视角，从人是宇宙间进化最高的动物，他有最高级的灵明和最丰富的精神活动形式，他凭他的智力宰制其他物这一点看，他是宇宙的中心和最高形式。人能通过他特有的精神活动，从伦理的、美学的、目的论的等角度，把整个宇宙视为一体。而人是这一体中的枢纽、主宰，宇宙中的一切都可以看作为人存在，为人取用的。宇宙不仅是人生息于其中，给人提供生活必需品的服务者，同时是被人比拟、观照、赏玩的对象。人为宇宙立法，宇宙万物只有被动地被人索取和被人改造的特性，没有内在的价值和与人平等的尊严。这就是王阳明所谓"人是天地的心"。而人能作为天地的心，在于它有高于一切物的精神活动，即"灵明"。灵明以其主宰性，可以"制天命而用之"。宇宙间的一切都是为人服务的。从这一

---

① 《王阳明全集》，上海古籍出版社1992年版，第124页。
② 同上书，第107页。

点说，王阳明是人类中心论的，他的"万物一体"是以人为中心的，他的"良知上自然的条理"也是以与人的亲疏远近来确定事物的价值差等的。

但王阳明的修养极致是与宇宙万物的自然而为一，是襟怀的冲淡和人格的返璞归真。这是他的哲学中的"无"的方面。王阳明说：

> 仙家说到虚，圣人岂能虚上加得一毫实？佛氏说到无，圣人岂能无上加得一毫有？但仙家说虚，从养生上来；佛氏说无，从出离生死苦海上来：却于本体上加却这些子意思在，便不是它虚无的本色了，便于本体有障碍。圣人只是还他良知的本色，更不着些子意在。良知之虚，便是天之太虚；良知之无，便是太虚之无形。日月风雷山川民物，凡有貌象形色，皆在太虚无形中发用流行，未尝作得天的障碍。圣人只是顺其良知之发用，天地万物俱在我良知的发用流行中，何尝又有一物超于良知之外，能作得障碍？①

良知并非道家的虚和佛家的无。道家佛家"看似不着相，其实着了相"，他们的虚和无因为有现实的目的而违背了虚和无的原义。儒家的良知之学看似是有，但因与万物的无目的，与自然发用流行中物各付物合一而成为真正的"无"。良知返归自然，由极绚烂中返归平淡。至此良知的中心地位消解了，返于无中心，人对万物的宰制也因此失去意义。知识、道德、审美等精神活动的诸多方面因物各付物而归于虚无，人的取用万物也因此改变了意义，变为一自然活动。这种无不同于庄子坐忘式的无，也不同于佛家禅定的无。而是与万物的自然律动为一，与宇宙的自然和谐为一。在这个意义上说，王阳明是非人类中心主义的。

王阳明的这种二相归一正是他的卓越之处。它在生态伦理方面给我们的启示是，在人格修养的基础上达到对万物的平等的爱，对万物的价值一视同仁。这是精神境界方面的、洞见睿识方面的。这就是"大人者，以天

---

① 《王阳明全集》，上海古籍出版社1992年版，第106页。

地万物为一体者也"。有了这个境界和襟怀，对万物的爱和对万物内在价值的肯定就不是从功利角度出发，就不以现实事物的改变为转移。另一方面，从经验事物的角度说，从对体的应用说，人对万物的取用是以人的价值观为转移的，这种价值观是因人的文化人类学意义上的心理积淀而有，并且自然展开为内心的价值结构和价值次序，在人取用万物中起范导作用。这就是"良知上自然的条理"。将二者结合起来，在前者的基础上推出后者，由人生境界进行到生态意识，克服现代生态理论中种种偏颇和违反人道的意见，这就是王阳明为我们思考环境伦理问题提供的有意义的借鉴。

（原载《天津社会科学》2004 年第 6 期）

论刘蕺山"慎独"之学

刘蕺山是明代心学最后一位大师。其学上承阳明,下开梨洲,为心学总结期一位关键人物。蕺山之学,以慎独为宗,以《中庸》之"诚意"贯《大学》三纲领八条目,融合动静、中和、主敬、良知诸范畴,平实而广大。梨洲之学宗其师,知蕺山之学,则知梨洲之学;知梨洲之学,则知其龟鉴有明一代儒学之标准。故知蕺山之学,实为后人研习有明学术之锁钥。

一 独体与慎独

蕺山之学统合天人,起于本体论,终于心性论,上下一贯。蕺山云:"盈天地间一气而已矣,有气斯有数,有数斯有象,有象斯有名,有名斯有物,有物斯有性,有性斯有道,故道其后起也。"[1] 此谓气为天地间唯一实体,物、性、道皆后起者。但据蕺山意思,此气惟在本原意义上说,而在现实世界中,则气根形成之物与识认此物之心实一而不二。蕺山有"亲切体认法",其法云:"身在天地万物之中,非有我之得私;心在天地万物之外,非一膜之能囿;真通天地万物为一心,更无中外可言;体天地万物为

---

[1] 黄宗羲:《明儒学案》,中华书局1985年版,第1520页。

一本，更无本心可觅。"①言人亦万物中一物，但人为天地灵气之独钟，故身在万物之中，而心超乎万物之外。人心与天地万物统合为一，无心物之可分。识得此心物合一体，不在此中分物我、内外，则体认圆熟矣。而认此心物合一体为心、为物、为道、为理，皆割裂边见。蕺山著作中论理气心物处甚多，但须如此看，方为的见。如蕺山言："一气之变，杂然流行，类万物而观，人亦物也。类万体而观，心亦体也。"②即是说，本原是气，本体是心，从本原言，人亦万物中一物，虽其灵万倍于物，究其实，无非物也。而自本体言，心为万物本体。万物之差别，皆由心识，由心赋予。此中本原可说是构成物之材质，本体可说是构成物之根据。统是一心物合一体，由于"从物观"与"从心观"之不同，可有不同的结果。此心物合一体之流行不息，可称为道；其中万物之流行莫不各循其则，有其不得不然之必然性，可称为性；自万物各遵其道而行，若有命之者，谓之命；自万物之运行有其节文、条理，谓之理；此理之不可改易、不可违背，谓之天。故蕺山之言性、道等，皆指此浑然一体之不同方面言，非可以析而离之。蕺山尝言："盈天地间皆性也，性一命也，命一天也。天即心、即理、即事、即物，而浑然一致，无有乎上下精粗之岐。所以谓中庸之道也。"③此处"一"，即周敦颐《太极图说》之"五行一阴阳也，阴阳一太极也"之"一"，意即统一。分而言之，万物各具其性，统而言之，共为一心物合一体。此心物合一体亦名"太极"。此太极即气、即理、即心。如此观则蕺山散见各处之言心言性语，皆不可偏谓之矣。如："盈天地间只是此理，无物无我，此理只是一个。""盈天地间皆万物也，人其生而最灵者。""盈天地间皆道也。""只此一心自然能方能圆，能平能直……际而为天，蟠而为地，运而不已，是为四气。只此一心，散为万化，万化复归一心。"（《子刘子学言》卷下）理、气、心、性、物皆此同一体、此太极之不同方面。因其侧重点不同而有不同的名称。此为蕺山之学的浑融特点，

---

① 黄宗羲：《明儒学案》，中华书局1985年版，第1518页。
② 同上书，第1520页。
③ 同上书，第1527页。

也是心学共有之特点。于此处看得清，方谓识学。

太极之运行，各有其理，各归其位，不过其则，此之谓"维天之命，於穆不已"。太极之运，即动即静，而其根曰静。此静非与动对待之静，而是超动静之静。此为蕺山之独特观念，与阳明之"良知无动无静"之说不同，而略同于周敦颐所谓"主静"。蕺山之学归宗于慎独，其独体偏于静，故蕺山认为静优于动，此不同于船山。故蕺山说："湛然寂静中，当见诸缘就摄，诸事就理。虽簿书鞅掌，金革倥偬，一齐俱了。此静中真消息。"① "诸缘就摄，诸事就理"，万物各循其理，不过其则，此即是静。故蕺山说："主静之说，大要主于循理。""动中有静，静中有动者，天理之所以妙合而无间也。静以宰动，动复归静者，人心之所以有主而常一也。人心惟以静为主。"② 蕺山之学在天道观上主动静无端、阴阳无始，不可在动静两端中偏处一隅。但因其学归宗慎独，慎独之独体无法言说，只得借动静之静字描述。故此静字实超乎形下动静之静，即独体至诚不息之性质。

蕺山之学，以独体为本体，以慎独为功夫。蕺山多处言独体，如"独体只是个微字，慎独之功，亦只在于微处下一着子"③。此处微字，即性理在心中之凝聚，其最精微处，众性归一，众理合一。此性理在人心中之发窍十分微妙，惟己独知，故称曰独。此独在人心中呈现为一好善恶恶之"意"。蕺山认为，人心中无有或停之意念，此念念相续之心理过程，为心之本来体段，无此念念相续之心则死。而在此念念相续之心理活动中，有一主宰，曰意。意非已发之意念，此一点蕺山与朱子根本不同。此处意为未发。意之内容为好善恶恶。心中所发之意念，皆受意之主宰。此意，并非念后对其下评论者，而是念未发时主宰此念者。此主宰，为心最初之机，为心理活动所自来。所以意只可说原蕴于心，不可说发于心。发于心者后天，是可经验者，意是先天，是通过对后天之念的主宰功能而解析出来的。意中最初所有者，不过好善恶恶之向而已。此亦可谓"良心"。故

---

① 黄宗羲：《明儒学案》，中华书局1985年版，第1513页。
② 同上书，第1515页。
③ 同上书，第1516页。

蕺山有"有善有恶者心之动,好善恶恶者意之静,知善知恶者是良知,有善有恶者是物则"之句。此处绝不同于阳明之四句教。阳明四句教之首句"无善无恶心之体",何为心之体,学者不能无歧见。而蕺山以为心之体即意,意是好善恶恶的,从此处说,意可说有善无恶,类似西哲康德之"善良意志"。故蕺山有《阳明传信录》,言若心体果是无善无恶,则有善有恶之意(阳明所谓意,即蕺山所谓念)又从何处来?为善去恶之功又从何处起?无乃语语断流绝港乎?蕺山批评阳明解《大学》,于意字原看不清楚,所以叠床架屋。蕺山欲为龙溪之"四无说"易一字:心是有善无恶之心,则意亦是有善无恶之意,知亦是有善无恶之知,物亦是有善无恶之物。蕺山之心意知物皆有善无恶,因其从诚意中发出来,直接与独体同一。在蕺山,意字是天命之性于己独知处,从此中发出,以此为主宰,则通体皆有善无恶。此是理想状态。现实中之恶用省察克治之功夫纠之,但已属后天,非上乘功夫矣。蕺山之学,是"先天诚意"之学,非"后天正心"之学。

　　蕺山之独体,曰天本体之於穆不已可,曰天之性理在人心中之表现亦可。蕺山言:"无极而太极,独之体也。"① 此无极而太极,既指宇宙,也指人心。在宇宙,即指太极中之万物运动变化,各循其理,总体呈现一种和谐状态。此和谐即蕴于太极之内,由万物本性之必然性而决定。故万物虽未形时,亦不失其和谐,此之谓"未发之中",有似莱布尼兹之"先定和谐"。而万物既形后之和谐,谓"发而皆中节之和"。从人心言,喜怒哀乐未发谓之中,发而皆无过不及谓之和。蕺山解已发未发,有一独特处,即已发未发"以表里对待言,不以前后际言",即是说,已发未发并不是时间上前后相续的两种状态,而是一种状态的两个方面,如谓人心,一气流行,所谓喜怒哀乐并非形下之情感名目,而是一气流行的不同状态。黄宗羲总结蕺山这方面的思想说:"一心耳,而气机流行之际,自其盎然而起者,谓之喜,仁之德也;自其油然而畅,谓之乐,礼之德也;自其肃然而

---

① 黄宗羲:《明儒学案》,中华书局 1985 年版,第 1517 页。

敛，谓之怒，义之德也；自其愀然岑寂而止也，谓之哀，智之德也。"① 在蕺山之心性论中，有三个层次：气、性、情。人之肉体，其质为气，而气机流转，无有止息。气之流转有盎然而起、油然而畅等状态，此为气之理，此理即表现为仁义等性。此等皆形上，非谓形下之具体情感。此即未发之中。此即独体。而蕺山之形下情感，即"感而遂通"者，他称为喜好、忿懥、恐惧、忧患等七情，此为"情"，故蕺山尝说："《中庸》之喜怒哀乐，专指四德而言，非以七情言也。"② 又说："寂然不动之中，四气实相为循环，而感而遂通之际，四气又迭以时出，即喜怒哀乐之中，各有喜怒哀乐焉。"③ 此"四德""寂然不动"属性，此"七情""感而遂通"属情。统为一气，而有形上形下、性情之分。此心之未发之中，方之宇宙，即天道之元亨利贞蕴于太极中，从其发为形下之七情，方之宇宙，即天道之元亨利贞呈露于万物之化育中。故谓"存发总是一机，中和浑是一性"。不能分时间之先后，而以形上形下言。蕺山之学绝不同于有些儒者以时间前后言已发未发。而天道之元亨利贞、人心之喜怒哀乐处形上未发时，此即独体也。此独体无善恶可言，而是"至善"。有此至善，故蕺山易龙溪之"四无"为"四有"。保任此种状态，使独体充塞流行，时时中和，勿壅勿淤，无过不及，即慎独。可见蕺山之慎独实有精微之形上学为基础，管乎宇宙，也管乎人心，宇宙人心统为一理。非如一般儒者把捉人心，使勿放失，也非如禅家之入静，归于虚无寂灭。蕺山是直造形上之体，与晚年熟化之阳明同。蕺山之独体可谓笼括周子（主静）、张载（太和）、程颢（定性）、朱子（中和）、阳明（良知即天）诸家之学，广大而精微。

蕺山之独，既是一种实体，也是一种状态。如上言"无极而太极，独之体也"。此言实体也。蕺山又说："独字是虚位。"④ 此言状态。自性体

---

① 《子刘子行状》，《黄宗羲全集》第一册，浙江古籍出版社1985年版，第251页。
② 《子刘子学言》，《黄宗羲全集》第一册，浙江古籍出版社1985年版，第309页。
③ 同上书，第308页。
④ 黄宗羲：《明儒学案》，中华书局1985年版，第1516页。

言,则无形;自心体言,则有形。实体、状态、性体、心体是体用关系,不可割裂为二。蕺山说:"此独体之妙,所以即微即显、即隐即现、即中和即位育,此千圣学脉也。"[1] 独字包容理、气、心、身。蕺山尝言,独外无理,穷此之谓穷理,而读书以体验之;独外无身,修此之谓修身,而言行以践履之,其实一事而已。又言独体即天体,认为独体包乎形上形下,管乎宇宙人心,慎独即是与天理合一,所以独之外别无体,慎独之外别无功夫。

二 意与诚

蕺山之慎独略如上述。其慎独若用《大学》八条目言之,则曰诚意。诚意为蕺山特别着重者,言诚意之处,不一而足,故须特别分疏。上已约略言之,此更详述。

蕺山所谓意,不同于其他儒者,宋明儒大都沿用《大学》正心诚意之序,将意说为已发,即心中生起的意念。蕺山所谓已发,专属于"念",而意字则别有指谓。蕺山所谓意,指念之主宰。蕺山说:"因感而动,念也;动之微而有主者,意也,心官之真宅也。"[2] 按蕺山之义,"意者心之所以为心也",意为心之体。此心之体非谓心之本来体段,而主要谓意较心有形上的重要性。心为形而下者,亦可谓为万物中之一物。心必与意合言,若单言心,则重在指容受感觉、生起念头之主体,即蕺山所谓"径寸虚体"。若只言此等心,则堕入佛氏之见,蕺山谓心中必有意,"心无体,以意为体",此意字之根据在独体,独体中万象各按其本性之必然性运作,万象不乱其序,共成一天,此必然性、当然性可谓为诚,此诚体现于心中,可谓为诚意。此诚意即人心中一点主宰,蕺山谓之枢纽。他尝说:"天向一中分造化,人从心上起经纶。一敛一发,自是造化流行不息之气机,而必

---

[1] 《子刘子学言》,《黄宗羲全集》第一册,浙江古籍出版社 1985 年版,第 310—311 页。
[2] 黄宗羲:《明儒学案》,中华书局 1985 年版,第 1562 页。

有所以枢纽乎是、运旋乎是，则所谓天枢也，即所谓独体也。"①独体是造化之枢纽，意是心体之枢纽。意之形上根据，即独体也。意在心中的功用为管束、规定心念之方向，其呈现为好恶。心中念起，有几微之动，《易》所谓"吉之先见者"耳。意之好恶，非在已发上用，而是在未发上。善念则经意之规定者，恶念则逸出意之管束者。意之好恶，不同于念之好恶。念之好恶，是形下的心理现象，而意之好恶，只是一个作用。即蕺山所谓"意之好恶，一几而互见；念之好恶，两在而异情"。念之好恶，好念非恶念，恶念非好念，不同时发。而意中之好恶，即能好能恶之功能，一意而好恶同显。若是诚意之发，则独体豁然全显于心中；心中所有，无非性体流行。慎独者，即保任此状态不使走作。诚意者，诚此心全为性体流行。诚意即惧独，独体即意根。蕺山意思，以为后天用功，皆补偏救弊，皆是拯流波于既倒。而未发用功，则一了百当。从此处说，蕺山之学实属"先天"。不过蕺山之先天，不同于龙溪之先天。蕺山之先天，慎此独体，保任性体充塞流行，心中有意为主宰。龙溪之先天，保任此先天本无一物之心，此佛氏之空明。（龙溪"四无"说之真实义指，见另文，此处不详辨）故蕺山对龙溪有激烈批评，斥龙溪跻阳明而为禅，直把良知作佛性看，而赞同江右王门邹东廓、聂双江之"戒惧""归寂"。此皆与蕺山慎独诚意之说同一路径。

蕺山之慎独，全在静存处用功夫，但静存之功即动察之功。蕺山尝说："一念不起时，意恰在正当处也。念有起灭，意无起灭也。"又说："诚无为，才着思勉，则不诚。不诚则非意之本体矣。观诚之为义，益知意为心之主宰，不属动念矣。"② 一念不起时，非无一气之运。一气之运诚通诚复，则意在正当处。意在正当处，则性体流行。此时之意为诚意。此诚只能存，不能着思勉，存诚即所以闲邪。存诚即得意之本体，即为至善。表现于形而下，则发而皆中节。所以，蕺山认为静存即动察，静存之外无动

---

① 黄宗羲：《明儒学案》，中华书局1985年版，第1557页。
② 同上书，第1553页。

察。譬之树，静存即在根上用功，根壮自然枝叶畅茂，枝叶上着不得功夫。静存功夫不得力，发为喜怒哀惧之情就会走作。觉自己发处有不是，思欲改时，此时喜怒之情已过，仍是静存功夫。故静存功夫一贯，时时静而时时动也。因为独体动静一如。故蕺山说："意诚，则心之主宰处止于至善而不迁矣。至善之量，虽通乎身心家国天下，而根据只在意上。盖谨其微者，而显者不能外矣。"① 此点梨洲认为是蕺山发先儒未发处。

蕺山之慎独，若以功夫本体分，则独体为本体，慎独为功夫。慎独即诚意，诚意即致中和，致中和则无间已发未发。慎独合静存动察为一。蕺山之学，从经典来源上说，是合《大学》与《中庸》为一，而以《中庸》为主。朱子学、阳明学皆以《大学》为主，朱子之格物致知，阳明之致知、诚意，皆《大学》八目。蕺山以《中庸》之慎独，贯《大学》之三纲八目。以慎独为宗，则"功夫结在主意上"，内外统是一事，功夫皆是一贯。如慎独即诚意，意诚心自正，因为意为心之体，独体洞彻，则格物恰其理也，致知适其性也。发为修齐治平，皆实地功夫。方之"三纲领"，则独体为明德，慎独即明其明德。慎独后发为事功，则为亲民。慎独则止于至善之地。故慎独则无所不贯。蕺山初年曾沿朱子主敬之说，但终觉主敬与格物为二事，功夫尚不能打成一片。而后以慎独为宗，慎则敬，敬则诚，功夫本体融成一片。梨洲叙其师所得："晚年愈精微，愈平实，本体只是些子，功夫只是些子，仍不分此为本体，彼为功夫。亦并无这些子可指，合于无声无臭之本然。"②

蕺山之学专为纠阳明后学之猖狂恣态而来，故其以江右诸人为得阳明正传。他论邹东廓曰："东廓以独知为良知，以戒惧慎独为致良知之功。此是师门本旨。而学焉者失之，浸流入猖狂一路。惟东廓斤斤以身体之，便将此意做实落功夫，卓然守圣矩，无少畔援。"③ 可见蕺山之学与邹东廓同一宗旨。或言蕺山之学远绍敬斋（胡居仁），近取东廓亦无不可。明代儒

---

① 黄宗羲：《明儒学案》，中华书局1985年版，第1550页。
② 《黄宗羲全集》第一册，浙江古籍出版社1985年版，第250页。
③ 黄宗羲：《明儒学案·师说》，中华书局1985年版，第8页。

者,可分为狂狷两大派。狂者以阳明、龙溪、泰州为大端,狷者以崇仁、江右、止修、蕺山为大端。白沙、甘泉则狷中之狂者。蕺山对狂者皆有微词,但亦非全属意于狷者,故可以说是明代学术之折衷总结者,其学传于梨洲,则总明代学术大成,纠偏补漏而开新统之意,甚为明显。《明儒学案》之《师说》,即梨洲参酌师语而对诸大儒之评述。其中之褒贬,多据师旨。而对于阳明之评论,则全取师说,从中可窥蕺山旨要所在。其中说:"先生承绝学于词章训诂之后,一反求诸心,而得其所性之觉,曰'良知'。因示人以求端用力之要,曰'致良知'。良知为知,见知不囿于闻见;致良知为行,见行不滞于方隅。即知即行,即心即物,即动即静,即体即用,即功夫即本体,即下即上,无之不一。以救学者支离眩骛,务华而绝根之病。可谓震霆启寐,烈耀破迷,自孔孟以来,未有若此之深切著明者也。"① 蕺山所表彰者,在阳明一反朱子之旧学而自创心学,在阳明心学之"无之不一"。阳明此点,为蕺山继承。故蕺山之学亦"无之不一"。除知行少有发明外,其余心物合一、动静合一、体用合一、功夫本体合一、形上形下合一,皆蕺山反复倡言者。而这些地方,亦正蕺山所据以批评朱子者。蕺山之学为心学无疑。

但蕺山对于阳明,也有直率批评,如谓阳明:"特其急于明道,往往将向上一几,轻于指点,启后学躐等之弊有之。"② 此语论者多不得其解,其实蕺山之意甚明。他所谓向上一几,谓良知即上即下,贯通天人,而其所得,皆从百死千难中来。虽良知人人自有,但阳明之良知已融入半生磨炼所得,非现成良知矣。现成良知与百死千难中得来之良知,统为良知之名。阳明教学者,中岁以后专主"致良知",后学承领现成良知,剿袭阳明"良知即天理"之语,未经实功,径任此等良知,谓将此良知致于事功,则事事物物皆得其理。实则理自理,气自气,天自天,人自人,两在而未洽。此躐等之病。虽后学承领太易,不为无过,而阳明之轻于指点,亦其

---

① 黄宗羲:《明儒学案·师说》,中华书局1985年版,第7页。
② 同上。

咎也。承领太易,蕺山此处明指龙溪及泰州后学。故蕺山改阳明"致良知"为慎独,以《中庸》贯《大学》,以实功纠虚狂。蕺山曾将阳明《传习录》中早年专主慎独、立诚、致知实功等语,合为一编,名《阳明传信录》,示录中语皆阳明平正信实而足以贻后学者。录中夹有己之评论,意欲为后学指出阳明功夫恺切处,力矫学者"不学其所悟而学其所悔,舍天理而求良知,说知说行,先后两截,言悟言参,转增学虑"之弊。并有以己意范围阳明者。如阳明《传习录》中"仆近时与朋友论学,惟说立诚二字。杀人须就咽喉上着刀,吾人为学当从心髓入微处用力,自然笃实光辉。虽私欲之萌,真是红炉点雪,天下之大本立矣"一段,蕺山便捉掇出"诚无为,便是心髓入微处,良知即从此发窍者,故谓立天下之本。看来良知犹是第二义也"数语,以己之"诚意""慎独"为学问头脑。明示良知必以慎独为先功,良知所致者必诚意,非未经锻炼之率意。又如阳明"未发之中,即良知也,无前后内外而浑然一体者也"一语,指出"此戒慎恐惧者是良知",明以己意为阳明解说。其纠正阳明与阳明后学之偏处,至为明显。

三 性与气质

蕺山之学,专言心性,对宋儒所论诸方面,如天命之性与气质之性、道心与人心等皆有言说。蕺山主理在气中,故谓"气质之性即义理之性","性只有气质之性,而义理之性者,气质之所以为性也"[①]。气在蕺山之学中有甚重要之地位,言心性不离乎气。据蕺山,形下之现实表现,皆气质也,故言"盈天地皆气也"。性即气几流行所表之义。天下物皆有性,非人得而私也。如天有四时,春夏为阳,秋冬为阴,皆一气之运。元亨利贞即春夏秋冬之表义,即天之性也。人亦一气,喜怒哀乐,中和出焉,其德则仁义礼智,所谓性也。故蕺山谓"性是就气质中指点义理者",蕺山对于二程之"论性不论气不备,论气不论性不明"之语,颇有微词。即程子

---

① 黄宗羲:《明儒学案》,中华书局1985年版,第1543页。

于此语后所缀之"二之即不是",蕺山也认为笼统。在蕺山看来,二程此语有性气为两物之嫌。他指出:"凡言性者,皆指气质而言也。……盈天地间,止有气质之性,更无义理之性。"[①] 极言以气质为基。蕺山亦反对朱子之天地之性与气质之性之区分。朱子之天地之性来源于理,而朱子认为理"平铺放着",其理不是气中表现之规则、原理,而是逻辑上先于气者。朱子的太极是"总天地万物之理",是"万善至好的表德"。人物统是一太极,因所禀之气不同,此太极在个体中表现亦不同,此之谓"人人有一太极,物物有一太极"。人禀气最清,故其表现太极之理最全。朱子尝喻统是一水,在青碗中是一样颜色,在黑碗中又一样颜色。太极之理即天地之性,在人身上通过人之气质表现出来的即气质之性。在蕺山看来,朱子此种观点势必导出天地之性别为一物之结论。程子之"二之即不是",亦只反对性气为二物,而未指出性气何者为基。而蕺山认为:"理即气之理,断然不在气先,不在气外。"(《刘子全书》卷十六)且蕺山谓有此见解,方可避免堕入佛氏之虚无、象数之支离,其道心人心论,亦应如此看。蕺山谓:"人心惟危,道心惟微,道心即在人心中看出,始见得心性一而二,二而一。"[②] 此处蕺山亦明言批评朱子。朱子谓天地间有理有气,道心为理,人心为气。而蕺山认为天地间一气而已,理亦气之不过其则者,道心即人心中所以无过不及者。此与气质之性与义理之性同一路数。

　　蕺山之学以《中庸》为主,以《大学》为辅,《中庸》之慎独与《大学》之诚意贯通为一,此为学之大端。凡不合于此旨者,蕺山对之皆有批评。如朱子《四书集注》,人多以为定本,蕺山则间有不满意处,认为朱子于《大学》之"意"字原看不清楚,故其"诚意"章注反草草。因朱子将"意"看作已发。于慎独,则看作在已发上用功。此为朱子疏阔处。蕺山尝言,朱子一生学问得力于敬,其不从慎独二字认取,而欲缀敬于慎独之前,正如握灯而索照。自己之慎独宗旨,彻上彻下,敬即慎独,能慎独

---

① 黄宗羲:《明儒学案》,中华书局 1985 年版,第 1525 页。
② 同上书,第 1516 页。

则格物致知以至修齐治平无非性体流行。对阳明，蕺山也认为其"无善无恶心之体，有善有恶意之动"二句于意字看不清。如果心体无善恶，此心体只是一虚灵知觉，无道德意义，性善之旨无处着。知善知恶是良知，虽无大差，但良知必从意字来，必是诚意中之好恶。意是主宰心念者，如放弃主宰作用，只是对后天所发心念的判别，则良知只是念的奴仆，良知之"良"，其先天义、本原意则无着落，何言其"良"。如良知本身无善恶，其何能知念之善恶？蕺山认为阳明此处之未融，全在将"意"字认坏。蕺山之"意"字为第一义，为独体之表现，故反对阳明以心体为无善恶，以意字为后天之念。

蕺山慎独诚意之学，专从心性之深邃入微处用力，对人对己，不少假借，故其学严毅清苦，而其学正与其行为之高峻劲拔相为表里。梨洲之《子刘子行状》叙其师之行谊甚详，亦教人睹其风节，由行窥知。蕺山一生，大半著书讲学。梨洲谓其"通籍四十五年，立朝仅四年"。即此四年中，亦屡次上书言政事，虽忤逆当道而不恤。其所上书，以劝崇祯行仁义、轻赋税、恤流民、远阉宦为意。亦其学之施于政事者，故多被目为迂阔而不用。蕺山立朝耿介，敢犯颜抗谏，故数遭革职，仍无改其节义，终以绝食殉明。

观蕺山一生学行，其孤介高峻之风节自是可钦，但终办得一理学君子，其于经世致用之学未尝讲，亦不屑于讲。如御史杨若侨荐泰西传教士汤若望善火器，请崇祯诏试以用。蕺山上书言："臣闻用兵之道，太上汤武之仁义，其次桓文之节制，下此非所论也。迩来边臣于安攘御侮之策，战守屯戍之法，拟置不讲，恃火器为司命。今破坡陷邑，岂无火器而然哉？我用之以制人，人得之亦可以制我。不见河间反为火器所破乎？先臣戚继光在塞上，谨烽燧，严斥堠，军法修举，数十年无窥边者。未尝专恃火器。不恃人而恃器，国威所以愈顿也。汤若望唱邪说以乱大道，已不容于尧舜之世，今又作为奇巧以惑君心，其罪愈无可逭。乞皇上放还本国，永绝异教。"[①] 对泰西之人，蕺山似未若后来康熙帝之宽容，对西人实用之学，亦

[①]《黄宗羲全集》第一册，浙江古籍出版社1985年版，第235页。

未若康熙热心。其斥西人之实用技术为奇技淫巧，与后之保守派同一口吻，亦可见其理学君子之偏鄙处。专于诚意正心而疏于经世之学，此弊至明末而至极。有明一代，此风盛而国势衰，清初颜习斋即见此风无益于国，而倡"习行"之学，正所以纠有明之偏。习斋所斥之"无事袖手谈心性，临危一死报君王"，正明斥蕺山之绝食殉明。不过此风乃一世学术趋向，非蕺山一人能外之，亦非习斋一人能纠之。蕺山之学问风节自有其不可掩处，非可以硁硁君子而轻轻抹过也。

（原载台湾东海大学《中国文化月刊》1993 年 12 月第 170 期）

现代篇

熊十力与牟宗三关于《大学》释义的辩争

——以《读经示要》为中心

1944年冬，熊十力在重庆北碚写成《读经示要》，次年12月正式出版。出版前曾分讲油印若干册，送诸同好。牟宗三当时在重庆随熊十力游，获赠此书之第一讲，旋即致函熊十力，就其中关于《大学》的解释与熊十力商榷，熊十力复信答辩。[①] 熊牟师弟关于《读经示要》的这场辩争，焦点集中在对《大学》"格物致知"的解释上，涉及对儒家根本精神的理解，本体的诠释方向，以及在天道和人心、价值和知识等问题上的不同立场，从中可以看出二人思想发展中的一些重要关涉。

一 对儒家根本精神理解上的一致

熊十力在《读经示要》第一讲中对儒家经典的根本精神做了阐发，并据此对佛教和西洋学术进行批评。他认为，六经内容虽然不同，但皆在宣示天地万物的本原，为人性立形上学基础。天地万物的本原是道，道是世间事物的总原理，是人性的最终根源。所以，欲究明天地万物的根本法则，

[①] 此信收于《十力语要》卷三，题名《答牟宗三》，信前附录牟宗三的来函。

读儒家经典是最简捷的途径。儒家之外的学术，归纳起来，其精神趋向不外两大宗：佛教和西洋学术。佛教的最终目的在求超脱轮回，出离苦海，达于彼岸世界。其内部各宗派虽在理论上千差万别，最后的归宿都在"涅槃寂静"。故学佛者皆耽空守寂，与《周易》乾德刚健，万物各正性命，不欣生，不厌死，在大化流行中各极其致的学说不同。西洋学说肯定外在世界，对人生不厌不弃。但西洋学术着力者在物质的创造和社会生活资具的更新，一意向外驰求，不内敛凝默，易物化而不返，与《周易》自宇宙本体而来的对物的观照和利用不同。若套用王船山的话，可以说佛教为"耽空者务超生，其失也鬼"；西洋学术为"执有者尚创新，其失也物"。[1] 所谓"鬼"，用张载语："鬼者归也"，指精神内敛，卒归于空寂。"物"指为物所化。佛教与西洋学术的精神方向皆背离了人文精神，而以六经为代表的儒家则"体道以立人极"，虽究玄而不耽于空寂，成物而不执著于物，可谓大中至正之道。

牟宗三同意熊十力本《周易》哲理对佛教和西方学术所做的批评，他在给熊十力的信中说："昨奉《读经示要》第一讲油印稿，喜甚！细读一过，大义昭然。据六经之常道，遮世出世法之僻执，遮表双彰，可谓至矣。"[2] 其中世法指西洋学术，出世法指佛教。"遮"指对耽空执有者的批评，"表"指对六经特别是大《易》思想的阐发。牟宗三以上话语表明，他对乃师以儒家人文精神、以即活动即存有的本体世界为价值标准是首肯的，对乃师据此价值标准对佛教和西洋学术所做的批评是赞同的。这对他以后对宋明理学、佛教的研究和判释有很大影响。

熊十力在《读经示要》中对群经治国原则的概括，也为牟宗三所赞同。熊十力认为，六经所言，是人类之常道，常道贯彻为治术。六经之治术，可概括为以下九点：一，仁以为体。仁者，宇宙之本原，治国之根本，本仁以立治体，可以有万物一体之襟怀，可以撙节物竞之私，可以实

---

[1] 《读经示要》，《熊十力全集》第三卷，湖北教育出版社2001年版，第578页。
[2] 《十力语要》，中华书局1996年版，第307页。

现互助之美，堵塞利害相攻之祸。二，格物为用。在立仁体的前提下，必须精切研究社会组织、政治制度、风俗民情及人本身的性质。"徒善不足以为政"，治国理想必须落实在实际问题的研究与解决上。三，诚恕均平为经。此处"经"乃根本法则之意，与"权"相对。六经致治原则，在诚、恕与均平。诚者诚信，不猜忌，不欺诈，是处理国际国内事务所应遵循的原则。恕者不自私。国际上的侵伐，宗族间的杀戮，多起于无恕心。均平即强弱相济，大小互助，抑高补低，可以杜绝强者垄断、侵削、贪污诸恶，亦可以消弭弱者揭竿而起。恕本于诚，均平本于恕。四，随时变化为权。此"权"为权变之意。经立常道，权应变化；权本于经，守经而观变，变不离乎常。经济制度、道德信条、习惯俗尚、政策法令皆在变中，而不离乎诚恕均平之大经。五，利用厚生，本于正德。此点是儒家与西洋治术最显著的不同。近世列强皆以利用厚生为本，儒家先哲亦重利用厚生，但强调必出于正德。非此则易堕入专趋功利一途。正德为本，利用厚生必本于正德，这是无论强国弱国皆当奉行的原则。六，道政齐刑，归于礼乐。这一条针对专尚法治所导致的弊害，认为"徒法不足以治国"，须以礼乐陶养、培育向善的民风。对民众的教育，重在精神陶养，不在刑法约束；在内心的自律，不在外在的强制。七、八，始乎以人治人，极于万物各得其所。所谓以人治人，本于《中庸》所谓"以人治人，改而止"。即以人所制定的礼乐育人，使其能改正己过，达于理想人格。礼乐的依据是人性之本有，故非冰冷的律条。在适性惬情之渐进中归于万物各得其所。九，终之于群龙无首。此条是糅合《春秋》所说的太平世和当时盛行的无政府主义二者，而比附于《易》之"群龙无首"。万物各得其所，人人皆为君子，是为"群龙"；此世天下大同，达于至治，无有种界、国界，人人皆平等，无有首领君临于众人之上，是为"无首"。人类的最高愿望是至真至善至美之境，人以此为目标，精进不已。大同之世即这个最高目标在政治生活上的表现。熊十力认为，这些治国原则，总而为一，可曰仁术；六经之所昭示，可曰仁学，仁术本于仁学。所以他的结论是："经学者，仁学也；其言治，仁术也，吾故曰常道也。常道者，天地以之始，生民以之生，无时可舍，无时可易也。而况经学之在中国也，真所谓日月经天、山河行地，其明训大义，数千年来浸润吾国人者，至深且远。凡所以治身心、立人纪、建化本、张国维者，何一不原于经。"①

熊十力对于经学的这些意见，为牟宗三所认同；对以上治术九义，更是赞叹不已。牟宗三在信中说："继陈九义，始于仁以为体，终以群龙无首，规模宏阔，气象高远。盖吾师立言，自乾元着手，会通《易》、《春秋》及群经而一之，固若是其大也。……孔孟立人极，赞化育，本于此为根本精神。理学家杂以释老，此义渐隐没不彰。德国哲人立言，庶几乎此，而英人则全不能了此。时下人心堕落，全无志气，闻之必大笑。然非圣贤心思，不能道之矣。"②牟宗三认为熊十力以上见解，有体有用，有儒家最高理想，有本此理想融合中西古今学术而成之措施，代表了孔孟根本精神，是一幅陈义甚高的治国蓝图。此中所言之本道德而体现为治术，仁为本体等，与牟宗三后来一系列著作中所表示的道德的理想主义基本精神一致。惟"群龙无首"义所说的无国家、无政府的乌托邦式的君子国，则由于牟宗三没有熊十力那样强烈的空想色彩，没有熊十力那样强烈的对《春秋》《礼记》中所说的大同世界的信仰，没有熊十力那样对经典直接信用不加怀疑的态度，故不信奉持守。而对道德的理想主义，则有一系列创造性诠释。熊十力所赞扬的"德国哲人"，指以康德为代表的德国古典哲学；所贬斥的"英人"，则指当时在中国流行的英美实证主义和功利主义。对这些学说的融摄、改造，是牟宗三后来一系列著作的重要内容。

二　对"格物致知"的不同解释

牟宗三认同熊十力者，主要在儒家的根本精神方向和实践原则上，对《大学》诸条目特别是其中的"格物致知"，与熊十力解释不同。熊十

---

① 《读经示要》，《熊十力全集》第三卷，湖北教育出版社2001年版，第626页。
② 《十力语要》，中华书局1996年版，第307页。

力是先把"格物"与"致知"分成两个部分,再总合起来说两者的关系。他的总的指导思想是,统合朱熹与王阳明,以致知统合格物,在道德理性的范导下来安排知识,以知识融入道德,使知识活动成为一个有价值参与的整体。

在对"致知"的解释上,熊十力用阳明义而不用朱子义,他认为,《大学》所谓知,即阳明所谓良知;良知之知非知识之知,他说:"致知之知,即是良知,何以云然?如非良知,则必训此为知识矣,若是知识之知,则经言正心诚意,何可推本于知识乎?知识愈多,诈伪且愈甚,老子所以有'绝圣弃智'之说也。经言'诚正必先致知',则此知绝非知识之知,而必为良知也,断无可疑矣。孟子言良知,盖自此出。"[1] 熊十力所理解的良知即本心。这个本心,是道德理性与知识理性的统合体。就道德理性说,它是见父自然知孝,见兄自然知悌,见孺子入井自然知恻隐的道德情感。就知识理性说,它是经验知识得以成立的根据,即佛家所谓"缘虑"的主体。而致知之"致",即正心、诚意诸工夫,它推致、保任良知本体,使其流行于一切处而不改变其主宰常明的状态。

熊十力反对以"知识"释知,更反对以情见释知,所以朱熹、郑玄对致知的训解,他都加以反对。他认为,朱熹《四书集注》中所谓知,是知识之知;朱熹的致知,是扩充知识,使达于极点。他对这个解释的质疑是,对于个体来说,知识是否可以扩充达于极点尚在不可知之列,此姑勿论,而知识之多寡对于正心诚意是否能有所影响,这是大有疑问的。这个疑问与王阳明在龙场之时质疑朱熹"先儒解格物为格天下之物,天下之物如何可格?纵格得草木,如何反来诚得自家意"完全一致。对郑玄格物之训:"由善恶之知,来善恶之事,事缘人所好来",熊十力径斥之为以情见释知,为学不见本原。[2] 熊十力还认为,他所谓良知,与佛家所谓"性智"是同一层次的概念。性智不同于理智,性智是心之本体。对此本体的识认,

---

[1] 《读经示要》,《熊十力全集》第三卷,湖北教育出版社2001年版,第656页。
[2] 同上书,第663页。

只能是"亲冥"。所谓亲冥，即性智之内证，性智之自了自见。它是能证与所证的统一，而实不可分能所。它超绝对待，独立无匹。自证自知后涵养不失，使良知本体流行的功夫和过程，即致良知。致良知对证量此本体者来说，是"逆觉体证"；对本体自身来说，是开显和朗现，它对具体的格物活动表现为纵贯中的横摄。熊十力用王阳明的致良知去解释《大学》的致知，就是要使本体成为价值性的实体，成为体证的对象，以免沦落为纯知识的对象，失去价值的范导。

熊十力虽然不同意朱熹对致知的训解，但对朱熹格物之说，则表赞成之意。他说："愚谓物者事物，格物者即物穷理。朱子《补传》之作，实因经文有缺而后为之，非以私意妄增也。夫经言'致知在格物'者，言已致其知矣，不可以识得本体，便耽虚溺寂，而至于绝物；亡缘反照，而归于反知。此经之所以结归于'在格物'也。"① 又说："如只言致良知，即存养其虚明之本体，而不务格物；不复扩充本体之明，以开发世谛知识，则有二氏沦虚溺寂之弊，何可施于天下国家而致修齐治平之功哉？故格物之说，唯朱子实得其旨，断乎不容疑也。"② 他认为，朱熹的格物穷理之说，有使人广泛地充分地获取知识之意，有非常强的重视知识的意向。这种意向不仅反对老庄的绝圣弃智和佛家的耽空守寂，而且作为一种知识传统，下启近代以来重视实证科学的风气，所以他说："余以为致知之说，阳明无可易；格物之义，宜酌采朱子。"③ 认为朱熹格物之义，在重视事物的规律、理则上，在重视知识的积累与互相发明上，可以说"与西洋哲学遥契"。

熊十力反对王阳明训格为"正"，训物为"事"，格物为"正念头"，认为太偏于内，于知识的获取有忽视之嫌。他主张"格物"取古义：释格为"量度"，物为具体事物。格物即对具体事物进行量度、实测、研究。格物活动可概括为朱熹所谓"即物而穷其理"。这样，熊十力的"格物致知"，"致知"取阳明义，"格物"取朱熹义，格物致知实际上是纵贯中的

---

① 《读经示要》，《熊十力全集》第三卷，湖北教育出版社 2001 年版，第 668 页。
② 同上书，第 670 页。
③ 同上书，第 667 页。

横摄。熊十力自认为这样的训解既保住了价值根源，又不废知识；既不弃大贤阳明，又不弃大贤朱子；既继承传统，又加入近代科学的新义，是一种比较全面的训释。关于这一点，他有很鲜明的表述，他说："致良知是学问大头脑，如不能致良知，而言即物穷理，则是徒事知识，而失却头脑，谓之支离可也。今已识得良知本体，而有致之之功，则头脑已得，于是而依本体之明去量度事物，悉得其理。则一切知识，即是良知之发用，何至有支离之患哉？"[1] 他所谓物，可谓含古今中外一切事物，格物即致知中的格物，故即良知之发用："如事亲而量度冬温夏凊与晨昏定省之宜，此格物也，即良知之发用也。入科学实验室，而量度物象所起变化，是否合于吾之所设臆，此格物也，即良知之发用也。当暑而量舍裘，当寒而量舍葛，当民权蹂躏而量度革命，当强敌侵凌而量度抵抗，此格物也，皆良知之发用也。总之，以致知立本而从事格物，则一切知识莫非良知之妙用。"[2] 而"良知之妙用"即良知之应物现形，随缘做主，也就是良知在流行过程中，遇物感而应，物之形色即现于良知前，为良知所量度，而后为良知的一部分。良知随所遇而量度，随量度而收摄，随收摄而为此形物的主宰，随主宰而赋良知本体之明于形物。这一过程即"致知在格物"。

熊十力这些思想，实际上已经有后来牟宗三"两层存有论""纵贯之中有横摄""良知坎陷"诸说的端萌。牟宗三就是沿着这些思路或说精神方向而有开发，有邃密。熊十力自佛学入，对本体的描述掺入了《易传》与王阳明、王船山的思想；对现象界的描述，主要取义于唯识学和朱子学。而牟宗三则收摄此诸家，一归于康德哲学，以现象与物自身分两界，以智的直觉为连通二者的桥梁。智的直觉熊十力本想于量论详细发挥，但量论迄未做出。牟宗三则对知识论有系统开发，遂驾其师之说而上之。再则，熊十力非常重视《大学》，把它视为六经的总括。将其中的格物，置于致知的统领之下，两无偏弊。他尝说："《大学》总括六经要旨，而注重格

---

[1] 《读经示要》，《熊十力全集》第三卷，湖北教育出版社 2001 年版，第 668 页。
[2] 同上书，第 669 页。

物。则虽以涵养本体为宗极，而于发展人类之理性或知识，固未尝忽视也。经学毕竟可以融摄科学，元不相忤。人类如只注重科学知识，而不求尽性，则将丧其生命。"①牟宗三则看重《论语》《孟子》《中庸》《易传》，视《大学》所讲仅为"认知的横摄"，于正宗儒家学说为歧出。从中可以看出，二人对《大学》的诠释完全不同。

牟宗三对于熊十力以上以阳明义释致知，以朱子义释格物，合朱子阳明为一解释"格物致知"不慊于心，他在给熊十力的信中直接表明了这一质疑："后面讲《大学》，宗三微有不甚了然者，即'致知在格物'一语。据吾师所演释，似不甚顺妥。致知之知，若取阳明义，指良知（本心）言，而'格物'一词，复因顾及知识，取朱子义。今细按'致知在格物'一语，则朱王二义实难接头。"②他认为，《大学》"致知在格物"一语，不能取朱熹阳明二义合释，因为二义正相反对。依朱熹，格物为"即物而穷其理"，只成就知识，与诚意、正心等价值性活动无有若何必然关系。朱熹义于"物格而后知至"所讲甚为顺适，然知至而意不必诚。王阳明即看出此点，将朱熹向外功夫全转为内，以知为良知，物为意之所在，格物为正念头；格物、致知、诚意、正心一时并了。这样一转，格物与正心、诚意步步皆有关联。

此处牟宗三的质疑，直从王阳明致良知的根本意思入手，将朱熹的格物完全解释成向外求取知识，与正心诚意等价值活动无关涉。牟宗三的这种理解，并未将熊十力所阐明的"致良知"是良知本体流行，遇所收摄的外物即变化之、赋明之、开显之、润泽之的意思理解透彻，只将致良知视为一实然的伦理性活动，如去除习心遮蔽、诚意正心等。熊十力已经将阳明的良知本体论化了、形上学化了，而牟宗三此时仍将阳明学视为一横向的伦理学说，而非合伦理与知识为一的"纵中有横"。此时还没有他后来在《心体与性体》中那样将宋明理学的真精神理解为一纵贯的"逆觉体

---

① 《读经示要》，《熊十力全集》第三卷，湖北教育出版社 2001 年版，第 673 页。
② 《十力语要》，中华书局 1996 年版，第 307 页。

证"。他后来将具体事物解释为本体的朗现、伸展、遍润，可以说就是吸收了熊十力以上"格物致知是良知本心体万物而流通无阂"，"良知之明周运乎事物而度量之"，"良知之应物现形，随缘做主，是则良知自然妙用"诸义，加上周敦颐、张载、程颢、陆九渊等关于宇宙本体的思想而体证、融释、推绎，成就一宏阔精深的本体论。此中熊十力的影响昭然不可没。

三 在致知方向上的不同看法

牟宗三与熊十力在致知格物上的分歧，还表现在对致知功夫究竟是向内义为主还是向外义为主这一点理解不同。牟宗三根据王阳明，认为致良知就是回复良知，因为良知虽是本心，其体为至善，但良知必为私欲习气所遮蔽，故须回复，复的功夫即格物，因此格物即诚意正心。此即向内功夫。牟宗三同时认为，阳明之致良知，也有向外推扩的意思，如"致吾心良知所知之天理于事事物物，则事事物物皆得其理"（《传习录》中《答顾东桥》）。说的就是向外推扩之意。牟宗三虽然承认阳明的致知内外二义皆有，但认为究以向内的"回复"义为主，并认为熊十力以上解释全为向外之推扩义，意亦有偏。他在给熊十力的信中说："阳明之'致'，究其何义，并未表明清楚。然无论如何，总持言之，内向、外向义虽有别，次序亦异，而总不冲突，惟关键在'复'。立言之着重处亦在'复'，而外向则是其委也。"[①]熊十力并不以牟宗三致知之"致"字为内向之复为然，亦不以外向之推扩义为偏，他在复信中当即反驳，认为牟宗三以上质疑"推求太过"。

王阳明的致良知，其主要意思究竟是向外的推扩还是向内的回复，这是阳明学的一个重要问题。按之阳明著作，可以说二义都是致良知的重要义项，但其侧重有早晚年之不同。阳明自龙场确立心学宗旨后，其学有几次变化。黄宗羲据阳明高弟王龙溪所述，将阳明一生学术定为六变，龙场之后有

---

① 《十力语要》，中华书局1996年版，第308页。

三变。(《明儒学案·姚江学案》)我们认为，阳明学术确有一个从前期的兢兢业业、亹亹翼翼，侧重内敛扩充，到晚年境界高迈、本领阔大，侧重于向外推扩的变化。特别是擒宸濠、处忠泰之变，在江西揭"致良知"三字宗旨为教法后，向外推扩是其致良知的主要意思。晚年服父丧之后的居越讲学，向外推扩的意思更加增多。可以这样说，阳明学说以揭"致良知"三字宗旨为界，之前多向内回复义，之后多向外推扩义。因晚年内敛积累渐多，功夫熟化，须推致良知于实事上之故。此义学界说之已多，本不必详述。但于熊牟师弟间关于致知的辩争有关涉，故在此重提并非无意义。

牟宗三以向内之复字为重，说明他此时学问尚未广，[①]对阳明的理解，还侧重于伦理学的正心诚意。而熊十力此时已从佛家营垒中杀出，融大《易》、王阳明、王船山与佛学空有二宗为一的本体论已告成。这时的本体已有流行不息、健进不已、随所遇而收摄的纵贯中之横摄义。他的重视向外扩充是必然的。本体如此，本心亦如此。所以此时熊十力所谓本心，着重的是向外推扩义："夫心无内外可分也，而语夫知的作用，则心有反缘用焉，似不妨说为内向；有外缘用焉，似不妨说为外向。但内外二名，要是量论上权宜设施，实则境不离心独在，虽假说外缘，毕竟无所谓外。且反缘时，知体炯然无系；外缘时，知体亦炯然无系。知体恒自炯然，无定在，而实无所不在，何可横截内外而疑其内向外向之用有所偏乎？"[②]此中反缘指本体之自证自知，外缘指心攀援经验之物而对之起了别。反缘外缘皆就知识论上分内外，心本体则恒炯然而明，流行无系，无所不在。由此纯然大明、时时流行、时时推扩之本体而观，牟宗三所谓致良知主要为向内之回复义实不谛当。因为格物、致知、诚意、正心四者，"诚意""正心"之向内回复的意思最为显明，但所谓正心，实即诚意；而诚意之实下手处，又在"吾人只依此内在固有之知而推扩去。知是大本，推扩则大本方立定。

[①] 这一点牟宗三并不讳言，他曾对学生说："1949、1950 年我刚到台湾的时候，就写了一本《王阳明致良知教》的小册子。那时我对王学与其他理学家间的关系并不很清楚。"(《中国哲学十九讲》，上海古籍出版社 1997 年版，第 384 页)并说："至于我五十岁以前写的那些书，你们不要看。"(同上书，第 385 页)

[②] 《十力语要》，中华书局 1996 年版，第 309 页。

大本既定，则私欲不得潜滋，而意无不诚矣"①。

诚意是推致自己的良知而得，此不同于具体的为善去恶。这表示熊十力赞赏现成良知派的决澜冲堤之法：本体流行所至，具体的善恶皆如洪炉点雪，触之即化，任良知流行，即是功夫，不必再做具体的善恶意念之搏战。这是熊十力在明定本体流行扩充之后在正心诚意上的基本观点，这个功夫方向决定了他在致知方向上必然主向外推扩义。

而在向外推扩义上，熊十力为了保住其中的扩充知识义，又对推扩的本体——良知做了更进一步的开掘，这就是，他将良知具体展开为本有与继承、先天与后天两个层面。前者他叫作法尔道理，指良知本体自然如此，无所待而然。后者他叫作继成道理，指良知用后天功夫去除私欲习气，实现其本体，丰富其本体。就法尔道理言，它自然推扩："本体无待，法尔圆成，似不待推扩。然所谓圆成者，言其备万理，含万化。易言之，即具有无限的可能。非谓其为一兀然坚住的物事也。故其显为大用，生生化化，无有穷竭，即时时在推扩之中。"②这个法尔自在者，不是佛老所谓无为无造者，而是《诗经》中"维天之命，於穆不已"这样恒健动不息、精进不已的本体，故永远是推扩的、创进的。就继成道理言，本体在人表现为本心，本心只在可能性上具有无限的知。必须在实践上保住其本体，因其明而推扩之，使它日益盛大，抽象的变为具体，可能的变为现实，在推扩中完成保任。"保任自是推扩中事，非可离推扩而别言保任也。推扩者，即依本体之明而推扩之耳。"③可见无论本体、功夫皆推扩，本体所至即是功夫。本体是在健动流行中来充实、来摄聚。专恃保任而不事推扩，则失去本体健动不息之意。由于此，熊十力反对程明道"识得仁体，以诚敬存之。不须防检，不须穷索"的功夫要领，斥之为道家之内守，并批评宋明理学中奉守明道《识仁篇》者只有保任，而无推扩，有偏于内之弊："充其保任之功到极好处，终近于守寂，而失其固有活跃开辟的天性。其下流归于萎靡

---

① 《十力语要》，中华书局1996年版，第310页。
② 同上书。
③ 同上书，第312页。

不振，而百弊生。宋明以来贤儒之鲜有大造于世运，亦由儒学多失其真故也。"①从这里可以看出，熊十力从佛家归宗大《易》之后，反戈一击，以《周易》的健动开辟来批评佛道的内敛会聚，其本体之意指、涵蕴是很清楚的，希图以此来纠正宋明理学偏于内、偏于静的用心是很明显的。

熊十力更以本体之健动推扩义来批评佛道本体之空寂，他在复牟宗三的信中谈到"诚意"时说："阳明诗云：'而今说与真头面，只是良知更莫疑。'如此亲体承当，得未曾有，然自识得此大本已，必须依从他推扩去，如渊源时出不竭才是。本体良知原是推扩不容已，功夫亦只是推扩不容已，即功夫即本体，焉有现成具足之一物可容拘隘而坚持之乎？佛家说到知体，喻如大圆镜，此便无有推扩。吾谓以镜喻知体，不如以嘉谷种子喻之为适当。须知一棵谷种原具备有芽、干、枝、叶、花、实等等无限的可能，非如镜之为一现成而无所推扩之物也。后儒言知体皆受二氏影响，故其功夫偏于单提保任，其去经言致知之推扩义盖甚远。"②此处头面、大本皆良知，推扩之即致良知，本体、功夫皆是此。他在批评老庄道家时也说："夫良知非死体也，其推扩不容已，而良知始通天地万物为一体者也。故《易》言'智周万物'，正是良知推扩不容已。若老庄之反知主义（自注：老子'绝圣弃智'，其所云'圣'、'智'，即就知识言之，非吾所谓'智慧'之'智'也。庄子亦反知），将守其孤明，而不与天地外物相流通，是障遏良知之大用，不可以为道也。故经言'致知在格物'，正显良知体万物而流通无阂之妙。"③认为道家违反了良知在健动推扩中收摄知识之精义，使良知成为一孤明自闭之体。可以说，熊十力的本体之推扩不已，是《周易》的健动不已，《诗经》的"於穆不已""纯亦不已"，和王阳明的"良知渊泉而时出"等意思熔铸为一。他说读他的书须通《周易》、王阳明、王船山，非虚骄自大之语。

熊十力这些思想，亦为后来牟宗三《心体与性体》中所立为正宗儒家

---

① 《十力语要》，中华书局1996年版，第313页。
② 同上书，第313—314页。
③ 同上书，第315页。

标准的道体、性体、命体、天体、诚体、神体、仁体通一无二，其本质为即存有即活动等思想所本。其中的健动义、推扩义、开辟义等，是熊牟本体论的核心。在本体的推扩流行中收摄知识，既保证本体的健动不息、流行不滞，又保证其充实丰满，非一抽象的、光板的本体，这是牟宗三后来所着重阐发的，并且因为加入了西方的逻辑学和知识论因而更加阔大、邃密。只是牟宗三此时尚无此识度。

其实，此时牟宗三也并非只承认良知的内向义，他也承认良知的外向义，认为向内回复与向外推扩是一个整体的来与往。但他认为致良知是向内回复为主，并批评熊十力之主外向义与阳明原意不符。他在给熊十力的信中说："若揆之'致知在格物'，则内向义为顺；吾师所讲者，则似为外向之推扩义。致知之知，既是良知或本心，则'欲诚其意者，先致其知'一语，便是内向之最高峰。是则此语中之'致知'，以复义为重。然本体非只是虚寂，亦不可以识得本体，便耽虚溺寂，而至于绝物；亡缘反照，而归于反知。此经之结归于'致知在格物'也。吾师训'格'为'量度'。下举诸例，如事亲，如入科学实验室等，皆明本良知以量度事物。凡量度事物，皆为良知之发用，是则'致知在格物'一语中之'致'字，全成外向之推扩义，既与前语中之致知不相洽，而按之经文，宗总觉其不顺妥。"[①] 这里我们发现，牟宗三之坚持内向为主，表明他此时理解的良知，还只是本心，还没有熊十力那样打通天道与人心，天道即人心，两者一而不二这样的识度。他谨守阳明本义，不欲过度诠释，所以他理解的良知只是本心，致良知只是扩充此、纯净此本心。这与熊十力合天道人心为一，天道在自然运行中充实、丰富、现实化自身之义很不相同。这时牟宗三还没有熊十力这样的识度和境界，他的诠释方式也是不离文本，据原文作合理解释的，还没有后来那样大胆的、创辟的诠释风格，故多处有"按之经文"之说。他后来的一系列著作中对天道性命的阐发，除了方式上更加清脱，更加具有熔多种学养为一炉而有的厚重、恣纵之外，在内容上也相当

---

① 《十力语要》，中华书局1996年版，第308页。

多地吸收了熊十力的思想。其中一个非常大的突破就是，改变此处以内向的道德心为主的格局，以天道本体即存有即活动的外向义为中心，纵贯中有横摄，道德心上升为天道本心。这时他不是在道德论中处理知识问题，而是在本体论中处理知识问题。因此，知识也就成了本体中的自然含蕴，而不仅是纯净道德本心，提高道德境界的助缘。这一转变，使他的证量层次、境界内容乃至诠释方式等都发生了根本升华。这其中受熊十力的启发、润沃是很明显的。

　　熊十力在《读经示要》中非常强调知识的重要，也很注意在讲本体论时收摄知识于其中。但这种收摄只是表明了方向，以回应当时十分强劲的实在论、唯物论思潮。但因为他是把知识作为本体的一个方面，以王阳明的致良知为主收摄朱熹的格物而立论，所以知识论在他这里并没有独立的地位。他在《新唯识论》的境论完成以后计划写量论，但始终没有写出来。牟宗三晚年批评熊十力学力不足，主要是针对他在知识论上薄弱这一点。熊十力的贡献在本体论，这一点牟宗三是肯定的，他晚年曾说："熊先生之生命中是有'真者'在，这'真者'就是儒家的本源核心之学。这点抓住了，就可以挺立于世而无愧，俯仰群伦而开学风。这一点是儒家之为儒家之关键，我们就从这点尊敬我们的老师。但他的缺陷我们也应知道。"这个缺陷就是熊十力没有造出知识论。牟宗三还说："因为熊先生的所得就只有一点，只那一点，一两句话也就够了。一提到儒家大《易》乾元性海，体用不二，熊先生就有无穷的赞叹，好像天下学问都在这里。当然这里有美者存焉，有无尽藏，但无尽藏要十字展开，才能造系统，所以后来写好多书，大体是同语重复。"① 从牟宗三一生的发展看，这里的批评并无偏激之处。牟宗三后来就是在熊十力缺乏知识论这个问题意识的推动下，在早年的《逻辑典范》的基础上，深入研究西方知识论和康德哲学，写成《认识心之批判》《智的直觉与中国哲学》《现象与物自身》等，建立起了自己哲

---

① 皆见牟宗三《客观的了解与中国文化之再造》，当代新儒学论文集编辑委员会编：《当代新儒学论文集·总论篇》，台湾文津出版社1991年版，第10页。

学中的知识论系统,弥补了熊十力的不足,将现代新儒学乃至整个现代中国哲学推进了一大步。

结合 1944 年熊牟的通信,毋宁说,牟宗三当时反对熊十力在格物致知上朱王两家合讲,就是想把王阳明的致良知学说当作回复心体的道德学说,而把朱熹的格物说当成知识论,将这两种学问体系各自独立地进行研究,克服中国古典哲学的浑融性、模糊性,使之成为既广大又精微的近代形态。在迟至二十余年《心体与性体》完成之后,才在两者分别得到深入研究的基础上将其统合起来。这时牟宗三的体系也是以本体论统合知识论的,但这种统合不是指示方向的,不是以知识辅助本体的,更不是为了杜反对者之口不得已而为之的。此时的牟宗三是"十字打开",纵中有横的,知识论是他全副哲学的有机组成部分。这是牟宗三在整个哲学成就上超过乃师的重要标志。从 1944 年熊牟师弟关于《读经示要》的通信中,我们可以看出当时两人思想趋向的分歧点。而对照当时的分歧来观照各自晚年的哲学成就,更可以看出其中的补充、转折、递进等关节。这些关节对中国现代哲学和当代新儒家思想发展的研究具有重要意义。

(原载《北京大学学报》2005 年第 6 期)

从熊十力的本体观看其量论未造出之由

熊十力是当代中国对本体论最为关注的哲学家，也是对知识论问题醒觉最早的哲学家之一。他在酝酿《新唯识论》之初，便有撰写量论之构想。自始至终，常系念不忘，在与学生、友朋的通信中，亦多次提到撰写量论之必要。但终其一生，量论迄未作出。熊十力的知识背景，以唯识学为根荄。所以他造新唯识论，亦拟有境论量论两部分。但他援佛入儒之后，以唯识学、《易传》、王阳明、王船山思想为主，杂糅诸家学说，成一即理即心、即体即用、即上即下、即动即静之哲学系统，知识论与本体论合而为一，遂不复有另成一系统之知识论的必要。故量论始终未作出，而实亦不必作，即作亦无新意。只在晚年所作的《原儒》绪言中略有提及，而所提及者亦不过糅合当时盛行的唯物辩证法与旧有的本体之说，既无唯识法相学的量论之自成系统，又无西方哲学知识论之独特理路。综观熊十力的哲学思想，可以说本体论极强而知识论极弱，或以本体论吞噬、代替知识论。之所以如此，在理论上可有如下之关节点。

一　熊十力哲学的总体特点：本体论与价值论合一

熊十力所描述的本体，不仅是一种存在，而且是一种价值，这一点与唯识旧学相同，但唯识旧学主境无识有，其本体是虚寂的。熊十力则归宗大《易》，以本体为即心即物。他所理解的本体，有四个方面的基本规定：一为本体是自我与宇宙非二，生命与自然为一的。二为本体是至刚至健的流行，同时是有物有则的理体，是即流行（本体）即主宰（理）的。三为本体是非心非物，亦心亦物的。四为本体是理解与实践合一的。[①] 第一条反对向外觅本体而遗自我，主张物我无对待，内外无分别。第二条反对佛家道家之追求虚寂，亦反对西方哲学不能在流行上识主宰。第三条反对唯物论离心言物，亦反对唯心论离物言心，尤反对西洋唯心论者以绝对经验说心。第四条反对浮泛的纯知性理解，主张践履笃实处即是理解真切处。心物、主客、流行与主宰、理解与践履合一，便是熊十力的本体的根本性质。他不仅在《新唯识论》中盛张此义，而且在晚年所写的一系列著作中反复阐说。比如他在解释天的性质时说："德与理皆天之有也。（自注：本体统合万德万理之端，故曰德理为天之所有。）故说天为人与物所以成、所以生之因（自注：天若不具备德理，只是空洞的，何能为人与物之因乎）。然复须知，天虽为万物生成之因，而天即是万物实体，非超脱乎万物而独在之大神，更迥异乎形而上学者妄计有万物之第一因，为变相之大神。天道恒变动不居，发展无竭，其化成万物即不得离万物而有已。"[②] 在解释宇宙间万物的性质时也说："《大易》首言天德之刚健与生生，此便是积极。健德、生德是万德之端也。……生生，便是油然一团生机，充满大宇，大生广生，其在人则名之为仁。"[③] 本体是存在与价值的合一，这是熊十力思想的一个基点，他的各方面的见解皆从此中推出。他之从佛家营垒中杀出，归宗儒家，就是以此基点之确立为标志。他反复说他的思想是归宗大《易》，即是归宗于此种识趣。他对于佛教空有二宗的批判，即是以此宗旨作为立论的基础。

熊十力此基点确立甚早，后随学力加深、识见加宏而阐说不断深入、不断周密。其阐说最为直接、最为详尽的，莫过于《新唯识论》语体文本

[①] 参见《文化与哲学》，《熊十力全集》第一卷，湖北教育出版社2001年版，第103—104页。
[②] 《原儒·原内圣》，《熊十力全集》第六卷，湖北教育出版社2001年版，第570页。
[③] 同上书，第574页。

之《功能》章。此章中将佛教空宗之"真如即是诸德实性"和概括自己以上意思的"真如显现为一切法"进行对比,认为空宗的真如即空无寂灭之性,故主诸法皆空。而他自己则以真如为"性德"。熊十力对性德的解释是:"性德者,性之德故,名为性德。或性即德故,名为性德。夫性,无形象,无方所,本无从显示,而心之所可自喻,言之所可形容者,唯其德耳。德者,得也,谓性之所以得成其为是性也。除却德,便无所谓性了。"① 此中性与德实即本体与现象,熊十力将它作了价值性的解说,认为性体如套用佛家的说法,可有三个方面的含义:真,如,清净。真,指本体与其现象皆真实不诬,非虚妄之体。如,指本体恒如其性,不能改易。清净指本体深远微妙,寂静圆明,无扰乱,无作意。熊十力用从大《易》所得之儒家本体论解释此三义。其真、如二义,说大《易》所表现之刚健不息、流行无滞皆真实不诬,恒如其性。对清净这一儒佛诠释异趣之根本概念,则尤着意改换为儒家义:"本来,性体不能不说是寂静的。然至寂即是神化,化而不造,故说为寂,岂舍神化而别有寂耶?至静即是谲变,变而非动,故说为静,岂离谲变而别有静耶?夫至静而变,至寂而化者,唯其寂非枯寂,而健德与之俱也;静非枯静,而仁德与之俱也。健,生德也。仁,亦生德也。曰健曰仁,异名同实。生生之盛大而不容已,曰健。生生之和畅而无所间,曰仁。大《易》之书,其言天德曰健,亦名为元。"② 依熊十力的体用不二说,本体不能不表现为现象,把握本体不能不藉现象。本体本身是不能以认识现象的方式和工具去认识的。就这一点说,本体不能不是一个寂静体。但此寂静体非佛教所谓空寂之体,它展开为、表现为现象,故它即是神化,即是谲变。此寂静之本体同时有健德仁德之性质。健与仁,皆生生不息义,与神化、谲变同义,此本体是即存在即价值的。

熊十力复以《易传》的元亨利贞与朱子的仁包四德义诠释此本体,以彰显本体的价值性。他提出,天德之健,之元,即本体之性质。而据《易

---

① 熊十力:《新唯识论》,中华书局 1985 年版,第 378 页。
② 同上书,第 379 页。

传》，元就是仁。其肇始万化，是为元，是为善之长。其条畅其长，是为亨，是为仁之通。其含藏众物，发为作用，是为利，是为仁之制。其保持自性，不生邪变，不沓茸疲弱，是为贞，是为仁之恒。所谓元亨利贞，不仅是本体的四个发展阶段，四种性质，而且是本体的四种德性，四种品格。在这一点上，本体的即存有即价值的特性十分明显。熊十力自认为这一识度是会通空宗和大《易》的关键，也是《新唯识论》与旧唯识论的最大不同之处。他对这一识度、这一建立的意义甚为重视，认为："寂静之中即是生机流行，生机流行毕竟寂静，此乃真宗微妙，迥绝言诠。若见此者，方乃识性德之大全。"①

即存在即价值之本体的确立，带来了两个方面的后果。一个方面是熊十力摄佛归儒，儒家本体论的容量扩大。佛家道家之空寂，西洋哲学唯见具体事物，不见本体，存在与价值割裂的格局，因为这一识度的对比和映照，其与儒家的不同大大凸显。这一凸显在后现代主义的衬托下，在现代西方某些学者的东方转向的应和下，显得更加具有现代性，更加具有全球性、前瞻性。但它的突出的、强烈的美学特性、宗教特性使得慎思明辨、格物戡天、明征定保的知识论路向大大减弱。它使人们的思维指向转到物我一体的混沌性、强烈的直觉体证性。逻辑推论的、观念思辨的方法退守一隅，实践的而非理论的，境界的而非实证的这样的思维倾向大大加强。由此而言，熊十力屡屡提起的量论之作终究无疾而终，他的以本体论代替知识论，或者说本体论太强而淹没知识论，终于成为一虽遗憾却无可如何之事。至此，知识论之作实无必要，作亦难与本体论剥离而另成一系统。

二 熊十力的实践观：体认本体只能用证悟

熊十力哲学的一大特点，就是对流行不息、生生不已的本体的肯认。这是他吸收大《易》以改造唯识旧学所得到的一个根本识度，也是他以宇

---

① 熊十力：《新唯识论》，中华书局1985年版，第381页。

宙大全为着眼点必须肯定之基点，更是对拒斥形而上学的实证论者进行批评所凭借之依据。关于本体，熊十力除上述四个方面的规定外，还有其他描述，如在《新唯识论》之语体文本中，他将本体的性质概括为六个方面：一是本体是备万理，含万德，肇万化，法尔清静之本然。二是本体是绝对的，若有所待，便不名为本体。三是本体是幽隐的，无形相的，即是没有空间性的。四是本体是恒久的，无始无终的，即是没有时间性的。五是本体是大全，圆满无缺，不可剖割的。六是本体既是变易的，又是不变的，非断非常，故名恒转。①可以说，熊十力所谓本体，就是绝对的，无所不包的，即动即静，即价值即存在的宇宙本身。他的哲学的全部内容，可以说就是证立这个本体，说明这个本体。

熊十力自认为他这种本体，是对于佛家道家以空寂为本体和西方哲学主要着眼于生灭不已的具体事物这两种错误的纠正。他尝说："《新论》谈本体，则于空寂而识生化之神，于虚静而见刚健之德。此其融二氏于大易，而扶造化之藏，立斯人之极也。若只言生化与刚健，恐如西洋生命论者，其言生之冲动与佛家唯识宗说赖耶生相恒转如瀑流，直认取习气为生源者，同一错误。若如东方释与道之只证寂静，却不悟本体原是寂而生生，静而健动，则将溺寂滞静，而有反人生之倾向（如佛），至少亦流于颓靡（如老庄之下流）。……是故达天德而立人极者，莫如《新论》。"②这样的本体，是一个生生不已的流行；在流行中现为翕和辟，相反而成变化，此为本体之作用。翕者，离本体而凝成为具体事物之势用；辟者，遍运于一切翕中而欲使其复归本体之势用。翕辟不已，则本体于是表现为一生化不已的真实流。此真实流中的具体事物所以真实，乃因为它们是本体的表现。这样的本体，实际上是对于宇宙万象的整体把握。这种整体把握因它是人心的观照、证悟，故又名心。此本体是超绝的，非经验所可把握，故熊十力说："真体无形无象，无作意，无杂染，而实备万理，含万善，先儒所谓'冲漠

---

① 参见熊十力《新唯识论》，中华书局1985年版，第313—315页。
② 《略谈新论旨要——答牟宗三》，《熊十力全集》第八卷，湖北教育出版社2001年版，第375页。

无朕，万象森然已具'。此义深微，千载几人落实会得？"① 并且特别予以提醒：此生化不已真实流行之本体即是理，此理不同于西洋哲学中所谓之"理世界"："吾所谓理，乃直目无为而无不为，不易而变易，无穷之真体。因其以一理而涵众理，虽复众理纷纭，而仍即一理。故即此真体，而以理名之。此理是一真实体，非是思维中一概念，非是离真实体而为一空洞的形式。此与西洋人理型的观念，自是判若天渊。"② 此中明言理是一即存有即活动的本体，非一抽象的、只存有而不活动的理型。此义当为牟宗三后来以"维天之命，於穆不已"之天道本身为本体，以天体、道体、神体、诚体、命体、理体、性体、心体通一无二言本体之思想所本。牟宗三就是循此方向判释宋明理学之派分。

熊十力哲学盛张体用不二之旨，生化不已的真实流是本体，具体事物是此本体之用。非有一恒常的物事，它自身不动不变，而为变动不居的具体事物所依。如以为具体事物能不依生化之流之本体而独立存在，则此事物必为虚幻。此即熊十力所说："人生囿于实际生活，渐迷其本来，即从全整的生化大流中坠退而物化，至于与全整体分离。"③ 对此种具体事物，认识它的方式是主客二分式，是以心图摹物之相状和此物之理型。这种把握事物的方式是西洋哲学所擅长的，熊十力说："西哲总将宇宙人生割裂。谈宇宙，实是要给物理世界以一个说法。而其为说，鲜有从人生真性上反己体认得来，终本其析物之知，以构画而成一套理论。其于真理，不谓之戏论不得也。《新论》贯通东方先哲之旨，会万物而归一己，不割裂宇宙于人生之外，故乃通物我而观其大原，会天人而穷其真际，合内外而冥证一如。"④ 西洋哲学是否果如熊十力所揭，此处不详辩。但熊十力在当时输入的西方思想的强大压力下，将东方哲学与西方哲学总体上的不同，醒豁地提揭出来，凸显他的即体即用，即存在即价值，一多相融，心物不二的哲

---

① 《答牟宗三》，《十力语要》，中华书局1996年版，第276页。
② 同上书，第277页。
③ 同上书，第278页。
④ 《略谈新论旨要——答牟宗三》，《熊十力全集》第八卷，湖北教育出版社2001年版，第365页。

学思想，确有他的苦心所在。

　　熊十力既立以上本体，则对于此本体的识认，势不得不取证量的方式。关于证量是把握本体的唯一方式，熊十力说之甚多，几乎在所有涉及《新唯识论》宗旨的内容中，都必提揭此点。而在处处之提揭中，又皆谓"详在《量论》"。《量论》虽迄未作出，但于各处初步提到之《量论》宗趣中，可以观其仿佛。关于证量，熊十力的定义是："证量者，即本体或性智之自明自了。一极如如，炯然自识，而无外驰。佛家所谓'正智缘真如，名为证量'。应如是解，非可以智为能缘，如为所缘，判之为二也。二之，便是有对，是妄相。非真体呈露，何成证量？故知证量依本体建立。若本体不立，证量无由成。"①这里明确提出，本体与证量，相待而有；无本体，则证量无可施其能；无证量，则本体不能识认。熊十力处处强调，本体只可由证量识；对现象的把握，则比量充其任。以比量把握本体，必至宰割饾饤，其不能识本体乃必然之事。故熊十力认为，证量必如宋人词："众里寻他千百度，回头蓦见，那人正在灯火阑珊处。""回头蓦见"，正是性智炯然自识。其次，证量不是以主缘客式的认识。也就是说，没有主与客、能缘与所缘之分。有判分，便成对待；有对待，便非证量。即使所缘为真如，能缘为正智，也不能用来形容证量，因为此虽为净法，但仍有二分。有二分则不是。证量是性智之自明白了。自明者，朗现自己；自了者，觉知自己。自明自了，即性智之不昧自体，朗然而现，一性如如，通体透明。而所谓"正智缘真如"，即性智显其如相，非有能所之分。

　　关于性智，熊十力不取佛家空义，而取王阳明之良知义，即本体之自觉义，非仅一道德意识。本体之自觉，即"一极如如，炯然自识"，即本体在自心的显现。此显现为整体的、直觉的，而非分离的、渐进的。在熊十力看来，哲学的根本意趣就是获得此种证量。此证量与本体，一而不二。故熊十力在各种学问中极重视哲学，视之为精神活动的最高结晶。而哲学必是建立本体之学，他尝说："哲学是智慧的学问。非仅在知识上用

---

① 《与友论新唯识论》，《熊十力全集》第八卷，湖北教育出版社 2001 年版，第 334 页。

功，可悟一贯之理。……所以于科学外，必有建立本根之形而上学，才是哲学之极诣。哲学若不足语于建本立极，纵能依据一种或几种科学知识出发，以组成一套理论，一个系统，要其所为，等于科学之附庸，不足当哲学也。"[1] 哲学是识本体的学问，而本体与现象体用不二。与本体不二之现象，因本体之真而皆真。所以熊十力在知识论上既主根本智（性智），也主后得智（量智）。所谓后得智，熊十力定义为"辨物析理的知识"。也就是说，此智以经验之摄取为其功能。而后得智既为"后得"，意谓它是从根本智引申出来的。离开了性智的量智，即堕入戏论。这也就是熊十力所说的："哲学不当反知，而毕竟当超知。超知者，证会也。知识推度事物，不能应真，虚妄分别故（自注：知识对于宇宙万象，只是一种图摹，决不与实体相应，故云虚妄）。知识总是有封畛的，不能冥契大全。至于证，则与真理为一。易言之，证即真理呈露，炯然自识也。"[2] 必量智与性智一根而发，一本万殊，方是正确的理解。

熊十力认为，他的哲学谈本体而不遗现象，本体既空寂又涵万理，备万善，具有生生不息刚健之德，是对佛家道家、西洋哲学和宋明儒者的纠补。他说："佛氏谈本体，只是空寂，不涉生化；只是无为，不许说无为而无不为；只是不生灭，不许言生。譬如，于大海水，只见为渊深渟蓄，而不悟其生动活跃，全现作无量沤。此未免滞寂之见。"[3] 而他所谓空寂，是"空者，无形无象，无分畛，无限量，无作意，故名空。非空无之谓。寂者，无昏扰，无滞碍，无迷暗，清净炤明，故名寂"[4]。只是形容本体之非经验所可把握，乃一证悟所得之圆明清净体。

对于西洋哲学，熊十力大体上分数理哲学与生命哲学两大派分别评说。认为数理哲学以事素说明宇宙，不知宇宙乃一流行不已之生化之体，具体事物是此体之用。事素说割裂体用，其所论之事物成了无体之孤用，

---

[1] 《与友论新唯识论》，《熊十力全集》第八卷，湖北教育出版社2001年版，第331—332页。
[2] 同上书，第333页。
[3] 同上书，第335页。
[4] 同上书，第337—338页。

乃无源之水，无本之木。其具体事物只和新唯识论的"翕辟成变"之翕聚少分相似，而不知辟乃转翕使之返归本体之势用。翕辟即是本体之流行，缺其中之一另一亦失去意义。此所谓"学不证体，终成戏论"。生命派哲学强调体验意志或生命之冲动，但因无体用一如义，其所说之生命冲动，不过是"习气之瀑流"，不知本体之生生不已、健动不息是为真生命；未能超形与习，以窥生命之本然。人生成为一欲望习气潜伏蓄积不能超拔之人生，非从本体之刚健之德发用出来。熊十力所谓数理派，指西方哲学中居主流地位的唯物论哲学，生命派指柏格森、叔本华的唯意志论哲学。在熊十力看来，此两派皆不识真性生生、体用不二之义而走入偏蔽。熊十力总结西方哲学总体上的缺陷，归为性智的缺乏："西洋人无证会之旨，故其智能无论若何精深，而智慧蔽塞，胸量毕竟不能广大，物我对峙是其生活中之极大缺憾。西洋人不能会万物为一己，颇欲伸张其自我于宇宙之上，常有宰割万物之思。不知者以此为西洋人之大处，而知者则谓无宁以此为西洋人之小处。……西洋人常富于种界划界之狭隘观念，以侵略为雄。其学术思想素误也。"[①] 这是熊十力在东方哲学的映衬下对西方哲学的根本特点的认识。

熊十力对中国传统文化的不足时时警策在心，对宋明儒性智强而量智弱，尊德性之知而抑见闻之知的倾向尤为不满，他尝说："《易》之为书，以仁为骨子，而智运于其间。后儒若宋明语录，则求仁之功殊切，而尚智之用未宏。《新论》救后儒之弊，尊性智，而未尝遗量智；归乎证量，而始终尚思辨。"[②] 而在对此段话之注释、说明中，则将此种认识所用的认知方式予以显豁的提揭："性智是体，量智是用。量智推度，其效能有限，以其不得有证量也。存养性智，是孟子所谓立大本之道。陆王有见乎此，然未免轻知识，则遗量智矣。孟子尊思为心官。心者，言乎性智也；思者，言乎量智也。遗量智，则废心之官。后儒思辨之未宏，此《新论》所戒也。

[①] 《中国哲学与西洋科学》，《熊十力全集》第四卷，湖北教育出版社2001年版，第566页。
[②] 《与友论新唯识论》，《熊十力全集》第八卷，湖北教育出版社2001年版，第338—339页。

证量者，性智之自明自了；思辨，则量智也。学不至于证，则思辨可以习于支离，而迷其本。学唯求证，而不务思辨，则后儒高言体认，而终缺乏圣人智周万物，道济天下之大用，无可为后儒讳也。"[①] 熊十力的思想可归于文化保守主义，此无可疑。但他在主张保存中国旧有文化的基本价值时，同时对其短处有清醒认识。他的新唯识论体系有吸取域外思维方法之长的自觉。他曾欲吸收法相唯识学层层推证、细密分析的长处，因之对因明倾注了很大心力。试图以此改进、弥补中国传统哲学知识论薄弱的局面。此意识在熊十力极为清醒，极为强烈。他屡屡提到："拟于《新论》外更作量论"，"欲于《量论》中详此义，惜未及作"等语。但《量论》始终停留在有此意愿且有初步构想的阶段，未有鸿篇巨制之系统理论造出。

三 《量论》之构想及未作出之由

熊十力思欲弥补中国哲学逻辑和知识论不发达的偏向，但他的哲学的格局却阻碍他造出真正的具有现代意义的知识论体系。熊十力早岁即对知识论有设想，他最初撰写《新唯识论》时拟为两部，甲部为境论，即本体论；乙部为量论，即知识论。量论又分二篇：比量篇和证量篇。比量复分为二：一为辨物正词，二为穷神知化。辨物正词实即对感觉所得之经验进行归纳、类比，给其共同本质以确定的名称，属于名学中的概念论。穷神知化即以正知摄受宇宙间繁赜的理则与动相。证量则是本体的自明自现，"证量，止息思维，扫除概念，只是精神内敛，默然返照"[②]。这种量论架构表明，他在对理智给予充分注意的同时，更注重汲取中国传统文化中儒道释皆大力提倡的本体世界的朗现这一精义。他对何以重视证量有一剀切的说明："吾原拟作《量论》，当立证量一篇者，盖有二义：一、中国先哲如孔子与道家及自印度来之佛家，其学皆归本证量。但诸家虽同主证量，而

---

① 《与友论新唯识论》，《熊十力全集》第八卷，湖北教育出版社2001年版，第339页。
② 同上书，第325页。

义旨各有不同。余欲明其所以异而辨其得失，不得不有此篇。二、余平生之学不主张反对理智或知识，而亦深感哲学当于向外求知之余，更有凝神息虑、默然自识之一境。"①熊十力对证量的设想表明，他认为哲学思维的最高形式是直觉，但此直觉不反理智。直觉与理智各有所擅之胜场。二者所担负的任务不同，共同完成人的精神需求。

熊十力的《量论》始终未作出，究其原因，最根本的是价值与知识缠夹不清，知识未能成为独立的专门的学问。如上所述，熊十力在哲学上的一个基本观点是，性智是见本体之学，而量智是性智的派生；性智是最根本的，量智是性智的辅翼和补充。这一点在熊十力的哲学著作中时时强调，尤其在他晚年解释新唯识论宗旨的书信、讲演中处处可见。比如，他在与谢幼伟辩论中西哲学的异同时明确提出："由修养深纯，涤除情识而得到之体认，此天人合一之境，（实则即人即天，合一犹是赘词）中土哲人所为至卓绝也。西学一向尚思维，其所任之量智，非必为性智显发而后起之量智也。……而格以吾先哲之体认，则似之而非也。非从修养入手，则情识未尽。乘思之穷，而瞥尔似有默遇焉，非果与真理为一也。要之，此事难言，必其从事于儒道佛诸氏之学，而非但以见闻知解或考核为务者，有以真知前哲之用心，然后知西哲自有不得同乎此者。"②熊十力此处将中西两大哲学系统所表现的思维方式做了全景式的裁断：西方哲学虽不能说绝无对精神本体的体认，但以天人、主客二分，以心识物的方式为大宗。中国哲学则以天人不二、知行合一为大宗，儒释道三教莫不如此。西方哲学，精神修养和知识论分而为二，前者为宗教，后者为哲学，二者是两个部门。中国哲学则即体认即认知，二者是同一哲学的不同方面。西方在知识论领域惟有量智，中国哲学则知识论与价值论混而为一，知识论所依之知本于价值论所依之智，所谓"性智显发而后起之量智"。在西哲，思维至穷极之域，瞥然而见者不必为本体；在中哲，从修养入手，情识净尽而至之境为

---

① 《原儒·绪言》，《熊十力全集》第六卷，湖北教育出版社2001年版，第325—326页。
② 《论玄学方法——答谢幼伟》，《熊十力全集》第八卷，湖北教育出版社2001年版，第158页。

价值本体。总之，在中国哲学中，价值与知识非两个领域，常缠夹不清，知识论不能独立。这是中国传统哲学知识论不发达的最重要原因。熊十力虽身处20世纪初叶西方哲学大力输入，本土哲学竞言西学以自新之时，但他的哲学以唯识学为根底，又因同气相求之故，所吸收者多为西方非理性主义如柏格森等的哲学，故虽身处一意求新的时代而思想仍囿于旧有之传统，仍然延续了知识论价值论混而不分，或者说价值论开出知识论的格局。这虽然能给他的文化保守主义提供学理上的支持，但于域外学术之撷取以成就一个广大精微的体系来说，尚有隔碍。他的弟子牟宗三就是在这一问题意识的刺激下大力研究西方哲学，遂有精深之知识论学养，故能在哲学体系之广大、全面上超过乃师。

熊十力以大《易》改造唯识学，又融入王阳明、王船山等人的哲学思想，他以宇宙为一生生不息的大流，此大流在流行中变现为具体事物，此义本于《易传》之"乾道变化，各正性命"。而此义所取之思维形式，则与王阳明"良知不由见闻而有，而见闻莫非良知之用。故良知不滞于见闻，而亦不离于见闻。若主意头脑专以致良知为事，则凡多闻多见，莫非致良知之功"（《传习录》中）若合符节。这些有代表性的话语皆是知识论包裹于本体论、价值论中，虽于刚健笃实之本体之建构有助益，但于知识论之独立研究有妨碍。熊十力以此为基础来创建其哲学，故他大力张扬的是证量、体认。他曾说："谈哲学，如不能融思辨以入体认，则其于宇宙人生，亦不得融成一片。体认极于证量，非克己或断障至尽，则性智不显，不得有体认也。……思辨，本性智之发用，然己私与障染未尽，体认未得，则思辨易失其贞明之本然，（思辨是性智的发用，则贞明是其本然也。元无迷乱，但人之生也，形气限之，而私欲以起，障染以生，则蔽其本体。）而有相缚之患。"[①] 这仍是将哲学之最后功夫收归于宋明儒所谓克去己私，佛教所谓"断尽障染"，回到价值论。所以致此之由，仍在"思辨（量智）本性智之发用"，"融思辨以入体认"之价值、知识缠夹为一。在他看来，若

---

① 《与友论新唯识论》，《熊十力全集》第八卷，湖北教育出版社2001年版，第342页。

将二者分开，必会以知识所得之殊相扰乱体认本体这一哲学根本任务。所以熊十力对纯知识持贬斥态度："思辨之行，恒构画成相，此相既成，还以锢缚自心，而不得脱然默契实理，故云相缚。如哲学家解释宇宙，其实只是分析概念。此等概念在哲学家思辨的心中，无往不是相缚。故非克己断障净尽，性智显而体认得，则思辨之行终不能遣相缚，而至于思泉纷涌而不取思相，辨锋锐利而不着辨相，真与实理亲冥为一。"① 对纯知识持贬斥态度，必归于证量下之比量，在价值本体中言知识论。

在这样的框架范围下，熊十力所重者在悟本体，知识只是本体的派生："智慧为本为源，知能为流为末。溯流而不可亡其源，穷末而不可遗其本。……智慧即是本体，本体是无知而无不知。无知者，非预储有辨析一切事物之知能故。无不知者，是为一切知能之源，征验于一切事物自然会知。"② 他汲汲申辩常提不放的，就是此义。在熊十力思想中，知识虽是本体题中应有之义，但由于本体的本源性、根本性，知识往往处于附庸的地位，被本体掩蔽、泯没，没有独立的价值。知识论处在这样的格局中，其《量论》造不出是必然的。

终其一生，熊十力对《量论》之作系念在心，尤其是步入晚境之后，恒恐时局不靖，年力渐衰，致使《量论》之作流于夭折。他对《量论》构画甚早，在最初作《新唯识论》时就有总体设想，至抗战入川，又屡屡提起，其内容仍是"量论于中印西洋三方面，当兼综博究，此诚当今哲学界极伟大极艰巨之业。吾虽发愿为此，然年既老衰，时局又如此昏扰，恐不必能从事也"③。在对学生讲授新唯识论时也多次提及："余尝欲通究华梵西洋三方思想，别同异，衡得失，以衷诸至当，而造《量论》一书。抗战入川，不遑从事。今衰也，恐难果此愿也。"④ 熊十力的设想中，西洋哲学的知识论是他的《量论》的构成成分之一，但这恐怕只能是设想，一旦将它

---

① 《与友论新唯识论》，《熊十力全集》第八卷，湖北教育出版社 2001 年版，第 342—343 页。
② 《中国哲学与西洋科学》，《熊十力全集》第四卷，湖北教育出版社 2001 年版，第 571—572 页。
③ 《答牟宗三》，《十力语要》，中华书局 1996 年版，第 274 页。
④ 《为诸生授新唯识论开讲词》，《熊十力全集》第五卷，湖北教育出版社 2001 年版，第 545 页。

落实下来，其与印度哲学、中国哲学的龃龉是不可避免的。因为西方非理性主义哲学家是崇尚直觉，不重视逻辑和知识论的。而理性主义哲学家的知识论重在探究知识所以成立的条件、形成知识的诸要素、知识的真伪及判准等，它必是不与本体论缠夹在一起的，必是预设心物二元的，必是以逻辑为基本工具的，其面貌必是"明征定保"的：明征者，有确实的证据；定保者，有定然的保证。这些皆是慎思明辨所得的果实，不是直觉所行之境，不是熊十力所谓"哲学家对于宇宙万象非徒以析物之知为能事，要在于生活上能去己私而得大明，灼然洞澈自我与大宇宙浑然一体流行，极乎参赞化育，揭天地以趋新，与万物各遂其性"①之哲学所能奏功。印度传来的唯识学的论证方式或可成为《量论》的一种助缘，但其一切归于阿赖耶识之变现，最后通过修行实践转识成智的学说仍和中国哲学一样，归于即价值即知识的格套，知识论在其中仍没有独立的地位和四无依傍的学理基础。熊十力虽有"中国及印度哲学，皆于知识论上有博大高深之造诣，惜乎今人莫知求也"②之基本看法，但对其内容未有明白的揭示。就熊十力的知识结构看，他是长于玄思而弱于推理的。仅仅玄思，只能造出一个总体的大纲式的构想，就像他在《原儒》中所做的那样，但尚不足以成立一个广大精微的知识论体系。如有所造，亦可能是如他的《新唯识论》一样的本体论著作，只不过在叙述同一个本体时以知识论的名词范畴表出之。因为他心目中的本体是一个即心即物、即知即行、即本体即功夫的总体。如果这个总体是像黑格尔那样由逻辑推演，层层外化，展开为具体事物的理论体系，那也有逻辑可言；这样的学说体系是可以本体论、知识论、逻辑学三者合一的。而熊十力的学说体系却是唯识学和《周易》、王阳明融会为一的，他的唯识、转变、功能、成色、明心等范畴是对本体的不同方面的性质和功能作说明的，不是依逻辑而展开的知识论的诸环节。故他的《量论》即使造出来，也只是本体论的另一种表述。

---

① 《为诸生授新唯识论开讲词》，《熊十力全集》第五卷，湖北教育出版社2001年版，第547—548页。
② 同上书，第545页。

熊十力所设想的新唯识论体系中欲有境论量论之分，这表明他欲突破中国传统哲学没有专门的知识论的缺陷，欲以印度哲学和西洋哲学为标准去创立一个有本体论有知识论的新体系，这是他的趋新之处，也是他处在当时西化浪潮汹涌之时对中国哲学向何处去的一个清醒认识和明白回答。而且他欲融合中西印三方的思想创立新唯识论这种设想比起照搬西洋哲学，视中国哲学为土苴的人有更多的民族文化担负精神。仅就他的新唯识论在本体论上的创造之功，已可列入中国当代学术大师之林而无愧，已足可引起士林的敬仰。[①] 对《量论》之未作，我们不能苛求熊十力，熊十力自己也不必扼腕痛惜。

熊十力不必痛惜《量论》未作的一个原因是，由于熊十力对此时时在念，在给友朋、门生的信中多次提起，引发了他的有心的弟子牟宗三的注意。他在沿着熊十力指示的精神方向行进的同时，对乃师未及做的工作进行了补充。牟宗三此意识树立甚早，抗战后期在川，即数次致信熊十力，提起《量论》之作，并在信中说出他关于改造、补充《新唯识论》的设想："无论如何，即依《新唯识论》以大《易》为宗，而理智思辨，乃至其所把握的理地，总须予以安顿与维系。盖知识是生命之呼吸，不能维系之，生命有窒死之虞，有浮游无据之困。予以安顿与维系，则知识之理，即是形上之理之展现。吾师所谓自实践而实现者，实同时亦即自实践而予知识以安顿与维系矣。此则本末、体用、虚实俱圆矣。"[②] 这些设想与他关于实践理性和纯粹理性的关系的根本见解相应："以我个人的见解，是肯定实践理性统驭纯粹理性，实践理性是最后的，而且形上实体亦只能由实践理性来把握。"[③] 牟宗三此种在本体论中安排知识论，实不同于熊十力之以知识论为本体论之附属，而是通出去以为另一哲学部门，"十字大开而造系统"。在他的系统中，本体论只是一精神方向，知识论不受本体论的窒困而开出

---

① 参见刘述先《当代新儒家的探索》及《如何正确理解熊十力》，载《熊十力全集》附卷，湖北教育出版社 2001 年版，第 883、1575 页。

② 《答牟宗三》之附录，《十力语要》，中华书局 1996 年版，第 275 页。

③ 《纯粹理性与实践理性》，载牟宗三《寂寞中的独体》，新星出版社 2005 年版，第 43 页。

去另成一套。他的《智的直觉与中国哲学》《现象与物自身》等著作,是对他早年的《逻辑典范》《理则学》等著作的融会与转进。而牟宗三终又返归本体论,将他的知识论诸作置于《圆善论》的统括之下。牟宗三某种程度上可以说完成了熊十力的夙愿,可谓"克承箕裘"。不惟如此,且能在本体论、知识论二者大成的基础上反观熊十力哲学的不足。此亦他学问不断求进,并全面落实于哲学创造而在中国现代哲学史上结出丰硕果实之一大原因。熊牟师弟可说共同完成了一个有本体论有知识论且能昭著中国传统价值的大系统。

(原载国际儒学联合会编《国际儒学研究》第14辑,九州出版社2006年版)

贺麟新心学：中国哲学现代化的一次尝试

贺麟创立的"新心学"，是中国20世纪三四十年代吸收外来思想，创立民族新哲学的时代潮流中独树一帜的学派。他的思想，以德国古典哲学和新黑格尔主义为根基，用以融会中国哲学中宋明理学心学一派的思想。贺麟的哲学实践，是中国哲学现代化的一次尝试。他对现代中国哲学发展的贡献主要就在于此。

一 生平与著作简述

贺麟字自昭，1902年生于四川金堂县五凤镇，幼年在家乡读书，1919年入清华学堂，受学于梁启超、吴宓等国学大家，深喜中国传统学术及严复译作，曾发表《戴东原研究指南》《严复的翻译》等重要文章。1926年，贺麟赴美国奥柏林大学留学，师从耶顿夫人（Mrs. Yeaton）学黑格尔和斯宾诺莎哲学，并阅读了大量关于原始文化方面的著作。1928年，贺麟去芝加哥大学，接触到黑格尔《精神现象学》和柏格森哲学。半年后转赴哈佛大学学习，获硕士学位，又入研究院从事研究工作。在此期间，他读了美国新黑格尔主义的代表鲁一士（J. Royce）的著作，接受了鲁一士的新黑格尔主义观点，确立了精神是本体，世界是表现，精神自我、绝对自我高于经验自我的思想，并选译了鲁一士的《近代哲学的精神》《近代唯心主义演讲》中的重要章节，合为一书，名《黑格尔学述》，在国内出版。1930年10月，贺麟离开哈佛大学，到黑格尔的故乡德国去研究黑格尔哲学。在德国，他读了尼古拉·哈特曼（N. Hartmann）、狄尔泰（W. Dilthey）、克洛那（R. Kroner）等人关于黑格尔的著作和阐发他们自己哲学思想的著作。狄尔泰的直觉方法论对他有一定影响。在德国，贺麟开始潜心研读斯宾诺莎最重要的著作《伦理学》，并把它译成中文。

1931年8月，贺麟回国，受聘于北京大学，并在清华大学兼课。不久，"九·一八"事变爆发，日本侵占我国东北，举国震动，贺麟接受了当时任天津《大公报》文学副刊编者吴宓的建议，写了《德国三大哲人处国难时之态度》一书，在《大公报》连载。在该书中，贺麟欲以德国大诗人歌德、大哲学家黑格尔和费希特在拿破仑侵占德国时的态度，给国人特别是知识分子树立处国难的榜样。贺麟着重介绍歌德"谋国以忠""临难勿苟免"的爱国精神，黑格尔的矛盾升进、死以求生的辩证法和费希特知行合一的知识学体系。特别赞赏和向往费希特在敌国危城中冒着生命危险作《告德意志国民讲演》，为德意志民族复兴奠定精神基础的壮举。这本书对激励知识分子在国难当头时以爱国御侮自处，产生了积极影响。

此后，贺麟发表了一系列介绍黑格尔、斯宾诺莎哲学的文章，思想逐步成熟。1934年发表的《近代唯心论简释》一文，是他新心学思想的宣言。文中提出，作为哲学概念的"心"有两个最根本的意思：心理意义的心指感觉、思维、意志、想象等心理、生理活动，逻辑意义的心指超经验的精神原则，这一原则是经验的统摄者，行为的主宰者，知识的组织者，价值的评判者。逻辑意义的心可归纳为"心即理"：心中本有统驭后天经验材料的先天理则。

抗战时期，是中华民族的民族精神充分发扬的时期，也是哲学上弃旧图新的时期。这样的时代特点，为贺麟新心学的发展，提供了合适的土壤。1942年，代表贺麟新心学创发能力和理论特点的论文集《近代唯心论简释》在重庆出版。论文集共收录十五篇文章。其中《时空和超时空》发挥康德学说，阐发"时空是心中之理，是自然知识和自然行为所以可能的先天标准"这一心学命题。而超时空是心与理一，神与道俱，独与天地精神相往来的境界。《知行合一新论》是贺麟又一篇重要文章，主旨在用斯宾诺莎身心平行论和现代西方心理学的观点解释王阳明的"知行合一"命题。文中提出"自然的知行合一""理想的价值的知行合一""直觉的率真的知行合一"等重要概念，在知行合一的基础上高扬知的主宰性、先在性，发挥知主行从、知先于行等观点。《宋儒的思想方法》重在讨论思维方式，认为直觉是一种经验，也是一种方法。直觉不废理智，二者可以互相补充。认为宋明理学中的程朱派是"后理智的直觉"，陆王派是"先理智的直觉"。《辩证法与辩证观》提出辩证法本身是矛盾的统一，它既是方法，又是直观。作辩证思考需要天才慧眼，需要严密的逻辑和高度的思辨相结合。《文化的体与用》摒弃了中体西用、西体中用等文化比较中惯用的提法，根据黑格尔哲学提出了关于文化的新定义：道之凭借人类的精神活动而显现者谓之文化。精神是文化之体，文化是精神之用；道是精神之体，精神是道之用。这个定义既高扬精神的能动作用，又使精神的活动不出天道的范围。贺麟还提出"以精神理性为体，以古今中外的文化为用"的主张，呼吁抛弃狭隘的中西优劣之争，主张研究任何文化必须得其体用之全。

《近代唯心论简释》是贺麟新心学的代表作，阐述了新心学的各个方面：本体论、知识论、知行论、文化观，表现出贺麟深厚的中西哲学素养和会通中西、创造民族新哲学的切实努力。

贺麟在抗战时期写的其他文章，收入《文化与人生》论文集。这本论文集是贺麟本其哲学主张，在文化和人生方面提出的见解。和《近代唯心论简释》比，《简释》是纯哲学，论文集是纯哲学在文化人生方面的发挥。《简释》是主干、骨骼，论文集是枝叶、血肉；《简释》是形上之体，论文集是文化人生之用。这两部书构成了贺麟的主要思想，贺麟的有体有用之学。

《文化与人生》首篇《儒家思想的新开展》，提出了全面复兴儒家思想的主张，文中指出，抗战时期是中华民族复兴的时期。民族复兴不仅是要争抗战的胜利，而且要争民族文化的复兴。而民族文化复兴主要就是儒家文化的复兴。儒家文化必须发展，才能适应新的时代需要。儒家思想的命运，是与民族的前途命运、盛衰消长同一而不可分的。贺麟并提出了在新的形势下发展儒家思想的根本途径，这就是用西方思想充实儒家，具体说，就是：一要吸收西方哲学发挥儒家理学；二要吸收基督教的精华充实儒家礼教；三要吸收西方艺术发挥儒家诗教。儒家思想应该循艺术化、宗教化、哲学化的途径迈进。《儒家思想的新开展》是贺麟之为新儒家的主要标志。他不是像梁漱溟那样从世界文化类型的比较中论证儒家文化的优越，也不是像熊十力那样本中国固有文化提出新儒家的本体论，也不是像冯友兰那样为新儒家提出理想人格及其宇宙论根据。贺麟的特点是提出了复兴儒家文化在新的时代背景下的必要性和所应取的途径。《文化与人生》的其他篇章皆是新心学在各具体领域的应用，具有很强的理论意义和实践价值。如《新道德的动向》《五伦观念的新检讨》等，都是复兴儒家根本主张指导下的具体应用。

贺麟在抗战时期写成的另一部重要著作是《当代中国哲学》。书中评述了 19 世纪末迄 20 世纪 40 年代中期约半个世纪以来中国著名哲学家、哲学史家。他据新心学根本立场指出，五十年来的中国哲学，最根本的特点是陆王之学有了盛大发扬，理学中程朱陆王两大派的学说有了新的调解。他认为，当代中国哲学的历史，就是陆王心学复兴的历史；中国当代哲学家，都是陆王心学派。

在该书里，贺麟还介绍了自严复以来二十多位西方哲学的研究者、翻译者的主要思想，这部分内容是他四十年之后的重要文章《康德、黑格尔东渐记》的雏形。

该书的第三部分《时代思潮的演变与批判》，是贺麟本心学立场对当时流行的各种哲学思潮所作的分析与评论，重申了他的主客合一、心物合一、知行合一中高扬精神的决定作用的心学基本观点。

该书还有专章讨论知行问题，可以说是《知行合一新论》的姊妹篇。本篇讨论的重点是知难行易问题，前篇讨论的重点是知行合一。贺麟认为，两篇正好互相补充，互相发明。从理论的究极性说，知难行易说应以知行合一为基础，不然理论不坚实；知难行易说应以知行合一说为归宿，不然理论不透彻。

抗战时期，贺麟开始翻译黑格尔的重要著作《小逻辑》，边翻译，边研究，边讲授。重要成果就是写于1943年的《黑格尔理则学简述》。该书是贺麟研究黑格尔逻辑学的系统著作，也是当时国内研究黑格尔逻辑学最完整、最深刻的著作，在中国学者的黑格尔研究中占有重要地位。书中对黑格尔有绍述，有发挥。最重要的是，贺麟据美国新黑格尔主义者鲁一士的思想，把黑格尔说成主要是一个心学学者，以突出绝对精神自强不息，自创理则，借理则矛盾升进的思想。绝对精神不是理，而是即理即心；不是僵死的，而是活动的；不是被动地由人摆布的，而是主动地自创理则的。该书是贺麟新心学的哲学根据。

抗战结束后，贺麟随北大复员返回北平，讲授现代西方哲学课程。在讲课中，他大力表彰鲁一士、怀特海的思想，对新实在论则持严厉的批评态度。对新实在论在中国的代表金岳霖和冯友兰，主要批评其离心言理、离心言性。贺麟主张理、气、心、性四者不可离，新实在论离心言理，其理是"满坑满谷死无对证之理"。新实在论取理气而遗心性，正抛弃了哲学中最有价值的东西。对怀特海，则表彰其超出实在论与唯心论，打破生机主义和机械主义的对立，融合理智与直觉两种思维方式。而这一点正是贺麟新心学所取的途径。

1949年10月之后，贺麟经历了知识分子思想改造运动，对非马列主义批判运动，用新观点研究讲授黑格尔这样几个阶段。1955年，贺麟发表《两点批判、一点反省》，对自己的新心学作了严厉的自我批评。1956年，在北京大学中国哲学史座谈会上，他提出"唯心主义体系中有好东西""对唯心主义否定过多不恰当"等观点，对一些人生吞活剥马列主义经典著作的学风加以批评。此后不久，反右运动开始，贺麟转入翻译和"客观研究黑格尔"的时期，个人思想锋芒逐渐消磨。这期间，贺麟花时间对以前介绍较少的黑格尔政治哲学、法哲学、艺术哲学、哲学史等作了介绍。这期间贺麟的主要成就在翻译，《精神现象学》《伦理学》《知性改进论》《哲学史讲演录》《黑格尔早期神学著作》相继出版。

二　学术渊源

贺麟之被称为新心学，是相对于冯友兰被称为新理学而起，他的思想中坚不是中国哲学而是西方哲学。其中德国古典哲学、斯宾诺莎哲学、新黑格尔主义对他影响最大。贺麟曾说，他思想的取径，如从学派的分野来看，比较接近康德、费希特、黑格尔所代表的理想主义，以及中国的儒家思想。

贺麟初到美国，曾师从其西方哲学的启蒙老师耶顿夫人学黑格尔哲学，后又从新黑格尔主义者鲁一士的著作入手发挥黑格尔。他所得于黑格尔的，最主要的是概念即自由、理学即心学以及在主客合一、心物合一、理想与现实的合一中对主体、理性、无限的统摄作用、主导作用的高扬。

贺麟认为，黑格尔的理念，是存在与本质的统一，它不是抽象概念，而是包括其全部内容于自身的具体概念。理念的本性，最根本的就是它的主体性和自由创进这两个方面。概念是精神性的，它本质上是思维范畴，但它是有力的、自动的、有意志的、自因的。若从理念的三个一组的概念的逻辑推演看，它是理则、逻辑，所以黑格尔关于这部分内容的著作叫《逻辑学》，从这个意义上说，它是理学。但从绝对理念的主体性、自由升进的冲创力、自创律则借律则以行的品格看，它又是心学。绝对理念是即理即心的，是合心与理为一的。这一点，贺麟在留学美国时写的《朱熹与黑格尔太极说之比较观》中已明确谈到，在《德国三大哲人处国难时之态度》中作了一定阐述，在40年代中期写的《黑格尔理则学简述》中又作了充分论证。这一观念是贺麟从黑格尔接受的中心观念，是他新心学思想的出发点。由此导出他"向外格物穷理即向内明心见性"的主张：潜存的每一显现，都是对它自身的外化和扬弃，思想外化越充分，显现的自己就越真实。

由以上思想，贺麟把理念归结为六个合一：主客合一、身心合一、动静合一、知行合一、有限与无限合一、理想与现实合一。贺麟不同意谢林的同一哲学中那种中和的、神秘的合一，而是主张，理念不是思有、主客的中立体、平分体或混一体。理念的主客合一是主包含客，心包含身，无限包含有限，主不沉溺于客中。主客合一的目的在充实主，思有合一的目的在发展思。这决定了他主客关系上的理性主义，知行关系上的重知主义，历史观上的"理性的机巧"（the Cunning of Reason）。这是他的新心学最深厚的哲学根源。这也决定了他的心学不是贝克莱式的，也不是柏拉图式的，而是黑格尔式的，确切说是经过新黑格尔主义改铸了的黑格尔式的。这一点使他不陷入机械论、实在论、唯我论、二元论而充满自由创进的激情，但又不出理性矩矱。

贺麟这一根本思想，是他用鲁一士的新黑格尔主义加强黑格尔的理念论的结果。鲁一士欲矫黑格尔三个一串的范畴过于机械、死板之弊，突出了精神的健动不息这一特性。所以他特别看重《精神现象学》，认为此书最能代表黑格尔的个性和独创精神。贺麟接受了鲁一士这一观点，摒弃了认为《精神现象学》是黑格尔不成熟的著作的看法，他对黑格尔哲学全系统作了新的安排：以《精神现象学》为黑格尔全系统的导言和方法论的奠基，以逻辑学为中坚，以自然哲学、历史哲学、法哲学、宗教哲学为应用。

贺麟之所以强调《精神现象学》，是因为他认为，黑格尔的逻辑学虽精深谨严，但其正反合公式过于呆板，容易陷入"死范畴的摆布"，如不善用，则徒见其形式，丢弃了黑格尔由矛盾的冲突和解除而自我超拔的创进精神。由这一点，贺麟接受了鲁一士突出"绝对精神是个战将"，绝对精神征服敌人，克服矛盾，享受人类所创造的全部文化这一思想。贺麟提出，自由是理性自主的努力争得的，不是外界的赐予；真理是克服一系列错误而曲折达到的，没有现成的真理。

在历史观上，贺麟接受了黑格尔"理性的机巧"的观念，并用它来解释中国哲学家王船山的思想，藉以表达自己的历史观和爱国精神。贺麟说，世界历史上的伟大人物，最终都做了世界精神的工具，理性借这些伟大人物的活动表现出来。这些伟大人物的特殊利益、欲望满足的同时，他们自己也被历史否定了、抛弃了，留下来的只是普遍原则。历史公道的发展借个别情欲之间的斗争而实现。贺麟指出，"理性的机巧"所昭示的，就是理性是自动的、有力的，是历史的主宰，不合理的事物是理性以资征服、从而实现自己的目的的手段。王船山在《宋论》中所说的"天因化推移，斟酌曲成以制命"，正与"理性的机巧"符合。秦始皇之罢封建、置郡县，汉武帝之开边，这些伟大人物的行动与天道吻合，做了天的代理人。他们费尽心机，以偿自己的大欲，但最终为天道所抛弃，做了天道实现自己的目的的凭借。贺麟认为，王船山最富于历史意识，他已在黑格尔之先意识到了"理性的机巧"。贺麟还表彰王船山在历史人物中区别"乱士"和"贞士"：乱士是为偿自己的大欲不惧死，贞士是为民族大义、为天理公道慷慨赴死。乱士是被天道假借、利用的工具，贞士"自输其肝脑以拯天之衰"，是理性的支柱、天理的负荷者、道统的延续者。贺麟在抗日战争中表彰贞士，表彰"在天下晦否之日，独握天枢，以争剥复"的精神，就是要使民众特别是知识分子坚贞不屈，自觉负起民族独立、国家复兴的大任。

  康德哲学也是新心学的渊源之一。贺麟初到德国就发现，要真正掌握黑格尔，就必须掌握康德和斯宾诺莎，康德和斯宾诺莎是通向黑格尔的两条线。他对康德的吸收主要在两个方面：一是吸收康德"人为自然立法"的思想，提出"逻辑意义的心"这一概念；二是吸收康德的时空观，提出"时空是自然知识和自然行为所以可能的心中之理或标准"的命题。他把这两个命题与宋明理学中陆王心学"心即理""心外无理"相融会，提出先天本有的主体精神，是后天经验的统摄者。自然与人生之所以可以理解，之所以有意义、条理、价值，皆出于此"心即理"之心。时空是心中之理，是主体用以规定、衡量经验中事物的先天法则。理是心的一部分，心外无可理解之理。贺麟所谓"心中之理"的理，同时又是"性"。他赋予理以多样性，涵盖了共相、原则、标准、尺度等意义，在康德的"理"中，填充了必然性、内发性、普遍性等内容，使康德的理同时又带有实在论的意义，以与他合观念论与实在论为一、合程朱陆王为一、合康德黑格尔为一的即心即理的根本哲学思想相吻合。

贺麟对康德到黑格尔的中间环节费希特、谢林的思想也有吸收。对于费希特，贺麟除了大力表彰他在普法战争中于敌国侵占的危城中冒死作《告德意志国民讲演》，为德意志的复兴奠定思想基础的壮举外，特别吸收了费希特以健行为根基，以自由为目的，以知行合一为特征的哲学思想，特别服膺费希特知识学中所体现的主体自由能动这个方面。费希特不满意康德，认为康德重在讨论理性的性质和限度，这只给人以消极的批判而没有积极的建设。费希特对于康德是一种转折：由康德的重知变为重行，真正的自我是行为的、健动的，在行为中，自我由认识对象变为创造对象、陶铸对象。自我的本质在行动，费希特的哲学可以说是"我行故我在"。费希特高扬主体精神的哲学，与鲁一士"绝对精神是个战将"的思想一道，对贺麟产生了相当大的影响，对于克服黑格尔哲学中理吞噬心的潜在危险，突破"死范畴的摆布"，有很大的促进作用。

对于谢林，贺麟主要吸收了他的直觉方法论以及注重自然的原则。贺麟曾指出，费希特的理论重心在自我的健动性，着重于伦理学，谢林则使自然和自我统一，提出世界的本原是主客绝对同一。在谢林哲学中，自然和精神的轻重轩轾调解了，自然被赋予了生命力和精神性。贺麟主张人返回自然，就指返回有机的、美化的、赋予了主体精神的自然。谢林的同一哲学为德国浪漫派提供了艺术哲学，也为贺麟提供了"回复自然，即所以发展自我、提高主体"这一思想。

另外，贺麟也吸收了谢林的直觉认识方法。谢林认为，主客绝对同一是不能用概念去描述和理解的，只能用直觉去把握。谢林的本体具有艺术的品格，它不能分成部分，一切概念、名言都只能是对它近似的把握。对它的真正理解，只能如宗教所谓神契，只能与之直接为一。对本体的认识是非逻辑的、直觉的。贺麟吸收了谢林这一思想，又综合了黑格尔的思想，提出了他对于直觉的看法：直觉是一种经验，也是一种方法。说它是一种经验，包括生活态度（伦理直觉）、精神境界（美的直觉）、神契经验（宗教直觉）、灵感与顿悟（知识直觉）；说它是一种方法，是指直觉是一种认识真理、把握实在的技术。直觉与理智不是排斥的，而是可以结合的。贺麟把谢林的直觉与黑格尔的范畴分析结合起来,提出"先理智的直觉"与"后理智的直觉"两个概念:"先用直觉方法洞察其全,深入其微,然后以理智分析此全体,以阐明此隐微,此先理智之直觉也。先从事于局部的研究,琐屑的剖析,积久而渐能凭直觉的助力,以窥其全体,洞见其内蕴的意义,此后理智之直觉也。直觉与理智各有其用而不相背。"[①] 贺麟复用它来分析宋明理学中程朱陆王两派的思维方式:程朱先格物穷理而后豁然贯通,直觉在理智之后,故称"后理智的直觉";陆王先立其大而后用细密功夫分析、体察,直觉在理智之先,故称"先理智的直觉"。贺麟在现代哲学家中除鲁一士外还表彰怀特海,就是因为怀特海的过程哲学集中了分析学派与思辨学派这两个根本对立的学派的长处,既有思辨学派的整体性、想象力丰富、艺术的审美境界,又有分析学派坚实的逻辑基础与事实基础。逻辑分析与思辨想象并举。这与他得自谢林并用中国哲学加以调整后得到的结果是一致的。

贺麟思想受斯宾诺莎哲学影响亦非常大。他初到美国,即在耶顿夫人指导下接触到斯宾诺莎哲学。到德国后,又见知于德国斯宾诺莎研究专家,《斯宾诺莎全集》拉丁文及德文本编订者格布哈特(C. Gebhardt),并加入国际斯宾诺莎学会。贺麟写有关于斯宾诺莎的论文十余篇,翻译出版了斯宾诺莎最重要的著作《知性改进论》(初名《致知篇》)和《伦理学》。对于斯宾诺莎哲学,贺麟把它作为黑格尔即理即心哲学中理的这一面。斯宾诺莎的"理"和康德的"心"共同构成了黑格尔哲学。所以,贺麟主要吸收了斯宾诺莎"认识真理即是自由"的思想和逻辑演绎方法,但抛弃了斯宾诺莎实体非主体、理学非心学的根本立场。此外,贺麟用斯宾诺莎的身心平行论来说明自己的"知行合一"说:斯宾诺莎哲学中身与心是同一有机体的两面,即他的知行合一中"知行同为一生理心理活动的两面"、知行合一是"知行的本来体段"以及"知与行永远在一起,永远互相陪伴"诸观点的来源。

[①] 贺麟:《哲学与哲学史论文集》,商务印书馆1990年版,第181页。

贺麟的学养是多方面的。德国古典哲学特别是黑格尔哲学是他的思想的主要来源。新黑格尔主义加强了黑格尔学说中主体能动性这个方面，斯宾诺莎哲学加强了他的理性主义、细密分析方面。他的思想，分析和综合结合，程朱和陆王结合；既高扬主体的自由创进精神，又崇尚理性的慎思明辨；既关怀终极价值，又有达于终极价值的现实道路。他的心学是"由粗疏狂诞的陆王之学进而为精密系统的陆王之学，是由反程朱的陆王之学进而为程朱陆王得一贯通调解的陆王之学"。在贺麟的新心学中，西方学术居十之八九，中国学术是他参证、比较、融会、发挥的资借。

三　儒学发展的设想

贺麟是在五四运动后，主张发扬中国传统文化特别是儒家思想中的优秀成分，吸收西方优秀文化，以期发展出一种代表世界文化发展方向，同时能够调整当时中国人文化上精神上的危机的民族新哲学，为中国文化寻找现实出路的哲学家。

贺麟哲学创造的鼎盛期在20世纪30年代初至40年代末的20年间。这一时期，是中国哲坛群星并起的时期。贺麟认为，五四时期的狂飙平息之后，文化战线的任务，是在五四运动扫荡了旧文化、旧道德的基址上，建立起新的民族文化、民族哲学。儒家文化是中国传统文化的主流，儒家最能代表中国文化，最少弊病，统合能力最强，最适合未来工业社会的精神需要。儒家思想最古老，但可以经过现代发展和转化，成为新的有生命力的思想。儒家文化与现代文化之间，绝非不可融通。只要现代中国人用中国其他文化流派中有生命力的东西和西方文化中的优秀成分去调和它、充实它，儒家思想就可以成为中国现代思潮的主潮。贺麟说："道德传统的解放，非儒家思想的提倡，西洋文化的输入与把握，皆足以促进儒家思想的新开展。"[1]

---

[1] 贺麟：《文化与人生》，商务印书馆1988年版，第7页。

在新道德的提倡方面，贺麟指出，新道德的方向，应该是由孤立狭隘而趋于广博深厚；由枯燥迂拘，违反人性，而趋于发展人性，活泼有生趣；由因袭传统、束缚个性，而趋于自由解放、发展个性；由洁身自好的消极的独善，而趋于积极的社会化、平民化的共善。具体说，即"从学术知识中去求开明的道德，从艺术陶养中去求具体美化的道德，从经济富裕的物质建设中去求征服自然利用厚生的道德，从宗教的精诚信仰去充实道德实践的勇气与力量，从道德的知人功夫进而为宗教阶段的知天功夫，由道德的希贤进而为宗教的希天"[1]。就是说，道德必须学术化、艺术化，在善的基础上求真美圣。这样可以去除农业宗法社会所养成的种种陋习对人性的摧残，去掉士大夫式的清高而趋于工业社会的平民化、社会化。贺麟对新道德的设想完全以现代工业社会的需要为基准，以民主社会中的大众化个体化为特色。

贺麟对于中国旧有的学术流派不是一概摒弃，而是从中挖掘出有永恒价值的东西，他提出"以诸子之长补充儒家"的口号，目的在使新的儒家思想中容纳尽可能多的传统文化中有生命力的成分，适应现代社会对多种价值的需要。他曾说："提倡诸子哲学，正是改造儒家哲学的先驱。用诸子来发挥孔孟，发挥孔孟以吸取诸子的长处，是形成新的儒家思想的正途。"[2]

对于墨家，贺麟提出要吸取墨子汲汲救世的淑世精神、到平民中去的道路及功利主义。儒家的到朝廷去得志行道和道家的退隐山林与世隔绝都不如墨家到平民中去更适合工业社会的特点。他把社会进步、人民生活改善寄托在全民道德水平提高、文化水平提高上，寄托在社会福利事业的改善上。他把出入权门的投机政客和吟风弄月的隐君子看作封建遗老遗少的作风。贺麟还认为，宋明儒家太偏向于身心性命之学，以空谈性理相尚相高，轻视实际功利，逐渐养成以功利为末务，以钱谷兵农为不足道，以工

---

[1] 贺麟：《哲学与哲学史论文集》，商务印书馆1990年版，第356页。
[2] 贺麟：《文化与人生》，商务印书馆1988年版，第6页。

商为贱业的风气。这样的社会是病态社会，这样的认识是病态认识。在未来工业社会中，应该求合理的个人利益的满足，健全的社会应该是道德为体、功利为用。

对于道家，贺麟提出应吸取其不以生死介怀，不以荣辱丧心，终生追求精神生活的高洁、生命元气的洋溢这一点。道家以山林为归宿，故多诗人、艺术家。未来工业社会中的人，应该以远离城市的喧闹、污浊，返回大自然作为生活调节。道家不受政令的烦扰，不受礼教的束缚，虽有些消极，但可以救治当时社会与政治上的贪污奔竞之风，接近山林可以使人保持朴茂的元气，时时新鲜活泼，使社会中疯狂、虚伪、狡诈等病态在大自然的宏大精纯中得到矫治。

对于中国历史上的法家，贺麟总的说持否定态度。他反对申韩式的法治，反对刻薄寡恩、急功好利、以人民为霸王武力征服的工具。他提倡诸葛亮式的法治，提倡基于德治的法治。他认为，儒家应具有法家的学养，新的儒家应该法治与德治相辅而行。他提出对于未来法治的设想：法治的产生，应该出于文化学术的提高，政治、教育的普及，自由思想的发达，民众个性的伸展。这种法治是培养民德、启迪民智应有的发展和必然的结果。贺麟所理想的法治，是抛弃了法家专制独裁，抛弃了传统法治中不适合工业社会的方面，经过现代民主化学术化改造了的法治。

对于工商，贺麟提出，儒家突出的特点是"文化"，儒家一定要武化、工商化，养成一种文武工商并重的文化。这种文化从传统上说，是恢复先秦儒家孔子以培养全才为目的的教育。贺麟指出，中国几千年的旧传统，特别是宋明之后，有重文轻武之弊，人皆欲出科举一途，读书穷理，修身养性为主的文化占了优势。理学家以假想的三代为标榜，斥汉唐为霸道，以功业为不足取。中国文化越来越萎靡、孱弱。必须重视武化、工商化，以救民气衰颓、国家积弱、文化偏枯之病。

贺麟以诸子之长补充儒家的主张，表现了弘阔的眼光和兼容并包的学说特色。他对于未来社会的设想，皆本于工业社会的民主化和学术化，是富有理论意义和实践意义的。

贺麟提出的发展儒家思想的另一条重要途径就是吸取西方学术文化的精华。他曾指出，西洋文化的输入，给了儒家思想一个考验。假如儒家思想能够把握、吸收、融合、转化西洋文化以充实自身、发展自身，则儒家思想生存、复活而有新的发展；如不能经过此考验、度过此关头，它就会消亡、沉沦而永世不得翻身。他提出"儒家思想为体、西洋文化为用"的方针，主张以西方哲学发展理学，使儒家哲学内容更丰富，体系更严整，条理更清楚，使中国哲学走向世界，成为世界哲学宝库中的丰富蕴藏。

宗教是西方文化中极重要的方面，贺麟提出以西方宗教发展儒家礼教。他主张的宗教，是理智和信仰结合的宗教，不是盲目的迷狂的宗教。他所谓宗教，实际上是一种精神：一种精诚行道、坚贞不贰的精神，一种类似道德又超出道德的追求终极价值的精神。这种精神是鼓舞人实现理想的力量。贺麟提倡用这种宗教去补充中国人的实用理性思维方式，提倡为自己的价值理想献身的精神。也就是把中国人惯常的伦理态度变为宗教的坚贞精神，从宗教的精诚信仰中充实道德实践的勇气和力量。

贺麟还提出以西方艺术发展儒家诗教。儒家"温柔敦厚"的诗教是儒家中心思想"仁"的体现。儒家诗教从内容方面说是爱心，从形式方面说是真性情的流露，这在现代社会中依然是需要的。新的儒家诗教要求一切艺术以爱心为第一生命，讴歌人间真情，抒发人的蓬勃生命力和创造力，摹写大自然美的意蕴，鞭挞消极、黑暗现象。内容上邪辟淫衺，形式上矫揉造作都非诗之旨，都非仁之德。同时，新的儒家诗教必须去除宋明儒学之"文以载道"把艺术仅仅作为道德教化工具的做法。必须以西方艺术各门类来补充儒家诗教，使艺术成为儒家学养的有机成分，恢复抒写人生、表达情感、净化志意、美化生活的全面功能。贺麟指出，要从艺术的陶养中去求具体的、美化的道德，恢复孔子"兴于诗，立于礼，成于乐"的艺术陶养途径，淡化物质欲望的追求，提高艺术欣赏的兴致。因此，他特别表彰歌德"使抽象的真理具体化，使严肃的道德艺术化"的人格和主张。

贺麟对儒家在现代社会中复兴的必要性，对儒家如何克服自身的弱点，跟上时代前进的步伐，适应现代社会的需要所应取的途径，都本其新心学的哲学思想提出了深刻的论述。他有哲学理论家和社会生活设计者二者集于一身的特点。他作为现代新儒家的代表人物是当之无愧的。

（原载台湾《哲学杂志》1996年第17期）

贺麟的"新心学"

20世纪30年代前期至40年代后期，中国哲坛上活跃着一个相当有影响的哲学派别，这就是贺麟的"新心学"。"新心学"这个名称并不是贺麟自己起的，而是同时代人概括他的思想特点，相对于冯友兰的哲学思想被称为"新理学"而有的称谓。贺麟的新心学，虽有多种著作论及，但大都比较简略，未能反映出其深层意蕴，而且对它产生的时代背景和理论特点多未道及。对于这样一个有鲜明的理论观点、强烈的时代色彩、显著的融会中西哲学意向的派别，应当做出深入的剖析，这对于中国现代哲学史研究，对于当代新儒学研究，都会是有益的。

贺麟从小受儒学熏陶，青年时代又到美国和德国留学，接触到黑格尔、斯宾诺莎、康德、新黑格尔主义、新实在论、过程哲学以及人类学、心理学等各种学说，回国后在富有自由气息和学术传统的北京大学、清华大学任教。多种学养，构成了他哲学思想融合、兼综的特点。他的思想是以黑格尔、新黑格尔主义为根干，融合理想论与实在论、观念论与感觉论、程朱理学与陆王心学，以心理合一、心物合一、心性合一、体用合一为形态，以理想唯心主义为归趋，具有鲜明的时代特点。

一　心即理

"心即理"是陆王心学的重要命题，集中代表了心学关于心与理关系的基本观点。

陆王心学所谓"心即理"是说，人心本具"天理"，虽私欲遮蔽，也不会完全泯灭。天理以端萌的形式存在于人心中，如孟子的"四端"，陆九渊的"本心"，王阳明的"良知"。

贺麟的心即理虽形式上承袭了中国心学的命题，但他的论证却全然是康德哲学的。他说："心有二义，一，心理意义的心；二，逻辑意义的心。逻辑的心即理，所谓'心即理也'。心理的心是物，如心理经验中的感觉幻想梦呓思虑营为，以及喜怒哀乐爱恶欲之情，皆是物，皆是可以用几何方法当作点线面积一样去研究的实物。"[①] 心理意义的心是经验中的事实，用宋明理学的术语说，是"已发"；按贺麟所说，"被物支配之心，心亦物也"。逻辑意义的心是超经验的精神原则，是经验的统摄者、行为的主宰者、知识的组织者、价值的评判者，是心理意义的心由以成立的根据，用宋明理学的术语说，是"未发"。未发为已发之体，逻辑为心理之体。

很明显，贺麟所谓"心理意义的心"，即康德的"现象"，逻辑意义的心即康德的"理性"。这个理性，包括了康德三大《批判》所含容的三个方面：经验的统摄者、知识的组织者即康德的纯粹理性，行为的主宰者即康德的实践理性，价值的评判者即康德的判断力。康德要调和唯理论与经验论的对立，用形式和质料把这两派哲学重新安排在自己的体系中。但在二者中，康德更重视形式。贺麟接过康德这一点，把精神、理性放在高于感觉、质料的位置上，用形式、理性的先天性，去融会陆王心学的"心即理"。他认为，康德哲学与陆王心学本质上是同一的，都属精神哲学的范畴，而所谓精神哲学，即"注重心与理一，心负荷真理，理自觉于心

[①] 贺麟：《近代唯心论简释》，《哲学与哲学史论文集》，商务印书馆 1990 年版，第 131 页。

的哲学"[1]。

贺麟对"心即理"的论证,一个明显的意图就是要改变中国传统哲学的致思方向。中国哲学以伦理为重心。心学诸家所谓心即理,多指心中本具的道德意识,如孟子"仁义礼智根于心",陆九渊"当恻隐时自恻隐,当羞恶时自羞恶",王阳明"见父自然知孝,见兄自然知弟,见孺子入井自然知恻隐",等等。而"万物皆备于我","宇宙即是吾心,吾心即是宇宙","良知即天",等等,不过是将心中的道德意识投射到宇宙万物,使宇宙万物具有道德意味。在心学,宇宙法则与人心的道德法则根本上是同一的,人心之理即宇宙之理。所以,心学所谓心即理,是伦理的;心即理的其他含义,皆从伦理学转出。贺麟继承的是心学的精神原则,心学对主体的高扬;而他的改造主要是用康德、黑格尔的理性精神、认识品格的学说,来改造中国心学这一伦理品格的学说。就是说,他不满中国哲学主要是伦理学,其他方面的思想皆是伦理原则的投射这一致思方向,而把西方具有理性色彩的认识学说掺加进来,形成另一种品格的"心即理"。从这里看,贺麟用西方哲学改造中国传统哲学,使之通过创造性的解释而开一全新方向,从而更加丰富,更加具有近代意味,这一努力是十分明显的。

贺麟的"心即理",还表现在他对时空问题的阐发中。他概括自己的时空观说:"时空是自然知识和自然行为所以可能的心中之理或标准。"[2] 他用了许多繁复的说明来论证这一命题。这些说明虽在细节上不乏独创,但大旨不出康德。他认为,时空作为感性的先天原则(principles),此原则是理;时空作为主体用以把握和整理感觉的法则(laws),此法则是理;时空作为陶铸感觉材料的纯形式(forms),此形式也是理。就是说,只要认为时空不是经验中的事物,而是使经验中的事物可能的先决条件,都可以说是理。在贺麟看来,只要是理,必本具心中。他否认离心而独立自存之理,认为理既然是普遍的根本的概念,当然是意识内的概念而不是意识外

---

[1] 贺麟:《近代唯心论简释》,《哲学与哲学史论文集》,商务印书馆1990年版,第131页。
[2] 同上书,第149页。

的茫昧；理既然是范型，必是心中的范型，心外的范型无普遍性、根源性；理既然是规定经验中的事物的先天法则，必是出于经验的主体。在他看来，理是心的本质。所以他说："心之有理，犹刃之有利，耳之有聪，目之有明。"① 他反对实在论者离心而言理。在对中国当代哲学家的评论中，他反对冯友兰、金岳霖的实在论立场，认为离心而言理，必至肯定"满空满谷死无对证之理"。他同意王恩洋、郑昕对于冯友兰的批评："理学家穷理之极，必入于唯心论而后其学有着落。理也，气也，心也，三者不可离者也。"② "此理是人心中所共有之理、所共守之理，不是悬挂在外面之理。除开思想律不能说自然律，除开吾心之理，不能言万物之理。"③ 他自己的观点是："讲程朱而不发展到陆王，必失之支离；讲陆王而不发展到程朱，必失之狂禅。"④ 他力主心理合一。

贺麟对"心即理"的发挥，主要袭取了康德的思想。他融会中西哲学的方法论的一个特点，是"先立其大"。就是说，他只提出所融会的思想的最主要之点，亦即其精髓、其实质，并不十分着意于其间的差别。当时中国学者对西方哲学的研究，已超出清末民初的"格义"阶段，已有较规范的译名和较准确的译本。贺麟略去细节，不加考辨，说明他仍然沿用了直指宗旨、简易直截的心学方法。黄宗羲自述其《明儒学案》的编著方法说："大凡学有宗旨，是其人之得力处，亦是学者之入门处。天下之义理无穷，苟非定以一二字，如何约之，使之在我？故讲学而无宗旨，即有嘉言，是无头绪之乱丝也。"（《明儒学案·发凡》）贺麟的方法，就是把握根本精神，使之在我的方法。融会中西哲学，使两方思想夹辅而行，这在贺麟看来是一个通过比较参证而增进理解的方便途径。但其中也隐含附会、穿凿之病。贺麟后来对这一点也有自觉，如他曾说："从个人体验言，我自己过去常喜作两方文化优劣异同的比较。自觉缺乏学术价值，多附会比拟之谈，

---

① 贺麟：《近代唯心论简释》，《哲学与哲学史论文集》，商务印书馆1990年版，第148页。
② 贺麟：《五十年来的中国哲学》，辽宁教育出版社1989年版，第33页。
③ 同上。
④ 同上书，第35页。

不如深入其中，直探本真为愈。"①他认为，直探本真，重要的是就某一部门作深湛研究而得到较深刻的结果。这样方能避免附会比拟，且不期然而达到融会贯通的境地。从这里可以看出，贺麟的治学途径有所转变，即由中西夹辅到深入某一部门的堂奥（在他是黑格尔）。这从他后来的著作，特别是《黑格尔理则学简述》中可以看得很清楚。

二　心物合一

贺麟以黑格尔为其哲学思想的主要根据，他在心物关系上力主心物合一。在他的哲学中，心物两者不可分，心为体，物为用，体用一如。他说："严格讲来，心与物是不可分的整体。为方便计，分开来说，则灵明能思者为心，延扩有形者为物。据此界说，则心物永远平行而为实体之两面。心是主宰部分，物是工具部分；心为物之体，物为心之用；心为物的本质，物为心的表现。故唯心论者，不能离开文化科学而谈抽象的心。若离开文化的陶养而单讲唯心，则唯心论无内容；若离开文化的创造、精神的生活而单讲唯心，则唯心论无生命。"②这里，贺麟是把斯宾诺莎和康德合起来而成立其黑格尔即心即物之说。在他看来，所有的现实存在物，都是心物合一体。没有无意识作用参加的纯粹"物"，也没有无物做其表现的纯粹"心"。必须合心而言实在，合理而言实在，合意义价值而言实在。未经过意识作用陶熔的物，皆非真实之物。贺麟曾自言，他的这一思想，若套用中国哲学的话，就是"心外无物"。

贺麟的心物合一之"物"，若加以分析，可从三个方面来说：一是有质碍、占据时间空间并经过人认识的物体，二是主体参与其中的一切事为、行动，三是作为人的文明成果的文化、科学、艺术、宗教等。

第一方面的"物"贺麟是用康德哲学解释的。此所谓物，即康德所谓

---

① 贺麟：《答谢幼伟兄批评三点》，《哲学与哲学史论文集》，商务印书馆1990年版，第419页。
② 贺麟：《近代唯心论简释》，《哲学与哲学史论文集》，商务印书馆1990年版，第132—133页。

"现象"。"现象"是即心即物的,心给了它形式,"自在之物"给了它质料。每一现实之物都是一种呈现,它是浑一的,心和物两种因素是对它进行思辨的考察而从中分析出的。除了这种心物合一的当下呈现外,别言所谓"物",则这种物是无意义的。

第二方面的物即"事"。此心物合一是说,任何事都是意识、主宰、目的与实行、手段、工具的合一。没有不受意志、思想支配的"事",也没有纯思而不见诸行动的"事"。任何"事"都是心物合一体、知行合一体。而在此心物合一体中,心是本质,物是表现;意志、思想、主宰是体,实行、手段、工具是用。贺麟的这一思想,有取于王阳明心学。

王阳明要强调心的决定作用,为他从道德动机处用功夫,从主体的意志、观念处"省察克治""胜私复理"的哲学主旨服务,所以他所谓"物"多指"事"。这可以说是中国传统哲学特别是宋明理学重伦理而不重知识的一个必然结果。王阳明曾说:"身之主宰便是心,心之所发便是意,意之本体便是知,意之所在便是物。如意在于事亲,即事亲便是一物;意在于事君,即事君便是一物;意在于仁民爱物,即仁民爱物便是一物;意在于视听言动,即视听言动便是一物。所以某说无心外之理,无心外之物。"(《传习录》上)此处所说事亲、事君、仁民爱物、视听言动皆合主客而言,皆是"事"。"事"的本质是观念、意志,事亲事君等行动不过是把心中事亲事君的观念表现出来。这在知行关系上即是"知主行从"。贺麟在这一点上继承了王阳明,他在论知行关系时明确说:"知是行的本质,行是知的表现。行若不以知为主宰、为本质,不能表示知的意义,则行为失其所以为人的行为的本质,而成为纯物理运动。故知是体,行是用。知是有意义的,有目的的,行是传达或表现此意义或目的的工具或媒介。"[①] 这里很清楚地表明了贺麟的心物合一意旨,从中也可以看出他的心物合一与知行合一的逻辑关联。

第三方面的"物"即文化之物,这一思想来自黑格尔。在贺麟的哲学

---

① 贺麟:《知行合一新论》,《五十年来的中国哲学》,辽宁教育出版社1989年版,第141页。

中，文化是精神的显现，他说："精神乃是主体，文化乃是精神的产物。就个人言，个人一切的言行和学术文化的创造，就是个人精神的显现。就时代言，一个时代的文化就是那个时代的时代精神的显现。就民族言，一个民族的文化就是那个民族的民族精神的显现。整个世界的文化就是绝对精神逐渐实现或显现其自身的历程。"[1] 贺麟明确说，他的以上说法，是"绍述黑格尔的思想"。这里的文化，是指政治、法律制度和艺术、道德、宗教等，它们是精神的实力化、社会化。关于贺麟这一方面的思想，本文在体用一节还要详述，这里从略。

从以上"物"的三个方面的含义看，贺麟的心物合一主要吸取了康德、黑格尔和王阳明的思想。

三　心性合一

"性"是中国哲学的一个重要范畴，在宋明理学中，"性"字用得尤其普遍。宋明理学家所谓性，多指一事物之所以为此事物者，一事物区别于他事物的内在本质。本质规定了事物发展的方向、阶段、结果等，贺麟对"性"的理解，和宋明理学家的这一理解基本相同。他说："性为代表一物之所以然及其所当然的本质，性为支配一物之一切变化与发展的本则或范型。凡物无论怎样活动发展，终逃不出其性之范围。但性一方面是一物所已具的本质，一方面又是一物须得实现的理想或范型。"[2] 照贺麟这里的界说，性主要有两个方面的含义：支配事物变化发展的本则，即"所以然"；事物的运动所要趋赴的圆满范式，即"所当然"。在朱熹那里，"所以然之故"多用来说明自然事物，"所当然之则"多用来规范社会人事，而二者在根本上是相通的："在天为理，在人为性。"

贺麟对性的界说有取于朱熹，而他的心性统一说更多地吸取了黑格尔

---

[1] 贺麟：《文化的体与用》，《哲学与哲学史论文集》，商务印书馆1990年版，第348页。
[2] 贺麟：《近代唯心论简释》，《哲学与哲学史论文集》，商务印书馆1990年版，第133页。

的思想。黑格尔的绝对理念是其逻辑学的终点，也是其起点；是决定一切发展、变化的方向、阶段、结果的总原则，也是其趋赴的圆满范式。朱熹曾说："总天地万物之理便是太极。""太极"是天地万物的"所以然之故"和"所当然之则"。而贺麟以黑格尔的绝对理念为太极。① 贺麟这里的太极是即心即物即理即性的：从绝对理念所具有的推动事物展开、通过矛盾运动而上升的自求超拔的能动性质说，是心；从它展开、外化为自然、社会事物来说，是物；从它的展开有其逻辑、理则说，是理；从这些展开无不遵循其本性的必然，无不趋赴其最后归宿说，是性。在贺麟看来，黑格尔之学是心学，也是理学，而"性即理"。贺麟说："斯宾诺莎和康德是通向黑格尔的两条路线。"② 这两条路线在贺麟看来即是"性"的两个方面：能动性和理则性。在心和理（性）两个方面，心是更重要、更根本的，心统贯物，统贯理，贺麟说："理念不是思有、主客的中立体、平分体，或混一体。理念以主观性为主，客观性为从，主体包含客观性。所以理念之主客合一为主包含客，心包含身，无限包含有限，主不沉溺于客中。"③ 就是说，在贺麟的心性合一中，他的性是服从于心的。这集中地表现了他的心学特质。

在贺麟思想中，性又是一类事物的共相。这种共相因为包容此类事物的全部丰富性，所以是"具体共相"。他说："本性是自整个的丰富的客观材料抽拣而出之共相或精蕴，因此本性是普遍的、具体的。"④ 贺麟长期浸润于黑格尔哲学所得的学养使他与黑格尔有相同的趋向，即不喜脱离殊相的共相，他的共相是包含差别性、同中有异、异不害同的具体共相。在他看来，黑格尔超出柏拉图最重要的地方在于，柏拉图的本性（理念）世界是与现象世界分离的，而在黑格尔那里则本性不离现象；柏拉图的所谓

---

① 参见贺麟《朱熹与黑格尔太极说之比较观》，《黑格尔哲学讲演集》，上海人民出版社1986年版，第630页。

② 贺麟：《康德、黑格尔哲学在中国的传播——兼论我对介绍康德、黑格尔哲学的回顾》，《五十年来的中国哲学》，辽宁教育出版社1989年版，第118页。

③ 贺麟：《黑格尔理则学简述》，《黑格尔哲学讲演集》，上海人民出版社1986年版，第203页。

④ 贺麟：《近代唯心论简释》，《哲学与哲学史论文集》，商务印书馆1990年版，第134页。

本性是僵死的、抽象的，而黑格尔的则是流动的、具体的。贺麟认为，所谓人物之性，应包括其永恒本质，也包括其所含具的具体丰富性，如论人性，就应包括人所创造的历史文化的全部发展。从历史文化的全部发展中才能真正理解人性，否则这种人性就是抽象的。在他看来，所谓"性"，就是"如炼丹炼盐般地从文化生活自然现象中抽拣其永恒本质，以得到具体共相"①。

贺麟吸收了黑格尔哲学的思想内容，而他所用的名词术语却是中国的，特别是宋明理学的。理学中程颐、朱熹一派，对理学的重要概念道、理、心、性等都有明确的界说，不相混淆。而心学一派并不明确区分心、性、理、道等概念，笼统地讲"心即理""心即性""良知即天理"等。贺麟从根本上认为主客合一，心物合一，体用合一。世界的本体即此主客合一体，此主客合一体的能动方面叫"心"，存在方面叫"物"，条理、法则方面叫"理"，规定、主宰方面叫"性"。如果承认世界的本体是此主客合一体，则必承认心即理、心即性、性即理。所以贺麟说："唯心论即唯性论，心学即理学，亦即性理之学。"②贺麟的以上思想主要得自黑格尔，不过他是用陆王心学的名词概念将其融会统贯起来，使之在内容上具有更多的心学意味，形式上更中国化而已。

四　体用合一

体用合一在贺麟的思想中有两方面的含义：一方面，体用是特指的，体指形而上的本体、本质，用指形而下的现象。最高的体即绝对理念，体用合一指绝对理念外化为具体事物，借具体事物实现自己。贺麟说："理念即本体，理念本身是破执显真的矛盾进展。理念是永恒的创作，是永恒的活力，亦可说是永恒的精神。理念永远借万物而烛照自己，借对象而发挥

---

① 贺麟：《近代唯心论简释》，《哲学与哲学史论文集》，商务印书馆1990年版，第134页。
② 同上。

自己。"① 另一方面，体用不是特指的，体用合一只是一个方法论原则。这一原则取于中国哲学的体用一如观念，是说凡事物都是体用合一体，体必发为用，用必显其体。无体即无用，无用即无体。二者合则俱显，分则两亡。贺麟的体用合一思想，突出地表现在他对王船山思想的解释和他的文化哲学上。

贺麟在论述王船山的历史哲学时，把王船山研究历史的方法概括为"体用一源"，即"纯自一根本原则或中心思想出发，采取以事实注理则，以理则驭事实的方法，借历史事实以证明哲学原理，将历史事实作为哲学原理的例证或证成"②。贺麟认为，王船山历史哲学的根本原则或中心思想是道德史观："有德者兴，失德者亡。"其历史哲学著作就是选取历史人物和历史事件"证成"这一理则，亦即"由用见体"。王船山历史哲学的目的在于指明天道的公正不爽。天道并不空虚邈远，人事亦不盲目无理。天道对人事的驾驭，呈现某种目的性。贺麟复用黑格尔的"理性的机巧"去解释王船山这一观念。

黑格尔在讨论逻辑学中"目的性"一节时说："理性是有机巧的，同时也是有威力的。理性的机巧，一般讲来，表现在一种利用工具的活动里。这种理性的活动一方面让事物按照它们自己的本性，彼此互相影响，互相削弱，而它自己并不直接干预其过程，但同时却正好实现了它自己的目的。在这种意义下，天意对于世界和世界过程可以说是具有绝对的机巧。上帝放任人们纵其特殊情欲，谋其个别利益，但所达到的结果，不是完成他们的意图，而是完成他的目的。而他（上帝）的目的与他所利用的人们原来想努力追寻的目的，是大不相同的。"③ 贺麟认为，在王船山的历史哲学里，只要将黑格尔的"理性""上帝"换成"天"或"理"，就不仅能得到印证、默契，而且能得到解释和发挥。如王船山论汉武帝开边说："天欲开之，圣人成之。圣人不作，则借手于时君智力之士以启其渐。以一时之

---

① 贺麟：《黑格尔理则学简述》，《黑格尔哲学讲演集》，上海人民出版社1986年版，第203页。
② 贺麟：《王船山的历史哲学》，《文化与人生》，商务印书馆1988年版，第259页。
③ 黑格尔：《小逻辑》，贺麟译，商务印书馆1981年版，第394页。

利害言之，则病天下；通古今而计之，则利大而圣道以宏。天者，合往来今而成纯者也。"(《读通鉴论》卷三)贺麟发挥说，王船山的这段话有两点契合黑格尔的意思：第一，天或天理代表全体，评价历史应当"合往古来今"而计虑，不可囿于一时一地的意见，这含有黑格尔"真理是全体"的意思。第二，英雄、时君及才智之士是天理、天道的工具，由这些人的罪和罚达到天理、天道的得和功，这与黑格尔把历史上的英雄人物作为世界精神的执行人，作为理性目的的工具也是相符的。但贺麟区别"基于理性的道德律令而自发的行为"与"为一己的私欲驱使而博取功业"，即王船山所谓"贞士"和"乱士"的不同，认为前者是天理的负荷者、把握者、护持者、拯救者，其自身即是目的。而后者只是被理性利用、假借，同时又惩罚、废弃的工具。这却是黑格尔的思想所没有的。

贺麟的历史观，吸取了黑格尔的思想，但又加入了宋明理学注重道德动机，注重民族气节的思想。他对"贞士"的表彰，也有鼓励人们在异国入侵、民族危亡的时候，挺身而出，积极投入救亡之中的意思。这与王船山呼吁人们在"天下纷崩，人心晦否"之时"自输肝脑以拯天之衰"是同一精神。

此外，贺麟的体用合一思想也表现在他的文化哲学里。贺麟借用朱熹的"道之显者谓之文"来解释文化的本质，认为这句话可以解释为"道之凭借人类的精神活动而显现者谓之文化"[①]。在贺麟的文化哲学中，有三个重要概念：一是道，文化之体；二是文化，道之显现，道之用；三是精神，道与文化之间的媒介。这三个概念构成两个层次的体用关系：一是道为体，精神文化为用；一是精神为体，文化为用。前者是"绝对的体用观"，亦叫"柏拉图式的体用观"，意为道是形而上者，精神文化是形而下者，类似于柏拉图之理念世界与现象世界的区别。后者是"相对的体用观"，意为现象界的事物表现理念之多寡有不同的层次。层次高者为层次低者之体，层次低者为层次高者之用，其体用关系是相对的，犹如亚里士多德之事物

---

① 贺麟：《文化的体与用》，《哲学与哲学史论文集》，商务印书馆1990年版，第347页。

价值的宝塔式层级。在"绝对的体用观"中,贺麟表现的思想是"心即理",即精神以道为标准与归宿。就是说,精神不是急躁粗浮、鲁莽任性的,精神的活动应以道、理为根据,必须是合规律的活动。而贺麟所谓道即"宇宙人生的真理,万事万物的准则,亦指真善美的永恒价值"[①]。根据贺麟的体用合一原则,真善美的永恒价值必须表现为现实的认识活动、道德活动、审美活动。如果只讲以道为体,逻辑上必走入新实在论"理在气先"的老路,所以贺麟强调必须把精神活动和道融通起来。

在"相对的体用观"中,精神为体,文化为用,即以精神为文化的本质。在贺麟看来,一切文化都是精神的创造,是人类精神陶铸过的自然。这种陶铸一方面使精神的能动本性得到满足,一方面又在现实中创造了可利用的价值物。这种陶铸的结果便是真善美。

在道、精神、文化这三个要素中,贺麟认为最重要的是精神。他说:"广义讲来,文化(包括自然在内)是道的显现,但严格讲来,文化只能说是精神的显现,也可以说文化是道凭借人类的精神活动而展现出来的价值物。换言之,文化之体不仅是道,亦不仅是心,而乃是心与道的契合,意识与真理打成一片的精神。"[②] 在他看来,不具于心的理或道是抽象的、潜在的,真正的本体是即心即理、合规律与合目的统一的精神。这种精神诚于中,形于外,著于生活文教,蔚为潮流风气。所以,精神居于主要、主动、主宰的地位。

贺麟对于主体精神的注重,也是对于新黑格尔主义者鲁一士思想的继承。鲁一士赋予黑格尔的逻辑系统以更多的能动性和灵活性,使其摆脱"死范畴的摆布",更具发创力。鲁一士认为,黑格尔富有自由气息的早期著作《精神现象学》胜于其成熟期的代表作《逻辑学》。他把黑格尔的绝对精神描绘成一个具有不断的超越精神、不息的创进力的战将:"黑格尔的太极是一个战将,万古以来所有人类精神的精血,全部在他身上。他走

---

① 贺麟:《文化的体与用》,《哲学与哲学史论文集》,商务印书馆1990年版,第346页。
② 同上书,第348页。

到我们面前已是鲜血淋漓，伤痕遍体，但是凯旋归来。简言之，黑格尔的太极，是征服一切矛盾冲突的天理，是精神生活的全部。"[1] 贺麟接过鲁一士这一思想，也极力突出绝对精神的能动、有力。他在比较朱熹的太极和黑格尔的绝对精神时说，朱熹的太极是仙佛境界，黑格尔的太极是霸王威风；朱熹的太极是光风霁月，黑格尔的太极是洪水猛兽。贺麟反复致意的是，非精神贯注其中的本体是抽象的、不真实的，主体即本体。在文化方面，"心与理一的精神为体，文化为用"，体在价值上高于用。

可以看出，贺麟在体用观上所表现出的思想，主要是黑格尔、新黑格尔主义的。体用这一对中国哲学范畴，在贺麟思想中成了融会、改造西方哲学的工具。

五　理想唯心论

贺麟的心理合一、心物合一、心性合一、体用合一的思想，皆贯穿一条主线，这就是突出精神、理性的重要性、决定性、根源性。贺麟说他的思想"如从学派的分野来看，似乎比较接近中国的儒家思想，和西洋康德、费希特、黑格尔所代表的理想主义"[2]。他之所以用理想主义而不用"唯心主义"来概括他的思想，主要是为了免遭误解。[3] 但"理想"一词在贺麟的思想中尚有别的意思，所以"理想唯心论"并非简单的语义重复。

"理想"的一个意思是"行为的指针与归宿"，即在行动之前，这一理想，作为行为的指导、标准。行为不循此指导，不合此标准，皆非理想的行为。贺麟这里所说的理想，并不是任意定一目的，而是"按之天理而顺，拟诸人心而安"的理想，也即合规律性与合目的性统一的理想。贺麟的这一思想也来自黑格尔。在黑格尔的体系中，作为最高范畴的"绝对理念"，

---

[1] 鲁一士：《黑格尔学述》，贺麟译，商务印书馆1936年版，第27页。
[2] 贺麟：《文化与人生》，商务印书馆1988年版，第1页。
[3] 参看谢幼伟《何谓唯心论》，陈康《柏拉图认识论中之主体与对象》，贺麟《答谢幼伟兄批评三点》及《哲学与哲学史论文集》。

就既是它的一切外化的根据、指针，又是它的一切外化的范型、归宿。这里明显表现出贺麟所受黑格尔哲学的深刻影响。

另外，贺麟所说的理想是有力的，理想是改造现实的动力因。作为指针和归宿的理想对行动有极大的感召力。具有思想、意志、理性的现实的人改造世界的目的就是要达到理想。有了改造现实的理想，才有改造现实的行动。理想越切实，则改造现实越深入；理想越高远，则改造现实越宽广。贺麟特别强调理想指导现实、陶铸现实的作用。他指出："理想是征服现实的指南针，理想是陶铸现实的模型，是创造现实的图案，是建立现实的设计。现实是理想的材料，是理想实现自己的工具。现实是被动的、受支配的，理想是主动的、支配的。任何人类有价值的政治、社会的建树，文化的创造，都是理想与现实合一的产物。不过在理想与现实的合一体中，理想为主，现实为从；理想为体，现实为用。"[①] 理想与现实合一，是贺麟主客合一、知行合一、体用合一等思想的必然结论。而在理想与现实两者中，贺麟认为理想更根本、更重要。

实际上，贺麟所谓"理想"，就是"精神"的别名。他曾解释他的精神观或理想观说："此即由对于人类精神生活和文化历史的研究，不免见得人类文化为人类精神力量创造而成，因而应该用精神的或理想的观点以解释人生和自然，认自然为自由精神的象征，认历史的进化为绝对精神的自求发展，认精神有陶铸物质的力量，且必借物质方得充分的表现。"[②] 所以，贺麟的理想唯心论，就是把精神放在最高的位置，把精神作为陶铸自然、创造历史文化、创造真善美的价值的最后源泉。这样的唯心论，离贝克莱远，离康德近；离柏拉图远，离黑格尔近；离程朱远，离陆王近。它是以黑格尔为根干，同时容纳了康德和斯宾诺莎，融合了程朱和陆王。它是西方的，也是中国的。

贺麟的哲学被称为"新心学"，而细究贺麟思想，则"理想唯心论"

---

① 贺麟：《文化与人生》，商务印书馆1988年版，第104页。
② 贺麟：《近代唯心论简释》，《哲学与哲学史论文集》，商务印书馆1990年版，第136页。

一语更能代表他的哲学思想的特质,更能表明他的思想的理论渊源。首先,因为"精神"较"心"有更丰富的含蕴,有更多的黑格尔意味。"心"字"当下"的意味重,而精神则"积累"的意味重。黑格尔的绝对精神有概括的、积累的意义,贺麟正是在这种意义上使用"精神"一词的。其次,"心"字容易使人联想起具体的心理活动,如知识活动、情感活动、意志活动,而"精神"则往往使人联想到人之不同于动物的特异性,人之所以为人的本质。再次,"心"是个中国名词,使用"心"这个概念很自然地便走入中国哲学的伦理套路,而"精神"则有更广的包容,它不只是伦理的,也是认识的、审美的。最后,"精神"比"心"包容了更多的物质性。贺麟不像贝克莱那样以感觉否弃物质,而是主张以精神陶熔物质。陶熔重在理解、解释,是在承认物的实在性的基础上更强调精神的作用,而不是怀疑或否定物的实在性。所以,我们并不反对以"心学"归属贺麟的思想,但须知他的心学是主客合一、心物合一、程朱陆王合一的。他的思想更多地吸收了德国古典哲学特别是黑格尔的东西。从这个意义上说,"理想唯心论"这个名称更合适,更能道出他的思想的真实面貌和特异之处。

贺麟也经常用"理性"这个词。他所谓理性,不是与感性、知性并称的认识阶段、认识方法,而是广义的理性,主要指人的思维、人的自觉能动性。在贺麟看来,思维、自觉能动性是人的本质,是人所创造的一切价值的根源。他说:"理性是人之价值所自出,是人之所以为人的本则。凡人之一举一动,无往而非理性的活动。人而无理性即失其所以为人。"[①]这里"理性"即精神本体。人之所以为人在于人的活动是理性的活动、创造价值的活动。

贺麟晚期在讲解黑格尔哲学时,对"精神""理性""理想"等有较详细的分别,而在早期阐发自己思想的文字中,对此则不甚分别。如果揣其意加以比较的话,则"精神"重在能动性,重在鼓动、催发、热情洋溢方

---

① 贺麟:《近代唯心论简释》,《哲学与哲学史论文集》,商务印书馆1990年版,第133页。

面,"理性"重在运思、自觉、有意识方面,"理想"则重在范型、目的、标准方面。若从体用上分,"理性"重在体,"精神"重在用,"理想"则即体即用。若从知行上分,则"理性"重在知,"精神"重在行,"理想"即知即行(目标与其实现)。贺麟对此未作明确的区别。这种浑融风格一方面是由于当时学术界沿用传自西方或日本的哲学名词而未加厘清的缘故,更重要的是贺麟得于陆王心学的思维因素,在浑融的风格下能更多层面、更多方位地抒发自己的所思所得,而不为精密的概念辨析所限制、框定。这与他晚年讲黑格尔哲学时的精确缜密大异其趣。

六 "新心学"的历史背景

贺麟以心物合一、心理合一、心性合一、体用合一、知行合一为特点的理想唯心论,其根本目的是融合唯物论与唯心论、经验论与唯理论、理性与直觉、程朱与陆王,在中国当时的文化背景下,创出一种综合中西哲学优点、适应社会思潮、满足知识分子精神需要的新思想。

贺麟新心学的提出始于 20 世纪 30 年代中期,其宣言是发表于 1934 年的《近代唯心论简释》一文。嗣后贺麟又发表了一系列文章和著作,其中最重要的是《时空与超时空》《知行合一新论》《宋儒的思想方法》《辩证法与辩证观》《文化的体与用》《文化与人生》《当代中国哲学》等,从各个方面阐发了其理想唯心论思想。贺麟是"修辞立诚"的,他对自己所宣传的理论真正信服,有深厚的感情,并且一以贯之。他的思想充满创新精神,并非对西方哲学的原样照搬。

20 世纪 20 年代,西方许多有识之士在经历了世界战乱的痛苦之后感到,西方哲学以主客、心物、道德和科学、自然和理想、理性与非理性两分为基本特征的哲学有弊病。特别是在现代工业社会的紧张感、压抑感、人为物役的失落感困扰着西方人时,他们逐渐把眼光转向重在调适天人、人我关系,重在个体身心修养,且有着古朴浑厚的形貌、神秘幽远的意味的东方哲学,注意在东方哲学中发掘有益于西方文化的东西。在中国国内,一些对中国文化建设抱有强烈使命感的人，也在五四新文化运动对传统文化进行否定、批判之后，思欲开创、发展出新的民族文化、民族哲学，特别是那些曾到国外留学，受西方文化浸润较深的人，更是把调和、融会西方哲学作为发展中国民族哲学的首要之务。

贺麟对发展中国民族哲学抱有强烈的责任感。他从清华学堂读书始，就抱定了"走中西哲学比较参证、融会贯通的道路"①的志向。他的第一篇论述黑格尔的文章《朱熹与黑格尔太极说之比较观》，就是这一道路的最初尝试。这篇文章作于1929年他在美国留学时，这表明即使身在异邦，受着异域文化的强烈感染，他也没忘记母邦哲学。他给自己立的宗旨是，做一个保存发扬祖国固有文化，积极吸收西方有价值的文化而大胆创新的学者。他在中国文化的发展道路问题上有一个根本看法：中国文化能否得到发展，关键在于能否真正彻底地、原原本本地了解并把握西方文化。因为"认识就是超越，理解就是征服。真正认识了西洋文化，便能超越西洋文化。能够理解西洋文化，自能吸收、转化、利用、陶熔西洋文化以形成新的儒家思想，新的民族文化"②。尽管并非所有学者都同意他把儒家思想作为中国传统文化的主流、精华、根本成分，以及他提出的发展儒家思想的三条途径：一是以西方哲学发挥儒家理学，二是吸收基督教的精华以充实儒家礼教，三是领略西方艺术以发挥儒家诗教③，但却无法否认他理解、把握和吸收外国哲学、文化用来革新、丰富、发展中国传统文化的赤诚之心。他认为，在五四新文化运动之后，应该把建设新的民族文化、民族哲学的任务放在突出地位，特别是"七·七事变"后，面对中国沦为外国侵略者的殖民地的现实威胁，中国更应该有一种统合东西方哲学优点的新学说来应付民族的危机。在当时背景下，"新心学"有发起信心，自立无畏，拯民族之衰、匡国家之难的深切用意。贺

---

① 贺麟：《康德、黑格尔哲学在中国的传播——兼论我对介绍康德、黑格尔哲学的回顾》，《五十年来的中国哲学》，辽宁教育出版社1989年版，第119页。
② 贺麟：《儒家思想的新开展》，《文化与人生》，商务印书馆1988年版，第7页。
③ 同上书，第8页。

麟曾说，哲学不是空疏虚幻的玄想，不是太平盛世的点缀，不是博取功名的工具，不是个人智巧的卖弄，而是应付并调整个人以及民族精神上、文化上的危机和矛盾的利器，是改革生活、思想和文化的实际力量。[①] 他多次说过，费希特的以健动健行为主干的哲学，其实质是普法战争时德意志民族自立自强的精神要求的折射，而费希特的《告德意志国民讲演》正是其哲学的实际应用。他欲效法费希特以哲学为德意志民族奠定精神基础的壮举，为抗战时期的中国人增添自立自强的精神力量。他说："新的中国哲学，主张一切建筑在理性的基础、精神的基础上。没有精神，什么都没有。也只有精神的基础才有最巩固的基础。"[②] 这同孙中山的"心理建设"出于同一动机。他认为孙中山是本陆王之学而发为事功的伟大人物。他之提倡新心学，就是要在当时的时代背景下，鼓励人们本着自立自强的精神，勇于实践，开创事功。

贺麟有深厚的国学功底，出国留学五年中，曾先后钻研过生理学、心理学、人类学，以及斯宾诺莎哲学、黑格尔哲学、新黑格尔哲学、实用主义、过程哲学、实在论和批判实在论等。回国后，他在北京大学和清华大学讲授现代西方哲学、西方哲学史和黑格尔哲学等课程。多方面的学养，造就了贺麟融合各家的理论趋向。他的主要思想渊源黑格尔哲学又给了他一个容纳多种哲学的思维框架。而中国哲学界当时盛行的以中国传统哲学名词去解释、发挥西方哲学思想这种方法，也为贺麟的融会中西提供了便利。所以，在30年代的哲坛上出现新心学这样一种以统合、兼综、融会为特点的哲学派别，就是不奇怪的了。

中国在辛亥革命后至抗日战争结束之前，出了几位有建树的学院哲学家。其中最著名者为熊十力、冯友兰、金岳霖、贺麟等人。熊十力本其佛学、理学、易学，殚思极虑，创造出"新唯识论"的哲学体系。冯友兰、金岳霖以其对西方哲学的精湛思考和对中国哲学的深彻把握，创造出"新

[①] 贺麟：《五十年来的中国哲学》，辽宁教育出版社1989年版，第1页。
[②] 同上书，第75页。

理学"和实在论的哲学体系。此三人之有体系，首先在于他们有建立体系的著作。如熊十力的《新唯识论》，冯友兰的"贞元六书"，金岳霖的《论道》《知识论》。他们的体系从形式上说有完整谨严的逻辑架构，从内容上说有本体论和据本体论推衍出的知识论、人生论。从这个方面看，贺麟没有完整、独立的哲学体系。他没有建立体系的著作，没有逻辑架构，没有构成一个完整体系所需要的各门类学说。他阐发自己思想的是一些长短不等深浅各异的论文。他最主要的哲学著作《近代唯心论简释》就是这种论文的汇集。这些论文有一个首尾一贯的思想，一个始终不渝地持守的原则，但还不能说他有一个哲学体系。在他的论文中，本体论、人生论、知识论的许多问题都谈到了，但这些方面并不是按照一个哲学体系的框架安放的，其间并无逻辑关联。从形式和内容两方面看，贺麟的思想不足以构成一个完整的体系。所以许多关于近现代中国哲学和当代新儒家的著作没有谈到贺麟，或只涉及他复兴儒家的主张和对黑格尔的译述。这自然与他译介黑格尔的功绩太显豁以至于他自己的哲学思想反为所掩有关，但也不能否认，他没有系统的建构体系的著作是一重要原因。

最后要说的是，1949年以后，贺麟与大多数从旧大学里过来的知识分子一样，放弃了自己过去持守的学说，并且作了深刻的自我批判。这些批判有深文周纳的地方，这是时代有以使然，对此我们不能苛求。但我们相信，贺麟及同时代绝大多数知识分子的转变是真诚的，他们是出于对新中国的挚爱和对真理的追求而信仰马克思主义的。贺麟的思想转变是痛苦的也是彻底的。他曾说："我是在马克思列宁主义的感召和熏陶下，经历过多年学习哲学史，批判了黑格尔唯心的理性辩证体系后，才逐渐转变为信服和赞成这样一种承先启后、精深博大、有实践基础、有高尚理想、有强大力量的辩证唯物论的。""什么是真理，真理本身就是能动的、感动人的，真理可以从各方面加以说明。可以从方法论——经验的或体验的、分析的、数学的、辩证的方法予以说明。真理也反映在各个方面，有普遍性、客观性、主观性，真理不能与心理分开。……真理是一个过程。……理想而不唯心，唯物而有理想，这就是马克思主义哲学，主张实事求是的哲学。"[1] 这是贺麟在 1981 年《我对哲学的态度》中讲的两段话，这可以说是他的"晚年定论"。

（原载《中国社会科学》1992 年第 5 期）

---

[1] 贺麟：《哲学与哲学史论文集》，商务印书馆 1990 年版，第 585 页。

贺麟的新心学与黑格尔、康德

贺麟（1902—1992）是当代中国著名的哲学家、翻译家、黑格尔研究专家，也是当代新儒家代表人物之一。1926年，他赴美国留学，从美国新黑格尔主义的著名代表鲁一士（J. Royce）那里接受了新黑格尔主义；又在德国柏林大学留学，受到德国新黑格尔主义者克洛纳（R. Kroner）、尼古拉·哈特曼（N. Hartmann）等人很大影响。他从新黑格尔主义入手，精研黑格尔学说，并上溯黑格尔哲学的渊源康德、费希特、谢林以及斯宾诺莎哲学，形成了主客合一、心物合一、知行合一、体用合一的哲学思想。留学归国后，他又将这些思想和中国宋明理学中的陆王心学融合，创立了特色鲜明的"新心学"学派，在20世纪三四十年代中国吸收、消化外来哲学思想，创立民族新哲学的时代潮流中独树一帜。从30年代开始，他翻译了多种黑格尔、斯宾诺莎、新黑格尔主义者的著作，为在中国传播黑格尔、斯宾诺莎哲学做出了突出的贡献。他的《近代唯心论简释》《文化与人生》《当代中国哲学》等，是现代中国哲学的优秀著作。本文着重论述他对于黑格尔、康德思想的吸收与融会。

一　贺麟与黑格尔

（一）概念即自由，理学即心学

概念自由，是黑格尔一个很重要的思想。黑格尔说："概念是自由的原则，是独立存在着的实体性力量。概念无疑是形式，但必须认为是无限的有创造性的形式，它包含一切充实的内容在自身内，并同时又不为内容所限制或束缚。"①贺麟对这一观点进行了解释和发挥，并把它和中国哲学命题相融合。

贺麟认为，黑格尔的概念是存在与本质的统一，它不是抽象概念，而是包括了丰富内容在其自身内的具体概念。在具体概念中，自我不是为他物规定的，它是"自因"的，它自身就是它的本质或本性所内在的；它不是强迫的、被决定的，而是自我发展的。从这个意义上说，它是自由的。概念的因是自我，果是自我的实现，它是以自己的活动为原因为结果的；它在一切运动中仍保持着自己，因为这一切运动不过是潜伏在自身内的东西的发挥和实现。贺麟据此对自由下了一个界说："自由就是自己的活动以自身为目的，自由就是在一切外在的运动的影响中仍能保持自己。"②在贺麟看来，概念的本性可以概括为三个方面：精神、自由、主体。概念是精神性的，它本质上是思想范畴，它不是客观实在。但它是有力的、自动的、有意志的。意志是精神的品格。概念又是自由的，自由的意思是说，它以自身为目的，它在外界影响下仍能保持自己，它是必然的真理。概念又是主体，因为它是自因，同时又是自由的，出于自因的自由是主体的基本性质。用中国哲学的话说，黑格尔哲学是即理学即心学的，是心学理学合一的。这一观点在贺麟初接受黑格尔哲学时就已确定了。在《德国三大哲人处国难时之态度》中，贺麟说："黑格尔的理则学，乃是研究纯粹理念的本体论或道体论，我们也可以称之为'理学'或'道学'。他的理则学里的

---

① 黑格尔：《小逻辑》，贺麟译，商务印书馆1981年版，第327页。
② 贺麟：《黑格尔哲学讲演集》，上海人民出版社1986年版，第184页。

最高范畴就是他所谓绝对理念或绝对精神，也就是他所谓'太极'。而太极就是绝对真理，同时也就是'心'或绝对意识。因为黑格尔从认识论的立场，在根本上认为心与理一，心外无理。所以黑格尔的理学，同时又是'心即理也'的'心学'或唯心哲学。"① 在朱熹与黑格尔太极说的比较中，他也谈到这一点，认为朱熹的太极是即理即心的，黑格尔的太极（绝对精神）也是即理即心的。在贺麟这里，理学即心学。

由"理学即心学"，便自然地推出"向外格物穷理即向内明心见性"。因为这里所说的概念不是抽象的知性概念，而是具体的理性概念。这样的概念是包括了杂的纯，包含了多的一。概念的发展是概念中的潜存发挥和实现的过程。潜存每发展一步，都是对于它本身的认识和扬弃，而这同时就是概念的展开和自觉。认识和扬弃越接近绝对理念，展开或自觉就越接近本性的全部含蕴。也就是说，思想把自己外化得越充分，则见到的自己越真实。思想在自己的外化中发现自己、建立自己、实现自己。所以贺麟认为，思想扩充了自己的范围，实现了自己的本性。这用中国哲学的术语说，就是"向外格物穷理即向内明心见性"。概念式的思想是自由的思想。概念式的思想是无外无内、即外即内的。这是黑格尔的重要思想，也是贺麟的重要思想。

（二）理念不是主客的平分体

黑格尔说："理念可以理解为理性（即哲学上真正意义的理性），也可以理解为主体与客体，观念与实在，有限与无限，灵魂与肉体的统一；可以理解为具有现实性于其自身的可能性；或其本性只能设想为存在着的东西等等。因为理念包含有知性的一切关系在内，但是包含这些关系于它们的无限回复和自身统一之中。"② 贺麟接过这一点，把理念归结为六个合一：一是主客合一。理念是客体，又是主体，所以它能制造工具（概念范畴），利用工具以实现其目的；它是概念，但又能客观化自己。主客合一是意识，

---

① 贺麟：《德国三大哲人处国难时之态度》，大学出版社 1934 年版，第 19 页。
② 黑格尔：《小逻辑》，贺麟译，商务印书馆 1981 年版，第 400 页。

同时又是对象。二是理想与现实的合一。即"应该"与完成此应该的合一；单纯的应该，不是真实的本体。三是有限与无限的合一。理念是无限，理念的表现是有限，理念是众多表现的贯穿与统一。四是身心合一。理念是本体，这个本体既有理性、思想、目的（心），又有存在、形体（身）。理念是一个身心合一的生命。五是知行合一。理念是能动的理性、能动的精神，又是现实的表现、现实的过程。理性在过程中实现，过程正所以表现理性。六是动静合一。理念是生命，是过程，是进展，是有力的，所以是动；而理性本身又是静的，它是思想，是观念，是理想。这些合一表明，知性思维、抽象思维所认为矛盾的孤立的东西，在理念中得到了统一。如果借用佛教的话说，便是"破执显真"——破除知性逻辑执著为偏、为区分、为分立的观念，而显统一、全体的真理。

贺麟在理念这主客合一体中复有轻重厚薄之别，这一点，也是有取于黑格尔的。黑格尔说："在理念的否定的同一里，无限统摄了有限，思维统摄了存在，主观性统摄了客观性。"[1] 贺麟区别了两种合一，一种是中和的合一，神秘的合一，如谢林的同一哲学便是这种合一。另一种是统贯的合一，所谓统贯即统辖、主导之义。黑格尔哲学就是这种合一。统贯的合一不是无分别的合一，而是有主从之别、隐显之别的合一。贺麟主张，理念以主观性为主，以客观性为从，主观性统贯客观性。他说："理念不是思有、主客的中立体、平分体，或混一体。理念以主观性为主，客观性为从，主体包含客观性。所以……理念之主客合一是主包含客，心包含身，无限包含有限，主不沉溺于客中。主客合一之目的在充实主，思有合一之目的在发展思。"[2]

在主客、思有、有限无限的统一里主张主观、思维、无限的统摄、主宰作用，这决定了他主客关系上的唯心主义、知行关系上的重知主义、历史观上的"理性的机巧"，等等。这一点，是贺麟思想的特色，也是他所

---

[1] 黑格尔：《小逻辑》，贺麟译，商务印书馆1981年版，第403页。
[2] 贺麟：《黑格尔哲学讲演集》，上海人民出版社1986年版，第203页。

谓"新心学"所自来。他的心学，不是贝克莱式的，也不是柏拉图式的，而是黑格尔式的。确切说是经过新黑格尔主义陶铸了的黑格尔式的。这是他融会宋明理学的基础，是他新心学的命脉。这一点使他既不陷入机械论、实在论、唯我论，也不陷入二元论。这一点使他的思想充满了自由创造的激情，但又不出理性矩矱。

（三）理性的机巧

"理性的机巧"是黑格尔历史哲学的一个重要思想，鲁一士在《近代唯心论讲演》中有发挥。贺麟不仅对黑格尔这一思想从理论上作了阐发，而且用这一思想来分析中国哲学家王船山的历史哲学。

贺麟解释"理性的机巧"说，这些伟大的世界征服者（指恺撒、亚历山大、拿破仑等）结果都成为世界精神的工具。而理性则借他们的活动表现出来。所以从全体来看，特殊利益、特殊情欲的满足与理性法则是不可分的。特殊的、个别的利益满足了，立刻也就被否定了，留下来的只是普遍原则的实现。历史公道的发展借个别情欲与个别情欲斗争，在斗争中互有损害，互有得失，而普遍的理性并未牵涉其中。这就是理性的机巧。贺麟对"理性的机巧"的发挥着重在于：

第一，理性是宇宙的主宰。他认为，理性是有目的的，它按自己的目的统御着、驱迫着自己的材料（世界）。材料只是理性的注脚，是理性实现自己的目的的工具。没有理性，世界是盲目的，当然没有世界，理性也就是空的。但这两者中，理性是根本，世界是枝叶；理性是本质，世界是现象。理性是世界的真理，是它的所以然之故、所当然之则。

第二，不合理的事物是理性以资征服，从而实现自己的目的的手段。贺麟说："从全体来看，罪恶绝不能与理性并立，罪恶是被理性征服的。"[①] 这里，贺麟实际上是对黑格尔的一句名言"凡是现实的都是合理的"下一转语：现实的恶终将被战胜。从历史发展的长河看，现实的恶作了理性战

---

① 贺麟：《黑格尔哲学讲演集》，上海人民出版社1986年版，第200页。

胜攻取的资借，现实的善以更高的形式，成了理性的有机组成部分。现实的善恶俱往矣，而最终的结果是绝对的善——理性的树立。所以理性是借欲济理，借私济公，借恶济善。这里表现出贺麟一个明显的思想，即道德史观：恶是历史发展的杠杆，最终的结果是善战胜恶，这是历史的必然。世界历史所昭示我们的，不是善恶的俱分进化，也不是恶的统治确立，而是善的最终胜利。纷纭复杂的历史舞台，经过无数厮杀，最终确立的，是绝对的善。这是贺麟的一个重要思想，同时也是他为现代新儒家的确证。

第三，"理性的机巧"同时是一种戏剧观。从形式方面说，没有假借，便没有曲折，没有意趣，因而不美。有假借之后，世界才富于戏剧趣味。径情直遂、一览无余的事物是淡而无味的，美就在这些跌宕起伏的形式、斑斓纷呈的色调中呈现。从内容方面说，"理性的机巧"是悲剧观。悲剧是非常人物的非常事变，悲剧人物都是代表伦理观念的一个片面，悲剧就起于两种片面的、互相排斥的伦理力量的斗争。在悲剧的全部过程中，理性通过对片面的否定而实现自己。尽管悲剧的结局是惨痛的，但它正显示了理性的力量。理性使英雄人物一个个悲壮地死去，而自己则在一个个死中获得永生。这里，理性在施展它的狡计，悲剧人物正是这些狡计的牺牲品。从贺麟这里的发挥看，他也同他褒扬的黑格尔一样，是赞成公理说的，是承认天理昭彰、毫发不爽的。

贺麟不仅在理论上发挥黑格尔的"理性的机巧"，而且用它去分析中国哲学家。他在分析王船山的历史哲学时说："船山的历史哲学之富于辩证思想，最新颖独创且令我们惊奇的，就是他早已先黑格尔提出'理性的机巧'的思想。"[①]"理性的机巧"就是借个人的私心以济天下的大公，借英雄的情欲以达到普遍理想的目的，理性一方面假借非理性的事物（如私心、情欲）等，一方面又否定非理性的事物以实现其自身。贺麟认为，在王船山的历史哲学里，只消将黑格尔的理性或上帝换成王船山的天或理就可以得到印证和发挥。

---

① 贺麟：《文化与人生》，商务印书馆 1988 年版，第 267 页。

王船山在《宋论》中说："天因化推移，斟酌曲成以制命。"又在《读通鉴论》中评论秦始皇说："秦以私天下之心而罢侯置守，而天借其私以行其大公，存乎神者之不测，有如是夫！"贺麟认为，王船山所举秦始皇、汉武帝、武则天、宋太祖等人，就是黑格尔所谓具有大欲或权力意志的英雄。这些人物在历史上的一些措施，目的本是为私，如秦始皇之罢封建、立郡县，汉武帝之开边等，但因与天的意志吻合，反而做了天道的代理人。天的目的，假手这些时君智力之士以成。就这些时君智力之士来说，费尽心机，以偿自己的大欲，但最终必被天理所抛弃。王船山这些思想正契合黑格尔"理性的机巧"。

贺麟复从王船山的评论中引申出几点深刻的思想：第一，"天"是全体。王船山说："天者，合往古来今而成纯者也。以一时之利害言之，则病天下；通古今而计之，则利大而圣道以宏。"（《读通鉴论》卷三）贺麟认为这一思想含有黑格尔"真理是全体"的意思。就"天"的内容说，它是古今中外一切事变的总括；就理则说，它是事变体现的"理"或"道"。理或道即"纯"。这很像黑格尔所谓"理性"。评论历史事件，不但要从历史人物的动机看，还要从其效果看；不但要从一时一地的效果看，还要从长远的历史效果看，要超出具体的时空限制，从天、从理的角度看。如秦始皇的罢封建立郡县，从其利于巩固自己的君主地位说，是私；从其抵御异族入侵说，是公。从秦始皇残民以逞说是病天下，是害；"通古今而计之"，则是利天下，是公。某些方面，在个人则为私、为罪，在天则为得、为功。天是"纯"，是全。许多历史事件从"全"的角度，才能看得更为通透。

第二，"天之所启，人为效之"。贺麟欣赏王船山的一段话："时之未至，不能先焉。迨其气之已动，则以不令之君臣，役难堪之百姓……天之所启，人为效之，非人之能也。"（《读通鉴论》卷三）贺麟认为王船山的这段话，在英雄与理性的关系上，既注重圣贤、英雄、时君、才智之士在历史演变中所起的作用，又不陷于英雄主义的历史观。英雄是顺应历史潮流，对于理性的运行方向有知几察微的先见之明。所谓英雄就是能把这种"几微"扩成风气、蕴成潮流的人物。一种时代潮流的形成，一是由于各种现实趋势组成的合力已经开始萌动，此即船山所谓"时已至，气已动"；一是由于英雄人物对于这种趋势的推波助澜，即船山所谓"天之所启，人为效之"。无理性则无具体事变的动力、方向、节奏等内在因素，无英雄则无理性的手段、工具、效应等外在因素。贺麟的这种分析，不仅把"理性的机巧"的意蕴全面道出，而且对英雄与理性的关系，作了深刻说明。

第三，"乱士"和"贞士"之别。贺麟赞扬王船山在被理性的机巧所利用的悲剧人物中区别了"乱士"和"贞士"。船山说："乱士不恤其死亡，贞士知死亡而不畏其死亡也。"（《读通鉴论》卷五）即"乱士"只是盲目的不怕死，不惜以死来博取功业。"贞士"则慷慨赴死，甘愿以身殉道。这两种人有为公为私、主动被动的区别。王船山说："陈涉、吴广败死而后胡亥亡，刘崇、翟义、刘快败死而后王莽亡，杨玄感败死而后杨广亡，徐寿辉、韩山童败死而后蒙古亡。然则胜、广、玄感、山童、寿辉者，天贸其死以亡秦隋；而义也、崇也、快也，自输其肝脑以拯天之衰而伸莽之诛也。"（《读通鉴论》卷五）贺麟对于船山所论"乱士""贞士"作了发挥，认为陈胜、吴广、杨玄感等之死是出于自私的目的，他们的死是被天利用或假借作为达到灭亡秦隋的理性目的的工具，他们的死是被动的。但翟义、刘崇等起义诛莽则不然，他们是基于自动自发，他们的死是"自输其肝脑以拯天之衰"，使正义伸张出来。前者只是被理性利用、假借，同时又惩罚、废弃的工具，后者是基于理性的道德律而自发的行为，不惟不是被动地为天所假借利用并加以否弃的工具，而乃是理性自身的支柱，理性直接的表现。这种人是担负延续道统、学统使命的人，是当"天下纷崩、人心晦否之日，独握天枢以争剥复"（《读通鉴论》卷九）的人，是天理的负荷者、护持者、拯救者，其自身即是目的。这两种人差别是很大的。

贺麟借王船山所谓"乱士""贞士"所发的议论，对于"乱士""贞士"各自在"理性的机巧"中所扮演的角色的分析，表现出他用儒家思想融会黑格尔的努力,即负荷天理、延续国命的人,其肉体虽可逝去,但其功烈却融进永恒的、绝对的善中。他们以其道德长存于天地之间,他们是民族的脊梁,是理性的支柱。天理、道统赖他们而不坠。王船山在明亡之后呼吁"贞士"拯天之衰,贺麟在抗日战争中表彰贞士,谋民族文化的复兴,都是有着"独握天枢以争剥复"精神的。

二 贺麟与康德

贺麟接受黑格尔哲学,是从英美新黑格尔主义入手的。在研究中他感到,要真正把握黑格尔哲学,非要先研究康德不可。斯宾诺莎和康德是黑格尔哲学的两大渊源。要理解黑格尔,必先从康德哲学出发,治黑格尔哲学的人,没有不先治康德哲学的。而康德哲学最后必然逻辑地发展到黑格尔哲学。这是贺麟研究德国古典哲学自得的见解,也与德国新黑格尔主义者克洛纳的名作《从康德到黑格尔》的结论正好吻合。在德国期间,他读了康德的三大《批判》和许多研究康德思想的著作。回国后,他发表了《近代唯心论简释》《康德名词的解释与学说大旨》《时空与超时空》等论文,集中展示了他对康德哲学的吸收与融会。

贺麟对康德的发挥主要在两个方面,一是"逻辑意义的心",一是"时空即理"。关于前一个方面,贺麟认为,心有二义:一为心理意义的心,二为逻辑意义的心。心理的心即感觉、幻想、梦呓、思虑营为,及喜怒哀乐等心理经验,这些是可以当作实物来研究的。逻辑意义的心是"心即理也"的心,这个意义的心即能主宰、统摄、组织、安排感觉经验,能支配行为,能评断价值的心,贺麟说:"逻辑意义的心乃一理想的、超经验的精神原则,但为经验、行为、知识以及评价之主体。此心乃经验的统摄者,行为的主宰者,知识的组织者,价值的评判者。自然与人生之可以理解,之所以有意义、条理与价值,皆出于此'心即理也'之心。故唯心论又尝称为精神哲学。所谓精神哲学即注重心与理一,心负荷真理，理自觉于心的哲学。"① 这里对心的界说，是用康德思想来发挥的。这里的精神原则，即康德哲学的"主体"。这里的心，包括了康德的三大《批判》所含容的知情意三个方面。经验的统摄者、知识的组织者，即康德的纯粹理性；行为的主宰者，即康德的实践理性；价值的评判者，即康德的判断力。所以贺麟的"逻辑意义的心"，是康德的精神原则、主体。知、情、意是其分而用之的表现。这个精神原则的内容就是"理"，心与理一也即精神原则的内容与形式统一。心负荷真理、理自觉于心就是精神原则的内容显现于形式，形式承载内容。逻辑意义的心，是自然与人生的意义、条理、价值之所自出。没有逻辑意义的心、"心即理"的心，则自然与人生皆为混沌不可知的"物自体"。所以贺麟说："普通人所谓物，在唯心论者看来，其色相皆是意识所渲染而成，其意义、条理与价值皆出于认识或评价的主体。此主体即心。一物之色相、意义、价值之所以有其客观性，即由于此认识的或评价的主体有其客观的必然的普遍的认识范畴或评价准则。若用中国旧话来说，即由于'人同此心，心同此理'。离心而言物，则此物实一无色相、无意义、无条理、无价值之黑漆一团，亦即无物。"②

贺麟的心学思想，不仅是对康德思想的吸收，也是对中国自孟子以迄王阳明诸心学家思想的继承。孟子的四端，陆象山的本心，王阳明的良知，其宗旨皆不出"心即理"三字。但中国哲学以伦理道德为理论重心，心学诸家所谓"心即理"，多指心中本具天赋道德意识。如孟子"仁义礼智根于心"，陆象山"当恻隐时自恻隐，当羞恶时自羞恶"，王阳明"见父自然知孝，见兄自然知弟，见孺子入井自然知恻隐"，等等，皆道德意识。而所谓"万物皆备于我""宇宙即是吾心，吾心即是宇宙""良知即天"，等等，不过是将心中的道德意识投射到宇宙万物，认为宇宙万物皆具道德意味，宇宙的法则与人心的法则根本上是同一的。人心即

---

① 贺麟：《哲学与哲学史论文集》，商务印书馆1990年版，第131页。
② 同上。

宇宙之心的凝聚，宇宙之心即人心的放大，人心是宇宙之心的具体而微。所以，中国心学所谓"心即理"之心，是伦理的。心学家的修养方法皆是内省的，注重在心上用功。如孟子的"求放心"，陆象山的"切己自反"，王阳明的"致良知"等。心学对于古来的学术文化，皆本"六经注我"的精神，以文化学术为心的表现、阐释，所谓"五经者，吾心之记籍"是也。贺麟对于中国心学诸家有继承，有改造。他所继承的，是心学的精神原则，心学对自我的高扬；他的改造，主要是用康德、黑格尔浸透了理性的慎思明辨精神，主要是认识论的学说，来改造中国心学主要是伦理学的学说，就是说，他不满中国哲学主要是伦理学，其他方面皆是伦理精神的投射这种运思方法，而要把西方具有强烈理性色彩的、主要是"知"的心掺加进来，构成另一种品格的"心即理"。这是贺麟思想中极其明显的意向。

贺麟关于时空问题的发挥，可用一个命题表达：时空是自然知识和自然行为所以可能的心中之理或标准。他解释"理"说："理是一个很概括的名词，包含有共相、原则、法则、范型、标准、尺度以及其他许多意义"。[①] 他认为，时空是心中之理，是主体用以规定、衡量经验中事物的先天法则，不是从经验中得来的。从这个方面说，理是心的一部分，是思想所建立的法则，是先天的工具。所以他认为"心外无可理解之理"。

贺麟揭出"心外无可理解之理"，可以说是他用康德哲学融会宋明理学的结果。按康德的意思，时空为心中固有的感性直观形式，范畴为心中固有的知性形式。时空、范畴是此心的建立，不是外界的给予。经时空、范畴整理过的知识，带上了普遍性、必然性等"理"的内容。心中固有的感性、知性形式与经过陶铸后的事物的形式是同一的。对于此知识来说，可谓"心即理""心外无理"。陆象山有"心即理"之说，王阳明有"心外无理、心外无物"之说。陆王虽并称，但两人学说的理论

---

① 贺麟：《时空与超时空》，《哲学与哲学史论文集》，商务印书馆1990年版，第147页。

重点实不同。陆象山的"心即理"实际上是说,宇宙之理即人心中之理,宇宙的法则即我心中的道德原则,所谓"至当归一,精义无二,此心此理实不容有二"。就是说,陆象山并不否认心外之理,不过认为心外之理与心中之理是一个,"至当""精义"指理,也指心;"归一""无二"指两者本是一个东西。由这一点看,陆象山不似康德,而似黑格尔,因为黑格尔的哲学是主客合一,"绝对理念"既是宇宙的根本法则,也是主体的精神法则,两者是一个东西。绝对精神即主即客的性质决定了它是即心即理的。

而王阳明则更近于康德。他的"心外无理、心外无物"重点在说道德行为的意义在于道德主体的动机、意志。道德行为之所以是道德的,是由于推致自己的良知的结果。从本体论说,宇宙万物所体现的条理秩序正是心中的条理秩序的反映,即王阳明所说:"草木瓦石的良知即人的良知,若草木瓦石无人的良知,不可以为草木瓦石矣。天地无人的良知,亦不可为天地矣。"(《传习录》下)这一点正与康德认为人先天本有的感性纯形式、知性纯范畴是宇宙万象所以成立的条件、前提相仿。

贺麟对陆王少有辨析,但对于朱熹却有一明显的趋势,即把朱熹说成黑格尔式的"心与理一"的哲学家。他在对朱熹、黑格尔太极说的比较中,已把朱熹的太极与黑格尔的绝对理念相比拟。而在论述时空问题时,也把朱熹哲学说成心理合一的。这是他调和心学理学或说尽力缩小、泯除心学理学差别以与自己的即心即理哲学融会的一个例证。朱熹主"性即理",认为人物之性皆来自独一无二的太极,所谓"人人有一太极,物物有一太极"。太极即宇宙万物根本之理,太极在具体事物上的表现即此物之"性"。此性是同一与差异的统一。从人物之性皆不同说,是异;从人物之性皆是同一的太极说,是同。同的方面即理一,异的方面即分殊。朱熹的"理"在逻辑上可以先于、外于天地万物,即朱熹所谓"且如万一山河大地都陷了,毕竟理却只在这里"(《朱子语类》卷一)。因此后来一些主张无独立自在之理的哲学家批评实在论"满坑满谷死无对证之理"。贺麟通过把实在论的"理"换作唯心论的"理",把朱熹拉入心学之内。贺麟说理既是普遍概念，概念当然是意识内的概念而不是意识外的茫昧；理既是理想的范型，必是心中的范型；理既是规定经验事物的必然秩序或法则，既是衡量经验事物的尺度，则必是出于能经验的主体。他说："吾心掌握着时空中事事物物的枢纽。"① 贺麟这里所谓理，皆是康德所谓理。朱熹说"性即理"，贺麟说性必是心中之性，理必是心中之理。他是从共相、法则、范型、标准、尺度等皆是心所建立这个前提出发，又论证这些都是理，从而推出"心即理"的。这样必然把朱熹和陆王的差别缩小，把他们说成同是心学或即理即心的，为他的理想唯心论找中国例证。

贺麟把中国传统哲学概念"理"引进康德哲学，用"理"的多义性去阐发康德思想。他赋予理以共相、原则、法则、范型、标准、尺度等意义。把康德的感性纯型式的时空，即主要是范型（陶铸性）、尺度（量度性）的时空，填充了法则（必然性）、原理（内发性）、共相（普遍性）等内容，使康德主要是整理、量度感性材料的时空，变为具有必然性、普遍性、内发性的"理"，使时空这一范畴的内容，越出了康德原有的范围，再利用康德的时空的主观性，把上述理的义涵，变为心的义涵。而所谓共相、法则、原则等既有实在论的品格，又有唯心论的品格的范畴，又使得康德的心学具有即心即理、合心理为一的特征。贺麟通过改铸康德，阐发了自己的即心即理、合心理为一的哲学思想。

中国哲学的范畴多是浑融的、涵盖面广的，如道、理、德、性、天等，而且多是本体论、道德论的，很少有西方那样的认识论品格，这就给解释者的发挥留下了余地。贺麟的一个特点就是用中国哲学范畴去融会西方哲学范畴。他曾说过："我觉得用中国名词去解释西方名词，是一个好办法。"又说："我们不但可以以中释西，以西释中，互相比较而增了解，而且于使西方哲学中国化以收融会贯通之效，亦不无小补。"② 贺麟就是用

---

① 贺麟：《哲学与哲学史论文集》，商务印书馆1990年版，第15页。
② 同上书，第269页。

"以西释中、以中释西"的方法，发挥自己的哲学思想。他的解释绝非漫无边际，而是基于其中西哲学的深厚学养厚积而发的。他的比较不是斤斤的字面比附，他的议论不是浅薄空疏的肤廓之论，而是在人们习见的材料中更深入开掘一层。他的基本观点得自黑格尔，是合心理为一、合程朱陆王为一的，这是他的哲学思想的基本特征。

（原载《北京大学学报》1993年第1期）

贺麟与费希特、谢林

贺麟的学术渊源主要是康德、黑格尔、新黑格尔主义及中国的陆王心学，这一点许多论著都已指出。但他与康德、黑格尔的中间环节费希特、谢林思想的关系，却鲜有人论及。实际上，他的思想，特别是他的自由观、生机观、直觉观与费希特、谢林的承继关系至为明显。他在20世纪40年代前期发表的《费希特哲学简述》《谢林哲学简述》，是当时介绍这两位德国哲学家较重要的文字。而以德国古典哲学融会中国哲学，发挥出一种融合唯心论与实在论、直觉与理智、程朱理学与陆王心学，既有康德、黑格尔的精密谨严，又有费希特、谢林的创颖活泼的哲学思想，是他的"新心学"贯彻始终的意向。

一 贺麟与费希特

贺麟对费希特思想的继承主要在三个方面：一是吸收费希特知识学中所体现的主体能动性思想，与中国的陆王心学融合，创立其新心学的思想主干；二是吸收费希特实践自我高于理论自我的思想，创立其新心学的宗教观和知行观；三是吸收费希特的爱国主义精神，为抗战期间的中国国民增添精神力量。

费希特的哲学系统叫知识学，但它并非讨论狭义的知识问题，而是从知识的要素、知识成立的先决条件方面讨论哲学根本问题。知识学即费希特的纯哲学。费希特不满意康德，认为康德哲学的结果就是辨明了理性的性质和限度，但这只是消极的破坏而非积极的建树。他循着康德自我为知识所以可能的条件、自我为自然立法的思想，进一步贬抑自然，抬高精神的作用，推衍出他的更加主观化的、以健行为理性的本质，以经验世界为理性的派生的一元论哲学。对于康德哲学，费希特是一种转折。康德认为理性的本质是知，费希特认为理性的本质是行。因为知的自我不能独立不依，它必须靠知的对象、靠被知之物的客观存在。知失其对象，便失去自己存在的理由。"能知"必以"所知"为前提，所以知不是自我的本质，自我的本质是健行本身。行与对象的关系和知与对象的关系不同。在行中，自我创造对象、设定对象。在行中，自我是第一位的、能产生的，非我是被产生的。虽然自我也不能无非我作为其对立面而共同构成一矛盾统一体，但归根结底，自我是决定性的。自我与非我的关系不像康德哲学中物自身与认识主体的关系那样是对等的，而是非对等的。费希特的一元论代替了康德的二元论。

贺麟认为，费希特的知识学体系，其精髓就是"自由"这个概念，他说："费希特的知识学虽未用'自由'一名词，但处处都在为自由建立理论基础，绕许多弯子去发挥自由概念。"[1]他特别注重费希特的"绝对自我"，注重绝对自我对理论自我建立起的非我的无条件征服。他认为绝对自我完全以自身为目的，它是自为的，它能创设非我完成自己健动健行的使命。所以费希特哲学以行动为体、为目的，以自然界、客体为用、为材料。绝对自我所体现的自由是最重要的概念。在费希特的伦理学中，行动是最高的善，自由是最值得嘉许的品格。放弃行动，懒惰、怯懦就是恶。贺麟对费希特的吸收，紧紧抓住绝对自我的健动这一本质，把它作为自由最深厚的基础和形上学根据。贺麟指出，康德思想也是在高扬主体的价值，但康德的自我是知识的我，而费希特的自我是"与物无对"的绝对。这一点被

---

[1] 贺麟：《费希特哲学简述》，《哲学与哲学史论文集》，商务印书馆1990年版，第285页。

新黑格尔主义拿来，作为修正黑格尔的添加剂。贺麟在这一点上继承了费希特，也继承了新黑格尔主义者鲁一士。他不满老年黑格尔的独断、保守，他像新黑格尔主义者那样，想要突破"死范畴的摆布"，给绝对精神以更多的能动性。贺麟在对黑格尔的介绍中，突出绝对精神所具有的不息的健动力、自我超越、自创律则的性质，突出绝对精神是个战将的思想。突出绝对精神的健行品格，这实际是伦理的，不是认识的；主要表现为一种精神、态度，而不是一种具体方法。贺麟略去费希特知识学的思辨推论过程，只取其精神实质。他的思想，是在主客合一、心物合一、知行合一的基础上强调精神、理性的决定作用、本原作用。这一点得自费希特者为多，并同陆王心学的"心即理""心外无理、心外无物"中蕴含的高扬心的决定性、根源性、能动性的精神相融合。

贺麟得自费希特的主体能动精神，贯穿于他的一切思想中，特别是他的宗教观和知行观中。在讨论基督教与政治的关系时，贺麟把基督教分为教会的基督教与精神的基督教。教会的基督教即僧侣、教堂、仪节、信仰、宗教艺术等可见的、外在的方面，精神的基督教即健动的创造力，追求神圣的、无限的、超越现实价值的力量。他曾引闻一多的下面一段话，来说明他所认为的基督教的精神："基督教的精神，就是根据信仰而奋斗，不认输，甚至不承认死，勇往直前，奋斗到底的精神。"[①] 贺麟并不主张吸收基督教的上帝，也不主张吸收基督教的仪节形式，而是要吸收基督教的精神。基督教的精神，他认为就是费希特的绝对自我所体现的健动不息、自求超越的精神，这种精神随时代不同而有不同的表现形式。文艺复兴和宗教改革以后，这种宗教精神的代表已不是基督教中人，而是近代社会中具有自由思想，为自己的信仰而奋斗不息的科学烈士，和放弃虚无缥缈的天国幻想追求尘世幸福的冒险家。贺麟所希望的，实际上是新的工业社会中的"浮士德精神"。他指出，西方文化有两大传统：一是希腊的哲学、科学、艺术，一是希伯来的宗教。哲学、科学、艺术是理性的、冷静的，是创造

---

① 见贺麟《认识西洋文化的新努力》，《文化与人生》，商务印书馆 1988 年版，第 305 页。

力本身。而宗教则是给哲学、科学、艺术以坚贞的精神、以不息的勇气、以纯净的心灵者。这两样东西相辅相成，共同推动了西方科学艺术的发展。贺麟认为中国士人温文谦恭、淡然处之的积习太深，缺乏激励奋迅的精神，需要西方宗教精神来改造和补充。而他用以改造中国士人的所谓宗教精神，实即费希特哲学中体现的精神。把这种精神归入宗教，是为了使之更易于深入国民心中，更易于同儒家思想相融合，产生广泛的效应。所以他提出吸收基督教的精华以充实儒家的礼教和"宗教为道德之体，道德为宗教之用"[①]的主张。贺麟这里把费希特哲学的根本精神注入宗教，补充中国国民特别是知识阶层的不足，其用心可谓独苦。

这种精神表现在知行问题上，便是对永恒的创发力、对积极地超出律则的束缚而又借律则以行的自由精神的表彰。贺麟在论证孙中山的"知难行易"命题时，曾对"能知必能行"和"不知亦能行"两条经理进行了重点发挥。"能知必能行"是说，理论上知道了一事的道理是正确的，必能鼓起实行的勇气，把理性坚信的东西贯彻于行动中。贺麟认为，这种贯彻因为有"绝对自我"的艰卓踔厉而得以保证，虽有畏难苟安、怯懦偷惰的情绪，而终能克服之。

"不知亦能行"所蕴含的力行的意思更为明显。这里有费希特的绝对自我主动地创造律则以行的意思。"不知亦能行"，含有"本假设以实验探索"和"秉信仰而力行冒险"之意。贺麟说："举凡不计成败利钝的忠贞精神，试验探索的科学精神，注重信仰的宗教精神与冒险精神，革命家政治家的实行力行精神，均可由'不知亦能行'一语总括之。"[②] 他认为，"不知亦能行"最富于近代精神。"不知亦能行"绝不是不顾客观规律盲目蛮干，而是发扬费希特的精神，以绝对自我的无限健动去力行，在行动中创出律则，遵循律则以达到目的。所以，"不知亦能行"与"知行合一"是统一的。贺麟的"不知亦能行"可以说是费希特精神在知行问题上的鲜明体现。

[①] 见贺麟《认识西洋文化的新努力》，《文化与人生》，商务印书馆 1988 年版，第 305 页。
[②] 贺麟:《当代中国哲学》，胜利出版公司 1945 年版，第 115 页。

他之所以倡导这种精神，就是要破除深印于国人心中的畏难苟安积习，借鉴近代西方人追求科学的精神，为中国农业社会向现代工业社会的转型作心理准备。这与孙中山的"心理建设"是一致的。

这种精神表现在现实行动上，就是贺麟欲效法费希特在普法战争中作《告德意志国民讲演》的壮举，为抗战时期的中国人增添精神力量。贺麟在"九·一八事变"后作有《德国三大哲人处国难时之态度》一书，对歌德、黑格尔、费希特的爱国主义大加表彰，尤对费希特一生波澜壮阔、惊世骇俗的行事极表敬佩之情。他认为，费希特的一生行事恰是他的哲学思想的真切实行。他推许费希特在敌国占领军的刺刀下大胆作《告德意志国民讲演》，赞扬此讲演为德意志民族复兴奠定了精神基础，与德国历史上改良政法、改良军备有同等重要意义。费希特认为，德意志复兴的关键在于德意志民族性的自觉、恢复与发展，贺麟也认为，中国的抗日战争，是反侵略的正义战争，是千古伟业。中国不仅可以战胜外来侵略，而且可以借民族精神的高涨建立新的国家。中国的抗战，除了军事的抗战，经济的抗战，还要有精神的抗战。所谓精神的抗战，就是以中华民族的民族精神中内蕴的"生气""元气"做精神鼓舞，坚韧不拔，与强敌相持，最后战胜敌人，取得胜利。贺麟并且认为，精神的抗战是最后的、决定性的，因为"一切建筑在理性的基础、精神的基础上。没有精神，什么都没有。也只有精神的基础才有最巩固的基础"①。

贺麟对费希特的吸收，主要在其绝对自我既健动不息，又自创律则，借律则以行这个方面。费希特自康德实践理性优于理论理性出发，故他以绝对自我为最高原则。但自我不能离开非我，"自我建立非我于自我之内"，二者处于一个矛盾统一体中。所以贺麟认为费希特哲学既是唯心论的，也是实在论的，他说："费希特的理想主义自行为的自我出发，而他的实在论，却建立在理论的、有限的自我上面。故既可谓之为实在论，又可

---

① 贺麟：《五十年来的中国哲学》，辽宁教育出版社1989年版，第75页。

谓之为唯心论。但其学说显然是以唯心论为主,实在论为从。"① 对于费希特哲学,贺麟既注重其对精神本体的高扬,也注重其中的实在论因素。比如在自由与必然的关系上,他认为自由为体,必然为用;自由为目的,必然为材料。要达到真正的自由,必须认识必然,循体用合一的途径。强调自由虽是以自身为目的文的活动,但自由不是任性的。"必然是潜在着的自由,自由是必然的发展。"②

由此可以看出,贺麟思想的基本特征是融合唯心论与实在论、理智与直觉、理学与心学。所以他既高扬主体的能动精神,又重视客体的律则,在律则中实现能动精神;既保持精神的健动性,又注重规律的实在性。不过在这两者中,他更强调精神、理性的决定性、本原性。

二 贺麟与谢林

费希特的理论重心在其"自我"的健动性、绝对性。费希特为了抬高自我,把自然贬抑到无足轻重的地步,把客体看作主体想象力的结果,这是从康德出发而走到一偏去了。谢林的同一哲学正是为了救治费希特的偏失。谢林认为,世界的本体是主体与客体的绝对同一,这个本体是最高的原则,主客绝对同一之外无实体。这个主客同一体中又有对立,在它自我实现的过程中,有时客体占优势,有时主体占优势,但这种优势只有量的差别而无质的不同。谢林哲学由此分成自然哲学和先验哲学。在自然哲学中,精神是隐匿的,客体是彰显的,自然哲学就是研究客体中的精神由昧觉到自觉的过程。而在先验哲学中,精神是彰显的,自然是隐匿的,先验哲学就是研究由精神原则推出昧觉的自然事物的过程。在谢林的自然哲学中,自然是亦精神亦物质的,心灵是亦物质亦精神的。他不像斯宾诺莎那样,把心和物作为"绝对"的两个属性,而是认为绝对本身亦心亦物。心

---

① 贺麟:《哲学与哲学史论文集》,商务印书馆1990年版,第285页。
② 贺麟:《黑格尔哲学讲演集》,上海人民出版社1986年版,第185页。

与物的关系不是平行的,而是同一的、不可分的。在谢林哲学中,自然和精神、主体和客体的轻重轩轾被调解了。实体是亦主亦客的,绝对是亦精神亦物质的,这一点,被黑格尔直接继承。

贺麟对谢林的吸取和发挥主要在自然的精神性和直觉认识方法两个方面。

贺麟虽然强调"实体即主体",但自然在他的哲学中有相当的地位。他看重谢林一贯地注重自然,使人能欣赏自然的生命力和精神性,他反对机械主义者眼中的"死物质",赞同谢林的"生机原则",赞同谢林把大自然中千奇百异的自然形态看作精神曲折迂回以求自觉的表现。贺麟吸收了谢林思想中自然的精神原则这个方面,提倡返归自然。他所谓自然,是具体的、有机的、美化的自然,是与人的精神相通的、有生命有灵魂的自然。在他看来,自然事物是人的精神的反映,是人的精神的外在记号、象征。这种对自然的看法,是诗的、美学的看法。

谢林的主客同一、精神与物质不可分的思想为德国浪漫派提供了艺术哲学,也为贺麟提供了一种审视人与自然关系的新视角。贺麟在讨论自然与人生的关系时认为:"自然是人生的对象,人生是自然的主体。"[1] 他解释这一观点说:"就逻辑的意义来说,离开人生,自然就没有主体;离开自然,人生就没有对象。"[2] 这里所谓对象,不仅仅指人出于功利目的,从自然中索取生活必需品。更重要的,是指人与自然在哲学、美学、意义、价值等精神层次上的依赖关系。他说:"若人生与自然隔绝,则人生与自然皆虚妄不实。"[3] 他还根据谢林的主客同一体分化为自然哲学和先验哲学又复归于同一的思想,把主客关系的发展历程分为三个阶段:第一阶段,主客混沌不分;第二阶段,主客分离,自然和人生彼此隔绝;第三阶段,自我解除了人生与自然的对立,重新合而为一。这种合一是在更高阶段上的复归。贺麟的诗的、美学的自然,就是这种合一。在他看来,在这一阶段,

---

[1] 贺麟:《文化与人生》,商务印书馆1988年版,第121页。
[2] 同上。
[3] 同上书,第122页。

自我在解除自然与人生的对立中得到发展，自然成为精神化的自然，人生成为自然化的人生，自然反映在人生中，人生包蕴在自然里，人成为发挥自然意蕴的代言人，"自然在灵魂内放光明"。这种合一，是人对于自然的征服，不过这种征服是精神的、美学的，是人对自然的解悟提高、升华后达到的境界。

贺麟并且发挥说，这种自然观，若与道家和儒家相比拟，则更是儒家的。因为道家隐遁山林，是消极厌世、脱离社会的，不能在自然中见到人生的真正意蕴。而儒家的回归自然却能在自然中见到人生的真理，见到人的力量。道家是离开人生，相忘于自然；儒家是借自然来充实人生，提高道德境界、审美境界。从这里可以看出，贺麟从儒家立场出发，在自然和人生的关系上，虽是吸收了谢林的看法，但他掺进了道德内容。在他看来，同是谢林的主客同一体，道家只是审美的，儒家既是审美的，也是道德的。道家是陶渊明的"采菊东篱下，悠然见南山"，是隐士的孤芳自赏；儒家是孔子的浴沂风雩，"吾与点也"，是"胸次悠然，直与上下天地同流"的道德—美学境界。所以他对自然与人生关系的最终看法是："回复自然，即所以充实人生。仰慕、追求无限的自然，并非埋没自我，丧失主体，正所以发展自我，提高主体。"[①] 从这里看，贺麟实际上又在以费希特补充谢林。他不满足于谢林的自然与精神的平等地位，而要用他得于费希特和新黑格尔主义的观点，在两者合一的基础上，突出精神的地位和作用。他的"新心学"的宗旨是贯彻始终的，他的儒家立场也是贯彻始终的。

在直觉与理智的关系方面，贺麟从谢林思想出发而有较多发挥。谢林认为，世界的本体——主客体的绝对同一是不能用概念去描述、去理解的，对它的把握只能用直观。在谢林看来，绝对本体是同一的，它具有艺术品的性质。它不能分成部分，一切概念、名言都只能是对它的近似的描述。它的出现是整个的，不能零碎地宰割。对它的把握，犹如宗教上的神契，只能与之直接为一，不能用概念分离地认识。对本体的认识只能是非

---

① 贺麟：《文化与人生》，商务印书馆 1988 年版，第 123 页。

逻辑的、艺术的直觉。

谢林的这一理论，受到了黑格尔的批评。黑格尔认为"绝对"可以用概念去把握，不过这种概念是流动的、由低向高发展的。谢林的这种同一是"夜间观牛，其色皆黑"，而他自己的方法是逻辑的、理智的，是分析和综合结合的，最高的本体——绝对理念就是三个一串的范畴由低到高组成的网络，它与宇宙运行、历史发展的总过程所呈现出的律则、节奏一致。贺麟认为，谢林的直觉方法和黑格尔的理智方法是可以并行不悖的。哲学是理智的、逻辑的，但不排斥直觉和非逻辑；艺术是直觉的，但不排斥其中的理智因素。直觉和逻辑分析都是人常用的思维方法，不能执其一而否定另一。他在讲到思维方法时，把人们常用的思维方法概括为三种：一是逻辑的方法，即数学的演绎方法；二是体验的方法，即忘怀自我，投入对象之中而与之为一的直觉方法；三是玄思的方法，即"由全体观部分，由部分观全体"的思辨方法。他特别提出他对于直觉的观点：直觉是一种经验，又是一种方法。关于直觉是一种经验，贺麟解释说："所谓直觉是一种经验，广义言之，生活的态度，精神的境界，神契的经验，灵感的启示，知识方面的当下的顿悟或触机，均包括在内。"① 这里，"生活的态度"是伦理上的直觉，"顿悟或触机"是认识上的直觉，"神契的经验"是宗教上的直觉。贺麟的直觉经验，包括这三个方面。

关于直觉是一种方法，贺麟说："所谓直觉是一种方法，意思是谓直觉是一种帮助我们认识真理、把握实在的功能或技术。"② 这种技术虽与理智方法根本不同，但不能说它是无理性或是反理性的。善于应用直觉法可以使之谨严而合于理性。如何应用得好，贺麟借用了斯宾诺莎的思想：认识真观念越多，则我们求知的方法越完善；积理越多，学识越增长，涵养越醇熟，则方法随之越完善。由此，贺麟认为直觉是"一种基于天才的艺术"。这里所谓天才不是指天生具备的能力，而是说运用直觉是创造性的，

---

① 贺麟：《哲学与哲学史论文集》，商务印书馆1990年版，第179页。
② 同上。

其间有利钝、巧拙、精粗、深浅的差等。

贺麟所说的直觉是不排斥理智的。他认为理智分析、矛盾思辨法、直觉是哲学家通用的方法，不过各个人的偏重有所不同。他把直觉分成先理智的直觉和后理智的直觉两种，他说："直觉方法一方面是先理智的，一方面又是后理智的。先用直觉方法洞察其全，深入其微，然后以理智分析此全体，以阐明此隐微，此先理智之直觉也。先从事于局部的研究，琐屑的剖析，积久而渐能凭直觉的助力，以窥其全体，洞见其内蕴之意义，此是后理智之直觉。直觉与理智各有其用而不相悖。无一用直觉方法的哲学家而不兼采形式逻辑及矛盾思辨的，同时亦无一理智的哲学家而不兼用直觉方法及矛盾思辨的。"① 在贺麟这里，理智分析是见"分"的方法，直觉是见"全"的方法。单是分析，不能达到对整体的认识，对整体的认识必须借直觉的助力。所谓分析与直觉结合，即分析用直觉得到的对整体的印象，以至对部分的分析到了面面俱到的程度，又借直觉之助，对于整体有更新更深的认识。"全"是分之全，"分"是全之分。所以直觉中不能无分析，分析中不能无直觉。

从贺麟这里对直觉的论述看，他所谓的直觉并不等于综合。综合是对局部的相加、统贯等，但整体绝不仅仅是部分的相加，整体有整体的性质、功用。相加是机械的、量的，直觉则是有机的、质的。综合是科学方法，直觉是艺术方法。如整体纯是局部的相加，则从头到尾皆是理智的活动。贺麟认为对全的认识，只能用艺术的直觉方法。这里不能说贺麟是神秘主义者。他认为直觉与理智是同一思想历程的不同阶段或不同方面，两者根本不冲突。而且他认为："近现代哲学的趋势，乃在于直觉方法与理智方法的综贯。"② 贺麟说，他之所以要发挥出"先理智的直觉"与"后理智的直觉"，是为了"把直觉从狂诞的简捷的反理性主义救治过来，回复其正当的地位，发挥其应有的效能"③。谢林的直观是消除必然的自然与自由的精

---

① 贺麟：《哲学与哲学史论文集》，商务印书馆1990年版，第181页。
② 同上书，第183页。
③ 同上。

神两者的对立从而返归本原的手段。他要否定逻辑，用非逻辑的方法达到绝对同一。贺麟接过谢林的直觉，又掺入了黑格尔、斯宾诺莎的理智，成立了他的理智中不废直觉、直觉中不废理智的认识学说。他复根据这一学说评论谢林，他说："谢林的思想一贯地注重自然，使人能欣赏自然的生命力和精神性。其同一哲学合物我、一天人，消除自然与精神的界限，审美态度贯彻始终，实不愧为当时德国浪漫主义的高潮和哲学上的代言人。他的著作中颇富于诗人的颖思和创见，但尚欠逻辑的发挥。"[①] 他赞美谢林的审美眼光，但不赞同谢林非逻辑、非理智的方法。贺麟在认识方面，是用黑格尔、斯宾诺莎的理性主义，纠正谢林的非理性主义。

如果要确切指出贺麟融合直觉与理智的观点的直接理论渊源的话，恐怕要算怀特海。怀特海是现代过程哲学的大师。他的哲学的一大特色就是调和现代西方哲学中势如水火的两大派——分析学派和思辨学派。怀特海以其既是数学家因而着重逻辑分析同时又是形而上学家因而着重抽象思辨这样的双重身份，试图消除现代西方哲学这两大营垒的严重对峙和门户之见。对思辨学派的"冒险"，怀特海批评他们常常忽略了对思辨想象的制动机制，任凭思辨力任意驰骋而无规范制约，也即"让诗人的想象当权"。思辨哲学家常常独断地提出自己包罗万象的体系，不肯俯就逻辑规范，甚至也蔑视经验。结果，他们的哲学体系常常是建筑在沙滩上的大厦，经不起逻辑与事实的检验。而分析哲学则常常对事物进行静态研究，他们的概念是静态的，缺乏历史感；他们着眼于个体，忽视整体；他们的方法是否定性的，没有积极的建树。他们对思辨想象的弱点的纠正，方向是对的，但走入了另一个片面。怀特海欲集两大学派之长，即既要思辨学派的整体性、想象力丰富、艺术的审美境界，又要分析学派坚实的逻辑基础与事实基础。他得出的新方法逻辑分析与思辨想象并举，有浓厚的东方意味。

贺麟非常赞赏怀特海这种方法，认为这种方法就是对思辨学派和彻底经验主义的救治。对前者，注入理智分析方法，使其有逻辑的确定性。对

[①] 贺麟：《哲学与哲学史论文集》，商务印书馆 1990 年版，第 309 页。

后者，注入抽象思辨，使之跳出经验的甲壳。贺麟在介绍怀特海时，既介绍他反对抽象和孤立，主张玄思，主张用直观去把握亚里士多德所谓"第一原理"的形上学，又介绍他站在理性主义立场反对"心理附加"的自然哲学思想。对于前者，贺麟认为："可以把怀特海看作新谢林学派。"①对于后者，他认为怀特海又接近新实在论。

贺麟吸收了怀特海的思想，结合中国哲学重体验、重整体把握的特点，提出他的又一关于直觉的思想："可以简略地认直觉为用理智的同情以体察事物，用理智的爱以玩味事物的方法。"②这一定义，可以说是中国哲学家特别是宋明理学家思维方式的写照。不管是注重向外格物穷理的程朱学派还是注重向内明心见性的陆王学派，认识外界的物理物性，可用透视式的直觉；反省自己的本心本性，可用反省式的直觉。不管透视式还是反省式，都是"用理智的同情以体察事物，用理智的爱以玩味事物"。理智的同情、理智的爱是一种态度、一种怀抱，体察、玩味事物是一种方法。所以贺麟这一定义和前述"直觉既是一种态度，又是一种方法"是统一的。

根据以上对直觉的定义，贺麟认为，以朱熹和陆九渊为代表的宋明理学两大派的认识方法都是直觉方法，不过一为"透视式的直觉"，一为"反省式的直觉"。陆九渊的反省式的直觉，第一步要"先立其大""尊德性"，以直觉方法顿见本心之全，然后再以细密功夫分析、体察，这是"先理智的直觉"。朱熹的透视式的直觉，先向外格物穷理，然后积理既多，豁然贯通，这是先以细密功夫见"分"，后以直觉功夫见"全"，这是"后理智的直觉"。这两派的方法，都是"用理智的同情以体察事物，用理智的爱以玩味事物"，都有直觉和理智两个阶段，不过运用的程序、方向正好相反。

从以上分析可以看出，贺麟要调和中西思维方法的对立，调和程朱与陆王、理学与心学的对立。他之特别表彰怀特海，用意正在此。他要以怀

---

① 贺麟：《现代西方哲学讲演集》，上海人民出版社1984年版，第117页。
② 贺麟：《哲学与哲学史论文集》，商务印书馆1990年版，第184页。

特海兼容并包，超越分析学派和思辨学派，调和自然科学与人文科学两种方法论的哲学为样板，在中国走出一条调和唯心论与实在论、理智与直觉、程朱理学与陆王心学的道路，建立一种新的兼容并包的哲学，这一意向是很明显的。

（原载《哲学研究》1992 年第 11 期）

贺麟对斯宾诺莎思想的吸收与改造

贺麟是中国研究和传播黑格尔哲学的杰出代表，这是学术界的定评。但他上溯黑格尔哲学的渊源——斯宾诺莎哲学而有亲切的接受，系统的发挥，却鲜有人论及。本文试图考察贺麟思想与斯宾诺莎的关系，以期寻出他以斯宾诺莎融会中国传统哲学的思想轨迹。

一 《致知篇》与"致良知"

贺麟对斯宾诺莎的理解，带着很多宋明理学特别是王阳明哲学的意味。这首先表现在他对斯宾诺莎著作的翻译上。贺麟于1943年翻译出版了斯宾诺莎的重要著作《知性改进论》，将书名定为《致知篇》[1]。之所以这样定名，是由于贺麟认为，此书的全部宗旨，合于王阳明的"致良知"，不过斯宾诺莎偏重于认识上的致良知，而王阳明偏重于道德上的致良知。也就是说，王阳明的修养方法，是把孟子所谓"四端"，陆九渊所谓"本心"，他自己所谓"良知"长养扩充，由"火之始燃，泉之始达"，培养至"溥博渊泉"地位。而斯宾诺莎的哲学方法，在于以"真观念"作为推论的

---

[1] 《致知篇》，商务印书馆1943年出版，后由译者对译文作了修订，以《知性改进论》之名，1960年由商务印书馆再版。本文引用时，对两个版本择善而从。

根据，从中演绎出其他事物的知识。这个真观念不是由推论得来，而是理智的直观，有似几何学里自明的公理。以真观念为前提推出结论的方法，是斯宾诺莎全部认识方法的本质。贺麟对此有清楚的说明，他认为斯宾诺莎的思想中最重要的是他获得真理的方法："方法从具有真观念开始，这就是说，我们一有了真观念，一有了清楚明晰的观念，像几何学上的公理那样的观念，我们就开始有了方法。知识的积累，知识的推论与演绎，以至成为体系，达到智慧的顶点，都从具有真观念开始。"[①] 斯宾诺莎的方法从真观念开始，王阳明的方法从良知开始。真观念是直观的理智认识，良知是先验的道德意识。王阳明的良知是道德方面的良知，斯宾诺莎的真观念是知识方面的良知。贺麟把《知性改进论》译为《致知篇》，就是把"致良知"看作斯宾诺莎哲学的方法论。真观念即良知，依真观念去认识事物即致良知。

这里，贺麟将斯宾诺莎的真观念说成良知，含有知性本身自足的意思。这一点与培根正好相反。培根认为知性有病，须加救治。救治知性的良方在对经验进行归纳，从中找出确定不易的原则。所以培根的《新工具》中，常见"纯化知性""校正知性"等语。而斯宾诺莎认为，知性是自然之光，本身无病，只需扩充发展。所以贺麟以为，"知性改进论"这个译法不妥，应译为《致知篇》，方能显出知性自足之意。他说："斯氏本篇之旨，在教人如何消极的勿为起自身体的感受的、想象的、混淆的、违反我们意志的感官知识所囿，积极的独从吾人本性之必然，绝对依凭我们自己的力量，以求得明晰清楚的观念。盖斯氏不惟认道德非外铄我，且认真理亦非外铄我。其说与宋明儒之言致知亦有吻合处。"[②] 这段话，除了清楚地表明他译《知性改进论》为《致知篇》以期与宋明儒的良知之说吻合的本意外，且复有深意在：第一，指出依真观念以认知和致良知二者都必须破除感官的局限。第二，提出了致良知的内在动力："独从吾人本性之必然，绝对依

---

① 斯宾诺莎：《知性改进论》，贺麟译，商务印书馆1960年版，译者序言第9页。
② 斯宾诺莎：《致知篇》，贺麟译，商务印书馆1943年版，第48页。

凭我们自己的力量。"斯宾诺莎的致良知，靠天赋理性及求知的欲望向前探求，王阳明的致良知，靠良知自求与行合一，不断趋向更高境界的内在动力。第三，斯宾诺莎的真观念，是"心与理一"的，从真观念为观念说，它是"心"；但从真观念的内容是认识与对象符合说，它是"理"。真观念是"心与理一"的。这一点正与王阳明的良知同：良知是"所性之觉"，是性（理）与对此性的觉（心）的统一。

总之，贺麟将真观念的性质和依真观念的规范以认识的方法与王阳明的致良知对比，把斯宾诺莎关于方法论的著作译为《致知篇》，就是想把斯宾诺莎的理性主义认识方法，和中国的"能近取譬"的伦理方法融合起来，使之渗入中国人的认识习惯。这是他会通中西、以西学补充中国思想的一个表现。

二　身心平行论与知行合一

斯宾诺莎的身心平行论，在知行问题上表现为知行平行，即知识方面陷于愚昧，则行为方面沦为奴隶；知的方面只是糊涂的经验，混淆的观念，行的方面便被动，便是情欲的奴隶；所知不出臆想臆见，所行便矛盾无常。贺麟吸收了这一思想，又吸收了一些西方现代心理学说、生理学说，并接过王阳明的知行合一命题，阐发出一种新知行合一论。

新知行合一论第一方面的意思，即知行同时发动。据贺麟关于知行的界说，知是意识的活动，行是生理的活动，知行合一即这两种活动同时产生、同时发动，在时间上不能分先后。这个意思，贺麟明确说采自斯宾诺莎，因为斯宾诺莎主张身心合一，身体的动作和心理的活动同时发生。

第二方面的意思，即知与行为同一生理活动的两面，若缺少一面，则此心理生理的活动，便失去意义。或者说，知与行同为那生理心理活动的不可或缺的要素，两者不可分离，无无知之行，也无无行之知。知与行永远在一起，永远互相陪伴。这一方面的意思，贺麟虽未明说取自斯宾诺莎，但实际就是斯宾诺莎关于心灵和物体、思维和广延为同一实体不可分割的两面的翻版。而且，这个意思也明显有取于王阳明。王阳明说："知是行的主意，行是知的工夫。""知是行之始，行是知之成。""行之明觉精察处便是知，知之真切笃实处便是行。"（《传习录》）也是说知行是同一活动的两面，如鸟之两翼，车之两轮，永远相伴，不可分割。

第三方面的意思，即知行平行。知行平行又可细分为下列三层：其一，知识的主动被动、变迁进退的次序或程度与行为之主动被动、变迁进退的次序或程度相同。其二，知行既然平行，则知行不能交互影响，知为知之因，行为行之因；知不能决定行，行不能决定知；知不能使身体动作，行不能使知识增进。其三，以知释知，以行释行，各自成为系统，各不逾越范围。这正是斯宾诺莎身心平行论的基本意思。

贺麟的知行合一新论诸义皆取自斯宾诺莎，但他对斯宾诺莎这方面的思想也有改造。这表现在以下几个方面：

第一，斯宾诺莎的实体的心物两个方面，是静的直观的统一，而不是矛盾发展的统一。这表明他仍未脱离笛卡儿二元论的影响。他只是把心物统一于实体之下，而没有对心物关系进行辩证考察。贺麟则认为："黑格尔哲学最大的特点，就是他那彻始彻终贯注全系统的谨严精到的哲学方法——这就是他的矛盾法（按：即辩证法）。"[①] 贺麟以他得自黑格尔的辩证法，在吸取斯宾诺莎的身心平行论发挥他的知行合一论时，自觉地注意克服斯宾诺莎的不足。他认为他的知行合一既不一味说知行是合一的或混一的，亦不一味说知行是对立的、二元的。他要看出知行关系的分中之合，又要看出知行关系的合中之分。他的工作形成了一个三部曲：一是指出知行如何本来是合一的；二是分析清楚知与行如何又分而为二，彼此对立；三是追溯出知与行如何最后复归于统一。分中之合、合中之分正是黑格尔的矛盾法，三部曲正是黑格尔的正反合三分方式。黑格尔继承了斯宾诺莎，又发挥了斯宾诺莎；贺麟继承了黑格尔，又自觉地以黑格尔来弥补斯宾诺莎。这正是贺麟善于吸收众家之长而自成一家之言的鲜明体现。

---

① 贺麟：《〈黑格尔学述〉译序》，《黑格尔哲学讲演集》，上海人民出版社 1986 年版，第 645 页。

第二，从心物平行中拓展新的研究领域。贺麟指出，从斯宾诺莎的心物平行说可以拓展出许多新学科。如，以行释行，产生生理学、物理学及行为派的心理学。以知释知，以思想释思想，产生纯哲学或精神科学。这表明贺麟的思想是开阔的，他注意到了当时与知行相关的许多学科，并在自己的研究中运用这些学科。如他在论述知行关系中，就曾批评了浮象论、詹姆士—兰格的情绪说、杜威的手术论等。也表明他对当时许多不精密、不确切、浅薄混乱、夹杂不清的学说的厌憎。但贺麟提出划分以上学科的标准却是不恰当的，没有注意到许多交叉学科、边缘学科的出现。他认为以行释行产生的是自然科学，自然科学纯用机械方法；以知释知产生的是哲学或精神科学，哲学或精神科学纯用逻辑思考。但许多交叉学科、边缘学科，在贺麟发表此论的20世纪30年代末期已经出现，这些学科可以归入自然科学，但并非皆用机械方法，如生理心理学。还有一些这样的学科，它们很难说纯用机械方法。甚至一些学科尚难以判定其究竟属自然科学还是属精神科学。另外，哲学和精神科学是否纯用逻辑思考呢？实际上，逻辑思考是与直觉体验相对的思维方法，并非哲学和精神科学的专利，它也并非与机械方法相对。还有，精神科学所指不明确，它是否纯用逻辑思考殊难回答。不过有一点是清楚的，他所说的逻辑思考不等于他说的"逻辑方法"。

第三，贺麟虽讲知行平行，但他又从理性主义出发，从知是行的前提出发，而有"知较行有逻辑上的先在性"的思想。他认为，从知与行在行为中所具有的不同价值说，知是行的本质，行是知的表现；知为主，行为从；知是目的，是追求的主要目标，行是工具，是附从的追求过程。从观念与身体的动作两者对于人的行为的重要性来说，观念才表现人之为人的本质。身体的动作若抽去观念，只是纯物理的运动。行之超出纯物理的机械运动，就因为它是受知指导的，与知合一的。知是行的目的和意义，行只是表现此意义，完成此目的的媒介或工具。从身心的实际活动说，身心不能互相发生作用，它们各成因果系列。但从更广阔的范围看，观念决定行为，心灵决定身体，心理的东西决定生理的东西。这是贺麟"新心学"

推崇理性，强调心的绝对性、第一性的必然结论。贺麟强调知的逻辑的先在性，就是要用西方"爱知"传统来弥补中国哲学偏重伦理之不足，使中国哲学成为既有科学又有道德，既重视理智又重视意志，既有征服自然获得自由又有征服人自己成就理想人格的新哲学。

三 "从永恒的范型下观认事物"与"理观法"

贺麟不仅用王阳明的良知去解释斯宾诺莎的真观念，用新的知行合一去改造斯宾诺莎的身心平行论，而且用朱熹的理观法去解释斯宾诺莎的"从永恒的范型下观认事物"。所谓"永恒的范型"，即柏拉图的理念，斯宾诺莎的上帝。"从永恒的范型下观认事物"，即在物中直觉到此物的理念，此物的本质，此物与宇宙大全的关系。用斯宾诺莎的话说，即是从"神"的着眼点去看其样式。贺麟解释"从永恒的范型下观认事物"说："以直觉为超功利超时间超意欲的认识主体，竭全力以认取当下，使整个意识为呈现在眼前的对象的静穆的凝想所占据，忘怀自身于当前的对象中，而静观其本质。这就是斯宾诺莎所谓从永恒的范型下以观认事物的直觉法。"[①] 这段话，说出了"从永恒的范型下观认事物"的特点：第一，这种认识方法是直觉法。直觉不是由前提推出结论，也不是由个别中概括出一般，这些方法都是间接认识，而直觉是直接认知、表象对象整体的直接认识。前者是理智对对象的拆卸、拼装，而后者是对对象的拓摹。用佛家的话说，前者是渐悟，后者是顿悟。第二，这种认识方法是超功利、超时间、超意欲的。超功利，就是忘记了对象与主体的实用关系，完全不考虑对象对我有什么用。超时间，即不是把对象看作一件具体的东西，而是看作这个东西的范型。范型作为一般是永恒的。而主体也忘掉了他是特定时空中的理智物，而直认自己为静止不动。超意欲一词，最能道出直觉的特点：主体的意志活动停止了，剩下的只是认知活动。意志活动停止得越彻

---

① 贺麟：《宋儒的思想方法》，《哲学与哲学史论文集》，商务印书馆1990年版，第197页。

底，认知活动净化得越空灵。对对象的静穆的凝想代替了对对象的实用考虑。静观本质和忘怀自身，是"从永恒的范型下观认事物"的特征，而这正是中国哲学中认识或说体验的一般特点。由此，贺麟认为，中国道家儒家佛家所标举的认识极致，是与"从永恒的范型下观认事物"一致的。贺麟说："从永恒的范型下观认事物的方法，就是佛家所谓'以道眼观一切法'的道眼或慧眼，就是庄子所谓'以道观之，物无贵贱'的'道观法'，也就是朱子所谓'以天下之理观天下之事'的'理观法'。"①在佛家看来，世间一切事物，无论物质或精神，皆是虚幻的假有，其真实本质是"空"。能见得真空假有就是道眼或慧眼。也可以说，"空"是佛家从一切事物直觉到的真实本性。从空这个永恒的范型之下观认万物，才算真正把握了事物的本质。道家的道观法，儒家的理观法皆准此。这种观法，以空、道、理等形而上的真理为认识标准，再以这些形而上的理来解释具体事物。这种方法，不是就事物论事物，而是从事物的普遍联系，从一类事物的本质来解释此类中的具体事物。从道家和儒家哲学说，心与道俱、心与理一是认识的目的。道、理即性，性是一切事物的本质，也是一切事物的完满范式。所以贺麟说，这种直观法是以形而上的真理为对象，以生活的超脱高洁，心灵之与理一、与道俱为目的。

贺麟特别提出，朱熹的"以天下之理观天下之事"的理观法，与斯宾诺莎"从永恒的范型下观认事物"的方法最为契合。贺麟把西方的直觉法概括为三种类型：一是丹麦哲学家克尔凯郭尔和法国哲学家狄尔泰的直观法，他们主张以生活来体验价值，以价值来充实生活，他们把直觉看作一种由精神的生活或文化的体验以认识真善美的价值的功能。二是法国哲学家柏格森的直观法，这种直观法不是站在物外去用理智分析，而是深入物之内在的本性以把握其命脉、其核心的经验方法。三是斯宾诺莎的直观法。贺麟认为，朱熹的直觉法是一种"物观法""理观法"。所谓"物观法""理观法"，即不以观者之私智浅见去观物，"以物观物，不以己观

---

① 贺麟：《斯宾诺莎的生平及其学说大旨》，《哲学与哲学史论文集》，商务印书馆1990年版，第249页。

物","以天下之理观天下之事"。这种观法的根本之点在于虚心而无成见，完全从"理"的角度去认识事物。这种认识方法，最似斯宾诺莎的"从永恒的范型下观认事物"。

由于贺麟把这种认识方法作为斯宾诺莎哲学的核心，所以他不是像通常认为的那样，把斯宾诺莎归入唯物论者的范围，而是认为，斯宾诺莎是客观唯心论者。[1] 他的理由是，斯宾诺莎从永恒的范型下观认事物，"注重宇宙秩序（天理或天道）之神圣性及自然与人生之谐和性。宇宙与人生皆有其理想的精神意味，和灵明的秩序法则，但又不偏于个人主观的愿望和私智"[2]。贺麟的意思是，宇宙秩序（天理或天道）是实在的，它不是独立于自然之外的某种精神实体颁布的，它由于其实在而有神圣性。人的生活是与此实在的天理天道谐和一致的，因此可说人的生活也有其符合天理的神圣性。这种谐和性既有其合理性（与天道为一），又有人的精神的浸透（认识天道及与之为一的智慧）。这种谐和既是人认识天道，与之为一的精神努力，又是此实在的天道驾乘人类以彰显宇宙法则的运动。天理天道的实在性没有受到怀疑，由此斯宾诺莎可以算作实在论；但这种实在又是天理等经过人认识的东西，有其精神意味，所以贺麟把斯宾诺莎归入客观唯心论。贺麟认为"宇宙及人生皆有精神意味"，是因为他有一个基本思想：逻辑学、本体论、精神哲学三者统一。他说："理则学可谓为精神哲学，因为理则学研究精神矛盾进展的时段，精神的自我建立。理则学又研究存在的法则。在黑格尔观之，思想的法则就是存在的法则。"[3] 他所说的天理天道，从本体论说，有其确然不拔的实在性；从精神哲学说，它又是自我建立、自我发展的绝对精神。由此，斯宾诺莎哲学被贺麟赋予了双重性质。这是他在中国哲学上融合朱陆，在西方哲学上会通实在论和唯心论的基本倾向的明显表现。

另外值得注意的是，贺麟从斯宾诺莎的生活态度着眼，把他归入道

---

[1] 见贺麟《中国哲学与西洋哲学》，《哲学与哲学史论文集》，商务印书馆1990年版，第129页。
[2] 同上。
[3] 贺麟：《黑格尔理则学简述》，《黑格尔哲学讲演集》，上海人民出版社1986年版，第154页。

家。同被贺麟归入道家的西方著名哲学家还有伊壁鸠鲁、布拉德雷、桑塔亚那。在贺麟看来，道家之为道家、道家与其他学派区别的根本特征有两点：一是爱自然，过超脱隐逸的生活；二是泛神论。用这两条标准去衡量斯宾诺莎，的确可以归入道家。斯宾诺莎由于不相信灵魂不灭，否认天使的存在，否认有住在天国、超越人世的上帝，被犹太人公会驱逐出阿姆斯特丹。被逐后的斯宾诺莎离群索居，与世隔绝。在困顿境况中，他体悟到："救济之道不在于爱好变灭无常之物如资财、荣誉、肉体快乐等，因爱好变灭无常之物，适足以使吾人嫉妒、恐惧、怨恨，简言之，内心烦恼。而反之，爱彼永恒无限之物，则足以培养此心，长使此心愉悦，不容丝毫苦恼之阑入。"[①] 斯宾诺莎的这番自白，明白告诉人们，他要放弃世人所追求的东西，过一种隐逸的、超脱的生活。所谓永恒无限之物，即自然法则，即天理。他向往的是精神充实，与永恒的本质为一的高洁生活。这是典型的道家生活态度。就这一点说，贺麟把他归入道家是合适的，不过比之中国的老庄，斯宾诺莎更少神秘意味，更富于理智情趣。

斯宾诺莎的泛神论，认为自然是唯一的实体，认为神即自然，神即在万物中，神是自因，这更是典型的泛神论。

这里需要讨论的是，贺麟提出的道家特征。爱自然，毫无疑问，是道家的特征；但泛神论是否即道家的特征？泛神论的实质是"神即在万物中"。中国的道家，老子认为"道法自然"，道即宇宙大全，即宇宙根本法则。宇宙大全是自因，宇宙根本法则的内容是"自然"。庄子认为道"自本自根"，更明白标示道是"自因"。但泛神论是西方中世纪神学的一种理论形式，是裹在基督教衣装里的反基督教思想。老庄无论在形式上，还是实质上，都不承认有凌驾于道之上的人格神，也无神即自然的思想。说道家是泛神论，此"神"既无来历，也无着落。

贺麟把道家说成泛神论，显然是把道视为与黑格尔的"绝对精神"差不多的东西。说黑格尔是泛神论，确有许多人这样认为，因为黑格尔的绝

[①] 贺麟：《斯宾诺莎的生平及其学说大旨》，《哲学与哲学史论文集》，商务印书馆1990年版，第239页。

对精神确有"神"的某种品格,而黑格尔把世界的发展看作绝对精神的外化,正是视绝对精神即在万物中。贺麟把道看作绝对精神,表现了他以西方哲学的概念解释、丰富、深化中国传统哲学范畴的企图,这是与他用西方哲学融会、改造中国哲学的使命一致的。

四 数学方法与逻辑演绎

斯宾诺莎构筑哲学体系的方法是几何方法,甚至他最重要的著作《伦理学》就是用几何证明的方法写作的。贺麟在吸收斯宾诺莎的思想时,不能不接触到其几何方法。从斯宾诺莎哲学之体系严整,从《伦理学》的论证之缜密谨严,贺麟时时感到逻辑的巨大作用。他在介绍斯宾诺莎的哲学成就时,对其中的逻辑运用大加赞赏。他谈到逻辑的性质和效用时说:"一,逻辑是一种修养或训练——精神的训练,一如体操之为身体的训练,二,逻辑是一种工具——精神的工具,精神交通和斗争的工具,一如轮船火车飞机等之为物质上交通和斗争的工具。"[①] 受过体育训练的人举动活泼敏捷,受过逻辑训练的人思想明晰,条理清楚。他甚至从培根的新工具——归纳逻辑对于西方近代科学的作用,把逻辑看成精神生活的命脉,物质文明的本源。

贺麟继而从逻辑追溯到逻辑的实质——数学方法。他说:"数学被公认为科学之科学,要想任何学问成为科学,最要紧即在于使该项学问受数学的洗礼,采用数学的方法。"[②] 认为数学是科学之科学,即认为数学是一切科学的基础,是一切科学所必须运用的手段。一门学问只有当它达到了能运用数学时,才算真正成熟了。这是贺麟的卓越见解。用这个标准衡量中国学术,贺麟得出结论说:"中国之缺乏科学,根本即由于缺乏数学。"[③]

[①] 《逻辑方法的性质——斯宾诺莎的逻辑思想》,见斯宾诺莎《致知篇》,贺麟译,商务印书馆1943年版,附录第58页。

[②] 同上。

[③] 同上。

他认为，中国人只注重事物的实用、目的、结果而不注重其性质，也就是只重效果，不重原理，所以中国缺乏纯逻辑、纯哲学、纯科学。他提出了纠治这一偏颇的方向："这种重目的、重效用不重本性的思想习惯不打破，则知的方面，只问本质、只重原则的纯逻辑、纯哲学、纯科学皆永不会产生；行的方面，正其谊不谋其利，明其道不计其功（'谊'、'道'即是行为方面、道德方面的本性或原则，出于理性而不出于实利的打算）的高洁行为，纯粹道德亦将永无法产生。换言之，以数学为模范，只问本性，不问效用，是走入纯逻辑的主要关键，而且是企求纯道德的'入德之门'。"[①] 贺麟对中国古代理论科学落后原因的分析是符合实际的，有说服力的。他提出，要以数学方法去研究逻辑。以数学方法研究逻辑不是将逻辑数学化，如数理逻辑那样，而是将数学精神贯注于逻辑中。贺麟认为，数学有两个基本特点应该为逻辑所采取：第一，数学只研究本性，不问目的如何，实用与否，满足个人欲望与否，数学只问理论上的由来，不问事实上的由来。只研究本性，就是只研究普遍性必然性，就是只研究纯科学。实用目的是偶然的、个别的。数学只研究其本性，其理论上的必然性，所得结果是具有普遍性必然性的。从其研究是否具有普遍性必然性为标准，贺麟比较了康德、培根、洛克的方法论。

贺麟认为，培根只注重知识的效用，及获得知识的途径。洛克仅研究知识的起源和限度。而康德则从逻辑的立脚点，去研究知识的本性和构成知识的前提或条件。所以，知识问题到了康德手里，就成了逻辑问题，抛脱了一切非逻辑的特殊性和偶然性。康德之集大成在此，康德之开认识论的新纪元在此，康德之为政治哲学的典范也在此。

从对这三位哲学家的抑扬褒贬可以看出，贺麟从其理想主义的立场出发，崇奉理性，贬抑经验；崇奉心的创造，贬抑外来知识；崇奉真理本身的科学性，贬抑其实用性。他认为康德之高于洛克、培根，在于康德特别注重心灵的独创；他认为数学之胜过其他科学，在于数学是理智所要求的

[①] 《逻辑方法的性质——斯宾诺莎的逻辑思想》，见斯宾诺莎《致知篇》，贺麟译，商务印书馆1943年版，附录第61页。

确定性、完备性的最高代表。这些方面代表贺麟新心学的根本见解。

贺麟认为逻辑应该采取的数学的第二个基本特点是公理方法。他说："数学上有所谓'公则的方法'，也可以说是数学的直观法。此法在寻求清楚明晰不待证明的基本观念或公则，以做推论的基础，而组成严密的系统。换言之，此法以界说、公则或公设为基本，循序演绎，以推论出新的命题或定理。"① 在贺麟看来，这就是数学的精神。采取数学的公理方法即采取此种精神，而不必采取其外部形式，如斯宾诺莎的《伦理学》那样。数学的公则方法，在斯宾诺莎的方法论中，就是"据界说以思想"，在康德的方法论中，就是"依原则而认知"。贺麟并且认为，斯宾诺莎是康德、费希特、谢林、黑格尔哲学的先驱。这个说法虽采自文德尔班，但贺麟对此有深刻的发挥。他说，斯宾诺莎所谓"据界说以思想"，就是根据对于一物的本性的知识而思想。界说即本性。而事物的内在本性就是永恒的共相，也可以说是存在于事物之中，而为事物必须遵循的律令。据界说思想就是据共相、概念、律令思想的意思。贺麟的这一论证，可以说道出了斯宾诺莎、黑格尔以及他自己思想的方法论。斯宾诺莎说："好的求知方法在于指导此心，使遵循一真观念的标准而思想。"② 这里的真观念，即关于事物的本质、共相的认识，是"从永恒的范型下观认事物"得来的知识。一物的本质、共相是其所以然之理，所当然之则，也是可以作为推理前提的公则。而混淆的、不正确的知识，则是"不依理智的秩序"亦即未据正确的逻辑公则以推论得来的知识。

黑格尔也是这样。黑格尔以绝对理念为其逻辑演绎的前提。这是最高的共相，是一切事物的本质，贺麟称之为"太极"。而自然界、人类社会一切物质和精神的存在，都是绝对理念的外化或异在。并且，绝对理念之外化，是遵循其本性的必然性，而由一整套逻辑范畴表现的。黑格尔的逻辑系统，也是"依界说而思想"，其绝对理念就是界说，就是公则。不过

---

① 《逻辑方法的性质——斯宾诺莎的逻辑思想》，见斯宾诺莎《致知篇》贺麟译，商务印书馆1943年版，第61页。

② 斯宾诺莎：《致知篇》，贺麟译，商务印书馆1943年版，第15页。

黑格尔的演绎不必待人依逻辑规则推论，它是依自己的逻辑法则展开的。其逻辑法则是内在的，固有的。

贺麟自己的方法论也是"依界说而思想"。他最擅长的，就是"绎理"，即根据前提绎绌出其中应该蕴含的东西。他对于许多前人已经讲过的问题都有独到的发挥，其所用的利器就是"绎理"。许多前人已做出的结论，讲过的问题，而根据其前提尚应有更深广的挖掘，更圆融的说明的，他都一一阐幽发微。而他阐发的，是题中应有之义，是理中有而文中无的，所以论述使人信服，批评使人安贴。他的绎理的本领，一是得自他深厚的中西哲学素养，特别是宋明理学和黑格尔哲学的素养，一是得自他"据界说以思想"的逻辑功夫。如对于知行问题，他从孙中山先生的"知难行易"中推绎出"能知必能行""不知亦能行"两原则，并且认为这两原则"较之知难行易说的本身尤为重要，尤为根本且较深于学理基础，较便于指导生活，较能表现近代精神"[①]。他还指出由知难行易说到知行合一说的逻辑发展："知难行易说应以知行合一说为基础，不然则理论不坚实；知难行易说应以知行合一说为归宿，不然则理论不透彻。"[②] 这些都可以见出他得于逻辑训练的受用处，也可以见出他与斯宾诺莎、黑格尔在方法上的一脉相承处。

（原载《文史哲》1990 年第 1 期）

[①] 贺麟：《当代中国哲学》原序，载《五十年来的中国哲学》，辽宁教育出版社 1989 年版，第 5 页。
[②] 同上。

论贺麟的"西哲东哲，心同理同"

贺麟是中国当代著名哲学家、翻译家。他把传播西方哲学并以此融会中国传统哲学，作为终生的志业。他在融合中西哲学方面做出的卓越贡献，基于这样一个坚定的信念：西哲东哲，心同理同。本文试图对这一命题进行考察，以期发现他融合中西哲学的理论基础。

一 贺麟的哲学观

中国哲学和西方哲学，在理论形态、风格特点、内容结构上，都有很多不同。贺麟在这些不同中看出了相同点，这就是："无论中国哲学西洋哲学，都同是人性的最高表现，人类理性发挥其光辉以理解宇宙人生，提高人类精神生活的努力。"[1] 这段话，可以看作贺麟关于哲学的定义，看作贺麟对心学精神的概括表说。

什么是人性？历史上关于人性的学说，可以简单归结为：一，把人同于动物的不得不满足的欲望作为人性，如告子的"生之谓性"；二，把神性（上帝的本性）作为人性，如西方中世纪神学家关于人的学说；三，把人在一定生产关系中结成的社会性作为人性。贺麟的人性论与这些观点不

---

[1] 贺麟:《中国哲学与西洋哲学》,《哲学与哲学史论文集》,商务印书馆1990年版,第127页。

同。他认为，理性是人的特性，是人异于禽兽的根本所在，他说："理性是人的价值所自出，是人之所以为人的本则。凡人之一举一动，无往而非理性的活动。人而无理性则失其所以为人。"[①] 理性即人性，而理性最本质的东西即人的认识能力、精神境界、价值观念、心理积累等，这就是精神原则。精神是人从动物界进化过程中，在漫长的历史演进中所获得的特异品格。贺麟继承了黑格尔的精神哲学，认为人的理性的外在形态有高低程度的不同，它们在历史上有出现时间的早晚，在逻辑上有次序的不同。在黑格尔的精神哲学中，精神向自身的回复经历了三个阶段，即从体现为个人意识的主观精神进到体现为法权、道德、家庭、社会、国家和世界历史的客观精神，再上升到体现为艺术、宗教和哲学的绝对精神。哲学是绝对精神的最高点，人在哲学中发现了绝对精神。由此，贺麟认为，哲学是人性的最高表现。

哲学是"人类理性发挥其光辉以理解宇宙人生，提高人类精神生活的努力"[②]。这里，贺麟提出了哲学的来源和哲学的使命。哲学是人类理性的产物，它的任务是理解宇宙、理解人生。不过按贺麟的说法，"心是主宰部分，物是工具部分。心为物之体，物为心之用。心为物的本质，物为心的表现。故所谓物者非他，即此心之用具，精神之表现也"[③]。就是说，主客体是矛盾的统一，这个统一体的两面即心物是不可分割的。所以，离开人而抽象地理解宇宙，宇宙是无意义的。宇宙万物的意义就在于，它是此心的表现，是此心的工具。万物顽冥的程度不同，其表现精神的程度也不同。所以，贺麟所谓理解宇宙，实即理解人的理性；理解人生，即理解人的生活所表现的精神。这里，贺麟有个深刻的见解：从客体中发现主体的精神，发现客体中的主体价值。主体的认识程度有多高，他所认识到的客体就有多高。离开了主体抽象地评价客体，或离开了客体抽象地评价主体，都不能把握其实际价值。心灵和外物同为文化的创造品。心灵是文化发展所积

---

① 贺麟：《近代唯心论简释》，《哲学与哲学史论文集》，商务印书馆1990年版，第133页。
② 同上书，第127页。
③ 同上书，第132页。

淀成的理性结构，外物是文化发展的物质产品。人工制造品是科学的产物，自然制造品是美学的产物。外物的价值离不开主体。用这种观点解释人生和自然，认自然为人的创造精神的象征，认历史的进化为人类精神的发展，认精神能陶铸物质并借物质来表现精神的本性。有这样的识度，才算掌握了哲学的精髓。这样的哲学，是心物合一的哲学，是实体论价值论合一的哲学，是真善美统一的哲学。这就是贺麟所说的真正的哲学应取的途径。

二 "心同理同"与黑格尔、康德

贺麟以上对于哲学的见解，吸收了黑格尔的哲学思想。黑格尔认为，哲学的研究对象是真理，真理是对无限多样的具体事物的认识的统一，真理是人类理性对于万殊的具体事物思维着的考察。这些万殊的具体事物既是外界的客观实在，又是人类理性通过矛盾斗争而展开的历程。哲学是历史发展的客观过程的逻辑抽象。历史上每一种有价值的哲学体系都是整个哲学思维发展的一个环节，每个哲学家都对哲学大全有其贡献。所以贺麟认为，无论中国哲学、西方哲学还是印度哲学，都是哲学的一支，都应该视作人类的公共精神产业，都应该以同样虚心客观的态度去承受，去理会，去融会贯通，去发扬光大。

"西哲东哲，心同理同"，是贺麟的重要命题，他是用斯宾诺莎和康德哲学解释它的。贺麟认为，心有二义，即心理意义的心和逻辑意义的心。逻辑意义的心即理，所谓"心即理也"。心理的心是物，喜怒哀乐之情皆是物，皆是可以用几何方法当作点、线、面一样去研究的实物。在康德看来，普通人所谓物，其色相皆是意识渲染而成；其意义、条理与价值皆出于认识或评价的主体，此主体即心。一物之色相、意义和价值之所以有其客观性，即由于认识或评价的主体有其客观的、必然的、普遍的认识范畴或评价准则。若用中国哲学的旧话来说，即由于"人同此心，心同此理"。

贺麟所谓心理意义的心和逻辑意义的心，即康德的感性直观的纯形式和知性的纯范畴。他认为，物即心理现象，这些心理现象有色相，即有空间中的广延和时间上的次序。而色相是意识渲染而成，亦即时空这种感性形式是心所赋予物的。其意义、条理、价值，出于认识主体，是由认识主体赋予物的。

贺麟的"西哲东哲，心同理同"，也有取于陆象山所说的"东西南北海有圣人出，其心同，其理同"，但其论证与结论皆不同于陆象山。陆象山说："宇宙便是吾心，吾心即是宇宙"，"宇宙内事是己分内事，己分内事是宇宙内事"。陆象山是伦理的，是以孝父敬兄的心理情感比拟宇宙事物的自然理则，所以心中之理即宇宙之理。而康德是知识论的，是对人的认识能力进行考察所得出的结论。陆象山的结论是承认宇宙之理的实在性，不过它与心中之理吻合为一：满心而发与充塞宇宙的，是同一个理。而康德则否认宇宙之理的实在性，认为宇宙中事物的因果律，其条理、秩序皆是知性的纯范畴，这些范畴是人认识事物的工具，是人赋予事物的，"人为自然立法"。贺麟主张，"以中国名词解释西洋名词，实是最好的方法"，他认为，康德的学说若用中国旧话来说，即"人同此心，心同此理"。他没有比较两者的差异，他所注重者在认人心为真理的负荷者，理自觉于心，"此心乃经验的统摄者，行为的主宰者，知识的组织者，价值的评判者"[①]。他之所以以陆象山解释康德，以康德发挥陆象山，根本上还是为了充分挖掘人的精神底蕴，使人们感到精神的重要，以增强征服外界的力量，提高精神境界，增强复兴民族文化的信心。他使中国哲学和西方哲学互相发明，互相印证，是受着深深的文化使命感鼓舞的，是有紧迫的现实目的的。

贺麟之发挥"西哲东哲，心同理同"，还有一个重要目的，即在调和朱熹哲学与陆九渊哲学。他认为，所谓逻辑的心，即理，即性。他说："逻辑意义的心，乃一理想的、超经验的精神原则，但为经验行为、知识以及评价之主体。"[②] 又说："性为代表一物之所以然及其所当然的本质，性为支配一物之一切变化与发展的本则或范型。"[③] "超经验的精神原则"，"所以然

[①] 贺麟：《近代唯心论简释》，《哲学与哲学史论文集》，商务印书馆1990年版，第131页。
[②] 同上。
[③] 同上书，第133页。

及所当然的本则",都指理。朱熹所谓理,"不属有无,不落方体",也即"超经验的精神原则"。"所以然之理,所当然之则",正是贺麟所谓"所以然及所当然的本则"。可见,贺麟说的逻辑意义的心,也就是朱熹所谓理。贺麟谓"心有二义:一,心理意义的心,二,逻辑意义的心",实是包融朱熹和陆九渊。见乎此,则与其说贺麟是"新心学",不如说他是"新儒家";即使说他是"新心学",也要明白他是融合宋明道学中"心学""理学"两派的"新心学"。

贺麟以理释心,以性释心,认逻辑意义的心为"所以然及所当然的本则",为"支配一物之一切变化与发展的本则或范型",这里有明显的黑格尔哲学的影响,或曰以黑格尔哲学来解释理或性。贺麟1930年发表于《大公报》文学副刊的《朱熹与黑格尔太极说之比较观》,是他最早对比中西哲学的文字,其中贺麟说道:"黑格尔的太极是'一切我性、一切自然的共同根本、共同泉源'。黑格尔的本体或太极,就是'绝对理念'(absolute idea)。'绝对理念'有神思或神理之意,亦即万事万物的总则,宇宙间最高之合理性,在逻辑上为最高范畴,为一切判断的主词。"[①] 黑格尔论绝对理念,有两个最根本的原则:一,理念是主客绝对统一体;二,理念是不断发展的,其发展是由于自身矛盾的推动。绝对理念是人类理性发展史的抽象,人类理性是主观的,但人类理性只有在历史发展中,在理性所创造的哲学、文化、政治、经济等思想和设施中才能表现出来。思想的历史,是现实历史的本质和根源。现实历史是矛盾发展的,黑格尔把它看作思想、理性矛盾的现实化。也就是说,思想是万事万物的总则,逻辑上的最高范畴是万物的最初出发点,也是万物所趋赴的最高范型。新黑格尔派哲学家鲁一士说,黑格尔理解的绝对精神乃是一个斗士,他的身上布满了人类精神生活世世代代的风尘和血迹,它遍体鳞伤地向我们走来,但是高奏凯歌。它征服了各种矛盾,它是全部精神意识的总和,表明了、包括了、统一了、享受了我们人类的忠诚、坚韧和热情所缔造的全部财富。贺麟非常喜欢鲁

[①] 贺麟:《黑格尔哲学讲演集》,上海人民出版社1986年版,第630页。

一士这句话：绝对精神是一个斗士，他说："黑格尔的太极是向外征服恶魔的战士，而朱子的仁心是向内克治情欲的警察。"① 贺麟认为，黑格尔的绝对（即太极）和朱熹的绝对之差异反映了中西哲学的根本差异：西方哲学是科学型的，绝对是一个大全，是人类理性所要征服的目标。人类意识在精神哲学范围内要依次经过法律、道德、政治、历史、艺术、宗教、哲学，才能到达绝对。而中国哲学是伦理型的，太极是"万善至好的表德"，是个人修养的目标。西方哲学所理解的绝对是动的，是一个过程，而中国哲学所理解的绝对是静的，是平铺在那里的一个已成型的东西："毕竟山河大地都陷了，理却还在那里。"所以在西方哲学中，道德是宗教的阶梯，而在中国哲学中，道德即宗教。西方哲学中，绝对是一个尚未实现的理想，而中国哲学中，绝对是个人涵养当下所得的内心境界。西方哲学里，绝对是包含矛盾的统一体，而中国哲学里，太极是无矛盾的最高和谐。贺麟认为，中西哲学的差异，即动与静、内与外、过程与不动者之间的差异。他要弥补中国哲学的不足，所以他在用黑格尔哲学解释中国传统哲学范畴时，特别强调动的、向外的、过程这个方面，他说："朱子的太极是仙佛境界，黑格尔的太极是霸王威风；朱子的太极是光风霁月，黑格尔的太极是洪水猛兽。朱子是代表东方文化的玄学精，黑格尔是代表西方精神的玄学鬼。"② 虽有这些差异，但都是人类理性发挥其光辉以理解宇宙人生，提高人类精神生活的努力。这一点是相同的。

三 向外格物穷理，向内明心见性

贺麟认为中西哲学还有一个最大的相同处，即两者都是"向外格物穷理，向内明心见性"的学问。不过在步骤上，在所得的结果上，有所不同。在中国哲学中，格物穷理是为了明心见性，前者是手段，后者是目的，在时间上可以有间隔，空间上可以有不同区域，中间有诱发顿悟的媒介。明

---

① 贺麟：《黑格尔哲学讲演集》，上海人民出版社1986年版，第637页。
② 同上书，第640页。

心见性是一个突然的过程，而且所谓见性，是性的整个的显现。而西方哲学中，格物穷理和明心见性，并无手段和目的的关系，两者都是目的，也可以说两者都是手段。而且绝对的最终显现，是无穷递进的过程；绝对中的各个环节，都可以作为一个完整的性质显现出来。换言之，中国的格物穷理是为了明心见性，而西方是格物穷理即所以明心见性。

贺麟对于格物穷理与明心见性的关系，有个明白的解释，他以下图表示：

知物→用物→征服自然，创造文物 ⎫
　　　　　　　　　　　　　　　　⎬ 尽性或实现自我
知天→希天→与天为一，与神为侣 ⎭

图中所谓物，有三种意义：一是自然之物，如天地山川、鸟兽草木。二是实用之物，即人类创造以为己用的工具。三是文化之物，即人类所创造的典章制度等精神产品。

天也有三义：一，指美化的自然，即有精神意义的非科学研究的自然。二，指天道，就是"总天地万物之理"，也就是宇宙之所以为宇宙、人生之所以为人生的基本法则，主宰宇宙人生之大经大法。三，最圆满的思想人格，也就是人人所欲企求的最大价值。贺麟明白宣示，第一种天是艺术家直觉的天，第二种天是哲学家理智的天，第三种天是道德生活与宗教信仰之天。

"知物→用物→征服自然，创造文物"，是科学的任务，是人类认识、驾驭、创造物质财富以长养自己、发展自己的活动。而根据天的三种含义，"知天→希天→与天为一，与神为侣"，即艺术、哲学、道德与宗教的任务，是人类在创造物质财富和精神财富的同时，自我体验、自我观照以愉悦自己、净化自己、完善自己的活动。前者主要是物质的、肉体的，后者主要是精神的、灵魂的。

通过分析可以看出：一，贺麟的精神科学，包括科学、艺术、哲学、道德、宗教。科学认识外物。哲学认识天道，认识宇宙人生的大经大法。认识天道必须以认识外物为基础。哲学认识是科学认识的形上化。而道德和宗教必须以认识天道为基础。道德以哲学所认识的天道为范本为人道规定符合这范本的人伦秩序（关系）。宗教即自我追求与此范本合一的虔诚心态和与此范本合一所获得的静穆心情。在此心态中发现自我，由此产生的愉悦即美。

二，"知天，希天，与天为一、与神为侣"同时即是尽性或实现自我的活动，是对人类科学、哲学、伦理、宗教诸理性能力的肯定。

三，标示了贺麟吸收西方文化以改造中国传统文化的努力。他是把"知物，用物，征服自然、创造文物"与"知天，希天，与天为一、与神为侣"平列的。虽然逻辑上认识天道必须以认识外物为基础，但前后两者并无手段与目的的关系，知物同时即是尽性、实现自我的活动。它没有被降低为仅仅是明心见性的媒介。也就是说，自我的实现，包括对人的科学能力即知物用物能力的肯定，不仅仅肯定人的知天的能力。贺麟说："人之知天知物，人之希天用物，即是人的使命，人的天职。这种使命，乃基于人的本性之必然。"[①] 人的本性，人的天职就是知天知物，希天用物。所谓"尽性"，也即充分发展人的这一本性，得到自然界、得到人自己精神生活的全部蕴藏。

四，贺麟给人下的定义是："人是以天为体，以物为用的存在。""以天为体"即本诸天理，以天理为依归；"以物为用"即现实的创造物质财富的活动。这样，对于天和物的体用关系，可以有两个方面：一，人的全部活动，都要出自天理，都要以理性的态度，遵循天理。而人的一切活动，都是为了得到审美愉悦、伦理秩序、虔敬心态。就是说，人的一切活动都以理智态度、科学精神为出发点，而以美的享受、心灵的安适为归宿。这样的活动，是合目的与合规律的统一，是真美善的统一。这是传统儒家的基本精神，又融进了西方哲学的精华。

---

① 贺麟：《文化与人生》，商务印书馆1988年版，第84页。

从以上可以看出，贺麟力图找出德国古典哲学和中国宋明理学的结合点，力图以德国古典哲学融会中国传统哲学，创造出一种以精神为体、以物质为用的新哲学。这是作为现代新儒家的贺麟的思想特点，与后期贺麟有很大不同，这是需要注意的。

（原载《中国青年政治学院学报》1991年第3期）

贺麟前期思想的特点

贺麟是当代著名哲学家，他主张，中国传统哲学的发展，有赖于对西方哲学的吸收、消化，中国传统哲学要靠西方哲学补偏救弊，靠西方哲学来激发内蕴的生命力。为此，他翻译、介绍了大量西方古典、近现代哲学著作，并以之融会中国传统哲学尤其是宋明理学，以期为中国文化寻求现实出路。他以长期寝馈于西方思想文化取精用宏所得的深厚学养，分析研究中国传统哲学，写了《近代唯心论简释》《文化与人生》《当代中国哲学》等著作。只是他翻译介绍西方哲学的成绩太显豁，哲学家的本色反为所掩。贺麟的思想，1949 年前后有重大的不同。本文所论，以他 1949 年以前的思想为主。此期他的思想，可以说是以儒学陶镕西方哲学、统贯诸子学为指导原则，以儒学的艺术化、理性化、多元化为具体途径。

一 儒学的艺术化

什么是艺术？贺麟说："凡百艺术皆所以表现本体界之意蕴，皆精神生活洋溢之具体的表现，不过微有等差而已。建筑、雕刻、绘画、小说、戏剧皆所以发扬无尽藏的美的价值。"[①] 这段对艺术进行诠解的话，表达了

---

① 贺麟：《文化与人生》，商务印书馆 1947 年版，第 5 页。

他一个很深刻的思想：本体界即精神生活的洋溢。自然这个无尽藏是诗人获得灵感永不枯竭的源泉，科学家、哲学家探讨真理永远探讨不完的对象，自然是一本有无限丰富内容的书，人对于自然这本"无字天书"，可以有无穷的读法。自然的意义深邃广大，人类玩味自然这本书可以得到无穷的教训。这个自然，如果以艺术的眼光去审视，就是美化的自然。这个自然的浩浩星空、滚滚江河、灼灼花木、离离野草都是人的精神世界的反映。由此，人可以托物以寄怀，指事以言志。自己的人格理想浸透在自然里，与具体的物打成一片。人的精神生活找到了它的象征。贺麟说："自然是人生一切的表现，是人类精神的象征。自然是人类内心宝藏之外在的记号。"[1] 这时的自然界，是渗入了人的精神的自然界。这个渗入了人的精神的自然界，即他所谓本体界。贺麟所说的本体界，不是"无人之境"，不是人类诞生以前的自然，而是具体的、有机的、美化的、神圣的自然界。这个意义的自然可以发人兴会，欣人耳目，启人心智，感人灵魂，是与人类精神相通的。这是有生命有灵魂的自然。这个本体，是人与自然、主体与客体、自我与非我的统一。亦即"被物支配之心，心亦物也；能支配心之物，物亦心也"[2]。此本体界，即洋溢着精神生活的自然。艺术即此本体界的表现，即对本体界美的价值的发扬。由此，可以得出贺麟的美学观：美即对洋溢着人的主体精神的自然的艺术观照。贺麟这一思想，是对中国传统美学和德国古典美学特别是谢林美学思想的融合。

中国传统美学的基本精神，宗白华概括为"移我情"与"移世界"。他说，发现美"是要在主观心理方面具有条件和准备的。我们要把整个情绪和思想改造一下，移动了方向，才能面对美的形象，把美如实地和深入地反映到心里来，再把它放射出去，凭借物质创造形象给表达出来，才成为艺术"[3]。朱光潜也说："在艺术的欣赏中，移情作用也是一个重要成分。例如写字，横直钩点等等笔画原来都是墨涂的痕迹，它们不是高人雅士，

---

[1] 贺麟：《文化与人生》，商务印书馆1947年版，第108页。
[2] 贺麟：《近代唯心论简释》，重庆独立出版社1942年版，第1页。
[3] 宗白华：《美学散步》，上海人民出版社1981年版，第14页。

原来没有什么'骨力'、'姿态'、'神韵'和'气魄'。但是在名家书法中我们常觉到'骨力'、'姿态'、'神韵'和'气魄'。这大半都是移情作用的结果,都是把墨涂的痕迹看作有生气有性格的东西。"①徐复观论庄子艺术精神时也说:"庄子在心斋的地方所呈现的,实即艺术精神的主客两忘的境界。庄子称此一境界为'物化'或'物忘'。这是由丧我、忘我而必然显现的境界。所谓'物化',是自己随物而化,如庄周梦为蝴蝶,此时庄周即化为蝴蝶。这是主客合一的极致。与物冥之心,即是作为美的观照之根据的心;与物冥之物,即成为美的对象之物。"②以上精辟的论说,都以为中国艺术的精神,即在将主体的精神、情绪、感受,赋予所观照的对象,对象成为主客同一体,主体成为与物冥合无间的体验者。这时的"我"是被改造、被转移了的我,物是被加工、被转移了的物。这种合一,"自然成为精神化的自然,人生成为自然化的人生,自然建筑在人生上,人生包蕴在自然里,人成为最能了解自然的知己,成为最能发挥自然意蕴的代言人。一切诗和画里面所描写的自然景象,都可以算得在灵魂里放光明的自然。这种合一,可以说是人类对于自然的精神征服,也可以说是人类的精神将自然提高、升华后所达到的境界"③。对这种境界的再现,就不是纯客观的机械摹写,不是摄影式的原样复制,而是凝聚了感情,包含着意蕴的再现。这时艺术所表现的自然,无论瘦石寒林、深涧飞瀑,也无论落霞孤鸿、野寺茅店,皆是"灵魂里放光明的自然"了。贺麟对中国艺术精神的分析,牢牢地把握住了美的本质即主客体的同一,把握住了对这种本体的创造性表现即艺术,是深得中国艺术三昧的。

另外,贺麟对于艺术的看法,也吸收了谢林和黑格尔的看法。谢林认为,艺术就是在有限的形式中表现无限。黑格尔也认为,艺术就是通过感性形式表现绝对理念。但谢林所谓无限,即主体与客体、自我与非我的绝对同一。黑格尔讥之为"夜间观牛,其色皆黑"。他自己的绝对理念,是

---

① 《朱光潜美学文学论文选集》,湖南人民出版社1980年版,第81页。
② 徐复观:《中国艺术精神》,春风文艺出版社1987年版,第77页。
③ 贺麟:《文化与人生》,商务印书馆1947年版,第179页。

矛盾的统一，是主体克服其外化的客体而达到绝对统一的实体，是理性演化为历史，思想推演为逻辑范畴最后达到和谐的统一体。这个统一体是无限和有限的统一，主体和客体的统一，天和人的统一。这一统一体可以表现为艺术、宗教、哲学。艺术是用具体物（艺术品）寄寓绝对，宗教用想象归依绝对，哲学用理论证明绝对。所以黑格尔的艺术，即寄寓着绝对的具体。而贺麟所说的艺术是表现本体界的意蕴的，两者都是用有限表现本体、绝对。黑格尔的绝对是主客合一的，贺麟的本体界也是主客合一的。不过黑格尔的合一是矛盾的进展，而贺麟则是审美的直观。黑格尔的合一是哲学的，贺麟的合一是美学的。黑格尔的合一是由分析而历史地达到的，贺麟的合一是由直觉当下地达到的。此种本体的内容，认取此种本体的方法，都表现了中西哲学的不同。由此也可以看出，贺麟的思想虽然吸收了许多黑格尔的思想，但外来思想的吸收，只是充实、丰富、深化了传统哲学的内容，而思想的根基，仍然是中国的。

贺麟又认为，这个本体即仁。仁即儒家诗教的本质。他说："从哲学看来，仁乃仁体，仁为天地之心，仁为天地生生不已之生机，仁为自然万物的本性，仁为万物一体，生意一般之有机关系之神秘境界。简言之，哲学上可以说是有仁的宇宙观，仁的本体论。离仁而言本体，离仁而言宇宙，非陷于死气沉沉的机械论，即流于黑漆一团的唯物论。"[①] 宇宙的本体即仁，万物的本性即仁，天地之心即仁。这个仁即生生不已的生机。孟子的"恻隐之心"，《易传》的"天地之大德曰生"，董仲舒的"以仁安人"，周敦颐窗前草不除，程颢的"仁者浑然与物同体"，朱熹的"仁是天地之生气"，王阳明的"天地生物花草一般"，等等，都以生机和爱为宇宙的真实存在，万物的根本精神。前人多从伦理方面发挥"仁"的含蕴，而贺麟则从艺术上着眼，认为仁即温柔敦厚和"思无邪"的诗教："思无邪或无邪思，即是纯真爱情，乃诗教之泉源，亦即是仁。仁即是天真纯朴之情，自然流露之情，一往情深、人我合一之情。矫揉虚伪之情，邪僻淫亵之思，均非诗之

---

① 贺麟：《文化与人生》，商务印书馆1947年版，第6页。

旨，亦非仁之德。纯爱、真情、天真无邪之思如受桎梏，不得自由发抒，则诗教扫地，而艺术亦即丧失其神髓。"① 纯爱、真情、天真无邪，就是仁的底蕴，艺术的精髓，这是他对艺术的本质的看法。从形式上说，艺术不仅是对主客合一的本体的表现，而且这种表现出于人的真性情，是人的表现欲的真实发抒。从内容上说，艺术所表现的本体界的真精神是生机，无限的生机。就是说，以出于人的本性的纯真，去自由表现无限的生机。李泽厚说："'天行健，君子以自强不息'的儒家精神，以对待人生的审美态度为特色的庄子哲学，以及并不否弃生命的中国佛学——禅宗，加上屈骚传统，我以为这就是中国美学的精英和灵魂。"② 贺麟所认为的儒家诗教，所认为的艺术神髓，说到底，也是天地所表现出来的蓬勃生命力。

这一点也表现在他对"诚"的解释上。他说："在儒家思想中，诚的主要意思，乃指真实无妄之理或道而言。所谓诚，即是指实理、实体、实在或本体而言。诚不仅是说话不欺，复包含有真实无妄、健行不息之意。就艺术方面言，思无邪或无邪思的诗教，即是诚。诚亦即是诚挚纯真的感情。艺术天才无他长，即能保持其诚，发挥其诚而已。"③ 这段释"诚"的话，具有明显的王学色彩：诚即天道，天道真实无妄，健行不息；诚亦人道，即诚挚纯真的仁爱之情。人心中的仁和宇宙之仁，人心中的爱和宇宙之生生一而不二：人"上下与天地同流"，这就是诚的最高境界。而艺术即"保持其诚，发挥其诚"而已。保持其诚，即以儒家思无邪的诗教为立足点；而发挥其诚，贺麟也指出了明确的方向："从艺术的陶养中去求具体美化的道德，所谓'兴于诗，立于礼，游于艺，成于乐'。"④ 贺麟认为，儒家旧道德之所以偏于枯燥迂拘，首要的原因是它未经艺术的美化，亦即礼教未经诗教的陶熔。兴于诗即得诗的艺术意境的启发，从而感奋兴起。游于艺即优游于棋琴书画等技艺，性情得到陶冶，志意得到净化，淡化物质

---

① 贺麟：《文化与人生》，商务印书馆1947年版，第6页。
② 李泽厚：《宗白华〈美学散步〉序》，载《李泽厚哲学美学文选》，湖南人民出版社1985年版，第451页。
③ 贺麟：《文化与人生》，商务印书馆1947年版，第7页。
④ 同上。

欲望的追求，提高艺术欣赏的兴会。成于乐，即从音乐的和谐中体会天人一体、万物皆备于我的最高境界，从而摆脱物欲的缠绕，得到真我的性灵。贺麟认为，这样的人生是新鲜活泼的，它不拘执于道德的培养而自有高尚的道德，不追求超凡入圣的境界而自能超凡入圣。他所讲的儒者，不是那种只知皓首穷经，无涉经济实业，只知洁身自好，不管世事沧桑的腐儒。他所提倡的儒者风度，是现代工业文明社会中各行各业的人都应具备的。他所希望的是：每个中国人都具有典型的中国人气味，都能代表一点纯粹的中国文化。在工业文明社会中，最需要的是具有儒者气象的"儒工""儒商"，和有儒者风度的技术人员。贺麟认为，西方工业社会基础上的民主化的"诗礼"，即是现代诗礼的典范：竞选、国会辩论、政治家的出处进退，莫不有礼；数百万居民聚居的大都市，交通、集会莫不有序；其工人商人大都有音乐、歌剧可以观赏，有公园可以休息，有展览会、博物馆可以游览；每逢星期日，或入礼拜堂听讲，或游山林以接近自然，工余之暇，唱歌跳舞自得其乐。其生活未尝不可谓相当美化而富于诗意。

这就是贺麟理想的富于诗意的生活，受艺术陶养的生活。这就是贺麟的艺术化的儒家。从这里，我们可以看出他融合古今中外一切有价值的生活的切实努力，看出他给儒家传统道德注入时代的新鲜血液、注入西方工业文明带来的精神成就的切实努力。经过他的创造性解释，古老的儒家思想扩大了它的容受量，张开双臂欢迎一切有价值的思想。经过他的创造性改造，古老的儒家思想不惟不是工业文明的障碍，而恰恰是工业文明的促进力量，是新的时代背景下新旧思想的交汇点。

二 儒学的理性化

中国文化将实践理性放在高于理论理性的位置上，因而其人生论比知识论发达，其文化实质上是伦理型的。中国人重了悟而不重论证，因而其直觉认识方法比逻辑分析方法发达，其思维方式实质上是艺术型的。中国思想家敬鬼神而远之，因而其现实精神比宗教精神发达，其精神生活实质上是理智型的。中国文化的这些特点，差不多是人们所公认的。贺麟对中国传统文化的主干儒家思想的改造，主要是循着"以西洋之哲学发挥儒家之理学，以基督教之精华充实儒家之礼教，以西洋之艺术发挥儒家之诗教"[1]的路径。所有这些，都为了一个目的：使儒家思想更健全、更趋理性化。

（一）输入理性化的宗教

贺麟认为，儒家思想本来富于宗教仪式与宗教精神。所谓富于宗教仪式，指富于敬天祀祖的仪式。中国人没有西方人那样的无所不包的至上神上帝，也没有泛神论思想——上帝即在一切具体事物中，更没有上帝与我同在的神秘宗教感情。所谓富于宗教精神，也只是说，中国人有着某种虔敬。但这种虔敬只是忠于自己的道德信念。履行道德义务只是为了自己的良心而非为了保持上帝在自己心中的辉光。狂热信仰至上神的宗教，并未支配中国人的精神生活。因此，从某种意义说中国人需要宗教。但贺麟所认为的宗教，是理性的："如果认为有一种神圣的、有价值的东西值得我们去追求，这就是宗教。或者从内心说，人有一种崇拜的情绪，或追求价值的愿望，这就是宗教。"[2]贺麟这里所谓宗教，实即崇拜价值的情绪，追求价值的愿望。那么，什么是所应崇拜所应追求的价值？贺麟说："欲求儒家思想的新开展，在于融会吸收西洋文化的精华与长处，而西洋文化的特殊贡献为科学。"[3]这里的"科学"，不只是研究自然、研究精神领域的各专门学科的理论体系，而且是"科学的"：实事求是的认真态度，锲而不舍的坚韧精神，不骄不躁的冷静心理，周密切实的行为手段，一句话，理性的辉光照临一切。他认为，这就是儒家思想所应追求的，这就是一切学问所应趋向的："我们要能从哲学、宗教、艺术各方面以发挥儒家思想，使儒家中包含有科学精神，使儒家思想足以培植、孕育科学思想。"[4]也就是说，

---

[1] 贺麟：《文化与人生》，商务印书馆1947年版，第5页。
[2] 同上书，第307页。
[3] 同上书，第4页。
[4] 同上。

他所认为的宗教,就是对"科学"这种价值的崇拜情绪和追求愿望。

另外,贺麟所谓宗教,即追求价值的专注心态:"宗教则为道德注以热情,鼓以勇气者。宗教有精诚信仰、坚贞不贰之精神;宗教有博爱慈悲、服务人类之精神;宗教有襟怀旷大、超脱现实之精神。"[①] 贺麟认为,宗教是西方文化中一种很重要的价值。宗教指"信天、希天、知天、事天等求安身立命之所的精神努力而言"[②]。这里所说的天,不是冥冥中赏善罚恶的主宰之天,不是天玄地黄、戴天履地的物质之天,而是指宇宙法则、世界精神而言。它是近于义理而又超出义理的实在。它完全不是人格神,不是狂热崇拜的对象,而毋宁说是理智寻求的对象。认识它需要概念分析,但也需要直觉把握。用中国古典术语说,既要格物穷理,又要明心见性。信天、希天、知天、事天,即相信宇宙法则、世界精神的存在,进而了解它,与它为一,现实地掌握与它的关系,"在永恒的范型下观认自己"。这是一系列理性的活动,没有偶像,没有庙堂,没有迷狂。这种精神努力更多地靠自我的体验,思辨的抽象。所以贺麟区分了教会的基督教与精神的基督教。教会的基督教,其功用在于凭借组织的力量以熏陶后生,感化异族,稳定社会,保存价值。而精神的基督教便是"以健动的创造力,去追求一种神圣的无限的超越现实的价值"[③]。这种"神圣的无限的超越现实的价值",在基督教,即上帝,即一切现实事物的最高主宰。而经过贺麟的解释,此种价值成了"天",成了理知而非信仰的对象。贺麟的这一诠释方向,把宗教这一影响西方人精神生活力量最大的因素,变为中国人易于接受的东西,把上帝这种无限的、超越的存在变为"天"或"天则""天理"这种虽超越但通过理性的分析、思辨的考察可以把握的东西。这为他的后一种"宗教"含义预留了空间。

贺麟所谓宗教,既去掉了超世界的人格神,宗教的基本精神仅剩下了追求无限的虔诚心态,道德践履的热情和勇气,精诚的信仰,坚贞的精神。

---

① 贺麟:《文化与人生》,商务印书馆1947年版,第5页。
② 同上书,第181页。
③ 同上书,第63页。

中国人的道德实践，是靠自己履行道德义务的责任感鼓舞着，靠意志的力量。但除了少数坚卓豪迈、特立独行者外，绝大多数人难以拒斥各种非道德的欲望的诱惑。这种诱惑是对意志的控制力的严重挑战："天理人欲如血战相似"，这就增大了心灵的负荷。贺麟认为，信仰可以削减灵肉血战的激烈程度，也就是说，要从信仰中寻找履行道德义务的内在力量。道德要靠信仰注以热情，鼓以勇气。

宗教的博爱慈悲也可作如是观。孔子提出过求仁的基本原则："我欲仁，斯仁至矣。"（《论·述而》）"有能一日用其力于仁矣乎？我未见力不足者。"（《论语·里仁》）但对于不欲仁，无志于仁者，孔子却没有办法叫他行仁。孟子对此进行了补充。孟子把仁作为人的心理本然，行仁即是对自己心理本然的扩充推广。《易传》为这种心理本然找到了本体论的根据："天行健，君子以自强不息。"宋明理学为它找到了人本主义的解释："性即理""心即天"。但所有这些，都是精神修养达到某种境界所能有的了悟，并不是那些不知"格致诚正修齐治平"为何物的人所能达到的。所以在中国，士大夫和市井细民，读书人与目不识丁者便无法有同样的信仰。而宗教就可以泯除这个差别：在至上神面前人人平等。信仰的力量可以及于每个人。所以贺麟以宗教的博爱悲悯来解释儒家的仁爱："上帝即是仁"，"仁即是救世济物、民胞物与的宗教热忱"。[①] 至于"襟怀旷达，超脱现世"的精神，它不是超脱现世而与彼岸世界的至上神为一，而是与自己心中的理想人格为一。贺麟以"爱、希望、信仰、精诚、大公无我、热烈牺牲"[②]等解释宗教精神，就是要减掉宗教中的至上神、非理性的信仰，用他改造了的宗教，补充和增强儒家思想中缺少的、被淡化了的东西。

（二）认识的理性化

直觉是中国传统思维方式的突出特点。直觉对于认识对象的把握是当下的、整体的，不假阶段的。这种认识方法虽有整体性、生动、迅捷的特

[①] 贺麟：《文化与人生》，商务印书馆 1947 年版，第 63 页。
[②] 同上书，第 156 页。

点，但又常常是表面的、笼统的、浮光掠影的。贺麟以西方的直觉法，以逻辑思维对宋儒的直觉法进行改造，以期发展出一种富于理性的、有中国特点的思维方式。

梁漱溟认为直觉是一种生活态度，这种态度是反功利的、不算账的、不计较利害得失的、遇事不问为什么的，又是随感而应的、活泼而无拘滞的、刚健的、大无畏的、充满了浩然之气的修养境界。他认为这种直觉就是孔子的"仁"。它只是一种认识意义与价值的能力，而不是一种方法。冯友兰认为直觉是一种神秘经验，不是一种方法。亨利·迈尔教授主张直觉是宗教中与神契合的经验，却不是一种科学的方法。这种方法以诗人的想象代替严谨的逻辑推论，不足以认识哲学真理。而贺麟则认为："直觉是一种经验，复是一种方法。所谓直觉是一种经验，广义言之，生活的态度，精神的境界，神契的经验，灵感的启示，知识方面突然的、当下的顿悟或触机，均包括在内。所谓直觉是一种方法，意思是谓直觉是一种帮助我们认识真理、把握实在的功能或技术。"① 这里的"经验"二字包容非常广，态度、境界、了悟等，几乎包括了除逻辑分析之外认识活动的一切方面。这些方面有一个共同点，即都以往昔知识的积累、学养的醇熟为基础。态度有真伪，境界有高下，体验有深浅，了悟有利钝。"积理越多，学识越增进，涵养越醇熟，方法亦随之逐渐越为完善。"② 就是说，直觉这种艺术以知识、理智为前提。

直觉是一种对整体的把握，它可以先笼统把握全体，再细细分析局部；也可以先逻辑分析局部，再直觉把握全体。贺麟说："直觉方法一方面是先理智的，一方面又是后理智的，先用直觉方法洞见其全，深入其微，然后以理智分析此全体，以阐明此隐微，此先理智之直觉也。先从事于局部的研究，琐屑的剖析，积久而渐能凭直觉的助力，以窥其全体，洞见其内蕴之意义，此后理智之直觉也。"③ 不管哪种方法，要把握真理，认识其

---

① 贺麟：《近代唯心论简释》，重庆独立出版社1942年版，第92页。
② 贺麟：《文化与人生》，商务印书馆1947年版，第94页。
③ 同上书，第95页。

全面而深刻的本质,理智和直觉这两种方法是互相补充,相辅为用的。认为直觉主义不分析推论与认为科学家、实验主义者或研究数理逻辑的人绝不采用直觉法或矛盾思辨法,皆陷于同样的错误。

基于以上分别,贺麟认为:"真正的哲学的直觉方法,不是简便省事的捷径,而是精密谨严,须兼有先天的天才与后天的训练,须积理多、学识富、涵养醇,方可逐渐使成完善的方法。"①哲学的方法不是纯直觉的,而是包含理智的直觉。没有理智的直觉只是混沌一团,只是神秘主义。也没有不用直觉的理智。不用直觉的理智是狭义的理智主义,不是理智的直觉。斯宾诺莎心物二属性之"统",黑格尔的正反合之"合",康德的"以神秘主义为材料,以理性主义为形式"之综合,都是"理智的直觉"。所以,贺麟所认识的直觉不是盲目的感觉,也不是支离的理智。他要把直觉"从狂诞的简捷的反理性主义救治过来,回复其正当的地位,发挥其应有的效能"②。他的救治、回复、发挥所做的工作,就是证明宋明道学家中陆王心学的"心即理"和朱熹的"格物穷理"的直觉法,是不反理性的。不惟不反理性,而且也不是简便省事的捷径,而是谨严细密、丝毫不苟且不放松的笃实工夫。

贺麟之认陆王、朱熹的方法都是直觉的,是因为这两派的方法都符合下列定义:"可以简略地认直觉为用理智的同情以体察事物,用理智的爱以玩味事物的方法。"③这个定义,与柏格森关于直觉的定义完全吻合:"所谓直觉就是指那种理智的体验,它使我们置身于对象的内部,以便与对象中那个独一无二、不可言传的东西相契合。"④他们的定义都在直觉中肯定了理智的作用,都强调要置身于对象的内部,都强调了体察、玩味等艺术式地整体把握对象的方法。这种方法也即柏格森说的"不是相对地认识实在,而是绝对地把握实在;不是采取一些观点去对付实在,而是置身于实在之

---

① 贺麟:《文化与人生》,商务印书馆1947年版,第95页。
② 同上书,第98页。
③ 同上书,第99页。
④ 洪谦编:《现代西方资产阶级哲学论著选辑》,商务印书馆1964年版,第137页。

中；不是对实在做出分析，而是对实在取得直觉"①。

根据上述定义，贺麟认为，理智的同情的体察可以有两个方向：观认外物、体察自身。朱熹和陆象山的直觉方法，恰好每人代表一面：陆象山的直觉法注重向内反省以回复自己的本心，发现真我；朱熹的直觉法注重向外体认物性，读书穷理。

贺麟认为，陆象山的直觉方法的理性成分在于，第一，"不读书"作为方法论是一种怀疑主义。陆象山反对泛观博览，反对钻研古人传注，以免为教育所误，为书籍所蔽，为文字所累。陆子寿诗："留情传注翻蓁塞，着意精微转陆沉。"陆九渊诗："易简工夫终久大，支离事业竟浮沉。"他还说："到某这里，只是与他减担，只此便是格物。"（《陆九渊全集》卷三十四《语录》）这种"不读书"的怀疑主义有一种清心作用，可以保持学者心灵的贞操，使勿轻于信从古人；可以使此心摆脱一切，赤地新立，以便一切由真我做主，从本心出发。特别是当传统观念与外界权威极盛或学术思想极其庞杂的时代，此种方法实足以给予精神一大解放。

第二，回复本心是恢复他本有的先天理性，他的真我。回复的方法是启发的方式。陆象山认为"此心本灵，此理本明"，"心即理"。这里的理指先天理性，理性的内容是宇宙根本法则。"宇宙内事是己分内事，己分内事是宇宙内事。"陆象山的"不读书"只是警发人们不为书籍所误，并非教人不读书："先生之讲学也，先欲复其本心，以为主宰。既得其本心，从此涵养，使日充月明。读书考古，不过欲明此理尽此心耳。"（《陆九渊全集》卷三十四《语录》）贺麟认为，陆象山之读书考古，促人反省，启发他人本心的方法，约略相当于苏格拉底的"接生法"和柏拉图的回忆法，两者均可称为"反省式的直觉法"。教人恢复本心，贵在指点、提醒、启发；自己回复本心，贵在体验、省察、反思反求。这都是理性的方法，没有一点神秘意味，恍惚气象。

下面再看朱熹。

---

① 洪谦编：《现代西方资产阶级哲学论著选辑》，商务印书馆1964年版，第137页。

朱熹的修养方法为先格物穷理，后明心见性；由"众物之表里精粗无不到"，到"吾心之全体大用无不明"。贺麟认为，朱熹的格物，既非探求自然知识的科学方法（如实验方法、数学方法等），也不是与"主敬""主静"有相同作用的修养方法，而乃是"寻求哲学或性理学知识的直觉方法"。这种方法，虽不是科学方法，却并不违反科学和理智，就是说，直觉方法是包括理智方法在内的。只有直觉法才可以得到宋儒所谓"德性之知"，得到关于价值的知识。贺麟有个根深蒂固的看法："科学方法（即实验方法、数学方法等）只求认识表面的、粗的、部分的方面，并没有认识形而上的、里面的、精的、全体大用之职志也。"[①] 而认识形而上的、全体的东西要靠直觉。即先即物穷理，向外探求，后回复本心，明心见性。他认为，陆象山专用反省式的直觉法，而朱熹则"向外透视理会的直觉法"和"反省式的直觉法"兼用。这种方法达到的是"心与理一的后理智的理性的直觉境界"，就是说，认识理或太极这样不可分的整体，只能靠直觉。而这种直觉是在理智的"格物穷理"方法之后的。这时对绝对的把握不是感性的、混沌的，而是理性的、清晰的。这种知识不是见闻之知，而是德性所知了。这种认识，既是一种对生活或文化的价值体验，也是一种对变动不居的生命的理智同情，同时也映照出超功利、超时间、超意欲的认识主体。

可以看出，贺麟对朱陆的直觉法的分析，是紧紧围绕着理智这个核心的。不管是陆九渊的回复本心，还是朱熹的先格物穷理后明心见性，都是以理性为特色的。陆九渊的剖剥刮磨物欲之后的本心，即是心与理一的本心，天理流行的本心。与朱熹的"众物之表里精粗无不到，吾心之全体大用无不明"的境界一样，都是对宇宙根本法则的理性把握。两人方法虽然不同，但达到的结果是相同的。这就在理性的直觉这一点上，把两者融合起来了。他的目的在于，用西方哲学的细密分析，层层抽绎的方法，把中国传统思维的理性本质显示出来；把其中既符合科学精神，又有对价值、

[①] 贺麟：《近代唯心论简释》，重庆独立出版社1942年版，第109页。

形而上的绝对等非逻辑的东西的整体把握的方法挖掘出来，纠正那种认为中国人的思维方式笼统、浮泛的观点，发扬其有物、有我、有下学、有上达的哲学思维方式。

三 儒学的多元化

儒家哲学以宇宙根本法则为人生的准则，以古圣先贤为人格理想，以民胞物与为最高境界。儒家的伦理原则经过长期的陶铸、提取，渐渐失去了原有的生动活泼的意味，成了干枯褊狭的教条。不惟不能做经过科学与文明洗礼的现代人的道德准则，且有违反人性、束缚思想、阻碍社会进步的作用。贺麟以现代新儒家的立场，提出了新道德的发展方向。以中西一切有价值的学术思想补充、纠正儒家的道德，使之通过多元化获得新的生命，从而易于实行，乐于遵循，又有积极效果。

贺麟认为，儒家旧道德有四个最大的弊端：一是狭隘偏枯。"这种道德观把道德当做孤立自足的东西，认为道德与知识是冲突的，知识进步，道德反而退步。认为道德与艺术是冲突的，欣赏自然，寄意文艺都是玩物丧志。认为道德与经济是冲突的，经济繁荣的都市就是罪恶的渊薮；士越穷困，则道德越高尚。此外道德与法律，道德与宗教，举莫不是冲突的。中国重德治，故反对法治；中国有礼教，故反对宗教。简言之，只要有了道德，则其他文化部门皆在排斥反对之列。"[①] 贺麟在50年前所指斥的这种褊狭观点，至今仍有相当大的市场。君不见至今仍有人把知识分子看作改造、利用的对象，把文艺当作政治教化的工具，把金钱看作罪恶的渊薮，把宗教当作"精神鸦片"。贺麟认为，这种狭隘固陋的观点，是与西方近代物质文明，与希腊人的爱智精神，与希伯来的宗教精神，与罗马的法治精神根本不相容的。道德如果狭隘到这种地步，当然不打自倒，不虫自腐，非实行变革不可。他提出的新道德的方向，就是改狭隘偏枯为博大深

---

① 贺麟：《文化与人生》，商务印书馆1947年版，第23页。

厚，具体途径是："从学术知识中去求开明道德，从艺术陶养中去求具体美化的道德，从经济富裕的物质建设中去求征服自然、利用厚生的道德，从法治中去为德治建立健全的组织和机构，从道德中去为法治培植人格的精神的基础，从宗教的精诚信仰去充实道德实践的勇气与力量，从道德的知人工夫进而为宗教阶段的知天工夫，由道德的'希圣'进而为宗教的'希天'。"①贺麟提出的新道德的具体途径，充分体现了他的理性精神、人文精神，即新道德是经过理性理解的，不是盲目因循的；是获得了知识的精神需要，不是仅仅为了现实的目的；是艺术的陶铸品，不是粗率的自然物；是有理性目标支持的，不是迷狂情绪驱使的。它处处以人格的完善，人群与环境的协调，精神世界的充实为目标。这体现了他一贯的努力：以西方人的科学精神、东方人的艺术情趣为新的民族道德植根基。新的民族道德是儒家的，又是渗入了学术气味、艺术趣味的道德。具有中国人和谐的、精神性的特点，又有西方人精进的、实用性的特点。这样的道德不惟不排斥其他各文化部门而自陷于孤立单薄，且可分工互助，各得其所，取精用宏，充实自身。

二是枯燥迂拘，违反人性。儒家道德是自律的，它服从内心的强制而不是外在的约束，他们不是在艺术的陶养中而是在天理与人欲的搏战中增进道德。他们提倡枯坐斗室、静心思过，对自己常提不放为入德之门，而不是纵情山水，在自然界的宏大精纯中净化自己。他们面对的是森严的道德律令，万古如斯的"太极"，而不是活泼泼的现实需要，永恒发展的"绝对"。贺麟痛斥这种情况说："生人的本性真情，横遭板起面孔的道德家的压抑和摧残。像这样迂拘枯燥的道德，哪会有活泼的生趣。"②他提倡道家"到山林去"接近自然，从自然接受生活趣味、增强生命力量的路向。贺麟特别指出，旧道德严于男女之大防，视女子为败坏道德、倾人城倾人国的妖魔，是违反人性最显著的表现。他提出，新道德应该确知，"女子是

---

① 贺麟：《文化与人生》，商务印书馆 1947 年版，第 26 页。
② 同上书，第 175 页。

道德的鼓舞者，品格强弱的试金石，卫国卫民的新力量"①。男子对于女子的地位应该有新的认识，女子也应自觉其促进道德生活的伟大使命。

三是因袭传统、束缚个性。贺麟认为，造成这一状况的原因，是由于对古人权威的盲从，典章制度的僵化，风俗习惯的强制。中国长期宗法社会的超稳定结构，使大量典章制度正统化、经典化，以宗法家族制度为核心的家庭形式，以经书为主要内容的教育形式，使脱胎于原始巫术礼仪的许多风俗习惯绵绵不绝。这些东西像一条无形的绳索束缚着人们的个性，残害着人们的性灵，萎缩着人们的创造精神。人们的道德准则没有经过自己理性的检讨，又被论证为"天理"的体现，于是养成了"由是而之"而不必问所从来的习惯。愚昧、迷信又加固了传统的力量。贺麟指出，破坏这种局面，必须基于积渐的学术文化水准的提高，理性规范的有效率，精神生活的充实，内心修养的深笃，也就是以科学和民主的现代精神改造古老的中华民族。科学是愚昧的大敌，理论是盲从的克星。建筑在理性基础上的道德规范，是科学精神的体现；精神生活的充实，内心修养的深笃，是对自己性灵的充分发挥，是对外界权威的无情排斥。这一原则不废儒家重视精神修养、重视心灵享受的传统，但明显是理性化的、人文化的。

四是偏于消极的独善，不知社会化的共善。儒家传统，以格致诚正为体，以修齐治平为用。前者为自身道德修养的过程，后者为道德发为事功的过程。这两种过程可以单独进行。有未发之中，才有发而中节之和。另外，儒家的自律道德最重"慎独"，最重"一念发动处"，更加强了这种内倾的趋势。贺麟认为，这种传统，太偏于个人的潜修，而缺乏团体生活的共鸣。他主张，到民间去切实服务，投入各种运动，参加各种团体，忘怀于共同生活之中，自可产生一种充实美满的道德生活，养成一种勇往无私的人格。贺麟认为，墨家的无差等的兼爱虽不足取，但其摩顶放踵，汲汲救人的态度与"到民间去"的救世路径，却可以补儒家独善之不足。而且他认为，墨家的这种精神与耶稣的救世精神相同，是一种宗教精神，而墨

---

① 贺麟：《文化与人生》，商务印书馆1947年版，第24页。

家严密的组织团体也类似于西方传教士。贺麟这里讲的宗教精神，还是一种为理想献身的虔诚，一种普度众生的悲悯。他认为儒家的道德，要循社会化、平民化的方向迈进，就要在集体活动中培养为集体牺牲的无私精神，在平民活动中养成同情他人、服务他人的献身精神。所以，贺麟不赞成儒家"达则兼善天下"的"到朝廷去"得志行道的途径，也反对"穷则独善其身"的"各人自扫门前雪"的消极态度，而提倡"到民间去"。贺麟的这一思想，以近代工业社会的社会化、平民化的理想为基础，在工业社会中，人不再独处一隅，发达的公共设施，发达的交通和通信设备，把全部人联成一个网。道德生活不再是个人性的、内心性的，而是社会性的、外向性的。也不再以知识阶层为重心，而是以平民为中心。从约束自己、求得符合某种内心的理想，转变为约束大家、求得符合社会的共同理想。社会道德的形式和内容都发生了变化。贺麟是站在现代工业社会的立场要求儒家道德生活革新的，所以他提出的道德理想充满了民主精神、理性精神。

贺麟所理想的革新儒家道德的途径，可以概括为"从学术知识中去求开明的道德，从艺术中去求具体美化的道德，从耶稣、墨翟的宗教精神中去求社会化的、平民化的道德"[①]。换言之，欲求道德内容的具体充实、广博深厚，不仅求时间上的新，而且求本质上的真，必须采取学术化、艺术化、宗教化的途径。这三者中，尤以学术化为最重要。因为宗教而无学术，则陷于迷信和狂热；艺术而无学术，则流于奢侈逸乐低级趣味。所以学术为推动宗教、艺术、道德的主力。

贺麟的道德以学术化、艺术化、宗教化为归的观点，也深深吸取了中国传统哲学真善美合一的品格：以真理指导德行，以宗教培养感情，以艺术陶冶品性。他所向往的，是歌德诗式的、黑格尔散文式的、费希特戏剧式的三者合一的人格。歌德的"使抽象的真理具体化，使严肃的道德艺术化"，黑格尔的"确认理性的尊严有征服一切不合理的事物的最后能力的理学，与从内心深处出发以创造自由的理想世界的心学"，费希特的"宗

[①] 贺麟：《文化与人生》，商务印书馆1947年版，第216页。

教乃是对于任何外界束缚的完全解脱和超拔"[1]的学说,正是贺麟采撷以完成他的真善美统一的儒家的西洋标本。他信从"西哲东哲,心同理同",他的哲学没有东西的隔阂,没有中外的轩轾,一以真善美为归。他的思想浸透着中西文化的深厚学养所赋予的理性精神、民主气息和历史感。

(原载《中国哲学史研究》1989年第3期)

---

[1] 贺麟:《德国三大哲人处国难时之态度》,大学出版社1934年版,第73页。

贺麟的文化哲学

贺麟是中国当代著名哲学家、翻译家、黑格尔研究专家。文化哲学是他的思想的重要组成部分,是他会通中西的理论依据。他从精神的本质着眼阐发他的文化哲学的一系列文章,虽已发表近半个世纪,但仍以深邃的哲思、广阔的视野,独放光彩。

一 文化的本质

什么是文化?对于这个问题,前人的回答多从文化学着眼,着重阐述文化的内涵、文化的形成、文化各门类的划分原则等。而贺麟独从中国传统哲学"天人合一"论出发,把文化与宇宙根本法则结合起来,给文化下了一个富于哲学韵味的定义:"文化是道的显现。"[1] 贺麟所谓道,即"宇宙人生的真理,万事万物的准则,亦即真美善的永恒价值"[2]。因此,文化可说即宇宙根本法则、真善美的永恒价值的显现。这个定义,有着十分深刻的哲学颖思:文化是人类按照宇宙根本法则,按照真善美的价值改造自然界和人类本身的创造活动所取得的成果。宇宙法则不会自己显现,只有在

---

[1] 贺麟:《文化与人生》,商务印书馆1947年版,第31页。
[2] 同上。

人和自然的斗争中才能发现；真善美的价值不会自己实现，只有人的创造性劳动才能使其实现。这里隐含的第一个哲学命题是：宇宙根本法则是实在性和非实在性的统一。实在性指其客观性，非实在性指其对人的精神的依赖。没有实在的宇宙活动规律，就不会有法则；而没有人的精神，宇宙根本法则就没有承受者。因为所谓法则，是人的行动遵循的准则，人的精神的宇宙规律的概括。没有人的精神，则一切无从说起。贺麟说，他的哲学是"合心而言实在，合理而言实在，合意义价值而言实在。按中国传统哲学术语说，心外无物，理外无物。不合理性，不合理想，未经过思考，未经过观念化的无意义、无价值之物，均非真实可靠之物或实在"[1]。这是贺麟对康德至黑格尔合主体的能动性而言实在的传统的继承。这个思想，消弭了实在论和唯心论关于宇宙法则的长期争论，而以即心即物、即主即客言法则。具体到文化概念上，"文化是宇宙法则在人精神上的表现"，强调了人能动地认识宇宙法则，承受宇宙法则，遵循宇宙法则的主客合一活动，纠正了机械论的偏向，看到了人的活动是合规律与合目的的统一这个根本特点。

贺麟的文化定义隐含的第二个哲学命题是，"文化是真善美的永恒价值的实现"。这一命题有两条绎理：第一，真善美是人的实在活动要实现的理想，是人的一切活动所要追求的价值。这种价值是永恒的，是人永远要趋赴的。人改造世界的活动有具体和抽象两种意义，具体意义是人的现实活动获得成果，特定目的得到实现。抽象意义是，人在追求真善美的道路上向理想之域迈进。人的活动的精神意义就在这里。第二，真善美是统一的。人改造世界的活动，从其认识事物的规律，实现预定的目标说，是真。从人在改造世界的活动中观照自己的力量、自己的价值说，是美，其活动成果的物化表现就是美的事物。而从世界得到改造，同时自己的人格理想得到完成说，是善。文化活动作为对自然法则的认识，文化产品作为美的体现，文化成果作为善的价值，三者是合一的。贺麟的文化定义体现

---

[1] 贺麟：《中国哲学与西洋哲学》，《哲学与哲学史论文集》，商务印书馆1990年版，第129页。

的是，人改造世界的活动是真善美的统一。这一定义是深具哲学识度的。

贺麟提出了自己的文化定义，也追溯了中国传统哲学中关于文化的定义，如朱熹就曾说："道之显者谓之文。"朱熹的意思是说，宇宙根本法则在具体事物上表现为不同的性质，不同的状态，不同的条理，即"理之节文"之意。贺麟同意这个解释，他认为，朱熹这个定义的根本意思在万物莫不载道。贺麟认为，不仅文艺载道，文化载道，自然也载道。但自然载道是昧觉的、不自知的，而文化载道是自觉的。这是文化与自然（未经过精神的陶养）的根本区别。这里贺麟提出了一个饶有意思的观点："同是一个道，表现于万物有深浅高下多少自觉与否的不同。"[①] 这个思想得自黑格尔，中国道家儒家都无此思想。道家的道，庄子重在说道是宇宙大全，老子重在说道是普遍法则。前者重在道的实体义，后者重在道的功能义。庄子的道"恶乎不在"，"在瓦甓，在蝼蚁，在梯稗，在屎尿"（《庄子·知北游》）。"每下愈况。"儒家的道"人人有一太极，物物有一太极"，并无高下的不同。而黑格尔的绝对精神，依次展开为法律、道德、政治、伦理、历史、艺术、宗教、哲学。这样的次序是由绝对精神的逻辑法则决定的。距绝对精神近的，其价值高于距绝对精神远的，其间有高下之别。贺麟接受了这个思想，认为万物按照其"觉"的程度，组成一个价值的宝塔层级，处在塔尖的是人的精神，处在底部的是自然物质，动植物处在中间。

由这一思想，贺麟提出了两种文化体用观：绝对的体用观和相对的体用观。他首先对体用概念作了说明："体即形而上的本体或本质，用指形而下之现象。体为形而上之理则，用为形而下之事物。"[②] 这个意义的体用相当于柏拉图的范型世界和实在世界的分别。这是绝对的体用观。所谓相对的体用指以上宝塔式层级，其体为价值较高者，较接近纯范型者，用为价值较低者，较接近纯物质者。关于体用的分别，显露出贺麟理想主义的特点：体在价值上高于用，也就是，范型高于物质，心高于身，形而上的理

[①] 贺麟：《文化与人生》，商务印书馆1947年版，第31页。
[②] 同上书，第32页。

则高于形而下的事物。最有价值的即绝对理念，它是精神性的，包含内在的逻辑必然性，它是逻辑与历史一致的，它有内在的发展动力，它是真善美的本身。它的价值就在其精神性。

二　精神的地位

贺麟既认为文化是道的显现，就必然要指出这一显现的方式。精神作为道与其表现之间的桥梁，作为人能动地与道契合的工具，在文化哲学中处于十分重要的地位。贺麟认为，文化更精确的定义应该是："道之凭借人类的精神活动而显现者谓之文化。"[1] 从这个定义看，文化有四个要素：（1）道，即文化的体；（2）精神，道之显现为文化的凭借者；（3）文化，道的自觉的显现；（4）自然，道的昧觉的显现。这里，精神的作用是沟通天地人三才，是体道显真。也就是说，"精神就是心灵与真理的契合"[2]。按中国传统哲学术语，是"心与理一"的心。这个定义，赋予精神以丰富的含义。首先，精神不只是灵明，灵明仅仅表示能知的心，即认识能力。它是没有内容的。而精神是有内容的，是灵明之心对道的认识。具有这种认识的人，他的生命意义升华了，他的生活有了价值，他是真理的负荷者。这时的宇宙法则，对于心与理为一的人来说，可以说经过他精神的陶镕。其次，精神表现为时代潮流。贺麟说："精神亦即指真理之诚于中形于外，著于生活文教，蔚为潮流风气而言。"[3] 真理（道）在精神中必然表现为具体物。道往往通过各种不同的时代精神，表现为不同的潮流风气。这是文化的特点。文化不仅表现为人改造自然而获得的物质成果，这些成果即物态文化，而且还表现为人改造自己获得的成果，这些成果表现为政治、法律、道德、宗教等观念和设施。风气潮流正是这些意识、观念总体的、整合的表现，

---

[1] 贺麟：《文化与人生》，商务印书馆1947年版，第32页。
[2] 同上。
[3] 同上。

贺麟称之为"具体化、实力化、社会化的真理"①。

　　文化表现为风气潮流，这个思想也是得于黑格尔的。黑格尔的《精神现象学》分析了各种时代思潮、意识样法和人生理想，如原始个人主义、主奴社会、斯多葛主义、怀疑论、快乐论、道德骑士等。这些思潮可以说是人的精神的历史足迹。这些足迹体现了文化，体现了道，而它们同时又是精神产品。

　　由于贺麟认为人的精神是真理的显现处，同时精神又有体现道而使之具体化、实力化、社会化的功能，所以，"精神在文化哲学中，便取得主要、主动、主宰的地位"②。自然不过是精神活动的场所和材料。精神的主要、主动、主宰作用，是指在精神和物质两者中，精神是物质的灵魂，物质是精神的躯壳；精神是自由的，物质是机械的；精神不受因果律的支配，物质则受制于因果律；精神表现事物的本质，物质表现事物的次要方面；精神可以不受时空的限制，物质总是存在于具体的时空中；精神可以颁布律则，而物质只是盲目地遵循。贺麟明白宣示，他的文化哲学，"以逻辑上在先的精神或理性为本"③。

　　贺麟的这一思想，以康德以来的近代唯心论为蓝本，尤以黑格尔思想为根据。在黑格尔看来，一切物质的存在、精神的存在都是绝对精神的外化，绝对精神是主动的，根据内在力量，按照自身的逻辑法则展开。它是思有合一，主客合一的，精神是它的本体，物质是它的外化。贺麟说自己的思想，比较接近康德、费希特、黑格尔所代表的理想主义，而理想主义就是精神哲学。不过贺麟的理想主义又有其特点，他是即心即物、即主即客的，他是不离性而言心的。他说："所谓理或道，也不过是蕴藏在人类内心深处的法则，将此内蕴的、隐晦的法则或道理发扬光大，提出于意识的前面，成为自觉的，具体的真理，就是精神的活动。"④精神

---

① 贺麟：《文化与人生》，商务印书馆1947年版，第32页。
② 同上。
③ 贺麟：《中国哲学与西洋哲学》，《哲学与哲学史论文集》，商务印书馆1990年版，第129页。
④ 贺麟：《文化与人生》，商务印书馆1947年版，第32页。

是宇宙法则的蕴藏处、显现处，精神又主动地将此法则贯彻于具体事物，使具体事物符合这个法则，使这个法则成为具体真理。贺麟的这一思想，也吸收了王阳明哲学的根本精神。王阳明认为"人心是天地发窍处"，以人心为宇宙根本法则的凝聚处、体现处。而其"致良知"，就是将体现在人心中的宇宙根本法则发扬光大，推致于具体事物，使事事物物皆得其理。贺麟以精神为主，以精神和理性的逻辑上的先在性为主，这是对心学根本精神的发挥。

精神既在贺麟的哲学中占着主要的、主动的、主宰的地位，他的文化定义便以精神为中心内容："所谓文化就是经过人类精神陶铸过的自然。"① 这个定义不离自然而言精神，不离人的能动活动而言文化，具有哲学的深识。首先它突出了文化的本质——人发挥主观能动性向自然索取。文化应该包括人在改造自然和人自身中所获得的一切成果。这些成果包括物质文明、精神文明的物质形态，也包括人的文化心理结构。人能够作用于他生活的环境，作用于它自身。这些在人类的征服活动问津之前只是"天造草昧"。人类的劳动使这些自然物为人所制服、驾驭。人在改造自然的活动中，技能的提高、精神的陶冶，都以文化积累的形式一代一代留传下来。人的文化积累，反过来又增加劳动技能，丰富精神内涵，获得拥有更多文化成果的力量。其次，它突出了人改造自然的力量源泉——人对自然规律的自觉认识。人类活动的本质，就在于其中有精神的参与，否则只是机械的、动物的活动。人的精神参与，首先在于人对自然规律的自觉认识。人认识的规律越多，他改造自然的活动便越主动。人认识自然，改造自然就是对自然的陶铸。经过人的陶铸，自然物成了价值物，草昧成了文明。而人陶铸自然所据的范型，正是人的精神所树立的真善美的永恒价值。所以贺麟说："文化乃是精神的产物，精神才是文化真正的体。精神才是真正的神明之舍，精神才是具众理而应万事的主体。"②

---

① 贺麟：《文化与人生》，商务印书馆 1947 年版，第 32 页。
② 同上。

三 文化的类型

文化既为精神对于道的显现，而精神有不同的层次，不同的方面，所以，文化有不同的类型。贺麟认为，所谓文化类型，有两种意义，一为种类的意思，二为范型或规范的意思。文化的种类可划分为美真善三大类。他的文化种类表如下："美：美术（诗歌）、技艺（六艺）；真：哲学（理学）、科学；善：宗教（礼教）、道德。"①贺麟的文化种类表有几个特点：

第一，他的排列顺序是美、真、善。这个排列顺序是独特的，表现出他重视直觉的心学倾向。从这张表看，他把握永恒价值的顺序，第一是美。因为人的认识的第一步是感觉，而美是感觉，是体验。真善的把握是理智的，美的把握是直觉的，直觉的东西给人的印象是当下的、强烈的，它不需要高深的知识，不需要复杂的推理。固然，美的真正理解、深层体验是需要知识的，但对美的直观却是浅显的。"真"的代表学科是哲学和科学，而哲学和科学的精神是理智的、运思的。黑格尔说，美是直观的真理。而真可以说是理智的真理、思维的真理。从"真"需要更高层次的人类劳动说，它的价值高于美。"善"照贺麟看来，是最神圣、最崇高的，因为善可以包括美和真。从广义上说，善即好，是合目的与合规律的统一。它不仅包括伦理，也包括宗教。宗教所追求的不仅是道德的善，而且是广义的善、最高的善。从"知"这个意义讲，美的知是具体的；"真"要知人知物，具有较大的普遍性；而宗教的知是要知天希天、与天为一。善最接近绝对。

第二，他把美术和技艺作为美的主要内容。这是从黑格尔来的。黑格尔根据精神优于物质的原则，把艺术形式分为外在艺术、客观艺术、主观艺术。客观艺术包括建筑、雕塑等，它最鲜明地显现了美的理念，是感觉最强烈、物质性较多的艺术形式。主观艺术如绘画、音乐、诗歌等，则有更多的精神性。而在主观艺术中，最能表现美的理念的是诗歌。贺麟从黑

---

① 中国哲学会编辑：《哲学评论》第七卷第 2 期，开明书店 1936 年版，第 145 页。

格尔继承了这一思想,结合我国古代文化的诗歌传统,把诗视为各种艺术的综合,认为:"诗是最丰富的无穷无尽的艺术。在诗里,美的想象得到最高发展。诗同时又是综合性的艺术,诗有建筑的结构,有雕刻的刻划,又能歌唱,有音乐性,诗中又有画意。诗不仅是综合性的艺术,而且还超出建筑、雕刻、绘画、音乐,成为一个独立的形式。"[1]

此外,贺麟把技艺也作为美的部门,这是大有深意的。贺麟所谓技艺主要是"六艺",即礼、乐、射、御、书、数。其中乐(音乐)和书(书法)是艺术的重要部门,但礼(礼仪)、射(射箭)、御(驾车)、数(数学)作为艺术门类却是不多见的。贺麟把射御等作为艺术,是由于他认为,从美是理念的感性显现说,任何事物都可能是美的,都可能是艺术品。礼之动容周旋中节,射御数之由技进道,皆是艺术,皆具有美感。孔子教弟子以六艺,正是一方面把它们作为实用技术,一方面作为艺术的。孔子说"游于艺",就是把六艺作为艺术熏陶的工具。这里并没有绝对的隔阂,关键在是否有由技进道的体验,有无从生活中见艺术的识度,也就是贺麟说的,有无心与道的契合,有无意识与真理打成一片的精神。

第三,不同的文化部门表现道有高下的差等,所以文化各部门有价值的不同。贺麟把哲学放在科学之前,就是认为,科学求具体事物之真,而哲学求目的的真、价值的真、大全的真。科学求形而下的真,哲学则求形而上的真,所以哲学高于科学。总之,贺麟认为,距美真善的纯精神价值越远,则其价值越低。

以上是类型的第一种意义。第二种意义是,类型即范型。范型即柏拉图的理念,即永恒的本质之意。按照贺麟的说法,文化范型有八大原则,即自主原则,有机统一原则,矛盾进展原则,恒转原则,体用原则,等级原则,取与原则,化分原则。这八项原则,有的前文已说过,如体用原则、等级原则、有机统一原则等。有的则大同小异。现只论述最能代表贺麟的方法论,且最能标示他对于新黑格尔主义的继承的矛盾进展原则。

---

[1] 贺麟:《黑格尔哲学讲演集》,上海人民出版社1986年版,第597页。

贺麟说:"黑格尔异于柏拉图最主要之点,即为柏拉图的辩证法与文化历史无何关系,而黑格尔的辩证法乃是文化历史发展之命脉。"[1] 这里,贺麟说的文化发展之命脉的辩证法,就是指文化的矛盾进展原则。贺麟认为,道、宇宙之根本法则,其核心就是矛盾的统一。道或宇宙法则若没有矛盾,就是黑漆一团,就是死寂状态。世界之所以发展,宇宙之所以有生命,之所以表现出健动不息的品格,就在于其矛盾统一。这是矛盾的实在观。贺麟也认为,真理是包含相反两面的全体,它是一个过程。真理总是具体的。这是矛盾的真理观。贺麟更认为,矛盾方法一方面是求形而上学知识的思辨方法或理性方法,一方面又是忠于客观事实的经验方法或体验方法,它是理性方法与精神生活的统一。这是说人的认识方法的矛盾统一。由矛盾统一的宇宙法则为依据的文化,也是矛盾统一体。文化各部门是矛盾统一的,因为它们体现了道的不同方面,有性质和内容的差异。文化发展正是由于这些部门之间的矛盾构成的。如宗教和科学的斗争,贯穿于迄今为止的整个文化发展过程。文化的进步正是在科学战胜宗教、理智战胜信仰并把它限制在特定范围而达到的。各具体部门的文化也是矛盾进展的,它总有一个由萌芽到生长的历史,总有一个不断超出自己,趋向完善的具体过程。贺麟引用了新黑格尔主义者鲁一士的一句话来概括他的矛盾进展原则:"自我(绝对精神)之真正表现即在于不断地自觉地征服自身此时之缺憾,并拔除自身此时之矛盾的历程里。"[2] 贺麟关于文化矛盾进展原则,在他关于《精神现象学》的概括中,在他关于意识种种样法的叙述中,在精神哲学各部门的阐发中,是一以贯之的。

四 文化吸收的方针

文化是全人类共同创造的财富,是人类漫长的文明史结出的果实。各

---

[1] 贺麟:《辩证法与辩证观》,《哲学与哲学史论文集》,商务印书馆1990年版,第228页。
[2] 鲁一士:《黑格尔学述》,贺麟译,商务印书馆1936年版,第18页。

个国家、各个民族都对人类文化作出了贡献。但由于文化水平有高低，文明历史有长短，发展极不平衡。各民族都在吸收别的民族的优秀文化成果，作为本民族文化发展的养分，这里就有一个文化吸收的方针问题。中华民族自从与外族文化接触以来，文化吸收的方针就作为一个重要问题，为哲学家所重视。贺麟据其文化哲学而成的文化吸收方针，有其独到的颖思。

第一，研究、介绍、采取任何部门的外来文化，须得其体用之全，须见其集大成之处。贺麟明确说："此条实针对中国人研究西洋学问的根本缺点而发。因为过去国人之研究西洋学术，总是偏于求用而不求体，注重表面，忽视本质：只知留情形下事物，而不知寄意形上原理，或者只知分而不知全，提倡此便反对彼，老是狭隘自封，而不能体用兼赅，使各部门的文化皆各得其分，并进发展。"① 这是深有见地、切中时弊的。中国自明代后期传教士东来，与西方文化发生接触，中国向西方学习的先行者首先瞩目的是西方的科学技艺，即传教士带来的天文、历算、舆地、炮铳、水利、机械等学科。白晋、南怀仁等传教士中的科学家受到极高礼遇，甚至在宫廷任职。鸦片战争后，中国兴实业、办洋务，首先着眼的也是西方人的船坚炮利，于是有"中学为体，西学为用"的方针。直到甲午海战中国惨败，才知道西方的科学技术后面，还有其政治、经济、学术、教育等，于是才有严复社会科学方面的译书。按照贺麟的体用标准，中国明代以来向西方学习的，都是用而非体，形下事物而非形上原理，皮毛而非本质，都是无本之木，无源之水。由于中国人只注意到西方人的科学技术，便以为西方人只有科学技术，于是便有"西洋文明有用无体"的说法。贺麟认为，这是狭隘固陋的说法。中国人向西方学习，不仅要学其船坚炮利，还要学习其社会科学。这样的学习，才算得体用之全，才算有本体、有运用，有源流、有支脉的体用兼赅之学。所以贺麟特别表彰严复选译书原本的卓识。他说："严复不译科学技术之书，乃根本认定西洋各国之强盛，在于学术思

---

① 贺麟：《文化与人生》，商务印书馆1947年版，第35页。

想；认定中国当时的需要，也在西洋学术思想。"[1] 严复为中国近世学习西洋第一人，正在于他深切了解中国当时一般人见识的狭陋，了解学术政教与科学技术的关系，了解中国人思维习惯的弱点，贺麟之表彰严复，就是要使中国向西方学习，走一条文化学术与科学齐头并进、协调发展的道路，破除中国人只重实用、目的、结果，而不研究事物本性的体用割裂的思维习惯。

第二，"化西"而不是全盘西化，"体用合一"而不是"中学为体西学为用"。贺麟提出，以上他所说的"得体用之全，见集大成处"，并不是主张全盘西化。得体用之全就是深刻、彻底地理解西方学术政教。只有深刻地而不是表面地、肤浅地理解，才不至于被动地模仿；见体用之全，才能自觉地、全面地吸收、融化、批评西方文化。西方文化不能一一照搬到中国来，不能不顾中国国情地生搬硬套，照样模仿。西方文化的吸收，要利于中华民族精神的创进发扬，要利于中国优良传统的继承与吸收。他指出，把西方文化的一切都移植到中国来，把中国文化的一切都加以西方化，事实上不可能，也不需要。中西有不同的国情，各有文化传统。硬要全盘照搬，依样画葫芦，必然是圆凿方枘，而且实行起来也不胜其烦。文化的吸收消化，必须立足于本民族的文化根基，特别是中国这样有数千年文明史，有十几亿人口的泱泱大国。贺麟严正告诫国人："假如全盘西化，中国民族将失掉其民族精神，文化上中国沦为异族文化之奴隶。"[2] 中华民族的民族精神，是凝聚力的源泉，是民族复兴的动力。丢掉了民族精神，不仅国家富强无望，民族昌盛无望，而且还会沦为异族的奴隶。所以，中国文化吸收的方针必须是"化西"而不是西化，必须以中国固有文化为根本，为主体，创造性地选择、吸收、消化外来文化。中国古代曾成功地吸收佛教文化而成中国化佛教——禅宗，并影响了宋明理学的发展，这只能叫"化佛"，不叫佛化。中国现代也能成功地吸收西方文化，而成中国现代文化。

---

[1] 贺麟：《论严复的翻译》，见《东方杂志》第二十四卷第49号。
[2] 贺麟：《文化与人生》，商务印书馆1947年版，第34页。

中国的一切学术都要现代化，都要科学化，但现代化不等于西化，贺麟明白表示了他的文化吸收主张："我根本反对被动的'西化'，而赞成主动的'化西'。所谓化西，即是自动地自觉地吸收、融化、超越、扬弃西方现在已有的文化。"① 贺麟不仅批评了全盘西化，而且批评了"中学为体，西学为用"。贺麟为文化体用规定了三条原则：一是体用不可分离。体用必然合一而不可分，凡用必包含其体，凡体必包含其用。二是体用不可颠倒。体是本质，用是表现；体是规范，用是材料。不能以用为体，以体为用。三是各部门文化皆有统一性，一部门文化可以反映其他部门文化，反映整个民族精神。根据这三条原则，贺麟认为："中学为体，西学为用的说法不通。因中学西学各自成一整套，各自有其体用，不可生吞活剥，割裂零售。西学之体搬到中国来决不会变成用；中学之用，亦决不能作西学之体。"② 体是科学、文化、学术，用是实业、器物、设施。体是精神文明，用是物质文明。中体西用，就是以中国的政治、伦理作西方移植过来的实业、经济的准则，就是中国的旧思想、旧道德不变，而仅仅移植西方的技术、工业等。贺麟明确指出："中国的旧道德、旧思想、旧哲学，决不能为西洋近代科学及物质文明之体。"③ 他的这一思想是卓越的，不仅在半封建半殖民地的旧中国有击碎"勿动国本"的迷梦、警醒国人的作用，即在今天，也是打破短视、狭隘、故步自封等心理的一记猛掌。贺麟根本认为，中学有中学之体，亦有中学之用；西学有西学之体，亦有西学之用。中国不只是道学，西方也不只是工业、经济。西方的物质文明，以西方的精神文明为主导、为根源。我们需要的是古今中外一切有价值的文化成果，吸收西方的物质文明，也要吸收其精神文明；继承中国的精神文明传统，也要保存中国的物质文明成果。中国现代化的物质文明需要中国人自己去创造，而作这物质文明之体的新的精神文明，也需中国人自己平行地去创造。以体充实体，以用补助用，使体用合一发展，平行并进。

---

① 贺麟:《文化与人生》，商务印书馆 1947 年版，第 34 页。
② 同上。
③ 同上。

第三，以精神理性为体，以古今中外的文化为用。这就是："以自由自主的精神或理性为主体，去吸收、融化、超出、扬弃外来文化和以往的文化，尽量取精用宏，含英咀华，不仅要承受中国文化的遗产，且须吸收西洋文化的遗产，使之内在化，变成自己的活动的产业。"①这一原则，具有深刻的内涵。以精神理性为体，这个体首先是标准、准则。以精神或理性为体，就是古今中外的一切文化遗产，都要经过我的精神和理性的审察，都由精神理性决定取舍，而不是盲目地、机械地照搬。凡古今中外文化遗产中的优秀成分，凡能发扬民族精神，提高人民生活，促进文化进步，完成高尚人格的，都在可吸收之列。反之，由精神理性判之为低劣芜滥，蠹国贼民的，一律拒斥。以精神理性为体，这个体也是泉源活水。吸收一切优秀的外来文化，目的在于激发中华民族本具的泉源活水，发展中华民族内蕴的生命力。这样的文化，就不是只继承而无创造，只向外看、向后看的死文化，精神理性的创造力是无穷的，它具有主动性、趋进性、科学性的特点。以精神理性为体，就是使文化创造具有无穷的活力，永远向前。以精神理性为体，还在着眼于外来文化中精神、理性、科学成分。有了这样的吸收，就可以御一知十，就可以"神似"而不"形似"。这是吸收绣出鸳鸯的金针、点铁成金的手指。有了精神、理性为体，就是摆脱了具体的优劣比较、异同参证等形下事物，而直造形上本质，这是取之不尽、用之不竭的宝藏。

综观贺麟的文化哲学，可以看出，他的整个文化理论，以深刻的形上思考为根据，体现出深厚的中西学养所赋予的特识，浸透着突出的创进精神、科学精神和热切的爱国心。

（原载台湾东海大学《中国文化月刊》1992 年第 147 期）

---

① 贺麟：《文化与人生》，商务印书馆 1947 年版，第 34 页。

贺麟的知行合一新论

知行合一是中国哲学家王阳明的重要命题。贺麟接过这一命题，用他长期寝馈于西方哲学所得的深厚学养，吸收现代心理学的观点，对它进行了颇具新意的阐发。他对知行问题的研究，贯穿着一条明显的思路：在知行合一的前提下更注重知，注重心的深层含蕴，以此寻求行为的知识根据。进而以知识为现象，找出知识背后的理念，最后由理念推出其逻辑法则。通过这样的阐释，中国传统哲学的命题得到了多层次的展开和发挥，增加了理论深度和现代内容。

一 破斥独断论，为行为寻求坚实的知识基础

知行问题，中国历代哲学家均有论述，特别在宋明理学中，知行问题得到了充分讨论。但对知行问题有透彻说明、学理发挥的，却鲜有其人。贺麟认为，知行问题关系到知识学，关系到道德实践，每一个想行而有成的人都无法规避，都想探究其中的原委，为自己的行为寻找学理的根据。即不仅要知道"必须如此"，而且要知道为什么必须如此；不仅要"由"之，而且要"知"之。由之而不知之，是盲目的、独断的。盲目的独断的行为，是王阳明指斥的"冥行妄作"。一个以理智指导自己生活的人，不知自己行为的根据，必是疑惑的、彷徨的；一个以理智评判他人行为价值

的人，不知评判的知识标准，必是武断的、浅薄的。寻求行为的知识基础，是理智的要求，是正确行为的保证，是去除自相矛盾、去除浅薄虚妄的有效途径。贺麟为行为寻求知识根据的主张，吸收了英国新黑格尔主义者格林和理性主义者斯宾诺莎的观点。

格林所做的工作，就是为道德寻求形而上的或认识论的基础。他认为，道德的可能性完全取决于人是否具有自由意志，也就是说，"道德如何可能"的问题，实际上是"自由如何可能"的问题。格林认为，人的精神原则促使自由成为可能，或者自我超拔的意识和自我探索的意识使自由成为可能。格林的这一转换，体现了苏格拉底"知识即美德"的思想。精神原则是意志自由的根据，而精神原则的内容即自我超拔的意识、自我探索的意识。自我超拔在于"我"有无识度，有无观想能力，有无把自我视为不断超越自己，并可从更广阔的背景中看问题的能力。这种能力的获得，靠知识的培养。自我探索更是以既有知识，不断挖掘自己内蕴的宝藏，发挥自己潜在的能力。这也是一个知识不断增加，自我探索的层次不断加深的过程。所以，所谓精神原则，说到底，是知识的力量。知识是自由意志成为可能的前提。知是行的根据。

斯宾诺莎的"自由即认识必然"的思想，对贺麟影响尤其大。斯宾诺莎的一个根本思想就是，万物都受必然性的支配，没有所谓自由意志："一切事物都受神的本性的必然性所决定而以一定方式存在和动作。"[1] 但斯宾诺莎并不认为自由和必然是无法沟通的。自由是对必然的认识和遵循。贺麟接过这一思想，他把它归结为如下两段话："斯宾诺莎认知识为一种精神力量。因为最万能的莫过于天，最能增加我们的力量的莫过于知天，与天为一。"[2] "人生最大的精神力量，莫过于自由和永生了。什么是永生？知天理就是永生。什么是自由？行天理就是自由。"[3] "天"即受必然性支配的万物。人的最高生活就是服从自然，遵循万物的必然性，这样就可得行动的

---

[1] 斯宾诺莎：《伦理学》，贺麟译，商务印书馆1981年版，第27页。
[2] 贺麟：《斯宾诺莎的生平及其学说大旨》，《哲学与哲学史论文集》，商务印书馆1990年版，第252页。
[3] 同上。

自由。而服从自然，遵循其必然性，首先在于认识自然。认识自然，一是认识物质的自然，即认识万物的必然规律而遵循之；一是认识情感的自然。而认识了物质的必然规律，与之为一，就能由此得到一种刚健的情感，从而使自己的天然情感引退。这就是贺麟所谓"以天理为生活的指针"。这种知天理、爱天理、行天理而达到的自得自慊，是最高的满足。贺麟对于格林和斯宾诺莎的继承，紧紧抓住自由就是对必然的认识，知天理是行天理的前提、知重于行这个理性主义的根本原则，并把它与同样具有理性色彩的程朱理学的基本思想——知先行后、知主行从结合起来，在知行合一中突出了知的重要性，知的逻辑的先在性。这些都表明了他的根本意图：破除独断的行为准则，为行为寻求坚实的知识基础。

二　知行合一新解

贺麟根据以上思想对知行概念作了新的界说："'知'指一切意识的活动，'行'指一切生理的活动。任何意识的活动，如记忆、感觉、推理的活动，如学问思辨的活动，都属于知的范围。任何生理的动作，如五官四肢的运动固属于行，都是神经系统的运动，脑髓的极细微的运动，亦均属于行的范围。"[①] 这个界说，吸收了现代心理学、生理学的观点，指出一切活动都是意识活动和生理活动的结合。意识活动不是无承载体的"绝对意识"，生理活动也不是毫无意识的纯粹机械运动。"知"必是物质的活动方式，"行"必是意识活动在其物质载体上的表现。这样，知行都是活动。从其同为活动言，两者都是动的，因此，贺麟不同意前人所谓知静行动的说法，只能说，两者都有动静。前人所谓静的知的活动，如学问思辨等，实际上都是动的，亦都是行了。

贺麟给知行立了新的界说，又用隐显两个概念，来区分知行的等级：以显著的生理活动隐蔽的意识活动如运动等为显行隐知，以显著的意识活

[①] 贺麟：《五十年来的中国哲学》，辽宁教育出版社1989年版，第131页。

动隐晦的生理活动如思考、想象等为显知隐行。显行隐知与显知隐行虽有知行成分多寡的不同，但并无性质的不同。就是说，任何活动不论其属于哪种性质的活动，都是知行合一的、即知即行的。低等动物的活动，人的下意识活动也是即知即行的，虽然可说是极端的隐知，但不能说绝对无知。

由此，贺麟揭出他所谓知行合一的根本意旨："知行合一乃指知与行同为同一心理生理活动的两面。知与行既是同一活动的两面，当然两者是合一的。若缺少一面，则那个心理生理活动便失其为生理心理的活动。知与行永远在一起，知与行永远互相陪伴着。"① 也就是说，知行合一构成整个活动，对此同一的活动，从心理方面看是知，从生理或物理方面看是行。也可以说知行合一是用两个不同的方面，去规定一个活动或历程。这样的知行合一，贺麟称之为自然的知行合一，或普遍的知行合一。"自然"是说这种知行合一是自然而然，不待勉强的。任何活动，虽欲知行不合一而不可得。"普遍"是说知行的这种合一不离，是所有活动的属性，普遍如此，概莫能外。

贺麟"自然的知行合一"所谓行，实际上只是行为心理学派所理解的行，即肌肉、神经、腺体对刺激的反应。而所谓知，亦不过感觉、知觉等生理学、心理学的知。而意识、观念等哲学意义上的知，以及科学、艺术、道德等实践意义上的行，则不是心理学研究的对象。贺麟明乎此，又提出了价值的或说理想的知行合一说。这可以说是他提出的知行关系的第二阶段：分而为二、彼此对立的阶段。

价值的或理想的知行合一，是与自然的知行合一相对的。自然的知行合一认为知行合一是本然的事实，欲不合一而不可得。而价值的知行合一认为知行本来是相分的，人们以其有价值而企求、向往，努力达到。价值的知行合一论是知行二元论，先根据常识或为方便起见，将知行分作两事，然后再用种种努力使之合一。这种合一有行（按自然的知行合一说，即显行隐知）要求与知合一和知（显知隐行）要求与行合一两条途径。以行合

---

① 贺麟：《五十年来的中国哲学》，辽宁教育出版社 1989 年版，第 134 页。

知,是救治不学无术的冥行,以学问、知识做基础。这可以说是行为学术化、知识化的途径。以知合行,是救治空疏虚玄之病,力求学术知识的实际应用。这可以说是知识社会化、效用化的途径。

贺麟认为,知行合一是知行两方面又分又合的对立统一关系。合一不是混一,混一无法辨别主从,合一则有主从关系。而主从关系就是体用关系,目的与手段的关系。如何确定知行二者孰主孰从?从常识看,应该以前述自然的知行合一中孰显孰隐来确定:显者为主,隐者为从。如显知隐行中知为主,行为从;显行隐知反是。但贺麟认为:"要主从关系的区别有意义的话,不能以事实上的显与隐或心理上的表象与背景定主从,而当以逻辑上的知与行的本质定二者之孰为主、孰为从。"[1] 逻辑上知与行孰为本质呢?贺麟认为,知为本质,行为表现。行若不以知为主宰,为本质,不能表示知的意义,则失其所以为人的行为的本质而成为纯物理运动。这里,贺麟有一个很深刻的思想:人类行为最本质的特征是知行合一,即受知识指导的行为。没有知识指导的行为,只是机械的物理运动。人的行为以其有理性的内涵而与动物的活动区别开来。由此可以说,理性是人之所以为人的本质。人的行为的本质是知,行不过是知借以表达自己的工具:行的方向表现知的意志,行的方法表现知的谋略,行的效率表现知的程度。据此,贺麟对知行下了新的界说:"行为者,表现或传达知识之工具也;知识者,指导行为之主宰也。"[2] 就是说,知主行从,知体行用,知是目的,行是工具,知是内在的推动原因,行是被知推动者、主宰者。不仅科学家、艺术家、道德家是以知为主,即使许多看起来以实践为主的活动,仍是以知为主,不过此知是求"如何做"的知识。所以,"无论什么人,无论在什么情形下,他们的行为永远是他们的知识的功能"[3]。

贺麟不仅正面发挥知主行从的道理,而且批评了"副象论""手术论"等行先知后说。副象论认为身心永远平行,但身体的活动是这身心合一体

---

[1] 贺麟:《五十年来的中国哲学》,辽宁教育出版社1989年版,第14页。
[2] 同上。
[3] 同上书,第142页。

的本质，意识现象不过是生理动作产生的影子。因此身决定心，身主心从。贺麟认为，副象论者不过是把斯宾诺莎的身心平行论唯物论化。因为按斯宾诺莎的说法，思维和广延（在人身上就是肉体和思想）不能交互影响，它们是两个平行的因果系列。身体只能由身体的原因来说明，思维只能由思维的原因来说明，身心永远平行。副象论认为身心虽然平行，但身是更本质的，心只是它的影子。这就是把身（广延）放在决定心（思维）的地位上，是把斯宾诺莎唯物论化了。贺麟认为："要于知行、身心间去分主从因果关系，只能在逻辑或价值上去分辨。但就逻辑上讲来，心为身之内在因，知为行之内在因。心较身、知较行有逻辑的先在性。"① 这里，贺麟认为心较身、知较行有逻辑的先在性，是他的哲学根本见解的必然结论。就是说，他的知先行后、知主行从的理论，是与他对心的认识密切相关的。他说："唯心论以逻辑上在先的精神或理性为本。"② 精神或理性为本，即认为心是物的本质，物是心的表现。天地万物，飞潜动植，以至人类文化的结晶如哲学、科学、艺术、道德、宗教等皆是此心的表现。因为精神、理性的这种逻辑上的先在性，它被提高到本体的位置。在知行这一对范畴中，知处在比行更重要的位置。知为本，为行所要达到的目的。人的生活中，也以纯粹求知、不计功利、惟求为行为设计理想蓝图的学者生活为最高。

认为知比行高，这表明贺麟是理性主义的崇拜者。经验主义认为经验是知识的唯一来源，行动是接触事物以获取有效知识的最好方法，理智不过是把经验所获得的材料进行比较、分类、归纳、抽象，使之有条理有系统的工具。所以经验主义注重行，注重从外界获取第一手资料。理性主义则认为，从经验中归纳、抽象所得的知识没有普遍必然性。要保证知识的普遍必然性，必须从自明的公理，清楚明白地演绎出具体结论。在这里，起决定作用的是天赋观念和理性逻辑能力。贺麟平生用力最深、获益最多的黑格尔哲学、斯宾诺莎哲学，皆是理性主义或说倾向理性主义的哲学。

---

① 贺麟：《五十年来的中国哲学》，辽宁教育出版社1989年版，第143页。
② 贺麟：《中国哲学与西洋哲学》，《哲学与哲学史论文集》，商务印书馆1990年版，第129页。

黑格尔把人类历史活生生的发展历程，归结为绝对精神的推演过程，以精神性的、内中包含全部逻辑展开的绝对观念，作为其体系的出发点和归宿，把绝对观念的逐步展开视为它自身的先验的逻辑能力。而斯宾诺莎更是理性主义的著名代表。从素所服膺的理性主义哲学中，贺麟接受了重知的根本原则，为他知行问题上的重知主义，作了理论准备。

另外，贺麟的重知主义，也是接受了宋明理学特别是朱熹哲学知先行后论的结果。贺麟认为，朱熹认识论的根本精神就是"从格物穷理中去求知主行从的道德，从知识学问中去求学养开明的道德"①。即道德必须以广博的知识植基，行为必须有深厚的学养指导。格物是为了明天理，明天理是为了指导道德实践。格物穷理是知行合一的准备阶段。固然，格物穷理，无论就自然事物还是就社会事物钻研探讨，实际上都是行的过程。但这个行，主要是为了知。这个知，是为了给后面的行动以理论的指导、知识的准备。这就是朱熹所说的"万事皆在穷理后，经不正、理不明，看他如何践履，也只是空"（《朱子语类》卷九）。在知行关系上朱熹曾说过："论先后，知为先；论轻重，行为重。"（《朱子语类》卷九）所谓"行为重"，显然是指行能产生直接的、现实的效果。但贺麟指出，朱熹这里不过是说，产生直接的现实效果的行，必然是知指导下的行，必然是知行合一的行。行无非是把早就存在于行动者心中的计划、方案、蓝图实现出来，使之变为实在的东西而已。也就是说，知是行的观念形态，行是知的现实化。由此，知先行后，知主行从；知能最好地发挥心的创造功能，最好地体现人之所以为人的本质。

实际上，朱熹的知行观也有知行合一的意思，不过没有明白标示而已。如朱熹说："知行常相须。如目无足不行，足无目不见。"（《朱子语类》卷九）认为知行二者必是一个统一体的两方面，失却一方，另一方便失去其存在的根据。又如朱熹说："若讲得道理明时，自是事亲不得不孝，事兄不得不悌，交朋友不得不信。"（《朱子语类》卷九）这就是王阳明所

---

① 贺麟：《五十年来的中国哲学》，辽宁教育出版社1989年版，第154页。

说的"能知必能行，不行不足谓之真知"（《传习录》中）。对比朱熹与王阳明的知行思想，贺麟认为，朱熹的根本见解，从理论上说，是知先行后，知主行从；从价值上说，知行应该合一，穷理与践履应该兼备。而王阳明的根本见解是知行合一，无论理论上、践履上都如此。

按贺麟的分法，朱熹的知行观是理想的、价值的知行合一观，也就是说，知行本来不合一，知是格物穷理，行是着实躬行，知行之间不仅有时间空间上的差距，而且可以有知而不行和行而不知的可能。悬知行合一的理想于前，努力以求达到，这是其价值所在。

王阳明的知行合一观可称为直觉的或率真的知行合一观。所谓率真的知行合一观，贺麟解释说："就工夫言，目的即手段，理想即行为，无须悬高理想设远目的于前，而勉强作积年累月之努力，以求达到。就时间言，知与行紧接发动，即知即行，几不能分先后，但又非完全同时。"[①] 这种率真的知行合一，是本良知而行。良知是即知即行、知行合一的本来体段或曰本体。比如王阳明所举"如好好色，如恶恶臭"的例子，见好色而好，闻恶臭而恶，这是率真的、不可欺的，是真情的流露，不是矫揉造作。

对比王阳明的率真的知行合一与贺麟的自然的知行合一，可以看出，王阳明的知行合一的本来体段，与贺麟的自然的知行合一有一致的地方，可以互相发明。关于知行的本来体段，王阳明有一段话说得很清楚："行之明觉精察处便是知，知之真切笃实处便是行。"（《传习录》中）这是说，知行本是一个行为的不可分割的两面，行为的计划、目的、方式等观念形态的东西属知，行为的运动、操作等可见的、在时空中的活动属行。一个行为既不能没有计划、目的等观念性的东西，也不能没有实在的行动。人的行为不同于动物处，最根本的就在于，人的行为是自己观念的外化、落实，而动物的行为是凭本能。知行合一，是人的行为的本质属性。王阳明有鉴于此，认为这是知行的本来体段，表现出他在知行问题上的深刻见解。但王阳明的知行的本来体段，仍然不是贺麟所谓自然的知行合一。自然的

[①] 贺麟：《五十年来的中国哲学》，辽宁教育出版社1989年版，第149页。

知行合一，是以现代心理学、生理学的方法为基础，以身心平行论为理论根据："只要人有意识活动，身体的跟随无论如何也是无法取消的。"① 这种身体的跟随，不是受意识影响的，或说受意识指令的，而是意识的活动必然带来身体的某种变化，尽管这种变化是极其细微的。贺麟认为，自然的知行合一所揭示的是，任何一种行为既含有意识作用，也含有生理作用，知行永远合一，永远平行，永远同时发动。最低的知永远与最低的行平行，伪知与妄为、盲目与冥行永远是互相伴随、相依为命的。这是为人的行为的本质所决定的，虽欲知行不合一而不可得。

由贺麟的自然的知行合一来看，王阳明所谓"一念发动处便即是行了"这一命题是深刻的。"一念发动"按常识的说法，只能是知；因为它没有外在的行为，只是在观念中发生的。但根据自然的知行合一说，一念发动必有身体的动作与之配合，必有脑神经的活动，必有观念的物质载体的变化。这种变化虽是极微小的、不可见的，但并非心理学、生理学无法测定的，不过属显知隐行罢了。

另外，在知行主从问题上，王阳明认为知行无主从关系。而贺麟从其理性主义出发，认为王阳明的"知是行的主意，行是知的工夫；知是行之始，行是知之成"是"知主行从"说。这是贺麟强拉王阳明入重知一路。王阳明的"知是行的主意，行是知的工夫"和"行之明觉精察处便是知，知之真切笃实处便是行"都是知行合一、知行并重的意思，并不特别标明重知。而贺麟发挥道：知既是行的主意，则知不是死概念，更不是被动接受外界印象的一张白纸。相反，阳明认为知是动的，是发出行为或支配行为的主意。贺麟根本上认为，知包括理智、情感、意志等属于心灵活动的范畴，知不是机械地接受外界的刺激，而是能动地发挥人的主体性，对客观事物进行积极反应。知是赋予宇宙万物以规律、法则的主体。知不是一张白纸，"一物之色相、意义、价值之所以有其客观性，即由于此认识的或评价的主体有其客观的、必然的、普遍的认识

---

① 贺麟：《五十年来的中国哲学》，辽宁教育出版社1989年版，第136页。

范畴或评价准则。心乃一理想的、超经验的精神原则,但为经验、行为、知识以及评价之主体。此心乃经验的统摄者,行为的主宰者,知识的组织者,价值的评判者。自然与人生之可以理解,之所以有意义、条理与价值,皆出于此'心即理'之心"①。心是知的本体,是知行关系中起决定作用者,这是其重知主义的根据。

贺麟的重知主义,是有深刻的历史背景的。在他的思想最为活跃的20世纪三四十年代,正是现代科学技术飞速发展的时代。人类在科学上的巨大成就,显示出人的智慧有无比丰富的蕴藏,人的精神世界有无比深厚的潜力。人们由物质文明的发达而追溯到创造物质文明、驾驭物质文明的主体。所以贺麟说:"由物质文明发达,哲学家方进而追问征服自然、创造物质文明的精神基础——心;由科学知识发达,哲学家方进而追溯构成科学知识的基本条件——具有先天范畴的心。故物质文明与科学知识最发达的地方或时代,往往唯心论亦愈盛。"②贺麟这段话,一方面说明了他的哲学思想的时代背景,另一方面,也说出了他探索心灵的更深层次的途径——意识现象学。

三 意识→理念→理则,归于黑格尔的逻辑学

贺麟说:"行为现象学,就是把人的行为作为现象,进而追寻行为现象背后的本质:知或意识。行为现象学的一个前提是知主行从,知是本质,行是现象。更进而由意识现象学之研究,发现意识的本质,认识借意识或知识而表现的理念。最后由理念释理念,由理念推理念,而产生理则学。"③从贺麟这一由知行问题到逻辑学的推出步骤,可以看出,贺麟不仅把知看作行的本质,而且认为,知的本质是逻辑。他要从知行问题进到理性的最深处。这一进入是循着意识→理念→逻辑这样的步骤层层

---

① 贺麟:《近代唯心论简释》,《哲学与哲学史论文集》,商务印书馆1990年版,第131页。
② 同上书,第132页。
③ 贺麟:《五十年来的中国哲学》,辽宁教育出版社1989年版,第156页。

深入的探讨。

贺麟的第一步是，认定意识的本质是理念，理念借意识表现自己。什么是理念？理念即理想的、永恒的、精神性的普遍范型。照贺麟所说，理念即"心即理"之理。贺麟认为，人心的本质实际上是两种：一是被它所认识的外物的形象，一是先天具有的能整理经验、组织经验、评判经验的主体。前者是心理意义的心，后者是逻辑意义的心。在贺麟看来，被认识的、进入意识中的物，是被主体整理过的物的现象。他认为，就事物来说："其色相皆是意识渲染而成，其意义、条理与价值皆出于认识的或评价的主体。"[①] 要是没有意识的渲染，逻辑的整理，进入意识的只是一团混沌。说意识的本质是理念，就是指意识中有使经验材料就范的框架、模型。这些框架、模型是永恒的、普遍的，贺麟谓之"西哲东哲，心同理同"。

贺麟进而认为，这些理念是一个系统，是一个由逻辑关系组成的网络，网络中的理念都是被先验的逻辑的必然性所规定的。这就是心的理则（逻辑）。心的逻辑次序可以先验地规定事物的秩序、条理。事物的不同秩序、条理就是心的理则的表现。理则的抽象形式可以由活生生的、处处可见的事物反映出来。贺麟的这一思想，是接受了陆王派所谓"心中自然的条理"的。陆九渊认为，心自能应物，而心的应物，是纯任自然、不待思索安排的："万物皆备于我，有何欠缺。当恻隐时自恻隐，当羞恶时自羞恶，当宽裕温柔时自然宽裕温柔，当发强刚毅时自发强刚毅。"（《陆九渊集》卷三十五《语录》）王阳明尤其讲"良知上自然的条理"：用手足捍头目，非是薄手足，在生死关键时刻，宁救至亲，不救路人，心又忍得。这是"道理合该如此"。陆王皆认为，心中之理与宇宙之理是一个，心中的理则与宇宙的法则是同一的，道德律与自然律是同一的。这正是贺麟采撷据以提出心的理则的古典蓝本。

贺麟的心的理则的说法，也是对黑格尔逻辑学的借鉴。他说："黑格

[①] 贺麟：《哲学与哲学史论文集》，商务印书馆1990年版，第131页。

尔的理则学是现象学，是精神哲学，是逻辑，也是本体论或形而上学。"①心中的理则作为精神活动的根据，它是精神哲学；作为普遍必然的先验结构，它是逻辑；作为理念、知识的最后本质，它是本体论；作为可见事物的决定者，它又是形而上学。但贺麟的心的理则是主观的，是将主观精神绝对化而提到本体的地位。而黑格尔的逻辑学是主客合一的：作为人的精神矛盾进展的过程，精神的自我建立，作为人的全部精神生活内容的缩影，它是主观的；而将人的精神生活的全部内容绝对化为超时空的存在，作为现实世界出现之前就已存在的绝对精神，它又是客观的。这与贺麟有很大的不同。贺麟没有将主观精神作为超时空的绝对而使之客观化，这可以说是中国传统哲学缺乏思辨性的特点将他得于黑格尔的东西束缚住、不使它插上思辨的翅膀而提升为客观的东西而得到的结果。也就是说，是中西折中的结果。

贺麟又说："在黑格尔……思想的形式法则就是存在的形式法则。因为黑格尔的中心思想以为思想是事物的本质。事物的本质由思想构成，世界上一切事物没有经过思想的把握，即无从得其真理。"②黑格尔的体系，是绝对观念凭借自身的内在逻辑逐渐展开的过程，绝对观念是思有的合一。它的本质是思，它的表现是有；它的发展外化所依据的逻辑范畴是思，现实的发展外化是有。思想法则是绝对理念的摹本。绝对理念是逻辑行程的终点，逻辑结构是绝对理念的实在内容。贺麟的"心的理则（逻辑）"，就是对黑格尔的绝对理念这一逻辑系统的借鉴，不过是去掉了将其客观化、外化、推演等中国思维方式视为神秘、虚玄的东西而已。

至此，我们可以描述一下贺麟在知行问题上的思想行程：他接过王阳明知行合一的命题，吸收现代心理学的观点，提出自然的知行合一说，由理性主义哲学的深厚学养和强烈倾向夸大知的重要性、主宰性，推出知主行从，又由黑格尔的绝对理念的逻辑范畴、逻辑结构，推出心的理念、心

---

① 贺麟：《黑格尔哲学讲演集》，上海人民出版社1986年版，第153—154页。
② 同上。

的理则（逻辑）。而知行合一之"行"，或说行为现象，则作了"理则学之引导科学或预备科学"[①]。这就是其"新心学"由知行合一出发而向重知主义一路倾斜的思想行程。

（原载《北京大学学报》1989年第4期）

[①] 贺麟：《五十年来的中国哲学》，辽宁教育出版社1989年版，第157页。

孙中山先生与中国传统思想

孙中山先生幼年受过良好的传统文化教育，儒家思想是其中最主要的部分。长大以后，痛感中国遭受列强欺侮，积贫积弱的局面，亟欲使其迎头赶上，跻身世界强国之林。他认为他所处的十九世纪末到二十世纪上半叶初，是科学技术突飞猛进，各种发明创造层出不穷的时代。他对西方文化的接受，也和当时知识界的大多数人一样，把西方文化和中国传统思想结合起来，其风格是中西合璧的。孙中山先生与中国传统思想的关系涉及很多方面，本文只谈三点：其一，进化论中的以太说、生元说；其二，三民主义思想与儒家特别是孟子的关联；其三，知难行易说与中国传统的知行观。

一 进化论

孙中山先生接受了十九世纪中至二十世纪上半叶初最为流行的达尔文进化论，并用中国传统文化中的某些名词和观点进行阐释。他对进化论非常赞赏，说："自达尔文之书（按指《物种起源》）出后，则进化之学一旦豁然开朗，大放光明，而世界思想为之一变。从此各种学术皆依归于进化矣。"[①] 他

---

① 孙中山：《建国方略》，辽宁教育出版社1994年版，第48页。

把进化分为三个时期：物质进化时期，物种进化时期，人类进化时期。物质进化时期指宇宙的形成和演化。此时期之原始之时，"太极（自注：此用以译西名'以太'也）动而生电子，电子凝而成元素，元素合而成物质，物质聚而成地球。"① 这里的"太极"一词，明显是接受了汉儒以气释太极的思想，并直接以宋儒周敦颐的"太极动而生阳，静而生阴"为参照，不过是用从西方传来的以"以太"为基本物质构成的思想来套中国以气为基本物质的学说。

在物种进化时期，孙中山先生吸收了当时的生物进化学说，认为生物进化，是由最简单的生元进化为人："由生元之始生而至于成人，则为第二期之进化。物种由微而显，由简而繁，本物竞天择之原则，经几许优胜劣败，生存淘汰，新陈代谢，千百万年，而人类乃成。"② 什么是生元？他解释说，生元即造成动植物及人类的最基本的原子。实际上即当时科学家所说的细胞。"生元"为孙中山先生独创之名。关于生元之性质，他说："按今日科学所能窥者，则生元之为物也，乃有知觉灵明者也，乃有动作思为者也，乃有主意计划者也。"③ 认为生元具有知觉、反应能力，和低等的思维能力，它是人体器官的新陈代谢能力、动植物呈现各种形态的基础。生元之知觉性质、反应性质是天生的、本有的，可谓良知、良能。他说："孟子所谓良知良能者非他，即生元之知、生元之能而已。"④ 关于生元的性质，孙中山先生接受了当时的细胞生物学家的观点，但他用孟子的良知良能去解释。孟子之良知良能，指先天具有恻隐、羞恶、辞让、是非之四端，是一种天赋的道德情感，虽不同于生元作为生物构造之基本成分，但在天生即具有知觉、反应能力这一点上是相同的。用良知良能形容生元，是十分形象的。孙中山先生这样解释生元是为了突出它的具有内在活力、它的有机联系等性质。

---

① 孙中山：《建国方略》，辽宁教育出版社1994年版，第49页。
② 同上。
③ 同上书，第8页。
④ 同上书，第9页。

在人类进化时期，孙中山先生认为，人类初生，与禽兽无异，经过亿万斯年的进化，人性才逐渐长成。人类的发展史，就是抛弃兽性而长成人性，脱离兽类而成为人类的过程。人类的进化法则不同于兽类。兽类的进化法则是物竞天择，适者生存。人类的进化法则是道德仁义，是互助合作。他说："物种以竞争为原则，人类则以互助为原则。社会国家者，互助之体也；道德仁义者，互助之用也。人类顺此原则则昌，逆此原则则亡。"[①] 在当时社会达尔文主义盛行，整个社会以物竞天择、自强保种相警相砺之时，孙中山先生批判社会达尔文主义，认为不能把物竞天择的原则搬到人类社会中来。把自然界的生存竞争学说搬到人类社会中来，在国与国之间、人与人之间讲优胜劣汰，弱肉强食，就是提倡有强权而无公理的社会，就是提倡霸权政治。这是和自由、平等、博爱的理想相违，和孔孟提倡的仁义思想、大同世界相悖的。

孙中山先生特别提出，三民主义的理想，就是实现大同社会，而大同社会以《礼记·礼运》篇之"天下为公"为基本原则，此更和社会达尔文主义格格不入。孙中山先生提倡的"社会国家者，互助之体也；道德仁义者，互助之用也"，更是十分卓越的思想。体用本是中国传统哲学范畴，体与用不可离，体与用相辅相成。孙中山先生使用这一范畴，就是要使社会、国家，成为仁义施行之场所，政治成为有道德、符合人类理想之政治；政治有道德的范导，避免它成为军阀、政客玩于股掌之工具，及实现个人野心的手段。而道德在社会政治中实现，又避免它成为少数学者象牙塔中的研究对象，变为大众在政治生活中完善法律、提升人格的媒介。此中孙中山先生对于中国传统哲学的借用，实有深刻的用心。

二　三民主义

在孙中山先生的整个理论中，三民主义无疑是最核心的部分。三民

[①] 孙中山：《建国方略》，辽宁教育出版社1994年版，第49页。

主义的提出，除了采撷西方政治理论外，中国传统文化是其中的重要理论元素。

三民主义中，民族主义最重要的内容是消除清廷的民族压迫和国际上列强对中国的欺侮。孙中山先生在民族主义上最先提出的口号是"驱除鞑虏，恢复中华"，即推翻满族人的统治，建立华人掌握政权的国家。他认为，民族主义"是从种性发出来的"，是一个民族起来推翻另一个民族的斗争。他说，民族革命的缘故，是不甘心满洲人灭我们的国，主我们的政，定要扑灭他的政府，光复我们民族的国家。此说不仅起源于当时之社会现实，实亦起源于孙中山先生思想中来源于儒家之夷夏之辨与正统论。夷夏之辨为儒家一大原则，孔子有"夷狄之有君，不如诸夏之亡也"（《论语·八佾》）之说，明确夷狄与诸夏在文明开化程度上有区别。孟子严于夷夏之防，说之甚多，言词亦最激烈，他说："吾闻用夏变夷者，未闻变于夷者也。"（《孟子·滕文公上》）把兼夷狄与驱猛兽并列，作为周公的两大功绩之一，并引《诗经》的"戎狄是膺"加以强调。还把"莅中国而抚四夷"作为政治理想。《中庸》也将"柔远人"作为治国之九经之一。夷夏之防启后来政权传递上正统与非正统之辨，其中多以历史上少数民族入主中原为非正统。如宋代郑思肖作《古今正统大论》，谓："夷狄行中国之事曰僭，人臣篡人君之位曰逆。斯二者天理必诛。"[1]明代方孝孺作《释统》三篇，分历史上之政权为正统、变统二者。正统者，"仁义而王，道德而治，智力而取，法术而守"。变统者，"夷狄而僭中国，女后而据天位"。正统论对中国历代史书之撰作，历代史家之评史论史影响很大。孙中山先生虽居十九世纪末叶以后西方政治学说东渐之时，但"恃德者昌，逆德者亡"的道德史观仍是他的主要观念。尽管他声明，民族主义并非简单地排斥不同种族的人，但"非我族类，其心必异"，非华人之种族攘夺华人之政权，占据中国之土地，是绝不能容忍的。民族主义，首先是个种族问题。这仍是传统的夷夏之辨的影响。

---

[1] 参见饶宗颐《中国史学上之正统论》，上海远东出版社1996年版，第123页。

关于民权主义，孙中山先生认为，中国数千年的政治，都是君主专制政体。推翻清朝的统治，其结果有两方面的意义：从驱除满人一面说，是民族主义；从推翻君主政体说，是民权主义。是一件事完成两个目的。即使是汉人坐天下，不实行民权主义，也不能不起来革命。在民权主义思想方面，孙中山先生接受了西方的民主政体，但中国传统文化中孟子的民本思想，及黄宗羲《明夷待访录》中对君主专制的批判，也对孙中山有影响。孟子的民本主义在西方民主政体传入中国以前，一直是中国历史上推翻皇权的理论支柱，为历代思想家所秉持，深入人心。《明夷待访录》对君权的批判，就受孟子民本主义的影响。而该书在当时革命党人印制散发的反满革命的通俗宣传品中，又处于十分重要的地位。据梁启超之《清代学术概论》："又窃印《明夷待访录》、《扬州十日记》等书，加以案语，秘密分布，传播革命思想，信奉者日众，于是湖南新旧派大哄。"[①] 孙中山先生不会不受到此类宣传品的影响。孙中山先生激烈反对君主政体，如认为朱元璋推翻元朝，但实行的仍是君主政体，因而不免于败亡。他大力提倡的是民主共和，其蓝本是法国和美国的民主制，但中国传统思想特别是《尚书》"天视自我民视，天听自我民听"，孟子"得乎丘民而为天子"，"桀纣之失天下也，失其民也。失其民者，失其心也"，"民为贵，社稷次之，君为轻"，"天与之，人与之"等话语，作为国人易于接受的思想口号，仍然潜移默化地存在于孙中山先生的心中。这由他熟读《孟子》，作文、讲话中常援引《孟子》中的话语这一点就可看出。至于《礼记·礼运》中"大道之行也，天下为公"一语，更是孙中山先生的座右铭。而天下为公之大同理想与孟子的民本思想乃一脉相承。

关于民生主义，孙中山先生认为，自十八世纪末叶以来民主政体逐渐确立之后，最重要的就是经济问题。二十世纪可以看作民生主义时代。因为政治稳定，物质生产突飞猛进之后，民生问题成了社会的中心。孙中山先生也看到，西方大机器生产的资本主义制度，产生了贫富悬殊的不平

[①] 梁启超、章太炎、朱自清：《三大师谈国学》，上海三联书店2007年版，第93页。

等现象。欧洲当时盛行的社会民主主义，是救治经济不平等的良方。所以他认为，在实行民族革命、民权革命的同时，必须实行社会革命，即改良社会的经济组织。鉴于中国机器生产不发达，农业为立国根本，土地所有制极不合理的现状，孙中山先生认为，实现民生主义的社会革命最切近的途径是平均地权。他说，若能将平均地权做到，那么社会革命已成七八分了。孙中山先生的平均地权，不是将地主的土地剥夺，平均分给无地之人，而是承认土地私有，承认土地占有上的不公平现象。平均地权只是核定天下之地价。其现有之地价，仍属原主所有；其革命后社会改良进步之增价，则归于国家，为国民所共享。他认为通过此种办法，可以实现土地国有，废除封建土地占有制，抑制资本主义造成的贫富不均。孙中山先生处在资本主义制度已经成熟的二十世纪初叶，西方学术思想已经深入他的心灵。他没有像历史上的农民政权惯常做的那样，提出重新分配土地的要求，而只是在平等的要求下，承认现存的土地所有制。国家所取，人民共享的只是土地的赋税部分。虽然孙中山先生作为根据的，是现代社会的经济制度，但他根据中国当时的土地制度，做了融合折中。这就是在承认土地私有、承认贫富不均的现实下实现最大限度的社会平等。这里，平均地权的思想中有着孟子"夫仁政必自经界始"的思想，有着"是故明君制民之产，必使仰足以事父母，俯足以畜妻子；乐岁终身饱，凶年免于死亡"的思想，有着孟子"有贱丈夫，必求垄断而登之，以左右望而网市利。人皆以为贱，故从而征之"的思想。这些都在他吸收西方政治、经济学说改造中国社会的过程中，在思想中起着深度的中和作用。这也决定了他的民生主义是比较适合当时中国实际情况的。

三　知难行易

孙中山先生与儒家哲学的关系，最集中地体现在"知难行易"的提出与论证上。此说针对的是《尚书·说命》中傅说对殷王武丁的训教："知之非艰，行之惟艰。"孙中山先生提出"知难行易"的口号，首先是为了纠正革命党人的错误认识。他曾说:"吾党之士,于革命宗旨、革命方略,亦难免有信仰不笃、奉行不力之咎也。而其所以然者,非尽关乎功成利达而移心,实多以思想错误而懈志也。此思想之错误为何?即'知之非艰,行之惟艰'之说也。"[1] 他认为,此说深中于中国人之心,牢不可破。许多革命、建设计划,为此说所消沮:"吾三十年来精诚无间之心,几为之冰消瓦解;百折不回之志,几为之槁木死灰者,此也。"[2] 此说为平生之最大敌,其威力万倍于清廷。所以革命党人之心理建设,以摧毁"知之非艰,行之惟艰"之说为首务。孙中山先生以饮食、用钱、作文、建屋、造船、筑城、开河、电学、化学、进化十事证明知难行易。他的根本思想是,当时处在科学昌明时代,科学知识可以解决一切问题;知道了事物之原理,行动就容易了。他说:"天下事惟患于不能知耳,倘能由科学之理则,以求得其真知,则行之绝无所难。"[3] 又说:"方今革命造端之始,开吾国数千年来未有之局,又适为科学昌明之时,知之则必能行之,知之则更易行之。……倘使我国之后知后觉者,能毅然打破'知之非艰,行之惟艰'之迷信,而奋起以仿效,推行革命之三民主义、五权宪法,而建设一世界最文明进步之中华民国,诚有如反掌之易也。"[4] 孙中山对通过宣传教育使人民懂得知难行易的道理从而奋起完成建国大业充满信心。他认为,中国近代之积弱不振,奄奄待毙,实为"知之非艰,行之惟艰"之说所误。此说深中于学者及一般民众之心理,遂使暮气畏难之中国,畏其所不当畏而不畏其所当畏。这是中国积弱衰败之总根源。

为了证明知难行易之说,孙中山先生追溯了人类知识进化的过程,认为,人类之知识与行为的关系,可分为三个时期:第一时期由草昧进文明,为不知而行之时期;第二由文明再进文明,为行而后知时期;第三自科学发明而后,为知而后行之时期。前两个时期可以看作一个,皆行而后知时

---

[1] 孙中山:《建国方略》,辽宁教育出版社 1994 年版,第 2 页。
[2] 同上书,第 3 页。
[3] 同上书,第 59 页。
[4] 同上书,第 57 页。

期，其特质是知从行来。后一个时期，是在科学发明大兴之后，先掌握科学原理，再去行动，其特质是"行须据知"。孙中山先生之所以有此看法，与他对科学知识的性质的认识密不可分。在他看来，科学是一套系统的学问，是真确的知识，只要根据这套真确的知识去行动，就会立于不败之地。这是十九世纪后半叶以来国人初识西方传入的科学知识而有的普通反应。这也就是二十世纪上半叶"科玄论战"中科学派之所以轻易获得民众信从的主要原因。孙中山先生也是科学万能论的信奉者，他的知难行易说的根据主要在此。所以他把人分成三类：第一类为创造发明家，这类人是先知先觉者；第二类为仿效推行家，这类人是后知后觉者；第三类为实行家，这类人是不知不觉者。这三类人都是不可少的，但在知行上的分工，第一类人是理想家、计划家，主要任务是知；后一类人是实行家，主要任务是行；中间一类人则为宣传鼓吹者。后知知觉者要向先知先觉者学习，因此要学科学家、发明家，不能学"三家村之豆腐公"。

孙中山先生不仅由知难行易说批评知易行难说，他也据此批评王阳明的知行合一说。王阳明本来是孙中山先生极为钦佩的先哲，但知行合一与知难行易却明显抵牾。此说认为知与行是一件事的两个方面："知是行之始，行是知之成。""行之明觉精察处便是知，知之真切笃实处便是行。"知行本不可离，更无先后可分。孙中山先生指出，王阳明之知行合一，是鼓励人为善之说，非真确的道理。此说在当今科学昌明之世，指一时代一事业之总体而言，非不为适当；但合知行于一人之身，不分先后，则殊不通。因知者不必自行，行者不必自知；从社会分工来说，也有知、行之专职。故"阳明知行合一之说，不合于实践之科学也"[①]。他认为，知行合一实际上起于知易行难。知行合一是为了说明"即知即行，知而不行，是为不知"的道理，虽有勉励人着实实行之义，但究与知难行易的真理背驰。他并且用孟子"行之而不著焉，习矣而不察焉，终身由之而不知其道者，众也"一语来说明孟子本分知行为二，本倡知难行易。王阳明之知行合一说"虽

---

① 孙中山：《建国方略》，辽宁教育出版社1994年版，第53页。

为学者传诵一时，而究无补于世道人心也"[①]。

从上面三个方面的论述可以看到，孙中山先生的思想与中国传统文化特别是儒家思想关系非常密切，不仅字里行间有一种儒家思想文化赋予的刚健气韵，而且对从孟子到王阳明的哲学思想烂熟于胸且时时显之笔端。这使他以西方近代文化为主流的知识结构中，始终包容、融会着中国传统文化的因素。这些因素在他实现社会理想，重塑民族之魂中起着重要作用。

（原载台湾《孔孟月刊》2007年第45卷11期）

[①] 孙中山：《建国方略》，辽宁教育出版社1994年版，第52页。

简析冯友兰《中国哲学史新编》中的一般与特殊

《中国哲学史新编》是冯友兰最后完成的著作，一般和特殊的关系问题，是贯穿该书的一条主线。对此冯友兰曾经说："一般和特殊的关系是中国哲学史中的一个传统问题。先秦诸子哲学中的名实问题，魏晋玄学中的有无问题，宋明道学中的理气问题，都是围绕这个问题而发展的。这个问题好像一条线贯穿于中国哲学史的发展过程中。"[1] 本文试图简略地考察一下冯友兰如何用一般和特殊的关系去解释《老子》、名家和荀子、玄学和道学。

一 《老子》

关于《老子》，前人争论最多的是《老子》哲学的宇宙观问题。冯友兰认为，《老子》中有一句话，可以把《老子》有关宇宙观的各章都贯穿起来，这句话就是"天下万物生于有，有生于无"。这句话提出了《老子》哲学两个最重要的概念，即"有"和"无"。如何理解"有"和"无"？冯友兰提出了三种不同的解释：第一种，是根据《老子》第五章和第六章，

---

[1] 冯友兰：《中国哲学史新编》第五册，人民出版社1988年版，第283页。

把无解释成一个中间空虚的物体，它可以生出无穷无尽的东西，中间的空虚是"无"，无穷无尽的东西是"有"。这种解释，还是把"有"和"无"当成某种具体的东西，而不是当成哲学名词。第二种，是把"有"和"无"当作两个抽象概念。这比第一种把"有""无"当作具体的东西进了一步。第三种，把"有"理解为最高的存在概念，把"无"理解为"有"抽象掉一切内涵而得到的结果。冯友兰依帛书，把《老子》第一章后半段读为"此两者同出，异名同谓，玄之又玄，众妙之门"。"异名同谓"正是说"有""无"。他说："'有'是一个最概括的名，因为最概括，它就得是最抽象。它的外延是一切的事物，它的内涵是一切事物共同有的性质。事物所有的那些非共同有的性质，都得抽去。外延越大，内涵越少。'有'这个名的外延大至无可再大，它的内涵也就小至无可再小。它只可有一个规定性，那就是'有'。'有'就是存在。一切事物，只有一个共同的性质，那就是存在，就是'有'。但是，没有一种仅只存在而没有任何其他规定性的东西，所以极端抽象的'有'，就成为'无'了，这就叫'异名同谓'。'有'是它，'无'也是它。"[①] 这段话的意思，在《新编》中多次讲过，可以说是冯友兰对一般和个别的根本看法。

冯友兰出版于20世纪30年代的两卷本《中国哲学史》，按传统断句法，认为"有""无"同出于道，是道的两个方面，《新编》对于"道"及道和有无的关系的解释均不同于旧作。旧作认为"道"即最高的存在，它隐含着万物之理，它是万物之所以生的逻辑根据，即韩非所谓"道尽稽万物之理"。"有""无"是"道"的两面。《新编》认为有和无是异名同谓，道和有无也是异名同谓，不能说道是有无的统一，也不能说有无是道的两个方面，说统一就多了"统一"两字，说两个方面就多了"两个方面"四字。旧作中的"道"，是先验的设定，《新编》中的"无"是对"有"思辨分析的结果。前者是宇宙生成论的，后者是本体论的；前者是中国式的思维方式，后者是西方式的思维方式。这一不同，可以看作冯友兰哲学观点

[①] 冯友兰：《中国哲学史新编》第二册，人民出版社1988年版，第47页。

的根本改变，即自觉地把他的"新理学"和1949年以后接受的辩证唯物主义原理相结合，试图开出一种解释中国古代哲学的新方法。这种新方法在《老子》上，就是有无"异名同谓"，以此消弭宇宙发生论争辩不清的问题，如道是有还是无，是未分化的物质还是精神性的东西，《老子》哲学是唯心的还是唯物的，等等。

冯友兰对《老子》中的某些章节也按宇宙发生论去解释，如"道生一，一生二，二生三，三生万物"，"天地万物生于有，有生于无"等。他指出，这里的"道""一""二""三"都确有所指，"生"也是时间上的生，不是逻辑上的生。"有""无"不是异名同谓，而是母子关系。他曾说上述三种解释，对于《老子》全书来说，第一种说法是太低了，第三种说法是太高了。但实际上，他主要是按第三种说法来讲老子的。从这里可以看出他对本体论的侧重。他多次强调，一般和特殊的分别及其关系，是一个真正的哲学问题，不懂得这个问题，就是还没有入哲学的门。第一种说法，是宇宙论的说法，第三种说法，是本体论的说法，而只有本体论才是真正的哲学问题，因为它是纯粹理论思维的产物。他虽然明确说本体论解释拔高了老子，但他还是主要按本体论去讲老子。这是由他的根本哲学思想决定的。

二 名家和荀子

冯友兰从一般和特殊着眼去分析名家，发现了先秦名家惠施和公孙龙的根本不同。对这一发现，冯友兰颇引以为自豪，他说："向来的人都认为先秦名家就是名学，其主要的辩论就是'合同异、离坚白'，认为这无非都是一些强词夺理的诡辩。战国时论及辩者之学，皆总而言之曰'合同异、离坚白'，或总指其学为'坚白同异之辩'。此乃笼统言之。我认为其实辩者之中分两派，一派主张'合同异'，一派主张'离坚白'。前者以惠施为首领，后者以公孙龙为首领。"[①] 冯友兰从一般和特殊着眼，认为惠施注重

---

① 冯友兰：《三松堂全集》第一卷，河南人民出版社1986年版，第210页。

特殊，公孙龙注重一般。从特殊方面看，事物的性质都是相对的，没有确定性。如此物视为大者，与彼物相比或为小；此物视为小者，自彼物视之或为大。所以惠施认为，既然事物的性质都是相对的，没有确定性，那就可以把它们看成同一的，此即"合同异"。从一般方面看，万物莫不由若干共相组成。由于共相是绝对的，所以共相可以不属于任何具体物而独立自存。如坚白石，可以有"不定所白"的"白"和"不定所坚"的"坚"，即独立自存的共相坚、白，此即"离坚白"。冯友兰对于惠施和公孙龙哲学的分别，他在这个问题上的结论，差不多已经成了定论，为学术界所普遍接受。这个前人没有分辨清楚的问题，在冯友兰手里得到了令人信服的解决。他解决这个问题所用的方法，就是对一般和特殊进行分析。

公孙龙的"白马非马"，前人多以为诡辩。冯友兰则认为，"白马非马"这个命题表示个别与一般这两个对立面的矛盾。从逻辑学的意义说，公孙龙发现了名词的外延和内涵的关系。冯友兰对公孙龙的《白马论》进行分析，从马之名、白马之名的内涵、外延的不同，说明"白马非马"并非诡辩，而是对一个命题中主语和述语的矛盾对立有所见。同时指出公孙龙的《坚白论》《指物论》由于夸大一般和特殊的差别，所以得出了共相独存的结论。

冯友兰讲到荀子的正名思想时，也是用一般和特殊去分析的。如名的分类"别名""共名""大共名"，冯友兰指出，荀子讨论的是单一、特殊和普遍的关系问题。一切现实事物客观存在的共同性，就是荀子所说的"大共名"所指的。单一是自然界和社会中的具体事物、过程和实践，是荀子所说的"别名"所指的。特殊是单一和普遍之间的联系环节。对单一说，特殊是普遍，对普遍说，特殊是单一，这就是荀子所说的"大别名"所指的。又比如荀子对当时一些诡辩命题的批评，冯友兰指出，荀子所指斥的"惑于用名以乱名"，就是用另外的名扰乱原有的名。另外的名和原有的名既有同又有异。从它们的同说，这是两个名的一般义，从它们的异说，两名各有特殊义。"惑于用名以乱名"就是用一般义去代替特殊义。纠正的方法是辨别两个名的一般义和特殊义。"惑于用实以乱名"，名所指的是一般,具体的实是特殊,"惑于用实以乱名"就是用个别的例外去反对一般,以偏概全。"惑于用名以乱实"与上面正相反,是用一般去否定特殊,以全否定偏。

名家和荀子的正名主要讲的是形式逻辑问题,冯友兰也用形式逻辑的方法去分析它。没有像对《老子》、玄学和道学的分析那样,把古代哲学家的命题,纳入自己思想的框架里。另外,名家和荀子都在《新编》第二册,这一册较多地袭用了"文革"前写的《新编》(冯友兰称为"试稿")中的论证和结论,还留有那个时期的思想痕迹。不像第四、五、六册那样较少依傍以前的作品。

三 玄学

冯友兰认为,魏晋玄学所讨论的中心"有无"问题,实际上就是共相和殊相、一般和特殊的关系问题。

按玄学家对一般和特殊的不同侧重,冯友兰把他们分成三派:以王弼为首的贵无派、以裴頠为首的崇有派和以郭象为首的无无派。这是魏晋玄学的三个派别,也是玄学发展的三个阶段。这种划分,不同于按时间顺序,把玄学分为正始玄学、竹林玄学、元康玄学、东晋玄学的传统分法。

冯友兰考察了王弼对于一般和特殊关系的几种不同说法。第一种是母子关系,第二种是本末关系,第三种是体用关系,第四种是一多关系。

母子关系就是生和被生的关系。生有两种,一种是产生,一种是派生,前者是时间上的生,是宇宙论的;后者是逻辑上的生,是本体论的。照前者,母生子以后,母子是两个身体,如果层层上推,必至能生而不被生这一点,必逻辑地导出造物主的存在。冯友兰不同意这种说法。认为王弼的"以无为本",是由本体论方法得到的,是对"有"和"无"辨名析理的结果。王弼用母子是比喻逻辑上的本体和派生的关系。实际上,王弼的母子之喻,有宇宙生成论的意思。《老子》就有这种意思,王弼仍按《老子》的意思去解释。冯友兰说王弼的母子关系是讲逻辑上的派生关系,是用他自己的思想解释王弼。

本末是用树干与枝叶比喻重要和次要。这一点冯友兰说得很清楚。这里需要指出的是本末的"本"和本体的"本"应该是有区别的。就是说王弼的哲学宗旨"以无为本"究竟是"以无为最重要"还是"以无为本体"应该是有区别的。在中国哲学中,"体"指一事物的物质存在,"用"指此物质存在发生的作用。"体"并不是指本质。本质是一事物的根本性质,已经从"本质"的原义"本有之质碍"中脱离了。本质是表示性质的概念,不是表示存在的概念。与本质相对的是现象而不是作用。这里,区别"本"的两种意义"根本"和"本体"是重要的,因为这可以追究王弼的"以无为本"究竟是什么意思。我们认为,王弼的"以无为本"的意思是"以无为根本,为最重要",这与"贵无"之说相合,而"贵无"是当时人的说法。《晋书·王衍传》说王弼:"立论以为天地万物皆以无为本。""无"是一种哲学主张,只能说以这种哲学主张为根本,不能说以这种哲学主张为"本体"。如果说"以无为本"是"以无为本体",那就是以"无"为物质存在。因为"本体"在中国古典哲学中是"本有之质碍"之义。

关于一多问题,王弼的《周易大衍义》说:"演天地之数,所赖者五十也。其用四十有九,则其一不用也。不用而用以之通,非数而数以之成,斯易之太极也。四十有九,数之极也。夫无不可以无明,必因于有,故常以有物之极,而必明其所由之宗也。"冯友兰用一般和特殊去解释不用之一和用之四十九。这一点也有辨析的必要。细玩王弼《大衍义》,他实际是在说,五十代表天地演化之数,天地之数包括有和无。"其用四十有九"指众有,是现实发生作用的,"其一不用"指无,是不发生现实作用的。"不用而用以之通"是说正是有不发生作用的,才使能发生作用的这一部分发生现实作用。

"太极"从性质上说是一个阴阳统一体,从存在上说是一个有无统一体。这里的"有""无"不是异名同谓,而是万有、众有、群有的抽象及无声、无象、无形等具体的无的抽象。"太极"从性质上说,无阴便无阳,无阳便无阴。从存在上说无无便无有,无有便无无。最后的一句话很重要:

"无不可以无明,必因于有,故常以有物之极,而必明其所由之宗",实际上是说,"无"的作用,正是通过"有"的作用显示出来的,所以必须由"有"的作用,看到"无"的作用。所谓"必由之宗",是王弼贵无派的根本宗旨:在"无"和"有"这共同发生作用的两者中,"无"更重要,更根本。这里"有"和"无"都是抽象概念。但是众有和众无的抽象,两者仍是对立的,并非抽去了任何规定性的有,这样的有同时是无。这样去理解王弼的"有""无",一些话就不难理解了。乐广对客问"旨不至"的回答是"若至者,哪得去?"这是把"至"和"去"当作对立的概念。王弼也是把"有"和"无"当作对立的概念,它们无论怎样抽象,也不会是同一个概念。如果是同一个概念,有无之辩就无由而起了。裴頠《崇有论》开宗明义第一句就说:"夫总混群本,宗极之道也。"意谓"道"即众多具体事物的总合。道是个集合概念。如果说这里的"道"是抽象概念的话,那也是具体的抽象:包括了具体的丰富性的抽象,并不是抽象的有。如果说这个道是万有的抽象因而同时是无的话,就与裴頠《崇有论》的论旨相悖。"贵无"和"崇有"论战的双方必须使用同一层次的概念,才可以构成真正的辩论。所以王弼这个"无",只能是一切具体的无的抽象,绝不是抽空了"有"的一切性质所得到的那个"无"。"以无为本"也只能理解为"以无为最根本",不能理解为"以无为本体"。

四 道学

冯友兰说:"用现代哲学的话说,道学的中心问题仍然是关于一般和特殊的问题。'理'是一般,'气'或'器'是特殊。就这一点说,道学是玄学的发展和继续。所谓'形而上'和'形而下'的分别,也就是一般和特殊的分别。"[①]这是冯友兰对道学的一个基本观点,道学的许多重大问题,他都是按照这个观点去发挥的。

---

① 冯友兰:《中国哲学史新编》第五册,人民出版社1988年版,第156页。

首先，关于道学的性质，冯友兰认为，道学是人学，道学所讨论的都是关于人的问题。例如，人在宇宙中的地位，人和自然的关系，人性和人的幸福等等。而在这些方面，都有个最高最完满的样本，圣人就是在这些方面最好地实现了样本的人。人进行修养，就在于达到这些样本所规定的标准。这些样本，标准是人之理，人之道，是一般。现实的人是不完美的，是有待于通过修养与此样本合一的，是特殊。就如几何学为"圆"下了一个定义，具体的圆的东西都不完全符合这个定义。要成为一个真正的圆，绝对的圆，必须和圆的定义符合。人的道德行为，就是克治不属于人的标准的东西。道德行为的积累，意味着克服的增加，积累到一定的程度，量变成为质变，共相和殊相的统一就实现了。

冯友兰对道学的性质的分析，援引了柏拉图的理念论。《新编》中还援用理念论去分析其他问题，如理气、理一分殊等。冯友兰所说的"一般"有几种含义？作为理念的一般与其他含义区别何在？这是需要辨析的。

按冯友兰《新编》中说的，他所谓"一般"有以下几种含义：

第一，一般即一类事物的共同本质，此一般寓于个别之中。这是形式逻辑的一般，抽象的共相。冯友兰多次以"树"这个共相的抽象过程来说明。

第二，集体名，即包括此名所属的一切个体的一般，如朱熹的"太极"。冯友兰说："如果一切类的理也用一个集体名把它们包括起来，这个集体名就是太极。"[①]

第三，抽去了一切规定性的最高的共相，它是有，也是无。此即冯友兰多次说过的："在理论上说，'有'这个名的外延最大，可以说是'至大无外'，它的内涵就越少，少至等于零，既然它的内涵等于零，它的外延也就等于零，这也就是'无'。"[②]

第四，柏拉图式的理念，即在可感世界之后的理念世界。感觉世界只

[①] 冯友兰：《中国哲学史新编》第五册，人民出版社1988年版，第163页。
[②] 冯友兰：《中国哲学史新编》第四册，人民出版社1988年版，第31页。

是它的摹本或分享。理念是真实的、永恒的，离认识主体而独立存在的。冯友兰说："一个方的东西，必有得于方之所以为方者，这就是它的性。方之所以为方者就是方之理。"①这个方之所以为方者、方之理是永恒的，实在的方的东西不管是增加还是减少，都无妨它为方之理。

比较这几种一般，可以发现，它们是根本不同的。第一种和第三种虽然都是抽象，只不过层次上有高低不同。但第一种是哲学和非哲学共用的，第三种却是哲学专用的。抽空了一切内涵的"有"即是"无"，这是黑格尔式的思辨方法。第一种和第二种的区别是显而易见的。前者是抽象的共相，后者是具体的共相。尤其第一种和第四种的区别，必须搞清楚，因为这是辨别冯友兰哲学性质的根本点。前者是对具体事物的抽象，它不能脱离具体；后者是可以脱离具体的，是具体事物的原本。前者是观念的，后者是实在的；前者是有层次的，后者是无层次的。

区别了冯友兰所说的一般的几种不同含义，就可以更容易地看出他如何借理学的基本概念"理""气""无极而太极""理一分殊"等发挥自己的思想。

理学的创始人程颢程颐兄弟的哲学，冯友兰在20世纪30年代出版的两卷本《中国哲学史》中就已指出他们的不同，但那时他还没用一般和个别的关系去分析。在《新编》中，他把二程的不同归之于对一般和个别的关系的不同理解。他认为，程颐所谓理，是一类事物之所以为此类事物者。而程颢所谓理，不是一类事物之所以为此类事物者，不是一类事物的规定性，而是一类事物的自然情况、自然趋势。程颐所谓理，是一般，这个一般是特殊的标准。而程颢所谈的，不是一般和特殊的关系，而是自然和人为的关系。程颢所理解的道是具体的，程颐所理解的道是抽象的。具体和抽象的分别就是形而下和形而上的分别。冯友兰并且说，这个区别就是道学中理学一派和心学一派的区别。

冯友兰对道学的集大成者朱熹，分析最为精细，涉及的方面最广。在

---

① 冯友兰：《中国哲学史新编》第五册，人民出版社1988年版，第16页。

理气观方面，他说："道学的主要内容是用逻辑分析法得出的一个逻辑的宇宙结构，这个结构以理和气为其主要的两个支柱，因此道学也以理和气为其两个主要的观念。这两个观念所牵涉到的还是一般和特殊的关系的问题。道学以理气这两个观念表现一般和特殊。"①冯友兰这里说朱熹所谓理是一般，气是特殊，这个看法是值得商榷的。实际上，在朱熹哲学里，气是与理平行的概念，是同一个层次的概念。冯友兰既然承认道学是用逻辑分析法得出一个逻辑的宇宙结构，就应该也承认这个结构的两面——理和气、形式和质料是同层次的概念。同层次的概念就不是一般和特殊的关系。如果说气是个别，个别的东西都是有形式的，那么气的形式是怎样的呢？气是构成事物的质料，是物质性的东西的最高抽象。它除了"生物之具"这个属性外，再无别的属性。冯友兰在两卷本《中国哲学史》中说："理即如希腊哲学中所说之形式（form），气即如希腊哲学中所说之质（matter）也。"②材质和形式是对等的，不是一般和特殊的关系。冯友兰认为理是形而上的，是一般；气或器是形而下的，是特殊。这里把气和器看作同一的。实际上，"气"和"器"应是有分别的。气是抽空了一切性质，仅表示构成物的材质的抽象概念，器是器物的总称，是一个集合名词。如果用前述一般的几种含义来说，气是最高的抽象这种一般，器是形式逻辑的一般。两者分际甚明。从形而上下来分，气也可以是形而上的，因为它也是逻辑思维的产物。冯友兰只把理当作形而上的，这正是他的柏拉图处。柏拉图只有理和器，没有气这个概念，冯友兰要用柏拉图去解释道学，只能把柏拉图中所没有的"气"和"器"等同起来。

冯友兰也用一般和个别的关系去分析朱熹的"无极而太极"。他解释"无极"说："每一个类都有它的规定性，'有'这个最大的类，因为无所不包，所以就不可能有什么特殊的规定性。它的规定性就是没有规定性。没有规定性，就没有什么可以成为标准，这就是无极。"③他解释"太极"说：

---

① 冯友兰：《中国哲学史新编》第五册，人民出版社 1988 年版，第 196 页。
② 冯友兰：《中国哲学史》，中华书局 1961 年版，第 903 页。
③ 冯友兰：《中国哲学史新编》第五册，人民出版社 1988 年版，第 163 页。

"如果不把'有'作为一个类名,而作为一个集体名,'有'就是包括一切存在的东西的大集体,它包括一切的类。如果一切类的理也用一个集体名把它们包括起来,这个集体名就是太极。"[1] "无极而太极"就是把这两方面的意思合起来。"而"字是说最高的概念"有"既是抽象概念,也是"具体的抽象"概念;既是空无一物的"无",也是包含万理的"有"。也就是说,冯友兰所讲的"无极而太极"就是讲表示存在的最高概念既是"有"也是"无"。这仍然是按照本体论思辨所得的结果,与对《老子》的"道"的解释同一路数。所以冯友兰说,无极同时也即太极,如果按周敦颐《太极图说》"自无极而为太极"来解释,就多了"自""为"二字。就是宇宙生成论,不是本体论了。

周敦颐的"无极而太极"本为"自无极而为太极",本是他的宇宙生成论。朱熹也按宇宙生成论去解释,不过朱熹为了把"理"放在最高、最初的位置,把"无极而太极"解释成"无形而有理"。冯友兰又把朱熹的"无极而太极"解释成"有无异名同谓",最高的"有"就是"无"。朱熹是借周敦颐以发挥他的理学,冯友兰是借朱熹发挥他的"新理学"。朱熹是中国传统的宇宙论的路子,冯友兰是西方的本体论的路子。

实际上,抽象概念就是抽象概念,具体的抽象就是具体的抽象,二者不能等同,就像黑格尔的逻辑不同于形式逻辑一样。"无极"绝不能等同于"太极",有内容的绝不能等同于无内容的。最高的有内容仍是有内容,绝不能变成无内容。

朱熹最重要的命题"理一分殊",冯友兰也用一般和个别的关系去解释。他认为,世界上的事物都可以分成类,类有大小之分,也有高低之别。就一个类名的外延说,大类包括小类;就其内涵说,小类之理蕴含大类之理。如人之名比动物之名外延小,但人之理蕴含动物之理。因此可说外延上的小类就是内含上的高类。高一类的理蕴含低一类的理。由此类推下去,最低一类的理必然为一切比它高的类的理所蕴含,也就是为一切事物所蕴

---

[1] 冯友兰:《中国哲学史新编》第五册,人民出版社1988年版,第163页。

含。从这一方面看,最低一类的理又成为最根本的理了。"有"外延最大,内涵最小。它的理是最低一类的理,同时也是最根本的理。这个理,就是"理一分殊"那个"理",比它高类的理是这个理的"分殊"。冯友兰并且说,高一类的理蕴含低一类的理,这样一层层推下去,一直蕴含到最低一类的理,这就和佛教华严宗所说的"因陀罗网"境界相同。

我们说,冯友兰对"理一分殊"的这种分析有三个困难:其一,照冯友兰的说法,最低的理最根本,但从内容说,它最贫乏。最贫乏的理怎能表现为最丰富的分殊?朱熹说本只一太极,而万物各有禀受。内容最贫乏的怎能为无限丰富的分殊所禀受?其二,照冯友兰所说的,外延最小的类其理最丰富。朱熹说:"总天地万物之理便是太极",绝不能说太极是外延最小的类。并且类是可以无限分下去的,外延最小的类是无法确定的,不确定的怎能做万物禀受的源泉?其三,从冯友兰以上的推论,只能得出高类包含低类之理,低类不能包含高类之理,而"因陀罗网"境界是互相包含的。

我们说,"理一分殊"的"理一"是包含着一切具体的理的丰富性的一般。"物物有一太极,人人有一太极",人、物之理都是这个太极的分别的、完整的表现。这个太极是对万理的抽象,这种抽象是不假阶级的,也不是用形式逻辑方法得到的。冯友兰所说的不同层次的理是包含关系,而在朱熹,不同层次的理是同一的,"一个是万个,万个是一个"。

因为冯友兰的"理"是层层上推得到的,所以在讲到"性"时,他批评朱熹没有运用类的概念。他说:"朱熹如果能更自觉地运用类的概念,他就可以说人和物这两类除了公共的理外还各有其理,人有人之理,物有物之理。"① 我们说,运用类的概念,这正好离开了朱熹的原意。朱熹说:"以理言之,则无不全;以气言之,则不能无偏。"(《朱子语类》卷四)并不认为除了公共的理外,还各有其理。从根本上说,公共的理即是具体的理,人之理即物之理。从禀受上说,人与物皆禀受同一个理,而气禀不同,同

---

① 冯友兰:《中国哲学史新编》第五册,人民出版社 1988 年版,第 173 页。

一的理和不同的气结合，才表现出不同的性。这就是朱熹比喻的"人物性本同，只气禀异。如水无有不清，倾放白碗中是一般色，及放黑碗中又是一般色，放青碗中又是一般色"(《朱子语类》卷四)。冯友兰说朱熹用理之偏全或气之清浊以说明人和物的不同，朱熹实际上并不如此。冯友兰从理是一类事物的规定性、是一类事物所以为此类事物者出发，认为人物之性的不同是理的不同，是形上世界中的不同，不是形下世界中的不同，这是用柏拉图的理念去解释朱熹。

冯友兰的《中国哲学史新编》是一本哲学史著作，也是一本哲学著作。他20世纪30年代出版的两卷本《中国哲学史》是纯粹的哲学史著作，没有或者说较少个人的哲学观点贯彻其中。贞元六书特别是《新理学》是纯粹的哲学著作，冯友兰说："新理学的自然观的主要内容，是共相和殊相的关系问题。"[①] 可以说，两卷本《中国哲学史》是正，贞元六书是反，《新编》是合。这个合，就是他用一般和个别的关系把整个中国哲学史贯穿起来。中国哲学史的内容是极其丰富的，用一条线去贯穿，难免有牵强的地方。本文就是指出其中的几点，但这丝毫无妨一个真正的哲学家按他的哲学观点去写哲学史。

（原载《冯友兰先生纪念文集》1993年版）

---

① 冯友兰:《三松堂全集》第一卷，河南人民出版社1986年版，第231页。

冯友兰《中国哲学小史》导言

《中国哲学小史》是冯友兰先生应商务印书馆万有文库百科小丛书邀约出版的一本哲学史，初版于 1933 年。此时冯先生的成名作两卷本《中国哲学史》已经出版。《小史》因为定位为通俗读物，所以篇幅短小，总共十三节，6 万多字，但内容充实，论述精到，中国哲学的重要内容皆包括在内。冯先生在他另一部名著《中国哲学简史》的序言中曾说道："小史者，非徒巨著之节略，姓名、学派之清单也。譬犹画图，小景之中，形神自足。非全史在胸，曷克臻此。惟其如是，读其书者，乃觉择焉虽精而语焉尤详也。"[①] 此所谓小史，指《简史》，而之所以定名为"简史"，是因为先有这本《小史》。其实两本书的英文名皆为 *A Short History of Chinese Philosophy*。冯先生对《简史》特点的描述，完全适用于《小史》。惟《简史》自英文翻译而来。原书的构想，是为外国人讲述中国哲学的历史，故内容简练而齐全，中西对比的文字较多。而《小史》则是为中国读者写的，目的在真实地总括地介绍中国哲学的一般情况，所以较《简史》更加精炼、概括。

[①] 冯友兰:《中国哲学简史》，涂又光译，北京大学出版社 1985 年版，第 1 页。

一　中国哲学内容之分类

《小史》在写作之初，就设定了几个意向，一是延续《中国哲学史》，在当时国人西方哲学知识甚少的情识下，介绍一点西方哲学基本知识。"哲学"本是日本人对 philosophy 一词的翻译，原义为"爱智慧"。20 世纪 30 年代的中国，虽然国人对"哲学"并不太陌生，但中国有无哲学，尚在争论之中。中国人写的第一部中国哲学史，是胡适的《中国哲学史大纲》，出版于 1919 年。胡适的方法是汉学的，这部书对文字的训诂、考证比较详细，对史料真伪的鉴别占了大半篇幅，而对义理的体会、了解比较肤浅，所以金岳霖曾说这部书像是个研究中国思想的美国人写的，明确说西洋哲学与名学非胡适之所长。[①] 冯先生则不同，他所重在义理之学，而且他明确说过，在二十年代中期，他的主观愿望是向中国介绍西方哲学。这一点贯彻在他的两卷本《中国哲学史》中，也贯彻在这本《小史》中。所以《小史》全书有一个简短的序言，其中说道，所谓中国哲学，是将中国历史上的各种学问中可与西方所谓"哲学"相当的那一部分选出来加以叙述。照这一标准，中国的先秦诸子学、魏晋玄学、隋唐佛学、宋明道学、清人义理之学可归入哲学。因为中国本无哲学，"哲学"乃一西方名词。冯先生这一做法是非常合理的。因为中国虽有所谓义理之学，但由于中国传统思维方法重视洞见，而洞见往往用名言隽语的形式表达，不重逻辑，不重论证，往往说理笼统，语言简略。在当时旧学笼罩一般人头脑的情形下，用西方思想长于逻辑论证来激发、改造、充实中国思维，实在很有必要。在 21 世纪初关于中国哲学合法性的讨论中很多人对冯先生这个方法提出批评，说他用西方思维方法、西方哲学内容来建立中国哲学范式，实是不了解中国当日学术界的情形。

冯先生将他在《中国哲学史》中对哲学内容的分类照搬到《小史》

[①] 金岳霖：《审查报告二》，见冯友兰《中国哲学史》附录，中华书局 1961 年版，第 7 页。

中，这段文字说:"希腊哲学家往往分哲学为三大部分:一、物理学,二、伦理学,三、逻辑学。而且将之用当时通用的哲学名词表述为:一、形上学,二、人生哲学,三、方法论。具体说来,中国思想中讲天道的部分相当于西方的形上学,讲性命的部分相当于西方的人生哲学,但西方的方法论,中国学问在先秦思想中尚有,但两汉以后极少,宋明道学中有所谓为学之方,但讲的多是修养方法而非求知的方法。"① 冯先生以上方法,为此后中国哲学的方向和规模奠定了基础。此后的中国哲学研究,多沿着这一方法继长增高,冯先生作为中国哲学体系化、深刻化的开创者,其功绩也体现在《小史》中。

二是对中国主流思想的提揭和发扬。《小史》认为,中国思想之大端,在先秦及宋明。先秦主要是儒、墨、名、道诸家,宋明主要是周、张、二程、朱子、陆王。另外该书为百科小丛书中的一本,意在简明,又受篇幅的限制,故对离主流思想稍远的,皆舍去不讲。如视魏晋玄学为先秦道家的继续,视清代义理之学为宋明道学的继续,视隋唐佛学为印度传来的宗教思想,皆非中国思想主流,皆舍去不讲。而五行、八卦之学,因与中国古代学术相关甚大,又源远流长没有中断,所以用了较多篇幅。

二　先秦哲学概要

先秦诸家是中国思想的源头,历来受到研究者的重视。冯先生选取孔子、墨子、孟子、老子、名家、庄子、荀子、五行八卦几节加以论述。对于孔子,《小史》着重于孔子在中华文化中的承先启后作用,认为中国思想变动最激烈的,莫过于春秋战国时期。孔子身处其时,目睹"人心不古,世风日下"的社会现实,起而为旧制度的拥护者,并给予拥护的理由。孔子的政治主张为"正名",具体内容为君君、臣臣、父父、子子,即要使各个身份的人皆尽其道,名实相符。孔子欲以正名来挽救时弊。孔子在政

---

① 冯友兰:《中国哲学小史》,天地出版社2019年版,第1页。

治方面拥护旧制，但主张结合新的时代条件对礼乐加以损益。在道德哲学方面，则有新的见解。孔子的道德学说，主要是关于仁的阐发。孔子对仁的解说甚多，最基本的，仁是人的性情的至真及合乎礼的流露，是本其同情心以推己及人。孔子以此为一贯之道，具体表现为忠恕，行仁的方法简易直截。冯先生另一个着重点是指出，仁是全德，孔子即以仁统摄孝、忠、勇等，其他如义、礼、智、信，皆是仁的自然包含。仁既然是真性情的自然流露，那就只问心安与否，不问其发为行为是否对自己或社会有利。孔子一生亦"行其义也，道之不行，已知之矣"。这已开后来董仲舒"正其谊不谋其利，明其道不计其功"的先河。孟子继承了这一点，而与墨家之说大异其趣。这就是冯先生心目中的孔子，终其一生，冯先生都对孔子表尊敬之情，后来"文革""批林批孔"中写了《论孔丘》，那是非常时期的非常举动。

对墨家，冯先生注目于其功利主义及与儒家的不同，认为孔子是无所为而为，墨子是有所为而为。墨子著名的"三表"法，其本质是功利，一切事为的价值皆以此来衡定。人民富庶，这是国家之大利，而对之无直接功用者，皆是有害的。国家人民之大害，莫过于战争，故墨家倡兼爱、非攻之说。儒家代表士阶层，故需一定的文饰礼仪；而自功利眼光看来，此皆无用之物，应予屏弃，故墨家倡导节用、节葬、非乐、短丧之说。自知非位高权重，故主张天志、明鬼，用天帝鬼神之暗中赏罚来儆戒世人。而鬼神之赏罚实是自己行为所招致，故又非命。

关于墨子的政治主张，冯先生引西方近代思想家霍布士加以说明，说墨家描述的人之初生之世，无有国家，人与人种种争夺、战斗的情形，正与霍布士所谓"天然状态"相似。而国家刑政既立之后，在下者须层层与代表国家的天子相同。天子代天发号施令，人民必须服从天子。如将墨子此意推行到底，则除了政治的制裁外无社会的制裁，宗教的制裁也成了政治制裁的附庸。墨子的尚同，与霍布士有相同之处。而依墨子天子上同于天之说，则上帝与主权者之意志相合为一。墨子所说的天子，已是君主而兼教皇矣。当然在宗教精神淡薄的中国古代社会，本无霍布士所说的政教合一那种情形，冯先生这一说法不过是借墨子思想向国人介绍西方古代政治制度知识而已。

在孟子一节，冯先生继续介绍西方哲学知识，说孟子、荀子是孔子之后儒学二大师，孔子在西方哲学史中的地位类似苏格拉底，孟子的高明亢爽类似柏拉图，荀子的笃实沉博类似亚里士多德。对孟子，冯先生介绍较多的是其王道政治。在孟子的王道理想中，其天子必是有大德者；此大德的选拔，必以民意。这就是"天听自我民听"。圣王是人间的杰特之人，也是天选中的代理人。孟子理想的经济制度是井田制，井田制是对古老的制度赋予新的含义，即由土地为贵族所有，转变为国家公有；农民代耕公田，不再是为贵族服役，而是为国家交赋税。农民耕种私田，出产为自己所有，这是王道的基础。还要行仁政，仁政的根据在人人皆具的"不忍人之心"。帝王以其不忍人之心推之于天下人，即"老吾老以及人之老，幼吾幼以及人之幼，天下可运于掌"。此即推己及人，絜矩之道。冯先生特别点出，孔子多将仁用于个人修养，而孟子则推广及于政治及社会；孔子的仁及忠恕等多及于"内圣"，孟子则更及于"外王"。因为仁的基础作用，所以孟子思想中重要的一点即对人之善性的论证。认为人皆有四端，此四端即仁义礼智四德的端萌，是人性善的证明。人好的行为，是扩充四端的结果；不好的行为，是放失四端的结果。故"学问之道无他，求其放心而已矣"。更进一步，人是与天地并存的"三才"之一，人之善性，得之于天，天道人道合而为一。故孟子说："尽其心者，知其性也。知其性则知天矣。"天是人的善性的形而上根据，所以孟子说"万物皆备于我"，"上下与天地同流"。冯先生解释孟子，有一可注意之点，即注重孟子思想中的神秘主义成分。他在论述孟子天道人道为一时，有一个小注，说到中西神秘主义的种种表现，这则小注两卷本《中国哲学史》即有，冯先生移入《小史》，文字一仍其旧，而且是《小史》中唯一的注语，可见冯先生十分关注这个问题。此注中说到，神秘主义有种种不同的意义。中国哲学中的神秘主义，指"万物一体"境界。此境界是个人精神与宇宙精神合一的状态。但常因后起的隔阂，致二者分离。这种后起的隔阂，如佛教所谓

"无明"，道学所谓"私欲"，阻碍个人与宇宙精神合一。若能以精神修养去除隔阂，则人与宇宙精神复合而为一。中国哲学中孟子、庄子皆以此神秘主义境界为最高境界，但达至此境界的修养方法不同。庄子所用的方法在纯粹经验之忘我，孟子所用的方法在通过"爱"而去私。孟子的"反身而诚，乐莫大焉"，"强恕而行，求仁莫近焉"，"上下与天地同流"，皆去私后与宇宙精神合一的神秘境界。及孟子强调的所谓养浩然之气，养气中之"必有事焉而勿正，心勿忘，勿助长"，亦此种神秘境界养成中自然而然、不急躁亦不停息的状态。冯先生一生持理性主义精神，在哲学上尤其服膺程颐朱子的涵养用敬、格物致知之说。虽为现代新儒家之代表，但也有很强的道家精神。此处以小注的形式说到万物一体之神秘境界，亦意在提醒读者它是一种个体性很强的心灵体验，一般人还应以理性的、大众化的知识途径、修养途径为学问正路。

　　道家是中国哲学的重要学派，人物众多，学说纷杂。《中国哲学史》中，冯先生提到的道家人物有《论语》中所载"隐者"之徒、杨朱、老子、庄子、宋钘、尹文、汉初黄老之徒等。而在《小史》中，则只论老庄，而且认为，道家之有老庄，犹儒家有孟荀，为中国哲学中不可或缺的重要学说。冯先生先从比较儒道两家入手，谓中国哲学中，天为首出概念，但各家着眼不同，孔子、墨子之天，乃主宰之天；孟子之天，常为义理之天，含道德之意；而老子之天，乃自然之天，取消了主宰、道德之义。古人所谓道，常指人道，而老子则赋予形上学意义，指天地万物的总原理、总根据。道是自然如此，故"道常无为而无不为"。德即物所得于道而以成其物者。故"道生之，德畜之，物形之，势成之"。人贵在知道，知德，依道德而行，故"知常曰明。不知常，妄作，凶"。道的运行法则为反、复，故"反者道之动"，"万物并作，吾以观复"。惟其如此，所以应知变化之则："正复为奇，善复为妖。""将欲翕之，必固张之；将欲弱之，必固强之。"冯先生特别指出，此非主观上之阴谋，而是客观上有此法则。此与黑格尔的正反合历史进化通则有相同的地方。黑格尔说事物发展至极点，必变为其反面，这是由正而反。老子的"大直若屈，大巧若拙"，是合中包含了正、反。老子的理想人格，常以婴儿譬之，因为婴儿符合"无知无欲""去甚、去奢、去泰"的简单法则。老子的得道之人，是"大智若愚"；老子的理想社会，是"圣人之治，虚其心，实其腹，弱其志，强其骨，常使民无知无欲"；老子的理想国家，是"小国寡民"，是包含野蛮之文明社会。道家的主张，各个方面皆与儒家不同。

老子思想，言道言德，着重于万物的原理，自然哲学意味极强，而庄子则多言人生哲学。庄子对道的理解，多在自然而然一面。所以庄子以为人之幸福就在顺应其自然之性，能为逍遥之游者，必是顺自然之性者；大鹏之抟扶摇而上九万里，学鸠之在树丛间起落，皆合其性分，故皆为逍遥。在自然适性的映照下，各种社会形态皆给人痛苦。因为物之性各各不同，在同一的制度下，必有不适应者。最好是听任其不同，以不齐为齐。故庄子主张在宥天下，反对治理天下。庄子反对人为地制定出规矩准绳，主张人有绝对自由，而之所以不自由者，为被世间各种高下、是非所束缚；欲达到自由，首先要齐物论、齐是非。如《齐物论》问何为正处、正味、正色，所答各各不同。既然不同是无法避免的，不若听其自尔，无须辩论。此谓休于天钧，把握道枢，处其环中。"是之谓两行。"有了这样的态度，不仅物论可齐，是非可齐，生死亦可齐。《庄子》中多处论到齐生死。只有齐生死，才能破除生之可恋，死之可痛，达到哀乐不能入，保持人的自由的本来状态。比齐生死更为洒落的是无生死，即与宇宙万物为一。冯先生以西方现代哲学家詹姆士的"纯粹经验"来解释。所谓纯粹经验，即只直觉它是如此，而不追问它是什么；与物俯仰，在在皆同，而不用名言分别，有似佛家所谓"现量"。"是非之彰也，道之所以亏也。道之所以亏，爱之所为成。"不识知，不区别，无对待，在在与之为一。到此境地，无有隔阂，无有阻遏，可以觉到"天地与我并生，万物与我为一"了。冯先生认为，这是一种神秘体验，它与孟子经由积累道德行为而有的"养浩然之气"不同。庄子所用的方法，是在知识上取消一切分别，"乘天地之正，御六气之辩，以游无穷者"，与孟子所讲的，构成中国哲学史上的双璧，分流并峙。但庄学此方法，魏晋以后即无人再讲，而孟子的方法，有宋明道学家为之发挥提倡。两种神秘主义方法，际遇实不同。

名家是冯先生几种中国哲学史著作都着力介绍的，其原因大概是，一，中国哲学长于政治哲学、伦理哲学，中国哲学家着眼于解决实际问题，不擅长形上思辨，其中唯一代表纯粹形上学的，只有名家。如不着意阐发，中国哲学将成为一无形上学的哲学系统。无形上学，则哲学失去其灵魂。二，冯先生是个善于形上思考的哲学家，他的理想是不仅要做哲学史家，更要做哲学家，而且是有深刻形上学系统的哲学家。他的《新理学》明显地表明了这一点。在《新理学》绪论中冯先生曾说道："在中国哲学史中，对于所谓真际或纯真际有充分底知识者，在先秦推公孙龙，在以后推程朱。他们对于此方面之知识，不是以当时之科学底理论为根据，亦不需用任何时代之科学底理论为根据，所以不随科学理论之变动而变动。"① 所以他对名学始终有浓厚的兴趣。三，冯先生自言区分名家为合同异与离坚白两派是他研究中国哲学史两个重要发现之一："战国时论及辩者之学，皆总而言之曰'合同异、离坚白'，或总指其学为'坚白同异之辩'，此乃笼统言之。其实辩者之中，当分二派：一派为'合同异'，一派为'离坚白'。前者以惠施为首领，后者以公孙龙为首领。"②

冯先生先列举惠施的"历物十事"，认为惠施的特点是，一切事物皆是变动的、有限的、相对的。世俗所谓同异，是具体物之间的同异，这是"小同异"。而从"至大无外"的观点看事物，自其同处看，则万物莫不同；自其异处看，则万物莫不异。故万物可谓毕同毕异，这是"大同异"。惠施倡导从大处着眼，看出"天地与我并生，万物与我为一"，由此"泛爱万物"。冯先生并且指出，庄子的齐物论，是在惠施的基础上转进一步，惠施只说出了知识上的结论，庄子则又有无言、无知、心斋、坐忘等体会万物一体的修养方法。

对公孙龙，冯先生重点介绍其"白马非马""离坚白"，由此带出《指

---

① 冯友兰：《三松堂全集》第四卷，河南人民出版社1986年版，第16页。
② 冯友兰：《中国哲学史》，中华书局1961年版，第268页。

物论》的内容，指出，辩者与一般人从常识出发不同，辩者着眼于名。从名上说，"白马"与"马"内涵与外延皆不同。一个"名"有指有物。"指"指其共相，"物"指占时间空间的个体事物。如个体的马，是物；"白"与"马"皆共相，皆指。公孙龙立说，多就共相说，故"白马非马"。而从常识的观点看，可视为诡辩。"离坚白"也是从共相着眼，将一块既白且坚的石块析为"坚"与"白"两个共相，因为从经验获得此共相的通道不同，如视，得白不得坚；触，得坚不得白。不得坚、白时，坚、白"藏"。而此藏为"自藏"，即感觉不到。故"坚白离"。这说明一切共相皆分离而有独立的存在。此所谓"离也者，天下皆独而正"。

在辩者之后，冯先生还叙述了后期墨家。后期墨家是战国后期的墨学，着重于知识论与逻辑学，还有一部分关于当时自然科学的讨论。这部分史料保存于《墨子》书中，称为"墨辩"或《墨经》。后期墨家是对辩者的反动，因为辩者从形上学出发，所讲的多与常识相反，后期墨家则继承了墨子的传统，注重实用；对于事物的看法，多据常识立论，故有较多知识论内容。冯先生将后期墨家的论述分为三类：第一类是关于知识活动的。此类又分三点：一是知识的性质与起源，二是知识的来源，三是知识的种类。第二类是关于辩论的功用与规则的，第三类是关于同异之辩及当时对名家两派特别是离坚白的批评。这些内容，冯先生用西方逻辑学和知识论的相关理论加以解释，对国人重新认识和估价中国古代逻辑学和知识论内容，起了很好的作用。后来的《中国哲学简史》和《中国哲学史新编》，只是在这些基本内容上的细化和加深，及符合当时哲学潮流的评价，解释框架和论述范围并无大的变化。从中更可看出《小史》的可贵之处。

荀子是先秦儒学大师，虽与孟子俱尊孔子，但二人之气质、学说决然不同。冯先生依照现代西方哲学家威廉·詹姆斯区分柏拉图和亚里士多德的方法，判孟子为软心的哲学家，荀子为硬心的哲学家。因为孟子有唯心论倾向，而荀子有唯物论倾向。在荀子看来，孟子许多有神秘意味的思想，特别是他的修养方法、境界体验，真可谓"辟违而无类，幽隐而无说，闭约而无解"。但荀子与孟子，就像道学中有程朱、陆王两大派，其不能无，亦不须无。

冯先生首先从宇宙观着眼，认为孔子所说的天，是主宰之天，孟子所说的天，有时是主宰之天，有时是命运之天，有时是义理之天。而荀子所说的天，主要是自然之天，并认为这是受了老庄的影响。荀子言自然之天，其中无道德的成分，所以其言人性，主张性恶说。此点与孟子正相反。但人性虽恶，经过后天的教育，可以成为善人，故"涂之人可以为禹"。此又与孟子的"人皆可以为尧舜"殊途同归。荀子强调的是后天的教化、熏习，人皆可以通过积学，久久为功，成为知礼义法度的君子。冯先生特别注目者，在荀子对国家社会的起源与礼义制度的根据的说明。在荀子看来，人生来具有聪明才智，知道人若不组成社会则无法生存，组成社会需一定的群居法则，即道德规范。所以，道德是人生活之必需。同理，人需要制定礼乐来实现社会、道德对人的规范作用，所以有礼；礼的作用在"养人之欲，给人之求"，即满足人的本能欲求，文饰人的自然情感。这在人的丧祭活动中表现最为明显。如丧礼是为了满足人对死者的哀敬之情，同时也是安藏人的肉体生命使之终结。祭礼是为了安顿对死者志意思慕之情。一方面郑重其事，一方面知其为"无形影之事"，丧祭之礼是人的理智与情感双重作用的结果，是自然哲学与社会哲学调和的产物。

冯先生介绍荀子的另一要点是其名学与逻辑学。冯先生指出，孔子、孟子皆欲正名，孔子正名的内容是"君君、臣臣、父父、子子"，孟子正名的内容是使人有人之名所当有之实，重点在伦理方面，而无逻辑的兴趣。即使西方古代大哲，如苏格拉底的"以归纳法求定义"，也只有伦理的兴趣。柏拉图讲理念，其伦理的兴趣也大于逻辑的兴趣。至亚里士多德，才有专讲逻辑的著作。而荀子生当辩者正盛之时，他所讲的正名，逻辑的兴趣甚大。荀子关于名的理论，如"制名之枢要"之类，冯先生皆不介绍，他介绍的是荀子对时人辩论中常出的逻辑错误的纠正。荀子把当时常出现的逻辑错误归纳为三种，第一种是"惑于用名以乱名"，第二种是"惑于用实以乱名"，第三种是"惑于用名以乱实"。用现在的话说，即偷换概念、以偏概全、以全否认偏。避免这三种逻辑错误的方法冯先生没有说，在两卷本《中国哲学史》中有较为详细的论说。《小史》中重在中西对比，故提出与古希腊的不同即够了。

先秦部分重点介绍的还有五行、八卦。冯先生指出，五行八卦之学之所以重要，首先因为它是中国上古时代注重天人之际，注重天道人事互相影响这一观念在后代的衍化。五行出于《尚书·洪范》，本义是讲构成万物的五种质素及其功能，如水之润下，火之炎上，木之可曲可直，金之可保留原状可熔炼使之改变形状，土之可以种植作物等性质特点。但自战国末年始，五行家赋予五行更多性质，使之代表五种天然势力，每种势力皆有盛衰之时，并使五行相生相克。特别是汉代五行家将之用于政治，讲"五德终始"之说。谓每一朝代皆代表一德，其服色制度，皆受此"德"的支配。代之而起的，必是五行中能克此德者。八卦是冯先生大加发挥的，因为它是影响中国人的思维方式甚为深切的《周易》的来源。《周易》特别是其中的"十翼"，大力彰显的是"天地细缊，万物化醇"的原理：天为万物的产生者，地为万物的长养者；阖辟是乾坤的活动方式，"一阴一阳之谓道"是《周易》的基本原理，循环往复是事物运动变化的法则。冯先生还指出，易学中有象数派，其注重数，与希腊之毕达哥拉斯学派多有相同之点。毕氏认为天是一个和声，在天文与音乐中，最可看出数的功用。中国自汉以后讲律吕与历法者，皆以易之数为本。冯先生讲到阴阳家的合理之处时特别提到："阴阳家之学，虽杂有许多迷信，而中国科学萌芽，则多在其中。盖阴阳家之主要的动机，在于立一整个的系统，以包罗宇宙之万象而解释之。其方法虽误，其知识虽疏，然其欲将宇宙间诸事物系统化，欲知宇宙间诸事物之所以然，则固有科学之精神也。"[①]并认为这是秦汉在政治上统一中国后，其学术亦欲统一整个宇宙，使之整齐化、系统化的努力。这些论断，与冯先生一贯的理性精神、一贯的重视格物穷理是一致的。

在《佛教、道教与道学》一节中，冯先生提到一个特别重要的观点：中国人是天然的唯物论者，他们对于主体之外的客体，皆认为是实有的。

---

① 冯友兰：《中国哲学小史》，收入《三松堂全集》第四卷，中华书局2014年版，第153页。

说外界事物必依人之认识始存在，中国人多视为非常可怪之论。所以佛教所谓"三法印"中所讲，中国人多给予另外的解释。如三法印中的"涅槃寂静"，中国人多以动来解释静，如僧肇的方法就是"岂释动以求静，必求静于诸动"。佛教所谓"净心"，也是能"繁兴大用"的。印度社会中因种姓制度而有的一部分人无佛性之说，中国人也以"人皆可以为尧舜"、"涂之人可以为禹"去改变它。对佛教的轮回说，中国人也以"未知生，焉知死""未能事人，焉能事鬼"将之改造为当世成就理想人格，拒绝来世。至于道教中的长生之术，一般人皆视为迷信，但冯先生所注目的是道教中一部分人欲以其作为战胜天然的努力。因为道教中有"窃天地之机""夺取阴阳造化机"等役使万物以为人用的思想。这实际上表明人注重用科学方法控御自然。冯先生在当时对科学的一般认识的基础上提出，科学有两方面，一方面注重确切，一方面注重权力。对事物的确切知识，也即统治自然的权力。道教对于控御事物，缺乏确切知识，所以对自然事物的解释多是神话，用以控御自然事物的方法，多为魔术。而魔术常常是科学的先驱。道教中的"黄白之术"即可视为中国化学的先驱。冯先生这个说法，吸收了西方哲学的观点，连同上面的阴阳家学说，欲向当时对科学哲学、文化人类学所知甚少的中国人，传播一点相关知识。

三 宋明哲学概要

宋明道学是冯先生注目的重点，这不仅因为它是中国学术最高最后的形态，更因为冯先生是现代新儒家的著名代表，他的思想和人格中有着强烈的道学成分。众所周知，他的"新理学"就是以程颐、朱熹的思想融会西方新实在论的观点而成。他的《新原人》中关于人生境界的思想，也吸收了很多道学家的人格修养学说。

冯先生在道学家中选出周敦颐、邵雍、张载、二程、朱子、陆九渊、王阳明八人，分四节叙述。对周敦颐，着重介绍其《太极图说》中的宇宙论，而不及其《通书》；对邵雍，着重其数学。他指出，周敦颐的象学所据在《太极图》，此图前段用太极生两仪，后段则不用八卦而用五行，虽末尾赞《易》，但非根据《周易》，是取道士所用讲修炼之图，给予新解释。此图于后之道学诸家特别是朱子的宇宙论，影响甚大。周敦颐之学有象无数，而邵雍之学则兼有象数。邵雍的方法在"太极不动，性也。发则神，神则数，数则象，象则器"。即，太极不动，是性；发而为动静，是神；两仪、四象、八卦、六十四卦是数，也是象，天地日月土石等具体事物，是器。神无方而易无体，易只言象，象是公式，具体事物按照这些公式生长发育。邵雍突出的是天地万物所据以发生发展的象与数，而这些都是先天的，不是人造出来的；先天的即是本有的、强制的。

对张载，冯先生着重叙述他的气学，即其"太虚即气""一物两体""太和"诸说，认为气的散而未聚的状态即太虚，太虚非绝对的虚无。气中涵有浮沉、升降、动静相感之性，即阴阳两种互相对立的势力，此即"一物两体"。"一"表现为清通不可象之神，"两"表现为缊缊相荡、胜负屈伸之气。气聚为具体物，可为感官把握；气散为太虚，太虚不能为感官把握。但感官能把握的，固可说为有；感官不能把握的，也不能判为无。只有幽明，无有有无。在此基础上，冯先生的着眼点在张载的伦理学，即"大其心则能体天下万物"的方法。这个方法或境界重在去除我与非我的界限而使个体与宇宙万物合一。只有破除闻见的桎梏，才能体天下万物。"其视天下无一物非我"，即尽天道的境界。达此境界，"立必俱立，知必周知，爱必兼爱，成不独成"。万物一体境界，冯先生认为是对孟子"万物皆备于我"的神秘主义的推衍。

对于二程，冯先生沿用了他在《中国哲学史》中的说法，特别提醒读者注意，程氏兄弟的学说，过去多视为一家之学；二程也笼统称为程子，不加分别。而二人学说实大不同，开此后宋明道学程朱、陆王两派：程颐为程朱派的中坚人物，程颢为陆王派的先驱。对程颢，冯先生着重介绍其"仁者与天地万物为一体"的境界，与"学者须先识仁，识得此理，以诚敬存之"，及"必有事焉而勿正，心勿忘，勿助长，未尝致纤毫之力"的方法。并在庄子"至人之用心若镜，不将不迎"的映照下，讲程颢《定性书》

中的"心普万物而无心,情顺万事而无情""廓然而大公,物来而顺应"的境界,并说明,道学的境界虽有似于庄子,而亦有大不同:庄子应付情感的方法,是"以理化情",至人无情感。道学家主张情感可有,见可喜可恶之事亦有情感之喜怒,但其人之喜怒,乃因此事可喜可怒,故为"情顺万事而无情"。

程颐的修养方法,冯先生所重者在其"格物穷理"。他在朱子一节中,重点发挥的,即此点。首先,冯先生指出,朱子是北宋道学的集大成者,他的思想,以周敦颐的《太极图说》为骨干,融合邵雍的数学、张载的气学、二程兄弟的理学,而加以贯通。朱子首重理与气、太极与阴阳之分。理是形而上者,气构成的具体器物是形而下者。冯先生着重说明的是,所谓理、形而上者,是超时空的潜存(subsist);所谓器、形而下者,是时空中的存在(exist)。超时空者,无形无象,故称为太极。周敦颐所谓"无极而太极",指"无形而有理"。无此理便无此事物,有此事物是因为有此理。所以,天下之物,无论是天然的还是人为的,皆有其所以然之理,且其理逻辑上在事物之先。故凡可能有之物,在形而上之理世界中,本已具有其理。"形而上之理世界,实已极完全之世界也。"这已开后来贞元六书中《新理学》之先河。

冯先生并且指出:一事物之理,即事物最完全的形式,亦即此事物的最高标准。天下有无穷的事物,故所有事物的理的抽象,就是太极。太极是天地万物的最高标准。由此而言,太极就是柏拉图所谓"好"之概念,亚里士多德所谓"上帝"。冯先生注意到朱子所说的理的两个方面:"所以然之故"和"所当然之则"。所以然之故是一类事物特有的,而所当然之则是所有事物都有的,也可以说,每一事物,不但有此事物之所以然之理,而且有太极之全体,即朱子所谓"人人有一太极,物物有一太极"。这个道理虽然和华严宗的"月印万川"相似,但也有不同。华严宗的"因陀罗网"境界,说的是一具体事物包含所有的具体事物,"一即一切,一切即一",而朱子说的是一事物包含一切事物之理。一切事物之理并非一切事物。

气则是构成具体事物的材质，具体物皆气造成，但气的造物，必有理为其依据。理是一类事物的形式，气是造成事物的质料。理气无时间上的先后，但有逻辑上的先后，因为理是超时空的永恒存在者，气是时空中的变化者。太极中有动静之理，气因此理而有实际的动静。此气中之理，就是此事物的性。不唯人有性，物亦有性，"天下无性外之物"。

人也是理与气合的产物。人能知觉思虑，是气的作用，但人有知觉思虑之理。朱子论心性情三者的关系，仁是性，恻隐是情，须从心上发出来。这就是"心统性情"。冯先生赞同朱子此说，认为人的性，其中有道德的原理，即仁义礼智。但为气禀所蔽，不能全然显露。所谓圣人，即是能去除气禀之蔽，使太极全体完全显露出来者。一般人之私欲虽亦遮蔽天理，但终究有未遮蔽处；须就其未蔽处努力用工夫。工夫分两方面，一是"涵养须用敬"，一是"进学在致知"。常记心中有未蔽之明，就是用敬工夫；而之所以必须用格物工夫，是因为人之性即天下事物的理之全体，穷天下事物之理，即穷吾性中之理。今日穷一理，明日穷一理，穷之既多，则有豁然顿悟之时。顿悟则见万物之理皆在吾性中。到此境界，则如朱子所说"众物之表里精粗无不到，而吾心之全体大用无不明"。在所有中国古代思想家中，冯先生对朱子思想论述最为详尽，引用最为丰富，因为朱子思想是其"新理学"哲学体系的重要来源。

《小史》最后一节论陆象山、王阳明。冯先生学宗朱子，对于陆王，着重于在程朱学的立场上论证理学心学之不同。对于陆九渊，冯先生着重于其心即理中之此理具在、物各付物，认为和程颢的"廓然大公，物来顺应"相当。对象山弟子杨慈湖，也注重其《绝四记》中以直为心。"直"即见孺子入井而有恻隐之心之直截反应，转念则为"曲"为"意"；任心直往，随感而应，也与"廓然大公，物来顺应"一致。冯先生反对一般认为朱陆异同在朱子偏重道问学，象山偏重尊德性，认为说象山不十分重视道问学可，说朱子不重视尊德性则不可。冯先生特别指出，一般认为朱陆只是为学或修养方法不同，但实则朱陆之不同，主要在本体论之不同。朱子是实在论，只能言"性即理"，不能言"心即理"；而象山是唯心论，所以言心即理，不特别区分心与性，而认为心性为一。也就是说，朱子所见的实在，是两个世界，一为时空中的器世界，一为超时空的理世界。而象山所见的实在，只有一个世界，此世界与心为一，故象山言"宇宙便是吾心，吾心即是宇宙"。从本体论着眼，比从工夫论着眼更加根本。因为工夫论服从本体论，是本体论在修养路径上的表现。

对王阳明，首重其《大学问》之"万物一体"，认为它与程颢之《识仁篇》一致，而所言更为明晰确切。也与陆象山之"宇宙不曾限隔人，人自限隔宇宙"相同。一体之仁，有本心与圣人境界二义，前者是基础、根源，后者是工夫所至，修养所得。前者即孟子所谓良知，后者即对良知的扩充、实行，是致良知的结果。明德之本体，就是良知；明此明德、亲民就是致良知。不自欺其良知，就是诚意、正心；自致其良知，就是格物、致知。《大学问》是王阳明用自己的致良知学说解说《大学》，可以把王阳明的全部学说贯通融释。冯先生以此解说王阳明的成熟学问，故把握准确，要言不烦。冯先生并且再次强调理学与心学的不同，认为王阳明简易直截，所说与朱子确实不同。两家的不同，一在朱子的格物，是即物穷理，心与物为二；王阳明的格物，是致良知于事物，使事物符合天理，是合心与理为一。朱子所谓心，是"具众理而应万事"的心，故即物穷理，是穷吾心中之理、穷吾性中之理。王阳明批评朱子析心与理为二，实际上并不确当。阳明言"心外无理，心外无物"，故有孝亲之心，即有孝亲之理；无孝亲之心，即无孝亲之理。而依朱子，则只能言有孝之理，故有孝亲之心；无孝之理，即无孝亲之心。因为朱子所谓理，可以离心而独存，虽无此事实，而有此可能。而在王阳明，则在事实上与逻辑上，无心即无理。阳明哲学中，无形而上与形而下世界的区分。这是朱子学与阳明学的根本不同处。

冯先生以王阳明为《小史》作结，他的解释是，清代学问风尚转为汉学，汉学家鄙薄宋学，以为杂佛老而言儒家经学。清代人也有讲理学、心学的，但无有显著的新见，更无成体系的大家。所讨论的问题，不出宋明理学家；所根据的经典，也不出四书，故略去不讲。

冯先生的《小史》，作于其成名作两卷本《中国哲学史》出版之后，可视为两卷本的节略；很多重要文字，就是直接删节两卷本而成。但一些重要的、能说明问题的原著征引，却并未精简。冯先生生前曾自撰墓联曰：三史释今古，六书纪贞元。三史者，《中国哲学史》《中国哲学简史》《中国哲学史新编》，没有算上这本《小史》。大概冯先生觉得它太小，只是两卷本的节略，不足以表现他体大思精的中国哲学全史。但该书虽小，却是他中国哲学史思想的袖珍表现，可以使读者花较少的时间和精力，集中地、凝练地掌握中国哲学的重要内容。在纸张、印刷极为方便的今天，书印得都很大很厚，这本小书好像不起眼。但读一本掌中珍品，一本举重若轻的书，恰似清风拂面，舒适惬意。《小史》是冯先生八十多年前给予当世人的礼物，也为后人留下了一套回甘无穷的精美小馔。

（原载《现代哲学》2018年第6期）

冯友兰《中国哲学简史》导言

《中国哲学简史》是中国当代著名哲学家冯友兰中国哲学史著作中的一种。冯友兰（1895—1990），字芝生，河南唐河人，1915年入北京大学文科哲学门，1918年毕业。1919年赴美国哥伦比亚大学留学，1923年获哲学博士学位。回国后任中州大学、广东大学、燕京大学教授，1928年起任清华大学哲学系教授、系主任，1929年起兼任文学院院长。1939年至1946年任西南联合大学哲学系教授兼文学院院长，1942年起任清华大学校务会议主席，1952年起任北京大学哲学系教授，中国科学院哲学社会科学学部委员。全国政协第二、三、四届委员，第五、六届常委，第四届全国人民代表大会代表。1990年病逝于北京。有著作多种，汇编为《三松堂全集》。

《中国哲学简史》（*A Short History of Chinese Philosophy*）是冯友兰1947年在美国宾夕法尼亚大学讲授中国哲学史的英文讲稿，后经整理，1948年由麦克米伦公司出版。出版后有法文、意大利文、南斯拉夫文译本出版，在欧美有较大影响，收入英文本《冯友兰哲学著作选》（*Selected Philosophical Writings of Fung Yu-lan*）。1984年由作者的学生涂又光译成中文，北京大学出版社出版（本篇引文据此译本），后收入《三松堂全集》（河南人民出版社）第六卷。又有赵复三英译本，为多家出版社出版。

《中国哲学简史》与冯友兰的另两部中国哲学史著作《中国哲学史》

（上下卷）、《中国哲学史新编》（全七册）相比，篇幅小得多，但内容充实，要言不烦，正如他在该书自序中所说："小史者，非徒巨著之节略，姓名、学派之清单也。譬犹画图，小景之中，形神自足。非全史在胸，曷克臻比。惟其如是，读其书者，乃觉择焉虽精而语焉犹详也。"①

该书共28章，约23万字，叙述了从孔子到晚清西方学术大规模输入这一历史过程中中国哲学的发展和演变。第一章《中国哲学的精神》和第二章《中国哲学的背景》可以看作全书的导言。作者在这两章中讨论了哲学在中国文化中的地位、中国哲学所要解决的问题和它的独特精神、中国哲学家表达自己思想的方式和中国哲学为什么呈现如此面貌的缘由。这几个方面对于了解和把握中国哲学，把握作者的哲学观是至关重要的。

作者认为，哲学在中国文化中所占的地位，可与宗教在其他文化中的地位相比。西方人看到儒家思想渗透中国人的生活，就觉得儒家是宗教，但实际上儒家并不比柏拉图和亚里士多德的学说更像宗教，作者给出了他对于哲学的独特定义："我所说的哲学，就是对于人生的有系统的反思的思想。"② 这一定义是作者对哲学的根本看法，他的全部著作，都是在这一根本看法的指导下写成的。他认为哲学就是哲学家对于人生反思的思想，然后有系统地表达出来。哲学以人生为对象，人生论、宇宙论、知识论都是从反思中产生的。宇宙论的产生，是因为宇宙是人生的背景；知识论的产生，是因为思想本身就是知识，在我们对人生开始思想之前，我们必须首先"思想我们的思想"。作者用明白简洁而充分哲理化的语言，谈到了哲学的性质、任务和目的。在20世纪诸大家对于哲学的定义中，作者的以上定义是有一定代表性的。

作者接着谈到中国哲学与宗教的区别。他说："每种大宗教就是一种哲学加上一定的上层建筑，包括迷信、教条、仪式和组织。这就是我所说的宗教。"③ 由此出发，作者认为中国的儒家不是宗教。儒家四书元明以后

---

① 冯友兰：《中国哲学简史》，涂又光译，北京大学出版社1985年版，第1页。
② 同上书，第4页。
③ 同上书，第5页。

在知识分子中所起的作用类似于《圣经》在西方文化中的作用，但四书没有创世纪，也没有天堂、地狱。人们通常说儒教、道教、佛教，但儒家不是宗教，作为哲学的道家、佛学和作为宗教的道教、佛教也是有区别的。

作者接着指出："按照中国哲学的传统，它的功用不在于增加积极的知识，而在于提高心灵的境界——达到超乎现世的境界，获得高于道德价值的价值。"[①]所以，就中国哲学中的主要传统而言，我们不能说它是入世的，也不能说它是出世的，它既入世而又出世，这就是中国哲学的精神。有了这种精神，它就是最理想主义的，同时又是最现实主义的。它很实用，但是并不肤浅。入世与出世是对立的，现实主义与理想主义是对立的。而中国哲学的任务，就是把这些反命题统一成一个合命题。如何统一起来，这是中国哲学所要解决的问题。中国人的理想人格是"内圣外王"。内圣，是就其修养的成就而言；外王，是就其在社会上的功用而言。照中国的传统，哲学的任务就是使人具有这种人格，所以哲学所讲的就是所谓"内圣外王"之道。

由于哲学讲的是内圣外王之道，所以哲学必定与政治思想不能分开。尽管中国哲学各家不同，但各家哲学无不有它的政治思想，中国哲学与政治思想的联系十分密切。由于哲学的主题是内圣外王之道，所以学哲学不单要获得这种知识，而且要养成这种人格。哲学不单要知道它，而且要体验它。它不单是一种智力游戏，而且是比这严肃得多的东西。哲学是内在于人的行动的箴言体系。

关于中国哲学家表达自己思想的方式，作者指出，中国哲学家的言论、文章没有表面上的联系，是由于这些言论、文章都不是正式的哲学著作。中国哲学家惯于用名言隽语、比喻例证的形式表达自己的思想。如《老子》全书都是名言隽语，《庄子》各篇充满比喻例证。即使孟子和荀子的著作，与西方哲学著作相比，还是有很多的名言隽语。名言隽语、比喻例证虽然不够明晰，但富于暗示，前者从后者得到补偿。富于暗示而不是

[①] 冯友兰：《中国哲学简史》，涂又光译，北京大学出版社1985年版，第8页。

明晰得一览无余，是一切中国艺术的理想。

中国哲学有以上特点和精神，人们一定会问，何以中国哲学会有这些特点、这种精神？作者从中华民族所处的地理背景、经济背景等方面进行了分析。他认为，中国是大陆国家，他们的国土就是他们的世界。中国的先哲如孔子、孟子所处的地理环境，与生活在海洋国家而周游各岛的苏格拉底、柏拉图、亚里士多德有很大不同。由于中国是大陆国家，中华民族主要以农业为生，土地是财富的根本基础。因而中国哲学家的社会、经济思想中，有本末之别，本指农业，末指工商业。中国历史中，社会经济理论和政策都是重本轻末的。中国哲学、文学、艺术的形式，实际上是对农民思想的表达，如"反者道之动"是老子哲学的主要论点之一，也是儒家解释《易经》的主要论点之一。这个论点无疑是受到农民特别注意的日月运行、四时相继的启发。同时农民易于将自然理想化，老子的小国寡民，就是一幅小农国家的田园画卷。而天人合一的思想，将人自己和整个自然统一起来，是自然的理想化的最高发展。

由于农民靠土地为生，所以不轻易迁徙，这样就发展起来了中国的家族制度。儒家学说大部分是家族制度的理论说明。由于家庭制度的完备，祖先崇拜在中国相当发达，祖先是一个家族团结的象征，儒家学说自然而然成为正统哲学。作者指出农民的眼界不仅限制着中国哲学的内容，而且更为重要的是，它还限制着中国哲学的方法论。中国哲学的方法论是直觉的，这就能够理解为什么在中国哲学里，知识论从来没有发展起来；同时也可以解释，为什么中国哲学所用的语言富于暗示。

作者对于中国哲学的特点、中国哲学的问题和精神以及中国哲学的方法论的论证是有说服力的，是在对比了中西哲学的各个方面之后得出的。这些论点在《中国哲学史新编》中有更为详细的发挥。

从第四章开始，作者陆续对历代著名哲学家的主要思想进行了讲述。这些讲述的一个特点是，把哲学放在大的文化背景下考察，以文化引出哲学，以哲学概括文化。后来的《新编》沿用了这一方法。作者在《新编》第一册自序中说："在《新编》里边，除了说明一个哲学家的哲学体系外，也讲了一下他所处的政治社会环境。这样作可能失于芜杂，但如果作得比较好，这部《新编》也可能成为一部以哲学史为中心而又对于中国文化有所阐述的历史。如果真是那样，那倒是我求之不得的。"① 尽管作者的几部哲学史著作写于不同的年代和社会背景，但作者的哲学史观念是一贯的，对照本书和作者其他著作，就可以清楚地发现这一点。

这些讲述的另一特点是，作者深厚的中西哲学素养；以一个哲学家而治哲学史，所以具有高度的驾驭史料、分析史料的能力。他能在常见的材料中看出别人看不出的问题，得出别人得不出的结论。比如作者在分析名家惠施和公孙龙的学说时指出，惠施、公孙龙代表名家中的两种趋向，一种是强调实的相对性，另一种是强调名的绝对性。此外，如以杨朱、老子、庄子为道家发展的三个阶段，以孟子与荀子为儒家中的理想主义派和现实主义派，以《易传》为儒家的形上学，以《庄子》向郭注为新道家的主理派，以《列子》杨朱篇的作者（冯友兰认为杨朱篇不代表先秦杨朱的思想，《列子》是公元3世纪的著作）及竹林七贤为新道家的主情派，这些说法都是新颖而言之有据的。

该书的一个重要方面是，作者始终注意中西哲学思想在根本方法上的差异，以及西方哲学方法对中国学者研究中国哲学史所发生的作用，他说："西方哲学对中国哲学的永久性贡献，是逻辑分析方法。……它给予中国人一个新的思想方法，使其整个思想为之一变。"② 但作者也指出，西方哲学的逻辑分析方法并没有取代中国原有的负的思维方法，只是补充了负的方法。以中国哲学为代表的负的方法和以西方哲学为代表的正的方法并不矛盾，而是相辅相成的。一个完全的形上学系统，应当始于正的方法，而终于负的方法。如果不终于负的方法，它就不能达到哲学的最后顶点；但是如果它不始于正的方法，它就缺少作为哲学的实质的清晰思想。这实际上是回答了中国哲学在世界哲学中的地位这个大问题。

---

① 冯友兰：《中国哲学史新编》自序，《三松堂全集》第八卷，河南人民出版社2001年版，第4页。
② 冯友兰：《中国哲学简史》，涂又光译，北京大学出版社1985年版，第378页。

作者在探讨未来哲学的发展趋势时提出，在中国哲学中，正的方法从未得到充分发展，事实上对它太忽视了。因此，中国哲学历来缺乏清晰的思想，这也是中国哲学以单纯为特色的原因之一。由于缺乏清晰思想，其单纯性也就是非常素朴的。单纯性本身是值得发扬的，但是它的素朴性必须通过清晰思想的作用加以克服。清晰思想不是哲学的目的，但它是每个哲学家需要的不可缺少的训练，它确实是中国哲学家所需要的。另一方面，在西方哲学史中从未见到充分发展的负的方法。只有两者相结合才能产生未来的哲学。这是一个具有中西方深厚学养的哲学家对中西哲学特点的深刻把握。冯友兰所指示的这一方向，正是后来许多学者共循的道路。就这一点说，作者作为用新方法进行中国哲学史研究的开创者、作为这一研究领域的大师是当之无愧的。因此，这部《中国哲学简史》是每一个要了解中国哲学发展的历史、了解中国哲学史治学方法论演变的历史、了解作者本人的思想历史的一本必读之书。

（原载《与名家一起读经典》，中国纺织出版社 2003 年版）

钱穆治朱子学之方法举隅

朱熹是北宋理学的集大成者，是中国乃至东亚思想史上发生了极大影响的哲学家。其思想体大思精，古今罕有其匹。元明而后，治朱子学者代不乏人，各有创获。就民国以来学人而论，范围之广泛，论述之深博，新见之丰多，当首推钱穆先生之《朱子新学案》。

《新学案》对朱子思想作了全面考察，所论包括理气、心性、对理学先贤的评论、朱陆异同，及朱子之经学、史学、文学、校勘辨伪、格物游艺、治学方法等，凡五十八篇，一百五十万言。先生作此巨著，有其方法论贯彻其中，考绎其意，大端有四，以下分别论述。

一　熟读原文，读书即格物

研治学术史，可以有不同的方法。可以客观平实地叙述研究对象的思想而不作大的发挥，也可推阐思想家蕴涵在不同时期著作中的精义。前者重在选材之准确丰富，结论之允当可信，源流勾画之清晰详明。后者材料已降至次要地位，思想传承、学说源流之勾画亦非重要，最重要的，在作者的抉发力、洞察力，能否在众人习见的材料中，得出启发人思考、表现作者本人思想观点的独见。这两种方法都是治学术史的重要方法，前者偏重于历史，后者偏重于哲学。

钱穆先生治朱子学的方法，偏重于前者。他作为一历史学家，把历史分析、历史考据等方法注入朱子学研究中，以纯然客观的态度研治朱子。这里所谓纯然客观，非置身其外，无有感情倾注。相反，先生是以理学家式的虔敬但又十分理智地对朱子思想作研究。

钱穆先生把朱子教人读书法，作为研治朱子的第一步。朱子是一位教育家，教人读书之言甚多，有启蒙初学者，有训诲有见者；有对学习方法的指点，有对不良学风的针砭，种种色色，不一而足。而究其意指，大约在熟读原书，精思义理，虚心涵泳；不匆促急迫，不粗心浮气，不先有成见撑挂心中。朱子当时有一种学风，认为理学精髓在心性，而心性全在默识体验，不读书或少读书，只静坐瞑目自思自体即可。朱子批评此法，认为古人嘉惠后学，垂教立法，皆在简册，若废书不读，空思冥索，何由得古人之意。钱穆先生研治朱子，首先重在熟读朱子原书。朱子为古今学术巨擘，著作卷帙浩繁，尽读朱子著作，首尾能究其详者世不多见。钱穆先生指出，朱子读书多、著书多、所著书中涉及的方面多。由此三多，治朱子学大不易。他以惊人的毅力，以老病之身，竟数年之功，先读《朱子文集》一百四十卷，然后读《朱子语类》一百四十卷，随读随摘其精要，得三千余条。此三千余条，短者十数字，长者或数千字。不论长短，皆最能代表朱子真实思想者。《新学案》即以此三千余条精要语为基础，引申论证。此三千条涉及极广，几乎包括朱子学的一切方面，钱穆先生皆一一抉发幽隐，前后比观，融会贯通，然后参照《四书章句集注》《周易本义》《诗集传》等自著书。所以《新学案》所引材料丰富，从篇幅上说约占全书一半。但因皆精要语，故毫无繁杂、冗长之感，反可得低回反复之妙。《新学案》立意选材如此，宜乎其为治朱子之杰出伟构。

朱子教人读书法之重要一项即虚心平气，己之好恶不掺杂其中。朱子曾论这种心境说："此又是一种功夫，直是要人虚心平气，本文之下打叠教空荡荡地，不要留一字。先儒旧说，莫问他是何人所说，所尊所亲，所憎所恶，一切莫问，而惟本文本意是求，则圣贤之指得矣。若于此处先有私主,便为所蔽,而不得其正。"① 钱穆先生对朱子此法终生信守。他的思想史著作,皆虚心平气读书所撰,论点皆以原书为根据;推绎古人意思,必是古人意中所得言而未言者;他自己的新见,于得出之关节处必点示明白。钱穆先生不只把此作为读书方法,亦作为修养方法,他说:"虚心平气,即是一大修养,如此乃可来读书,亦复在读书上可得此修养。"② 在先生这里,虚心平气是一种心态,一种精神境界;读书先立己意,横生他说,不惟不是正确的读书方法,亦于身心修养有碍。他非常赞同朱子这一意见:"不论看书与日用功夫,皆要放开心胸,令其平易广阔,方可徐徐旋看道理,浸灌培养。切忌合下便立己意,把捉得太紧了,即气象急迫,田地狭窄,无处着功夫。此非独是读书法,亦是变化气质的道理。"③ 即是说,读书也是一种日常功夫,可以修养身心,变化气质。

钱穆先生既以读书具有获得知识增进道德双重用途,所以他把读书作为一种纯粹的精神享受,一种心智的当下适惬,他曾说:"读书先责效,是大病。第一不要抢立说,第二不要问效验。就书看书,只办此一条心,故谓之心精。心精便是只有此一心。心精了,书自熟。"④ 这里所谓效验,不是指经世致用中的功效,而是指读书上的贪多务得,欲速求效。钱穆先生主张学问须有心得,有见解。但见解须是学养积累深厚之后自然的结果,不是故意标新立异,炫奇夸靡。这种人志不在学问本身。钱穆先生是把读书当作朱子所谓格物看待,他指出,朱子读书法,即是朱子格物法。就书看书,即随物格物。如此读书,容易明白书中道理;如此格物,也容易明白物理。

这里要特别指出,钱穆先生不同意以程朱为理学、陆王为心学的观点,宁可说陆王心学偏重于人生界,程朱理学兼重人生界与宇宙界。他甚至认为,最能发挥心与理之异同分合及其相互间密切关系者,莫如朱子。所以,说朱子"彻头彻尾是一项圆密宏大之心学,亦无不可"。在他这里,

---

① 钱穆:《朱子新学案》,巴蜀书社 1986 年版,第 1165 页。
② 同上。
③ 同上书,第 1169 页。
④ 同上书,第 1183 页。

朱子与象山之不同不在一主尊德性，一主道问学，而在于尊德性后之功夫不同。他常举朱子"陆学有头无尾，婺学有尾无头，禅学首尾都无"来说象山之疵病。有头无尾，即尊德性后无功夫。亦常说朱子下列论象山语极精："看子静书，只我胸中流出底是天理，全不着得些功夫。""陆子静之学，只管说一个心本来是好底物事，只被私欲遮了。若识得一个心，万法流出，更都无许多事。"① 他认为，朱子此语乃朱陆异同根本所在。钱穆先生一生服膺朱学，认为格物致知之说为朱子功夫论中最重要者。格物致知正所以补象山尊德性之后事。朱子非不尊德性，而是认为尊德性之后实有大事在。格物致知正是使象山所谓胸中流出天理之形下功夫。钱穆先生非常赞赏朱子格物之论，他说："朱子论心学功夫最要着意所在，则为致知。悬举知识之追寻一项，奉为心学主要功夫，此在宋元明三代理学诸家中，实唯朱子一人为然。理学家所重之理，尤在心性方面。心性之理，则贵反求而自得。朱子不然，认为内外本末，须一以贯之，精粗俱到，统体兼尽。此为朱子在一般理学思想中之最独特亦最伟大处。故朱子不仅集北宋以来理学之大成，实欲自此开出理学之新趋。"② 他认为，一部朱子书，处处强调格物，处处以形下实功上达天理。内外本末兼赅，是朱子书所宣示的基本方法。先生服膺朱子者，即在此；以朱子为圆密宏大之心学者，亦在此。故以读书为格物，熟读原书，抉发精义，是钱穆先生作为一个信从朱子学的历史学家题中应有之义。

二　采择《文集》《语类》，特重历史感

朱子著作分两大类，一为其自著书，其中最为人称道者有《四书章句集注》《周易本义》《诗集传》等；一为《文集》《语类》。钱穆先生《新学案》中三千余条材料，皆取自《文集》《语类》，而取自《语类》者又其太

---

① 钱穆：《朱子新学案》，巴蜀书社1986年版，第98页。
② 同上书，第87页。

半。关于《文集》《语类》的重要性，先生说："若专读其著述书，而不读其《文集》与《语类》，则如朱子教人常云吃馒头仅撮一尖，终不得馒头之真味。本人为《朱子新学案》，于其《文集》《语类》二百八十卷书，逐篇逐条均经细读，乃见朱子著述各书，其精义所在，其余义所及，多为只读各书所未易寻索者。又见朱子为学之会通处，有在其各著述之上之外者。乃知不读《文集》《语类》，即无以通朱子之学。"[1]《文集》多与人论学书，《语类》为朱子与门人讨论之问答，其中多有专书中未有者。如朱子关于理气、道器、太极阴阳诸思想，其《太极图说解》中虽说得十分详明，但其中内蕴道理之展开，与理论发展之思想途程，多是在与人论学书与师徒问答中道出的。《学案》以《文集》《语类》为根据，正可见各专书中所未及道之精义。而读《文集》《语类》后再读各专书，确有得源而及流、豁然晓畅之感。

但《语类》为门弟子所记，非朱子手著，其是否可为朱子思想之根据，历来有不同看法。钱穆先生对此有自己的主张。在《新学案》书首之提纲中，他指出，除理学家外，率多鄙视语录，一则谓语录体袭自禅宗，二则谓非语者亲笔，容有录者误记。但朱子本人并不以语录为不可恃，朱子究二程学，即从语录入。尤其明道，其学全自语录见。伊川虽有《周易程氏传》，但其思想之主要部分，也自语录中见。对于朱子语录之真实性与可靠性，朱子门人弟子有不同乃至相反的意见。钱穆先生认为，语录可作为朱子思想的根据，且有甚大好处。其一，读语录可以想见朱子讲学之音容笑貌，比读其作之文章，更有亲切感。著书作文与言谈不同，言谈之下，生动活泼变化万端之思想，随地随处随感而涌，滔滔滚滚，直抒胸臆。而笔之于书者，此等处多不易见。学者宁千里从师听其言，不读其所著书，正为此。其二，朱子语录中多学者问难处，此恰是多数学者思而不解必询之于师者，质疑问难，方得明白。而众人所记各异，正如对同一问题有不同回答，正可互相补益，增进理解。其三，朱子语录所包范围极广，一般

---

[1] 钱穆：《朱子新学案》，巴蜀书社1986年版，第155页。

理学家多谈性理，而朱子则"上至天之所以高厚，下至一物之微"，几乎无所不谈，其逸出自著书所论范围者极多。如仅读其自著书，则不易见朱子学问之全部。此处所论，诚通观朱子学全部，又细思朱子学之精蕴，会心有得之言。先生又特重朱子晚年思想，而论晚年思想，多取材于《语类》。他说："《语类》乃是朱子五十后晚年学问思想所荟萃，而又随问流露，活泼生动，委悉详备。《语类》之在朱学全部系统中，正如画龙点睛，使人读之有破壁飞去之感。朱子之精神笑貌，毕寓于此，千年如会于一堂，众闻悉归之一己。较之亲炙，亦何多逊。治朱学而期于深山之得宝，则《语类》一书断不可忽。"①

另钱穆先生指出，《文集》《语类》可补自著书之缺疑，可纪朱子思想发展变迁之轨辙。关于自著书与语录的关系，朱子弟子李心传说过，语录与四书不同者，当以四书为准；语录中簇复论难之语，可以作为四书的辅助。语录中与《诗集传》《周易本义》抵牾者，在《诗》《易》成书前，当以书为正；成书之后者，当以语录为是。钱穆先生同意此意见，他指出，《论》《孟》集注成书于朱子四十八岁，此后二十余年中不断改定之曲折层次，则在语录中可见。《周易本义》成稿后即未有改定，而语录中论易之处多在《周易本义》后，与《本义》多相异者。此等处当以语录为是。对语录可纪朱子思想发展变迁之轨迹，先生亦特别重视，他指出："读《文集》《语类》，有一点最当注意者，即为《文集》各篇《语类》各条之年代先后。《文集》起自朱子二十余岁，先后共历四十余年。《语类》起自朱子四十余岁，先后共历二十余年。其间多有明白年代可据，亦有可推勘而得，亦有虽不能得其确年，而可断定其在某年上下数年之内者。朱子历年思想见解之递转而递进，与夫其言辩考索之愈后而愈密，皆可由此觇之。"②先生作为一个历史学家，对思想史上的重要人物，皆注重其一生思想发展之轨迹。其《中国近三百年学术史》自不必说，在《新学案》中，关于朱陆

---

① 钱穆：《朱子新学案》，巴蜀书社1986年版，第158页。
② 同上书，第157页。

交往及其争论，关于朱子苦参中和及与湖湘学派的关系，关于朱子对婺学前后态度的变化等，都极具历史感。如朱陆之争，先生指出，朱子与陆象山兄弟鹅湖初会时，年已四十六岁，其思想体系与学术规模，已大体确立。此时与二陆之思想观点，甚相违异。鹅湖之会，二家辩论不欢而散亦是事实。之后，朱子先与陆九龄有铅山之再晤，继与陆象山有南康之重聚。此时二陆对于朱子，意态较平和。朱子对陆九龄深相喜慰，对陆象山也备极奖掖。自象山书院建立，学徒日集，讲论日盛，朱陆异同日益彰显；又经曹立之墓表之激荡，与傅子渊南康相见之嚣张，而终于决裂。此后朱子对陆学遂改为直率纠弹的态度。至淳熙十五年与陆象山争《太极图说》，书信往返，传播远近，而后二人之裂痕遂暴露无遗。其时朱子年已五十九，上距鹅湖之会已历十四年。钱穆先生此论，绝不同于一般研究朱陆异同者。他特别注意者，在二人关系发展之不同阶段与思想上引起的激荡。所以特辟"朱子与二陆交游始末"一章，与"朱子象山学术异同"比照相参，以证朱陆异同之历史发展与特殊事件对二人关系之影响。对于朱子思想，先生也指出，鹅湖之会时，朱子思想大体已奠定。至陆象山逝世的十八年中，朱子思想日益缜密廓大，但学问途辙未有大变。既非如王阳明《朱子晚年定论》所说之穷悔极艾，也非株守早年之学。注意从时间之递进论学术思想之变迁，是先生治思想史的一个特点。先生在《新学案》例言中就说："本书叙述朱子，尤重在指出其思想学术之与年转进处。在每一分题下，并不专重其最后所归之结论，而必追溯其前后首尾往复之演变。"[①]此诚先生历史敏感性之绝好说明。

三　杜绝门户之见，观朱子之全

治学术史最忌先立门户，以门户之见障蔽心目，不能平心论学。中国学术，门户之见为祸甚深。汉学宋学之争为一大害，汉学中今古文之争为

---

① 钱穆：《朱子新学案》，巴蜀书社1986年版，第2页。

一大害，宋学中理学与诸儒之争为一大害，理学中程朱陆王之争又为一大害。朱陆之争，不仅朱陆生前已撄此祸，朱陆身后至清代，朱陆学者各挟门户之见争辩不已，实为学界之一大障蔽。他指出："治陆王学者以陆王为中心，而治朱子学者则以反陆王为中心。此等诚是学术界一大可骇怪之事。"① 明代程篁墩著《道一编》，证朱陆二家始异而终同。王阳明之《朱子晚年定论》继之。王阳明此书非为明辨朱陆是非，而是为己学张目。治陆王学者谓朱子晚年思想同于象山，治朱学者谓朱子晚年无一语折入象山。此诚专以朱陆之争为朱子学之精蕴，必为门户之见无疑。钱穆先生对此类著作，皆加以讥评。他所重者，在全面、平实、不带门户偏见之朱子研究。非如此，则难有真正科学的研治朱子之著作。他尝说："朱子学广大精深，无所不包，亦无所不透，断非陷入门户者所能窥究。"② 先生著《新学案》，就是要驱除笼罩于朱子学上的门户迷雾，还朱子的本来面目。

钱穆先生特别指出，朱学之晦而不彰，有四大害：其一，科举陋儒，志在名位，不在学术。其二，得祸于清廷者，因连带对清廷所尊奉的朱子学，不问青红皂白一律拒斥。而另一类人则反之，专以治朱子学为希旨邀宠的手段。其三，治朱子学而专于争门户，以为凡陆象山所反对者，即为朱子精旨所在。此尤治朱学者一绝大障蔽。其四，朱子兴起而理学大振，儒道二家不能与理学争衡。于是诤朱反朱者，只限于理学内，不能在更广阔的背景下看朱子之功。先生此论，可谓正中当时学弊。

南宋理宗后，表彰朱学。元代以周敦颐、二程、朱熹、司马光等从祀孔庙，士子群起而读朱子书。至明初，定科举考试以四书、五经试士子，朱子书为士人必读。而其中真能以读朱子书为穷究义理、涵养道德、了达性命者，鲜有其人。一般皆以读朱子书、治朱子学为科举进身之途。其末流甚至置朱子书不读，专以揣摩坊间墨卷以为应试之备。此种治朱子学者正先生所指斥之科举陋儒。又有伪学者，以当道之好恶为趋，熟记朱子语

---

① 钱穆：《朱子新学案》，巴蜀书社 1986 年版，第 159 页。
② 同上书，第 2 页。

为随时应答之资，其目的在承望恩泽，希旨邀宠。而因得祸拒斥朱子者，以一身之荣辱衡量朱子学，其固狭隘心理，亦非关朱子学本身。钱穆先生认为，此两种人本意不在学术，其害显而易见。下面两种皆为学术中人，其害不易察觉：第三种人，治朱子学不知全面深求，专以陆王之反面求朱子之精旨，似乎朱子之学处处与陆王相反；而陆象山之学，处处为针对朱子而发。以为宗朱必全面反陆，反陆即为朱子卫道。此点先生极力反对，他指斥这种人说："凡遇朱子言论可与象山相通者，皆指谓朱子之自悔己学而改以相从，此固谬矣。抑尊朱述朱者，遇此等处，则或避而不言，又转生别解。一若朱子苟有一近于象山，则失其所以为朱子，若有害于程朱传统之尊严。此皆不足以知朱子，又何足与论朱陆异同。"① 先生在《新学案》之"朱子象山学术异同"一章内，援引朱子书信、语录，特别是吕祖谦去世后朱子箴诫婺学所与诸人书，其间与陆学相近者，以证朱陆二家并非无相通相近之处。先生一意扫除门户之见，于此灼然可见。

钱穆先生所斥之第四种人，亦是学术中人，此种人规模狭窄，其治朱子仅着眼于道学之内。先生指出，朱子之学范围极其广大，所涉之领域几无所不包。朱子之功绩，于继程朱道统，集周张二程及张栻、吕祖谦等人之学于一身，冶濂洛关闽湖湘之学于一炉，功劳甚大；其一生学问用功多者在此，固不待言。但若以为朱子之学仅限于此，或以为朱学除此等处外皆无甚价值，则又偏狭之论。先生之《新学案》，于朱子之经学，所包甚广，所论甚多。他认为，朱子为一全儒，理学而外，经学实为朱子夙所究心，其成就亦极大。其于《易》《诗》，皆有成书，对《礼》尤终生用力；晚年编修礼书，所耗精力绝大。在《新学案》提纲中，先生特别指出，自有朱子，理学重又回向经学而与经学相绾合，使古来儒学传统得以恢复，理学之精旨，亦因此更得焕发光昌。此论绝无夸大之处。

钱穆先生还指出，朱子论佛教禅宗，亦极有见地，而此等处前人多忽略。他举朱子论禅学语"吾以心与理为一，彼以心与理为二。彼见得心空

---

① 钱穆：《朱子新学案》，巴蜀书社1986年版，第985页。

而无理,此见得心虽空而万理咸备。虽说心与理一,不察乎气禀物欲之私,是见得不真。《大学》所以贵格物"①,然后对此发挥说:"此处明言心即理,但必附带一条件,曰格物。格物是到达心即理之功夫。若非格物,则仍会走到心空路上去。"②此处先生不仅指出儒释之最大分野,亦指出朱陆二家之同异:同处在,象山主心即理,朱子亦未始不言心即理。异处在,象山"只拣心中好的说",而朱子则着眼于气禀物欲对心的戕害。象山言本然的心,朱子言现实的心。象山主发明本心,下梢功夫说得不明,朱子则主格物穷理而豁然贯通,格物是到达心中之理的功夫。先生亦赞赏朱子对佛教本体、功夫的卓见,他说:"朱子谓释氏功夫磨擦得这心极精细,剥尽外皮,精光独露,遂误认此心为性。佛氏所谓法身,即指此精光言。佛氏非以空为体,乃以此心精光为体,在此心精光中,不容着一物,故谓之空。此对禅学功夫非真有研究者,不易说到。"③先生还指出,二程提出敬字,也只是把定一心,不令散乱。若只守这一敬,到头也还是一个空寂。所以朱子乃以敬义夹持、格物穷理代替禅家之"参话头",又以濂溪、横渠穷究宇宙万象代替法眼禅师之"有物先天地"。朱子的意思,要用一套崭新的儒学、理学来代替自唐以来在社会上普遍流行的禅学。这里先生不仅精当地点出禅学功夫在"磨擦此心,剥尽外皮,精光独露",禅宗之"参话头"其用在于"凝神专志",而且指出朱子对于濂洛关学之继承发展究在何处。

此处仅举二例,即可看出钱穆先生治朱子学之方法与成就之一斑。他论朱子,必放在广阔的学术背景下,见出朱子精诣独到处,必论朱子之深广规模,绝不以道学一端为足。先生为我们描画出一个全面的、立体的、真实的朱子。此其《新学案》所以超出同时代研治朱子之著作的根本所在。

---

① 钱穆:《朱子新学案》,巴蜀书社1986年版,第100页。
② 同上。
③ 同上书,第101页。

四　学案体例之创新

中国旧时之学术史著作，学案为其典型体制。学案之翘楚，为黄宗羲《明儒学案》与黄宗羲原著、全祖望续修之《宋元学案》。其中尤以前书为著。对于两《学案》之得失，前人多有评论，其中对《明儒学案》之学术价值皆称道不置，唯对其以王学为主干，则多谓有门户之见。钱穆先生对于两《学案》之评论，颇公允平正，他说："黄梨洲为《明儒学案》，其中阐扬王学，颇见精彩。晚年有意为《宋元学案》，既非夙所究心，殊难胜任愉快。其子百家主一承其家学，以王学余绪衡量两宋，宜于不得要领。全祖望谢山本于理学寝馈不深，又濡染于李穆堂之偏见，其修补黄氏父子之《宋元学案》，所费工力甚为深博，然于平章学术，考镜得失，则多有偏阿。"[①] 此见先生对于两《学案》，一以选材之是否全面，是非之评断是否允当为标准。黄宗羲对明代理学，浸润颇深，用功颇勤。其师刘宗周为明代学术大家，评衡人物，考断是非，多精确切当，见解在诸人之上。黄宗羲之《明儒学案》，于卷首置"师说"，各案中之人物评论，多采其师说。《明儒学案》多王门之记录，但此不足为黄宗羲病。因为明代学术，确为王学擅场，若于此不实录而曲为掩匿，则非信史。实际上《明儒学案》前有三原、河东、康斋等学案，中有诸儒学案，所占篇幅甚大，后有东林学案，为明显倾向朱学者。黄宗羲虽有党人习气，但其《明儒学案》却能一秉公心，非于王学有所袒护阿私。黄宗羲为纠正现成良知派之偏，褒扬江右诸人，贬抑泰州龙溪，此亦显然。先生于此等处皆明白点出。

钱穆先生之《新学案》，实为研究朱子学之专著。特其称引材料多而详，又"一本朱子原书以述朱子"，不甚作发挥；即有发挥，亦于大传统、大背景中稍作指点，此固与学术论著之专事阐幽探微不同，亦与旧学案之体制不同，故名"新学案"。先生此书在学案体例之创新上，可说者有三：

[①] 钱穆：《朱子新学案》，巴蜀书社1986年版，第159页。

其一，变前传后文为随文阐说。学案旧体例，皆先述一人生平著作之大略，然后摘引其人学术思想之代表著作。而所摘引之材料，又多为讲学语录、往来论辩书信等。黄、全二《学案》，即其显例。钱穆先生对此不惬于心，他说："学案旧例，仅是散摘数条，略加评案。易使读者如看格言集，或读相驳书，几如理学家言非属教训，即系辩诘，学术气味不免冲淡，思想条理更难体究，使人对理学诸家易生厌倦。"[①] 先生之《新学案》，摘录《文集》《语类》中精要语三千余条，然后分门别类，总为五十八章。每一条或数条之后，加以解说，非徒罗列、堆砌材料。故其书虽名为学案，实即朱子研究之专著。不过所引材料特多，所下断语又极平实、极简洁而已。其风格极近其名作《中国近三百年学术史》。不过《新学案》所论为朱子一人之各方面，《学术史》则论多人之多方面。

其二，变平列各书为分类叙述。学案旧例，所选一思想家之材料，篇幅不大者全录；若有多种，则按书排列，以重要程度及原书之先后为序。如《明儒学案》之《蕺山学案》，所采为刘宗周《语录》《会语》《来学问答》《读易图说》《大学杂绎》等，皆按书平列，各材料间多有重复。钱穆先生之《新学案》，材料按问题分类。此种分法，既易于学者分观会通，又可随文解说，订正讹误，分疏源流，甚至他人意见，也可附论于中，易于展其学其才。先生说："本书多分篇章，各成条贯，使人每读一条，易于了解其在一家思想全体系中之地位与意义。分而读之，固可各见其有然；合而思之，乃可尽见其所以然。自可知一家学术，必有其根底所在与其精神所寄。固不轻为教训，亦非专务辩诘。"[②] 读先生之《新学案》，每读一条，即可于此类中见此条之意义。每读一类，即可见此类在整个朱子思想体系中之地位。各类既竟，整个朱子思想了然胸中。先生所选朱子语，皆最能代表朱子思想且深切有味者。读者可尝一脔而知鼎味，无不见全豹之憾。

其三，变学术总论为提纲。学案旧例，于每一思想家之传记后，掇述

---

① 钱穆：《朱子新学案》，巴蜀书社1986年版，第159页。
② 同上书，第160页。

其学术思想之梗概。其事迹无甚称述者，传记略而学术梗概详；其立身行事有可说者，则传记详而学术梗概略。两皆无称者，仅备源流。《明儒学案》中，前者如陈白沙、罗钦顺，后者如刘宗周、顾宪成。《新学案》略去朱子传记不言，而专述朱子之学。朱子之所以为朱子者，在学术，不在行事，而朱子之行事实多有可称述者。钱穆先生自认述朱子行事不能逸出王白田《朱子年谱》所举，又为节省篇幅计，故略去不讲，专言朱子之学术思想。而在学术与思想二部中，又特重其思想之部。先生为使学者易于入门，在《新学案》全书前冠一《朱子学提纲》。虽此提纲甚大（共 162 页），几为一述朱子之专书，然方之《新学案》全书篇幅之巨，犹为一提纲。而此提纲所述比之朱子学问之深博，亦只可作一梗概看。钱穆先生作此提纲，不仅为初学入门，而且复有深意在，即先生欲于大传统、大背景中指出朱子之创辟与孤往。他说："治一家之学，必当于其大传统处求，又必当于其大背景中求。其他苟有发挥，则胥于大传统处、大背景中稍作指点，使读者于传统中见朱子之创辟，于背景中见朱子之孤往。"[①] 此诚方家之言，不刊之论。故《提纲》于朱子学术思想外，另列古今儒学变迁，以见朱子兴起之由。又述朱子身后朱学之流衍，以见朱子在中国学术史上的地位。其中风气激变之因，思潮转捩之由，陈说极为分明。特别是先生先有《国史大纲》《中国近三百年学术史》《宋明理学概述》之作，缕述学术全史，如指诸掌；其论朱子，自无肤阔浅薄之病。

钱穆先生之《朱子新学案》，因有上述数项方法作指导，所论广博而不杂乱，深刻而不虚玄，于众殊中见条贯，于多项中见会归，诚为治朱子学之划时代巨著。先生平生学术趋向，治学精诣，皆在此书中见，此尤超出一学案本身之意义。

（原载《原道》第三辑，中国广播电视出版社 1996 年版）

---

① 钱穆：《朱子新学案》，巴蜀书社 1986 年版，第 160 页。

张岱年思想的特质与名称

张岱年先生逝世后，关于他的思想的讨论日渐增多，其中涉及他的思想的特质，他的思想体系的名称，他的思想的理论渊源等问题。论者多以"综合创新论"或"解析的唯物论"指称张岱年的思想体系，笔者则提出，张岱年思想体系的名称应为"综合的物本论"，只有此名称才能概括张岱年前后期思想之全，才能道出张岱年哲学贡献的独特之处，才能把张岱年对于只重分析的实在论、排斥形上学的逻辑实证论及贬抑中国哲学的西化论的反对等重要方面凸显出来。以下尝试论之。

一 文化上的综合与哲学上的综合

张岱年一生的主要工作在三个方面：哲学、哲学史、文化理论。他的哲学观，主要表现在20世纪三四十年代写的一系列文章与读书札记中，尤其能代表他的哲学观点的是《论外界的实在》《谭理》《哲学上一个可能的综合》和"天人五论"。哲学史方面的主要著作是《中国哲学大纲》《宋元明清哲学史提纲》《中国哲学史方法论发凡》《中国古典哲学概念范畴要论》和相关论文。对于文化的研究虽发轫甚早，但成熟的文化观主要表现在80年代后所写的一系列论文中。其中多处提到"综合创新论"。"综合创新论"实际上是指文化上的综合创新，张岱年说："建设社会主义的新文化是一个创新的事业。我认为，一方面要总结我国的传统文化，探索中国落后的原因，经过深入的反思，对其优点和缺点有一个明确的认识。另一方面，要深入研究西方文化，对西方文化作具体分析，对其缺点和优点也要有一个明确的认识。根据我国国情，将上述两个方面的优点综合起来，创新出一种更高的文化。……近几年，针对文化问题，我写了一些研究文章，自己撰了一个名词：'文化综合创新论'。这也可能是胆大狂放，但是，我认为中国新文化建立，综合和创新还是重要的。"① 张岱年还说："我们认为，新中国文化建设的基本方针应是综合中西文化之长而创建新的中国文化。这个观点，针对'东方文化优越论'与'全盘西化论'，可以称为'综合创新论'。"② 很清楚，张岱年的综合创新论是一种文化方针、文化理念，不是一种哲学宗旨、哲学主张。"文化综合创新论"是张岱年针对 20 世纪 80 年代以来的文化讨论中否定中国传统文化的思潮而提出的，综合与创新是这一文化方针的两个阶段或两个步骤，不是一个统一的哲学观点的名称。文化上的综合创新不能代表张岱年的全部工作和全部成就，尤其不能代表他作为现代中国有独特思想体系的哲学家的哲学宗旨。

如上所说，张岱年在哲学上的主张应是"综合的物本论"，"物本论"颇费分梳，留待下节讨论。仅就"综合"二字说，哲学宗旨的"综合"也不同于文化观上的"综合"。张岱年于 1936 年发表《哲学上一个可能的综合》的重要论文，这篇文章是他前期哲学方向的宣言，也是他一生思想的基础，文中说："这个综合的哲学，对于西洋哲学方面说，可以说是新唯物论之更进的引申，对于中国哲学方面说，可以说是王船山、颜习斋、戴东原的哲学之再度的发展，在性质上则是唯物论、理想主义、解析哲学之一种综合。"③ 文化上的综合指一种开放的文化观，它可以容纳不同的文化传统中的文化因素，或把不同文化内涵、文化因素会聚在一起。在文化的综合中，不同的文化因素是彼此独立而和平共处的。各文化因素之间是疏离

---

① 《张岱年全集》第六卷，河北人民出版社 1996 年版，第 252 页。
② 《张岱年全集》第七卷，河北人民出版社 1996 年版，第 14 页。
③ 《张岱年全集》第一卷，河北人民出版社 1996 年版，第 277 页。

的,它们之"综"之"合"是汇聚而非融合。哲学上的综合则指不同哲学观点的融合,这种融合是水乳交融的。在哲学史上,只要是自成一说而为后人判定是创造性的,总是成功地嫁接不同的哲学因素而结出的新的别具一格的果实,不是掇取别人的东西简单地缀合在一起。张岱年的"综合的物本论"之综合,是哲学上的综合,不是文化上的综合,他参照的是康德的批判哲学之综合理性论与经验论而成立先天综合判断。在张岱年的哲学中,唯物论、理想论、解析方法三者是同一个模型的不同方面。唯物论是其出发点和基础,理想论是其动力和归宿,解析是他的哲学所用的方法及所呈现的形态。它们是内容和形式的统一。这个模型虽然可以析为不同的方面,但又是一个统一的整体。

这种综合可以叫"会通"。张岱年在论述哲学的思维特质时对会通的不同形式作了区分,他指出,会通是与解析相反的思维方式,解析是同中见异,会通则是异中见同,合同异为一。会通最重要的是兼综与融合。兼综中有方面之兼综、观点之兼综与学说系统之兼综。学说系统之兼综指,凡是可以称作一个系统的,它必可拆为若干支系统;支系统中,一些是与实际吻合的,可称为真;一些是与实际不吻合的,可称为妄。"厘别一系统为若干支系统,分别其真妄,然后将众多系统中之近真的支系统融合为一大系统,便可得一较圆满之系统。"[①]"综合的物本论"之"综合"便有这种性质,它和作为文化方针、文化理念的"综合创新论"是不同的。"综合创新论"可以析为不同的阶段,可以先综合,后创新。这种综合包括不同文化因素的共处、碰撞、抉择、会聚等不同步骤,这是历史上不同文化的交流中经常遇到的情形。而作为哲学观点的"综合",当它成为一种观点时,它就已经完成融合了。说"综合"是为了标明此种融合有着不同的来源,不同的因素。综合与创新不是两个阶段,而是表示此哲学系统的形貌和性质。综合即是创新,创新即是综合。文化观上的综合创新,"综合""创新"都是动词,表示要将不同的文化系统、文化因素综合起来,吸收、消化,

---

[①] 《张岱年全集》第三卷,河北人民出版社1996年版,第68页。

创造出一种新的文化。哲学观点上的"综合"是形容词，它表示此种哲学观点是由不同内容、不同渊源构成的，可以详细地分析其内容的各个方面。因为文化是多种具体门类的统称，所以对它的综合必是一种方向性的、基调性的一般提法，而哲学上的"综合"因是对某个思想家哲学观点的指谓，因而必是具体的、有确指的。

有此诸多不同，所以本文提出，以"综合的物本论"为张岱年哲学体系的名称。如果代之以"综合创新论"，则容易给人笼统、折中、无主、杂掇他人观点而机械组合为一个系统等印象。不但不能彰显张岱年哲学的深湛、有渊源，反而降低了张岱年哲学的价值。以"综合的物本论"为张岱年哲学体系的名称，其鲜明与独特可一望而知。此外，在张岱年之外另有学者以"综合创新论"为自己思想系统的名称，其学术渊源、理论基础、所包含的内容皆与张岱年不同，以"综合创新论"为张岱年的哲学宗旨则不足以与其他学者相区别。

二　分析与综合

1936年孙道升在《中国当代哲学界的解剖》一文中将张申府张岱年兄弟的学说称为"分析的唯物论"，后来的学人评述张岱年的哲学思想，多沿用孙道升此说，以"分析的唯物论"作为张岱年哲学体系的名称。这一提法有见于张岱年一生喜好分析，精于分析，长于理性而不喜神秘的东西的特点及他早年所受新实在论哲学家的分析方法的影响等事实。但仅仅以分析来概括张岱年哲学的性质，则有失偏颇，因为这一概括掩蔽了张岱年哲学的其他方面。只说分析，则势必将张岱年主要从中国哲学中得到的关于人生价值、生活理想、人格修养及实践、践行等方面的理论贡献泯没不见，势必只以"天人五论"作为张岱年的哲学思想而不见他的哲学的其他重要部分，且易于把张岱年认定为一个只接受了西方的分析方法的学者，最重要的是，这种概括与张岱年关于自己的哲学思想的明确说法不合。

的确，分析是张岱年哲学的一个鲜明特点。在20世纪30年代，张岱年即秉持其兄张申府提出的"列宁、孔子、解析三流合一"的主张。代表他早期哲学观点的重要论文《哲学上一个可能的综合》中所提出的"今后哲学之一个新路,当是将唯物、理想、解析综合于一",即是对张申府以上主张的承继。张岱年早年受其兄影响,深喜摩尔、罗素、博若德(C. D. Broad)的分析方法,奠定了他喜好分析精于分析的基调,他的"天人五论"可以说是运用分析方法研究哲学问题的典范。此时形成的哲学训练和思维倾向,伴随了他一生。他一生的研究工作受分析之赐甚多。他的根本观点是,哲学的性质,哲学方法的特点,最重要的有三点,其一,哲学思想是反省的;其二,哲学思维是解析的;其三,哲学思维是会通的。而所谓反省,重在对已有经验加以厘清和剖析。他对解析所做的释义极为精详。他认为,解析大体可分为两个方面,一是对名词概念的分析,二是对经验现象的分析。对名词概念的分析又分为四个方面:(1)名词的意谓的分解,包括歧义的辨别与意谓中诸要素的厘别。(2)命题的分析,包括命题歧义的辨别,与命题的剖分,即将一命题层层析解为最简单的命题。(3)问题意谓的分析,亦包括命题歧义的辨别,即辨明论点,确定争端的核心与范围;与问题之剖分,即化大问题为小问题,化复杂问题为简单问题。(4)论证的分析,即论证层次和顺序的辨别。对经验的分析可分为三层:(1)经验所含的要素的辨别。(2)诸要素间关系的察识。(3)辨识一现象与其他现象的异同,由此决定一现象的特点。以上关于分析的方面、步骤的说明博采众家之说,极其详明,很好地表现了张岱年所喜用的思维方法。

张岱年在《逻辑解析》这篇文章里也说:"哲学中的科学方法即逻辑解析(Logical analysis),或简称解析。逻辑解析可以说是20世纪初以来在哲学中最占优势的方法,而且也是最有成效的方法。多数第一流的哲学著作全是用逻辑解析法写成的。逻辑解析对于哲学实可以说有根本的重要。如欲使哲学有真实的进步,更不能不用解析。"[①] 这可以说把分析法摆在了最重要最根本的位置。但分析只是一种思想方法,只是哲学研究的基础工

[①] 《张岱年全集》第一卷,河北人民出版社1996年版,第177页。

作，此后尚有许多方面的工作。张岱年把哲学大致分为两类，一类为批评的，一类为玄想的。批评的哲学重在破，重在寻疵抵隙，以子之矛攻子之盾，分析方法为此种类型哲学的胜场。而玄想的哲学则重在立，在思想方法上重综合、重直觉。此种类型的哲学往往引向艺术和宗教。张岱年的哲学因在逻辑分析中贯注了唯物辩证法，贯注了中国哲学擅长的理想论，所以，他虽然承认分析的重要，但不以分析为哲学的唯一方法。这一点，张岱年在《哲学与分析》这篇文章中曾严正提醒："对于解析，我们注重两点：一，哲学不可离解析，解析是哲学之基本功夫；二，哲学又不可以解析自限，且在解析法之外亦非无其他方法。"① 他主张将分析方法作为厘清问题的含义，分辨名词、命题的意谓，消除含混笼统的工具。张岱年对当时流行的只重分析不重综合的思想方法有尖锐批评："因解析派的昌盛，乃有一颇流行之见解，即认为唯科学观念之解析乃哲学之专门本务，于是一般宇宙论人生论乃被摒于专门哲学之外，此实是不可不辨之谬误。"② 他反对维也纳学派将分析方法发展到极端而导致排拒形上学甚至取消哲学。他认为当时中国处于民族存亡的严重关头，不能没有哲学以鼓舞人心，高扬民族精神，凝聚民众抗敌的意志，指陈国家兴废的大计。他的目的是以分析为手段、为基础、为前提，在经过分析的扫荡廓清之后建造有利于民族复兴的新哲学。而建造是一综合的、贯通的工作，所以他强调解析之后的会通："哲学之中，虽亦有区分，要不失其为统赅的研究。而哲学对于经验与事物之探讨，以观其会通，得其全象为宗旨。"③ 在论述逻辑解析的意指时，张岱年也强调"慧观""洞察"等整体观照的工作，他说："逻辑解析也非否弃'慧观'，而且极需要慧观，所谓'哲学的慧观'（Philosophical insight or philosophical vision），在解析上实大有重要。逻辑解析最后之得结果，大概大部分是依靠慧观的。逻辑解析而至于无归宿，无结论，即由无慧观所致。……没有哲学慧观，虽有精密缜细的解析，也难于有结论。

---

① 《张岱年全集》第一卷，河北人民出版社1996年版，第269页。
② 同上书，第270页。
③ 《张岱年全集》第三卷，河北人民出版社1996年版，第64页。

慧观与解析乃是不可离的。"① 可以看出，张岱年是非常重视分析之后的慧观、洞察、直觉等融合性的、兼综性的活动的。这也从一个侧面说明，仅以分析方法为张岱年哲学体系的特征是不全面不准确的。

此外，张岱年终生服膺的辩证法即强调分析与综合这矛盾的双方的对立统一。张岱年接受辩证法甚早，1932年即写有《先秦哲学中的辩证法》和《秦以后哲学中的辩证法》两篇文章。虽对辩证法的内容所说甚为简略，但以后的文章中认识逐渐丰富，次年在《辩证法的一贯》中所讲到的辩证法的内容，则与后来唯物辩证法基本一致。文中说："据我体会，辩证法的根本概念可以说是：发展，变化，矛盾，联系，相反，相成，对立，统一，否定，综合，斗争，突变，扬弃等。根本原则可以说是：事物内部的矛盾是事物发展变化的根源，对立之统一，矛盾之协调，事物由量的变化而达到质的变化，由质的差异而有量的差异，否定之否定，矛盾的主导方面的作用等。"② 在张岱年的思想中，辩证法是分析的，又是综合的。其分析不仅在唯物辩证法的根本命题、根本观念需用分析法加以厘清，更重要的是，辩证法在统一中见对立，在同一中见杂多，在相同中见不同，这是分析法的应用。但另一方面，辩证法包含综合，即多中见一，异中见同，杂中见专。辩证法是分析与综合的统一。所以张岱年说："辩证法于解析之外更重综合，解析与综合，实是不可一缺的。"③ 在《逻辑解析》中也说："除逻辑解析法外，有成效的哲学方法尚有辩证法。辩证法方面很多，其一方面也是一种解析法，即所谓辩证法的解析（dialectical analysis）。……辩证解析即在发现一概念、一观点、一理论如何包含了其反对。在辩证解析之外尚有辩证的综合，乃看出两个相反的概念非绝对的相反而可相融，两个相反的学说、概念，亦非绝对的相反，亦可相融，辩证综合与辩证解析在应用时，只是一个历程之两段。由辩证的综合，乃能兼摄各方的真理而不蔽于

---

① 《张岱年全集》第一卷，河北人民出版社1996年版，第179页。
② 同上书，第89页。
③ 同上书，第270页。

一曲。"① 可以看出，分析方法虽是张岱年最喜用、最擅长的思维方法，但相对于他更广大更深微的哲学内容，更深切更紧要的文化关怀来说，仍是局部的，尽管是一个非常重要的局部。他总是在运用逻辑分析的同时，提醒人们注意哲学思维之全，注意多元文化多元哲学中其他学派的方法，并批评片面运用逻辑分析方法会将哲学推到无意义、无价值的境地这种错误。所以，仅以分析来命名或代表张岱年的哲学思想不见得恰切、允当。"分析"二字只可说明张岱年哲学的基本倾向和一般特点，不能概括张岱年在哲学、哲学史和文化问题上所做的全部工作。

三 "理想"与"物本"

在张岱年哲学思想的构成中，理想是重要的方面，但"理想"这个词用法有些含混。"理想"在张岱年早期的著作中，其义大致有二：一指理想论（Idealism）的简称，而理想论即"唯心论"；二指对未来的希冀和向往，此"理想"与实际相对，如"人生理想""理想世界""实现理想"等语所指谓的意思。张岱年在《哲学上一个可能的综合》中作为综合之一要素的"理想"，实包含以上两义。而两义的内容是有关联的。

张岱年首先从世界哲学发展的历史来看待唯心论之重要与不可或缺。他认为，在世界哲学史上，唯物论并未得到充分的发展，发展得最充分的是唯心论哲学，世界上重要的哲学家大多数是唯心论者。他说："唯心论乃是世界史上最发达之哲学，其理论最丰富，其系统最完美，故亦实非无卓越之贡献。"② 唯心论之优长与贡献何在？张岱年认为："唯心论之优长即有见于宇宙之赜，而不以简化为捷径。而其贡献尤在于认识人之力量，心之作用，能知理想之有力，而创立并宣扬伟大的理想以指导人类的前进。"③ 他并且指出，唯心论乃哲学史上不能不有之发展阶段。他把世界哲学发展

---

① 《张岱年全集》第一卷，河北人民出版社1996年版，第180页。
② 同上书，第266页。
③ 同上。

分为三个阶段：第一阶段为原始唯物论或曰机械唯物论阶段。由怀疑此阶段哲学之粗浅、幼稚而生第二阶段，即怀疑论及唯心论阶段。怀疑论之发展，便成为专门从事概念分析的实证论，实证论亦与唯心论相通。由此便发展至第三阶段，即综合了原始唯物论、实证论、理想主义的唯物论。这里张岱年对哲学发展阶段的划分其渊源何在、正确与否且不深究，需要注意的是，张岱年心目中完善的、最终的哲学体系是包括理想主义于其中的新哲学。并且认为，这种哲学符合中国当时的需要。他在《论现在中国所需要的哲学》一文中提出，当时的中国所需要的哲学应该满足四项条件：一是能融会中国先哲的精粹思想与西洋哲学的优长之处为一个系统；二是能激励、鼓舞国人的精神；三是能创发出一个新的一贯的原则，并能建立新方法；四是能与现代科学知识相适应。能满足此四项条件的哲学在内容上必须有如下特征：从一方面看是唯物论的，从另一方面看是唯心论的；又是辩证的、批评的。此种哲学虽然承认心不能离物而有，物是心之所待，但承认物为根本，并非甘愿受物的限制而无所作为，必须敢于变革现实。

张岱年进一步申论，就中国哲学的历史而言，虽有唯物论传统，但占主导地位的是唯心论。唯物论在西方哲学中没有得到充分发展，在中国哲学中，这种情况更为明显。中国传统哲学实际上大多是唯物论与唯心论的混合，他说："中国过去的哲学，更有一根本倾向，即是自然论与理想论之合一。中国哲学家大部分讲自然论的宇宙观，而更讲宏大卓越的理想。西洋的自然主义与理想主义那种决然对立的情形，在中国是没有的。由此我们可以说，综合唯物与理想，实正合于中国哲学之根本倾向。"[①] 这里的"自然论""自然主义"实际上指"唯物论"，"理想论""理想主义"指"唯心论"。在中国的理想主义或说唯心主义中，张岱年看重的，是对道德理性的高扬，志存高远的胸襟，民胞物与的志向。而这些与"气"论基础并不相悖。这是张岱年综合唯物与理想的重要理论根源。没有了对唯心主义某些方面的肯定，就不能解释张岱年以他早年唯物的解析的思想对中国

---

① 《张岱年全集》第一卷，河北人民出版社1996年版，第273页。

传统哲学的契接。虽然张岱年尤为心仪的是王夫之、颜元、戴震的唯物论及重视经验、重视践形的人生论，但他也同样看重孔孟老庄程朱陆王。在他所主张的唯物、理想、解析的综合中，固然以唯物论为基本，但实际上已经容纳了非唯物论的成分。这一点不仅表现在他反复肯定、赞扬的新唯物论中已经扬弃了旧唯物论在宇宙论上的机械论，在知识论上的感觉论和人生论上的重欲论，而加入了辩证观、实践观、人之社会性，更重要的是，他在为未来设计的哲学中融入了理想论。如在知识论中讲知与行的统一，感或思的统一；在宇宙论中注重生生日新的历程，主张宇宙之一本多级中生与心对物的反作用。尤其强调人生论中应注重天与人、群与己、义与命、克物与善生、战斗与和谐诸统一。其中综合的性质极为显豁，实在是他所谓"现在所论的综合，是唯物、理想、解析的综合，也即是唯物论、理想主义、实证论之新的综合。而也可以说是中国哲学与西方哲学之新的综合，实际上则更可以说是唯物论之新的扩大"[①]这一宣言最显著的贯彻。

另外须注意的是，本节一开始即提到，在张岱年的著作中，"理想主义""理想论"实际上指唯心主义。张岱年当时多用"理想主义"而不用"唯心主义"，显然是为了避免误解。在当时国人哲学知识甚为贫乏，对西方传入的哲学多为耳食而又敬若神明，对由日本传入的社会科学译名多从字面去理解去联想，作文又文白混用等背景下，实有不得不如此之苦心。张岱年的思想确有融合唯物主义与唯心主义中某些因素的意愿。在这一点上张岱年与乃兄张申府在学术上是有很大差别的。张申府当年在北大读数学，其学术根底在西方传入的新实在论、逻辑实证论，故其后专门研治数理逻辑，其传世著作也多在逻辑与分析哲学。张岱年早年虽在张申府的指导下所读多为新实在论者的著作，但张岱年自小即好深湛之思，自谓如庄子所讥"无思虑之变则不乐"，所思所虑多在形上学、知识论、人生论等领域。迨年渐长，愈不以一隅自限，所得甚为深广。尤其在26岁写出《中国哲学大纲》后，中国哲学史、文化问题为其终生研究的领域。虽

---

① 《张岱年全集》第一卷，河北人民出版社1996年版，第274页。

早年奠定的唯物论和分析方法是他一生所用的利器，但仅有此二者绝不够。广大深湛的中国传统哲学仅有此类工具是无法研治的。综观张岱年一生的工作，确实是在早年唯物、理想、解析三者综合于一的基础上逐渐大成的。

还须注意的是，早年张岱年对理想主义，虽与他的实在论立场不相契，但尚不失温情的敬意。20世纪50年代后，随着国人对唯心主义的普遍抛弃，随着以治唯心主义名家的诸多学者迫于政治压力所做的痛自批判，唯心主义成了过街老鼠。特别是在经历了因言罹祸的惨痛之后，张岱年不仅对唯心主义斥责有加，即使是有些掩饰色彩、温和色彩的"理想主义"也很少提及。即使在文化环境和政治环境相对宽松的情形下也是如此。这在某种程度上减杀了张岱年思想的影响，相当多的具有非唯物主义立场特别是自由主义背景的学人因此轻忽甚至误解张岱年的思想与著作，这也是不能讳言的。

四　"物本"与"唯物"

张岱年接受唯物论甚早，这种接受是在比较了多种当时流行的哲学思潮而后做出的抉择。这一点在张岱年的多处自述、申论中都可以见到，且前后一贯。张岱年接受唯物论主要是出自其理智、诚朴的个性对常识的笃信和对王夫之、颜元、戴震的理性主义、刚健有为的践行哲学的喜好。特别是在阅读了马列著作后，深深为辩证唯物论所吸引，而后信持唯物论的。这一态度始终不变。张岱年自始至终是一个纯正的学者。

张岱年的哲学倾向于"唯物论"，这一点可谓棺未盖而论定。这里要辨别的是，"物本"与"唯物"二字何者更能代表张岱年的本意，何者作为他的哲学思想的名称更为惬当。

"唯物"二字，张岱年很大程度是沿袭了通行的译法，他在《哲学上一个可能的综合》中则提倡用"物本"，他说："唯物二字出于译语，实亦可译为'物本'，乃更显豁（哲学学说名称，凡唯字皆可改为本字，唯物论应称物本论，唯心论应称心本论，如此可免许多误解）。"①张岱年继续申论，所谓物本论，其意为：首先，物为心、生命、理之本，没有先于物而存在者。其次，物的世界即一切，没有离开物的存在。最后，研究哲学应该以对物的考察为起点。此"物"即宇宙。所谓宇宙，即是一大运动体，此体在运动中衍生其他事物。此体为基本、为先，衍生者为依附、为后。后不但为先所生，而且为先所制约。在物质结构上，先是粗的，后是精的。先与后，精与粗，成为反对之两极。后虽受先的制约，但亦能反作用于先。在写于20世纪30年代的《哲学思维论》中，关于哲学系统的不同类型，张岱年提出，从哲学史上存在的哲学类型来说，可大致分为五种，其中之一即物本论系统或唯物论系统。其余四者为心本论系统或唯心论系统、理本论系统或理性论系统、生本论系统或生命论系统、实证论系统或经验论系统。这里"唯"字都用作"本"字。对于物本论，张岱年指出："物本论有见于物质之为生心诸象之基本，物质之为理之所依附，物之范畴为解释生活经验之必需。……从基本观点言之，物本论实为正确。物为根本，此乃真理，而心本、理本、生本、实证论，皆以非本者为本，其宗旨皆误。……与其讲最哲学的哲学，不如讲最真确的哲学，即最合于客观实在的哲学。从基本观点言之，物本论可谓比较接近于最真确的哲学。"②

从以上张岱年的论说，我们可以说，"物本"较之"唯物"二字作为张岱年哲学系统的名称更为恰切，这是因为，第一，"物本"可以显豁地同其他唯物主义派别区别开来。唯物论自传入中国，以各种唯物论名其哲学系统者颇不乏人。张岱年以其深切的文化关怀、显著的时代精神、深厚的哲学底蕴创造出的哲学系统，在当代中国哲学界独树一帜，他是现代中国少数几个有体系的哲学家、哲学史家之一。他的著作，是现代中国哲学宝库中的优秀藏品。但自列于唯物论旗下的中国现代学人甚多，特别是中国大陆自50年代以来，从苏联转手的辩证唯物论逐渐成了国家意识形态，它

---

① 《张岱年全集》第一卷，河北人民出版社1996年版，第267页。
② 《张岱年全集》第三卷，河北人民出版社1996年版，第10页。

以泰山压顶之势矗立哲学界，君临一切哲学派别，离经叛道的各派唯物论迫于压力不得不改弦更张，循规蹈矩的各派唯物论则掩蔽不见。"唯物辩证法"对国人如雷贯耳，稍涉哲学者皆耳熟能详。在这种情况下，真正有独立思想、真知灼见、自出胸臆、不随流俗的唯物论皆无喙自张，甚或惨遭杀戮。有幸面世者亦被轻忽视之，以为通行教科书的变种。在这种局面下，应显豁地揭橥"物本"二字，以表示其为一独特的思想体系。

第二，显示张岱年的思想在现代中国哲学史上的地位。中国近百年来思想界所遭逢的重大变故，一为西学的冲击，二为外抗强虏内争民主富强的诸运动。这些显著的事件，在哲学上皆有反映。特别是20世纪的前50年，诸大哲性灵挺出，戛戛独造，其间独标新说者，颇不乏人。熊十力、梁漱溟、冯友兰、金岳霖、贺麟、唐君毅、牟宗三更是其中翘楚。张岱年的思想有强烈的时代气息和独特的学术面貌，自可为一代宗师立于中国当代学术之林，但因种种原因，其学术未大显。而以"综合的物本论"作为名称将他独特的哲学系统揭示出来，就是要将张岱年班诸中国当代学术大师之列，让它放出应有的光彩，产生应有的影响。这样做并不是硬要拔高张岱年，让羞涩的中国当代哲学库藏徒然增加一种藏品，而是要使一个深埋的思想体系引起学人的注意。为此计，"物本"比"唯物"更具有独特性，更能代表张岱年思想的真实意指。

第三，"物本"可以消除误解。这是张岱年自己的意思。以"物本"代替"唯物"，以"心本"代替"唯心"，实是精湛之论。"唯"字确有误导之嫌，使人觉得"唯物论"只承认物的实在性，物的先在性，除此之外，无有他者。从字面看，"唯"字将"唯物论"承认的心、精神对物的反作用这一精义泯没不见。即使承认心、精神的反作用，在代表这一学说的名称中无反映，实为此名称之缺陷。且"唯物"二字之译名，不若"物本"有中国传统哲学之本末、轻重、先后义，且典实凝重。

此外，"唯物"之"唯"字带来的误解尚止于学术，"唯心"之"唯"字带给现代中国人的灾难，则不止于学术。长期以来国人耳食自苏俄传入的教条性马列教科书，无视理想主义在中外哲学发展中所形成的深厚意蕴，将它说成虚骄自大、不顾事实、私欲扩张、瞎撞蛮干的代名词,判其为代表反动落后的世界观。稍稍有些哲学常识而头脑僵化的人,也将唯心主义看作坏的思想方法,以致国人厌恶"唯心"二字,必欲除之而后快。这种对唯心主义的误解给中国造成的危害不可胜计,其正本清源,拨乱反正的工作,今日不能说已经完成。今采纳张岱年的主张,以"物本"易"唯物",有助于消除国人因"唯"而有的种种错误联想与认定,克服偏狭与固陋的心态。

第四,"物本"二字可彰显本至的观念。"本至"在张岱年思想中甚为重要,他在《哲学上一个可能的综合》中即提出本至观念。在写于1948年、代表他50年代之前思想的《天人简论》(又题《人与自然》)中,本至观念是他整个思想的出发点。"本"者本根,"至"者最高成就。本至即天人。而天人秘奥之探究,乃哲学的根本任务。张岱年说:"哲学为天人之学。天者广大自然,人者最优异之生物。哲学所研究者即自然之根本原理与人生之最高准则。哲学即根本原理与最高准则之学。天为人之所本,人为天之所至。……本亦谓之原,至亦谓之归。原者原始,归者归宿。辨万物之原,明人生之归,而哲学之能事毕矣。"[①]本至代表本根与最高成就,也代表始原与归宿,而从本到至,从始到归是一个不断运动、不断演化的过程,这一意义引出张岱年的宇宙万物日新不息、新而又新的思想。且以人为自然界的最高成就,人能认识自然、认识自己以改变自然、改变生活,达到人生理想,这又引出张岱年知天戡物的思想。宇宙万物之顺序,一为本末,二为高卑,本末者有本然后有末,末待本而存在;高卑者有精有粗,先粗而后精,这又引出张岱年"一本多级"的物质观。更重要的,"物本"二字因有本有至,则自能综合唯物论与理想论,符合张岱年的一贯思想。张岱年说:"能知本与至的分别,则综合唯物与理想,无难。物为本,心为至,居间者为生。心是物发展之成果,受物所制约,而亦能反作用于物,故人能改造环境,而理想有克服现实之作用。唯物论所见之真理为物先于

[①] 《张岱年全集》第三卷,河北人民出版社1996年版,第216页。

心，境先于人，而理想主义所见之真理为心能改变物，人能变革境。……关于宇宙之真理当是'物本'，而人生之理想则在于'克物'。"[1] 这里提出"物本"，并且以"至"为心，以本与至的分别而有唯物论和理想论的成立，然后考察二者间的对立统一相反相成关系，而有二者的综合。从中可以看出"物本"二字含义之广泛深刻。总之，"物本"二字因有本至、本末、本始与归宿等义的加入，可以引出许多丰富的内容，比"唯物"能更好地概括张岱年的哲学思想的内容。

（原载《中国哲学史》2004 年第 3 期）

---

[1] 《张岱年全集》第一卷，河北人民出版社 1996 年版，第 268 页。

怀特海与张岱年早期著作中的"事"概念

张岱年早年在长兄张申府的引导下读怀特海、罗素、博若德（D. C. Broad）等人的著作，受怀特海思想影响很大，并写有关于怀特海教育思想的论文。[①]抗日战争时期，时任清华大学教职的张岱年未能随校南迁，蛰居北平读书，广泛思考哲学各方面的问题。1942年春，张岱年开始将历年致思所得整理成专论，陆续写成《哲学思维论》《知实论》《事理论》《品德论》及《天人简论》，合称"天人五论"。"天人五论"及《人与世界》《认识·实在·理想》两个研思札记集中代表了张岱年前期关于哲学基本问题的思考成果。这些著作对"事"都有论述。可以说，"事"是张岱年前期著作中关于宇宙基本存在的重要概念。本文试图就"事"与怀特海哲学的关系做一论述，以见张岱年对西方哲学的撷取方式及他的诸思想因素间的潜在冲突。

一 "事"之意义

张岱年曾说："'事'之观念乃取诸英哲怀特海与罗素。怀特海在《自

[①]《怀悌黑的教育哲学》，见《张岱年全集》第一卷，河北人民出版社1996年版，第211页。怀悌黑，早年的译名，现通译"怀特海"。

然之概念》中论事最为明晰,在《历程与实有》中更进而讲现素(actual entities)与现起(actual occasions),然大旨无殊。"① "事"(event)与由"事"构成的物的区别贯穿于张岱年论述宇宙存在的所有著作。其内容是,宇宙是一个历程,这个历程中最根本的元素即事。物由事构成,物即事相续不已,而有一定性质、一定理则贯通其中的存在。

"事"在张岱年早期著作中主要意思有两个方面:(1)构成物体的最微小的物质性元素,这种意义的事又叫事素、历程素。(2)物与物发生作用的经过。此即日常语言中所谓事。第一种意义的事,张岱年所说最多,且前后一贯。他从怀特海哲学中所接受的,就是这种意义的事。他在《人与世界》的《存在与历程》一节中说:"存在是变化历程。宇宙中之一切皆历程,世界是历程之总和。凡物皆一历程。凡物皆为一相当持续的统一体。其统一体之发展变化,形成一历程。宇宙之究竟元素为最微之历程素。宇宙历程,可谓大一,为一发展之大流。究竟元素可谓小一,为最微之流。历程素或历程因素,亦可谓事。物即由一串事而成。而物与物交相作用之经过亦是事。"② 在《认识·实在·理想》之《事与物》一节中也说:"事事相续,而成为事之流。事之流亦谓之历程。……历程而有一种固定之常者谓之体,亦曰实体。有成体之历程,有不成体之历程,成体之历程谓之物。其历程中内在之理谓之性。……物之动为事,物之动之历程为若干事之连续,为一物之历史。"③ 在《事理论》之《物》一节中也说:"物为事之所成,如未有事,则亦无所谓物。事事相续而有一性通贯于其中而无间断,则成为物。如无一性通贯于其中,则为不成物体之历程。"④ 张岱年所说的"事"主要是个本体论的概念,与构成物的最微小的元素在用法上有区别。怀特海的"事"指绵延过程中的最小构成单位,因绵延过程是活的、流动的,所以这最小的构成单位既是一个实体(entity)与元素,又是一个具体的在

---

① 《张岱年全集》第三卷,河北人民出版社1996年版,第118页。
② 《张岱年全集》第一卷,河北人民出版社1996年版,第369页。
③ 同上书,第435页。
④ 《张岱年全集》第三卷,河北人民出版社1996年版,第120页。

场（occasion）。怀特海用有机体哲学取代传统的实体哲学，认为有机体哲学才能解释由相互联系的事件组成的、处于变动不居的过程中的具有创造性（creativity）的宇宙。"事"的性质是怀特海接受了相对论和量子力学的观念而有的。它不同于经典物理学所理解的机械的、彼此孤立的物质元素。怀特海是以流动的、连续的元素质体的观念讲宇宙。这流动的连续的质体是什么已经不重要了，因为他不是在讲物质构成。

事的观念张岱年取自怀特海与罗素，但他的思想中同时又有当时流行的新唯物论的物质构成理论。张岱年实际上将形上学与物质构成论分为两个部分，代表他的形上学的是"物统事理"，代表他的物质构成论的是"物源心流"。"物统事理"说的是，物是许多事相续的历程。这里事指构成一物的不同因素，不是构成一物的物质元素。构成所有物的元素是相同的，但构成每一物的事素却是不同的。元素是静态的，这不是说元素本身是不运动的，而是说它不像事素那样互相联系，在不同的物中进入退出变换不已。事素本身也是由物质元素构成的。但元素与事素考察物的着眼点不同。事素表征的是相续不断的历程中的最小单元，不是构成物的最后的物质微粒。事素重点在其运动，运动的规律是理。此理与构成物的形式之理不同，而元素则无规律可言，只可说它有某种性质。

张岱年对心的看法与新唯物论相关，他认为，心是物质演化的最高形态。心知只为高级生物所特有。心的根本性能是理智，他说："心知之特性为辨别。外物有异则辨其为异，异中有同则辨其为同。外物有变则辨其为变，变中有常则辨其有常。心知实为一种辨别的反应。"[1] 这种关于心的看法，同他的物为本源，心乃物质演化而有之支流（物源心流）的基本观点是一致的。而怀特海则根据他的宇宙论，认为心是各种心理活动的连续体，人从出生到当下，时刻都在经验着。每一特定的当下，都是经验的长河中的一滴水。因此，赤裸裸的辨别是不存在的。怀特海反对笛卡儿的"我思故我在"，他说："我们所知晓的，绝非赤裸裸的思想和赤裸裸的存在。我

---

[1] 《张岱年全集》第三卷，河北人民出版社1996年版，第218页。

看到,我自己基本上是情绪、享受、希望、恐惧、悔恨,对各种抉择的评价、决定的统一体。而这些都是对环境的主观反应,它们在我的本性中起着积极的作用。我的统一体——即笛卡尔的'我在'——就是我将此种杂乱的材料塑造成一个首尾连贯的感情模式的过程。"① 这与张岱年关于心的定义和说明是完全不同,甚至正相反对的。从这种不同中可以看出事与物的不同。

"事"的观念是怀特海受相对论的影响和柏格森的"绵延"的启发而产生的。怀特海接受了相对论的四维宇宙:三维空间坐标,一维时间坐标的观念。由于时间的加入,牛顿力学的终极实在——质点变成了"事"。怀特海说:"自然界的终极事实就是事,用相关性进行认识的本质就是借助时间和空间来详细说明事件的能力。"② 怀特海的哲学以量子力学为基础而将生物学的观念纳入量子力学中,场和能是过程性的,相对于机械性的实体观,这是一次革命性的思维转换。怀特海反对机械实体观所代表的狭隘经验论,他曾说:"18、19世纪认识论的缺点在于它纯粹以对感官知觉的狭隘表述为依据。同时在各种形式的感觉当中,它选出视感经验作为具有代表性的范例。其结果便将构成我们经验的一切真正的基本因素排除出去了。"③ 所以《分析的时代》一书的编著者、美国著名哲学家 M. 怀特曾经说,怀特海与柏格森和克罗齐的哲学观点有关,但他与他们最大的区别在:"怀特海试图用近代物理学与数学上的成就来论证他关于过程及活动的哲学。他是一位试图在狮子自己的鬃毛竖立的兽穴中捋住唯智主义、唯物主义及实证主义的狮子的胡子的英勇思想家。"④ 但反对理智主义、唯物主义、实证主义的怀特海关于"事"的观念,却被拥护此三者的张岱年所接受。

怀特海以宇宙为"事"之场。事的最基本的性质便是它的过程性、流

---

① M. 怀特编:《分析的时代》,杜任之译,商务印书馆1984年版,第94页。
② 怀特海:《相对论原理及其在物理学中的应用》,见陈奎德《怀特海哲学演化概论》,上海人民出版社1988年版,第53页。
③ M. 怀特编:《分析的时代》,杜任之译,商务印书馆1984年版,第91页。
④ 同上书,第80页。

动性。张岱年接受了怀特海这一观念，他在描述事时，首先注意的是事的流动性和作为物的最小构成单位这一基本性质。他对"事"描写道："事逝逝不已，而亦现现不已。前事甫逝，后事即现。宇宙即事事之逝逝现现不已之大流。事之联续现现而有定型且统一者为物。其联续之断裂为物之毁灭。事之现现而非有定型联续者，为散漫之事。"① 并且事也不是本体的现象，它自己就是一个实在。这个实在即现象即本质。张岱年反对现象为实体的表现，实体为现象的本质，实体实而不现，现象现而不实这种观点，认为事与物就是最实在的。在《认识·实在·理想》中他也说："凡所见闻莫非事，最微之事谓之事素。事有现有逝，一事甫逝，另一事继现。逝逝不已，现现不已。如是，事事相续，而成为事之流。事之流亦谓之历程。"② 事素即构成物的最小元素之意。这里对事的流变性、过程性的描述与《人与世界》中对事的描述一致。

事同时也即物质的最小构成单位，它与经典物理学关于物的构成元素的区别在于，事更强调它与其他事相互作用以及它的流行不已的历程性。张岱年在《人与世界》中说："最微之事，为最究竟者，其联续形成最微之物，即电子等。最微之物交相作用为事，此类事之联续又形成物，即日常之物；日常之物之运动又是事。物为历程，事为历程要素，而日常之物之运动所成之事亦为历程。"③ 这段话最重要的是，它点出了事的最本质的属性：最微之物交相作用为事。也就是说，事最根本的性质是它的交互作用。凡有交互作用发生的，都可以叫作事。最微小的东西（可称为小一），凡以其相互作用构成不同层次的物质的，都是事。事是宇宙历程的基本元素。它不同于牛顿时空观中各各分离、各各独立的机械物质。这是张岱年从怀特海哲学中接受的最重要的观念。这个观念与他从中国传统哲学中接受的关于宇宙是一生生不已的大化流行，是一变动不居的历程这一观念是一致的。

---

① 《张岱年全集》第一卷，河北人民出版社1996年版，第369页。
② 同上书，第435页。
③ 同上书，第369页。

二 "事"与"元素"

张岱年各个时期的思想有一共同之处，即在描述"事"、定义"事"的同时，也描述和定义"物质"。他对"物质"的基本看法是："宇宙实为物质的宇宙，物质实为其他更复杂更精微之存在之基础。物有质、能二相，或波粒二相。质可转为能，能可转为质。粒可显为波，波可显为粒。此波粒一体之物，不能无动。……物之最究竟原子，结集而为次究竟原子，其结集有其构造，其构造亦即其运动不能逾越之形式。次究竟原子结聚为一般原子，次究竟原子可有很多层次，一般原子结聚为分子，分子结聚为常物，常物有复杂之构造。由最究竟原子以至常物，究有数层，难于判定，而由微积巨之理，则不可易。常物所含之原子常在动中。常物之整体亦常在动中，常物所在之境，亦常在动中。"① 张岱年此时对于物质结构的观念，可说是接受了当时流行的物质观，即物质的波粒二相和质能互转，及物质结构的层级等。

可以看出，张岱年对于宇宙间事物的构成，既讲事素，也讲物质元素。这二者在他的哲学思想中关系如何？我们说，张岱年是基于他对宇宙的根本看法来认识这二者的关系的。他对于宇宙的看法，实际上是他得于中国哲学的大化论和得于西洋哲学的本根论二者的结合。他尝说："宇宙是一大历程，从其自然，可谓之天；从其生生，可谓之易。一切物皆在流转中，看似固定者其实不固定，看似静止者其实非静止。"② 这段话中"天""易"与"流转"都是中国哲学的基本概念，这段话意思与用语皆得于张载、王夫之。张岱年所谓宇宙实际上是在形上学和实证论两种观法上实现的。形上学是洞观地（vision）或思辨地、玄想地看宇宙，视宇宙为一流转不息、绵延无尽的过程。其中的每一事物都是这个大流、

---

① 《张岱年全集》第一卷，河北人民出版社1996年版，第371页。
② 同上书，第370页。

这个场中的一个个体，每一个体都是由与他物发生交互作用的运动体亦即事构成的。实证论是实验地、强调科学上的可证实性的一种观法，它将元素视为物剖分至不可分状态而有的最后的物质微粒。张岱年对这两种不同观法、不同立场的区分是清醒的自觉的，他对以往以体用观念为中心处理宇宙论的办法颇不满意，认为过于简单。这种体用观念以宇宙为体，以宇宙中的个体事物为用，实际上仅是一种对宇宙的粗略的、形上学的看法，较之怀特海根据现代物理学和生物学所提出的"事素"观念和当时流行的物质构成说，确实是疏略和过于玄想了。在张岱年看来，宇宙中有三种最基本的对立：一是宇宙全历程与在此历程中的事物；二是一切物的基本要素与它所构成的事物；三是宇宙最根本的规律与遵循此规律的事物。①此中（1）实际上是吸收了怀特海过程哲学关于宇宙是由"事"构成的历程的说法；（2）是吸收了现代物理学的物质构成元素的说法；（3）是吸收了中国哲学中关于道、理、理一分殊等说法和西方哲学特别是新唯物论中关于宇宙根本原理的说法。由这种混合与统观，张岱年提出新的体用观来说明他对宇宙的根本看法："宇宙全历程可谓之'大一'，一切物之最基本的要素可谓之'小一'。宇宙最根本的规律可谓之'道'或'理'。所谓'体'是总全义，基本义，统宰义，真实义。惟宇宙之全历程可言'总全'，惟最基本的要素可言'基本'，惟最根本的规律可言'统宰'。'真实'义实不可说。一切存在，莫非真实。兼摄此数义之体，实是一种神秘的玄想而已。宇宙是一大变易历程，变易中之不易者，假名为体，体只是变易中之不易者之假名。而此不易实有二；最根本的规律及最微而恒存之物质元素。"②张岱年这里实际上是认为宇宙可由三个方面去把握，一是其全（体），即宇宙全体；一是其分（用），即构成宇宙中事物的最基本物质微粒；一是"全"和"分"上所具有的规律，用中国哲学的概念说，即道和理。由全的角度看，宇宙是整一的

---

① 《张岱年全集》第一卷，河北人民出版社1996年版，第370页。
② 同上。

发展历程，因为宇宙大流中的一切皆互相关联，皆是这个总体的有机组成部分。宇宙是一个永远没有完成和终结的创造发展历程，用《周易》的话说是"未济"。由分的角度看，宇宙无非是物质微粒。此微粒"即物即动，即质即能。物必有动，动必有物；质必有能，能必有质。物与动，质与能，乃一实之二象而已"①。而由规律的角度看，则规律即性质。性质有二：一是自性，二是属性。所谓自性，即一物之历程之最根本的、一贯的、必然的规律。所谓属性，即历程之各个方面及其发展各阶段所具有的规律。可以说，自性即理，属性即此理之分理。但张岱年又认为："自性即一物之所以为一物者。"②规律即自性，故"规律即是形式，共相即是性质"。这里说规律即是形式，共相即是性质，实与他以后关于规律、形式、共相的说法有所不同。在这里，他对于这几个重要概念的含义并没有做出应有的区别和厘清。实际上理的含义颇为复杂，张岱年后来在《谭理》一文中有相当清楚的分析与厘别。惜乎此处乃互相假借，着眼点仅在其同。但张岱年明确反对"道先天地生"和"理在事先"，他说："中国道家及程朱学派谓道与理自究竟言之先于事物，西洋柏拉图派实在论者谓共相离个体独立而永存，实皆非是。……理不得在物先，更无'先天地生'之道。'时间的在先'固非，所谓'逻辑的在先'亦谬妄。实本不应有所谓逻辑的在先。谓之为'逻辑的在先'，即可见其为主观的，不过人如此想而已。共相非唯名，亦非离物自存。离个体则无有，实乃存于众个体之中。个体存在，则共相亦为实有。"③这里他反对逻辑在先和共相实有，都是对新实在论的批评，针对的其实是冯友兰的"新理学"。

张岱年对"事""事素"的说明及对"事"和"元素"的区别，确实是对于怀特海思想的撷取。但这里也显出张岱年思想的浑融之处。这就是，他欲容纳中国哲学的大化论和新唯物论关于物质构成的理论于一个框架之

---

① 《张岱年全集》第一卷，河北人民出版社 1996 年版，第 372 页。
② 同上书，第 373 页。
③ 同上。

中。他的大化论主要来自《易传》的"生生之谓易"和张载的"太和即道"等历程思想、变化思想和日新不已思想。这个方面，他是用怀特海的"事"的思想、有机体的思想来融会的。但是他又信奉新唯物论关于物质构成的学说，二者并存他的思想系统中。前者是形上学，后者是实证论。前者是一种洞观，后者是一种实证知识。前者要说明的是宇宙的历程性、生生不已性，后者要说明的是宇宙的实在性、有物质根据。前者的胜场是观其全，后者的胜场是表其分。前者引出其互相联系、共生、进化、创造诸义，后者则引出宇宙的实体、规律、有确定的知识、有相对稳定的结构等意思。在怀特海的思想中，正是对于后者的突破与批判而有前者。但在张岱年的思想中，却因有中国哲学的学养，故对怀特海容易契合，而又因信持新唯物论及当时传入的西方科学知识，而赞成物质构成说。两者并行不悖地存在于他的思想中。在20世纪50年代以后，张岱年由于不能讲自己的哲学思想，所以"事""事素"等观念不再提起，只讲新唯物论的物质构成学说。但在中国哲学史的研究及论述中，历程、生生变易等观念是他一再强调并作为中国哲学的优良传统的。由于这两种东西的混合，及新唯物论逐渐占了上风，张岱年也不同意怀特海关于宇宙是一大有机体的说法。他所认为的宇宙，既不是一个大的机械组合，也不是一个大的有机体。在他看来，宇宙是广袤无边的，它是"大全"。宇宙中的事物都是此大全的一部分。此部分有的是机械的，有的是有机的，机械与有机是宇宙中事物的类型，但不能说宇宙本身是机械的或有机的。总起来说，宇宙的本性除了为一创造的发展历程外，余皆不可说。

宇宙作为一个大全是不可说的，但并不因此对不可说者皆不说。张岱年并不因此排斥形上学，相反，他对逻辑实证论主张对不可确证的东西保持沉默因而排拒形上学甚至取消哲学的做法是反对的。他赞同英国哲学家博若德的说法，将哲学分为两种：一种是怀疑的、批评的哲学，一种是玄想的哲学。玄想的哲学即承认形上学的哲学。这种哲学所从事的主要是对于系统、对于主义的建构的工作。批评的哲学的主要工作是对各种哲学系统厘清问题、整理关系，及对此系统内各局部问题、具体问题进行研究。

批评的哲学可以说是哲学建构的前奏曲，而玄想的哲学乃是哲学的中心工作。没有批评性哲学的前期工作，建构性哲学必不能免于笼统、混乱。"自今观之，从事系统的钻研而能免于玄想，进行批判的探索而不陷于支离，然后为尽哲学思维之能事。"① 从思维方法上说，批评的哲学近于实证，玄想的哲学可谓形上学。形上学与实证论，总是交织在一起，作为张岱年思想中两个突出的因素。这一点与他关于"事""事素"的理论同物质构成论并存这种思想结构是一致的。

三 "理"与"永恒客体"

需要注意的是，张岱年在《事理论》的《物》这一节曾有一个小注，说明他关于物的理解与怀特海不同，这个不同关涉以上所说形上学与实证哲学在张岱年思想中的结合。这个小注说："理即怀特海所谓永恒物（eternal object）。怀特海将常相与物合而为一而讲之，吾则将理与物区别为二，与怀氏不同。怀氏欲完全废弃本体（substance）观念，吾则以为本体与质体（substantiality），如加以适当的解释，仍为必需的观念。"② 张岱年的事和事素的观念取自怀特海和罗素，并认为事和"现素"（actual entity）、"现起"（actual occasion）是大致相同的概念。这一见解原则上是正确的，但其中须有分辨。怀特海在早期著作《自然的概念》中多用"事"这一概念，而在《过程与实在》中，则多用"现实实有"和"现实际遇"。现实实有、现实际遇即"现素""现起"的另一种译法。现实实有是怀特海因反对经典力学笼罩下的机械观的实体概念，强调过程哲学中的流动、互相作用等观念而提出的。"现实实有"是过程的最小构成单位。张岱年将之译为"现素"是为了强调它当下的运动变易性和过程的最小元素这个性质。译现实际遇为"现起"，也是为了强调现实实有在过程中不断变换组合成分，

---

① 《张岱年全集》第三卷，河北人民出版社1996年版，第8页。
② 同上书，第121页。

现起现灭等性质。在这一点上张岱年与怀特海所强调的东西一致。但怀特海后期著作中多用现实实有和现实际遇而不用"事",这表示他的思想有了一定的改变,这种改变强调的是历程中各事素之间的相互作用,事素本身的流变不居,它的时时在场又时时变换组合这种性质。而张岱年则自20世纪30年代初期从长兄张申府读怀特海、罗素直到他50年代以前的著作中,一直用"事素"这个概念。尽管他提到"现素""现起"(即现实实有和现实际遇)这两个概念,并且标明出自怀特海晚年著作《过程与实在》,但认为它们与"事""事素""大旨无殊"。在这一点上他恐未能体味怀特海前后期思想侧重点的不同。

此外,张岱年用"理"这个歧义较多的概念去解释永恒客体,也容易引出不相应的理解。永恒客体是怀特海思想中一个非常重要的概念,它是怀特海由早期的科学哲学向中期的形上学转折中所论证的中心概念。前已述,在怀特海哲学中,构成世界的最基本的构件是现实实有,或称现实际遇。但现实实有是宇宙中活的、有互相关联性质的分子,它要靠一种外在的形式才能实现为具体物。这种外在形式存在于抽象的"可能性"领域,它是一种逻辑上的预设,不是现实中的存在。永恒客体是无限多的,它与其他永恒客体、与现实实有的组合有无限多的可能。但由于"上帝"的选择,它与某些现实实有结合而实现为我们这个真实存在的宇宙。永恒客体有与共相对应的意思。但怀特海不愿用这个词,因为"共相"在哲学史上有太多的歧义及由此而起的争论。但它确实有类似柏拉图的共相的意思,不过更加具有流动性和与现实实有相组合的积极形态。

张岱年关于理的说法甚多,且前后期理所包含的内容也不同。就张岱年在《事理论》中所说的理而言,亦随论域的不同而有不同的侧重。如在《理与性》一章中,理在本体论方面主要有三个方面的意思:一是理是形式,二是理是规律,三是理是"所以"。理的另一重要意义"理是当然"则属价值论、人生论方面。《天人简论》中的"物统事理"命题则以"性"与"规律"释理:"实有之中有事有物,事物之内有理。凡物为多事相续之历程,多事相续而有一定之理者则为一物。……指其历程中之变化而言谓之事，指其变化中之规律而言谓之理，物统事理。事为实有，理亦实有。理即在事中。"① 但在《事理论》之《实有》章中所说的理则极似怀特海以上所说的"永恒客体"，其中说："凡变中之常谓之理。……理为事事相续中之恒常，亦为多事同有之共通。是故理亦曰常相，亦曰共相。"② 这里所说的理与"永恒客体"中之共相义相通。此节中又说："此诸事共有此常，彼诸事共有彼常。常与常不相同，是故有多理，而非仅一理。"③ 此中所说，与永恒客体数量有无限多之义相通。此节中又说："此诸事共有此常，即此理显于此诸事；彼诸事共有彼常，即彼理显于彼诸事。……理或显或不显，不显谓之'隐'。隐只是不显之谓，非云别有所在。"④ 此中所说与"永恒客体"为一逻辑预设，它与现实实有组合方能显为时空中实际存在的物之义相通。此节中又说："方显于事之理，谓之今显之理。曾显于事而现今未显之理，谓之曾显之理。兼今显之理与曾显之理而言，谓之'凡理'。"⑤ 此中所说与怀特海之永恒客体处在"可能性领域"，而由"选择"出入于现实实有而为隐显之义相通。

从以上这些相通之点看，张岱年写于1942年的《事理论》中所说的理与怀特海哲学大有关系，或者就是根据读怀特海著作所做的札记整理成篇。仔细细绎此节的意思，它与张岱年1981年重阅此篇后所做附记中说此篇"以为事与理俱属实有，而理在事中，无离事独存之理。对于理在事先有所批判"⑥ 实际上有所不同。它与怀特海的关系确实是很紧密的。这可由《实有》章第九条"物"下所做之小注为证。并且此节中之理仅讲理之"形式"义，对理之"规律"义、"所以"义皆未讲，尤可证它与怀特海的"永恒客体"的关联之处。

此外，张岱年认为怀特海将常相与物合而为一，自己则将理与物区别

---

① 《张岱年全集》第三卷，河北人民出版社1996年版，第217页。
② 同上书，第119页。
③ 同上。
④ 同上书，第122页。
⑤ 同上。
⑥ 同上书，第114页。

为二，此点亦有分疏的必要。此处的"常相"张岱年又称为"永相"，实即"永恒客体"。"物"即永恒客体进入时空之流而与特定的现实实有组合而成之实现历程。在怀特海这里，常相是外在的，它与现实实有的关系不是确定的、唯一的、必然的，而是选择的结果。它在未被选择进入特定的现实实有之前，即未被实现出来之前，是处在"可能性领域"之中。故它在怀特海这里未必是常与物合而为一的。张岱年将理与物区别为二，一是因为受中国传统哲学的影响，有"理在事先""理在事中"等观念。二是受中国传统哲学影响，加入了关于"性"的讨论。张岱年在《事理论》中关于物的定义是接受了怀特海的思想，特别重视与凸显"历程"之义："凡有性之历程，谓之物，亦谓之物体。物为事之所成。如未有事，则亦无所谓物。事事相续而有一性通贯于其中而无间断，则成为物。如无一性通贯于其中，则为不成物体之历程。……物体为有性之历程，此所谓体，乃兼性与性所贯串之诸事而言之。"[1]张岱年所说的物，实际上是指在历程的流行中，有一恒常的东西涵括、贯串了流行中的事素而成为有一定性质、一定形相的具体物。此即为"物体为有性之历程"。而其中的性，实际上即指由永恒客体而有的某种性质。此性质实际上就是"共相""理"。它的形式的意义大于性质的意义。此不同于一般所说性质之性。也就是在这个意义上，张岱年将性定义为"凡贯通于一历程恒显无间之理，谓之性"[2]。理与性的区别唯在显与不显，即理可有在"可能之域"的理，而性恒在现实之域，恒为一物之贯串者。因此之故，凡性皆是理，而理不尽是性。就是说有未显现之理。而显现于物上之理，可以说是"性即理"。张岱年以上所讲的性理，虽不同于程朱理学的"理在气先"和"性即理"，但因为这两个命题是中国哲学反复讨论的问题，所以，张岱年将他所理解的怀特海与中国哲学的范畴"理""性"加以融会，并因此而与怀特海区别开来。

此外，张岱年还提到，怀特海之所以将常相与物合而为一是因为他欲

---

[1] 《张岱年全集》第三卷，河北人民出版社1996年版，第120页。

[2] 同上。

废弃本体（substance）观念。的确，怀特海过程哲学特别强调大到宇宙，小到一个事物的有机体性质及活生生的创化过程。他深受现代数学、物理学、生物学的影响，反对把世界看成由孤立的"本体""实体"机械堆积而成。他的"事""事素"及现实实有（actual entities）、现实际遇（actual occasions）、永恒客体（eternal object）等都是有着浓烈的流动、互相关联意味的概念。但如上所说，怀特海实际上并不总是将常相与物合而为一，而是经常将它们分开来讲。张岱年由于除了怀特海外，还接受了当时流行的新唯物论中关于物质构成的理论，所以他的哲学中既有形上学，又有物质构成论。讲形上学时，多讲得自怀特海的事、历程、理、性、物、关系、道、体用等观念。而在讲物质构成时，则多讲得自新唯物论的"究竟原子"、分子、波与粒、质与能、存在与运动、事物与规律等。因此他主张，保留与新唯物论同一思维倾向而为现代西方哲学许多流派废弃的本体、质体（substantiality）观念，加以适当的解释，仍为必需的观念。这里可以看到，在张岱年的哲学中，形上学与实证论并存，流动的过程与探索物质的最后精确点并存。这种并存表明，张岱年接受了怀特海思想的某些方面，并把它与中国传统思想相结合，因而超越了新唯物论，构成了自己独特的理论面貌。

（原载《北京大学学报》2004 年第 5 期）

张岱年早期思想中的哲学、理想与解析

张岱年先生在三十年代有一篇重要文章《论现在中国所需要的哲学》，发表于1935年4月8日的《国闻周报》。对当时中国人精神生活的一系列问题：应该采取什么样的生活方式，应有什么样的应对社会危机的态度，需要什么样的生活理想等，此文都提出了深入分析。这篇文章连同几乎同一时期所发表的《关于中国本位的文化建设》《西化与创造》《哲学上一个可能的综合》《生活理想之四原则》等，完整地勾画出张先生此时哲学思想的一些重要侧面。这些方面奠定了张先生一生的思想基础，是他此后许多重要观点的滥觞，甚至决定了他晚年哲学、文化研究的基调。其中最重要的是他对哲学、对理想、对解析问题的看法。本文对这几点略作讨论，以见张先生早年思想的基本特征，以及这些特征对他一生的影响。

一　哲学与理想

张先生基于对三十年代中国知识界的精神状况的深刻剖析，认为当时最需要的是一种昂扬的志气，一种坚韧的精神，以及对民族文化的充分自信。在《生活理想之四原则》中，张先生开首即说：

中国现在需要新的人生理想。新的理想能给人以新的力量。无理想的人，必不会感到生活之意义。无理想的人，必没有与环境搏斗之勇气。唯理想能鼓舞人的精神，能坚定人的意志，能使人面对逆境而无所惧。①

张先生明确说，提出生活理想这个问题，是为了使处于文化存亡绝续之交的中国人树立昂扬向上的人生态度，破除以为中国科技不如西洋，便觉得万事不如人的萎靡心态，提振民族文化自信心。在张先生看来，当时的中国，虽然九一八事变已经过去了四五年，但日本吞并全中国的意图并未显现，国家危亡的忧虑情绪并未蔓延至关内。当时最为紧迫的问题是，在欧美文化的浸润、侵蚀下，中国文化处在深重的危机中。危机的主要表现是知识界文化自信心的丧失，和崇洋心态的弥漫。张先生指出，中国当时的知识界有一可忧虑的情形，即"许多学者、教授，一头埋在研究中，却忘了祖国。他们不想为祖国争光，为国家在世界学术界争地位，而只想替个人在世界学术界谋声闻。因而，他们的论文总想用外国文发表，而不思给国人读看；即或有所创发，他们宁向外人报告，而不肯令国人周知。这实是亡国现象之一。今后，治一切学术者，脑子里应存个民族的观念。学术研究工作，一方面固为求真理，一方面也是为求本国学术之独立、本国新文化之创建"②。在张先生看来，学者、教授负有文化创新，提高全民文化素质的任务。而在文化建设中，首要的是建立一种信仰，一种精神，他提出："在创造新文化的过程中，应有坚定的信仰，不挫的勇气，精进不息的精神。应坚信中国民族是能再度建设起光明伟大的灿烂的文化的，应能战胜无数的障碍困难而不为所阻，应能不断地努力而不以小成自足。中国民族应再度发挥其创造力。"③

张先生提出，在当时文化危机日益深重的情势下，急需一种哲学思想为中国传统文化争取地盘，对低迷的文化心态做出抗争，为未来文化的走

---

① 《张岱年全集》第一卷，河北人民出版社1996年版，第280页。
② 同上书，第235页。
③ 同上。

向指明方向。张先生说：

> 现在中国需要一种哲学，本不始于今日，然而今日实乃尤急。不过却也有人不能认识这种需要。一般的识见总以为现在中国只需要科学工艺，当然科学工艺是现在中国所需要的，然而中国所需要的却非止于科学工艺。且如没有哲学，没有统一的思想系统，纵即学会了人家的科学工艺，恐也未足以建立一个独立的文化；而科学工艺或且被枉用以达到不正当的目的，有益的工具成了戕贼人群的利器。①

张先生在多处文章中都指出，当时中国的文化危机，主要在国人对自己的传统失去自信，在西方的坚船利炮面前自惭形秽。不仅当时第一流的学者、思想家言必称希腊，将自己本民族的文化看得一钱不值，就是一般知识分子和普通民众，也对自己的文化是否还有生命力发生怀疑。张先生认为，当时知识界的首要任务，是提出一种哲学，一种能给国人指出光明前途的哲学，一种鼓舞国人信心、提振国人士气的哲学，这一点至关重要。他大声疾呼：

> 亡国有亡国的哲学，兴国亦须有兴国的哲学。颓废的思想可以促进民族之衰萎，有力的哲学可以激发民族的潜能。中国现在所需要的哲学，乃是一种有力量的哲学，能给中华民族以勇气的哲学。须能从绝望中看出生路，从危险中看出光明，从死中看出生，从否定中看出更进的肯定。须能鼓舞人的勇气，培养人的斗争意志，激励人的坚韧精神。惟其如此，才能把中国从危亡中拯救出，才能有助于民族的再兴。在一时代能有积极作用的哲学，必是能助其民族应付新环境的哲学，有变革现实之力量的哲学。②

---

① 《张岱年全集》第一卷，河北人民出版社1996年版，第237页。
② 同上书，第239页。

张先生之所以反复呼吁和召唤新哲学，是因为在他看来，当时国人没有看到哲学的力量、哲学的用处，常常以为科学可以解决一切问题，只有能解决实际问题的科学，才是手中的利器，才是应付时代危机的最好工具，才是使中国走向强盛的根本。张先生认为，当时最为深切的危机，在于医治国人短视、狭隘、自卑诸病症的最有力的良方——哲学得不到应有的重视，国人不知道西方诸强国的哲学在其强盛过程中所起的作用。他指出，意识虽然受生活的决定，但理论却可以做实践的前导。没有理论做指针的实践，常会是妄作无功的。学科学的人常常藐视哲学，认为哲学玄虚；喜欢实际的人常常藐视哲学，认为哲学是空谈，其实这都是错误的看法。张先生的一个睿识是，中国古代哲学是适合中国古代社会的思想形态。古代思想虽已是陈迹，但它里面包含有真理的因素和永恒的价值，可以为当代人提供认识社会认识人生的智慧。西方思想是生活在西方的人的知识结晶，未必能给当时的中国人提供直接的精神养分，未必能直接满足国人的精神需要。中国人必须创造出适合当下的中国人需要的哲学。而处在20世纪30年代的中国，创造新哲学的时机已经成熟。

张先生提出，中国当时需要的哲学有四个条件：其一，能融会中国先哲思想之精粹和西方哲学的长处组成一个大的系统；其二，能激励、鼓舞国人的精神，给国人以力量；其三，能创造出一个新的一贯的原则，能建立新的哲学方法；其四，能与现代科学知识相结合。[①] 张先对以上四个条件进行了深入的解说。

第一个条件，实即中国哲学与西方哲学的综合。要想综合在人类历史上发生过重大影响、古老而延续不断的这两大系统，先要对之进行抉择。对中国古代哲学，要择取其精粹，然后将其发扬光大；对其中不适合现代生活的部分，必须革正、改造。对西方哲学，则要批判吸收。这两项任务，是中国哲学界的责任，不能推给外国人。特别重要的是后者。要吸收西方哲学的长处，首先要迎头赶上西方哲学。所谓迎头赶上，就是以现代西方

[①] 见《张岱年全集》第一卷，河北人民出版社1996年版，第238页。

哲学所达到的水平为基础，就此作更进一步的发展，不重演西方哲学所经过的阶段。这方面德国哲学对英法哲学的赶超是最好的例子。西方哲学的某些偏向，特别它的西方中心论，及因之而有的对东方哲学的轻视，是一定要破除的。张先生强调，综合不是混合或调和，综合必然是一个创新，必然有一个新的一贯的原则作此新哲学的根本，为此新系统的中心。这个原则必不是从别的哲学中取来的，必是新创的。有了这个大原则，才能成立伟大的哲学。没有新方法、新工具是创造不出新哲学的。这些观点，是他晚年倡导的"综合创新论"的基础。

张先生还提出，满足以上四项条件的哲学当具备以下四个特征：一、从某种意义上说应是唯物的；二、应具有理想性；三、是辩证的；四、是批评的。[①] 其中第一点唯物论和第三点辩证法，是张先生一贯坚持终生不渝的，他在此文中对"唯物"和"辩证"有清楚说明。关于"唯物"二字，他说道：

> 心不能离物而有，物总是心之所待，这是稍有客观态度的人所必承认的。理想须根据现实中的可能；理想固是要对现实加以改造，然而却亦为现实的条件所决定；离开物的基础而只谈理想，不过是空想而已。把宇宙、人生理想化，讲先于自然统乎一切的大心，也不过是自欺而已。[②]

这是从常识的角度，从一般人所无数次经验而居之不疑处立论。这是张先生哲学思想的出发点，他曾说："凡一理论，在感觉经验上及生活实践上有充分征验者，亦即能最简捷又最圆满地解释感觉经验并生活实践者，方是可以信持之理论。感觉经验与实践两不足征之问题，便应在讨论之外。"[③] 这一点他在多处文字中反复论证。张先生是个很理性的人，对立论根据的

[①] 见《张岱年全集》第一卷，河北人民出版社1996年版，第240页。
[②] 同上。
[③] 《人与世界》，《张岱年全集》第一卷，河北人民出版社1996年版，第352页。

实在性要求很高，不喜神秘的、玄想的东西。虽自谓如扬雄"默而好深湛之思"，但此"深湛"建筑在"无征不信"，即对经验性的东西作理论分析的基础上。对离开经验，纯靠纵思绪、骋想象、逞臆见的东西，皆斥而不言。在一般追索心的活动、深究心的含蕴到十分精微处以此自炫为深刻者看来，张先生的唯物论基础未免太简单。但张先生有深厚的逻辑分析功力和对经验的朴素信持，故其所信仰的唯物论，并不简单、浅陋。

关于"辩证"二字，张先生其后在各处所说甚多。在《论现在中国所需要的哲学》中，只大略提到，未作详细论证，但已提出了辩证法的一般法则，尤其重视其中对立双方的斗争与和谐，他说：

> 新哲学欲能综合各哲学之长，欲了解宇宙人生之实相而无所蔽，则更必须是对理（dialectical）的。必能见两之一、对之合、相反之相成、矛盾之融结，以及一之两、合之乖、统一中之互违、谐和中之矛盾。如此方能兼综众善，方能融会异见，方能免于顾此失彼，方能不至以偏赅全。对理是解蔽之术，是综合之方。而且，欲能挽救危亡，转弱为强，其哲学尤须是对理的。对理原是对待厄运应付险夷的法门。……善用对理，乃能死以求生，死中得生。①

此中之"对理法"，即"辩证法"。辩证法一词，在当时十分流行；辩证法的内容，也多一致，无论马克思的唯物辩证法，还是贺麟新心学的"矛盾法"。②张先生此处所谓对理法，皆对立面的统一。而通观张先生所谓辩证法，则多讲"两一"。如张先生早年的著名论文《哲学上一个可能的综合》，其中谈到唯物论的人生论应注重的五个方面：天与人之两一，群与己之两一，生与理之两一，义与命之两一，战斗与谐和之两一，③皆用"两

---

① 《张岱年全集》第一卷，河北人民出版社1996年版，第241页。
② 见贺麟《〈黑格尔学述〉译序》，载氏著《黑格尔哲学讲演集》，上海人民出版社1986年版，第653页。
③ 见《张岱年全集》第一卷，河北人民出版社1996年版，第276—277页。

一"而不用"辩证"。这里明确表示出张先生对张载思想的偏爱。张先生在中国哲学研究上的一大贡献是,提出在程朱理学、陆王心学这两大派之外,宋明理学还有张载、王廷相、王夫之为代表的气学派。对张载的两一学说,张先生十分赞赏,认为是辩证法的集中表达。对张载的"两不立,则一不可见;一不可见,则两之用息"(《正蒙·太和》),"一物两体,气也。一故神,两故化,此天之所以参也"(《正蒙·参两》)诸说深为服膺,认为是唯物辩证法的集中体现,故此处宁用两一而不用"辩证"。

对于中国当时需要的哲学,张先生提出"理想的"来做第三个特征。"理想"二字,在张先生体系中用法不同,要稍微费些周折来分析。因为张先生一生持守唯物论甚力,不接受唯心论。而"唯心"二字的英文 Idea,许多人译成"理想"。张先生的"理想"却不是哲学上的"唯心",而是一般所谓"理想",即对未来的想往、筹划,它同时能激励、鼓舞国人的精神,给国人以力量。张先生对"理想"二字解释说:

> 然而承认物质实在为根本,却并非甘受物质现实的限制,更须敢于变革现实,克服现实。一个伟大的有力的哲学,必能悬定伟大的理想,不敢悬理想与不敢看实际,是一样的病态。人群是必有一个伟大的理想作其努力的目标,以一卓越的当然原则作其努力的目标,以一卓越的当然原则裁制其生活,然后才能有所成。一个民族,必须有值得为之牺牲的理想,人民更必须有为理想而牺牲的精神,然后这个民族才能强盛。有这种大理想,才能促起人们的努力,才能鼓舞起人们的勇气。有了这种大理想,人们才会觉得人生有意义,才会觉得人生有价值;没有这种大理想,人们会感到空虚、无谓,因而萎靡、堕退。这种大理想,是一个健全的民族所必须有,而宣示这种大理想者,当是哲学。[1]

此处之"理想",不是"理想主义"(idealism)的理想,理想主义的"理

---

[1] 《张岱年全集》第一卷,河北人民出版社1996年版,第241页。

想"可歧作"唯心主义",唯心主义是张先生深恶痛绝而必欲去之的。此处的理想,是对未来的美好设想,是鼓舞人们突破目前的限制,裁制目前的生活使之达于更高标准的内在动力,是克服萎靡、堕退、消极诸精神障碍的良方。这样的"理想",是张先生的综合哲学必不可少的要素。所以,张先生在重要论文《哲学上一个可能的综合》中提出:"今后哲学之一个新路,当是将唯物、理想、解析综合于一。"①

但张先生又有"理想主义"的提法。所谓理想主义,一是指"唯心主义",二是指唯心主义中重视心的能动作用这一点。前者如写于1936年的《人与世界》中,张先生提到,"反哲学"的哲学除神秘主义、逻辑实证主义外,还有"理想主义之一部分"。张先生说:"理想主义中,证世界之美好,证上帝之存在,证心之不朽等理论,应划出哲学自成一科,乃哲学宗教之混合,其目的非在求真,乃在证明预存之信念。以前将此参入哲学中,哲学实深受其大害。哲学最须解蔽,此则自始即存一种目的。理想主义之大部分理论本属虚谬,而此部分理论更非哲学。"②此处之"理想主义",指"唯心主义";"理想主义之一部分",指宗教哲学。唯心主义中的宗教哲学部分,固为张先生所反对,想将之驱出哲学领域。而"理想主义之大部分",张先生也认为其虚妄。理想主义为张先生所认可的,只有其中张扬人变革社会的力量,征服自然的勇气,鼓舞人之士气,增进人之信念这一部分。即他在《哲学上一个可能的综合》中所谓"今后哲学之一个新路,当是将唯物、理想、解析综合于一"的这个"理想"。后者如《哲学上一个可能的综合》中,张先生说:"这个综合的哲学,在性质上则是唯物论、理想主义、解析哲学之一种综合。"③此处之"理想主义",实则取唯心主义之基本原则,即重视人变革世界、变革社会的决定作用,重视悬一理想于前作为努力奋斗的目标、旗帜之鼓舞人心的作用,而不以理想主义之基本原则为宇宙观之出发点。所以须知,张先生不喜"唯心主义"这个词,宁

---

① 《张岱年全集》第一卷,河北人民出版社1996年版,第262页。
② 同上书,第351页。
③ 同上书,第278页。

可用"理想主义";对理想主义,不是对其全部,而只是对理想主义中的一部分感兴趣。他欲取来作为他的综合哲学的一部分的,只是其中他认可的合理部分:"理想"。张先生的哲学出发点是唯物论,这是他的新的综合哲学的基础。

此外,对"理想主义",张先生也讲到其补充唯物论的作用。如张先生一再提到,在他的新唯物论中,宇宙是一个历程,这个历程中的存在,是有等级的;这个等级最基础的是物,这是其出发点;其次是生,即承认宇宙具有生机;其次是心与社会。① 在写于1948年的《天人简论》中,也有"天人本至""物源心流"之说。本指本原,至指最高成就。"本至"之义多取进化论:"人固为物类演化之所至,然而仍须前进不已,日新无息,进复再进,新而又新,以达到更高更上之境界。"②"物源心流"则明确说:"物为本源,心乃物质演化而有,为支流,物源而心流。物为一本,生物、有心物为较高级之物。一本而多级。"③ 张先生此思想是一贯的,其唯物主义基础不变,对唯心主义,则仅看中其补充唯物主义的作用。如,张先生从中西哲学思想发展的历史着眼,认为唯心论仅为其中间层级。第一级为原始唯物论时期,第二级为怀疑论和唯心论时期。怀疑论之发展为实证论,而解析派哲学,即出于实证论。第三级是前二级之综合,即兼综唯心论、实证论的新唯物论。故张先生的新综合哲学,便是唯物、理想、解析之综合的新唯物论。对唯心论,张先生虽承认其远有端绪,且在哲学史上占据大宗之地位,但不能作为他的新综合哲学的基础。张先生曾对唯心论有如下之评价:"唯心论之根本观点是虚妄的,主观唯心论推至究竟必归于唯我论,绝对唯心论推至究竟必归于上帝创世论。然唯心论乃是哲学史上最发达之哲学,其理论最丰富,其系统最完美,故亦实非无卓然之贡献。唯心论之优长即有见于宇宙之赜,而不以简化为捷径,而其贡献尤在于认识人之力量,心之作用,能知理想之有力,而创立并宣扬伟大的力量以指

---

① 见《张岱年全集》第一卷,河北人民出版社1996年版,第264页。
② 《张岱年全集》第三卷,河北人民出版社1996年版,第216页。
③ 同上书,第218页。

导人类的前进。"[①] 很清楚，张先生对于唯心论，只取其"理想"；取其理想，也是将之融合到自己的新唯物论体系中，作为其哲学的能动性的方面。他的基本思想，在"物为心、生、理之本，而无先于物者。物的世界即一切，无外于物的世界者，即无离物之存在"[②]。所以，张先生认为所谓"唯物论"，其名称应为"物本论"[③]。他的思想的特质，也应是物本论基础上的"列宁、孔子、罗素"三流合一。

二 逻辑解析

张先生认为，当时所需要的哲学的另一大特点是批评。他所谓批评，实际上是他一贯倡导，也是他哲学的方法论——逻辑分析。因为在他看来，哲学的本质即是批评。哲学必须运用理论思维，理论思维的实质就在于对概念、范畴加以批导、分析、绅绎，从中得出结论。他根据英国现代哲学家博若德（C.D.Broad）的观点，将哲学分为两种：一种是批评的哲学，一种是玄想的哲学。玄想的哲学即通过玄妙观想，通过整全的直观的思想活动进行新系统的创造。玄想的哲学是建设性的，不是毁坏性的；主要在立，不在破。批评的哲学即对具体哲学问题进行辨析性研究，此种研究是玄想性哲学系统建立的基础，是全部哲学第一步的、预备性的工作。由此，张先生对哲学的看法便是：

> 哲学研究之目标，是建立广大而一贯的理论系统，然哲学家之工作亦不必专以建立系统为务。有时专门问题之探索，个别概念范畴之剖析，较之建立一个一偏而空洞的系统更为重要。哲学家之工作，与其说是建立系统，不如说是探索问题，发阐原则，即仅就一部分根本

[①] 《张岱年全集》第一卷，河北人民出版社1996年版，第265—266页。
[②] 同上书，第267页。
[③] 同上。

问题而充分研究之。①

从这里可以看出，张先生所谓批评的，实即是分析的。哲学即是分析问题的学问。分析是哲学的本质。所以，他所理想的哲学，是以分析为方法的。他提出的一个自认为在当时最可行的综合哲学，就是唯物、理想加解析。哲学的最上乘为"致广大而尽精微"，致广大靠唯物论与理想论，尽精微则靠逻辑解析。所以他希望的哲学方式是，从事于系统的研究而能免于玄想，进行批评性的探索而能免于支离。

张先生对解析法注重甚早。他进入哲学的门径，就是西方的分析哲学。对此他晚年回忆说："关于西方哲学，在吾兄申府之引导下，读了一些英文哲学著作。最喜读罗素（B.Russell）、穆尔（C.E.Moore）、怀特海（A.N.Whitehead）、博若德（C.D.Broad）之书，对于此派学者的逻辑分析方法甚为赞赏。"② 张先生早期在学术文章中表现出的精细分析的路数，还得到中国分析哲学前辈金岳霖先生的肯定，③ 所以一直坚持下来。解析是张先生最为重视、讲得最多的哲学方法。他一生所取得的成就，几可以说全得自解析。从早年《中国哲学大纲》的写作中对逻辑分析方法的运用，到中年"天人五论"对分析方法的阐述，再到晚年代表他一生哲学所得的《中国哲学史方法论发凡》《中国古典哲学概念范畴要论》等，在在皆贯彻了分析方法。特别是他二十六岁写成的《中国哲学大纲》，是运用逻辑方法分析中国古代哲学的典范。以纵的方法叙述中国哲学发展历史的著作在三十年代的中国学界已经有了几种，其中最著名的是胡适的《中国哲学史大纲》（上）和冯友兰的《中国哲学史》。而以横的方法全面、系统地论述中国哲学问题的，当时尚无有。张先生将此书的副题定为"中国哲学问题史"，意即在突出横向的、以哲学问题为纲这一点。

令人啧啧称奇的是，张先生写出此书时年仅26岁，而史料掌握之精

---

① 《张岱年全集》第三卷，河北人民出版社1996年版，第7页。
② 《张岱年全集》第八卷，河北人民出版社1996年版，第577页。
③ 同上书，第578页。

熟，问题布局、展开之精严，分析、叙述之深入、有条理，皆俨然老师宿儒。此皆大得力于分析。在此书自序中，张先生说到撰写此书所用的方法，提出四点：一、审其基本倾向，二、析其辞命意谓，三、察其条理系统，四、辨其发展源流。① 这四个方面皆需要高超、严密的逻辑分析。比如张先生在对"析其辞命意谓"的说明中即明确指出：

> 对于过去哲学中的根本概念之确切意谓，更须加以精密的解析。古人的名辞，常一家一谊。其字同，其意谓则大不同。……对于中国哲学之根本观念之意谓加以解析，这可以说是解析法（analytic method）在中国哲学上的应用。②

并以道、性、气诸概念在各派哲学中的不同用法为例加以说明。当然同一概念在不同哲学家中意谓不同，这是世界各处哲学之通则。只要是能称得起哲学二字的，都得分析同一字面的不同涵义。张先生做得精绝、人不可及之处，在于对中国哲学问题的分类及其间关系的说明。如将人生论分为天人关系论、人性论、人生理想论、人生问题论；在人生问题论中又分义与利、命与非命、兼与独、自然与人为、损与益、动与静、欲与理、情与无情、人死与不朽、志与功十个方面展开论述。这种分法，尤见出对人生问题把握之深广，充分显示了张先生哲学解析的深厚功力。

张先生运用解析法，其中一个重要特点是将逻辑解析与辩证法结合起来。所谓结合，指一，逻辑解析需要辩证法；二，辩证法也需要逻辑解析。此点张先生自觉甚早。在写于1933年的《科学的哲学与唯物辩证法》一文中，张先生即吸收郎格（S.K.Langer）夫人的观点，认为逻辑解析最为哲学之擅场。因为有些哲学问题，仅凭逻辑分析其所含的概念，就可以解决此问题，如时空问题。还有一些哲学问题，单靠逻辑分析就可以知道此问

---

① 《张岱年全集》第二卷，河北人民出版社1996年版，第2—3页。
② 同上书，第3页。

题无意义而可置于取消之列。还有一些问题，通过逻辑分析不能将其解决，但可显现出其中的矛盾，但又不能证明其为虚妄问题，如此就可用辩证法去解决。而辩证法自身也需要通过逻辑解析来理清问题，克服笼统颟顸之病。张先生认为，当时中国哲学界最需要的就是用逻辑方法对中国固有思想来一番清理、分析。

中国哲学概念富于辩证色彩，讲究动态平衡，但又往往具有模糊、神秘、飘忽不定、边界不清难以下定义诸特质。概念边界太宽太不严格，往往易陷入诡辩，故皆有运用逻辑解析为之理清的必要。张先生对辩证法与逻辑解析两方面因为应用不善而产生的弊病有清醒的认识，他说：

> 辩证法似乎颇可以说为我们开拓了一可能之域，以前所认为不可能而加以封闭的领域，由辩证法乃明其为可能。罗素常说新逻辑扩大了可能之域，旧逻辑的大病之一在于太限制思想。辩证法是不是可说亦是最能打破旧逻辑之无理的限制的呢？……解析并不是对于事物强加割剖，原是"循物无违"之所必需。如物是辩证的，循物无违，自当不远其辩证的性质。同时，辩证法是不是需要厘清呢？逻辑解析则正是厘清的利器。在现在的情形说来，辩证法实在太需要厘清了。并且，也许非经严格厘清之后，不能为逻辑解析所容纳。①

此中说到两个方面，一方面是，辩证法对封闭的、拘限的旧逻辑是一个打破和拓展，使之由可能变为现实；另一方面，解析是对原有的秩序、条理加以遵循，亦即"循物无违"。在这个过程中，对诡辩以及荡越无规矩、混乱无条理等貌似辩证实则无理的状态进行理顺、清整。在张先生的观念中，辩证法和逻辑解析是并行不悖、相得益彰的，是哲学活动中的两个有力武器。辩证法是一种慧观，是认识事物的总的立场和态度，它适用于总体之观照。而逻辑解析是一种总的思想方法，处理事物的总的方针，也是

---

① 《张岱年全集》第一卷，河北人民出版社1996年版，第176页。

一种剖析和分析具体事物的技术。就张先生不喜笼统，好深湛之思，长于深究细察地解剖事物这一思维特点来说，逻辑解析在他的整个哲学活动中居于首出之地位。张先生的特出之处是不但始终清醒地、自觉地运用逻辑解析，而且不断对逻辑解析自身进行理论上的阐发和论证。

张先生1933年写过一篇《逻辑解析》的文章，集中表达了对逻辑解析的性质、功用，逻辑解析的对象等重要问题的看法。文章开头，张先生即说到了逻辑解析的重要性：

> 哲学中的科学方法即逻辑解析（Logical analysis），或简称解析。逻辑解析可以说是二十世纪初以来在哲学中最占优势的方法，而且也是最有成效的方法。多数第一流的哲学著作全是用逻辑解析法写成的。逻辑解析对于哲学实可以说有根本的重要。如欲使哲学有真实的进步，更不能不用解析。作哲学功夫，第一要作解析功夫。①

张先生认为，逻辑解析是最基础的工作，但什么是解析，则难以有确定的讲法，因为作为一种方法，许多哲学家都在运用，但罗素所用不同于斯庖尔丁（E. G. Spaulding），石里克所用又不同于维特根斯坦。解析方法是发展的，不可以限于一隅。只可从总的方面说，它是反对思辨悬想的，反对由宏大的不能证实的想象来代替具体的可证实的经验。从根本上说，解析是一种态度，一种求真实、可验证的东西，避免大而无当的态度。

从解析的对象说，哲学上的解析对象，并不是事物，而只是概念、命题、意谓。张先生认为，解析"乃是把不同的意谓分别开，把混淆的语言弄清楚。逻辑解析乃是考察常识中科学中的根本概念与根本命题的意谓"②。"逻辑解析的目的乃是祛除混淆，不使不同的意谓混在一块。解析即

---

① 《张岱年全集》第一卷，河北人民出版社1996年版，第177页。
② 同上书，第178页。

厘清（clarify）概念与命题的活动。逻辑解析不是把整个的东西化为破碎的，乃是把混淆化为清楚。"① 如讨论本体论，就是将本体、一、多、规律、因果这类概念厘别清晰；讨论伦理学，就是把应当、善、正义等概念及这些概念构成的命题厘别清晰。这都是说，解析是一种态度，一种运思方向。张先生这种看法，在三十年代的中国学人中相当普遍，特别是在重视西方哲学的学者中这一观点乃是共识。这是出于借鉴西方治学方法改造旧的治学方法和著述格局的需要。张先生的独特之处在于，他把解析方法和中国学者惯用的重视经验的思维趋向联系起来，把解析从仅仅分析概念、厘清意谓中超拔出来，用它来分析经验。他在分疏了逻辑解析的性质后对解析与经验的关系特别加以强调：

> 然而逻辑解析并非不管经验，逻辑解析乃是对照着经验考察概念。所谓厘清概念或命题，也即是把这概念或命题对于经验的关系显示出来。从经验把这概念籀绎出来，把命题翻译为关于今有的简单命题。一个命题有没有意义的表准，即在能不能在经验中加以验证，能在经验中验证，便是有意义，否则便无意义。只有在经验中能够加以验证，才是有意谓的；完全不能经验到，全在经验之外，无从判断其真妄，便只是无意谓。所有的有意义的命题都是能够翻译成关于今有或直接可知觉者的简单命题的。②

这里，张先生的逻辑解析是服从于他的根本哲学观点唯物对理法的。解析不仅仅是逻辑的，不仅仅要求概念命题的确定与清晰，还要看概念是否符合经验。也就是说，概念之真不仅是逻辑上的无纰漏，而且也是与经验之观察相吻合的。另外，概念形成过程即经验归纳过程，命题确立过程即经验间的关系的考察过程。所以他才有"逻辑解析乃是对照着经

---

① 《张岱年全集》第一卷，河北人民出版社1996年版，第178页。
② 同上书，第179页。

验考察概念"的要求,才有从经验中把概念籀绎出来,把命题转译为经验间的关系的要求。严格说,这种解析已不简单是纯"逻辑"的,而是加入了经验的内容。从这个意义上说,张先生的哲学确实可称为"解析的唯物论"。但这个名称的内涵绝非外在的唯物论加逻辑解析,或形式上的列宁加罗素,而是从内容上、本质上对逻辑解析加以改造,使之与唯物论融为一体,使解析由形式、方法变为与内容不可分的。而所谓经验,也是由对外界的朴素直观而获得。故对中国哲学史重视经验,重视素朴直观,不作纯思辨的逻辑分析,不由逻辑分析而推至极处乃至得出不近常理的结论这一特点,张先生也从展示和分析其优劣,转变为将其融合为其新唯物论的一个方面。

在逻辑解析之外、之后,尚有无其他思维活动?张先生给出的答案是:哲学性的慧观,即在解析基础上的综合。综合不是把诸多零碎饾饤的片段机械地拼合为一个整体,而是在解析所获得的确实但分散的经验材料基础上的某种观照,由此得到的思想结论。慧观与解析是整体的思维活动的两个方面,前者为分析,后者为综合;前者的思维指向在个别,后者的指向在一般;前者是基础性的、工具性的,后者则是归宿、结论。两者不可离,共同完成一个片段、一个单元的思维活动。

这里,张先生既受唯物辩证法的影响,也受他所喜爱的博若德(D.C.Broad)的影响。前者给他以相反者必相融的识度,将解析与综合这两个相反的方面融合在一个统一体中。这就是他说的:"在辩证解析之外,尚有辩证的综合,乃是看出两个相反的概念非绝对的相反而可相融,两个相反的学说、观点,亦非绝对的相反亦可融合。辩证综合与辩证解析在应用时,只是一个历程之两段。由辩证的综合,乃能兼摄各方的真理而不蔽于一曲。"[1] 后者的影响在,提出哲学主要有两种:批评哲学与玄想哲学。张先生反复提到博若德这个观点,且接受此二者中批评哲学更为根本以作己之解析法立论之根据。不过张先生又接受了唯物辩

---

[1] 《张岱年全集》第一卷,河北人民出版社1996年版,第180页。

证法，认为批评与玄想可融合为一，批评的哲学重在解析，玄想的哲学重在观照、得出结论。在博若德那里截然两分的东西在张先生这里统而一之了。

笔者在这里还要指出的是，在辩证的综合方面，张先生又受到了罗素观点的影响。在《逻辑解析》中说到解析之后的工作时，张先生说道：

> 逻辑解析也非否弃"慧观"，而且极需要慧观，所谓"哲学的慧观（Philosophical insight or Philosophical vision）"，在解析上实大有重要。逻辑解析最后之得结果，大概大部分是依靠慧观的。逻辑解析而至于无归宿、无结论，即由无慧观所致。没有哲学慧观，虽有精密缜细的解析，也难于有结论。慧观与解析乃是不可离的。①

张先生在阐述他的这个观点之后，引用了罗素《人对外界的知识》中的一段话证明己说，这段话是："当用方法所能作的一切事情都已做完，便达到了一个阶段，在此只有直接的哲学慧观能奏效。此时所缺乏者乃是逻辑想象之某种新的努力，以前不曾想过的可能之把握。……真正的可能，一般说来，一经想到，便会很迅速的以吸收表面上相冲突的许多事实之可惊的力量证明自己。"② 罗素的话中"当用方法"之"方法"，指逻辑解析；"逻辑想象之某种新的努力"，指解析基础上的综合；"吸收表面上相冲突的事实……证明自己"，指哲学慧观。罗素主要是实证论者，但他也讲哲学慧观。张先生甚喜读罗素著作，不仅吸收了罗素的解析法，也吸收了罗素的"哲学慧观"。吸收哲学慧观不仅丰富了他所讲的辩证法的含摄，也加深了他的解析法的内容。从这一点说，张先生善于吸收多元观点充实、强健自己的思想。不过张先生在所有的方法中最青睐的仍是解析法，就像他自己在《逻辑解析》的结尾处所说的："无论如何，解析在各方法中总不能不说

---

① 《张岱年全集》第一卷，河北人民出版社1996年版，第179—180页。
② 同上书，第180页。罗素此书之名张先生译作《人的外界知识》，本文依通行的译法。

是最根本、最基础的方法。在用他法之前,应先用解析。要之,在哲学上,说一句话,要先懂得这句话的意思。解析即要求思想之自觉,解析即不同的意谓之厘别。"[1] 这可以说是张先生对逻辑解析与其他方法的关系最后的结论。对解析方法,他自青年时即自觉运用,一直到老,愈益喜用,愈益倚仗,愈益纯熟。他的重要的哲学见解,都得自解析;对解析的深湛把握,坚持运用,是他取得非凡哲学成就的基石。

(原载《哲学研究》2012年第1期)

---

[1] 《张岱年全集》第一卷,河北人民出版社1996年版,第181页。

论牟宗三的"呈现"

"呈现"是牟宗三哲学的一个重要观念。其重要性不仅在于早年因熊十力"良知是呈现"一语有悟而转变哲学立场,确立了道德理想主义的宏规,更重要的是,他一生都在思考和处理康德所提出的两个世界之间的隔碍,而以"呈现"义为连通两者的桥梁。"呈现"观念所含摄的义理包括"呈现"得以发生的本体、"呈现"的动力、"呈现"的方式、"呈现"的结果、"呈现"与非"呈现"的实体的区别等。这些问题涉及牟宗三的本体论、知识论及他对德国古典哲学的融摄与改造,可以展开为宏大的思想脉络。"呈现"问题牟宗三涉及甚早,在《心体与性体》(1968)导言中即有深入论述,其后所写的《智的直觉与中国哲学》(1974)、《现象与物自身》(1974)等著作都是对这一问题的深化和邃密。今仅就《心体与性体》导言中所涉及的关键部分抉剔一二,以见"呈现"观念在他思想中的重要地位。

一 "呈现"得以发生的本体

牟宗三认为,中国儒释道三教义理都展示出两种存在形态:价值的、理想的和实存的、经验的。这在儒家就是道体、性体、诚体、神体与格物穷理所面对的实然世界,在佛家就是佛性、般若和五阴浊世的对立,在道家就是道和器世界的对立。这两个世界的设定和打通在他是有深刻意义的,这就是，在现时代工具理性膨胀、价值理想低迷、文化传统花果飘零的境况下，安立价值世界、本体世界，作为现实人生所依据的标准和追求的目标，在价值世界的对比和观照之下形显现实世界的缺陷和不足，使人生变为一自定目标，自寻道路，不断向理想世界趋进的有意义的活动，使世界变为一在价值理想的观照下向完满演进的有意义的存在。

牟宗三是在世纪悲情的鼓舞和映照下展开他的哲学思索的。他通过理解和体悟中国三教义理奠定了两个世界的思想，而康德哲学则是他借以激发、思考其中的曲折，畅情诠释、引申其中义理的媒介。能否容摄康德哲学甚至成了以牟宗三为中坚的现代新儒家的突出特点和显著标志。① 根据康德现象和物自身二分的义理所设定的这两个世界中，牟宗三着力描述和思立的是本体界。本体界的安立，牟宗三依据的理论支柱是《论语》《孟子》《中庸》《易传》通而为一：孔子的仁与天、孟子的心与性，《中庸》的命与诚，《易传》的"乾道变化，各正性命"。这些经典中讨论的问题和折射出的理念可以《诗经》中的两首诗来概括："天生烝民，有物有则。民之秉彝，好是懿德。"（《诗经·大雅·烝民》）"维天之命，於穆不已。於乎不显，文王之德之纯。"（《诗经·周颂·维天之命》）前一诗是牟宗三天道性命通而为一的根源，就"呈现"观念来说，它提供了本体界向现象界呈现的可能性与根据。天与人不隔，天理与人性本一，"呈现"只是道体、理体向下的伸展和显现。后一诗是牟宗三本体界生命洋溢，健动不息，鼓舞尽神，从而向现象界呈现的内在动力。它是天道的写照，也是打通天人的动力。这一点是牟宗三天道天理即存有即活动这一重要性质的基础，又是他判分宋明理学之正宗与别子的标准。这两个方面合起来就是牟宗三对儒家特别是宋明理学所要解决的问题的认识："宋明儒之将《论》、《孟》、《中庸》、《易传》通而一之，其主要目的是在醒豁先秦儒家之'成德之教'，是要说明吾人之自觉的道德实践所以可能之超越的根据。此超越根据直接

---

① 关于现代新儒家的界定标准海内外学者已有不少讨论文字。可参看余英时《犹记风吹水上鳞》（三民书局 1991 年版），以及香港中文大学新亚书院编《钱宾四先生百龄纪念会学术论文集》（中华书局 2003 年版）中的相关文字。

地是吾人之性体,同时即通'於穆不已'之实体而为一,由之以开道德行为之纯亦不已,以洞彻宇宙生化之不息。性体无外,宇宙秩序即是道德秩序,道德秩序即是宇宙秩序。而以圣者仁心无外之'天地气象'以证实之。此是绝对圆满之教,此是宋明儒之主要课题。"[①]

两个世界及其性质的设定,使牟宗三发现了儒家与康德的不同之处:"道德的形上学"与"道德底形上学"。本体世界是道体,也是性体、诚体、仁体、神体,这些都是从不同的方面描述这同一个本体世界。而孔子是"具体清澈精诚恻怛之圆而神"的圣人之境,是本体世界的人格化的代表。孔子以圣人之仁者襟怀和强烈的历史文化意识开启的道德生命之源,把《诗》《书》中有人格神意味的"帝""天"等观念转变为重德敬德的主体之门,把天转变为"维天之命,於穆不已"的即道德即存在的实体。同时为人规定了践仁知天,从而契接、实现此本体的功夫路径。孟子将本体世界与心性打通,将天道摄于道德本心的活动中,而以此心为本体世界在人心的发窍,并把道德的本心直接规定为人的本性。人真正的主体性至此挺立、朗现出来。《中庸》以"天命之谓性"一句,明确地将道体与人之性体打通,确立客观地从本体宇宙的立场说性之义。以人之性体、心体为天之所命,而确立了人的性体必是一道德创生之实体,人与天同为一诚,天道即"为物不贰,生物不测"之诚体,人性即此诚体降衷于人者。至此性体、道体、天命诚体通而为一的洞观始告完成。《易传》则以"乾道变化,各正性命",将天命实体下贯于个体,并以宇宙运化中的寂感真几言诚体、神体,将"於穆不已"的天道实体具体化为个体事物的性质。此过程则借气化以显,把"於穆不已"之创生义,承体起用义落到具体事物中。至此,由《论》《孟》《中庸》《易传》所代表的本体世界、价值世界同时是意义世界的圆而神看法始告完成,这个本体世界所具有的性质是它"呈现"的根本理据。

牟宗三复依据此本体与实体来批评康德哲学的不足。他认为,造成

[①] 牟宗三:《心体与性体》上册,上海古籍出版社1999年版,第32页。

这一不足的首先是西方哲学传统中致思方式和着眼所在对康德思考道德问题所造成的影响:"西方哲学传统所表现的智思与强力自始即无那道德意识所贯注的原始而通透的直悟。而其一切哲学活动皆是就特定的现象或概念,如知识、自然、道德等,而予以反省,施以步步之分解而步步建立起来的。这征象也很显明地表现于康德的哲学中。这样步步分解、建立,自然不容易达到最后的融和,这是概念思考的好处,也是概念思考本身造成的障碍。"① 牟宗三对两个世界及各自性质的设定,他对康德以上根本缺陷的认识,规定了他的运思方向,这就是,用中国哲学的浑融与不隔,打通康德两个世界之间那层隔,创造出一个圆而善的哲学系统,使康德哲学中现象界与本体界、德与福的不统一得以克服与弥补。他认为,康德只有"道德底形上学"(metaphysics of morals)而无"道德的形而上学"(moral metaphysics)。前者是一种研究道德的方式,即思辨地、形而上地讨论道德的基本原理与存在原则等,因此也可以说是关于道德的形而上的解析或推述。它研究的对象是道德而不是形上学本身,形上学只表明他的讨论方式。后者是以形上学(包括本体论与宇宙论)为研究对象,而以道德为其进路。是将道德修养所获致的洞观用于对本体世界的研究。这一研究包括本体世界呈现、下贯、落实于经验世界的各个方面的问题。如果套用"云门三句"(《五灯会元》卷十五)说,"道德的形上学"不仅有"截断众流"句(意志自律之纯净),还有"涵盖乾坤"句(道德贯通本体界)、"随波逐浪"句(本体界呈现于下贯于具体存在)。所以有没有打通那一层隔而由本体"呈现"为经验事物,是康德哲学与中国哲学的根本不同之处。

牟宗三对康德道德哲学的检讨使他看出,在西方哲学根本特点影响下,康德对道德问题的探讨有一个根本缺失,这就是,康德只有"截断众流"句,没有"涵盖乾坤"和"随波逐浪"句。康德的重要道德哲学著作《道德形而上学原理》和《实践理性批判》只是论证出了道德法则不能从经验建立,不能从范例引申,不能从人的特殊属性、性向癖好推演出来。也

---

① 牟宗三:《心体与性体》上册,上海古籍出版社 1999 年版,第 98 页。

就是说，康德只论证了道德之为道德在其形式及此形式的普遍性与必然性：要这样做，永远使你的意志的准则能够同时成为普遍立法的原则。此形式纯则纯矣，但缺乏内容。其中的原因在于康德没有打通两层存有，所以没有以实践功夫体现性体、心体义，没有把自价值世界下贯而来、呈现而来的道德情感视为道德哲学的应有内涵。而不能正视此"呈现"、此真实，则"截断众流"句所说的道德法则亦只是一套空理论，不能落实。这就是牟宗三从康德之失中看到的本体世界及其呈现的巨大意义。

二 "呈现"的动力

牟宗三从康德那里借用的最重要之点，就是价值世界和经验世界间的对立，他要做的重要一步工作就是使价值世界不只是一个空洞、严酷的律令，更是一个具有内在动力、自由创进的主体。这其中的动力之源，首先来自价值世界内部：它的健动活泼、生生不息、纯亦不已的性质，也即它"即存有即活动"本身所具有的创发力。这一点，牟宗三有取于康德之后以至黑格尔的德国古典哲学。牟宗三说："康德由步步分解建构的方式给实践哲学立下的限度实已隐含着这种道德的形上学之要实现。（在康德只是一间未达，一层未透，如适所说。）康德后德国理想主义底发展即向此'道德的形上学'之实现而趋。在此趋势上，康德所开的'道德的神学'便与这'道德的形上学'合而为一，而打通了那一层隔。"[1] 本来在康德这里实践理性的绝对性与无限性所具有的圆满实已逻辑地包含着由一般、抽象向个别、具体趋进的可能性。实践理性具有一种不受限制、自创律则以前行的内在冲动。这就是马克斯·缪勒（Max Muller）说的，在以柏拉图、亚里士多德及圣·托马斯等为代表的传统哲学中，个人潜伏于"实有"的各种秩序中。理想主义的伦理却正相反，它基本上是一种"展现"的伦理，

---

[1] 牟宗三：《心体与性体》上册，上海古籍出版社1999年版，第156页。

它脱离稳固、安全的本质秩序，为的是能向无限的境界突进。① 费希特首先突出了这种主体的能动性，他以"自我建立非我及自我与非我的同一"迈出了打通康德两个世界隔碍的第一步。谢林以主体与客体的绝对统一把康德割裂了的两个世界缀合起来，并以美学的欣趣把这个统一体视为活生生的、充满动感的精神实体，在这个实体中，能动的主体和被动的客体的区别消失了。黑格尔以"致广大而尽精微"的哲学慧识，把这个精神实体作为在自由创进中展开为部分，各部分之间有着逻辑关联和矛盾升进，并在完成精神漫游中将自己的全部丰富性展现出来的绝对者。在德国理想论（Idealism）哲学中，实体就是主体，主体自身就蕴含着能动地展现自己的动力。这一点被牟宗三吸取过来作为契接和融会中国传统心学所代表的创进精神的桥梁。他曾说："德国康德后理想主义底发展是向打通那一层隔而期完成'道德的形上学'之方向趋。关键是在由'自由'所表示的绝对性与无限性而直通那无限而绝对的神性以为我们自己最内在的本质、本性（这本性就是正宗儒家所说的'性'之意义）。说'实有'，这就是最高的实有，宋明儒之大宗所谓道体、性体、心体、神体、仁体、诚体等；说精神，这就是最真实最内在的精神。这样，意志自由与上帝存在不再是并列的两个设准，像在康德本人那样，而是打成一片而在'展现'中呈现。"②以往的牟宗三研究中，在牟对康德的摄取与诠释方面关注较多，但对康德之后特别是黑格尔哲学在牟宗三思想中的作用提及较少。我们说，黑格尔哲学在牟宗三思想中是打通康德那一层隔的重要义理，他把黑格尔思想中精神实体的创进精神和正宗儒家（指濂溪、明道、横渠、象山、阳明、五峰、蕺山）直承天命纯亦不已、健动活泼的精神融合起来，以此为义理基础，反过来审视、观照康德哲学，把康德哲学中自由意志所隐含的能动性激活、加强，使它由思辨地推出、逻辑地逼出的"设准"变为真实地"呈现"之物。这是他的一个繁重但非常有意义的工作。这一步工作，在他看

---

① 牟宗三：《心体与性体》上册，上海古籍出版社1999年版，第157页。
② 同上书，第158页。

来，康德已经做了一部分，但是十分艰难曲折地做的。康德的两个世界的打通是在他的第三《批判》中，如果有中国哲学的慧识，加上康德以后主体能动性的加强，这一工作本不必如此艰难曲折，义理一通，必有"沛然如决江河"之畅快与顺通。他在《心体与性体》导言中就是用以上中西融合了的思想，疏解康德"纯粹理性如何是实践的，自由如何是可能的"这一问题。

在牟宗三看来，康德以上问题首先涉及的是道德情感问题，所谓道德情感在康德这里亦属于才性、气性，亦是经验的、后天的，实际上就是人出于癖好对于道德这件事的喜爱，如做善事心得安慰、喜悦之类。兴趣是人的理性由之而去实践的一个原因，但非出于无上命令。而中国正宗儒家的"理义悦我心"这貌似的道德情感却是那超越的道体、性体的呈现，是道体性体落实于心气之上者，是精诚恻怛的道德本体在心态、情感上的表现，故"心即理""良知即天"。本心仁体愉悦于自己发出来呈现于心的道德法则，本心仁体由于本性的必然性必定要发出义理。当它呈现于形下之心时因它是即理之心而悦此义理。这就是宋明儒大宗中的道德情感。它不出于后天的性向与癖好，它本身就是定然命令。这是如契会了老子的道心，悟解了佛的般若智那样的本体的呈现与直贯。它虽也是道德情感，但是"理义悦我心"这样的情感。它是个体与本体不隔的。

牟宗三还据以上所说本体呈现义考察康德的"自由本身作为一意志其必然性如何实现"这一问题。康德是在知识论中处理此问题的，因而将它视为经验知识所不能及因而不可解明的问题。牟宗三认为，自由意志的绝对必然性如何实现是一个实践问题，不是一个知识问题。它是一个在我们的实践中与我们"觌面相当"的亲证，不是在知识论中被理解、被思考。牟宗三说："宋明儒所讲的性体心体，乃至康德所讲的自由自律的意志，依宋明儒看来，其真实性（不只是一个理念）自始就是要在践仁尽性的真实的功夫中步步呈现的：步步呈现其真实性，即是步步呈现其绝对的必然性，而步步呈现其绝对的必然性，亦就是步步与之觌面相当而澈尽其内蕴，此就是实践意义的理解，因而亦是实践的德性之知，此当是宋明儒所说的证悟、澈悟，乃至所谓体会、体认这较一般的词语之确定的意义。这自然不是普通意义的知识。"①重视实践义，重视本体在实践中展开为、呈现为具体事物，这是德国古典哲学的成熟形态、最后形态。特别是黑格尔，他昭示的是绝对精神的即知即行、即内即外、即本体即功夫、即下即上的品格。它呈现与落实的动力在其自身。这一点与中国正宗儒家自"於穆不已""纯亦不已"的道体、性体而呈现为落实为具体事物，从而使两层存有这即价值即实存的品格贯通于一切正相吻合。这一步的完成，使牟宗三从西方的知识论形态一下子转到中国哲学的存在论形态，从思辨性的绝对精神一下子转到中国哲学的即存有即活动的两重品格。牟宗三的呈现动力的思想，是中西融会的产物。

三 "呈现"的方式

在牟宗三"道德的形上学"中，有了本体的纯亦不已的性质，有了创进的动力，"呈现"就是顺理成章的。"呈现"在牟宗三这里是本体界直贯、落实为实然的经验界。牟宗三说："意志所直接决定的'应当'，因心、情感、兴趣，即因心之悦理义发理义，而成为'实然'，此即是'是什么'或'发生什么'之必然性。由应当之'当然'而至现实之'实然'，这本是直贯的，这种体用因果之直贯是在道德践履中必然地呈现的。"②意志所直接决定的"应当"就是"无上命令"。无上命令不是像康德那样只是一形式的、光板的律令，而是有内容的。这个内容就是道体、性体等所代表的即活动即存有的本体。这个本体因觉知它的人对它的喜好、向往而发窍于、奔涌于能动的心体中，落实为经验界的具体事物。它由价值性的应当，变为经验性的实存，由"该如何"坐实为"是什么"，由睿智界的只可体认、想象的对象变为现象界的经验对象。在"是什么"和"发生什么"的

---

① 牟宗三：《心体与性体》上册，上海古籍出版社1999年版，第145页。
② 同上书，第148页。

领域，人类在实然世界中所积累归纳、所提炼、所共许的知识论原则如格度、表准、范畴等才得以施行。知识活动是呈现后事，是形而下的、有规范的。睿智界、本体界则是无规范、无格度、不可经验的。这一步转折实际上是带着气化以赴的宇宙大化在对之有了觉解的人心中的变换。承认本体、识得本体，体认而以之为胸襟、为境界可，拒斥之、否认之，以之仅为经验界的实然存在物亦可。这是境界体认事，不是实然有无事；是连着设定者的文化关怀、生命体证而有的诠释和觉解，不是实证论者仅以耳目感官为限度、为标准而推定、而证实的存有。所以这所谓由本体界到经验界的直贯，就不是有形迹可见的，不是有经验界的范畴可以描述测度的，而是一形上学的、诗性的比拟。这个直贯是连接睿智界和经验界的桥梁，是一个由体发用的自然结果。它的发生是在道德践履中实现的，这个道德践履也不必是一般所想的"见诸道德行为"或主体见之于客体的一个事件，只要是本体界承体起用而与智思者觌面相当、实有诸己的，都是呈现。

呈现的形式，按牟宗三所说，是智的直觉。智即睿智界，本体界；直觉即呈现的方式。关于智的直觉，牟宗三有取于自《中庸》到张载所喜讲的"诚明"。"诚"代表睿智界的承体发用，"明"代表经验界的具体见闻。张载在《正蒙·诚明》中说："诚明所知乃天德良知，非闻见小知而已。天人异用，不足以言诚；天人异知，不足以尽明。所谓诚明者，性与天道不见乎小大之别也。"天德良知即"睿智"，它是"诚"所代表的本体界的智，故非经验性的闻见之知。诚体本身是一个由体发用的自然过程，所以天人异用，不足以言诚；是一个由本体界到经验界的直贯过程，所以天人异知，不足以尽明。在诚的境界，经验性的认知所做的区别皆泯没不见，唯见价值性的、非经验可以格度的本体，故"不见乎小大之别"。而由本体界到经验界的落实，则是其本性的自然发用的层层推进。此状态牟宗三用《中庸》的一段话来描述与证明："诚则形，形则著，著则明，明则动，动则变，变则化。唯天下之至诚为能化。"由此，"呈现"就是本体界对于经验界的个体的朗现、润泽，就是本体自身向下延伸。所以牟宗三说："诚体起明，明即全澈于诚。故明即诚体之朗润与遍照。诚明一体即穷尽性体之全蕴,亦即穷尽性与天道之全蕴。……诚明之体既创生,又圆照。从圆照方面说,其圆照自身就能给出这杂多,其自身就能给出其对象之存在。"①

在牟宗三这里,直觉对本体界是下落与直贯,对经验界来说是具体化、实然化,所以,直觉是具体化原则,是实现原则。智的直觉是创造的,是本体在伸展自己、润泽对象中朗现为个体。它是本体的内蕴之清澈化、现实化。如果用《易传》的话说,可以说是一"寂感真几"的作用。本体世界可以说是一"寂",当然此"寂"仍是一内蕴着创造之几的动的活体。"寂"只是说它尚未"感"而转换为具体事物而已。本体界是一个寂体,待感去呈现去下贯。寂与感是一心之转。价值界的"应然"到经验界的"实然"的清澈与朗现有一个契机,这就是"几"。"几"是连接这二界的窗口,但"几"不是一个实然的必然的存在,而是一个待机而起、瞬息即逝的关节点。就是说,当主体指向睿智界时,体是浑全的、没有形迹的、只可意会不可以耳目摄取的。此时生化之理蕴于其中,"显诸仁,藏诸用,鼓万物而不与圣人同忧"。当主体指向经验界时,用是了了分明,直下呈现为森罗万象、可为主体摄受的具体事物。此时万化中的个体"一时明白起来","头头鲜明"。此寂感真几是闪回和转换的枢纽,并且能倏忽离却本体界的空明状态(不沾滞于本体),倏忽斩断现象界的葛藤(不为现象的纷繁所系缚)。它全凭洞彻了本体与现象的关系因而有此境界和胸襟的人心灵的控御,所谓"运用之妙,存乎一心"。这是全然东方的思考、体证方式。

最后,由本体呈现为具体事物这样的直觉与感触的直觉大不一样。感触的直觉是被动接受的,是客体强制性地进入主体的认知并自然地在知觉系统中被显现和加工。就思想方式说,它是总体地、圆顿地、当下地把握对象的一种方式,它没有两层存有的预设,他只在现象界内讨论问题。它

---

① 《智的直觉如何可能》,载郑家栋编《道德理想主义的重建》,中国广播电视出版社 1992 年版,第 359 页。

所关联的是经验知识的层累,局部知识的缀合,心理指向上的"总"与"分",性向癖好上的趋于感性或趋于理性等。而智的直觉则是一心之伸展、一心之朗照、一心之遍润,是两层存有论的,是本体下贯、落实于现象界的。它不关涉经验知识所及的一切心理、生理素质,它也不涉及主体所积淀的一切前知结构。它只关涉是否有对两层存有的觉解与体悟,是否有对儒家理想人格所代表的精诚恻怛之圆而神的生命智慧的了彻,是否由此了彻所带来的胸襟与怀抱。这些是智的直觉的根本所在。

四 "呈现"的结果

本体界朗现为、清澈为具体事物是呈现的结果。两层存有是牟宗三一个独特的理路,他在阐发这套理路时就时时点醒他与其他哲学思想的不同,同时提醒人们不能用时下流行的哲学观念去比拟和附会。首先,他所讲的"於穆不已""纯亦不已"、有道德创生之承体起用的"实体",不同于西方哲学家所讲的"实体"。新黑格尔主义者布拉德雷有《现象与实体》,过程哲学家怀特海有《历程与实体》,生机哲学家柏格森有《创化论》,存在主义哲学家海德格尔有《时间与存有》等。① 这些哲学家所讲的实体、存有多半是为破除孤立地看具体现象的路数,而以整体观、生机观将世间现象作一整体的、有机的观照。牟宗三指出,这些实体观念、存有观念与自己的实体观念不相当:"凡此等等皆有精巧繁富之理论,读之可以益人心智,开发玄思。然无论是讲实体,或是讲存有,或是讲本体,皆无一有'性体'之观念,皆无一能扣紧儒者之作为道德实践之根据、能起道德创造之'性体'观念而言实体、存有或本体。无论自何路入,皆非自道德的进路入,故其所讲之实体、存有或本体皆只是一说明现象之哲学(形上学)概念,而不能与道德实践使人成一道德的存在生关系者。"② 这里牟宗三对中

---

① 此处书名皆从牟宗三自己的译法,其中有些与通行的译名不同。
② 牟宗三:《心体与性体》上册,上海古籍出版社 1999 年版,第 33 页。

西两种实体区别得很清楚。"性体"主要是一价值观念,不是仅存有论的观念。怀特海的"过程",柏格森的"绵延"虽已减杀了经验界中个别的鲜明性、易于摄取易于表象的孤零性,突出了实体的绵密、无缝隙、普遍联系、互相依存等特征,但这仍是就经验界立论,仍是在一层存有论中讨论问题。即使把他们所讲的过程、绵延等放在形下的经验存在来观照、来讨论,也不能和牟宗三所讲的由本体界呈现而来的经验事物相比拟,因为它们不是本体界的下贯、落实,不具有由两层存有论带来的即本体即现象、即价值即存在这双重性质,因而不具有被寂感真几上下其观的圆顿性。就"意义"而言,海德格尔以"存在者"观念开发出、推演出的"意义"理论着重的是每一个体须在与他者的关联中见其意义,每一事物的存在状况先于或重于他自身的本质。这样的"意义"仍是在经验层面,尽管已经是把个体联成一个彼此关联的存在之网而消除了它孤立存在的意义。它仍然没有由本体下落至经验层面而有的个体所具有的性质。套用《易传》的话说,牟宗三的道德理想主义的两层存有论是"先天而天弗违,后天而奉天时"的,两者一体两面。而西方哲学只有"后天而奉天时"。怀特海具有美学情调、强调其过程的"实在"与海德格尔强调普遍联系的"存在者",皆没有"道体""性体"所具有的道德意识。如果有思极天人的肚量,可以说道德理想主义包摄了怀特海与海德格尔,而后者却不能包摄前者,存有层面有差别故。

以胡塞尔的现象学中的"现象"比拟牟宗三的由本体下落而呈现的现象界也不相应。因为现象学只就现象立论,现象之外的一切则悬置不论。以本体为现象的支撑、根据更被视为越出现象学的界阈。而牟宗三的现象界是不能脱离本体界而有的,并且只有在两层存有的意义脉络中才是有意义的,才是可说的。在两层存有论中,牟宗三更看重、说得更多的是价值界、本体界。他自认为平生最具决定意义的转变便是对一层论的扬弃,便是对"呈现"的体悟与认识。所以,必须说到两层存有,才能得牟宗三之全;只有说到经验界是本体界的呈现与直贯,才能得经验界的真义。以此反观现象学的现象,可以说二者绝不可以比拟、融通。现象学可以说是由知识论而入的本体论,"现象"这个观念可以说是由对我们的认识不能直接达到、仅凭智思的推论而得的东西的抛弃而得到的。如果说"现象"得自直观,那么这个直观也是知识性的直观。牟宗三的现象是由道德论而入的形上学的一个层面,现象背后的根据、本体不是经验知识的对象,按现象学的原则是应该剔除的。但如果剔除了、悬置了这个层面,则亦无现象可言。现象背后的根据与本体是牟宗三全部哲学的拱心石,排除它也就是整个地否定了牟宗三哲学。

仅以美学的欣趣来比拟和观照牟宗三两层存有间的圆转与灵活也是不相应的。审美判断在康德这里是理性的重要方面,是康德试图沟通现象界和本体界的桥梁。在康德,无上命令只是一个形式,没有内容,自由意志不能直贯现象界,两个世界的接合连缀成了问题。而且康德为自己规定的思考方向是直接就这个世界本身的关系去思考,所以他在第一、第二《批判》里不能完成的东西寄望于第三《批判》,这就是美的欣趣。照康德的看法,审美判断之判定为美者,只是因为它是美本身,其他无所事事。知性判断决定自然事物的性质,道德判断决定行为的方向,这两种判断都有所决定,唯有美的判断无所决定。然而在美的判断中却能感受到自然界中具体事物的美的合目的性。美一头连着自然界的具体事物,一头连着美所蕴含的目的性原理。也就是说,审美判断在纯净的欣趣中打通了睿智界与经验界。意志将两者打为两橛的,现在由审美接上了。但在牟宗三看来,康德的这种论证只是一种"工巧的凑泊"。美不是善,意志之目的性与美的事物所呈现的目的性不是一回事,二者只有貌似的共通性。牟宗三指出,艺术境界"必须是性体、心体、自由意志之因果性彻底呈现后所达到的纯圆熟的化的境界、平平的境界,而不是以独立的美的判断去沟通意志因果性与自然因果性。践仁尽性到化的境界、'成于乐'的境界,道德意志之有向的目的性之凸出便自然融化到'自然'上来而不见其'有向性'。而亦成为无向之目的,无目的之目的。而自然,亦不复是那知识系统所展开的自然,而是全部融化于道德意义中的'自然',为道德性体心体所通澈了的'自然':此就是真善美之真实的合一,而美则只是由这化的境界所显出，而不是一独立的机能"[①]。这就是牟宗三由本体界呈现而来的真善美合一之观照下形显出来的单面的美、独立的美的不足。在这两者间作类比在他看来也是不相应的。

以上是以《心体与性体》为中心对牟宗三"呈现"义的一种诠释。综观他一生的工作，可以说，牟宗三终生在自己设定的套路中奔忙。他先由康德设立两层存有论，再"强探力索"地从事这两层间的隔膜的打通。中间"智的直觉"的开启，《现象与物自身》对二间的疏通，《圆善论》对德福一致之境的指证，《佛性与般若》以佛理对此义的契接，乃至为了深究要打通的对象而对康德三大《批判》的翻译和疏解，处处都在对《心体与性体》所宣示、所开显的这个义理进行着强固、缜密、延伸的工作。他的工作表示了他一生的努力方向：为了挽救这花果飘零的文化传统，为了安立当今需要的价值世界，也为了哲学本身的创新、哲学家的智思有所安顿，他终生做着一件事。这是一个有悲情的智者对这个世界的贡献所在。

（原载胡军编《观澜集》，北京大学出版社 2004 年版）

[①] 牟宗三：《心体与性体》上册，上海古籍出版社 1999 年版，第 152 页。

现代心学双峰贺麟和牟宗三本体方法的比较

贺麟和牟宗三同为现代中国著名哲学家，现代心学的代表人物。但他们在所接受的理论上，在各自建构的本体与建构此本体所用的方法上，都有绝大不同。比较他们的异同并由此引申出建构现代哲学本体论的一些可供借鉴和可资启迪之处，将不会是无益的。

一　本体

贺麟新心学所认为的世界本体即绝对精神，他用心理合一、心物合一、心性合一、知行合一几方面去描述这个本体。

贺麟吸取新黑格尔主义的观点，认为绝对精神是一种能动的、有创发力的力量，它是人类发展至今所有精神活动的抽象。绝对精神虽然将历史上发生的各种精神活动包揽无遗，但它主要是那些在历史中起了关键性作用、合乎人类认识法则，经过历史的淘汰和积淀存留下来的东西。它是主观的精神，又是客观的理则；它不是任意的，也不是超人的力量安排的，而是人类活动的自然结果，它具有合目的与合理则双重性质。从它是一种精神力量，从它作为人类所创造的一切文明成果的基础说，它是"心理的"、主观的；从它是存在的法则，有其合理性与根据，并符合人类真善美的价值追求说，它又是理则的、客观的。绝对精神是即心即理的，贺麟反对实在论者"满坑满谷死无对证之理",也反对不合理则,具有任意性、完全是人为安排的"精神"。对于中国哲学,他也本此观点,欲调和程朱陆王,也就是理学心学的对立:"讲程朱而不发展到陆王,必失之支离;讲陆王而不发展到程朱,必失之狂禅。"① 贺麟又主心性合一。"性"在贺麟这里指一事物所以为此事物者,一事物区别于他事物的内在本质。心性合一是说,从绝对精神所具有的推动事物展开、通过矛盾升进而自求超拔的能动方面说,是心;从这些展开无不遵循其本性的必然性,无不趋赴本性所规定的最后归宿说,是性。贺麟早年曾深研斯宾诺莎和康德哲学,在他看来,斯宾诺莎和康德构成了向黑格尔发展的两条线:斯宾诺莎哲学中所呈现的理则构成了黑格尔哲学中性、理的一面,康德哲学的主体能动性构成了黑格尔哲学中"心"的一面。理和性的分别在,理重在说一物的根据、法则及其不得不遵守的强制作用,性重在说一事物所得于它的根据、理则的内在规定、外在面貌。理是发出者,性是获得者。绝对精神的每一演进,每一展开,都受它内在的能动作用的推动,也受它所具有的理则的决定。绝对精神是亦心亦性的。

贺麟亦主心物合一,就是说,绝对精神是一种能动的创发力,创发的结果表现为具体的物。绝对精神必然要外化,没有无任何外化的纯精神。绝对精神的任一点,必是即心即物的。绝对精神是体,它的外化是用,体用不能分离。所以贺麟曾说:"严格讲来,心与物是不可分的整体,为方便计,分开来说,则延扩有形者为物,灵明能思者为心。据此界说,则心物永远平行而为实体之两面。"② 贺麟所谓物,如果再详加区分,可有三种,一是有质碍、占时空并经过人认识的物体。二是主体参与其中的"事",此意义的物源于王阳明。三是作为人类文明成果的文化、科学、艺术、宗教等,即绝对精神的实体化、物化、社会化。

绝对精神的重要一义即知行合一。绝对精神是人类创造的全部文明成

---

① 贺麟:《五十年来的中国哲学》,辽宁教育出版社 1989 年版,第 33 页。
② 贺麟:《哲学与哲学史论文集》,商务印书馆 1990 年版,第 132 页。

果的总括和抽象。绝对精神受自身追求完美的驱迫力的驱使，受它自身包含的矛盾的推动，不断向前创进，不断外化自己，不断在人类发展史上留下轨迹而继续前行。绝对精神本身是意志，又是实现这意志的活动。它是即知即行的。作为绝对精神的承担者和摹写者的人也是知行合一的。人的每一活动，从它是主观见之客观的过程，从它无不受精神、思想的指导、发动说，是知；从它受意志和理性支配表现为具体行为说，是行。不过贺麟所谓知行，重在本体论的意义，和中国传统哲学中着重道德践履的知行不同。

在这诸合一中，贺麟复强调心对物、对性、对行的主宰和统摄作用。在贺麟这里，心物、心性、知行不是平铺并列的，而是有主从、先后、轻重之别。在二者中，贺麟处处强调精神、理性的重要性、决定性、根源性。贺麟说："理念不是思有、主客的平分体，中立体，混一体。理念之主客合一是主包含客，心包含身，无限包含有限，主不沉溺于客中。"[1] 这是贺麟思想的特色，也是他"新心学"最深刻的思想基础，其渊源所自在黑格尔"概念是自由的原则，概念是无限的有创造性的形式"[2]。这决定了他的心学不是贝克莱式的，不是柏拉图式的，而是黑格尔式的，确切说是经过新黑格尔主义改铸了的黑格尔式的。这一点使他不陷入机械论、实在论、唯我论，也不陷入二元论。这一点使他的思想充满了自由创造的激情但又不出理性的矩矱。这就是贺麟的本体论。

牟宗三的本体论则与此大异。牟宗三接受了康德关于现象和物自身的区分，发展出执的存有论和无执的存有论，又根据康德实践理性的优越性突出无执的存有论的本体地位。

牟宗三赞同康德的这一观点：物自身与现象的区分不是客观的，而是主观的。就是说，现象和物自身不是两个对象，而是同一对象由不同观法所得到的不同结果。在牟宗三这里有两种观法，一种是执的主体，一种是

---

[1] 贺麟：《黑格尔哲学讲演集》，上海人民出版社1986年版，第203页。
[2] 黑格尔：《小逻辑》，贺麟译，商务印书馆1980年版，第327页。

无执的主体。执的主体即一般认知主体，它所持的认识工具是感性、知性等认识形式。无执的主体即他所谓智的直觉（又叫自由无限心、知体明觉、真心等）。智的直觉一概念颇费分疏，但大体指人进行道德修养，对宇宙人生的认识达到相当程度，仁智双显而具有的一种不同于一般认识形式的能力，宋明儒所谓德性所知差可比拟。这种能力的根本特点是智而不是知，是直觉而不是知性认识。同一对象，对执的主体而言为现象，对无执的主体而言为物自身。所以这里"主观"是指主体的执与不执的分别。

认知心不能达到物自身，它得到的是现象，智的直觉所得到的是物自身。所谓物自身，即智的直觉对于物本来的样子的朗现。牟宗三描述此种直觉说："在无限心底明照上，一物只是如如，无时间性与空间性，亦无生灭相。如此，它有限而同时即具有无限性之意义。无时空相，无生灭相，此二语即显示一价值意味。"[①] 这就是牟宗三所说的本体，也就是他所说的形上学。在牟宗三这里，因认识方法不同而有两层存有论：对自由无限心（智的直觉）而言有本体界的存有论，即无执的存有论；对认知心而言有现象界的存有论，即执的存有论。但牟宗三认为，只有无执的存有论即物自身才是真正的形上学，执的存有论不可言形上学，因为认知心与它所认识的现象，是统辖于物自身的："现象是识心之执所挑起或挡起的东西，是有而能无，无而能有的。"[②] 就是说，现象是认知心将那本来如如的东西挑激起而为现象，如拨动静态的琴弦使之颤动而发声。在认知心挑激前，本体只是"如如"，其样态不可说，其内容若用中国传统哲学概念说，即心体、性体、仁体、诚体、道体。它是超越的形上实体，按牟宗三的说法，这一形上实体是万物的创生原理，是乾坤万有之基，是造化的精灵。也就是说，在牟宗三这里，物自身，即智的直觉所觉者，是本体，是永恒相，无时空，无生灭。现象，即认知心所知者，是有时空、生灭的。前者是本体界，后者是现象界，后者是前者的特殊状态（牟宗三叫作"权用"）。

---

① 郑家栋编：《道德理想主义的重建》，中国广播电视出版社1992年版，第394页。
② 同上书，第416页。

如果追问物自身何所来,则可以说,它由智的直觉投射而来,即智的直觉把它所理解的投射于它所朗现的东西之上。智的直觉是一种道德境界,一种观法,有此境界和观法,就有此对象。所以可以说,智的直觉与物自身既是一种二元的存在(投射前),也是一种直觉的合一(投射后)。所以牟宗三用王阳明的"心外无物"解释他这一思想:心外无物,识心之外无现象,真心之外无物自身。因为现象是物自身的权用,所以真正的本体是物自身。真心与物自身是本体的一体两面。

牟宗三的这套形上理论是经由"误读"或说重新诠释、重新设定康德而得到的。其误读在于,第一,将康德的物自身这一认识概念转化为价值概念。物自身在康德哲学中有两个意思,一是指主体之外的客体,它作用于人的感官而产生对它的表象,但人认识到的,是经过固有的感性的纯形式和知性的纯范畴整理过的"现象",人不能认识物自身。这就是康德说的,感官永远而且丝毫不能使我们认识自在物,只能认识自在物的现象。这里的物自身是一表示存在和认识界限的范畴,它本身不含价值意义。二是指灵魂不死,意志自由,上帝存在这一实践理性的公设不是感性和知性的认识对象,只是理性的理念。物自身的这一意义在康德这里也主要是认识论的概念,当然也有一些价值论的意味,如康德说,这些公设并不是理论上的教条而是实践上必需的前提。但远没有牟宗三那样强烈。而在牟宗三这里,物自身的认识义被剥除了,完全成了一个价值性的概念,实际上也就是中国哲学所说的德性所知所体验或直觉到的那种既是道德又是自然,既是世界本体又是价值根源的形上学的设定。经过这样的转换,西方哲学主要是认识论的性质被抹去了,换上了中国哲学道德与存在二相双存的特质,为中国哲学的介入与融会做好了铺垫。这一转换,牟宗三自己说得很清楚:"哲学家们,如果你们只就我们人类的辨解知性说话,而不就无限心说话,或于我们人类不能点明其转出无限心及智的直觉之可能,你们休想反对康德,也休想说我们能认知物自身。"[1]

---

[1] 郑家栋编:《道德理想主义的重建》,中国广播电视出版社1992年版,第384页。

第二,将康德的上帝转换为达到超越境界的人。在康德,物自身是超越的、彼岸的,是人类的知识永远达不到的,但上帝可以认识物自身。也可以说,同一物,对上帝而言为物自身,对人而言为现象。上帝是一无限存在,只有上帝才具有无限认识能力;而人是被决定的、有限的存在,他不能有自由无限心。牟宗三认为,如果把无限心、智的直觉只作为上帝特有的东西,则物自身这一价值物无法安立,因此必须证明人本身也具有智的直觉。牟宗三说:"我们如想稳住这有价值意味的物自身,我们必须在我们身上即可展露一主体,它自身即具有智的直觉,它能使具有价值意味的物自身具体地朗现在吾人眼前。"[①] 也就是说,牟宗三要把属于上帝的东西移到人身上。这里的关键是要说明,同是一心,如何"转识成智"。

牟宗三认为,在西方传统中,有限与无限是截然两分的,有执的认知心和无执的自由无限心也是两分的,前者属人,后者属上帝。但这一截然两分,可经由中国哲学即内在即超越、既有限又无限来改变。依中国传统哲学,人可以是执而无执的。当他执时,他是有限;当他无执时,他是无限。他执时,只知现象;无执时,他知物自身。无执时,他可以认识有价值意味的超越存在,说此时人即上帝,亦无不可。中国人素无人格神的上帝观念,中国人以"天"代表无限的、超越的价值体,但中国人"尽心知性知天","以明诚"的观念植根甚深,认为人德盛养至可知天,人可以既此在又超越。牟宗三谓人无执时即可知本体界,他是用中国哲学去"误读"康德,把康德的上帝这一超越的存在转换成尘寰中的人的无执状态。这一误读开启了他理论系统中一个重要问题:智的直觉如何可能的问题,质言之,人如何是既有限又无限的,这是他的方法论问题。

通过以上论述可以看出,贺麟的本体是即心即理、即内即外、即知即行的绝对精神,它的精义在认识论、逻辑学,它包含的价值意味很弱。牟宗三的本体是无执的无限心所直觉的物自身,它纯是一价值性的概念。贺麟主即心即物,物是绝对精神的外化。牟宗三主两层存有论,现象界是识

[①] 郑家栋编:《道德理想主义的重建》,中国广播电视出版社1992年版,第193页。

心之执对物自身这一价值物的挑激和挡起，或由"良知坎陷"而成。道德现象，在贺麟是绝对精神演进到一定阶段的产物，而牟宗三一开始就预设了物自身的价值性，道德与物自身是共始终的。牟宗三的整个学说比贺麟的道德意味要强得多。贺麟的学说基础是西方哲学，以黑格尔为蓝本；牟宗三的学说基础是中国哲学特别是宋明理学，康德是其借手。贺麟从即心即理出发，要调和程朱和陆王、理学和心学的矛盾；牟宗三要安立即内在即超越的价值理想，对主张"吾心即宇宙""良知即天理"的陆王心学情有独钟，斥程颐朱熹"别子为宗"。可以说，贺麟是一宇宙论的形上学，牟宗三是一"道德的形上学"。以上种种不同，都是由此引起的。

另外，牟宗三比贺麟有更强的心学意味。贺麟之为心学，在于他在主客、心物、知行诸合一基础上突出主体的统摄、支配作用，其中还有实在论的成分。牟宗三之为心学，在于他主张本体和现象皆为心的产物，康德哲学中具有的实在论成分（物自身的客观性）已被他转换了、消泯了。而从整个理论形态说，比起贺麟的较为平正的态度说，牟宗三更加偏激。

二　方法

根据各自的本体论，贺麟与牟宗三在方法上也有很大不同。所谓方法，指达到本体，完成本体的整个构架所遵循的途径和内在理路。贺麟以黑格尔即心即物、即内即外、即知即行的绝对精神为本体，他达到此本体的方法是直觉与理智相结合。贺麟注重黑格尔逻辑与历史一致的方法，注重分析与综合的统一，他认为：把握事物的整体，不能用琐屑的局部分析的方法，而要靠直觉，靠直觉的助力把握整体。贺麟所谓整体不是笼统的、混一的，而是由理性的洞观分成部分，各部分之间具有逻辑关联，各部分之间的过渡由逻辑推演出来。所以，贺麟的整体表现为一连串的矛盾环节及其冲突、调解而升进的过程。认识此矛盾着的局部及其逻辑关系，要用理智的方法。

在贺麟这里，理智与直觉是一种方法的两个方面，这两个方面的运用是灵活的,可以先用理智得其分,后用直觉得其全,也可以先用直觉得其全,后用理智得其分。全与分,理智与直觉,互相依赖而为一体两面。贺麟说:"直觉方法一方面是先理智的,一方面又是后理智的。先用直觉方法洞见其全,深入其微,然后以理智分析此全体,以阐明此隐微,此先理智之直觉也。先从事于局部的研究,琐屑的剖析,积久而渐能凭直觉的助力以窥其全体,洞见其内蕴的意义,此是后理智的直觉。"① 贺麟用这一观点去分析中国哲学中宋儒的思想方法,认为宋儒中最主要的两派程朱和陆王,其思想方法皆是理智与直觉的统一。程朱的先格物穷理而后豁然贯通的方法,是先用理智方法考察具体事物的道理,然后用直觉方法悟出天地万物根本之理。这是后理智的直觉。而陆王的"先立其大"是先用直觉方法立起心中本具的道德意识(亦即宇宙根本法则),然后再用理智方法将其推至具体事物上,这是先理智的直觉。贺麟如此分析宋儒的思想方法,就是要调和程朱陆王两派之不同,综合出一套理智与直觉相结合的、既有直观的敏捷与整体性又有理智的精密谨严的思维形式。

贺麟的理智与直觉相结合的方法有得于新黑格尔主义者鲁一士、克罗齐及20世纪30年代德国黑格尔复兴运动的主要人物克朗纳、哈特曼等人。鲁一士欲纠正黑格尔的纯理智主义和泛逻辑主义,斥黑格尔三个一组的正反合公式为"死范畴的摆布",将直觉方法加入黑格尔的理性辩证法中。克罗齐曾说:"应该把黑格尔当作诗人来读",克朗纳也说:"黑格尔是理性的神秘主义",哈特曼甚至说:"辩证法的天才完全可与艺术家的天才相比较。因此之故,辩证法不是一般的科学方法,其可教性亦有限。"② 就是说,他们都把辩证法看作一种天才的洞观,贺麟吸收了这一思想,把辩证法看作理智方法和天才直观的统一,他说:"辩证法自身就是一个矛盾的统一。辩证法一方面是方法,是思想的方法,辩证法一方面又不是方法,而

---

① 贺麟:《哲学与哲学史论文集》,商务印书馆1990年版,第181页。
② 以上皆贺麟《辩证法与辩证观》所引,见《哲学与哲学史论文集》,商务印书馆1990年版,第229页。

是一种直观,对于人事的矛盾,宇宙的过程的一种看法或直观。"① 运用这种方法的精粗工拙,完全依赖其学识涵养与体验功夫之高下,亦斯宾诺莎所谓掌握的真观念越多则求知的方法越完善之义。

牟宗三的方法,从总的方面说,也是直觉与理智的结合,但他结合的方式,与贺麟完全不同。在贺麟,方法统是一种,此方法是亦直觉亦理智的,而牟宗三是两种方法,各有各的用处。具体说来,他由康德转出他的哲学体系,所用的整个论证是理智的,对康德的主要观念皆仔细寻绎,辨析毫芒,甚至"寻疵抵隙",所用功力,确是匪浅,这尤其表现在他的《现象与物自身》一书中。这方面的素养完全得益于他早年的逻辑与西方哲学训练。而由康德转出中国哲学之后,在对智的直觉的描述上,智的直觉何以可能的证立上,主要用直觉方法。

在牟宗三看来,所谓智的直觉,是人类理性(区别于感性、知性)寻求超自然的、形而上的实体(如康德哲学中上帝、灵魂、自由意志)所用的工具。理性是直觉的,不是知性的、分辨的、逻辑的。在康德,人不能有智的直觉,上帝、灵魂、自由意志等对人而言只是一种设定。牟宗三依中国哲学认为,人可有智的直觉,儒家的本心仁体,道家的"道心",佛家的般若,都是这种直觉,中国儒释道三教都有智的直觉。按牟宗三的说法,直觉就是对象的具体化。感触地直觉,是认知地(即康德所谓知性地)呈现;智的直觉,一方面是呈现的,一方面是创造的,此呈现此创造皆是直觉的。也就是说,在智的直觉中,知的主体与客体不是普通认识中的能所关系,"乃是一直觉的合,乃是随超越的道德本心'遍体天下而不遗'而为一体之所贯,一心之圆照,这是摄物归心而为绝对的、主体的、无外的,创生的合。因而严格讲,亦无所谓合,而只是由超越形限而来之仁心感通之不隔"②。所以,所谓智的直觉说到底是由道德修养而获致的自由无限心对于对象的综贯的知觉、综贯的体验,体验即直觉地与之为一。这种体验

---

① 贺麟:《哲学与哲学史论文集》,商务印书馆1990年版,第220页。
② 郑家栋编:《道德理想主义的重建》,中国广播电视出版社1992年版,第356页。

即牟宗三所谓"遍润",这种知觉即牟宗三所谓"圆照",对之直觉地知即遍润而圆照。润之即用主体精神沾溉之而使之与主体同一,照之即直观地朗现它的本来状态。在此直觉中,主客关系的模式消解了,概念式的辨解与分析泯没了,主体与客体的分别消除了。圆照与遍润是智的直觉的两大形态,是心体与对象的融合为一。这种合一是主体的积极行为,不是消极地遇客体而为一。此直觉既是客观地自太虚说,也是主观地自本心仁体说,两者同一而为程颢所说之"一本",或张载所说之"所谓诚明者,性与天道不见乎小大之别也"(《正蒙·诚明》)。

牟宗三认为,智的直觉不仅有知觉义,还有创生义。此创生义即他所谓"存有论地实现","智的直觉直觉地认知之,同时即实现之"。当然此实现、此创生并非凭空地生出一物,而重在本心仁体觉润朗照这一意义。牟宗三说:"在道德的形上学中,成就个人道德创造的本心仁体总是连带着其宇宙生化而为一的。因为这本是由仁心感通之无外而说的。就此感通之无外说,一切存在皆在此感润中而生化而有其存在。它的虚明照鉴,觉之即润之,润之即生之。故智的直觉本身即给出它的对象之存在(对象是方便言,实无对象义),此即智的直觉之创生性。"[①]这里的创生确实不是凭空生出一物,而乃是实现之义。智的直觉未觉前,如王阳明所谓"汝心与花树同归于寂";智的直觉觉润时,对象即朗现而实现之。而此种实现,即呈现为它本来如是的样子,并无部分地实现的可能。所以,这种创生(实现),只是直觉对象在本心仁体中的呈现。就形上意义说,它证明了本心仁体的主宰性,主动给予性。这对于扩大人的心量,如张载所谓"心知廓之",增进道德是有益的,但并不能对获得具体知识有助益,它是庄子所谓无知之知。正因如此,本心仁体不能不经由"良知自我坎陷"转成感触的我、知性的我而获得对于现象的知识。

牟宗三对"智的直觉如何可能"的论证,途径取自康德,由道德之路入,但他对智的直觉的具体说明,却是中国式的,多用直觉法。如与贺麟

[①] 郑家栋编:《道德理想主义的重建》,中国广播电视出版社1992年版,第372页。

相比，其最大的不同在于，贺麟的直觉与理智是内在地结合的，见分与见全，直觉与理智灵活运用，我中有你，你中有我。而牟宗三的这两种方法是分离的，互相异在的；非我中有你，而是分离地使用的。所以其无执的存有论到执的存有论（知性存在）是两种截然不同的存有，从无执的存有到执的存有须经由本心仁体自我否定（即他所谓"良知自我坎陷"）。在贺麟，直觉是见全的方法，理智是见分的方法，分与全是一体之两面。而在牟宗三，直觉是见本体的方法，理智是见现象的方法，现象与本体截然两分。贺麟的直觉法同时即矛盾思辨法，它可由知性达到。而牟宗三的直觉法是德性的，不由知识而由道德境界达到。从二人早年所得的思想渊源说，贺麟所得于黑格尔的、新黑格尔的、宋明理学的，皆融会为一。牟宗三得于康德的、得于怀特海的、得于中国哲学的，并未融会为一，而是各有各的用处。贺麟表面上是中学的，骨子里是西学的；而牟宗三表面上是西学的，骨子里是中学的。中国哲学在贺麟是夹辅西方哲学的资借，而在牟宗三则是其本体论的命脉。从行文风格上看，贺麟明朗而活泼，分析鞭辟入里，笔锋常带感情。牟宗三则深刻而冷峻，毫末悉究，笔锋沉潜厚重。这诸多不同，使这两位现代心学双峰互相辉映，各极其致。

三　贺、牟与未来中国哲学本体论的建构

中国传统哲学以注经为发挥义理的手段，哲学家的思想常体现在其对经典的注释及书信、语录中，在中国现代诸大哲如熊十力、金岳霖、冯友兰等兴起之前，中国几乎没有首尾一贯、章节分明、纯为一中心观念的逻辑发挥之作。也就是说，中国古代哲学缺乏成体系的著作。中国现代哲学中这种局面虽有所改观，但仍缺乏有高度思辨和卓越独立思考精神的纯哲学著作。今后中国哲学的发展方向，应该是向体系更广大、思辨更深刻、内容更新颖充实、形式更规范严整的方向努力。哲学本体论的建构，是未来中国哲学一个应着力加强的方面。这里所谓本体论，不是讨论存在及其本质和规律的学说（这应由具体科学去完成），而是追究现实的形下存在

所依据的观念、法则及此观念法则之间的关系的理论体系，亦即传统所谓"形上学"。评判一个本体论的高下优劣，主要看它对其中所包容的人类智慧的理论说明完善与否，看它启发人的哲思的多寡，理论创造能力的高低，及其纯理论体系的逻辑性、严密性如何。中国哲学界今后的任务，就是要力争出现这样的著作，为人类哲学宝库增添蕴藏，为中国哲学走向世界作出贡献。笔者以为，今后中国哲学本体论的建构，应该具备以下几点：

1. 具有一核心范畴，这一核心范畴应是人类智慧、人类精神在一个哲学系统内的高度浓缩，整个体系围绕此核心范畴展开。

2. 这一范畴应涵盖科学、人文，它的展开和推演应涉及人类生活的各个层面，尤其应包含科学与民主的精义在内。

3. 吸收中西现代哲学各派理论成果，它应该是一个既有高度理论概括能力，又"散在万事"的理论体系，并且不是中西印诸大哲学系统的并列与拼凑，而是撷取、消化它们之后的理论结晶。

这仅仅是一种不完善的设想，贺麟和牟宗三两人的思想和风格，可以作为建构新的本体论哲学的助缘。具体说来，在内容方面，这种哲学本体论的概念范畴应该是流动的，具有永远向前的创发力，这种创发力代表人类永不停息的创造精神，它是人类不断超越自己，向理想之域迈进的象征。贺麟哲学中的核心概念，他得自黑格尔又被新黑格尔主义加强了的绝对精神概念，可以作为借鉴。在贺麟这里，这个最高概念主要是本体论、认识论、逻辑学的概念，它包含的价值意味很弱。应该吸收牟宗三的思想，使这一概念既是存有论的，也是价值论的，就是说，它是现实的，又是理想的。它的价值性（不仅仅是道德的）保证现存的一切具有合人类理想的性质，它的存有性保证了它对现实的影响力。这两个方面合在一起，就是要使这一核心概念代表人类的一种理想，使现存的一切在人类理想的轨道上行进，不致成为人无法驾驭的破坏力量反过来成为人类理想生活的障碍。

这种价值和存在的统一不是畸重畸轻的，不是泛道德论的。这个核心概念是一个预设，是人类文明的象征。它的各个方面是人类文明的不同方面；它的整体性与协调性是人类文明各方面成果的协调与整合。所以此处不取黑格尔绝对精神外化为自然界和人类历史，也不取牟宗三以道德为体，"良知坎陷"出科学与民主等说法。

在形式方面，贺麟尤其是牟宗三的论述方法可以作为我们的借鉴。20世纪30年代中期至40年代末期，贺麟写出了总题为《近代唯心论简释》的多篇论文，这些文章以其内容之充实有物，文字之创颖活泼赢得了极大的声誉，被时人评为"现代中国哲学上不可多得的著作"。（见谢幼伟《何谓唯心论》）但50年代后，贺麟转入纯黑格尔哲学的翻译与研究，早年提出的许多新颖的哲学创设没有作更深入的论证和发挥，没有发展出一个完整的体系。与同时代的学院派哲学家金岳霖、冯友兰比，贺麟在本体论方面的创作稍嫌不够。即使如此，贺麟在哲学方面的成就已足以不朽。牟宗三的著作，尤其是其代表作《心体与性体》《现象与物自身》等，皆按照中心概念安排章节并逻辑地推出结论，论证细密，条理秩然，具有典型的哲学著作形态，可以作为哲学本体论创作的范本。

中国哲学要走向世界，要和世界第一流的哲学家对话，就一定要加强本体论的建构，摆脱理论不深入、观点无新意、形式无系统的现状。中国现代哲学家应该创作出无愧于前人的哲学本体论。这里，我们需要记住康德的名言："人类精神一劳永逸地放弃形而上学研究，这是一种因噎废食的办法。这种办法是不能采取的。世界上无论什么时候都要有形而上学。不仅如此，每人，尤其是每个善于思考的人，都要有形而上学。而且由于缺少一个公认的标准，每个人都要随心所欲地塑造他自己类型的形而上学。"[1]

（原载台湾东海大学《中国文化月刊》1995年第191期）

---

[1] 康德：《未来形而上学导论》，庞景仁译，商务印书馆1978年版，第163页。

从"云门三句"看牟宗三哲学的诠释点

20世纪儒学经过熊十力、梁漱溟、冯友兰、唐君毅、牟宗三、徐复观等思想家的推阐发挥已经有了相当辉煌的成果,但如何在他们的基础上开出新的局面,为中国文化找出一条新的充满活力的发展道路却是一个艰难的课题。牟宗三是20世纪中国最有原创力的哲学家,他对现代新儒学乃至现代中国哲学的发展具有无可替代的贡献。新一代研究者要想对儒学的发展有所贡献,必须回答他提出的问题,回应他提出的挑战,对他的成果进行吸收、消化和超越。牟宗三融摄德国观念论所提出的道德理性三义,是他整套哲学观念的基础,他后来的一系列著作,都是对这一基础的深化和邃密。道德理性三义,牟宗三又契接为"云门三句"。本文试图对"云门三句"及与此相关的问题做一考察,以看出在他的既有思想上进行进一步诠释的切入点。

一 "截断众流"句:道德的纯粹与践行的展开

牟宗三用"云门三句"来解释和发挥他的道德理性三义。关于第一句"截断众流",牟宗三说:"正宗儒家肯定这样的性体心体之为定然的真实的,肯定康德所讲的自由自律的意志即为此性体心体之一德,故其所透显、所自律的道德法则自然有普遍性与必然性,自然斩断一切外在的牵连而为定然的、无条件的，因此才有'存心纯正，不为别的，但为义故'的道德行为。"① 截断众流句说的是道德之为道德的纯粹性，它的自主自律性和绝对必然性。康德的《道德形而上学原理》和《实践理性批判》所昭示的，就是这一点。但牟宗三同时指出，道德理性的纯粹性是康德通过对道德辨名析理、步步推求得到的，是逻辑分析的结果。他的结论是：道德法则不能从经验建立，不能从范例引申，不能从人的性向癖好推演，甚至不能从上帝来建立。② 就是说，它只是个绝对的形式，没有任何内容。一有内容，它的无条件性就会丧失。因为它是对道德之为道德的形上学推论，所以牟宗三名之为"道德底形上学"（metaphysics of morals）。儒家特别是宋明理学所讲的，是天道诚体、性体心体等一套形上学问题，而此套形上学，以道德为入路。就是说，只有对儒家所讲的天道性命有了深切的体悟，才能理解和达到这套形上学。所以名"道德的形上学"（moral metaphysics）。

牟宗三对二者之间的差别的揭示是有意义的，它不仅醒豁了中国和西方两种道德哲学的不同品格，而且昭示了，道德不只是书斋中的理论，更重要的是实践中的活动；人不是被动地遵守某种外在的规范和律令，而是听命于自身性体的自律；道德人格也不是狭义的"善人"，而是在对天道有了某种觉解，在天道的润沃启迪之下全副人格的提升。这实际上是对"士希贤，贤希圣，圣希天"这一原则的认同，也即理学所讲的"与道为一"。

这样的标准会不会过高？会不会与现代社会注重契约的趋向脱节？甚或会不会因其中的天道性命因素而显得神秘，不合现代大众的接受习惯？笔者认为，首先，牟宗三提出"道德的形上学"是在总结了中国传统文化中儒释道三家的形上学和修养实践的基础上提出的。儒家讲圣人境界，也讲日用常行；佛家讲佛，也讲五阴浊世；道家讲道，也讲"成心"把持的现实世界。三家都有价值世界和现实世界之分。"两层存有"是中国传统

---

① 牟宗三：《心体与性体》上册，上海古籍出版社 1999 年版，第 118 页。
② 同上书，第 106 页。

文化的共同品格。设定、标揭价值世界是为了给现实世界树立典范，价值世界也正形显现实世界的不足。这是为了满足人追求理想世界的需要而做的理论上的预设。真正对这一预设的理由有所理解的人也知道儒家所许为圣人的虽多是传说中的具有神性的人物，但他们有实在的现实世界的品格。佛家的佛、道家的"真人"虽广有神通，但一般人的佛、道观念只是"觉、仁、慈"及断惑弃恶、觉世度人等品格。儒释道的理想人格的共同之处是道德的高严精微与人格的可感可即相统一。就是说，二者并非有不可逾越的鸿沟，理想人格可以修养而至。牟宗三就是以此为参照，反过来批评康德的"无上命令"没有实际内容。但牟宗三也认为，康德的"无上命令"之无内容，正是他的自由概念所以成立的根据："自由是属于睿智界的一个理念——理想的概念，我们对之没有积极的知识，因为它不能在经验中给予，即我们对之不能有直觉或感觉，因此它是超知识的。此其所以被划归为睿智界之故。它既不是一个实现的知识，所以说它是一个设准。但为什么逼迫着要有这个设准呢？因为要建立道德法则底普遍妥当性之故。道德法则如果不能先验地而且普遍有效地建立起来，则必无真正纯正之道德行为可言，因受制于感觉对象或主观之脾性、性好、或性向便不纯正故。"①把康德所讲的代表道德的纯粹性的冷冰冰的"无上命令"变为儒释道的可接近、可修证的圣人之德；把一个光秃秃的理论变为道德实践中的境界体验，正是牟宗三的卓识所在。

康德提出"无上命令"是为普世立法的，牟宗三根据康德理论设定睿智界、价值界也是为普世立法的，他们针对的不是一时一事，而是永恒的人世间。但他们的理论在法规越来越多、外在的约束越来越强、人的自律越来越松弛的情况下遭到越来越多的质疑。实际上自从康德的形式主义的绝对道德论提出以来，就不断遭到经验主义的相对道德论的反对，尤其是在文化人类学的研究成果不断证明道德并非人先天就有的本性，而是群体行为的需要和设定，一切道德标准仅仅是社会习惯或社会风俗的反映之后，

---

① 牟宗三：《心体与性体》上册，上海古籍出版社1999年版，第122页。

先验道德论大有崩解之势。但先验道德论的一个最大好处是，它承认道德之为道德就在于它的绝对性，不应该随社会外在形态而变迁。它透显的观念是，在人随着社会环境的变化不断制定出新规范的时候，在人对环境的迁就有可能吞噬掉人对"应该"的服从力量，减弱对美好事物的追求时，应该保持对永恒价值的不竭热情。

现代社会因科技的日新月异而变动迅速，工商业迅速发展并统御和宰制着整个社会，人内心的约束越来越无力，心灵对行为的指导越来越屈服于利益的压力。在这种情况下，以康德为代表的义务伦理学不是应该削弱和替代，而是应当加强。具体的道德规范可以随时变迁，甚至正义的标准、法律的形式、权利的根据都可以改变，但对价值理想的追求不能变。

当代人类道德的实际状况，依美国著名道德哲学家麦金太尔（Alasdair MacIntyre）的观点，是处在深刻的危机中，这个危机主要体现在，人们对社会生活中的道德判断是纯粹主观的、情感性的。人们普遍认为，道德是随社会生活变化的，道德理论是一定的社会现实的反映，没有一种被人们普遍接受的原则和观念。这导致道德理论的纷争无法得到解决。另一方面是道德的边缘化：道德从在传统社会中占据中心地位退居到边缘地位。这是指，由于现代技术的局部性和现代生产的流水线性质，人们被限制在自身的角色系统中，生活整体所要求的德性没有践行的机会，传统的德性被置于生活的边缘，而处于社会中心的是代表权力和功利的德行。[1] 牟宗三眼光敏锐之处在于，他似乎比一般人更早地看到了现代社会的道德弊病而思欲救治。他用"道德的形上学"系统中天道诚体的本体论和与之相应的道德实践修正了康德的形式主义的无上命令，使人的道德实践有了天道的启沃而不仅仅是理论的推述和分析。这就为救治现代道德的相对主义、情感化、缺乏确定性原则等弊病，把道德从被功利主义边缘化了的存在变为指导人达于整体健全的原则，提供了一种可能的药方。

另一方面，牟宗三在道德理性三义中，把康德所说的自由意志与宋明

---

[1] 麦金太尔：《德性之后》，龚群、戴扬毅等译，中国社会科学出版社1995年版，第2—21页。

理学的心体性体融会起来，赋予道德理性以极大的能动性。在牟宗三看来，自由概念在康德的实践理性系统中居于拱心石的地位，因为它是道德法则的前提条件、存在根据。没有自由就没有道德法则，而没有道德法则也就不能反显出自由的存在。但康德的自由概念是逻辑地推出的，是用分析方法追问"何为道德"这一问题时逼出的一个设准。牟宗三用他所体悟、所熔铸的中国哲学所成就的整幅理论——"道德的形上学"去反观康德哲学的不足，而使他的"自由"概念由设准成为显现，成为道德理性的同义语："宋明儒所讲的性体心体，乃至康德所讲的自由自律的意志，依宋明儒看来其真实性（不只是一个概念）自始就是要在践仁尽性的真实实践的工夫中步步呈现的：步步呈现其真实性，即是步步呈现其绝对的必然性；而步步呈现其绝对的必然性，亦就是步步与之觌面相当而澈尽其内蕴，此就是实践意义的理解，因而亦就是实践的德性之知。"① 牟宗三的这一转，就把康德哲学从重逻辑分析转到重道德实践，把本体与现象两分变成本体世界与现实世界在道德实践中的沟通，把逻辑上的绝对必然性变为一个实践中的真实。这里所蕴涵的是，路行之而成，道德由实践而显现。道德的根据在自己，不靠外在的力量来赋予、来保证。这对于现代人消解道德意识，屈服于外在力量，容忍人性中孱弱的萎靡的东西，都可以起一种纠补的作用。

二 "涵盖乾坤"句：美学的欣趣与实证的认知

道德理性不只是一个心中呈现的原则，一个自主自律的实体，一个道德行为所以成立的根据，在牟宗三的系统中，它的内涵要大得多，它可以说"涵盖乾坤"。"涵盖乾坤"是牟宗三长期浸润于中国哲学所得的天人合德、道体诚体与心体性体通而为一这一根本识见的自然推展。牟宗三解释"涵盖乾坤"句说："这为定然地真实的性体心体不只是人的性，不只是成就严整而纯正的道德行为，而且直透至其形而上的宇宙论的意义，而为天

---

① 牟宗三：《心体与性体》上册，上海古籍出版社1999年版，第145页。

地之性，而为宇宙万物底实体本体，为寂感真几，生化之理。这是'涵盖乾坤'句，是道德理性底第二义。"①

在西方哲学中，自然哲学与道德哲学是两个领域，自然哲学究问自然的性质，自然界的本原和规律等，它与关于人的行为评价的道德学说是各自独立发展的两个系统。中国哲学特别是儒家哲学，自始就有一个天道无所不包的观念，自始就把天道作为人道的根据，并把"德"泛化为一个天道人道共有的概念。这实际上是把人对万物的价值性诠释、理解投射到自然事物上，使自然事物呈现出道德色彩。在宋明理学中，这种倾向得到了极大发展。这种观念或说思想方法的特点，是把神秘的无所不包的天视作人既敬畏又亲近的对象。天不是人的异己的存在，而是人生息于其中、与人的心性同一、作为人效法的对象和认同的归宿的有意味的存在。牟宗三继承了中国哲学这一睿识，用它去融会康德的真善美合一的理念。在康德的第一《批判》和第二《批判》中，现象与物自身、睿智界与经验界是断成两截的。但在第三《批判》中，康德用美的判断之无目的性所预设的超越原理来沟通两个世界。康德认为，自然界的复杂内容中有一种谐和的统一，使人对它的感觉成为美。这和谐的统一，和谐中万物联系之奇妙、之丝丝入扣，仿佛有一种目的性贯彻其中，这目的性就是美的判断所以发生的超越原理。而美又必须落实在具体物象上。于是美一头连着睿智界，一头连着自然界。美是沟通二者的桥梁。康德的这一论证方法在牟宗三看来只是一种工巧的凑泊，不是顺理成章的自上而下的直贯。按牟宗三的观点，中国哲学的神髓即在践仁尽性达到化境，道德意识自然融贯于天地万物。在此种境界中，天地万物不再只是知识把握的对象，而且也是为道德意识通彻了的真善美合一的自然。同一个自然，由知识理性去认识，便是"自然"系统；由道德理性去照察，便是道德本体界；由美的欣趣去直觉，便是合目的性的世界。统只一个宇宙，一个事物，人对它所发生的不同感受是因为人的统觉的指向不同，而这不同指向是人在实际生活中获得的不同

---

① 牟宗三：《心体与性体》上册，上海古籍出版社1999年版，第118页。

感受逐渐积淀、逐渐定型的结果。自然事物是真善美的统一。但牟宗三谈论最多的，是道德理性指向的价值界。他认为儒学特别是它的集大成形态宋明理学，其全部义理包含在《论语》《孟子》《中庸》《易传》与《大学》中。而其纲维又表现于《诗经》中的两首诗中："天生烝民，有物有则。民之秉彝，好是懿德"（《大雅·烝民》）和"维天之命，於穆不已。於乎不显，文王之德之纯"（《周颂·维天之命》）。这两首诗表明，天人合德，天所表示的德行落实在人身上；圣人所代表的精诚恻怛的圆而神的境地，是天道的完满体现。天与人不隔，道德与自然不隔。这是实践理性充其极。充其极在这里不仅指在道德界极尽其理，而且含着突破"界"的限制，极于一切处，连通本体界与现象界而融化为一。

这是一种美学眼光，它超越了功利的"为什么"，也超越了横摄执取的"是什么"，而达到"呈现的澄明"之忘怀绝待的境地。这并不神秘，也不虚玄，它是在破除了单面的、直线的、平板的概念式思维的藩篱之后，以当下直觉的方式把握对象、体悟对象、觉解对象，从而得到的综合性感触。这是从《中庸》的"自诚明，自明诚"之诚明合一，到《易传》的"不诚无物"、张载的"诚者，天道人事不见乎小大之别"、程颢的"仁者与物同体"一脉相承的传统。这种统观而不是分解，直觉而不是概念，体悟而不是推证的方法，在习惯于分析地支节地思考对象的人看来，不免有神秘之感。

以上带有美学的欣趣的思维方法虽有总体把握、当机顿现、直下受用的好处，但如不善用，则容易陷入笼统汗漫、模糊无分别的弊病。德国古典哲学的一个趋势就是，从步步分解的推证走向整体的美学式的把握，再由美学式的把握走向二者的统一。康德将现象与物自身打成两截，在对现象进行逻辑分析之后走向第三《批判》的统合二者。因为有这分成两截，他酣畅淋漓地剖析了纯粹理性和实践理性的各个方面，使对这个领域的理论探索登峰造极。费希特欲弥补、缀合康德两个世界的分立，而把非我看成自我的建立，从而护住了康德对主体力量的褒扬，但仍未脱偏重主体的窠臼。谢林以诗人的直觉把自我与非我熔铸成一个整体，克服了费希特偏重主体的弊病，但在他的体系中，自我与非我的界限模糊了。黑格尔批评谢林"夜间观牛，其色皆黑"，力图在谢林整体性思维的基础上，一方面保持精神主体的本原性、创造性，一方面又使精神本体外化为具体事物时符合经验世界的逻辑。所以在黑格尔的成熟系统中，既保持了《精神现象学》奠定的精神的自由创进原则，又将其外化纳入精深谨严的《逻辑学》的步步推演中。黑格尔把人类精神所创造的全部财富用时间和逻辑相统一的方式通过自身的逻辑展现出来，达到全部丰富性之展开。新黑格尔主义者鲁一士（J. Royce）曾经这样概括黑格尔哲学体系的特性："真正的法则应当是它所统摄的一切事实的有机总体。……存在的只是由互相联系的个体组成的整个世界。因此共相是实现于这个个体生活的总合之中的。因为共相的本性就是我的本性，而自我乃是一个世界，其中包含着一切有机地互相联系的自我，包括着无限有机体的一切环节，包括着这个有机体的无限性的一切方面。"[①] 这是一个心物交融体，一个将知识论贯彻于精神本体的丰富谨严的体系。这个体系符合与哲学相关的学科发达之后对知识的邃密性要求。牟宗三欲以"涵盖乾坤"和"随波逐浪"句，弥补康德的不足。但比照黑格尔的哲学系统，他的弥补只是在结构性的框架中补上了康德所缺的环节，并未构造出一个逻辑学与知识论贯彻始终的哲学体系。牟宗三早年浸润于逻辑学和知识论，奠定了逻辑分析方法的基础，并有数种逻辑学、知识论方面的著作。但自从被熊十力点醒，建立了道德理想主义的学问规模之后，逻辑学、知识论只是作为学养，体现在他对中国传统哲学的阐释分析中，没有以深厚的中西学养酝酿成一个合理安排经验科学的思想系统。因此对黑格尔哲学，他也是循新黑格尔主义的路数，侧重于其中的实体即主体，主体内蕴创造的激情和外化的动力这个方面。对黑格尔《逻辑学》的慎思明辨的知识性方面，没有投注太多注意。

现代知识的状况是整个人类知识被分割成各个专业条块，各条块的技术专家分门别类地整理、反省和建造属于自己的系统，缺乏对整个知识进

[①] 洪谦编：《现代西方哲学论著选辑》，商务印书馆1993年版，第154页。

行架构性处理的宏观体系。特别是在西方哲学的分析精神的范导下，哲学变得越来越倾向于以自然科学的思维方法和知识形态为典范，越来越实证，越来越具体、细碎；知识与人格分成截然不同的两个部分，缺乏思贯天人的宏大系统，这是现代哲学的缺陷。牟宗三哲学在建立两层存有，并在两个层面过渡之合法性、严密性的论证方面下了很大工夫，但对经验层面的逻辑学与知识论体系的建构放松了。他着力提揭的是"生命的学问"，但他所谓"生命的学问"主要指人的道德生命，指人与天道诚明为一的精神修养。虽然牟宗三非常重视两个层面的融通，他在设计中国哲学的未来方向而提出的两点根本主张中，就包含有重视知性领域的内容，[①]并且他一生的工作实际上是向此趋进，但并未将逻辑学和知识论包括进他的哲学系统中，甚至在提撕、抬高"生命的学问"时，有意无意地抑低这个方面。比如他在谈到清朝考据学时，就认为至此民族的慧命窒息了，文化的生命衰竭了，两千多年的学统灭亡了，而对乾嘉考据学在知识论、解释学等方面的成就视而不见。又如判朱熹强调格物致知的系统为"别子为宗"，就是抬高逆觉体证而贬低横摄平列所代表的知识性价值。在现代哲学因条块分割而日趋实证、细碎，缺乏思贯天人的宏大规模的今日，发扬牟宗三关注"生命的学问"的优点，护住两层存有论，在此基础上，吸收东西方哲学的成果，加强经验界的知识论、逻辑学的建构，也许是我们在新的时代条件下发展牟宗三哲学的一个切入点。

三 "随波逐浪"句：纵贯下落与纵中有横

牟宗三解释"随波逐浪"句说："这道德性的性体心体不只是在截断众流上只显为定然命令之纯形式义，只显为道德法则之普遍性与必然性，

[①] 这两点主张是：（一）根据儒释道三教的文化生命与耶教相摩荡，重新复活"生命的学问"。（二）吸收西方的科学、哲学与民主政治，展开智性的领域。就哲学说，西方哲学中柏拉图、亚里士多德一骨干，莱布尼兹、罗素一骨干，康德、黑格尔一骨干，永远有其哲学真理上的价值。见单纯编《中国精神——百年回声》，海天出版社1998年版，第424页。

而且还要在具体生活上通过实践的体现功夫,所谓'尽性',作具体而真实的表现。这就是'随波逐浪'句。是道德理性的第三义。"① 这第三义的实现是道德理性的完成,这是关键性的一步。在牟宗三的系统中,道体诚体性体心体下贯落实为现象界可以有两个方面,一是就本体说,天道诚体朗现为、伸展为、遍润为经验界的具体事物;一是就主体的道德实践说,自由意志所包含的精诚恻怛的道德意识在主体的道德践履中呈现。就前者说,天道诚体於穆不已,纯亦不已,是具有创生意义的实体,它是呈现的根据。朗现是这实体的自然扩展,自然显现。就承受、实现此扩展的道德主体说,是本德性而有的诚明之心对天道的直觉性契接和圆成。用张载《正蒙·大心》的话说,天道诚体是"天之御莫大于太虚",人的诚明之心的功能在"心知廓之,莫究其极"。天人一体、天人不隔。"伸展"是说此朗现是天道性体的自然延伸,不守故我。"遍润"是说睿智界以其价值赋予经验事物,使经验事物在保有其知性面貌的同时秉有了价值性,本体以其价值性透彻于经验事物。这是儒者"万物之生意最可观","窗前草不除,与自家生意一般"等所具有的意义。"心知廓之"而与此价值本体为一,就是理学所谓"德性之知",也是牟宗三所谓"智的直觉"。在智的直觉的圆照下,一切经验事物所秉得的睿智界的价值是同一的。此时在主体眼中,感触的直觉(即横摄地认取事物之总体)褪色了,让位于智的直觉,用张载的话说就是:"诚明所知乃天德良知,非闻见小知而已。天人异用,不足以言诚。天人异知,不足以言明。所谓诚明者,性与天道不见乎小大之别也。"(《正蒙·诚明》)牟宗三对智的直觉的定义是:"智的直觉不过是本心仁体的诚明之自照照他的活动。"② 这就是以上所说的朗照、伸展、遍润的意思。在此呈现中,天道诚体通过"寂感真几"转化为、体现为具体事物的生化之理。此义体现在人的道德实践中,即自由意志所包含的道德意识,由自身的冲创力下落为主体的意识,而主体以具体道德实践去契接

---

① 牟宗三:《心体与性体》上册,上海古籍出版社1999年版,第118页。
② 郑家栋编:《道德理想主义的重建》,中国广播电视出版社1992年版,第374页。

它、呈现它。在这里，自由意志不是全体顿悟的、直白的当下显现，而是在步步实践功夫中一点一点地实现的。因为道德实践总是具体的、个别的。关于这种实现的意义，牟宗三说："性体心体在个人道德实践方面所起的作用，首先消极地便是消化生命中一切非理性的成分，不让感性的力量支配我们；其次便是积极地生色践形睟面盎背，四肢百体全为性体所润，自然生命的光彩敛而为圣贤底气象；再其次，更积极地便是圣神功化，仁不可胜用，义不可胜用，表现而为圣贤的德业，最后则与天地合德……性体遍润一切而不遗。"① 牟宗三的这一方法，与理学中冷酷、迂腐、刻板生硬地消除心的遮障的方法不同。宋明理学为了强调道德的高严与精纯，常说理学是"刀锯鼎镬的学问"，稍一不慎，便成失足。理学家也常形容自己的修养是"从五更枕上汗流泪下得来"。相当多的理学家严毅清苦，气象拘迫。牟宗三的这一功夫路向把自由意志所包含的道体诚体性体心体作为下贯、落实为具体事物之后润沃心灵的本体，就是要在充满诗意的境况下以真善美合一的形态渐进于人格理想。这就防止了拘守某种道德规则，满足于小成，放弃了全幅人格的提高这种单面的善，并且减弱了善恶的激烈搏战给予人的激荡和痛苦，与现代大众在宽松的背景下，采取温和的态度对待自身的修养这一趋势符合。

另外，我们对于牟宗三两层存有论之下贯方式是否可以做这样的引申，以克服他过于强调道德层面，忽视知识层面的倾向。这就是，睿智界下贯、落实为经验界事物，无执的存有成为执的存有，自由无限心成为认知心之时，执的存有和认知心皆是经验的具体的。认知心的本性是直下执取物并在知觉的基础上进行概念、判断、推理等知性活动。认知心虽无睿智界的性体心体那样强的创生性，但静涵静摄地容受事物之象却是它的本能。这样，我们可以说，睿智界以形上之"一"，在其下贯与落实时登时即具有一认知的主体和被认知的客体。此客体亦不是唯识学之由识体当下生起，而是同属于经验界中的物。横摄地执取是经验界的心与物之间的自

---

① 牟宗三：《心体与性体》上册，上海古籍出版社 1999 年版，第 154 页。

然活动。套用老子的话说，这下贯、落实是"道生一，一生二"。"道"者睿智体，"一"者经验界的事物之价值、存有一身二任状态，"二"者显现为心与物之平列。[①] 这种诠释方向是要避免本体过于强而吞噬现象，而在现象中又处处彰显道德意义这种弊病。它要把人的知识理性合理地带入牟宗三体系中，使它不因偏重本体而降低现象的价值。人类理性是同一的，对它的范围进行划分，对它的功能进行设置，是人为了深入研究精神现象的各个方面而有的分类，这种分类使得人的精神实体的复杂性和多样性得以彰显，并因此形成多种研究门类和知识体系。但精神具有总体性，具有即使被分割研究也能互相渗透、互相激发、互相阐释的统一性。牟宗三在人的统一的思想活动中突出了伦理的、宗教的作用，理智的作用是被带出来的。纯粹的知性活动在他这里是受贬抑的，是被道德形上学形显为不圆满的。如怀特海以美学情调为灵魂，以亚里士多德哲学为归宿的客观主义的宇宙论，海德格尔以单个事物的存在为中心点，从而摆脱本体、本质的"客观自性存有论"便都因脱离睿智界的道德意识的浸润渗透而遭到他的批评。甚至中国的佛教道教也因无道德精诚之灌注而被他斥为"胶着于事相"。在睿智界直贯下落为经验事物时加入横摄义，就是恢复牟宗三在确立了道德理想主义的基本格局之后放弃了的知识论、逻辑学，使它们作为精神活动的必然包含加入到牟宗三的哲学体系中。这样牟宗三就不陷于只注重确定精神的宏规和走向的方向伦理，也可因多种知识因素的加入展开为一个平面结构。这样牟宗三的道德理想主义体系就不只是一个圆轮、一个道枢，而是一幅内容多样、结构合理的平面图。这是我们在解读牟宗三的道德理性第三义时可以思考的一个诠释点。

（原载吴光编《当代儒学的发展方向》，汉语大词典出版社2005年版）

[①] 赖贤宗：《体用与心性：当代新儒家哲学新论》，台湾学生书局2001年版，第197页。

牟宗三"良知坎陷说"新论

牟宗三提出"良知坎陷说"已近七十年了。其间赞同、质疑者皆有，而质疑者尤多，其中的原因出自各个方面，最重要的，我认为由不能正确、深刻了解良知之本义而来。"良知"二字王阳明说之既多，后人的理解亦含义多端；牟宗三此说吸收王阳明思想相当多，又能结合新的时代条件加以阐释发挥，所以良知坎陷说包含许多精义。但五四以来在理智一元论的主导下形成的先入之见牢不可破，遂对良知能否坎陷，假如其能坎陷能"坎陷"出什么符合现代社会的内容，皆抱怀疑态度。本文认为，若能对王阳明的良知学说、对牟宗三此说的义理根据与立说苦心做同情的、深入的理解，良知坎陷说是能得到新的、合理的解释的。

一 王阳明"大良知"的启示

良知有何种包含，实为解决此问题的关键。王阳明的良知，前人多根据《传习录》，理解为天赋的道德意识。就良知的基本包含来说，这自然不错，因为王阳明的良知定义就以"见父自然知孝，见兄自然知弟，见孺子入井自然知恻隐，此就是良知，不假外求"为最基本内容。但王阳明也说过："我此良知之学从百死千难中得来，不是容易到此"，这百死千难得到的良知，不能仅仅是道德意识。道德意识是质的不是量的，它的纯净度是它与生俱来的本体所保证的。所以王阳明屡屡说良知就是明德，此明德只有遮隔与否，没有量的增加。王阳明的良知，是在天赋道德意识之上对精神各种含蕴的增加。所以王阳明的良知是"大"良知，大良知是在道德意识基础上精神活动的种种构成因素的协调、整合。大良知是"精神"或说"心体"的代名词。它由道德意识、理性、意志、情感、直觉等精神活动的因素构成。本来人的精神活动是一个整体，掌管精神活动的身体器官也只有一个。但人出于精细了知的需要，对浑全的"精神"分门别类地进行研究，也是必要的。综观王阳明一生，他的致良知是双向的，即由内而外和由外而内。由内到外即将自己本有的良知推致于具体事为中，使良知含具的道德理性规正做事的动机，具体意念皆在良知的范导之下，这就是王阳明所说的："所谓致知格物者，致吾心之良知于事事物物也。吾心之良知，即所谓天理也；致吾心良知之天理于事事物物，则事事物物皆得其理矣。"[1] 由外到内是在实践行为中，以上所说的精神活动诸因素被逼出来，并且互相激发，互相协调，互相辅助。如意志的坚毅、理性的明澈、情感的真纯、直觉的敏锐等。这些因素都收摄于良知之内，在实际行为中互相影响，共同实现浑一的精神活动的目的。

这是每一个理智健全的人精神活动的实际情况。王阳明作为一个杰出的思想家的特出之处在于他看到了浑全的精神活动中主与次、指导与被指导的差别，他要在其中立一个价值等次，将道德这一可以范导人的行为的原理、法则视为最高，其余的在价值上不能与之比肩，处在低位层次。王阳明的哲学，就是以道德理性为统领，知识理性为辅翼，既有方向性的、指导的因素，又有实际认知层面的辅从的、被范导的因素的全副理论。王阳明哲学，是牟宗三"良知坎陷说"的重要来源。

牟宗三对良知的德与知的关系论之甚早，在早年的《王阳明致良知教》中即已点出："每一致良知行为自身有一双重性，一是天心天理所决定断制之行为系统，一是天心自己决定坎陷其自己所转化之了别心所成之知

---

[1] 《王阳明全集》，上海古籍出版社1992年版，第45页。

识系统。此二者在每一致良知之行为中是凝一的。"① 这是符合王阳明"不离日用常行内，直造先天未画前"的一贯思想的，也是对孔子"下学而上达"的遵从。他并且引同调唐君毅的相关见解为自己的这一理论做说明："仁义礼智或其他道德规律之为普遍，皆在其只规定吾人之存心，而不规定吾人在当机之如何表现吾人存心之道德行为方式。……而吾人既有仁义礼智之心，能以仁义礼智存心，吾人自能当机而知所当为并择其所当为。此即为吾人之良知。"② 在《政道与治道》中论道德理性与知识理性的关系时此意说得尤为明显："诚心求知这一行为却必然为道德理性所要求、所意欲。既要求此行为，而若落下来真地去做此行为，则从'主体活动之能'方面说，却必须转为'观解理性'（理论理性），即由动态的成德之道德理性转为静态的成知识之观解理性。这一步转，我们可以说是道德理性之自我坎陷（自我否定）：经此坎陷，从动态转为静态，从无对转为有对，从践履上的直贯转为理解上的横列。"③ 在这几段经典的疏论中，我们可以清楚知道：第一，是决定方向的、浑全的、直贯的、动态的道德理性，转为具体创设的、分立的、横摄的、静态的知识理性。前者就实践理性的规范、调谐、指示方向诸义说，它所用的思维方法是直觉的，它的来源是"维天之命，於穆不已"所表现的道之全体的健动不息、创生不已、活泼有生气，和《中庸》的"大德敦化"，它给人以创造力的启示和万物互相联系、互相作用的动的流行之感。后者则来源于人天生具备的理性认知能力，它的性质是明晰的、符合逻辑的、主客二分的、有架构的。可以说即《中庸》之"小德川流"。二者从来源、性质、功能诸方面说皆不同。

第二，所谓良知坎陷，是良知本身的要求，是同时具备的两种认知方式、两种心灵内涵的转换。人的头脑、心灵、精神本体只有一个，这一个精神本体的各个构成因素是它在不同应用场域的表现。康德三大《批判》对纯粹理性、实践理性、审美判断力的批导，是对此精神本体分门别类的

---

① 见牟宗三《从陆象山到刘蕺山》，上海古籍出版社 2001 年版，第 179 页。
② 唐君毅：《中国文化之精神价值》，转引自《从陆象山到刘蕺山》，上海古籍出版社 2001 年版，第 187 页。
③ 牟宗三：《政道与治道》，台湾学生书局 1991 年版，第 58 页。

研究。精神本体是同一的，它的表现是多样的；精神本体是本原的、自然的，人对它的研究是后起的、人为的。人为的就是可变的，门目就是可增减的。如对非理性的研究就可以补充这三大门类。而门类是可以转换的，转换的内容是精神本身内含的、包蕴的，不是外加的。

第三，这就逻辑地决定，精神在某一特定时刻的指向是单一的、不并行的。比如当理论理性正在施行时，不能同时实践理性也在施行。所谓施行，是为主体所觉知，不包括背后的黑箱状态的精神活动的机理和表征。比如正在计算时，不能同时在发怒；或正被美的景象陶醉得忘怀一切时，心里却同时有知觉到恶所带来的羞耻感。如果你因为算不出一道数学题而恼恨时，算的过程和恼恨的被觉知一定是非同时的。所以坎陷是一定会发生的。牟宗三先生论坎陷的动力，强调坎陷是自我否定，自我就有否定的意愿，这个意愿是转出自己的对立面，这就有黑格尔正题的自我否定即反题的意思。此点学界已有论述。坎陷的动力出于自身，坎陷出的内容不是从另一个实体中得到的，所以坎陷就是本身本有的内容的自我调整。

第四，就王阳明来说，以上良知内蕴的各种精神要素不是同时呈现的，但是可以转换的。所谓转换，不是此一变为另一，而是此一让开一步，让不能同时而在的另一走向前台。此一、另一皆是这统一的良知的包含。在王阳明的良知中，道德理性是根本的、基础的，是占上位的精神要素，其余是辅从的，是在道德理性统领下对它的填充、丰富。所以坎陷不是平列的两种要素的转换，而是从高位的良知下落、退隐、自我否定而来。如学者所已指出的，牟宗三此义受佛教"一心开二门"思想影响很大。但从文字上说，一心开二门，此二门是一心之闪回，一心之转换，并无本体从高处下落因而否定自己，让本自包含的其他因素显出之义。"一心开二门"给予牟宗三的主要是真如门与生灭门、价值性现象与实在性现象的差别、不共时之义，二者并无高低之分。虽然佛教修习的目标是实现价值性的成佛，涅槃境界与生灭不已之万法似有高低之不同，但从现象着眼，二者并无高低。学者也有以黑格尔的正反合解说坎陷的动力和根源的，因为黑格尔的对立面的互相包含与斗争决定了正题必然否定自身而为反题。以黑格尔以上思想说明牟宗三的良知坎陷的动力是可以的，因为作为正题的良知转换为作为反题的其他因素，其动力在良知自身。并且转换出的反题是自己的对立面，正题与反题仍是平列的，没有价值上的高下之分。但牟宗三有价值上的高下之分的思想实是他的良知坎陷说的关键，没有此义就没有坎陷说。

使牟宗三有"坎陷"思想的，实是康德的实践理性优于理论理性的思想，和王阳明的道德高于知识的思想。有高下才有所谓坎陷。坎陷不是并列的两种要素的平行转换，而是一种从高位向下位的有意识的跌落，由跌落而开显，没有跌落就不能开显，所以这个跌落是必然的。

牟宗三的良知坎陷，即占优先、基础、本质地位的道德理性否定自己，从高处跌落下来，退让一步，让本已包含的知识理性开显出来。在王阳明，道德理性不仅仅是"见孺子入井必有怵惕恻隐之心"的道德意识，更有意志和情感的因素在内。"良知只是个是非之心，是非只是个好恶，只好恶就尽了是非，只是非就尽了万事万变"（《传习录》下）说的就是意志。良知是判断是非的根据，但此根据归根结底即能见善即好、见恶即恶的意志。意志是否纯洁和坚定是最要紧的。好善恶恶是知善知恶的基础，知善知恶本身就包含知道善必好恶必恶这一意识。"打铁还要自身硬。"由反复锤炼得到的意志的纯洁与坚定，是"百死千难"的经历所得到的最重要收获之一。在王阳明这里它指向的是好善恶恶，涉及的是对道德理性本身的守护，仍然属于道德理性之事，它是道德意识之呈露与纯洁之、强固之、守护之的意志融会的结果。也就是说，意志因素是良知必然包含的，是良知题中应有之义。

情感也是王阳明的良知观念所内蕴的。"四端"特别是其中的恻隐之心，既是道德意识也是道德情感。因为它是一种现象学的呈现，不是分析而出的背后的本质。就现象本身着眼，从它是对性体的自动呈现，就它是对性体的觉知而言，它是一种意识。王阳明多次提到，"良知是天理之昭明灵觉"，"良知是理之灵处"；他对良知的描述有"虚灵不昧，众理具而万事出。心外无理，心外无事"，都提到良知的虚灵明觉。良知是灵动的心体,故"良知越思越精明"。从内容上说,它是天理,"天地之大德曰生"所包含的天的生意,天的创造精神,天的充沛的生命力,都通过性体直贯于心落实为良知的基本内涵:仁爱之心。此是由天顺承而下,天、性、心一以贯之。由心的反向上达则是"尽心则知性,知性则知天"。即心即性,对此内容的觉知、呈现,即一种意识,它的内容是天道天理本身。它的作用是把道德理性表现为心的意识从而为人所觉知,心体流行即是天理流行。它属于道德理性当身,对人的道德生活直接起到规约、范导的作用。这种规约、范导不是通过逻辑推理得到的,而是一种直接呈现,一种觉知。如果析取地分别说,它是浑一的良知的一个方面;如果本体当身地说,它就是浑一的良知本身。良知坎陷时,它也作为高位的良知被自我否定而退至幕后,被坎陷出的理论理性因此也不具备内容直接呈现的方式。

从它是一种由内容的体验、觉知而产生的依从与否的感觉说,它是情感。良知在王阳明这里是一种情感,是一种对善的内容的依恋和归向的态度。中国传统有"七情"之说,即喜、怒、哀、惧、爱、恶、欲;也有"四端"之说,即恻隐、羞恶、辞让、是非。朱熹继承张载,主张"心统性情",性是体,情是用;性是形而上的理,情属形而下的气。良知是性也是情,因为王阳明对性与情本来不作清楚区分,体直接表现为用,形而下即形而上者。就四端说,良知是情,此情是对天理、性体的直接依从与归向。就七情说,良知不是七情,但良知也不能离开七情。王阳明说:"乐是心之本体,虽不同于七情之乐,而亦不外于七情之乐。虽则圣贤别有真乐,而亦常人之所同有。"(《传习录》中)良知是性体对七情的导向及态度,换句话说,良知是将七情的内容导向本体之正的一种自觉功能,同时也是七情归向本体而有的一种欣慰、自慊。良知自动自觉地将七情规正为本体,同时享受这规正所带来的心理愉悦。说良知本身是乐,这个乐代表本体之正,不乐不符合良知。具体的乐则是因与本体之乐为一而有的现实情感。体用一源,即用见体,良知亦不能离开七情而别有施用之地。王阳明说:"喜、怒、哀、惧、爱、恶、欲谓之七情,七者俱是人心合有的,但要认得良知明白。……七情顺其自然之流行,皆是良知之用,不可分别善恶，但不可有所着。七情有着，俱谓之欲，俱为良知之蔽。然才有着时，良知亦自会觉，觉即蔽去，复其体矣。"（《传习录》下）在良知作为七情的规正者时，它同时是作为情出现的。这种情代表性体本身，仍是道德理性的一种要素内在于其自身之中。

可以看出，王阳明的良知，是意志、情感、理性、直觉诸因素的统会融合。这种融合是自然的、必然的，此即王阳明所说："真知只是一个，随他发见流行处，当下具足，更无去来，不须假借。然其发见流行处，却自有轻重厚薄，毫发不容增减者，所谓天然自有之中也。此良知之妙用，所以无方体，无穷尽，语大天下莫能载，语小天下莫能破者也。"（《传习录》下）因为它是统合的，是作用于人的精神方向的，所以可用牟宗三所谓"理性的运用表现"来看它。而它必须坎陷自己，才能转为"理性的架构表现"，在具体行为中起作用。而"坎陷"是道德理性内诸因素的转换，不是从外面加入的，是此浑融的整体中处于价值上的高位层次的因素主动地退开，让做具体事所用的架构性理性敷施发用。用《中庸》的话说，即由"大德敦化"转为"小德川流"。此义本王阳明良知说题中本有之义。牟宗三将它特别提揭出来，参之以西方哲学如康德、黑格尔的义理，是大有深意的。他的用意在一方面通过比较参证说明中西哲学中有共通的义理，中国人不必妄自菲薄；而中国的长于浑融的、体验的、即体而用的思想方法，通过引入西方哲学可得他山之石之攻错而更加精细、更加有分析论证的说服力。更重要的是，引入中国传统所没有的科学、民主政治等，补足中国当下的社会需要，可以使中国文化、社会更加健全，更加有改造当下、适应未来的生命力。

二　历史理性与价值意识

牟宗三有着纵横两个方面的宽广眼界和深厚学养。横的方面，指他的逻辑分析和架构能力；纵的方面，指他深切的历史文化意识和由历史文化沉积而成的价值内容。这两个方面是他的坎陷说的两大支柱。上述第一部分，可以说主要就它横的方面说。就纵的方面说，牟宗三在对先秦儒、道、墨、法、名、阴阳各家及此后的两汉经学、魏晋玄学、隋唐佛学、宋明理学的精深研究中，把握住了中国哲学的特质，这就是中国哲学突出的主体精神。而在中国哲学的主干儒家这里，主体精神又表现为内在道德性。由于特重内在道德性，中国哲学充量发展的是以上所说的"理性的运用表现"，即内圣之学，外王是内圣之学的推出和延展。在道德基底之上的重境界、重体悟，是广义伦理学的，由此构成的形上学体系是"道德的形上学"。这套系统中，逻辑学和知识论不发达，客观的、分解的本体论与宇宙论不发达，也没有从中发展出西方近代的自然科学系统。牟宗三承认由西方文化中发展出的诸优长之处，但他并不鄙薄、轻视中国文化，他希望在保住中国哲学的仁智双彰，德慧并行，由正德带出利用厚生，注重解决实际问题，即内在即超越，以德性的全幅来收摄知识诸特点的基础上，开出对列之局，容纳西方文化诸长处。

在中国思想文化中，牟宗三特别重视的是中国历史文化的悠久广大所具有的积淀与厚重感，这是坎陷的基础。若一个无历史的、单薄的、一眼见底的文化，怎能从中开发出具有普遍意义和较为广泛应用场域的文化要素？牟宗三对中国文化有自豪感，也有因缺乏理性的架构表现因而在科学与民主政治方面落后于西方而有的虚欠感，因此有挽救和纠补文化缺憾的时代悲情。因有时代悲情而有坎陷的要求。这不同于平面的横向的直接拿来、直接应用。直接拿来应用就没有坎陷，没有坎陷就放弃了道德优位意识，同时也就弃置了传统，也就将道德的导正、运用表现所包含的丰富内容一起抛弃。牟宗三在谈到划开道德的指导作用，只用单面的民主政治时曾说道："人只吃现成饭，忘掉前人的奋斗，始只停在观解理性上，囿于政治学教授的立场，遂只割截地把自由下散而为诸权利，并以为一上通着讲，便是抽象的玄虚，形而上学的无谓的争论。这还不算，并以为一通着道德理性、人的自觉讲，便成为泛道德主义，有助于极权，这都是在割截下只知此面不知彼面为何事的偏面联想，遂有此一往笼统抹杀之论。此也是孔子所说的'好知不好学，其失也荡'。泛道德主义固然不对，但此种'荡'

却亦流入泛政治主义之一型而不自觉。"① 牟宗三是想用历史的厚度，历史中蕴含的多方面丰富性，立体地呈现诸架构表现与道德理性的必然关联，纠治非历史的平面的结构主义方法论。

历史的丰富蕴含和广阔延展、积淀在牟宗三这里，可用庄子的"参万岁而一成纯"来解释。历史不只是历史事件的堆积，过往人物的活剧，也是价值沉淀、历史理性的呈现。历史是有方向的，它不是如虚无主义所说，是人物、事件的盲目堆积，而是各个历史时期所具有的各种力量角斗、争衡的结果，最后呈现出来的，是较为符合人的价值方向、符合人的期待和向往的结果。历史有很多曲折、偶然，甚至是倒退，但从一个较长的历史时段看，它总是向着较为符合多数人意愿的方向趋进。每一个历史时期都淘洗掉不符合真善美目标的东西，留下此时期的个别的善。每个历史时期留下的短暂的、个别的善汇成和融合、造就的是普遍的善。这就是"参万岁而一成纯"。"参万岁"者，就历史的长时段综而计之，"一成纯"者，具体的善、个别的善在历史的行进中被历史理性本身综合、概括成一个符合多数人价值方向的趋势和目标。这里有很强的黑格尔"理性的狡狯"的意思。但历史积淀、整合形成的价值的力量是不可否认的，有现实力量的。

这一点对牟宗三的思想是有影响的。牟宗三认为，真善美是人的普遍价值、一般要求，则真善美在某一具体历史情境下就有其合于当时趋势的具体要求，在中国历史发展至清末以来西方文化大量输入并深刻影响中国人的思维方法、政治观念时，此时的普遍要求是科学与民主政治，这是历史理性的选择，不是个人的突发奇想和偶然要求。牟宗三就"科学"说道："凡真善美皆为道德理性所要求，所意欲。科学代表知识，也是'真'之一种。道德理性虽曰实践理性，意在指导吾人之行为，其直接作用在成圣贤人格，然诚心求知是一种行为，故亦当为道德理性所要求、所决定。"② 这是说科学是真善美在当世的内在要求、自然趋势，故为道德理性所要求。

---

① 牟宗三：《政道与治道》，台湾学生书局1991年版，第60页。
② 同上书，第57页。

他又论民主政治:"科学还是知识方面的事,至于民主政治则是属于客观实践方面的,其与道德理性的关系当更显明。盖民主政体之出现是人在政治生活方面自觉地决定其方向,即由此线索,我们可以把它联系于道德理性上。"① 这是说民主政治相较于科学,更是真善美在当世的内在要求、自然趋势,故更与道德理性有直接关联。牟宗三在多处明确提到,科学与民主政治是历史理性所决定的当世最高价值,它是道德理性的内在要求,但它的实现却须经由一步转,即良知坎陷来实现。他在讲到科学与民主政治时分别地提到它们须由坎陷而出,他说:"惟此政体既是属于客观实践方面的一个客观的架子,则自不是道德理性之作用表现所能尽。内在于此政体本身上说,它是理性之架构表现,而此理性也顿时失去其人格中德性之意义,即具体地说的实践理性之意义,而转为非道德意义的观解理性。观解理性之架构表现与此政体直接相对应。但此政体本身之全部却为道德理性所要求,或者说,此政体之出现就是一个最高的或最大的道德价值之实现。此即表示欲实现此价值,道德理性不能不自其作用表现之形态中自我坎陷,让开一步,而转为观解理性之架构表现。"②

此中须得注意而牟宗三也再三致意的是,坎陷而出的是观解理性,是"理性的架构表现",不是直接坎陷出科学与民主政治之内容。内圣自然连带着外王,外王不能离开内圣,这是孔子的"修己以安人",《尚书》的从正德中开出利用厚生,前人讲的多是由内圣直接开出外王,而牟宗三是"曲通",曲通须经由一个理性方式上的转变,由道德理性转为观解理性,才有科学与民主政治的实现,因为后者用的理性方式是架构式的、观解式的。牟宗三的着眼点主要在此,他论证的重点也在此,至于科学与民主政治则是众人在此价值观念的指导下共同奋斗的结果,是一套具有"理性的架构表现"品性的制度、设施建构,不是哪一个人仅就理论可以凭空实现的。他在回答某些人曲解良知坎陷时也说,他本人不是如

---

① 牟宗三:《政道与治道》,台湾学生书局1991年版,第58页。
② 同上书,第59页。

来佛，世间思想与制度可以凭空变出。牟宗三屡次正言告诫，想直接坎陷出民主制度与科学思维的人，是懒汉思想，等着吃现成饭，放弃了自己的责任与义务，同时也厚诬古人，无视无数杰烈先驱为实现科学与民主政治而作的流血与奋斗。

良知坎陷说是基于纵的历史文化沉积而作的一个理论创设，它是立体的、纵贯的，不是分析哲学的纯逻辑推理，不是结构主义的外在结构分析，不是科学主义的非价值的一元判断与论证，因此它不合某些只知"现代性"的直线式思维的唯科学论的人的脾胃。特别是在20世纪六七十年代科学神话表现强劲、科学一元论如日中天，国人对自己的文化失去信心，一切以欧美马首是瞻，中华文化被贬得一钱不值，民族文化危机深重之时，牟宗三出于时代的悲情而做的这套理论创设，是出于整体的制度设计的考量，目的在告诫世人，要立足于自己的文化传统，同时吸收一切域外文化为我所用，鼓励国人自做主宰，自用思想，为破此困局积极建树。牟宗三是自觉地做此实践功夫的。他的坎陷论提出甚早，他后来的一系列著作，都可以看作具体的分解性的努力。如疏解先秦名学的《名家与荀子》，疏解魏晋玄学的《才性与玄理》，疏解佛学的《佛性与般若》，疏解宋明理学的《心体与性体》《从陆象山到刘蕺山》，承续明末三大儒顾、黄、王的政治意识而有的"新外王三书"，疏解中国和西方学术以资对照比观的《智的直觉与中国哲学》《现象与物自身》，融会孟子与康德思想而有的《圆善论》，甚至以一人之力翻译康德三大《批判》等，目的皆在揭示中国思想文化的优秀方面，中国文化发展历程的内在理则，比较中西哲学各自的特点而彰显双方的短长。在他眼里，只有自己的文化足够强大、足够丰富才能做坎陷的本体，才有创设坎陷理论的本钱。一个没有历史文化根基的民族，只有引入、倾销、全盘拿来的资格。而具有深厚文化蕴藏的中国，国人讲全盘西化是可悲的、可耻的，这就是牟宗三的凛凛风骨。把自家的家底亮出来，把其中的美盛之处和瑕疵都讲出来，和世人盛称的完美的文化作比较，扬长避短，这是牟宗三的切实用意。他早年即有《周易的自然哲学与道德涵义》，另有《逻辑典范》《理则学》《名理论》等，对西方哲学如维特根斯坦、罗素的思想用过苦功。但自从被熊十力扭转到中国儒学的基底上之后，他把西方哲学用做他山之石，成了他饱满中国思想，醒豁中国思维，剖析比照中国文化的有益养分。他的这一步工作，并世少有人及之。他的思想的创发力，他的基于时代悲情而有的强烈的文化意识，都立足于丰厚的中西学养的基础之上。这样的成就，只有有宏大的历史感和价值意识才能做到。非历史的、平面的，无积淀、无整合的思维方法，是无法做到这样饱满、深刻和丰富的。

牟宗三强烈的时代悲情，深切的价值关怀、文化忧患意识，都是他作为一个欲以学术救国的有担当的知识人在当时所能做、所当做的。他的老师熊十力是有救世情怀的儒者，熊十力所做的是用儒家的"有"转换佛家的"无"，具体说，即用《周易》乾元性海所具有的乾知简能、翕辟成变的本体论来改换佛教唯识学的空，用对日新不已生动活泼的本体的直觉体证来改换唯识学的识，并提揭六经之丰富多彩来彰显华夏文化意识。但熊十力对西方哲学所涉不深，稍有了解者在柏格森的生命哲学，以柏氏的绵延说作为自己的本体论的助缘。牟宗三则对西方柏拉图、亚里士多德代表的古典哲学，莱布尼兹到罗素的数学、逻辑实证主义，特别对康德至黑格尔的德国古典哲学慧解独具。对西方的古典逻辑、现代逻辑皆有研究并有专书出版。多方面的学养造就了他深刻的洞察力和丰厚的创造力。他不满意本师熊十力的单薄与师心自用（如说熊十力的《新唯识论》只"体用不二，翕辟成变"八个字，其他晚年所作如《体用论》《乾坤衍》等皆同义反复；说熊十力做学问心气不平，横撑竖架等），要用西方哲学充满逻辑力量、论辩精神与理性的明澈与缜密去纠补。而同被称为"新心学"、时代年辈稍早的贺麟，主要建树在黑格尔学；虽有与中国哲学参证比较夹辅以行的文字，但终究不十分广大，且主要精力用于翻译黑格尔、斯宾诺莎著作，自己的思想不算大成，没有代表自己哲学思想的成体系的著作。牟宗三在吸收中西思想精华创建、发展自己的哲学思想方面做得尤为出色，成就尤为卓特。这方面学界论述已多，不再赘言，这里所要提出的是，有深厚的历史文化意识，相信文化发展过程中历史理性所沉积、所蕴发的价值理想，在此价值理想的指导下对历史文化做出创新性发展，这始终是牟宗三所坚持、所身体力行的。他的坎陷说正是在此意识下的一个哲学理论上的创设与表现。为什么要用这样一个理论？因为这个理论能把他的历史文化意识和价值观念彰显出来，把他的现实关怀与文化意识对接的方法论彰显出来，把他吸收西方文化充实自身的根本意愿贯彻到具体的学问实践中这一根本方向宣示出来。这是一个综合的、立体的表达，不是一个平面的、直白的表达。牟宗三说："吾人自人性的全部活动与文化理想上主张道德理性贯通观解理性，其贯是曲贯，非直贯，故不是泛道德主义，亦不是泛政治主义，故既能明科学与民主的独立性，又能明其与道德理性的关联性。若必停滞在观解理性的架构表现上而不能上通，则虽讲民主政治，而其为弊与蔽与科学一层论同。此为囿于实然境域而窒息文化生命文化理想的泛政治主义。"[①]这里把以上意识说得非常明白恺切。牟宗三是个哲学家，哲学家须对顶层设计的意图与诸方面的关系做理论创建与说明。这一步工作不能交由别人去做，具体措施的制定和实施是要别人做的，这是把哲学家的思想贯彻下来、实现出来的工作，但它绝不能代替哲学家的理论创建。这是制度设计上的全面综合考量，它着眼的是价值导向、中西两大文化在具体制度设计中的位置，及个别制度与总体的关系，这是哲学家的本分事。牟宗三在西方文化在各个方面全面占据优势地位的境况下对传统与现实关系所做的以上有洞见的思想主张，对今天的文化建设仍有启发意义。

（原载中国人民大学《国学学刊》2018 年第 1 期）

---

① 牟宗三：《政道与治道》，台湾学生书局 1991 年版，第 62 页。

后牟宗三时代本体与诠释的一个可能方向

牟宗三先生逝世后,他建立的对儒家哲学的诠释系统如何进一步发展,是牟门弟子和关注中国哲学现代发展问题的学者共同感兴趣的话题。中国哲学与西方哲学百年来的激荡、融合给我们准备了丰富的资源,文化多元、价值多元的世界潮流使我们能以更弘通的视野和更平实的心态对待牟宗三留给我们的哲学遗产。

牟宗三做出的成就是杰出的,他对于中西两方的思想成果把握的广度与深度,他的直下承当的时代悲情,他的基于深厚学殖的创造力,他对中国文化的深厚感情与将这种感情落实在理论创造上的实践能力,在他同时代的人当中可说罕有其匹。后人对他的这种精神和能力应抱有真诚的敬意。

牟宗三在他的义理系统之内已经做得比较完备了。对于他的学说可以小修小补,也可以跳出他的圈子另立义理系统,而以他为参照、对比甚至批评的对象。这是对他的敬意的一种表示。本文试图在本体和诠释方面提出一点新的看法,作为对牟宗三的运思方向的补充或扭转。

一 本体:一种新的设定

牟宗三的哲学系统的义理基础是现象与物自身的区分:现象界是经验知识的世界,物自身是睿智界;现象界是执的存有论,物自身是无执的存有论。牟宗三下了很大的力气，将物自身概念证成为一个价值意味的概念，价值意味的物自身与经验的现象界是体用圆融的关系。而且照他的论证，中国的儒家和佛家、道家都有两层存有论，都主张本体与现象圆融为一。但只有儒家的本体是即存有即活动的，本体能主动地开显出现象界，故儒家才是真正的圆教。

我们对于牟宗三的哲学体系，首先要肯认他的"两层存有论"，就是说，我们需要本体与现象的两分。这样做的目的，是为了把本体设立为一个理想世界，用理想世界来形显现实世界的不足，满足人类本性中不断提升自己、完善自己的要求，使人类的活动变为一个有价值、有意义、不断向理想王国趋进的活动。牟宗三提出两层存有论，其用意除了挽救花果飘零的中国传统文化，在工具理性膨胀、价值理性萎缩的情形下挺立道德自我之外，还有从人的本性出发，在形而下的经验活动中观照形上本体的意思在其中。问题是，我们需要什么样的本体？牟宗三从他所处的时代着眼，着力挺立道德本体。但其结果是从儒家泛道德文化出发，以道德为解决一切问题的终极根源，以道德理性为人的理性的最根本、最优长之处，这却有一些偏颇。牟宗三建立两层存有论的根据是康德的现象与物自身的两分，佛教的一心开二门，但牟宗三通过一系列的诠释与扩展，赋予本体太多的道德色彩，且将其中或隐或显的宗教成分翻露出来，加强了本体的褊狭性。我们其实可以另立一类本体，如黑格尔式的本体。"二战"以后，黑格尔哲学被认为是纳粹集权主义的思想基础，加之20世纪80年代以后马列哲学在中国大陆逐渐失去一尊地位，作为马克思主义的一个来源的黑格尔哲学也连带失势，后现代主义对古典哲学的解构更是雪上加霜，黑格尔被人们当作死狗一样抛掉了。但黑格尔的哲学作为德国古典哲学的集大成者，作为现代哲学几乎一切流派的源头，自有其不可磨灭的价值。黑格尔的绝对精神实际上是人类文化的总汇和抽象，是人类文化总体层累地发展所形成的结晶。所以美国新黑格尔主义者鲁一士（J. Royce）曾经说："黑格尔的绝对乃是一个斗士，他的身上布满了人类精神生活世世代代的风尘和血迹，他遍体鳞伤地向我们走来，但是高奏凯歌。这位上帝征服了各种矛盾，他就是全部精神意识的总和，表明了、包括了、统一了、享受了我们人类的忠诚、坚韧和热情所缔造的全部财富。"①鲁一士注重的是绝对精神自由创进，克服对立面、包摄对立面于其中，然后不断前行的品格。我们所取于黑格尔的，是他的绝对精神包容人类文化一切方面浓缩为一个理念、一个总的精神活体这个方面。这种类型的本体可以扭转或削弱牟宗三的本体中过多的道德性格。

牟宗三实际上很关注黑格尔的绝对精神，但他所着重的，是黑格尔绝对精神的"神性"（上帝），在他看来，这种神性就是宋明理学所谓性体、心体、道体、诚体等概念所表示的意思。牟宗三说："德国康德后理想主义的发展是向打通那一层隔而期完成'道德的形上学'之方向趋，关键是在由'自由'所表示的绝对性与无限性而直通那无限而绝对的神性以为我们自己最内在的本质、本性（这本性就是正宗儒家所说的'性'之意义）。说'实有'，这就是最高的'实有'，宋明儒之大宗所谓道体、性体、心体、神体、仁体、诚体等；说精神，这就是最真实、最内在的精神。这样，意志自由与上帝存在不再是并列的两个设准，像在康德本人那样，而是打成一片而在'展现'中呈现。"②这里牟宗三所说的自由、上帝等，即黑格尔所说的绝对、无限。从康德到黑格尔的哲学发展即是从康德的现象与物自身两橛向黑格尔的绝对精神的"无之不一"趋进。这里牟宗三认为黑格尔的"绝对""无限"就是宋明理学大宗的道体、性体、心体等，这已经是用宋明理学去诠解黑格尔，已经把黑格尔道德化、偏狭化了。我们今天要承续牟宗三的精神方向，承认两个世界的划分，但要还黑格尔哲学以本来面目，认定它是人类创造的各种类型的文化、各种精神气质融合成的结晶品。我们对黑格尔，只取其绝对精神的无所不包这一点，而对绝对精神的外化以及外化所采取的正反合的矛盾展开过程皆不取。这样，实际上我们也可以不提黑格尔之名。我们之所以提黑格尔，是为了向人们提示，我们

---

① 《近代哲学的精神》，载洪谦编《现代西方哲学论著选辑》，商务印书馆 1993 年版，第 148 页。
② 牟宗三：《心体与性体》上册，上海古籍出版社 1999 年版，第 158 页。

所认定的本体是黑格尔那样的无所不包的、综合了人类一切文化成果而成的一个结晶体,为我们的诠释设定一个对象。这个诠释对象的包容应尽量地宽泛,内容应尽量地广大。

我们为什么重新设定一个本体?除了上面所说的为人设定一个追求的目标,使人类的活动变为一个自设目标、自求超越的即价值即现实的主动性活动之外,另一个目的就是,恢复哲学为一概括性的、价值性的理论活动,不把它只平面化、窄化为像逻辑实证主义那样以科学活动为范本,以逻辑为全部活动的实质,从而将形上学排除于哲学之外,将哲学变为一种具体的技术方法,消解它的显示真理、指导人生等本质活动的那样一种"哲学"。

牟宗三确立他的两层存有论是由契接康德哲学开始的。他一生的主要工作可以说是在他自己设定的套路中奔忙。他先肯定现象与物自身属于两个世界,然后再从事打通两间的工作。这个工作可以说是一创造的诠释。他所做的一切都是为了证明一点:康德以自由、上帝为代表的精神本体是道德性的,它与以宋明理学为完成形式的中国儒学的精神方向一致。这样的本体是人类一切活动的出发点和归宿。尽管牟宗三所说的"道德"二字含摄的层面较宽,不是仅仅拘守道德条文而无深湛修养的"一乡善士"、"硁硁君子"所能有,但这样的人格理想仍偏重精神修养。牟宗三的本体是偏重道德的,而我们所设定的本体——黑格尔式的绝对精神中,道德仅是整个精神的一个方面,它在价值上也不高于艺术、宗教、法律、哲学。况且黑格尔的绝对精神不是干瘪的教条,它是从丰富的、活生生的人类整个生命过程中抽取出来的,它收拢来是一种精神、一种观念,敷展开来即是整个人类活动。黑格尔既在《精神现象学》中把它提示出来,又在《逻辑学》中把它收拢、结晶,在"在应用逻辑学"(包括自然哲学和精神哲学)中把它展开。这是一个卷舒自在的体系,这个体系为后人从各个方面进行诠释预留了广阔的空间。

我们所设想的这个本体与黑格尔的本体最大的不同在于,这个本体内部是没有结构的。黑格尔的本体,表现为一个由正反合三个一串的范畴组成的概念系统。在重视《精神现象学》所表现的自由创进精神的新黑格尔主义者看来，这个本体的结构形式是死板的、机械的，可以称作"死范畴的摆布"。比如鲁一士的《近代哲学的精神》着重敷陈的是《精神现象学》中精神漫游的过程及其中表现的自由创进精神。在全书中，只有一章提到其《逻辑学》。《逻辑学》虽说在彰显思维与存在的统一、逻辑与历史的统一这个方面是很有见地也很深刻的，但它把人类多姿多彩、充满情欲冲动及偶然因素的历史硬装进形式主义的范畴框架中，让活生生的现实服从思想设定的呆板形式，这却是对历史的歪曲。更加糟糕的是，它因为有结构主义的因素使得诠释活动必须循着它的路定，不能自由地展开。诠释活动首先要对这套机械的形式进行解构，才能触及其中的实质内容。与此不同，我们设想的本体是松散的，它不是由精心设计的逻辑范畴收摄历史活动，而是把历史活动视为一个总体，这个总体不是逻辑范畴整理以后的总体，它是经由综合这种最为一般的思维活动达到的。它也并不是只有道德方面的内涵，它是人类创造的一切价值的总和。这样的本体，黑格尔那样的实体的意味很弱，更不是牟宗三那样的在存在上与现象界相对、在性质上与现象界相反的实体。由于它的松散和可亲可即，它不容易被想象和比附成一个有人格的上帝。它实际上只是现实的抽象。它没有把抽象进到最高层次由此带来的诸如绝对性、无限性、最高圆满等性质加诸其上。所以这个本体实际上只是一种观法，一种形上洞观基础上的设定，一种完全靠诠释的开显来展示其性质的形式对象。它本身没有什么突出的性质，不像牟宗三所设定的本体（睿智界）是仁体、道体、性体。如果要取一个中国固有范畴来指称它的话，它毋宁是"诚体"。但这个"诚"也不是如牟宗三所说的是"精诚恻怛的圆而神"的道体本身。此"诚"字即"实"字，即"如"字，即真实的历史活动发生过程那个事实如其所发生之实。这样来设想本体就把本体中被牟宗三指实了的道德性消解掉了，也把牟宗三所指斥的康德的"道德的神学"之神性消解掉了。

得到这个本体所用的思维方法要比牟宗三的方法简单得多，它只是以抽象的方式把人类已有的活动成果肯定下来，它其实是最虚的。但它同时又是最实的，因为它不是穿靴戴帽地就一种预设的本体给以特定的诠释从而得到预设的结论。牟宗三先生是大思想家，他是就康德哲学进行创造性诠释，从而推证出了"自由""上帝"概念所代表的道德性。这个道德性本是他读中国的儒家、宋明理学得到并肯认的一个价值，但是他不满足于平面地、直下地肯认这个价值，而是通过哲学的方式，找到了康德这个契接体，从此便一发而不可收。他要论证"自由"是价值性的，要论证康德只有上帝才有智的直觉的论断是错的，要论证既圆而善的理论中必包含一个即活动即存有的本体。他斥朱子别子为宗，在佛教判教中以天台宗为圆教，都是为了确立他所认定的这个价值。甚至为了弄清他的诠释借以进行的母体，他翻译（某些地方还加了详细注释）了康德三大《批判》。他的智思安顿在这之上，他的悲愿显示在这之上。他一生的工作都耗费在这之上，可谓英雄大业。在这一大业的映照和反衬下，他的某些诠释细节上的不相应，他的某些论证过程的生硬牵强，他的某些结论的附会武断都可以忽略和宽宥，因为这些工作都服从于保存和发扬中国文化，融会中西方哲学思想开出新的世界文化这样一个宏愿大业。就这一点说，我们对牟宗三的工作是充满敬意的，承认他是20世纪华人最具原创力的哲学家，做了20世纪华人中最杰出的哲学诠释工作。

但自牟宗三确立道德理想主义并逐渐展开他的学说，至今已半个多世纪了。半个多世纪以来，世界的政治、经济、文化格局发生了很大变化，牟宗三的理论所针对的那些文化现象，他欲救治的那些文化弊端，都有了不同的表现形态，特别是受20世纪后半期兴起的种种西方思潮的刺激，原有的哲学方法、哲学理论有了被重新认识的必要。牟宗三的思想作为那个时代的哲学成果逐渐过去了，今人应该在他的基础上有新的进境。"在他的基础上"指以他的思想成果为一种资源、一种助缘、一种参照，不是在他的思想框架的范导下，在他的义理规模的笼罩下做延伸、继高加长的工作。当然，在牟宗三原有的工作上补苴罅漏、延续引申或以他的义理另讲成一种系统等这样的工作也是必要的、有价值的。但更有价值，更能适应多元文化格局、多种价值形态的现代社会的，应是一种更加多元、更加开放的哲学建构工作。这完全可以离开牟宗三的哲学，完全以别的思想理论为基础，展开新的建构。我们以上说的以黑格尔的绝对精神为参照的"本体"，就是为这种多元的、诠释性的新建构做准备。

二 诠释：对本体的开显

当我们把本体的设定作为一种简单和带有直观性质的工作后，我们便实际上把繁难和艰苦的工作留给了对本体的理解。这就是说，对本体的理解较之对本体的设定是更为重要的一步。同时也预设了这样一种前提：本体只有在与理解的互动中才是有意义的。海德格尔对真理的分析是我们这种说法的蓝本。海德格尔所认为的真理不是在我们之外的给定的对象，而是以此在对它的理解为基础的。真理不是知识论的，而是本体论的。真理与此在（也即诠释和开显真理的个人）是一体两面。真理由于此在对它的理解而开显，此在在真理的开显中认识自己。也就是说，真理即人生。没有人的理解对真理的开显，真理对于人永远是一种掩蔽。所以，真理就是解蔽，人生就是解蔽。此即所谓"天不生仲尼，万古长如夜"。因此，我们所设想的无所不包的本体，只有在人对它的理解中才是存在的。这个无所不包，正是为了适应诠释者的多样性。有什么样的诠释者，就有什么样的本体。

因此我们不预设这个本体仅是伦理的，它是黑格尔式的无所不包的。这个本体不是客体，而是与此在的多样性相适应的非经验的存在。牟宗三根据康德，认为人的理性有纯粹理性、实践理性和审美理性，而本体是价值性的、道德性的，因此与这个道德本体相应的人的实践理性是本然的、基本的。理论理性是实践理性否定自己而坎陷出的。在我们看来，人的理性是一个统一体，纯粹理性、实践理性、审美理性都是这个统一的理性的不同功用，因理性的指向不同而功用不同。用王阳明"知行合一论"的例子，见好色知其为好，和同时喜好此好色，及纯以好色为对象而有美的欣趣是同一个理性。以同一个理性去诠释这同一个本体，才有此在与真理的一体两面。以同一个理性的不同方面去揭示这同一个理性，才有诠释结果的千差万别。我们也不认为诠释者只有知识与价值两个方面，因为非理性主义所摧毁的就是我们最引为自豪的理性的堡垒。各人皆以其有种种预设、种种前提、种种目的与方法决定的理性去诠解本体，本体便是无所不包的。一句话，本体的开显由于诠释者，诠释者的形形色色决定了本体的无所不包。以诠释者的形形色色而论，黑格尔的绝对精神恐未必全然括尽无遗，这里只取其全而尽的寓意而已。

人的生存的多样性决定了存在的多样性、价值的多样性。这对人是一个本体论的宿命。这决定了人是对比性的、差异性的存在，"异"是人的基本存在方式。人被抛到了这个世界上，是单个的个体，他与类中的其他成员因为共同的时空背景而发生联系，故人的存在可谓"缘在"。缘在这种事实决定了人既应该被当作单个的存在，又应该被当作类的存在。类的存在引出了一些共同体所应有的法则和契约，共同遵守这法则和契约引出了共有的价值、审美。人的既同而异的性质，使人的活生生的存在成为可能。当人作为个体去诠释本体时，诠释的结果是个体性的，人们的辩争多半起于以一个共同体接受的价值与另一个共同体接受的价值相较。我们说这番话的意思是，对于本体的诠释最终是个体的，每个人的诠释结果都有存在的价值。见解的不同是本体性的，服从于一个共同的价值是权宜性的，任何人的见解，都是他以独特的方式对本体进行诠解的结果，所以不能定于一尊。

个体的诠释是一种对本体的开显，自本体的角度看，也可以说是本体敞开自己于诠释者中。因为个体对本体的开显是一个随时空背景不断变换和趋进的过程，所以，我们可以将这个与诠释者一体两面的本体视作"动"的。这个动不取牟宗三"道德本体是即活动即存有"那个活动义。我们所说的"动"是因诠释者的动引发的，不是牟宗三那样以动为一个好的价值和应该有的性质。所以不是本体主动地落实为经验界的事物，而是由诠释者的时空变换引起的诠释活动的展开带动的本体的展开。牟宗三的实体即是主体，主体要主动地落实为经验界的事物。这些义理牟宗三取自德国观念论哲学以及中国的《易传》。要说明道德主体的主动性是颇费心力的,但以诠释者的诠释活动来说明与他一体两面的本体的"动"似乎不必大费周章。只要换一个视角,强探力索似乎马上就可以变为顺理成章。这牺牲了强探力索中思想伟力的表现机会,却在偷懒中学会了自然天成。自然的东西是最容易接受的。

本体的展开因为是随诠释者的诠释活动呈现为一个动态过程,所以这个展开是"如其所如"的。就是说,本体只是个虚设,真实呈现的是诠释者所得到的诠释结果。如果套用前人的话,可以说"本体是个百依百顺的女孩子,任诠释者涂抹装扮起来"。这种展开可以说是"乾道变化,各正性命",又可以说是"保合太和,乃利贞"。这里"乾道变化"只有整体结构的意思,没有主动地落实、贞定为个体事物的意思,所以是虚说。真正的存在是"各正性命"。质言之,不是"乾道变化"作为道德主体主动地朗现、润沃、延伸为个体,而是个体在本体中的澄明。主动者在个体,在诠释者。"各正性命"非有安排者,也非道德实体落实而来。个体事物的"性"和"命"也不由本体赋予,而是诠释者诠释活动的结果。"性"者个体事物性质义,"命"者个体事物在整个存在中的时空必然义。"保合太和"也不是道德本体的本有性质,而是个体事物在本体中的澄明后的相互关系。这样解释的目的,是要消解强加于本体的道德性所带来的诸多附加的性质和功能。牟宗三所预设或强力论证的本体的道德性引致了一些批评,牟宗三也往复作答,但终不能杜疑者之口。现在消除或减弱本体的道德性,差可消弭因立场的根本差异带来的争论。

在本体落实为经验界事物中如何实现德福一致,这是牟宗三关注的一个问题。牟宗三批评康德的德福一致要靠上帝来保证,认为这是康德道德哲学的不彻底处,他要将德福一致放在人间。但牟宗三对德与福的定义均从康德处滑转,论证亦随之落空。他所谓德,在儒家圆教中指与道德本体为一、据道德本体而行的纯亦不已的行为。所谓福,指这种行为中明觉感应之物随道德心体而转。换句话说,道德本体所润沃的人之依天理而行与道德本体所沃润的存在之随心而转同时呈现,就是德福一致。这种一致是

"诡谲的相即"。因为二者源头虽一，但指涉不同，不同不害其为一。此德福一致是德性本体边事，而在经验世界中德福一致无必然性。因为福之得不得"有命存焉"。牟宗三在实际的德与福之上又虚说一本体层面的德福一致，以证明儒家圆教之圆而善，这实际上是将他对康德批判的地方又肯定了下来，不过将康德的上帝换上了儒家的道德本体。而依我们以上所设想的本体与其展开，则以德诠释本体则得德，以福（诠释者内心的幸福感觉）诠释则得福。道德识度与其乐融融、充满暖意的境界二相合一。此所谓"求仁得仁"。本体随诠释者的识度和心境而开显。

牟宗三的"智的直觉"也与此同一思路。牟宗三批评康德只承认上帝有智的直觉，而不承认人有智的直觉。实际上，牟宗三所谓智的直觉对于康德的意指也有滑转。牟宗三对智的直觉最简洁的定义是："智的直觉不过是本心仁体底诚明之自照照他（自觉觉他）之活动。"① 具体说来，道德性的本心仁体与宇宙生化是体用关系，体能遍润、觉照用，体的感通无外透至用的一切存在而觉照之。一切存在皆在本体的感动、润沃下生化，亦同时在本体的觉照之下，它们的关系不是主客体的认识关系，而是直下自明的直觉关系。"仁心之明觉觉润一切，同时即照了一切。此照了活动即是它的'虚明照鉴'。在此说'智的直觉'。它的虚明照鉴觉之即润之，润之即生之，故智的直觉本身即给出它的对象之存在（对象是方便言，实无对象义），此即智的直觉之创生性。"② 牟宗三将本体上的体用关系赋之予人，具有了与仁心本体为一的德性之知，其知"遍体天下之物而不遗"，此时摄物归心，物为一心之所照，一体之所贯，即智的直觉。智的直觉是一种体验，有了这种与本体为一，由本体的诚明照鉴万物的当下澄明之境就是解脱，就是超越。牟宗三这里用体验的方法直透至万物一体，"表里俱澄彻"的境界，其贤哲的怀抱与识度固然高，但这里就解决问题的指向说，是道德至上的；就思维方法说，是体验的，想象的，冥契的，较难于作为共法

---

① 牟宗三：《智的直觉如何可能》，载郑家栋编《道德理想主义的重建》，中国广播电视出版社1992年版，第374页。

② 同上书，第372页。

为一般人所理解和循用。由于他预设的本体是道德性的，接近此本体的路径也是道德性的。这个本体在内容上显得褊狭，在方法上有一定神秘性。

由于我们所设想的本体没有这样强的道德性，所以不用对本体有全部的透彻的直觉，只肯定他是个值得我们去追求、去诠释、去开显的对象即够了。这样的本体无所用"智的直觉"。在牟宗三的"智的直觉中"，"智"是个最根本的概念，得到"智"是关键的一环。这个智不是理智知识，而是宋明儒者所谓"德性之知"。这个智是将本体设定为道德性的价值体的哲学系统必须要作为根本概念的。如佛家的般若，道家的道心等皆是。为了对本体有所觉解，人的修养功夫最多的就用在这"智"的获得上，这就势必将道德境界和万物一体的襟怀放在最重要的地位，作为一切活动的首务。虽然按正宗儒者对德的理解，道德境界的获得意味着整个人文素质的提高，必然是以道德带动理智，带动审美的。但把道德性放在首出地位势必以它为根本而有掩蔽、削弱其他人类价值的可能。这对于泛道德文化浸润深至、现代化甫起步、国人对文化的总体走向朦胧不明的情况下，更有沿早熟的道德文化继续下滑的可能。由此，本文并不同意一些学者由牟宗三回到熊十力，再由熊十力溯源至王船山的诠释路向。[1] 牟宗三的哲学相对于熊十力来说前进了一大步。熊十力的哲学只有境论，没有量论，而牟宗三的哲学系统则融会儒释道三教及西方哲学的本体论、知识论，是一套较为完备的系统。熊十力的哲学系统只有本体论，并且依据的是唯识论和《周易》、王阳明、王船山，古意十足。牟宗三则融摄中西今古，有很强的现代意味。从牟宗三往前走而有更多的开显是应取的进路。在这一点上牟宗三对熊十力哲学系统的批评[2]值得我们深思。

直觉在牟宗三的思想中实际上是一种境界体验，牟宗三借张横渠的"心知廓之"一语加以发挥，由"心知廓之"而知本体。这种知，既不是感

---

[1] 参见林安梧《存有·意识与实践——熊十力体用哲学之诠释与重建》，台湾东大图书公司1993年版。

[2] 参见牟宗三《客观的了解与中国文化之再造》，载《当代新儒学论文集》，台湾文津出版社1991年版。

触的直觉,亦不是有限的概念思考的知性之知,如上所说,它乃是道德本心之诚明所发的圆照之知。如果消解了牟宗三的这个道德性的本体,则直觉亦随之取消。肯认黑格尔式的本体,但不把它当作实体,也不把它当作自动地外化的主体,则对这个虚说的本体无所用其直觉,它本身也没有对它所代表的经验世界的个体事物的参照了。对这个本体,以何种思维方式、何种知识储备去诠释,它就开显为何物。"鹪鹩巢于深林,不过一枝;偃鼠饮河,不过满腹。"(《庄子·逍遥游》)各人皆得所求,也自足此所求,因为他的诠释和本体对他的开显是对等的。由于是对等的,没有"不能承受之重",一切皆在与己相应的自然中自适适他。直觉对本体不是不可用,但非牟宗三的"智的直觉"。本体非有照了众物的功能,因为本体在得到诠释之前是黯黑的。这样,由本体的"虚"加重了诠释的"实",由本体的黯黑突出了诠解的澄明,功夫全在诠解上用。这一点与牟宗三不同,牟宗三的功能全在本体上,本体有动有能,能开显能照了,"价值性的自由体"可以开出一切。这样的本体实有弱化的必要,以改变其畸重状态而与功夫相谐调。

相应的,牟宗三的"云门三句"代表的道德理性三义也可消解掉。云门三句的"截断众流句"说的是道德理性的严整纯粹义,"涵盖乾坤句"说的是宇宙本体的道德义,"随波逐浪句"说的是道德本体的遍润一切、不遗具体义。这三义是牟宗三"道德的形上学"的纲维所在。在这三义中牟宗三着意凸显的是第二义,因为第一义是中西哲学共有的,第二义第三义才是中国哲学特有的。第二义到第三义,是道德本体向下落实为经验界的具体事物,而道德本体的性质,它向下落实的内在动力,它落实为经验界事物的方式等,皆第二义所内蕴,所以第二义实为整个系统的命脉。第二义向第三义落实,牟宗三认为应该是"纵贯纵讲"。所谓纵贯纵讲指道德本体所具有的创生义通过感通、遍润的作用而能肇始一切物使之存在(此存在是感通义遍润义而非无中生有)。佛道二家无有道德创生之本体,他们的本体是"空"、"无",他们的现象界是由经验层的心变现而来,故为横讲。纵横义是在本体下落为经验界中发生的,牟宗三认为朱熹的格物致知论即纵贯横讲，因而非儒家正宗。现在有的学者提出，以天台圆教的亦纵亦横补充牟宗三的纵贯纵讲，从而容纳知识论，特别是容纳朱熹这一代表中国后期儒家的大宗。具体讲，就是在道德性的性体纵贯下落为经验界的具体事物时，在本体的遍润、圆照义中增加一"存有的执定"，即由道德性的遍润使经验物具有价值性的同时，亦使遍润义由道德理性转为知识理性，从而对经验作纯知性的认知，成就一知识的对象。这是纵中有横。纵中有横的根据是人的理性的统觉中的知性面向，这知性面向不因道德性的遍润而掩没。这是在不触动牟宗三的两层存有论和道德性的本体下贯、落实为经验界的现象这个理论框架下的一点小的改动。这种改动是因为感觉到牟宗三的本体道德性太强，纵讲太多而思欲改变之，有其积极的方面。但如不颠覆牟宗三的两层存有论及纵贯纵讲的义理框架，此种改动仍是依附性的，仍不免被道德义掩蔽。此种诠释中的知识理性是在道德理性下贯开显中带出来的，它太微弱，不能证成一个与道德理性相颉颃的宏大的知识论。

如果转一角度，肯定黑格尔式的本体，则对于牟宗三的道德性本体及纵贯纵讲可谓"和座子推翻"。不是道德性的本体的遍润、朗现、圆照义，而是诠释者对于本体的多角度、多层面、多问题意识的解读。道德义重者诠释出的本体是道德性的，知识义重者诠释出的本体是知识性的，各人皆有自己眼中的本体。本体被多个诠释者所诠释、开显，他的丰富性和深厚性才得以展露。在"和座子推翻"牟宗三的"本体"之后，康德还其康德，朱熹还其朱熹，王阳明还其王阳明。这些不世出的哲学家都从一个被证成道德性的诠释系统中各返其本来之位分。纵的道统意识变成平面的多元文化意识。儒学的价值系统需要护住，但应该是从横撑竖架中折返实地。

本体的开显靠诠释者的诠释，诠释者的诠释有一些基本的预设，这是他的诠释的出发点，没有这些出发点，诠释是无法进行的。但诠释眼光有广狭之分，融摄力有高下之别，在承认价值多元的前提下，平情地、尽量多地撷取人类所创造的一切精神、物质遗产，养成深厚的思想文化素养，在广泛地比较推证后确立自己的诠释立场，并且尊重他人的诠释立场，这是诠释活动不致成为一种率意的、鲁莽的学术行为的一个保证。"大德敦化，小德川流"，"道并行而不相悖"是诠释活动所追求的理想。本体也只有在这样的诠释局面下才能曲尽其致。

牟宗三的哲学是当代新儒家中最具创造力、最为广大精深的思想系统，不管是否同意他的根本立场，他的思想对同意他的人和反对他的人都有极大的刺激力。他的出于世纪悲愿而有的担当力，他的出于爱智之忧而有的哲学上的不断进境，都是新一代学人的精神财富。只是由于时代的进步，东西两大文化系统各自所作的深入反思，表明我们应当以更加开放的心态面对未来，以更加多元化的方式慰藉人的精神需求。在此种识见的映照下，牟宗三先生的思想创造作为优秀藏品可以放在新儒家哲学史的库藏中，继续起发人兴会、激人思考、策励人进步的作用。当然也可以采用不同的视角，在撷取了牟宗三思想的精义以后，把他放在一边，另择新的进路。本文提出的，只是一些方向性的思考，具体问题的展开，详细的阐发与论证，则俟诸将来。

（原载《新哲学》第 5 辑，大象出版社 2006 年版）

新版后记

《心学论集》自2006年出版,至今已十几年了。这十几年中,陆续又有一些文章发表,内容多有与《心学论集》所收相关者,故趁这次新版发行的机会,补入十篇。计有:《儒学的复兴与宋明理学的理论贡献》《艮斋田愚与朱子学》《王阳明与费希特》《论贺麟的"西哲东哲,心同理同"》《孙中山先生与中国传统思想》《冯友兰〈中国哲学小史〉导言》《冯友兰〈中国哲学简史〉导言》《钱穆治朱子学之方法举隅》《张岱年早期思想中的哲学、理想与解析》《牟宗三"良知坎陷说"新论》,出处皆在文末载明。《心学论集》的纂集旨趣,初版引言中有所宣示,此次补入的文章,一仍其旧。本书责编凌金良、韩国茹做了许多具体细致的工作,博士生毕梦曦帮助收集文稿,杨尚辉校对清样,谨此表示谢意。

张学智
2019年8月于北京大学